왕조실록 · 승정원일기 · 일성록 · 경서 · 문집 등을 인용하여
이해하기 쉽도록 설명한

맹자집주해설

김은겸 편저

도서출판
구미서관

序說

孟子는 전국시대 중기의 저명한 사상가, 정치가, 교육가이며, 공자의 사상을 계승한 유가의 우뚝한 인물이다. 그는 魯나라 公族 孟孫氏의 후예로서, 孟孫氏가 쇄미해지자 그 일파 중 하나가 노나라에서 附庸國 鄒나라로 옮겨와 거주하게 되었으니, 곧 이들이 맹자의 선조이다. 맹자는 공자와 100여년의 시간적 거리를 두고 태어났으며, 공간적으로도 공자의 탄생지인 曲阜와 매우 가깝다. 맹자의 이름은 軻이고 字는 子輿이다. 맹자의 生沒年은 기록에 따라 다르지만 대략 生年은 기원전 372년~기원전 385년이고, 沒年은 기원전 289년~기원전 304년으로 보고 있다.

趙岐의 [孟子注] 題辭에 "맹자는 일찍이 아비를 잃고 어려서 어머니에게 三遷之敎를 받았다."고 하였으며, [史記 孟子荀卿列傳]에 "孟子는 子思의 門人에게서 수업하였다."라고 기록하고 있다. 맹자는 일정한 스승이 없었으며, 스스로 말하기를 "나는 공자의 문도가 되지는 못하였으나 공자를 私淑하였다."라고 하였다. 孟子는 孔子를 지극히 尊崇하였으며, 公孫丑章句上에 "내가 아직 행하고 있지는 못하지만 내가 원하는 바는 공자를 배우는 것이다."라고 하였으며, 이어서 "사람이 세상에 태어난 이래로 공자와 같이 위대한 분은 없었다."라고 하였다.

孟子는 일찍이 20여 년 동안 魏나라, 齊나라, 宋나라, 魯나라, 滕나라, 薛나라 등을 유람하면서 당시 제후에게 仁義의 정치에 대해 유세하여 한 때 齊宣王의 客卿이 된 적은 있었지만, 맹자의 정치사상을 받아들여 정사에 시행한 이는 아무도 없었다. 특히 제선왕에 대해서는 그래도 선정을 시행하기에 충분하니 나를 등용한다면 천하의 백성을 모두 편안하게 할 수 있을 것이라고까지 기대하였다. 맹자가 제나라를 떠날 때 晝邑에서 사흘을 유숙하면서까지 왕이 마음을 바꾸어 자신을 불러주기를 기다렸으나 왕은 끝내 깨닫지 못하였다. 사마천은 史記 太史公 序에서 "나는 맹자를 읽고, 梁惠王問 '何以利吾國'의 대목에 이르러서는 책을 팽개치고 한탄하지 않은 적이 없었다." 또 말하기를 "아! 利라는 것은 참으로 세상을 어지럽히는 시작이로다. 공자께서는 '利를 드물게 말씀하셨다.' 하였으니 그 근원을 막고자 하신 것이로다."라고 하였다.

맹자는 당시 제후들이 인의의 정치를 시행할 수 없음을 깨닫고 정치에서 물러나 학문이 높은 제자 公孫丑, 萬章 등과 의심나는 것은 해설하고 질문에 답한 내용과 스스로 법도가 될 만한 것을 선별하여 [孟子] 七篇을 지었는데 모두 261章 34,685字이다.

[孟子] 一書는 맹자의 언어、정치적 관점인 仁義의 政治、王道와 霸道、民本主義、民貴君輕과 政治行爲 등을 기록한 儒家經典의 저작이다. 漢文帝 때는 論語, 孝經, 孟子, 爾雅에 박사를 두어 傳記博士라 하였다. 五代 後蜀 때 後蜀王 孟昶은 楷書로 十一經

을 石刻하게 하였는데 [맹자]를 포함시켰으며, 이것이 [맹자]가 經書로 편입되는 시발점이 되었다. 南宋때 朱子는 四書에 [맹자]를 열거하였고, 元, 明 이후로는 科擧科目으로 편입되어 독서인의 필독서가 되었다.

우리나라는 고려 말부터 사서오경이 과거시험 과목으로 확정됨에 따라 [맹자]는 사대부들의 필독서가 되었다. 특히 [맹자]는 논어와 함께 "論語孟子" 혹은 "論孟", "語孟" 등과 같이 하나의 책처럼 불릴 정도로 널리 읽혀졌다.

[맹자]의 주석서로서는 東漢 趙岐의 [孟子注], 南宋 朱子의 [孟子集註]가 있으며, 淸代에는 선인들의 성과를 망라한 四庫全書의 [孟子正義]가 있다. 조기는 [孟子注] 題辭(서문)에서 "내가 들은 것을 서술하고 경전을 가지고 증명하여 章句로 삼고, 모두 본문에 실어 그 뜻을 가지고 장별로 구분하여 상하로 나누어서 十四卷을 만들었다."고 하였다. 현재 통행되고 있는 [맹자]는 十四卷 체계이며, 가장 널리 읽혀지고 있는 [맹자집주]에서도 동일한 체계를 따르고 있다. [맹자] 七篇은 梁惠王章句, 公孫丑章句, 滕文公章句, 離婁章句, 萬章章句, 告子章句, 盡心章句 등 일곱 章句를 포괄하고 있으며, 각 章句는 상하로 나누어 十四卷 十四章句로 만든 것이다.

이 책은 서울과학기술대학교 평생교육원에서 2020년 3월까지 3년간 강의한 내용을 정리하여 편집한 것이다. 강의에는 주자의 [孟子集註]를 대본으로 하였으며, 한문을 공부하고자 하는 현대인들의 한문 문리를 쉽게 터득할 수 있도록 하는데 역점을 두었다. [맹자집주]의 大文(본문)은 逐字譯(직역)을 원칙으로 하였으며, 集註부분은 全文을 국역하지 않고 어려운 구문을 국역하여 집주 내용을 쉽게 이해할 수 있도록 하는데 참고가 되도록 하였다. 이 책의 대문 및 집주는 모두 吐를 달았다. 대문의 현토는 맹자언해본을 따랐으며, 집주의 현토는 전통문화연구회 동양고전종합DB를 참고하였다.

각 문장 끝에는 [大文字義] 및 [集註字義]를 두어 한자의 音과 訓(뜻)을 수록하였으며, 독자들이 字典을 찾는 번거로움을 단축시켜 맹자를 쉽게 읽을 수 있도록 하였다. 구문은 [大文句文] 과 [集註句文]으로 나누어 대문이나 집주에서 어렵다고 생각되는 문장이나 용어를 발췌하여 이해하기 쉽도록 해설을 붙여 놓았다. 또한, [王朝實錄], [承政院日記], [日省錄], [經書], [文集] 등에서 [맹자]를 인용한 부분을 발췌하여 先人들이 經書의 글을 어떻게 인용하고 활용하였는지 등 [맹자] 一書를 이해하는데 도움을 주고자 하였다.

이 책은 자의 및 구문 번역 등을 추가하고, 고전문헌의 일부 내용을 인용하여 맹자를 공부하는데 도움이 될 수 있도록 하였으나, 일천한 학문으로 번역 등에 오류를 범하는 부분도 있을 것으로 생각된다. 아무쪼록 이 책이 한문고전 특히, 맹자를 공부하는 분들에게 조그마한 보탬이라도 될 수 있기를 바라면서 제현들의 많은 질정을 기대한다. 코로나19의 혼란 속에서도 이 책을 출판할 수 있도록 적극적으로 도움을 주신 구미서관 임정대 부장님과 편집자 여러분께 깊은 감사의 말씀을 드린다.

2022년 3월

편저자 金 銀 謙 識

목 차 CONTENTS

03. 孟子集註大全卷之三 公孫丑章句上

04. 孟子集註大全卷之四 公孫丑章句下

05. 孟子集註大全卷之五 滕文公章句上

06. 孟子集註大全卷之六 滕文公章句下

07. 孟子集註大全卷之七 離婁章句上

08. 孟子集註大全卷之八 離婁章句下

09. 孟子集註大全卷之九 萬章章句上

10. 孟子集註大全卷之十 萬章章句下

11. 孟子集註大全卷之十一 告子章句上

12. 孟子集註大全卷之十二 告子章句下

13. 孟子集註大全卷之十三 盡心章句上

14. 孟子集註大全卷之十四 盡心章句下

孟子集註序說

史記列傳曰 孟軻는 騶人也니 受業子思之門人하다 道旣通에 游事齊宣王하되 宣王不能用하고 適梁하되 梁惠王不果所言하니 則見以爲迂遠而闊於事情이라 當是之時하야 秦用商鞅하고 楚魏用吳起하고 齊用孫子田忌하야 天下方務於合從連衡하야 以攻伐爲賢이어늘 而孟軻乃述唐虞三代之德하시니 是以로 所如者不合일새 退而與萬章之徒로 序詩書하고 述仲尼之意하야 作孟子七篇하시니라.

韓子曰 堯以是傳之舜하시고 舜以是傳之禹하시고 禹以是傳之湯하시고 湯以是傳之文武周公하시고 文武周公傳之孔子하시고 孔子傳之孟軻러시니 軻之死에 不得其傳焉하니 荀與揚也는 擇焉而不精하고 語焉而不詳하니라. ○又曰 孟氏는 醇乎醇者也요 荀與揚은 大醇而小疵니라. ○又曰 孔子之道大而能博하니 門弟子不能徧觀而盡識也라 故로 學焉而皆得其性之所近이러니 其後離散하야 分處諸侯之國할새 又各以其所能으로 授弟子하니 源遠而末益分이라 惟孟軻는 師子思而子思之學은 出於曾子하니 自孔子沒로 獨孟軻氏之傳이 得其宗이라 故로 求觀聖人之道者는 必自孟子始니라. ○又曰 揚子雲曰 古者에 楊墨塞路어늘 孟子辭而闢之廓如也라하니 夫楊墨行하면 正道廢하나니 孟子雖賢聖이나 不得位하야 空言無施하니 雖切何補리오 然이나 賴其言하야 而今之學者尙知宗孔氏崇仁義貴王賤霸而已요 其大經大法은 皆亡滅而不救하고 壞爛而不收하니 所謂存十一於千百이니 安在其能廓如也리오 然이나 向無孟氏면 則皆服左衽而言侏離矣리라 故로 愈嘗推尊孟氏以爲功不在禹下者는 爲此也니라.

或問於程子曰 孟子를 還可謂聖人否잇가 程子曰 未敢便道他是聖人이라 然이나 學已到至處니라. ○程子又曰 孟子有功於聖門을 不可勝言이라 仲尼는 只說一箇仁字어시늘 孟子開口便說仁義하시고 仲尼는 只說一箇志어시늘 孟子는 便說許多養氣出來하시니 只此二字其功甚多니라. ○又曰 孟子有大功於世는 以其言性善也니라. ○又曰 孟子性善養氣之論은 皆前聖所未發이니라. ○又曰 學者全要識時니 若不識時면 不足以言學이라 顔子陋

巷自樂은 以有孔子在焉이요 若孟子之時엔 世旣無人하니 安可不以道自任이리오. ○又曰 孟子는 有些英氣하시니 才有英氣면 便有圭角이니 英氣甚害事니라 如顔子는 便渾厚不同하시니 顔子는 去聖人只毫髮間이요 孟子는 大賢이니 亞聖之次也니라. 或曰 英氣見於甚處잇가 曰但以孔子之言比之면 便可見且如氷與水精이 非不光이로되 比之玉하면 自是有溫潤含蓄氣象이요 無許多光耀也니라.

楊氏曰 孟子一書는 只是要正人心이니 敎人存心養性하야 收其放心이라 至論仁義禮智하야는 則以惻隱羞惡辭讓是非之心으로 爲之端하시고 論邪說之害에는 則曰生於其心하야 害於其政이라하시고 論事君에는 則曰格君心之非니 一正君而國定이라하야 千變萬化가 只說從心上來라 人能正心이면 則事無足爲者矣라 大學之脩身齊家治國平天下는 其本이 只是正心誠意而已니 心得其正然後에 知性之善이라 故로 孟子遇人에 便道性善이라 歐陽永叔은 却言聖人之敎人에 性非所先이라하니 可謂誤矣로다 人性上에는 不可添一物이니 堯舜所以爲萬世法은 亦是率性而已니 所謂率性은 循天理是也라 外邊에 用計用數면 假饒立得功業이라도 只是人欲之私니 與聖賢作處로 天地懸隔이니라.

자구 [果과] 실천하다. [醇순] 순수하다. [疵자] 허물, 흠결. [塞색] 막다. [塞路] 정도를 막다. [闢벽] 물리치다. 열다. [廓확] 넓히다. [闢之廓如] 물리쳐서 환하게 터놓다. [空言無施] 빈말이 되어 써지지 못하다. [向향] 이전. [侏주] 난쟁이. [侏離] 방언, 蠻夷의 소리. 西夷의 음악. [還환] 또한, 도리어. [開口] 言必稱. [自樂] 自樂之道. [以有孔子] 以孔子. [在之] 그 때에 살아계시다. [些사] 조금. [才재] 조금(纔). [甚(삼)處] 어느 곳. [却각] 도리어. [用計用數] 계교를 쓰고 술수를 쓰다. [饒요] 풍족하다, 많다, 만약(如). [假饒] 설사, 가령. [作處] 행위.

01

孟子集註大全卷之一

梁惠王章句上

孟子集註大全卷之一 梁惠王章句上

·01·

凡七章이라. 모두 7장이다.

1장 孟子見梁惠王하신대

맹자께서 양혜왕을 만나셨는데,

集註 梁惠王은 魏侯罃也니 都大梁하고 僭稱王하고 謚曰惠라 史記惠王三十五年에 卑禮厚幣하야 以招賢者할새 而孟軻至梁이라하니라.

集註字義 [見견] 만나다, 뵙다(현). [罃앵] 魏侯의 名, 물동이. [僭참] 참람되다, 주제넘다. [謚시] 시호. [幣폐] 폐백, 선물, [招초] 부르다. [軻가] 맹자의 名, 수레.

集註句文 [魏侯罃也] 위나라 제후 罃이다. [僭稱王] 참람되게 왕을 칭하다, 주제넘게 왕을 칭하다. [卑禮厚幣] 예로서 자신을 낮추고 선물을 후하게 하다.

참고 梁惠王은 魏나라 惠王을 말한다. 秦의 공격으로 수도를 安邑에서 大梁으로 옮겼으며, 이로 인해 大梁의 梁과 시호 惠를 붙여서 양혜왕으로 불리게 되었다.

참고 [魏나라 諸侯王系] 文侯(魏斯) → 武侯 → 惠王(B.C.370년~B.C.334년) → 襄王 → 昭王 → 安僖王 → 景湣王 → 王假(B.C.225年 위나라 멸망.)

王曰 叟不遠千里而來하시니 亦將有以利吾國乎잇가

王曰, "어르신께서 1000里 길을 멀다하지 않으시고 와 주셨으니, 또 나의 나라에 이로움이 있겠지요."

集註 叟는 長老之稱이라 王所謂利는 蓋富國彊兵之類라.

大文字義 [叟수] 어르신, 장로에 대한 호칭. [將장] 장차, 바라건대.(平聲).

集註字義 [蓋개] 대개, 아마도. [彊강] 강하다. [類류] 부류.

孟子對曰 王은 何必曰 利잇고 亦有仁義而已矣니이다.

맹자 對曰, "어찌 굳이 이로움을 말씀하십니까? 다만 仁義가 있을 따름입니다.

集 註 仁者는 心之德이요 愛之理며 義者는 心之制요 事之宜也라 此二句는 乃一章之大指니 下文에 乃詳言之하시니 後多放此하니라.

大文字義 [對대] 대답하다. [必필] 굳이.

大文句文 [亦~而已] 다만~따름입니다.

集註字義 [德덕] 도를 실천하여 마음에 얻음이 있는 것. (行道而有得於心) [理이] 이치. [制제] 制裁. [宜의] 마땅함. [指지] 뜻, 손가락. [詳상] 자세하다. [放방] 본받다(倣).(上聲).

通鑑節要 [周顯王 乙酉 33年, 王曰叟不遠千里而來]

鄒人孟軻見魏惠王하시니 王曰 叟不遠千里而來하시니 亦有以利吾國乎잇가 孟子曰 君은 何必曰利잇고 仁義而已矣니이다 初에 孟子師子思할새 嘗問牧民之道는 何先이니잇고 子思曰 先利之니라 孟子曰 君子所以敎民은 亦仁義而已矣니 何必利잇고 子思曰 仁義는 固所以利之也라 上不仁이면 則下不得其所하고 上不義則下樂爲詐也니 此爲不利大矣라 故로 易曰 利者는 義之和也라하고 又曰 利用安身하야 以崇德也라하니 此皆利之大者也니라.

解義 鄒나라 사람 孟子가 魏惠王을 만났는데, 王曰, "어른께서 1000里를 멀다하지 않으시고 오셨으니 또한 우리나라에 이로움이 있겠지요." 맹자왈, "임금께서는 하필 이로움을 말씀하십니까. 仁義가 있을 따름입니다." 하였다. 처음에 孟子가 子思를 스승으로 섬길 때 일찍이 묻기를 "백성을 다스리는 데는 무엇이 먼저입니까?" 자사왈, "먼저 이롭게 해주여야 한다." 맹자왈, "군자가 백성을 가르치는 방법은 또한 仁義가 있을 따름이니 어찌 굳이 이로움을 말씀하십니까?" 자사왈, "仁義는 진실로 이롭게 해주는 방법이다. 윗사람이 不仁하면 아랫사람이 제자리를 얻지 못하고, 윗사람이 義롭지 못하면 아랫사람이 거짓 행하기를 즐거워하니, 이것이 이롭지 못한 것이 큰 것이다. 그러므로 周易에 이르기를 '이로움은 義를 조화시키는 것이다.' 또 말하기를 '쓰는 것을 이롭게 하고 몸을 편안히 하여 德業을 높이는 것이다.' 하니, 이것은 모두 이로움 가운데 큰 것이다."

자 구 [鄒추] 나라이름, 맹자의 고향. [軻가] 수레, 맹자의 이름. [魏위] 나라이름. [牧목] 기르다. [詐사] 거짓.

王曰 何以利吾國고하시면 大夫曰 何以利吾家오하며 士庶人이 曰 何以利吾身고하야 上下交征利면 而國이 危矣리이다. 萬乘之國에 弒其君者는 必千乘之家요 千乘之國에 弒其君者는 必百乘之家니 萬取千焉하며 千取百焉이 不為不多矣언마는 苟為後義而先利면 不奪하야는 不饜이니이다.

王曰, '무엇으로 나의 나라에 이로움을 주시렵니까?' 하시면 大夫曰, '무엇으로 나의 家에 이로움을 주시렵니까?' 하고, 士庶人曰, '무엇으로 나의 몸에 이로움을 주시렵니까?' 하여, 윗사람과 아랫사람이 서로 이로움을 취하면 나라가 위태롭습니다. 王의 나라에서 그 임금을 시해하는 자는 반드시 諸侯의 나라이고, 諸侯의 나라에서 그 임금을 시해하는 자는 반드시 大夫의 家이니, 萬 가운데서 千을 취하며 千 가운데서 百을 취하는 것이 많지 않은 것은 아니지만, 만약 義를 뒤로하고 利를 우선으로 한다면 빼앗지 않고서는 만족하지 않습니다.

集註 此는 言求利之害하야 以明上文何必曰利之意也라 征은 取也니 上取乎下하고 下取乎上이라 故로 曰交征이라 國危는 謂將有弒奪之禍라 乘은 車數也라 萬乘之國者는 天子畿內地方千里에 出車萬乘이요 千乘之家者는 天子之公卿采地方百里에 出車千乘也라 千乘之國은 諸侯之國이요 百乘之家는 諸侯之大夫也라 弒는 下殺(시)上也라 饜은 足也라 言臣之於君에 每十分而取其一分하니 亦已多矣로되 若又以義為後而以利為先이면 則不弒其君而盡奪之하야는 其心에 未肯以為足也니라.

大文字義 [庶서] 무리. [交교] 서로. [征정] 취하다. [危위] 위태롭다. [乘승] 兵車를 세는 단위로서 1乘은 兵車 1輛 이다. [弒시] 죽이다(윗사람을 죽인다는 의미로 사용함). [後후] 뒷전으로 여기다. [先선] 우선시하다. [饜염] 만족하다.

大文句文 [上下交征利] 윗사람과 아랫사람이 서로 이로움을 취하다.

集註字義 [求구] 추구하다. [奪탈] 빼앗다. [禍화] 재앙. [畿기] 王都 주위 500里 땅. [卿경] 벼슬, 三公九卿. [采채] 식읍. [盡진] 모두, 다. [肯긍] 하려하다.

集註句文 [未肯以(之)為足] 그것을 충분하다고 생각하려 하지 않는다.

참 고 [以A爲B] A를 B로 여기다. A를 B로 삼다. A를 B라고 생각하다. [以爲B] A가 생략되는 경우로써 A자리에 之가 있다고 보고 [以之爲B] 구문으로 생각하여 그것을 B라고 여기다. B라고 여기다. B라고 생각하다 등으로 해석한다.

참고 [采地] 卿大夫의 封邑으로써 그 땅의 조세를 받아서 녹봉에 대신하며 采邑이라고도 한다.

참고 萬乘之國은 천자의 나라이고, 千乘之家(國)는 제후의 나라이고, 百乘之家는 제후의 대부의 家이다.

참고 [萬乘之國] 萬乘의 兵車를 낼 수 있는 나라로서 天子가 다스리는 나라이다. 一乘은 甲士 3인, 步卒 72인, 잡역부 25인과 말 4필, 소 12마리로 구성되어 있다. 그러므로 만승에는 100만 명의 사람과 말 4만 필, 소 12만 마리가 필요하다. 一乘을 유지하는 데는 토지 100井이 필요하며, 1井은 8戶가 경작하여 9분의 1을 세금으로 낸다. 그러므로 一乘은 800戶에서 내는 세금으로 유지된다. 이에 대하여 여러 가지 주장이 있지만, 여기서는 소주의 내용을 인용한다.

日省錄 [正祖 5年 4月 5日 誠正閣 書講, 不奪不厭]

熤曰 臣以經筵入侍 伏聞殿下於國榮事 下反躬自責之敎 敢此仰達。權奸之臣 從古何限。兜攬權柄 擅用威福者 考之史牒 班班可見而其手執國命 勢傾人主如國榮者 載籍以來所未有也。其勢力所及 將無所不能爲者 殿下以國榮末抄罪惡 有聖慮所未到之敎而小人之心 <u>不奪不厭</u> 此乃必至之勢也。今此責躬之敎 出於懲毖之聖意 愚衷自激 不勝幸甚。

解義 知經筵事 金熤曰, "신이 경연에 입시하여 엎드려 전하께서 홍국영의 일에 대해 자신에게 돌이켜 자책하시는 하교를 듣고, 감히 이렇게 우러러 아룁니다. 權奸의 신하가 예부터 얼마나 많았겠습니까. 권세를 장악하고서 상벌을 마음대로 전단한 자는 史策을 상고해 보면 명백하게 볼 수 있지만, 손에 나라의 명운을 쥐고서 그 권세로 군주를 위태롭게 하는데 홍국영과 같은 자는 역사 이래로 없었습니다. 그의 세력이 미치는 곳이면 장차 못할 일이 없는데 전하께서는 홍국영의 종말의 죄악에 대해 聖意가 이르지 못한 바가 있다고 하교하셨으나, 소인의 마음이란 빼앗지 않고서는 만족하지 않는 법이니, 이것이 바로 必至의 형세인 것입니다. 지금 이 자책하시는 하교가 경계시키는 뜻에서 나온 것이니, 어리석은 충정에 절로 감격스러워 매우 다행스런 마음을 이길 길 없습니다."

자구 [熤익] 사람이름. [筵연] 자리. [權권] 저울추, 권세. [奸간] 간사하다. [兜두] 투구, 미혹하다. [攬람] 잡다. [柄병] 자루, 잡다. [擅천] 마음대로 하다. [班반] 아롱지다, 나누다, 돌아가다. [班班] 분명히. [傾경] 위태롭게 하다. [牒첩] 서찰, 장부. [籍적] 문서, 대쪽, 적다. [載籍以來] 유사이래. [抄초] 번, 차례. [末抄] 종말. [懲징] 징계하다. [毖비] 삼가다. [懲毖] 경계하다.

未有仁而遺其親者也며 未有義而後其君者也니이다.

仁하면서 그 어버이를 버리는 자는 없으며, 義로우면서 그 임금을 뒷전으로 여기는 자는 없습니다.

集註 此는 言仁義未嘗不利하야 以明上文亦有仁義而已之意也라 遺는 猶棄也요 後는 不急也라 言仁者는 必愛其親하고 義者는 必急其君이라 故로 人君이 躬行仁義而無求利之心이면 則其下化之하야 自親戴於己也니라.

大文字義 [遺유] 버리다.

集註字義 [未미] 아직~하지 않다(미래 부정). [嘗상] 일찍이. [明명] 밝히다. [棄기] 버리다. [急급] 급선무로 여기다. [躬궁] 몸소. [化화] 교화하다. [戴대] 받들다.

集註句文 [自親戴於己] 저절로 자기를 친애하고 떠받든다.

王은 亦曰 仁義而已矣시니 何必曰利잇고

王께서는 다만 仁義를 말씀하실 따름이니 어찌 굳이 이로움을 말씀하십니까?"

集註 重言之하야 以結上文兩節之意하시니라 ○此章은 言仁義는 根於人心之固有하니 天理之公也요 利心은 生於物我之相形하니 人欲之私也라 循天理면 則不求利而自無不利하고 徇人欲이면 則求利未得而害已隨之하나니 所謂毫釐之差千里之繆라 此는 孟子之書所以造端託始之深意니 學者所宜精察而明辨也니라 ○太史公曰 余讀孟子書라가 至梁惠王問何以利吾國하야는 未嘗不廢書而嘆也라 (曰)嗟乎라 利는 誠亂之始也니 夫子罕言利는 常防其源也라 故로 曰 放於利而行이면 多怨이라하시니 自天子로 以至於庶人히 好利之弊何以異哉리오 程子曰 君子未嘗不欲利언마는 但專以利為心이면 則有害요 惟仁義則不求利而未嘗不利也라 當是之時하야 天下之人이 惟利是求하고 而不復知有仁義라 故로 孟子言仁義而不言利하시니 所以拔本塞源而救其弊시니 此는 聖賢之心也시니라.

集註字義 [重중] 거듭. [決결] 결말을 짓다. [根근] 뿌리를 두다. [固고] 본래. [公공] 공변되다. [欲욕] 욕심. [循순] 따르다(順理). [徇순] 따르다(逆理). [隨수] 따르다. [毫호] 털끝. [釐리] 100분의 1로써 分 다음의 작은 단위. [差차] 차이. [繆무] 어그러지다. [造조] 나아가다. [端단] 단서. [託탁] 맡기다. [辨변] 분별하다.(上聲). [余여] 나. [廢폐] 폐하다. [嘆탄] 탄식하다. [嗟차] 아! [誠

성] 진실로. [亂란] 혼란. [罕한] 드물다. [防방] 막다. [源원] 근원. [放방] 의지하다.(上聲). [怨원] 원망하다. [弊폐] 폐단. [異이] 다르다. [專전] 오로지. [惟유] 오직. [當당] 당하다. [拔발] 뽑다. [本본] 뿌리. [塞색] 막다.

集註句文 [天理之公也] 천리의 공변됨이다. [生於物我之相形] 상대와 내가 서로 드러남에서 생긴다. [千里之繆] 천리나 어그러지다.(당시의 속어) [造端託始] 단서를 만들고 시작에 의탁하다.(인의를 도에 진입하는 처음 단계로 삼다.) [罕言利] 이익을 드물게 말하다.(논어 자한편) [放於利而行多怨] 이익에 의지하여 행하면 원망을 많이 받게 된다.(논어 이인편) [惟利是求] 利之求의 도치문, 利를 강조하기 위해 앞으로 보내면서 之(是)를 붙인 것임. '이익을 추구하다.' 는 뜻임. [拔本塞源] 뿌리를 뽑고 근원을 막는다.

春秋左氏傳 [昭公 9年 3月, 拔本塞原]

周甘人與晉閻嘉爭閻田하니 晉梁丙張趯率陰戎伐潁하다 王使詹桓伯辭於晉曰 文武成康之建母弟하야 以藩屛周는 亦其廢隊是爲어늘 豈如弁髦하야 而因以敝之오 先王居檮杌于四裔하야 以禦螭魅라 故允姓之姦居于瓜州러니 伯父惠公歸自秦하야 而誘以來하야 使偪我諸姬하고 入我郊甸일새 則戎焉取之하니 戎有中國이 誰之咎也오 后稷封殖天下를 今戎制之하니 不亦難乎아 伯父圖之하라 我在伯父는 猶衣服之有冠冕하고 木水之有本原하고 民人之有謀主也어늘 伯父若裂冠毁冕하고 <u>拔本塞原</u>하고 專棄謀主면 雖戎狄이라도 其何有余一人이리오

解義 周나라 甘人이 晉나라 염가와 염읍의 토지를 다투니, 晉나라 양병과 장적이 陰戎을 거느리고 가서 주나라 潁땅을 침략하였다. 周王이 詹桓伯을 사신으로 보내어 晉나라에게 말하기를, "文王, 武王, 成王, 康王께서 母弟를 제후로 세워 周나라의 울타리가 되게 한 것은 또한 왕실이 쇠락하면 곧 구제하기 위해서인데, 어찌 弁髦처럼 여겨 이로 인하여 버릴 수 있겠습니까. 先王이 檮杌 등을 사방의 변방에 살게하여 妖怪를 막게 하셨기 때문에 允姓의 간악한 족속이 瓜州에 거주하게 된 것인데, 伯父 惠公이 秦나라에서 돌아온 뒤에 戎族을 유인해 와서 그들로 하여금 우리 여러 姬姓國을 핍박하고 우리 周나라 근교까지 들어오게 하였으므로 戎人이 이에 이곳을 점유하였으니, 戎人이 중원을 점유한 것이 누구의 잘못입니까. 后稷이 封殖하던 천하를 지금 戎人이 제어하니 또한 천자 노릇 하기가 어렵지 않겠습니까. 伯父는 생각하기 바랍니다. 나는 伯父에게 있어서는 의복에 冠冕이 있고 나무와 물에 뿌리와 근원이 있고 民人에 謀主가 있는 것과 같은데, 伯父가 만약 관을 찢고 면류관을 망가뜨리고 나무의 뿌리를 뽑고 물의 근원을 막고 謀主

를 멋대로 버린다면 비록 戎狄이라 하더라도 어찌 나를 안중에 두겠습니까."

자구 [閻염] 마을. 姓. [趯초] 달리다. [潁영] 물 이름, 姓. [詹첨] 姓, 다다르다, 보다. [藩번] 울타리. [屛병] 울타리. [廢隊] 쇠락하다. [髦모] 다발머리. [敝폐] 피폐하다. [檮도] 등걸, 어리석음. [杌] 등걸, 위태롭다. [裔예] 후손, 옷자락, [禦어] 막다. [螭리] 龍. [魅매] 도깨비. [偪핍] 핍박하다. [甸전] 京畿, 경계. [焉언] 이에, [咎구] 허물. [殖식] 심다, 번성하다. [冕면] 면류관, 姓.

참고 [弁髦] 冠禮할 때 동자가 모발을 늘어뜨려 처음 쓰는 관이다. 관례에는 반드시 세 차례 관을 바꾸어 쓰는데, 관례를 마친 뒤에는 처음에 썼던 관은 버린다. 弁은 緇布冠이고, 髦는 童子의 늘어진 毛髮을 이른다.

2장 孟子見梁惠王하신대 王이 立於沼上이러시니 顧鴻鴈麋鹿曰 賢者도 亦樂此乎잇가

맹자께서 양혜왕을 만나셨는데 왕이 연못가에 서 있다가 기러기와 사슴을 돌아보면서 말하기를, "현자도 이러한 것을 즐깁니까?"

集註 沼는 池也라 鴻은 鴈之大者요 麋는 鹿之大者라.
大文字義 [立립] 서있다. [沼소] 못, [顧고] 돌아보다. [鴻홍] 큰 기러기. [雁안] 기러기. [麋미] 큰 사슴. [樂낙] 즐기다.
大文句文 [顧鴻鴈麋鹿] 기러기와 사슴을 돌아보다.

孟子對曰 賢者而後에 樂此니 不賢者는 雖有此나 不樂也니이다.

맹자 對曰 "賢者이어야 이러한 것을 즐기니 不賢者는 비록 이러한 것이 있다 하더라도 즐기지 못합니다.

集註 此는 一章之大指라.

詩云 經始靈臺하야 經之營之하시니 庶民攻之라 不日成之로다 經始勿亟하시나 庶民子來로다 王在靈囿하시니 麀鹿攸伏이로다 麀鹿濯濯이어늘 白鳥鶴鶴이로다 王在靈沼하시니 於牣魚躍이라 하니 文王이 以民力為臺為沼하시나 而民이 歡樂之하야 謂其臺曰 靈臺라하고 謂其沼曰 靈沼라하야 樂其有麋鹿魚鼈하니 古之人이 與民偕樂故로 能樂也니이다.

시경에 이르기를, '靈臺를 만들기 시작하여 측량하고 계획하시니 서민들이 일하여 하루도 되지 않아 완성하도다. 헤아리고 시작하기를 빨리하지 말라하시나 서민들이 지식처럼 달려오도다. 王이 靈囿에 계시니 사슴이 그곳을 편안히 여기도다. 사슴이 살찌고 윤택하거늘 백조가 깨끗하고 희도다. 왕이 靈沼에 계시니 아! 뛰어노는 물고기가 가득하도다.' 하니, 文王이 백성의 힘으로 臺와 沼를 만드셨으나 백성이 즐거워하여, 그 臺를 靈臺라 하고 그 沼를 靈沼라 하여 사슴, 물고기, 자라가 있음을 즐기니, 옛사람이 백성과 함께 즐겼기 때문에 즐길 수 있었던 것입니다.

集註 此는 引詩而釋之하야 以明賢者而後樂此之意라 詩는 大雅靈臺之篇이라 經은 量度(탁)也라 靈臺는 文王臺名也라 營은 謀為也라 攻은 治也라 不日은 不終日也라 亟은 速也니 言文王戒以勿亟也라 子來는 如子來趨父事也라 靈囿靈沼는 臺下有囿하고 囿中有沼也라 麀는 牝鹿也라 伏은 安其所하야 不驚動也라 濯濯은 肥澤貌요 鶴鶴은 潔白貌라 於는 歎美辭라 牣은 滿也라 孟子言文王이 雖用民力이나 而民이 反歡樂之하야 旣加以美名하고 而又樂其所有하니 蓋由文王能愛其民이라 故로 民樂其樂하야 而文王亦得以享其樂也니라.

大文字義 [經경] 측량하다. [靈영] 신령스럽다. [營영] 도모하다. [攻공] 짓다. [亟극] 빨리. [子자] 자식과 같다. [囿유] 나라동산. [麀우] 암사슴. [攸유] 所. [濯탁] 살찌다, 빨다. [鶴학] 희다, 두루미. [於오] 아!. [牣인] 가득차다. [躍약] 뛰어놀다. [歡환] 즐거워하다. [麋미] 숫 사슴. [鼈별] 자라. [與여] 더불어, 와.(上聲). [偕해] 모두.

大文句文 [經始靈臺] 영대를 만들기 시작하다. [經之營之] 측량하고 계획하다. [麀鹿攸(所)伏] 사슴이 그곳을 편안히 여기다. [麀鹿濯濯] 사슴이 살찌고 윤택하다. [白鳥鶴鶴] 백조가 깨끗하고 희다. [於牣魚躍] 아! 뛰어노는 물고기가 가득차도다. [古之人] 文王을 가리킨다.

集註字義 [引인] 인용하다. [釋석] 풀이하다, 해석하다. [度탁] 헤아리다. [謀모] 계획하다. [終종] 끝내다. [趨추] 달려오다. [牝빈] 암컷. [驚경] 놀라다. [動동] 동요하다. [肥비] 살찌다. [澤택] 윤기가 나다. [潔결] 깨끗하다. [嘆탄] 탄미하다, 감탄하다. [滿만] 가득하다. [雖수] 비록. [享향] 누리다.

集註句文 [不終日也] 하루가 끝나지 않은 것이다. [牝鹿] 암사슴. [安其所] 그곳을 편안히 여기다. [由~故] ~ 때문에.

詩經 [大雅 文王之什 靈臺篇 4章]

大義 문왕이 천명을 받음에 영대와 영소의 덕이 있음을 백성들이 즐거워하여 조수와 곤충에까지 미쳐간 것을 찬미한 것이다.

詩解 1장. 經始靈臺하야 經之營之하시니 庶民攻之라 不日成之로다. 經始勿亟하시나 庶民子來로다.

영대를 짓기 시작하여 측량하며 계획하시니, 서민들이 짓는지라 하루가 못되어 완성하도다. 시작함을 서둘지 말라 하시나, 서민이 자식처럼 달려오도다.
2장. 王在靈囿하시니 麀鹿攸伏이로다. 麀鹿濯濯이어늘 白鳥翯翯이로다. 王在靈沼하시니 於牣魚躍이로다.
왕이 영유에 계시니 암사슴이 그곳을 편히 여기도다. 암사슴이 살찌고 윤기 나거늘 백조는 깨끗하고 희도다. 왕이 영소에 계시니 아! 뛰노는 물고기 가득하도다.
3장. 虡業維樅이요 賁鼓維鏞이로소니, 於論鼓鍾이여 於樂辟廱이로다.
종과 경쇠 매단 틀이요 북과 종이 걸려 있으니, 아! 절주에 맞게 종을 침이여 아! 학궁에서 즐기도다.
4장. 於論鼓鍾이여 於樂辟廱이로다. 鼉鼓逢逢하니 矇瞍奏公이로다.
아! 절주에 맞게 종을 침이여 아! 학궁에서 즐기도다. 악어 북 둥둥 치니 악사들 음악을 연주하도다.

자구 [翯학] 함지르르하다, 희다. 새의 날개가 희고 깨끗한 모양. [虡거] 종틀. [業업] 종틀 상부 횡부재 위에 있는 장식 판. [樅종] 종경을 매다는 곳. [賁분] 큰 북. [鏞용] 큰 종. [論륜] 조리(倫). [辟벽] 둥근 옥(璧). [廱옹] 천자의 학궁. [鼉타] 악어. [逢逢] 둥둥(북치는 소리) [矇몽] 어둡다. [瞍수] 소경. [奏주] 연주하다.

참고 靈臺벽옹은 文王의 學宮이고, 鎬京벽옹은 武王의 學宮이다.(張子)

湯誓에 曰 時日은 害喪고 予及女로 偕亡이라하니 民欲與之偕亡이면 雖有臺池鳥獸나 豈能獨樂哉리잇고

書經 湯誓에서 이르기를, '이 해는 언제나 없어질까? 내가 너와 함께 망하리라' 하니, 백성이 그와 더불어 모두 망하기를 바란다면 비록 臺와 연못과 새와 짐승이 있으나 어찌 홀로 즐길 수 있겠습니까?"

集註 此는 引書而釋之하야 以明不賢者雖有此不樂之意也라 湯誓는 商書篇名이라 時는 是也라 日은 指夏桀이라 害는 何也라 桀嘗自言吾有天下는 如天之有日하니 日亡이라야 吾乃亡耳라하니 民怨其虐이라 故로 因其自言하야 而目之曰 此日이 何時亡乎아 若亡則我寧與之俱亡이라하니 蓋欲其亡之甚也라 孟子引此하야 以明君獨樂而不恤其民이면 則民怨之하야 而不能保其樂也니라.

大文字義 [湯탕] 商나라 湯王. [誓서] 맹세하다. [害갈] 어찌. [喪상] 없어지다. [偕해]

모두, 함께. [欲욕] 바라다.

集註字義 [指지] 가리키다. [桀걸] 하나라 폭군 걸왕, 홰. [怨원] 원망하다. [虐학] 학대하다. [寧녕] 차라리. [甚심] 심하다. [恤휼] 구제하다, 구휼하다. [保보] 보존하다.

참 고 [湯誓] 하나라 걸왕이 포악하여 湯이 정벌하고서 백성을 위로하고, 桀을 토벌한 뜻을 告諭한 내용이다.

3장 梁惠王이 曰 寡人之於國也에 盡心焉耳矣로니 河內凶則移其民於河東하며 移其粟於河內하고 河東이 凶커든 亦然하노니 察鄰國之政혼댄 無如寡人之用心者로되 鄰國之民이 不加少하며 寡人之民이 不加多는 何也잇고

양혜왕왈, "내가 나의 나라에 대해 마음을 다할 뿐인데, 河內가 흉년이 들면 그 백성을 하동으로 옮기며 곡식을 하내로 옮기고, 하동이 흉년이 들면 또한 그렇게 하였습니다. 이웃나라의 정사를 살펴보니 나처럼 마음 쓰는 자가 없는데. 이웃나라의 백성이 더 줄지 않고 나의 백성이 더 늘지 않는 것은 어째서 입니까?"

集註 寡人은 諸侯自稱이니 言寡德之人也라 河內河東은 皆魏地라 凶은 歲不熟也라 移民以就食하고 移粟以給其老稚之不能移者라.

大文字義 [寡과] 부족하다 [盡진] 다하다. [耳이] 뿐. [凶흉] 흉년들다. [移이] 옮기다. [粟속] 조, 곡식. [然연] 그러하다. [察찰] 살피다. [鄰린] 이웃. [政정] 정사. [用용] 쓰다. [加가] 더.

大文句文 [寡人] 寡德之人의 줄인 말로 제후 임금이 자신을 일컫는 말.

集註字義 [稱칭] 일컷다. [魏위] 위나라. 본래는 舜과 禹의 옛 도성이며, 周나라 초기 동성을 봉해 준 나라로 晉獻公에게 멸망당함. [歲세] 한해의 작황. [熟숙] 익다. [就취] 나아가다. [稚치] 어린이.

集註句文 [就食] 就可食之의 줄인 말로써 나아가서 먹을 수 있게 하다. [老稚] 늙은이와 어린이.

孟子對曰 王이 好戰하실새 請以戰喩호리이다 塡然鼓之하야 兵刃旣接이어든 棄甲曳兵而走호대 或百步而後에 止하며 或五十步而後에 止하야 以五十步로 笑百步則何如하니잇고 曰 不可하니 直不百步耳언정 是亦走也니이다 曰 王如知此則無望民之多於鄰國也하소서

맹자 對曰, “왕이 전쟁을 좋아하시니 삼가 전쟁으로써 비유하겠습니다. 둥둥 북을 치면서 병기와 칼날이 서로 접하면 갑옷을 버리고 병기를 끌면서 달아나되, 或者는 100보를 달아난 뒤에 멈추고 或者는 50보를 달아난 뒤에 멈춰서, 50보를 달아난 사람으로서 100보를 달아난 사람을 비웃는다면 어떠하겠습니까?” 王曰, “불가합니다. 다만 100보가 아닐 뿐이지 이 또한 달아난 것입니다.” 맹자왈, “왕께서 이것을 아셨다면 백성들이 이웃나라보다 더 많아지기를 바라지 마소서.

集註 塡은 鼓音也니 兵以鼓進하고 以金退라 直은 猶但也라 言此하야 以譬鄰國不恤其民하고 惠王能行小惠나 然이나 皆不能行王道以養其民하니 不可以此而笑彼也라 楊氏曰 移民移粟은 荒政之所不廢也라 然이나 不能行先王之道하고 而徒以是爲盡心焉이면 則末矣니라.

大文字義 [請청] 삼가. [喩유] 비유하다. [塡전] 둥둥(북소리). [鼓고] 북을 치다. [刃인] 칼날. [棄기] 버리다. [甲갑] 갑옷. [曳예] 끌다. [走주] 달아나다. [止지] 멈추다. [笑소] 비웃다. [直직] 다만.

大文句文 [兵刃旣接] 병기와 칼날이 서로 부딪치다.

集註字義 [兵병] 병사. [進진] 진격하다. [金금] 金을 치다. [退퇴] 퇴각하다. [譬비] 비유하다. [恤] 구제하다, 구휼하다. [養양] 기르다, 양성하다. [荒황] 흉년들다. [末말] 그만이다.

集註句文 [以金退] 金(징)을 쳐서 물러나게 하다. [能行小惠] 작은 은혜를 시행할 줄을 안다. [不可以此而笑彼] 이것으로써 저들을 비웃을 수 없다. 즉 50보를 도망한 사람이 100보를 도망한 사람을 비웃을 수 없다. [荒政] 흉년에 백성을 구제하는 정사(救荒之政). [以是爲盡心] 이것으로써 마음을 다했다고 여기다.

不違農時면 穀不可勝食也며 數罟를 不入洿池면 魚鼈을 不可勝食也며 斧斤을 以時入山林이면 材木을 不可勝用也니 穀與魚鼈을 不可勝食하며 材木을 不可勝用이면 是는 使民養生喪死에 無憾也니 養生喪死에 無憾이 王道之始也니이다.

농사철을 어기지 않으면 곡식을 이루다 먹을 수가 없으며, 촘촘한 그물을 웅덩이나 연못에 들이지 않으면 물고기와 자라를 이루다 먹을 수가 없으며, 도끼와 자귀를 적절한 때에 산림에 들이면 재목을 이루다 쓸 수가 없을 것입니다. 곡식과 물고기와 자라를 이루다 먹을 수가 없으며 재목을 이루다 쓸 수 없게 된다면, 이것은 백성들로 하여금 산사람을 봉양하고 죽은 사람을 장사지내는데 유감이 없게 하는 것이니, 산사람을 봉양하고 죽은 사람을 장사지내는데 유감이 없게 하는 것이 王道의 시작입니다.

集註 農時는 謂春耕夏耘秋收之時니 凡有興作에 不違此時하고 至冬乃役之也라 不可勝食은 言多也라 數은 密也요 罟는 網也라 洿는 窊下之地니 水所聚也라 古者에 網罟를 必用四寸之目하야 魚不滿尺이면 市不得粥(육)하고 人不得食이라 山林川澤을 與民共之호되 而有厲禁하야 草木零落然後에 斧斤入焉하니 此皆為治之初에 法制未備하야 且因天地自然之利而撙節愛養之事也라 然이나 飮食宮室은 所以養生이요 祭祀棺槨은 所以送死니 皆民所急而不可無者어늘 今皆有以資之면 則人無所恨矣라 王道는 以得民心為本이라 故로 以此為王道之始하니라.

大文字義 [違위] 어기다, 거스리다. [穀곡] 곡식. [勝승] 이루 다하다. [數촉] 촘촘하다. [罟고] 그물. [洿오] 웅덩이. [鼈별] 자라. [斧부] 도끼. [斤근] 자귀. [穀곡] 곡식. [憾감] 유감으로 여기다. 유감스럽다.

大文句文 [數罟] 촘촘한 그물. [洿池] 못.

集註字義 [耕경] 밭을 갈다. [耘운] 김매다. [收수] 거두다. [役역] 부리다. [密밀] 조밀하다. [網망] 그물. [窊와] 우묵한 곳. [聚취] 모이다. [粥육] 팔다, 죽(죽). [厲여] 엄하다. [零영] 떨어지다. [撙준] 누르다, 꺾다. [棺관] 널(내관). [槨곽] 널(외관). [資자] 도와주다. [恨한] 한스러워하다.

集註句文 [興作] 공사를 일으키다. [山林川澤] 山林川澤의 이로움. [厲禁] 엄한 금령. [零落] 잎이 시들어서 떨어지다. [撙節] 씀씀이를 알맞게 하다.

五畝之宅에 樹之以桑이면 五十者 可以衣帛矣며 雞豚狗彘之畜을 無失其時면 七十者 可以食肉矣며 百畝之田을 勿奪其時면 數口之家 可以無飢矣며 謹庠序之敎하야 申之以孝悌之義면 頒白者 不負戴於道路矣리니 七十者 衣帛食肉하며 黎民이 不飢不寒이오 然而不王者 未之有也니이다.

5묘의 택지에 뽕나무를 심으면 오십 노인이 비단옷을 입을 수 있으며, 닭, 돼지, 개를 기르는데 새끼 칠 때를 잃지 않게 한다면 칠십 노인이 고기를 먹을 수가 있으며, 100묘의 田地를 그 농사짓는 때를 빼앗지 않는다면 온 집안사람이 굶주림이 없을 수 있으며, 학교의 가르침을 신중히 하여 孝悌의 義로써 거듭한다면 머리가 희끗희끗한 사람이 길에서 이고 지고하지 않을 것입니다. 칠십 노인이 비단옷 입고 고기 먹으며 백성들이 굶주리지 않고 추위에 떨지 않을 것이니. 이렇게 하고도 王 노릇하지 못한 사람은 있지 않습니다.

集註 五畝之宅은 一夫所受니 二畝半은 在田하고 二畝半은 在邑이라 田中에 不得有木이니 恐妨五穀이라 故로 於墻下植桑하야 以供蠶事라 五十始衰하야 非帛不煖하니 未五十者는 不得衣也라 畜은 養也라 時는 謂孕字之時니 如孟春犧牲毋用牝之類也라 七十엔 非肉不飽하니 未七十者는 不得食也라 百畝之田은 亦一夫所受니 至此면 則經界正하고 井地均하야 無不受田之家矣라 庠序는 皆學名也라 申은 重也니 丁寧反覆之意라 善事父母爲孝요 善事兄長爲悌라 頒은 與班同하니 老人頭半白黑者也라 負는 任在背요 戴는 任在首라 夫民이 衣食不足이면 則不暇治禮義요 而飽煖無敎면 則又近於禽獸라 故로 旣富而敎以孝悌면 則人知愛親敬長而代其勞하야 不使之負戴於道路矣라 衣帛食肉을 但言七十은 擧重以見輕也라 黎는 黑也라 黎民은 黑髮之人이니 猶秦言黔首也라 少壯之人은 雖不得衣帛食肉이나 然이나 亦不至於飢寒也라 此는 言盡法制品節之詳하고 極財成輔相之道하야 以左右民이니 是는 王道之成也니라.

大文字義 [畝묘,무] 밭이랑. [樹수] 심다. [桑상] 뽕나무. [帛백] 비단. [雞계] 닭. [豚돈] 돼지. [狗구] 개. [彘체] 돼지. [畜휵] 가축, 기르다. [飢기] 굶주리다. [庠상] 주나라 때 학교 이름. [序서] 상나라 때 학교 이름. [申신] 거듭하다. [悌제] 공경하다. [頒반] 반쯤 세다, 반백. [負부] 등에 지다. [戴대] 머리에 이다. [黎려] 검다.

大文句文 [五畝之宅] 5묘의 택지. 井田法에서는 邑에 2.5묘, 농지에 농막용으로 2.5

묘의 택지를 지급하므로 택지는 모두 5묘가 된다. [無失其時] 그 적당한 때를 잃지 않는다. [數口之家] 1戶에 거주하는 한 식구. [庠序] 학교의 통칭. [頒白者] 반백이 된 늙은이. [黎民] 백성, 백성은 冠이 없으므로 위에서 내려다 볼 때 검은 머리만 보이므로 여민이라 하였음.

集註字義 [恐공] 아마도. ~할까 두렵다, ~할까 염려된다. [妨방] 방해하다. [墻장] 담장. [供공] 이바지하다, [蠶잠] 누에, [衰쇄] 몸이 쇄하다. [煖난] 따뜻하다. [孕잉] 새끼배다. [字자] 새끼 치다. [犧희] 희생. [牲생] 희생. [牝빈] 암컷. [飽포] 배부르다. [均균] 균등하다. [重중] 거듭. [丁정] 정중하다. [寧녕] 편안하다. [覆복] 다시. [班반] 아롱다롱, 반백. [任임] 짐. [背배] 등. [暇가] 겨를. [勞로] 수고로움. [擧거] 들다. [黔검] 검다. [財재] 재단하다. [輔보] 돕다. [相상] 돕다. [左좌] 돕다(佐). [右우] 돕다(佑).

集註句文 [一夫所受] 한 세대주가 받는 것. [恐妨五穀] 오곡을 방해할까 염려된다. [孕字之時] 새끼를 잉태할 때. [犧牲] 희생, 제사에 올리는 짐승. [經界正] 경계가 바르게 되다. [丁寧] 정중함, 친절함. [擧重以見輕] 중요한 것을 들어 가벼운 것을 드러낸다. [黔首] 백성. 黎民과 같은 의미임. [法制品節] 법제와 품절, [財成] 지나친 것을 억제시키다. 잘 재단하여 만들다. [左右民] 백성을 다스리다.

狗彘食人食而不知檢하며 塗有餓莩호되 而不知發하고 人死則曰非我也라 歲也라하나니 是何異於刺人而殺之曰 非我也라 兵也리오 王無罪歲하시면 斯天下之民이 至焉하리이다.

개, 돼지가 사람이 먹어야 할 것을 먹는데도 단속할 줄 모르며, 길에 굶어죽은 시체가 있는데도 창고를 열 줄 모르고, 사람이 죽으면 내 잘못이 아니라 흉년 때문이라 하니, 이것은 사람을 찌르고서 그를 죽인 것은 내가 아니라 병기 때문이라고 말하는 것과 무엇이 다르겠습니까? 왕께서 흉년을 탓하지 않으신다면 바로 천하의 백성들이 모여들게 될 것입니다."

集註 檢은 制也라 莩는 餓死人也라 發은 發倉廩以賑貸也라 歲는 謂歲之豐凶也라 惠王이 不能制民之産하고 又使狗彘로 得以食人之食하니 則與先王制度品節之意로 異矣라 至於民飢而死로되 猶不知發하니 則其所移는 特民間之粟而已어늘 乃以民不加多로 歸罪於歲凶하니 是는 知刃之殺人이요 而不知操刃者之殺人也라 不罪歲면 則必能自反而益脩其政하야 天下之民이 至焉

하리니 則不但多於鄰國而已니라. ○程子曰 孟子之論王道不過如此하시니 可謂實矣로다 又曰 孔子之時에 周室雖微나 天下猶知尊周之為義라 故로 春秋엔 以尊周為本하고 至孟子時하야는 七國爭雄하야 天下不復知有周하고 而生民之塗炭이 已極하니 當是時하야 諸侯能行王道면 則可以王矣니 此는 孟子所以勸齊梁之君也라 蓋王者는 天下之義主也니 聖賢亦何心哉시리오 視天命之改與未改耳시니라.

大文字義 [檢검] 단속하다. [塗도] 길. [餓아] 굶주리다. [莩표] 굶어죽다. [發발] 창고를 열다. [歲세] 흉년. [剌척] 찌르다. [至지] 모여들다.

大文句文 [不知檢] 단속할 줄 모르다. [不知發] 창고를 열줄 모르다. [王無罪歲] 왕이 흉년을 탓하지 않다.

集註字義 [倉창] 곡식을 보관하는 곳간. [廩름] 곡식을 보관하는 곳간. [賑진] 구제하다, 구휼하다. [貸대] 빌려주다. [特특] 다만. [操조] 잡다, 조정하다. [反반] 돌이켜 반성하다. [益익] 더욱. [實실] 실학. [雄웅] 뛰어남. [塗도] 진흙. [炭탄] 숯구덩이. [極극] 극에 달하다. [勸권] 권하다.

集註句文 [倉廩] 곡식 창고. [賑貸] 나라의 곡식을 풀어 어려운 백성에게 꾸어 주는 일, 구제하다. [制民之產] 백성들의 생업을 만들어주다.

4장 梁惠王이 曰 寡人이 願安承教하노이다.

양혜왕왈 "내가 삼가 뜻을 편안히 하여 가르침을 받들고자 합니다."

集註 承上章하야 言願安意以受教라.

大文字義 [承승] 받들다. [教교] 가르침.

孟子對曰 殺人以梃與刃이 有以異乎잇가 曰無以異也니이다.

맹자 對曰, "몽둥이와 칼로 사람을 죽이는 것이 다른 점이 있습니까?" 王曰, "다를 것이 없습니다."

集註 梃은 杖也라

大文字義 [梃정] 몽둥이. [異이] 다르다.

大文句文 [梃與刃] 몽둥이와 칼.

集註字義 [杖장] 몽둥이, 지팡이.

以刃與政이 有以異乎잇가 曰 無以異也니이다.

맹자왈, "칼과 정사로 사람을 죽이는 것이 다른 점이 있습니까?" 王曰, "다를 것이 없습니다."

集註 孟子又問에 而王答也라.

曰庖有肥肉하며 廐有肥馬요 民有飢色하며 野有餓莩면 此는 率獸而食人也니이다.

맹자왈, "푸줏간에는 살찐 고기가 있고 마구간에는 살찐 말이 있는데도 백성은 굶주린 기색이 있으며 들에는 굶어 죽은 시체가 있다면, 이것은 짐승을 몰아다가 사람을 잡아먹게 하는 것입니다.

集註 厚斂於人하야 以養禽獸하야 而使民飢以死면 則無異於驅獸以食人矣라.

大文字義 [庖포] 푸줏간. [肥비] 살찌다. [廐구] 마굿간. [餓아] 굶주리다. [莩표] 굶어 죽다. [率솔] 인솔하다, 거느리다. [獸수] 짐승. [食식] 잡아먹다,

大文句文 [野有餓莩] 들에는 굶어죽은 시체가 있다.

集註字義 [斂렴] 세금을 걷다. [驅구] 몰다

集註句文 [厚斂] 세금을 무겁게 걷다. [無異於驅獸以食人] 짐승을 몰아다가 사람을 잡아먹게 하는 것과 다름이 없다.

獸相食을 且人이 惡之하나니 為民父母라 行政호대 不免於率獸而食人이면 惡在其為民父母也리잇고

짐승 끼리 서로 잡아먹는 것을 또한 사람이 싫어하니, 백성의 부모가 되어 정사를 행하되 짐승을 몰아다가 사람을 잡아먹게 함을 면치 못하게 한다면, 그가 백성의 부모 될 자격이 어디에 있겠습니까?

集註 君者는 民之父母也라 惡在는 猶言何在也라.

大文字義 [且차] 또, 또한. [惡오] 어디, 어찌.(平聲). [爲위] 되다. [行행] 시행하다. [免면] 면하다.

大文句文 [惡在其為民父母] 그가 백성의 부모될 자격이 어디에 있겠는가?

仲尼曰 始作俑者其無後乎인저하시니 為其象人而用之也시니 如之何其使斯民飢而死也리잇고

孔子曰, '처음에 장례에 인형을 만들어 사용한 자는 아마도 후사가 없을 것이다.' 하셨으니, 그가 사람을 본떠서 사용하였기 때문입니다. 어떻게 이 백성들로 하여금 굶주려 죽게 한단 말입니까?"

集註 俑은 從葬木偶人也라 古之葬者束草為人하야 以為從衛하고 謂之芻靈하니 略似人形而已러니 中古에 易之以俑하니 則有面目機發하야 而太似人矣라 故로 孔子惡其不仁하사 而言其必無後也라 孟子言此作俑者는 但用象人以葬이로되 孔子猶惡之하시니 況實使民飢而死乎아. ○李氏曰 為人君者固未嘗有率獸食人之心이라 然이나 徇一己之欲하야 而不恤其民이면 則其流必至於此라 故로 以為民父母로 告之하시니 夫父母之於子에 為之就利避害하야 未嘗頃刻而忘于懷하나니 何至視之不如犬馬乎아.

大文字義 [仲중] 버금. [尼니] 山名(尼丘山). [俑용] 목우, 허수아비. [其기] 아마도. [後후] 후사. [爲위] 만들다. [象상] 본뜨다. [使사] ~로 하여금 ~하게 하다.

大文句文 [作俑者] 장례에 인형을 만들어 사용한 자. [為其象人而用之也] 그가 사람을 본떠서 사용하기 때문이다. [其使斯民飢而死也] 이 백성들로 하여금 굶주려서 죽게 하다.

集註字義 [從종] 호위로 삼다. [葬장] 장례. [束속] 묶다. [衛위] 호위하다. [芻추] 꼴.

[略략] 대략. [似사] 비슷하다. [機기] 기계장치, 고동. [發발] 움직이다. [太태] 매우. [猶유] 오히려. [况황] 하물며. [嘗상] 일찍이~하다. [徇순] 따르다. [欲욕] 사욕. [流류] 말류. [頃경] 잠깐. [刻각] 시각. [懷회] 마음.

集註句文 [從葬木偶人也] 장례에 호위로 쓰려는 나무로 만든 허수아비이다. [以為從衛] 그것을 호위로 삼다. [芻靈] 띠풀을 묶어 만든 사람 인형. [面目機發] 얼굴과 눈이 기계장치로 움직이다. [其流必至於此] 그 말류의 폐단이 이 지경에 이르다.

承政院日記 [仁祖 15년 9월 16일, 作俑者]

臣於夏間 適在窮峽 竊聞自上命內局 以銀作燒酒之器。而臣則以爲若在平時 則銀雖貴寶 而至尊所御 非此而何 至如今時 則大有所未安者。蓋被擄之民 惟以此物得活 而今日之君臣上下 若有此物而不爲贖還之需 而乃爲飮食服飾之觀美 則其爲未安 或有甚於作俑者。外間傳說 雖難准信 而如無此事則已 若有萬分近似者 則不可不亟破其器 以送瀋陽贖還被擄人中尤甚窮民 亦或補過之一道也。

解義 예조좌랑 許博이 상소하기를, "신이 여름에 마침 궁벽한 산골짜기에 있었는데, 上께서 은으로 소주잔을 만들도록 내국에 명하셨다는 소식을 들었습니다. 만약 평상시라면 은이 비록 귀중한 보배이지만 至尊을 모시는데 이것이 아니면 그 무엇을 쓰시겠습니까마는, 오늘날에 이르러서는 매우 온당치 못한 점이 있다고 생각합니다. 대개 포로로 잡혀 간 백성이 오직 이 물건을 사용해서만 살아 날 수 있는데, 오늘날 군신 상하가 만약 이 물건을 가지고 있으면서 속환의 쓰임으로 삼지 않고 도리어 음식과 의복의 觀美만을 위한다면, 그 온당치 못함이 혹 土俑을 만든 자보다 심함이 있을 것입니다. 외간에 전해지는 말이 비록 准信하기 어렵다 하더라도 만약 이런 일이 없었다면 그만이지만, 조금이라도 이와 유사한 일이 있었다면 속히 그 그릇을 깨뜨려 심양의 속환할 포로 가운데 더욱 곤궁함이 심한 백성에게 보내지 않을 수 없으니, 또한 허물을 메우는 한 가지 방법일 것 입니다."

자구 [峽협] 골짜기. [竊절] 삼가, 도둑질하다. [擄로] 사로잡다, 노략질하다. [贖속] 속전을 내다, 속죄하다. [需수] 공급하다, 쓰이다. [乃내] 도리어, 이에, 곧. [准준] 준하다, 의거하다. [准信] 준거하여 믿다. [亟극] 빨리.(入聲)./ 자주.(기, 去聲).

5장 梁惠王이 曰 晉國이 天下에 莫强焉은 叟之所知也라 及寡人之身하야 東敗於齊에 長子死焉하고 西喪地於秦七百里하고 南辱於楚하니 寡人이 恥之하야 願比死者하야 一洒之하노니 如之何則可니잇고

양혜왕왈, "晉나라가 천하에 막강한 것은 夫子께서도 아시는 바입니다. 저의 대에 이르러서 동쪽으로는 제나라에게 패하여 맏아들이 죽었고(馬陵之戰), 서쪽으로는 秦나라에게 700리 땅을 잃어버리고 남쪽으로는 초나라에 모욕을 당하였습니다. 내가 이것을 부끄럽게 여겨 원컨대 죽은 자들을 위하여 한번 설욕하려고 하는데 어찌하면 되겠습니까?"

集註 魏는 本晉大夫魏斯가 與韓氏趙氏로 共分晉地하야 號曰 三晉이라 故로 惠王이 猶自謂晉國이라 惠王三十年에 齊擊魏하야 破其軍하고 虜太子申하며 十七年에 秦取魏少梁하고 後에 魏又數獻地於秦하며 又與楚將昭陽戰敗하야 亡其七邑하니라 比는 猶爲也니 言欲爲死者하야 雪其恥也라.

大文字義 [莫막] 누구도~하지 않다. 아무것도~하지 않다. [强강] 굳세다. [喪상] 상실하다. [辱욕] 모욕을 당하다. [恥치] 부끄럽다. [比비] 위하여(爲). [洒쇄] 씻다, 설욕하다.

大文句文 [願比死者] 원컨대 죽은 사람을 위하여. [一洒之] 한번 설욕하고자 하다.

集註字義 [號호] 부르다, 호칭하다. [猶유] 오히려. [擊격] 공격하다. [破파] 깨뜨리다. [取취] 차지하다. [數삭] 자주. [虜노] 사로잡다. [獻헌] 바치다. [雪설] 설욕하다.

참고 晉은 武王의 아들 叔虞를 成王이 唐에 봉해준 나라로서 翼에 도읍하고 당숙의 아들 燮父가 晉侯가 되었다. 춘추 시대에 晉나라에 范氏, 中行氏, 智氏, 韓氏, 魏氏, 趙氏가 六卿이었는데 후에 三家가 멸망하고 韓魏趙가 晉나라 땅을 삼분하여 차지하였다. 이들은 晉康公을 유폐하고서 周威烈王 戊寅 23년에 이르러 周王에게 제후가 되기를 요청하여 각각 魏나라, 趙나라, 韓나라를 세웠다.

참고 秦나라는 顓頊의 후손으로 舜을 도운 공으로 嬴姓을 하사받고, 周孝王 때 襄公이 養馬官이 되어 功이 있어 부용국으로 삼아 秦에 도읍하게 하였다. 周平王이 동천할 때 서융을 토벌한 공으로 岐와 豊의 땅을 하사받아 제후가 되었다.

참고 楚나라는 顓頊의 후손으로 芈(미)姓을 하사받았다. 鬻(육)熊이 周文王과 武

王의 스승이었으므로 成王이 그의 증손 熊繹을 荊蠻에 봉하였다. 그 후 郢으로 도읍을 옮기고 국호를 楚라 하였다.

참고 齊나라의 선조는 요순 때 四岳의 관직에 있었고 禹임금 때 치산치수의 공으로 呂땅에 봉해졌다. 그 후손 呂尙이 周文王과 武王을 섬겨 천하를 평정한 공으로 營丘에 봉해져 제후가 되었다. 齊康公이 田和에 의해 폐출되어 여상의 제나라가 망하고 田氏의 齊나라가 성립되었다.

通鑑節要 [周顯王 28年, 馬陵之戰]

魏龐涓伐韓한대 韓請救於齊어늘 齊威王因起兵하야 孫臏為師하야 以救韓할새 直走魏都하니 龐涓聞之하고 去韓而歸魏하다。魏大發兵하야 以太子申為將하야 以禦齊師어늘 孫子謂田忌曰 彼三晉之兵이 素悍勇而輕齊하야 齊號為怯이라하니 善戰者因其勢而利導之하나니 兵法에 百里而趣利者는 蹶上將하고 五十里而趣利者는 軍半至라하고 乃使齊軍으로 入魏地하야 為十萬竈하고 明日為五萬竈하고 又明日為二萬竈하다。龐涓行三日에 大喜曰 我固知齊軍怯이로다 入吾地三日에 士卒亡者過半矣라하고 乃棄其步軍하고 與其輕銳倍日并行逐之하다. 孫子度其行하니 暮當至馬陵이요 馬陵道陜而旁多阻隘하야 可伏兵이라 乃斫大樹하야 白而書之曰 龐涓死此樹下하리라하고 於是에 令齊師善射者萬弩로 夾道而伏하고 期日暮하야 見火擧而俱發하니 龐涓果夜到 斫木下하야 見白書하고 以火燭之하야 讀未畢에 萬弩俱發하니 魏師大亂相失이라. 龐涓自知智窮兵敗하고 乃自剄하니 齊因乘勝大破魏師하다.

解義 魏나라 龐涓이 韓나라를 정벌하려 하였는데 韓나라가 齊나라에 구원을 요청하자 齊威王이 군사를 일으켜 孫臏을 군사로 삼아 한나라를 구원할 때에 곧바로 위나라 도성을 공격하니 방연이 이 소식을 듣고 韓나라를 떠나 위나라로 회군하였다. 위나라가 크게 군사를 동원하여 태자 申을 장수로 삼고서 제나라 군사를 막게 하였다. 손빈이 田忌에게 말하기를, "위나라 군사들은 평소에 사납고 용맹하여 제나라를 가볍게 보고서 겁보라고 한다. 싸움을 잘하는 자는 그 형세를 이용하여 이롭게 이끌어낸다고 하니, 병법에 하루에 100里를 달려가서 이익을 취하는 자는 상장군이 넘어지고, 50리를 달려가서 이익을 취하는 자는 군사들이 절반만 돌아온다." 하고서, 제나라 군사를 위나라에 들어가게 하여 십만 개의 아궁이를 만들게 하고 다음 날에는 오만 개를 만들게 하고 또 그 다음날에는 이만 개의 아궁이를 만들게 하였다. 방연이 행군한지 삼일 만에 크게 기뻐하면서 말하기를, "나는 참으로 제나라가 겁보라는 것을 알았도다. 내가 우리 땅에 들어온 지 삼일 만에 병졸 가운데 도망친 자가 반을 넘었다." 하고, 마침내 보병을 버리고 가볍게 무장한 정예병과 하루 만에

이틀 갈 노정을 아울러 달려 제나라 군사를 추격하였다. 손빈이 그 행군을 헤아려 보니 저물녘에 위나라 군사가 마땅히 馬陵에 도착할 것이고, 마릉은 길은 좁고 막힌 곳이 많아서 군사를 매복시킬 만 하였다. 마침내 큰 나무를 깎아서 하얗게 하여 거기에다 글을 쓰기를, "방연이 이 나무 아래서 죽을 것이다." 하고, 이에 제나라 군사 중에 궁노를 잘 쏘는 사람에게 만개의 쇠뇌를 가지고서 길 양쪽에 매복하게 하고 날이 저물기를 기다려 불빛이 올라오는 것을 보거든 모두 발사하게 하였다. 방연이 과연 밤에 깎아 놓은 나무 아래에 이르러 白書를 보고서 불을 밝히게 하여 읽기를 마치기도 전에 만개의 쇠뇌가 모두 발사하니, 위나라 군사가 크게 혼란하여 서로 대오를 잃었다. 위나라 방연이 스스로 지혜가 다하고 군사들이 패배한 것을 알고서 마침내 스스로 목을 찔러 죽으니 제나라가 승세를 타고 위나라 군사를 대파시켰다.

자구 [龐방] 姓, 크다. [涓연] 실개천. [忌기] 꺼리다, 질투하다. [嬰영] 어린아이. [盼반] 눈 예쁘다. [臏빈] 월형, 슬개골. [師사] 군사, 스승. [悍한] 사납다. [怯겁] 두려워하다. [蹶궐] 넘어지다, 뛰어 일어나다(궐). [竈조] 아궁이. [棄기] 버리다. [銳예] 날카롭다. [倍日幷行] 하루에 이틀 갈 노정을 아울러 가다. [陿협] 좁다. [旁방] 곁, 널리. [阻조] 막히다. [隘애] 좁다. [斫작] 베다, 깍다. [弩노] 쇠뇌. [夾협] 끼다, 좁다. [伏복] 매복하다.

孟子對曰 地方百里而可以王이니이다.

맹자 對曰, "땅이 사방 100里면 王道를 시행할 수 있습니다.

集註 百里는 小國也라 然이나 能行仁政이면 則天下之民이 歸之矣라.

大文字義 [方방] 사방, [王왕] 왕노릇하다, 왕도를 행하다.

王如施仁政於民하사 省刑罰하시며 薄稅斂하시면 深耕易耨하고 壯者以暇日로 脩其孝悌忠信하야 入以事其父兄하며 出以事其長上하리니 可使制梃하야 以撻秦楚之堅甲利兵矣리이다.

王께서 만일 백성들에게 仁政을 베푸시어 형벌을 줄이시며 세금 걷기를 가볍게 하시면 밭갈이를 깊게 하며 김매기를 잘 하고, 젊은 사람은 여가에 孝悌忠信을 닦아 집에 들어가서는 부모를 섬기며 밖에 나가서는 어른을 섬길 것입니다. 이들을 시켜 몽둥이를 만들게 하여 秦楚의 단단한 갑옷과 예리한 병기를 쳐부수게 할 수 있을 것입니다.

集註 省刑罰薄稅斂此二者는 仁政之大目也라 易는 治也요 耨는 耘也라 盡己之謂忠이요 以實之謂信이라 君行仁政이면 則民得盡力於農畝하고 而又有暇日以脩禮義라 是以로 尊君親上하야 而樂於效死也라.

大文字義 [如여] 만일. [施시] 시행하다. [刑형] 형벌. [罰벌] 죄. [省생] 줄이다. [薄박] 박하게 하다. [稅세] 세금 [斂염] 세금을 거두다. [易이] 다스리다, 잘하다. [耨누] 김매다. [壯장] 젊다. [撻달] 치다, 종아리를 치다. [堅견] 단단하다. [甲갑] 갑옷. [利리] 예리하다. [兵병] 병장기.

大文句文 [省刑罰] 형벌을 줄이다, 형벌을 경감하다. [薄稅斂] 세금 걷기를 박하게 하다. 세금을 가볍게 하다. [深耕易耨] 밭갈이를 깊게 하고 김매기를 잘하다.

集註字義 [目목] 조목. [耘운] 김매다. [效효] 바치다.

集註句文 [仁政之大目] 인정의 큰 절목. [脩禮義] 예의를 정리하다. [樂於效死] 목숨을 바쳐 죽기를 즐거워하다.

彼奪其民時하야 使不得耕耨하야 以養其父母하면 父母凍餓하며 兄弟妻子離散하리니

저들이 백성들이 농사짓기에 알맞은 때를 빼앗아 밭 갈고 김매기를 못하게 하고서 부모를 봉양하게 한다면 부모는 추위에 떨고 굶주리며 형제와 처자들은 흩어질 것이니,

集註 彼는 謂敵國也라.

大文字義 [奪탈] 빼앗다. [凍동] 추위에 떨다. [餓아] 굶주리다. [離리] 헤어지다. [散산] 흩어지다.

集註字義 [敵적] 대등하다.

彼陷溺其民이어든 王이 往而征之하시면 夫誰與王敵이리잇고

저들이 백성을 함정에 빠트리고 물에 빠트리거든 王께서 가셔서 바로잡으신다면 누가 왕과 대적하겠습니까?

集註 陷은 陷於阱이요 溺은 溺於水니 暴虐之意라 征은 正也라 以彼暴虐其民으로 而率吾尊君親上之民하야 往正其罪하면 彼民이 方怨其上하야 而樂歸於我하리니 則誰與我為敵哉리오.

大文字義 [陷함] 함정에 빠지다. [溺익] 물에 빠지다. [征정] 정벌하다. [敵적] 대적하다.

集註字義 [阱정] 함정. [暴포] 사납다. [虐학] 학대하다. [尊존] 높이다. [親친] 친애하다. [正정] 바로잡다.

集註句文 [尊君親上] 임금을 높이고 윗사람을 친애하다. [樂歸於我] 나에게 귀부하기를 즐거워하다.

故曰 仁者는 無敵이라하니 王請勿疑하소서

옛말에 이르기를, '仁者는 대적할 자가 없다' 하니, 王께서는 의심치 마소서!"

集註 仁者無敵은 蓋古語也라 百里可王은 以此而已니 恐王疑其迂闊이라 故로 勉使勿疑也라 ○孔氏曰 惠王之志는 在於報怨하고 孟子之論은 在於救民하니 所謂唯天吏則可以伐之니 蓋孟子之本意시니라.

大文字義 [請청] 부디. [勿물] 말라. [疑의] 의심하다.

集註字義 [迂우] 멀다, 애돌다. [闊활] 넓다, 멀다. [勉면] 노력하다.

集註句文 [迂闊] 세상 물정에 어둡다. [天吏] 하늘이 내려준 관리.

6장 孟子見梁襄王하시고

맹자께서 양양왕을 만나시고

集註 襄王은 惠王子니 名赫이라.

大文字義 [襄양] 나쁜 시호, 오르다

集註字義 [赫혁] 빛나다.

出語人曰 望之不似人君이오 <u>就之而不見所畏焉</u>이러니 卒然問曰 天下는 惡乎定고하야늘 吾對曰 定于一이라호라.

나오시면서 사람들에게 말씀하시기를, "멀리서 바라보면 임금 같지 않고 가까이 나가보면 두려운 바를 볼 수 없었는데, 갑자기 묻기를, '천하는 어떻게 해야 안정되겠습니까?' 하거늘, 내가 대답하기를, '하나로 합한 뒤에 안정될 것입니다.'

集 註 語는 告也라 不似人君不見所畏는 言其無<u>威儀</u>也라 卒然은 <u>急遽之貌</u>라 蓋容貌<u>辭氣</u>는 乃德之符니 其外如此면 則其中之所存者를 可知라 王問列國分爭하니 天下當何所定고한대 孟子對以必合于一然後定也시니라.

大文字義 [望망] 바라보다. [似사] 같다. [就취] 나아가다. [卒졸] 갑자기(猝). [惡오] 어느 곳.

大文句文 [就之而不見所畏焉] 가까이 나아가 보면 두려운 바를 볼 수 없다.

集註字義 [威위] 위엄. [儀의] 거동. [遽거] 급히. [容용] 모양. [辭사] 말. [氣기] 기운. [符부] 신표.

集註句文 [威儀] 몸가짐. [急遽之貌] 급박한 모양. [辭氣] 말, 말투, 말씨.

孰能一之오하야늘

王曰, '누가 하나로 합할 수 있겠습니까?'

集 註 王問也라.

對曰 不嗜殺人者 能一之라호라.

내가 대답하기를, '사람 죽이기를 좋아하지 않는 자가 하나로 합할 수 있을 것입니다.'

集 註 嗜는 甘也라.

大文字義 [嗜기] 좋아하다. [殺살] 죽이다.

孰能與之오하야늘

王曰, '누가 그에게 귀부할 수 있겠습니까?'

集註 王復問也라 與는 猶歸也라.
大文字義 [與여] 귀부하다, 돌아가다, 더불다.(上聲)

對曰 天下莫不與也니 王은 知夫苗乎잇가 七八月之間이 旱則苗 槁矣라가 天이 油然作雲하야 沛然下雨則苗 浡然興之矣나니 其如是면 孰能禦之리오 今夫天下之人牧이 未有不嗜殺人者也니 如有不嗜殺人者면 則天下之民이 皆引領而望之矣리니 誠如是也면 民歸之 由水之就下하리니 沛然을 誰能禦之리오호라.

내가 대답하기를, '천하에 귀부하지 않을 사람이 없을 것이니, 王은 저 싹이 자라나는 것을 아십니까? 七八月에 가뭄이 들면 싹이 말라 있다가 하늘이 뭉게뭉게 구름을 만들어 거침없이 비를 내리면 쑥쑥 자라나니, 그것이 이와 같다면 누가 막을 수 있겠습니까? 지금 천하의 군주들은 사람 죽이기를 좋아하지 않는 이가 없으니, 만약 사람 죽이기를 좋아하지 않는 이가 있다면 천하의 백성은 모두 목을 빼고서 기다릴 것입니다. 진실로 이와 같이 한다면 백성이 귀부하는 것이 물이 아래로 흐르는 것과 같을 것이니, 물밀듯하는 기세를 누가 막을 수 있겠습니까?'라고 하였노라."

集註 周七八月은 夏五六月也라 油然은 雲盛貌요 沛然은 雨盛貌요 浡然은 興起貌라 禦는 禁止也라 人牧은 謂牧民之君也라 領은 頸也라 蓋好生惡死는 人心所同이라 故로 人君이 不嗜殺人이면 則天下悅而歸之니라. ○蘇氏曰 孟子之言이 非苟爲大而已라 然이나 不深原其意而詳究其實이면 未有不以爲迂者矣라 予觀孟子以來로 自漢高祖及光武及唐太宗及我太祖皇帝히 能一天下者四君이 皆以不嗜殺人致之요 其餘는 殺人愈多而天下愈亂하며 秦晉及隋는 力能合之나 而好殺不已라 故로 或合而復分하고 或遂以亡國하니 孟子之言이 豈偶然而已哉시리오.
大文字義 [苗묘] 싹. [旱한] 가뭄이 들다. [槁고] 마르다. [油유] 성하게 일어나는 모양, (구름이) 일다. [作작] 만들다. [雲운] 구름. [沛패] (비가)쏟아지다, 거침

없이 내리다. [浡발] 일어나다, 성하다, 용솟음하다. [興흥] 일어나다. [禦어] 막다. [牧목] 기르다, 다스리다. [引인] 빼다. [領영] 목. [望망] 바라보다. [由유] 같다(猶). [就취] 나아가다.

大文句文 [油然作雲] 뭉게 뭉게 구름을 만들다. [沛然下雨] 거침없이 비를 내리다. [浡然興之] 성대하게 일어나다. [引領而望之] 목을 빼고 바라보다.

集註字義 [頸경] 목. [悅열] 기쁘다. [苟구] 진실로. [原원] 찾다. [求구] 궁구하다. [迂우] 우활하다, 세상물정을 모르다. [觀관] 관찰하다. [致치] 이룩하다. [愈유] 더욱더. [偶우] 우연.

集註句文 [牧民之君] 백성을 기르고 다스리는 군주, 제후, 지방관 등을 통칭함. [深原其意] 그 뜻을 깊이 찾다. 그 뜻에 대하여 깊이 근원을 추구하다.

참 고 [夏正과 周正] 북두칠성의 자루별이 초저녁에 寅方을 가리키는 달을 正朔으로 삼은 것이 夏正이며, 丑方을 가리키는 달을 正朔으로 삼은 것이 商正이며, 子方을 가리키는 달을 正朔으로 삼은 것이 周正이다. 즉, 夏正은 寅月이며, 商正은 丑月이며, 周正은 子月이 된다. 따라서, 夏正과 周正 사이에는 2개월 차가 발생하게 되어 周나라 七八月은 夏나라 五六月이 된다. 지금의 음력은 夏正을 따르고 있다.

7장 齊宣王이 問曰 齊桓晉文之事를 可得聞乎잇가

齊宣王이 問曰, "齊桓公과 晉文公의 일을 들을 수 있습니까?"

集 註 齊宣王은 姓田氏요 名辟彊이니 諸侯僭稱王也라 齊桓公晉文公은 皆霸諸侯者라.

集註字義 [辟벽] 임금, 다스리다.(入聲). [彊강] 굳세다. [僭참] 참람되다, 주제넘게 행동하다. [霸패] 으뜸.

참 고 [齊桓公] 제나라 15대 제후(BC 716년~BC 643년)이며 이름은 小白이다. 春秋五霸 중 한 사람이다. 포숙의 천거로 管仲을 재상으로 삼아 개혁을 추진하였다. 제환공은 尊王攘夷의 기치를 내걸고 북쪽으로 山戎을 공격하고, 남쪽으로 楚나라를 정벌하여 중원에서 패자가 되었다. 만년에 관중이 죽고, 易牙, 豎貂 등의 소인들을 등용시키는 바람에 끝내는 내란 중에 餓死하였다.

참 고 [晉文公] 진나라의 22대 제후(B.C.636~628년)이며, 晉獻公의 庶子로 犬戎의 공녀 소생이며 본명은 重耳이다. 부친의 애첩 驪姬의 흉계로 나라에서 쫓겨난 뒤 秦穆公의 원조를 받아 조카 懷公을 몰아내고 진나라의 제후가 된 후 내정을 안정시키고 군사, 경제력을 부흥시켰다. 城濮전쟁(B.C.632)에서 초나라를 격파하여 踐土에 중원 제후들을 소집하여 그들을 복종시켜 霸業을 이룩하였다.

孟子對曰 仲尼之徒 無道桓文之事者라 是以로 後世에 無傳焉하니 臣이 未之聞也호니 無以則王乎인져

맹자 對曰, "孔子의 門徒들은 제환공과 진문공의 일에 대하여 말한 사람이 없습니다. 이 때문에 후세에 전한 것이 없어서 臣이 듣지 못하였으니, 그만두지 말라 하신다면 王道에 대해 말하겠습니다."

集註 道는 言也라 董子曰 仲尼之門에 五尺童子羞稱五伯는 為其先詐力而後仁義也라하니 亦此意也라 以는 已通用이니 無已는 必欲言之而不止也라 王은 謂王天下之道라.

大文字義 [徒도] 문도, 무리. [道도] 말하다. [以이] 말다(已).

大文句文 [無以] 말지마라, 그만두지 말라.

集註字義 [董동] 감독하다. [羞수] 부끄러워하다. [伯패] 霸. [詐사] 속임수. [力력] 무력.

集註句文 [五伯] 五霸. [欲言之而不止] 어떤 것을 말하게 하여 그만두지 못하게 하다.

唐宋八大家文抄 蘇軾(3) [宋大家蘇文忠公文抄 卷13 管仲論一, 仲尼之徒 無道桓文之事者] 鄭太子華言於齊桓公하야 請去三族하고 而以鄭爲內臣이어늘 公將許之러니 管仲不可라 公曰 諸侯有討於鄭이나 未捷하니 苟有釁이면 從之不亦可乎아 管仲曰 君若綏之以德하고 加之以訓辭하고 而率諸侯以討鄭이면 鄭將覆亡之不暇하리니 豈敢不懼리잇고 蘇子曰 大哉라 管仲之相桓公也여 齊可以王矣로되 恨其不學道하야 不自誠意正心以刑其國하야 使家有三歸之病하고 而國有六嬖之禍라 故로 桓公不王하야 而孔子小之라 然이나 其予之也亦至矣하사 曰 桓公이 九合諸侯호되 不以兵車는 管仲之力也니 如其仁如其仁이리오하시니 曰 仲尼之徒 無道桓文之事者는 孟子蓋過矣니라.

解義 鄭나라 太子 華가 齊桓公에게 말하여 세 巨族을 제거하고 鄭나라를 內臣으로 삼을 것을 청하자, 환공이 이것을 허락하려 하였는데 管仲이 안된다고 하였다. 환공왈 "제후들이 정나라를 토벌하는 일이 있었으나 승리하지 못하였으니, 만약 정나라에 틈이 있다면 그것을 따르는 것 또한 괜찮지 않겠는가?" 관중왈, "군주께서 만약 정나라를 德으로써 편안하게 해주시고 정나라에게 훈계하는 말을 더해 주었는데 (정나라가 배반할 경우) 제후들을 거느리고 정나라를 토벌하신다면, 정나라는 장차 전복하여 멸망하기에도 겨를이

없을 것이니, 어찌 감히 두려워하지 않겠습니까?" 소동파왈, "훌륭하도다. 관중이 환공을 도움이여! 제나라는 왕도를 시행할 수 있었으나, 관중이 道를 배우지 아니하여 스스로 誠意와 正心으로 齊나라를 다스리지 못하여, 자기 집안에는 三歸의 병폐가 있고 齊나라에는 六嬖의 禍가 있었음을 한스러워 하노라. 그러므로 환공이 王道를 시행하지 못하여 공자께서 관중의 器局을 작게 여기신 것이다. 그러나 관중을 인정해 주심이 또한 지극하였다. 공자께서 말씀하시기를, '환공이 제후들을 규합하되 兵車를 사용하지 않은 것은 관중의 공이니, 누가 그 仁만 하겠느냐? 누가 그 仁만 하겠느냐?' 하셨으니, 맹자왈 '仲尼의 문도들은 제환공과 진문공의 일을 말한 자가 없다.' 하신 것은 맹자의 말씀이 지나치신 듯하다."

자구 [捷첩] 승리하다, 빠르다. [釁흔] 틈. [綏수] 편안하다. [覆복] 엎어지다. [暇가] 겨를. [嬖폐] 총애하다. [予여] 인정하다, 주다. [九合] 규합하다. [過과] 지나치다.

曰 德이 何如則可以王矣리잇고 曰 保民而王이면 莫之能禦也리이다.

王曰, "德이 어떠하면 王道를 시행할 수 있습니까?" 맹자왈, "백성을 애호하여 王道를 시행한다면 누구도 막을 수 없을 것입니다."

集註 保는 愛護也라.

大文句文 [莫之能禦] 누구도 막을 수 없다.

曰 若寡人者도 可以保民乎哉잇가 曰 可하니이다 曰 何由로 知吾의 可也잇고 曰 臣이 聞之胡齕호니 曰 王이 坐於堂上이어시늘 有牽牛而過堂下者러니 王이 見之하시고 曰 牛는 何之오 對曰 將以釁鍾이니이다 王曰 舍之하라 吾不忍其觳觫若無罪而就死地하노라 對曰 然則廢釁鍾與잇가 曰 何可廢也리오 以羊易之라하사소니 不識케이다 有諸잇가

王曰, "나와 같은 사람도 백성을 애호할 수 있습니까?" 맹자왈, "할 수 있습니다." 王曰, "무슨 연유로 내가 할 수 있다는 것을 아십니까?" 맹자왈, "臣이 胡齕에게서 들었습니다. 호흘曰 '王이 堂上에 앉아계시는데 소를 끌고 堂下를 지나가는 자가 있었더니 王이 보시고 말하기를,「소는 어디로 가는가?」對曰「釁鍾에 쓰려고 합니다.」王曰,「놓아주어라 그 소가 부들부들 떨면서 죄도 없이 죽을 곳으로 가는 것을 내가 차마 보지 못하겠노라.」對曰,「그러면 釁鍾의 禮를 폐합니까?」王曰,「어찌 폐할 수 있으리오 羊으로 그것을 바꾸어라」' 라고 하셨다는데, 잘 알지 못하겠습니다. 그러한 일이 있었습니까?"

集註 胡齕은 齊臣也라 釁鍾은 新鑄鍾成이면 而殺牲取血하야 以塗其釁郄也라 觳觫은 恐懼貌라 孟子述所聞胡齕之語而問王하사되 不知果有此事否아하시니라.

大文字義 [由유] 이유. [齕흘] 씹다, 깨물다. [牽견] 끌다. [過과] 지나가다. [釁흔] 틈. [鍾종] 종, 쇠북. [舍사] 놓아주다, 버리다.(上聲). [忍인] 차마하다. [觳곡] 두려워하다, 뿔잔. [觫속] 두려워하다. [若약] 어조사. [易역] 바꾸다. [諸저] 之乎.

大文句文 [何由知吾可也] 무슨 이유로 내가 할 수 있다는 것을 아십니까? [釁鍾] 종을 주조할 때 마지막으로 소의 피를 바르는 의식. 주조된 종에 틈이 생길 수 있으므로 소피를 발라서 틈을 매워 종소리를 좋게 하고자 하는 의식. [吾不忍其觳觫若無罪而就死地] 나는 그 소가 부들부들 떨면서 죄도 없이 죽을 곳으로 가는 것을 차마 보지 못하겠다. [有諸] 그러한 일이 있었습니까?(有之乎)

集註字義 [鑄] 주조하다. [牲생] 희생. [塗도] 바르다. [郄극] 틈. [恐공] 두려워하다. [懼구] 두려워하다. [果과] 과연.

集註句文 [黌郲] 틈.

皇城旬報 [1905년 乙巳 11월20일, 是日也放聲大哭, 觳觫然]

曩日伊藤侯가 韓國에 來함에 愚我人民이 逐逐相謂曰 侯난 平日東洋三國의 鼎足安寧을 自擔周旋하던 人이라 今日來韓함이 必也我國獨立을 鞏固히 扶植할 方略을 勸告하리라하야 自港至京에 官民上下가 歡迎함을 不勝하얏더니 天下事難測者多하도다 千萬夢外에 五條件이 何로 自하야 提出하얏난고 非但此條件은 我韓이라 東洋三國의 分裂하난 兆漸을 釀出함인즉 伊藤侯의 原初主意가 何에 在한고 雖然이나 我大皇帝陛下의 强硬하신 聖意로 拒絶함을 不己하셨으니 該約의 不成立함은 想像컨대 伊藤侯의 自知自破할바이어날 噫彼豚犬不若한 所謂我政府大臣者가 榮利를 喜覬하고 假嚇를 恇劫하야 逡巡然觳觫然賣國의 賊을 甘作하야 四千年疆土와 五百年宗社를 他人에게 奉獻하고 二千萬生靈으로 他人의 奴隷를 毆作하니 彼等豚犬不若한 外大朴齊純及各大臣은 足히 深責할 것이 無하거니와 參政大臣者는 政府의 首揆라 但以否字로 塞責하야 要名의 資를 圖하얏던가 金淸陰의 裂書哭도 不能하고 鄭桐溪의 刃割腹도 不能하고 偃然生存하야 世上에 更立하니 何面目으로 强硬하신 皇上陛下를 更對하며 何面目으로 二千萬同胞를 更對하리오 嗚呼痛矣며 嗚呼憤矣라 我二千萬爲人奴隷之同胞여 生乎아 死乎아 檀箕以來四千年一夜之間에 猝然滅亡而止乎아 痛哉痛哉라 同胞아 同胞아.

자 구 [曩낭] 지난번. [逐축] 다투다. 쫓다. [鼎정] 솥. [擔담] 떠맡다. [鞏공] 굳다. [兆조] 빌미. [釀양] 조성해 내다. [覬기] 바라다. [假가] 크다, 거짓. [嚇혁] 위협하다, 웃다. [假嚇] 위협. [恇광] 두려워하다. [劫겁] 위협하다. [逡준] 머뭇거리다. [巡순] 돌다, 순행하다. [逡巡] 우물쭈물. [觳곡] 곱송거리다, 뿔잔. [觫속] 곱송거리다. [觳觫] 벌벌 떨다. [毆구] 몰다. [揆규] 재상. [偃언] 편안하다, 쓰러지다. [猝졸] 갑자기.

曰 有之하니이다 曰 是心이 足以王矣리이다 百姓은 皆以王為愛也어니와 臣은 固知王之不忍也하노이다.

王曰, "그러한 일이 있었습니다." 맹자왈, "이러한 마음이 王道를 시행하기에 충분합니다. 백성은 모두 왕을 인색하다고 여기지만 臣은 참으로 王이 차마하지 못하는 마음이 있다는 것을 압니다."

集 註 王見牛之觳觫而不忍殺은 卽所謂惻隱之心仁之端也니 擴而充之면 則可以保四海矣라 故로 孟子指而言之하사 欲王察識於此而擴充之也시니라 愛는 猶吝也라.

大文字義 [爲위] 여기다. [愛애] 인색하다, 아끼다.

大文句文 [足以王矣] 왕도를 시행하기에 충분하다. [不忍] 차마 하지 못하다.

集註字義 [惻측] 가엽게 여기다. [隱은] 가엽게 여기다. [端단] 실마리. [擴확] 확대하다. [識식] 알다, 音이 '지'인 경우는 '기억하다'. [吝인] 인색하다.

集註句文 [惻隱之心] 불쌍하게 여기는 마음으로써 四端 중의 하나임. [仁之端] 仁의 실마리. 본연의 性인 仁이 마음에 내재되어 있는 실마리.

王曰 然하다 誠有百姓者로다마는 齊國이 雖褊小나 吾何愛一牛리오 卽不忍其觳觫若無罪而就死地라 故로 以羊易之也호이다.

王曰, "그렇습니다. 참으로 인색하다고 하는 백성이 있겠지만, 齊나라가 비록 좁고 작으나 내가 어찌 한 마리 소를 이끼겠습니까? 곧 소가 부들부들 떨면서 죄도 없이 죽을 곳으로 나가는 것을 차마 보지 못하는지라 羊으로 소를 바꾸라 한 것입니다."

集 註 言以羊易牛는 其迹似吝하야 實有如百姓所譏者라 然이나 我之心은 不如是也라.

大文字義 [然연] 그렇다. [褊편] 좁다. [卽즉] 곧.

大文句文 [誠有百姓者] 진실로 인색하다고 하는 백성이 있다.

集註字義 [迹적] 자취. [譏기] 기롱하다, 비난하다.

承政院日記 [英祖 1년 8월 4일 時敏堂 晝講, 觳觫]

同知事申思喆曰 戰國之時 功利之說肆行。故宣王欽艶桓文之事 初見孟子以此稱之。孟子尊尚孔門之道 故必以仁義王道爲先 以觳觫一端 欲爲開悟之道 反復論難。宣王若能擴充其惻隱之心 則推而至於四海 亦甚不難。而終不能施之 良可慨也。

解 義 동지경연사 申思喆曰, "전국시대에는 功利說이 횡행하였습니다. 그러므로 제선왕이 제환공과 진문공의 일을 흠모하여 처음 맹자를 만나 이 일을 언급하였습니다. 맹자는 孔門의 道를 존숭하였기 때문에 반드시 인의와 왕도를 급선무로 여겨, 觳觫의 일단으로써 선왕을 깨우칠 방도로 삼아 반복해서 논란하고자 하였습니다. 제선왕이 만약 測隱之心을 확충할 수 있었다면, 그 마음을 미루어 四海까지 파급시키는 일도 그다지 어렵지 않았을 것입니다.

그런데 끝내 시행하지 못했으니, 참으로 개탄스럽습니다."

구문 [肆사] 방자하다. [欽흠] 공경하다. [艶염] 아름답다. [悟오] 깨닫다. [慨개] 슬퍼하다.

참고 成均館儒生을 불러 대궐 뜰에 모이도록 명하고, 洪貴達, 成俔, 權健, 李淑瑊, 許琛으로 試官을 삼아 [以羊易牛]를 論題로 生員 盧琇, 幼學 李守諒, 司譯院 生徒 鄭沖擧를 뽑아서 아뢰니, 전교하기를, "노수는 곧바로 殿試에 나아가게 하고, 이수량은 곧바로 會試에 나아가게 하고, 정충거는 館試, 漢城試, 鄕試에서 7分을 주도록 하라."하였다.(成宗實錄 成宗 23년 6월 18일)

曰 王은 無異於百姓之以王爲愛也하소서 以小易大어니 彼惡知之리잇고 王若隱其無罪而就死地則牛羊을 何擇焉이리잇고 王이 笑曰 是誠何心哉런고 我非愛其財而易之以羊也언마는 宜乎百姓之謂我愛也로다.

맹자왈, "왕께서는 백성들이 왕을 인색하다고 하는 것에 대해 괴이하다 마소서! 작은 것을 가지고 큰 것을 바꾸었으니 저들이 어찌 알 수 있었겠습니까? 왕께서는 만약 소가 죄 없이 죽을 곳으로 가는 것을 아파하셨다면 소와 양을 어찌 구별하셨습니까?" 왕이 웃으면서 말하기를, "이것이 참으로 무슨 마음에서였던가. 나는 재화를 아껴 양으로 바꾸라고 한 것이 아니지만, 백성들이 내가 인색하다고 생각하는 것은 마땅합니다."

集註 異는 怪也라 隱은 痛也라 擇은 猶分也라 言牛羊이 皆無罪而死어늘 何所分別而以羊易牛乎아 孟子故設此難하야 欲王反求而得其本心이러시니 王不能然이라 故로 卒無以自解於百姓之言也라.

大文字義 [異이] 괴이하다, 이상하다. [惡오] 어찌.(平聲). [隱은] 아프다(痛). [擇택] 구별하다. [宜의] 마땅하다.

大文句文 [王若隱其無罪而就死地則牛羊何擇焉] 왕께서는 만약 소가 죄없이 죽을 곳으로 가는 것을 아파하셨다면 소와 양을 어찌 구별하셨습니까?

集註字義 [怪괴] 괴이하다. [痛통] 아프다. [分분] 분별하다. [故고] 짐짓. [設설] 펼치다. [難난] 힐난. [卒졸] 끝내. [解해] 이해하다.

集註句文 [何所] 어떤 점. [故設此難] 짐짓 힐난을 펼치다.

曰 無傷也라 是乃仁術也니 見牛코 未見羊也일새니이다 君子之於禽獸也에 見其生하고 不忍見其死하며 聞其聲하고 不忍食其肉하나니 是以로 君子는 遠庖厨也니이다.

맹자왈, "해될 것이 없습니다. 이것이 바로 仁을 행하는 방법이니 소는 보고 양은 보지 못하였기 때문입니다. 군자는 금수에 대해 그것이 살아 있는 것을 보고서 차마 죽는 것을 보지 못하며, 그 울부짖는 소리를 듣고서 차마 그 고기를 먹지 못하니, 이 때문에 군자는 푸주간을 멀리하는 것입니다."

集註 無傷은 言雖有百姓之言이나 不為害也라 術은 謂法之巧者라 蓋殺牛는 既所不忍이요 釁鍾은 又不可廢니 於此에 無以處之면 則此心雖發이나 而終不得施矣라 然이나 見牛則此心已發而不可遏이요 未見羊則其理未形而無所妨이라 故로 以羊易牛면 則二者得以兩全而無害니 此所以為仁之術也라 聲은 謂將死而哀鳴也라 蓋人之於禽獸에 同生而異類라 故로 用之以禮하고 而不忍之心이 施於見聞之所及이니 其所以必遠庖厨者는 亦以預養是心而廣為仁之術也니라.

大文字義 [傷상] 해가 되다. [術술] 기교, 재주. [禽금] 날짐승. [獸수] 짐승. [遠원] 멀리하다. [庖포] 부엌. [廚주] 부엌.

大文句文 [無傷也] 해될 것이 없다. [是乃仁術也] 이것은 바로 인을 행하는 방법이다.

集註字義 [巧] 공교하다. [發발] 일어나다. [終종] 끝내. [遏알] 막다. [形형] 형적. 형체. [妨방] 꺼리다. [全전] 온전하다. [預예] 미리. [鳴명] 울다.

集註句文 [百姓之言] 백성들의 비판. [不為害也] 해될 것이 없다. [法之巧者] 법 가운데 공교한 것. [無以處之] 처리할 수 없다. 대처할 수 없다. [此所以為仁之術(者)] 이것이 인을 행하는 방법이다. 所以~者 구문으로 者가 생략되는 경우가 많음. [庖厨] 포주는 '푸주'의 원말, 푸줏간.

王이 說曰 詩云 他人有心을 予忖度之라하니 夫子之謂也로소이다 夫我乃行之하고 反而求之호대 不得吾心이러니 夫子言之하시니 於我心에 有戚戚焉하여이다 此心之所以合於王者는 何也잇고

왕이 기뻐하며 말하기를, "시경에 이르기를 '다른 사람이 마음에 둔 것을 내가 헤아린다' 하였으니, 夫子를 이른 것입니다. 내가 바로 행하고서 돌이켜 그것을 찾아보았으나 나의 마음을 알 수 없었는데, 夫子께서 말씀해 주시니 내 마음에 감동함이 있습니다. 이 마음이 王道를 시행하는데 부합하는 것은 어째서 입니까?"

集註 詩는 小雅巧言之篇이라 戚戚은 心動貌라 王因孟子之言하야 而前日之心이 復萌하야 乃知此心不從外得이라 然이나 猶未知所以反其本而推之也라.

大文字義 [說열] 기뻐하다. [予여] 나. [忖촌] 헤아리다. [度탁] 헤아리다. [戚척] 슬퍼하다. 근심하다.

大文句文 [他人有心予忖度之] 다른 사람이 마음을 두는 것을 내가 그 마음을 헤아린다. [反而求之] 돌이켜서 그것을 찾아보다. [戚戚] 마음에 감동함, 걱정스러워 함, 근심함.

集註字義 [動동] 감동하다. [復부] 다시. [萌맹] 싹트다. [推추] 미루어 나아가다.

集註句文 [前日之心] 以羊易之의 마음. [知此心不從外得] 이러한 마음을 밖에서 얻을 수 없다는 것을 알다.

詩經 [小雅 小旻之什 巧言篇 6章]

大義 주나라 幽王을 풍자한 것이다. 大夫들이 참소에 슬퍼하여 이 시를 지은 것이다.

解義 1장. 悠悠昊天이 曰父母且시니 無罪無辜어늘 亂如此憮아 昊天已威나 予愼無罪며 昊天泰憮나 予愼無辜로라.

원대한 하늘이 이르시길 부모이시니 죄없고 허물없거늘 어지러움 만남이 이렇듯 큰가, 하늘이 매우 위엄스러우나 내 살펴보건대 죄없으며, 하늘이 매우 크지만 내 살펴보건대 허물없노라.

2장. 亂之初生은 僭始旣涵이며 亂之又生은 君子信讒이니라 君子如怒면 亂庶遄沮며 君子如祉면 亂庶遄已리라.

어지러움 처음 생김은 참람됨을 받아들이면서 이며, 어지러움 또 생김은 군자가 참소를 믿음이로다. 군자가 만일 노하시면 어지러움 빨리 멈추며, 군자 만일 복되면 어지러움 빨리 그치리라.

4장. 奕奕寢廟를 君子作之며 秩秩大猶를 聖人莫之니라 他人有心을 予忖度之로니 躍躍毚兎 遇犬獲之니라.

큰 사당을 군자가 지으며 차례로 큰 도를 성인이 정하시니라. 다른 사람 마음 둠을 내가 헤아리니, 교활한 토끼 사냥개 만나면 잡힐 것이로다.

자구 [悠유] 멀다. [悠悠] 원대한 모습. [辜고] 허물. [愼신] 살피다. [憮호] 크다. [泰태] 매우. [涵함] 받아들이다. [遄천] 빠르다. [沮저] 막다. [祉지] 福. [奕혁] 크다. [秩질] 차례로. [莫막] 정하다. [躍적] 빨리 달리다. [毚참] 교활한 토끼.

曰 有復於王者 曰 吾力足以擧百鈞而不足以擧一羽하며 明足以察秋毫之末而不見輿薪이라하면 則王은 許之乎잇가 曰 否라 今에 恩足以及禽獸而功不至於百姓者는 獨何與잇고 然則一羽之不擧는 為不用力焉이며 輿薪之不見은 為不用明焉이며 百姓之不見保는 為不用恩焉이니 故로 王之不王은 不為也언정 非不能也니이다.

맹자왈, "王에게 아뢰는 자가 있어 말하기를 '나는 힘이 百鈞의 무게를 들 수는 있어도 一羽를 들 수 없으며, 눈 밝음이 秋毫의 터럭 끝을 살필 수는 있어도 수레에 실려 있는 섶나무를 볼 수 없다.' 한다면, 왕께서는 인정하시겠습니까?" 王曰, "인정하지 못합니다." 맹자왈, "오늘날 은혜가 금수에 미치기에는 족하지만, 효험이 백성에게 이르지 못하는 것은 유독 어째서 입니까? 그렇다면, 一羽를 들지 못하는 것은 힘을 쓰지 않았기 때문이며, 수레에 실려 있는 섶나무를 보지 못하는 것은 눈 밝음을 쓰지 않았기 때문이며, 백성이 愛護를 받지 못하는 것은 은혜를 쓰지 않았기 때문입니다. 그러므로 王께서 王道를 시행하지 못하는 것은 하지 않는 것이지 못하는 것이 아닙니다."

集註 復는 白也라 鈞은 三十斤이니 百鈞은 至重難擧也라 羽는 鳥羽니 一羽는 至輕易擧也라 秋毫之末은 毛至秋而末銳하니 小而難見也요 輿薪은 以車載薪이니 大而易見也라 許는 猶可也라 今恩以下는 又孟子之言也라 蓋天地之性에 人為貴라 故로 人之與人은 又為同類而相親이라 是以로 惻隱之發은 則於民切而於物緩하고 推廣仁術은 則仁民易而愛物難이어늘 今王此心이 能及物矣면 則其保民而王은 非不能也요 但自不肯為耳니라.

大文字義 [復복] 아뢰다. [擧거] 들다. [鈞균] 30근, 무겁다는 의미로 쓰임. [羽우] 깃, 깃털. [明명] 눈 밝음. [察찰] 살피다. [毫호] 터럭. [輿여] 수레. [薪신] 섶. [許허] 인정하다. [爲위] 때문. [保보] 애호하다.

大文句文 [秋毫之末] 짐승이 가을이 되면 털이 뾰쪽해져 더욱 작아져서 잘 보이지 않는다는 데서 유래한 말로 '매우 작은 것'을 비유할 때 사용함. [輿薪] 수레에 가득 실은 땔감(섶). [百姓之不見保] 백성이 애호받지 못하다. [王之不王] 왕이 왕노릇하지 못하다.

集註字義 [至지] 지극히, 매우. [未미] 아직~하지 않다. [銳예] 날카롭다, 뾰쪽하다. [切절] 절실하다. [緩완] 느슨하다. [肯긍] 하려하다.

集註句文 [末銳] 끝이 날카로워지다. [天地之性] 천지의 생명(性). [於民切] 백성에게 절실하다.

曰 不爲者와 與不能者之形이 何以異잇고 曰 挾太山하야 以超北海를 語人曰 我不能이라하면 是는 誠不能也어니와 爲長者折枝를 語人曰 我不能이라하면 是는 不爲也언정 非不能也니 故로 王之不王은 非挾太山以超北海之類也라 王之不王은 是折枝之類也니이다.

王曰, "하지 않는 것과 하지 못하는 것의 형상은 무엇이 다릅니까?" 맹자왈, "太山을 끼고 北海를 뛰어넘는 것을 사람들에게 말하기를, '나는 하지 못 한다' 하면 이것은 참으로 하지 못하는 것이지만, 長者의 命으로 나뭇가지를 꺾는 것을 사람들에게 말하기를, '나는 하지 못한다.' 하면 이것은 하지 않는 것이지 못하는 것이 아닙니다. 그러므로 王께서 王道를 시행하지 않는 것은 太山을 끼고 北海를 뛰어넘는 따위가 아닙니다. 王께서 王道를 시행하지 않는 것은 바로 나뭇가지를 꺾는 부류인 것입니다.

集註 形은 狀也라 挾은 以腋持物也라 超는 躍而過也라 爲長者折枝는 以長者之命으로 折草木之枝니 言不難也라 是心固有하야 不待外求니 擴而充之는 在我而已니 何難之有리오.

大文字義 [形형] 형상. [挾협] 겨드랑이에 끼다. [超초] 뛰어넘다. [語어] 말하다. [爲위] 위하여. [折절] 꺽다. [枝지] 나뭇가지. [類류] 부류, 등속.

大文句文 [不爲者] 하지 않는 것. [不能者] 하지 못하는 것, 능력이 없어서 하지 못하는 것. [爲長者折枝] 장자의 명으로 나무가지를 꺾다.

集註字義 [腋액] 겨드랑이. [躍약] 뛰다.

참고 [爲長者折枝] 宋나라 黃山谷 庭堅의 詩에, 맹자가 말한, "어른을 위하여 가지를 꺾는다.[爲長者折枝]" 를 인용하였는데, 주석에 "折枝는 손마디를 안마하는 것이다." 하였다. 또 劉峻의 '廣絶交論'을 인용하여 "折枝는 수족을 안마하는 것이다." 하였다. 이로써 보면 주자 이전에는 맹자를 읽는 사람이 折枝를 안마로 해석하였던 것이다. 즉 "나이 어린 사람이 어른을 위하여 손발을 안마한다" 라고 해석한 것이다.(松溪漫錄下)

老吾老하야 以及人之老하며 幼吾幼하야 以及人之幼면 天下는 可運於掌이니 詩云 刑于寡妻하야 至于兄弟하야 以御于家邦이라하니 言擧斯心하야 加諸彼而已니 故로 推恩이면 足以保四海오 不推恩이면 無以保妻子니 古之人이 所以大過人者는 無他焉이라 善推其所爲而已矣니 今에 恩足以及禽獸而功不至於百姓者는 獨何與니잇고

나의 父兄을 父兄으로 섬기고서 남의 부형에게까지 미쳐가게 하며, 나의 子弟를 자제로 보살피고서 남의 자제에게까지 미쳐가게 한다면, 天下는 손바닥에서 움직일 수 있습니다. 詩經에 이르기를, '나의 妻에게 본보기가 되어 兄弟에게 이르게 해서 나라를 다스린다' 하였으니, 이러한 마음을 들어서 그것을 저 사람에게 더할 뿐임을 말한 것입니다. 그러므로 은혜를 남에게 미루어나가면 四海를 보존할 수 있을 것이요, 은혜를 남에게 미루어나가지 못하면 妻子도 보존할 수 없으니, 옛 사람이 훌륭함이 남보다 뛰어난 것은 다른 것이 아닙니다. 그가 행하는 바를 남에게 잘 미루어나갈 뿐입니다. 오늘날 은혜가 금수에 미치기에 족하지만 효험이 백성에게 이르지 않는 것은 유독 어째서입니까?

集註 老는 以老事之也니 吾老는 謂我之父兄이요 人之老는 謂人之父兄이라 幼는 以幼畜之也니 吾幼는 謂我之子弟요 人之幼는 謂人之子弟라 運於掌은 言易也라 詩는 大雅思齊之篇이라 刑은 法也라 寡妻는 寡德之妻니 謙辭也라 御는 治也라 不能推恩이면 則衆叛親離라 故로 無以保妻子라 蓋骨肉之親은 本同一氣하니 又非但若人之同類而已라 故로 古人이 必由親親推之然後에 及於仁民하고 又推其餘然後에 及於愛物하니 皆由近以及遠하고 自易以及難이어늘 今王反之하니 則必有故矣라 故로 復推本而再問之하시니라.

大文字義 [老노] 부형으로 섬기다. [幼유] 子弟로 보살피다. [運운] 움직이다. [掌장] 손, 손바닥. [刑형] 본보기기 되다. [寡과] 적다, 덕이 부족하다. [御어] 다스리다. [斯사] 이, 이것. [推추] 미루어 나가다. 확장해 나가다. [大대] 훌륭하다. [過과] 뛰어나다. [與여] 어찌.(平聲).

大文句文 [老吾老] 나의 부형을 부형으로 섬기다. [幼吾幼] 나의 자제를 자제로 보살

피다. [刑于寡妻] 아내에게 본보기기가 되다. [擧斯心加諸彼] 이러한 마음을 들어 상대에게 더해주다. [所以大過人者] 훌륭함이 남보다 뛰어난 것.

集註字義 [畜휵] 기르다. [謙겸] 겸손하다. [叛반] 이반하다. [離이] 떠나다. [由유]~부터. [親친] 친애하다, 친척. [反반] 반대로 하다. [故고] 연유, 까닭.

集註句文 [以幼畜之] 자제로서 기른다. [運於掌] 손에서 움직이듯이 쉽게 한다. [寡德之妻] 덕이 부족한 처, 자신의 처를 지칭할 때 겸사로 쓰는 말. [衆叛親離] 대중들이 이반하고 친척들이 흩어진다. [由親親推之然後及於仁民] 친척을 친애하는 마음을 확장해 나간 뒤에 백성을 사랑하는데 미친다. [由近以及遠] 가까운 곳에서 먼 곳까지 이른다.

詩經 [大雅 文王之什 思齊篇 5章]

大義 文王이 聖人이 된 까닭을 읊은 것이다.

解義 1장. 思齊大任 文王之母시니 思媚周姜하사 京室之婦러시니 大姒嗣徽音하시니 則百斯男이샷다.

거룩하신 태임 문왕의 어머니시니, 주강(태강, 태왕의 비)께 사랑 받아 주나라 며느리 되었도다. 태사께서 아름다운 덕 이으시니 많은 자손 두셨도다.

2장. 惠于宗公하사 神罔時怨하며 神罔時恫은 刑于寡妻하사 至于兄弟하사 以御于家邦이실새니라.

종묘와 선공께 순종하시어 신이 이에 원망이 없으며, 신이 이에 한이 없음은 과소군께 본보기가 되시어, 형제에게 미쳐 나라를 다스렸기 때문이로다.

3장. 雝雝在宮하시며 肅肅在廟하시며 不顯亦臨하시며 無射亦保하시니라.

화열하게 궁에 계시며 공경스럽게 태묘에 계시며, 보이지 않는 곳에서도 임하신듯 하시며, 비록 싫어함이 없는데도 항상 자신을 지키는 바가 있도다.

자구 [齊제] 엄숙하다, 가지런하다. [齊齊]거룩함. [太任] 문왕의 어머니. [周姜] 太姜, 太王의 妃. [京室] 周王室. [姒사] 姓, 동서, 언니. [太姒] 문왕의 妃. [徽휘] 다름답다. [惠혜] 순종하다. [宗종] 종묘. [公공] 先公. [罔망] 없다. [恫통] 상심함. [雝옹] 화락하다. [雝雝] 화열함. [肅숙] 공경하다, 엄숙하다. [肅肅] 공경스러움. [顯현] 隱幽之處. [射역] 싫어하다.(入聲)./ 쏘다.(사, 去聲). [保보] 지키다.

權然後에 知輕重하며 度然後에 知長短이니 物皆然이어니와 心為甚하니 王請度之하소서

저울질 한 뒤에 무게를 알며 자로 잰 뒤에 길이를 아는 것이니, 사물은 모두 그러하거니와 마음은 더욱 심하니, 왕께서는 부디 헤아리소서!

集註 權은 稱錘也요 度는 丈尺也라 度之는 謂稱量之也라 言物之輕重長短은 人所難齊라 必以權度度之而後可見이니 若心之應物은 則其輕重長短之難齊하야 而不可不度以本然之權度가 又有甚於物者라 今王이 恩及禽獸而功不至於百姓하니 是는 其愛物之心이 重且長하고 而仁民之心이 輕且短하야 失其當然之序而不自知也라 故로 上文에 旣發其端하시고 而於此에 請王度之也하시니라.

大文字義 [權권] 저울, 저울질하다. [度도] 자, 자로 재다. 헤아리다(탁).

大文句文 [權然後] 저울질 한 뒤에. [度然後] 자로 잰 뒤에. [心為甚] 마음이 더욱 심하다.

集註字義 [稱칭] 저울.(去聲). [錘추] 저울추. [齊제] 바르게 하다. [應응] 대응하다. [序서] 차례.

集註句文 [人所難齊] 사람이 바르게 하기가 어렵다, 사람이 정확하게 알기 어렵다. 즉 저울로 달거나 자로 재어야 정확하게 알 수 있음을 뜻함.

抑王은 興甲兵하며 危士臣하야 構怨於諸侯然後에사 快於心與잇가

王께서는 전쟁을 일으키며 군사들과 신하를 위태롭게 하여 제후들과 원한을 맺은 뒤에야 마음에 유쾌하시겠습니까?"

集註 抑은 發語辭라 士는 戰士也라 構는 結也라 孟子以王愛民之心이 所以輕且短者는 必其以是三者為快也라 然三事는 實非人心之所快니 有甚於殺觳觫之牛者라 故로 指以問王하야 欲其以此而度之也하시니라.

大文字義 [抑억] 발어사. [興흥] 일으키다. [構구] 맺다, 얽어매다. [怨원] 원한. [快쾌] 유쾌하다.

大文句文 [甲兵] 堅甲利兵. 전쟁.

集註字義 [於어]~보다 더욱~하다.(비교급)

王曰 否라 吾何快於是리오 將以求吾所大欲也로이다.

王曰, "내가 어찌 이에 대해 유쾌하겠습니까? 장차 내가 大欲을 추구하려는 것입니다."

集註 不快於此者는 心之正也요 而必為此者는 欲誘之也니 欲之所誘者 獨在於是라 是以로 其心이 尚明於他而獨暗於此하니 此其愛民之心이 所以輕短而功不至於百姓也니라.

大文句文 [大欲] 크게 하고자 하는 것. 큰 욕망.

集註字義 [誘유] 유인하다. [尚상] 오히려. [獨독] 유독. [暗암] 어둡다.

曰 王之所大欲을 可得聞與잇가 王이 笑而不言하신대 曰 為肥甘이 不足於口與며 輕煖이 不足於體與잇가 抑為采色이 不足視於目與며 聲音이 不足聽於耳與며 便嬖 不足使令於前與잇가 王之諸臣이 皆足以供之하나니 而王은 豈為是哉시리잇고 曰 否라 吾不為是也로이다 曰 然則王之所大欲을 可知已니 欲辟土地하며 朝秦楚하야 莅中國而撫四夷也로소이다 以若所為로 求若所欲이면 猶緣木而求魚也니이다.

맹자왈, "왕의 大欲을 들을 수 있습니까?" 왕이 웃으면서 말하지 않았다. 맹자왈, "살찌고 맛있는 음식이 입에 부족하며, 가볍고 따뜻한 옷이 몸에 부족하기 때문입니까? 아니면 집에 采色한 것이 눈에 보기에 부족하며, 음악이 귀에 듣기에 부족하며, 近臣과 총애하는 사람이 앞에서 부리기에 부족하기 때문입니까? 왕의 여러 신하들이 모두 그것을 바치기에 충분한데 왕께서는 어찌 이러한 행동을 하십니까?" 王曰, "나는 이러한 행동을 하려는 것이 아닙니다." 맹자왈, "그렇다면 왕의 대욕을 알 수 있으니, 땅을 넓히고자 하며, 秦나라와 楚나라를 朝會오게 하여 중원에 군림하고 四夷를 진무하는 것입니다. 이와 같이 하는 것으로써 하고자 하는 바를 추구한다면 나무에 올라가 물고기를 구하는 것과 같습니다."

集註 便嬖는 近習嬖幸之人也라 已는 語助辭라 辟은 開廣也라 朝는 致其來朝也라 秦楚는 皆大國이라 莅는 臨也라 若은 如此也라 所為는 指興兵結怨之事라 緣木求魚는 言必不可得이라.

大文字義 [肥비] 살찌다. [甘감] 달다, 맛있다. [煖난] 따뜻하다. [采채] 채색. [便편] 편한 사람. [嬖폐] 총애하는 사람, 애첩. [辟벽] 개척하다, 다스리다.(入聲). [朝조] 조회받다. [莅리] 다스리다, 임하다. [撫무] 어루만지다, 위무하다.

[緣연] 연하다, 인연으로 하다. [猶유] 같다.

大文句文 [為肥甘] 살찌고 맛있는 음식 때문이다. [輕煖] 가볍고 따뜻한 옷. [為采色] 집에 채색한 것 때문이다. [便嬖] 근신과 총애하는 사람. [辟土地] 토지를 넓히다, 토지를 개척하다. [朝秦楚] 진나라와 초나라에게 조회받다. [莅中國] 중원에 군림하다, 중원을 다스리다. [以若所為求若所欲] 이와 같이 하는 바로써 하고자 하는 바를 추구하다. 즉 군사를 일으켜 원수맺는 일로써 대욕을 추구하고자 하다. [緣木而求魚] 나무를 연하여 물고기를 구하다, 나무에 올라가 물고기를 구하다, 기필코 할 수 없는 경우에 사용함.

集註字義 [幸행] 총애함, 굄. [開개] 개척하다. [廣광] 넓히다. [致치] 이르다, 부르다. [臨임] 임하다.

集註句文 [近習嬖幸之人] 가까이에서 익숙하고 총애하는 애첩과 근신.

王曰 若是其甚與잇가 曰 殆有甚焉하니 緣木求魚는 雖不得魚나 無後災어니와 以若所為로 求若所欲이면 盡心力而為之라두 後必有災하리이다 曰 可得聞與잇가 曰 鄒人이 與楚人戰則王은 以為孰勝이니잇고 曰 楚人이 勝하리이다 曰 然則小固不可以敵大며 寡固不可以敵衆이며 弱固不可以敵强이니 海內之地 方千里者九에 齊集有其一하니 以一服八이 何以異於鄒敵楚哉리잇고 蓋亦反其本矣니이다.

王曰, "이처럼 심한 것입니까?" 맹자왈, "자못 심함이 있으니 나무로 인해서 물고기를 얻고자 하는 것은 비록 물고기를 얻을 수는 없으나 뒷날 재앙은 없지만, 이와 같이 하는 것으로써 이와 같이 하고 싶어 하는 바를 추구한다면 마음과 힘을 다하여 그것을 행할지라도 뒷날 반드시 재앙이 있을 것입니다." 王曰, "그 까닭을 들을 수 있습니까?" 맹자왈, "鄒人이 楚나라와 전쟁을 한다면 王께서는 누가 이긴다고 생각하십니까?" 王曰, "楚나라가 이깁니다." 맹자왈, "그렇다면 소국은 본디 대국을 대적할 수 없으며, 적은 무리는 본디 많은 무리를 대적할 수 없으며, 약자는 본디 강자를 대적할 수 없습니다. 海內 땅 사방 1000里가 되는 나라 아홉 중에 齊나라가 그 하나를 소유하고 있으니, 하나로서 여덟을 복종시키는 것은 鄒나라가 楚나라를 대적하는 것과 무엇이 다르겠습니까? 아마도 근본으로 돌아가야 할 것입니다.

集註 殆蓋는 皆發語辭라 鄒는 小國이요 楚는 大國이라 齊集有其一은 言集合齊地면 其方千里니 是는 有天下九分之一也라 以一服八은 必不能勝이니 所謂後灾也라 反本은 說見下文하니라.

大文字義 [殆태] 대개, 자못 [後후] 뒷날. [災재] 재앙. 수재로 인한 재앙. [若약] 이과 같이. [集집] 모으다, 합하다. [有유] 소유하다. [服복] 복종하다. [鄒추] 노나라 부용국인 추나라. 맹자의 고향

大文句文 [殆有甚焉] 자못 심함이 있다. [齊集有其一] 제나라 땅 모은 것이 그 하나를 소유하다.

今王이 發政施仁하사 使天下仕者로 皆欲立於王之朝하며 耕者로 皆欲耕於王之野하며 商賈로 皆欲藏於王之市하며 行旅로 皆欲出於王之途하시면 天下之欲疾其君者 皆欲赴愬於王하리니 其如是면 孰能禦之리잇고

지금 王께서 정사를 펴서 仁을 베푸시어 천하의 벼슬아치로 하여금 모두 王의 朝廷에 서고 싶게 하며, 농사짓는 사람으로 하여금 모두 王의 들에서 농사짓고 싶게 하며, 장사하는 사람으로 하여금 모두 王의 저자에 물건을 저장하고 싶게 하며, 여행하는 사람으로 하여금 모두 王의 길에 나오고 싶게 한다면, 그들의 임금을 미워하는 천하의 백성들이 모두 왕에게 달려와서 하소연하려 할 것이니, 이와 같이 된다면 누가 막을 수 있겠습니까?"

集註 行貨曰 商이요 居貨曰 賈라 發政施仁은 所以王天下之本也라 近者悅하고 遠者來하면 則大小彊弱은 非所論矣라 蓋力求所欲이면 則所欲者를 反不可得이요 能反其本이면 則所欲者不求而至니 與首章意同하니라.

大文字義 [發발] 발하다. [施시] 베풀다. [仕사] 벼슬아치. [朝조] 조정. [耕경] 농부, 농사짓다. [商상] 돌아다니면서 물건을 파는 사람 [賈고] 점포를 가지고서 물건을 파는 사람. [藏장] 보관하다. [塗도] 길. [疾질] 미워하다. [赴부] 달려가다. [愬소] 하소연하다. [禦어] 막다.

大文句文 [力求所欲] 힘써 바라는 바를 추구하다.

王曰 吾惛하야 不能進於是矣로니 願夫子는 輔吾志하야 明以敎我하소서 我雖不敏이나 請嘗試之호리이다 曰 無恒產而有恒心者는 惟士爲能이어니와 若民則無恒產이면 因無恒心이니 苟無恒心이면 放辟邪侈를 無不爲已니 及陷於罪然後에 從而刑之면 是는 罔民也니 焉有仁人이 在位하야 罔民을 而可爲也리오

王曰, "내가 혼약하여 이와 같은 경지에 나가지 못하니, 원컨대 夫子께서는 나의 뜻을 보필하여 밝음으로써 나를 가르쳐 주소서! 내가 비록 不敏하지만 삼가 시도해 보겠나이다." 맹자왈, "恒產이 없는데 恒心이 있는 자는 오직 士만이 능할 수 있거니와, 만약 백성과 같은 경우라면 恒產이 없으면 그로 因하여 恒心이 없습니다. 진실로 恒心이 없으면 방탕하고 사악한 짓을 하지 않음이 없으니, 죄에 빠지게 된 뒤에 뒤따라 형벌을 시행한다면 이것은 백성을 죄망에 들게 하는 것입니다. 어찌 仁人이 지위에 있으면서 백성이 죄망에 들게 하는 짓을 할 수 있겠습니까?

集註 恒은 常也요 產은 生業也니 恒產은 可常生之業也라. 恒心은 人所常有之善心也라 士嘗學問하야 知義理라 故로 雖無恒產이라도 而有常心이어니와 民則不能然矣라 罔은 猶羅罔이니 欺其不見而取之也라.

大文字義 [惛혼] 혼약하다. [輔보] 돕다, 보필하다. [敏민] 영민하다. [嘗상] 시험하다, 맛보다. 일찍. [試시] 시도하다. [恒항] 영원히 변하지 않는 것, [放방] 방자하다.(去聲). [辟벽] 편벽되다.(入聲). [邪사] 간사함. [侈치] 사치함. [從종] 따라가다. [刑형] 형벌을 가하다. [罔망] 죄망에 들다(網).

大文句文 [恒產] 일정한 생업. [恒心] 변하지 않는 선한 마음. [放辟邪侈] 방탕하고 사악한 짓. [罔民] 무지한 백성이 罪網에 들기를 기다려 처벌하다.

集註字義 [常상] 항상(常久不變). [羅라] 죄망에 걸려들다. [欺기] 속이다.

集註句文 [欺其不見而取之] 보지 못하게 속여서 잡는다.

英祖實錄 [英祖 1년 8월 28일 晝講, 吾惛明以敎我]

同知經筵事 李縡曰 宣王見觳觫之牛 而不忍殺之 則仁心本自藹然 至於不能自解於百姓之言 此心已昏蔽矣。及孟子開陳仁術而後 曰 於予心有戚戚 是則本心復發見矣。然而此心之所以合於王者 茫然莫省。孟子以權度之說 請王度之 則似有犂然開悟之端 而至於笑而不言 則其所大欲者 自知其歉愧而不欲言 此又私心也。以吾惛 請明以敎我爲言 則良心復發見 而卒不能充擴以行王政。此一篇之中 宣王之心 出入昏明歷歷可見矣。夫人君孰無仁民之心而患不能體驗。如此等章 須勿看作告宣王之言 常若親聽於孟子 又以察識擴充爲務 則足以保民 而亦可謂善讀孟子矣。

解義 동지경연사 李縡曰 "齊宣王이 무서워 벌벌 떠는 소를 보고서 차마 죽이지 못하게 하였으니, 이것은 仁心이 본래 저절로 藹然하고, 백성에 대해 스스로 이해하지 못했다는 말에 이르러서는 이런 마음이 이미 어두워져서 가려진 것입니다. 孟子가 仁術을 개진함에 이른 뒤에야 말하기를, '내 마음에 슬픈 생각이 든다.' 하였으니, 이는 곧 本心이 다시 발현된 것입니다. 그러나 이런 마음이 王道에 부합되는 까닭은 까마득히 살피지 못했던 것입니다. 맹자께서 저울로 달고 자로 재 보아야 한다는 말로써 '부디 왕께서는 헤아려 보소서' 라고 하였으니, 그렇다면 두려워서 깨닫는 단서가 있는 듯하지만 웃으면서 말하지 않는 지경에 이르렀습니다. 그렇다면 그가 큰 욕망을 내었던 것이 스스로 그 부족함을 알고 부끄러워서 말하려 하지 않은 것이니, 이는 또 私心입니다.

제선왕이 '내가 사리에 어두우니, 청컨대 밝게 나를 가르쳐 주소서.'라고 말한 것은 곧 양심이 다시 발현하였으나, 끝내 확충시켜서 王道를 시행하지 못한 것입니다. 이 한 편 가운데에서 제선왕의 마음이 昏明을 드나드는 것을 역력히 알 수가 있습니다. 무릇 군주가 누구인들 백성을 사랑하는 마음이 없겠습니까마는, 근심스러운 것은 체험하지 못하는 것입니다. 이러한 章은 모름지기 제선왕에게만 고한 말로 보지 말고 항상 맹자께 직접 듣는 것처럼 하며, 또 살펴서 알고 확충하는 것을 급선무로 삼는다면, 백성을 보호하기에 충분하고 또한 맹자를 잘 읽은 것이라고 할 수 있습니다."

자구 [縡재] 일. [藹애] 온화하다, 우거지다. [昏혼] 어둡다, 현혹되다. [蔽폐] 가리다. [戚척] 근심하다. [茫] 아득함. [槲류] 두려워서 떠는 모양, 얼룩얼룩하다(이). [歉겸] 부족하다. [愧괴] 부끄러워하다.

是故로 明君이 <u>制民之産</u>호대 必使仰足以事父母하며 俯足以畜妻子하야 <u>樂歲</u>에 <u>終身</u>飽하고 凶年에 免於死亡하나니 然後에 <u>驅而之善</u>故로 民之從之也輕하니이다.

이 때문에 明君은 백성의 생업을 만들어주되 반드시 백성들로 하여금 위로는 부모를 섬기기에 충분하며 아래로는 처자를 부양하기에 충분하여, 풍년에 항상 배부르며 흉년에도 死亡을 면하게 합니다. 이런 뒤에야 몰아서 善으로 나아가게 하기 때문에 백성들이 따르는 것이 쉽습니다.

集 註	輕은 猶易也라 此는 言民有常產而有常心也라.
大文字義	[制제] 제정하다. [仰억] 위로는. [俯부] 아래로는. [畜휵] 기르다. [終종] 마치다. [飽포] 배부르다. [驅구] 몰다.
大文句文	[制民之産] 백성들의 생업을 제정해 주다. [樂歲] 풍년든 해. [終身] 일년 내내. [驅而之善] 백성들을 몰아서 선으로 가게 하다, 착한 길로 인도하다.

今也에 制民之產호대 仰不足以事父母하며 俯不足以畜妻子하야 樂歲에 終身苦하고 凶年에 不免於死亡하나니 此惟救死而恐不贍이어니 奚暇에 治禮義哉리오.

오늘날 백성의 생업을 만들어주되 위로는 부모를 섬기기에 부족하며 아래로는 처자를 부양하기에 부족하여 풍년에 항상 고달프고 흉년에 사망을 면치 못하게 되니, 이렇게 되면 오직 죽음에서 구제되기에도 부족할까 염려되는데 어느 겨를에 예의를 차리겠습니까?

集 註	贍은 足也라 此는 所謂無常產而無常心者也라.
大文字義	[苦고] 고달프다. [贍섬] 족하다. [奚해] 어찌. [暇가] 겨를. [治치] 차리다, 다스리다.
大文句文	[惟救死而恐不贍] 오직 죽음에서 구제되기에도 부족할까 염려하다. [奚暇] 어느 겨를에. [治禮義哉] 예의를 차리겠는가?

王欲行之則盍反其本矣니잇고

王이 王道를 시행하고자 한다면 어찌 그 근본으로 돌아가지 않으십니까?

集 註	盍은 何不也라 使民有常產者는 又發政施仁之本也니 說見下文하니라.
大文字義	[盍합] 어찌~하지 않겠는가? [反반] 돌아가다, 돌이키다.

五畝之宅에 樹之以桑이면 五十者 可以衣帛矣며 鷄豚狗彘之畜을 無失其時면 七十者 可以食肉矣며 百畝之田을 勿奪其時면 八口之家 可以無飢矣며 謹庠序之敎하야 申之以孝悌之義면 頒白者 不負戴於道路矣리니 老者 衣帛食肉하며 黎民이 不飢不寒이오 然而不王者 未之有也니이다.

5묘의 택지에 뽕나무를 심으면 오십 노인이 비단옷을 입을 수 있으며, 닭, 돼지, 개를 기르는데 새끼 칠 때를 잃음이 없도록 하면 칠십 노인이 고기를 먹을 수가 있으며, 100묘의 田地에 농사철을 빼앗지 않으면 여덟 식구가 굶주림이 없을 수 있으며, 학교의 가르침을 신중히 하여 孝悌의 義로서 거듭하면 머리가 희끗희끗한 사람이 길에서 짐을 지고 이고 하지 않을 것입니다. 늙은이가 비단옷을 입고 고기를 먹으며 백성들이 굶주리지 않고 추위에 떨지 않을 것이요, 그렇게 하고도 王道를 시행하지 못한 자는 없습니다."

集註 此는 言制民之產之法也라 趙氏曰 八口之家는 次上農夫也라 此 王政之本이요 常生之道라 故로 孟子爲齊梁之君하야 各陳之也시니라 楊氏曰 爲天下者는 擧斯心하야 加諸彼而已라 然이나 雖有仁心仁聞이라도 而民不被其澤者는 不行先王之道故也라 故로 以制民之產으로 告之하시니라. ○此章은 言人君이 當黜霸功하고 行王道요 而王道之要는 不過推其不忍之心하야 以行不忍之政而已라 齊王이 非無此心이로되 而奪於功利之私하야 不能擴充以行仁政이라 雖以孟子反覆曉告하사 精切如此로되 而蔽固已深하야 終不能悟하니 是可歎也로다.

集註字義 [陳진] 진술하다. [被피] 입다. [黜출] 내치다. [霸패] 패업. [要요] 요체, 요점. [覆복] 되풀이. [曉효] 밝다. [蔽폐] 가리다. [悟오] 깨닫다. [歎탄] 탄식하다.

集註句文 [黜霸功] 패업의 공을 내치다. [王道之要] 왕도의 요체.

참고 1夫가 100畝의 田地를 농사짓는데, 上等 농부는 아홉 사람을 먹이고, 上等 다음은 여덟 사람을, 中等 농부는 일곱 사람을, 中等 다음은 여섯 사람을, 下等 농부는 다섯 사람을 먹인다.

MEMO

02

孟子集註大全卷之二

梁惠王章句下

孟子集註大全卷之二 梁惠王章句下

·02·

凡十六章이라. 모두 16장이다.

1장 莊暴見孟子曰 暴見於王호니 王이 語暴以好樂이어시늘 暴未有以對也호니 曰 好樂이 何如하니잇고 孟子曰 王之好樂이 甚則齊國은 其庶幾乎인져

장포가 맹자를 뵙고 말하기를, "제가 왕을 만났는데 왕이 저에게 음악을 좋아한다고 말씀하였지만 제가 대답을 못했습니다. 음악을 좋아하는 것은 어떻습니까?" 맹자왈, "王이 음악을 좋아하는 것이 지극하면 齊나라는 아마도 잘 다스려지겠지요."

> **集註** 莊暴는 齊臣也라 庶幾는 近辭也니 言近於治라.
>
> **大文字義** [莊장] 엄하다. [暴포] 사납다. [語어] 말하다. [甚심] 심하다, 지극하다. [庶서] 바라다. [幾기] 거의.
>
> **大文句文** [其~乎] 아마도~하겠지요. [庶幾] 거의~에 가깝다, 바라다. [齊國其庶幾乎] 제나라는 아마도 잘 다스려지는데 가깝겠지요.
>
> **참 고** 여기서 '맹자왈'을 거듭한 것은 동일인의 말이라도 화제를 바꿀 때는 '曰'字를 다시 쓸 수 있음.

他日에 見於王曰 王이 嘗語莊子以好樂하사소니 有諸잇가 王이 變乎色曰 寡人이 非能好先王之樂也라 直好世俗之樂耳로소이다.

다른 날 王을 뵙고 말씀하시기를, "왕께서 일찍이 장포에게 음악을 좋아한다고 말씀하셨다 하니 그런 일이 있었습니까?" 왕이 낯빛을 바꾸면서 말하기를,

"제가 先王의 음악을 좋아할 수 있는 것이 아니라, 다만 세속의 음악을 좋아할 뿐입니다."

> **集註** 變色者는 慚其好之不正也라.
> **大文字義** [見현] 알현하다, 뵙다. [嘗상] 일찍이. [諸저] 之乎. [變변] 바꾸다. [乎호] 述目格조사(를,을). [色색] 안색. [直직] 다만. [耳이] 뿐.
> **大文句文** [有諸] 그러한 일이 있습니까?(有之乎) [變乎色] 낯빛을 바꾸다.
> **集註字義** [慚참] 부끄러워하다.

曰 王之好樂이 甚則齊其庶幾乎인저 今之樂이 由古之樂也니이다.

맹자왈, "王께서 음악을 좋아하시는 것이 지극하면 齊나라는 아마도 잘 다스려질 것입니다. 오늘날의 음악은 옛 음악과 같습니다."

> **集註** 今樂은 世俗之樂이오 古樂은 先王之樂이라.
> **大文字義** [由유] 같다(猶).
> **大文句文** [由古之樂] 옛 음악과 같다.

曰 可得聞與잇가 曰 獨樂樂과 與人樂樂이 孰樂이니잇고 曰 不若與人이니이다 曰 與少樂樂과 與衆樂樂이 孰樂이니잇고 曰 不若與衆이니이다.

王曰, "음악에 대하여 들을 수 있습니까?" 맹자왈, "홀로 음악의 즐김과 사람들과 음악의 즐김이 무엇이 더 즐겁습니까?" 王曰, "사람들과 즐기는 것만 못합니다." 맹자왈, "몇몇이 음악의 즐김과 여럿이 음악의 즐김은 무엇이 더 즐겁습니까?" 王曰, "여럿이 즐기는 것만 못합니다."

> **集註** 獨樂이 不若與人이요 與少樂이 不若與衆은 亦人之常情也라.
> **大文字義** [可가]~할 수 있다. [得득]~할 수 있다. [樂악] 음악(入聲), 즐기다(락, 入聲), 좋아하다(요, 去聲). [孰숙] 누구, [少소] 몇몇. [衆중] 여럿.
> **大文句文** [可得]~할 수 있다. [獨樂樂] 홀로 음악의 즐김(언해본 참조). [不若] ~만 못

하다.

集註句文 [常情] 항구불변의 마음.

참고 [獨樂樂과 與人樂樂]을 언해본에서는 [독악락과 여인악락]으로 읽으므로 [홀로 음악의 즐김과 사람들과 음악의 즐김]으로 해석되지만, 일반적으로 [홀로 음악을 즐기는 것과 남들과 음악을 즐기는 것(독락악과 여인락악)]으로 해석하는 것이 자연스럽다. 그러나, 습관적으로 성독은 [독악락과 여인악락]으로 한다. 또한, [與少樂樂과 與衆樂樂]의 경우도 마찬가지이다.

臣이 請爲王言樂호리이다.

맹자왈, "신이 삼가 王을 위해 음악에 대해 말씀드리겠습니다.

集註 此以下는 皆孟子之言也라.

大文句文 [爲王] 왕을 위하여.

今王이 鼓樂於此어시든 百姓이 聞王의 鍾鼓之聲과 管籥之音하고 擧疾首蹙頞而相告曰 吾王之好鼓樂이여 夫何使我로 至於此極也오하야 父子不相見하며 兄弟妻子離散하며 今王이 田獵於此어시든 百姓이 聞王의 車馬之音하며 見羽旄之美하고 擧疾首蹙頞而相告曰 吾王之好田獵이여 夫何使我로 至於此極也오하야 父子不相見하며 兄弟妻子離散하면 此는 無他라 不與民同樂也니이다.

지금 王께서 여기서 음악을 연주하신다고 합시다. 백성들이 王의 종소리와 북소리, 피리소리와 젓대소리를 듣고 모두 머리를 아파하면서 이마를 찡그리고 서로에게 고하여 말하기를, '우리 임금님은 음악을 연주하기를 좋아하시는구나. 어찌 나로 하여금 이러한 곤궁함에 이르게 하시는가?' 하면서, 부자가 서로 만나보지도 못하며 형제와 처자가 뿔뿔이 흩어집니다. 지금 王께서 여기서 사냥을 하신다고 합시다. 백성들이 王의 수레와 말이 달려가는 소리를 들으며, 아름다운 의장 깃발을 보고 모두 머리를 아파하면서 이마를 찡그리고 서로에게 고하여 말하기를, '우리 임금님은 사냥을 좋아하시는구나. 어찌 나로 하여금 이러한 곤궁함에 이르게 하시는가?' 하면서, 부자가 서로 만나보지도 못하며 형제와 처자가 뿔뿔이 흩어집니다. 이것은 다른 이유가 있어서가 아니라 백성과 함께 즐기지 않기 때문입니다.

集註 鍾鼓管籥은 皆樂器也라 擧는 皆也라 疾首는 頭痛也라 蹙은 聚也요 頞은 額也니 人憂戚則蹙其額이라 極은 窮也라 羽旄는 旌屬이라 不與民同樂은 謂獨樂其身하고 而不恤其民하야 使之窮困也라.

大文字義 [鼓고] 연주하다, 북치다. [此차] 여기에. [聲성] 소리. [管관] 피리. [籥약] 피리. [擧거] 모두. [疾질] 아파하다. [蹙축] 찡그리다. [頞알] 콧잔등이. [極극] 곤궁함. [田전] 사냥하다. [獵엽] 사냥하다. [旄모] 깃대 장식.

大文句文 [鼓樂] 음악을 연주하다. [鍾鼓之聲] 종과 북소리. [管籥之音] 피리소리와 젓대소리, 혹은 피리소리, 관악기 소리. [蹙頞] 이마를 찡그리다. 본뜻은 콧잔등이를 찡그리다. [羽旄] 새의 깃으로 만들어 旗에 꽂는 것. [此無他] 이것은 다른 이유가 없다.

集註字義 [聚취] 모으다. [額액] 이마. [戚척] 슬프다. [旌정] 깃대 끝에 얼룩소의 꼬리를 달고 새털로 장식한 旗.

集註句文 [憂戚] 근심하고 슬퍼함.

說苑(2) 卷19 [鍾鼓之聲]

孔子曰 無體之禮는 敬也요 無服之喪은 憂也요 無聲之樂은 懽也니라 不言而信하며 不動而威하며 不施而仁은 志也니라 鍾鼓之聲은 怒而擊之則武하고 憂而擊之則悲하고 喜而擊之則樂이니라 其志變이면 其聲亦變하나니 其志誠이면 通乎金石이온 而況人乎아

解義 공자왈, "격식이 없는 禮는 敬이고, 喪服이 없는 居喪은 憂이고, 소리 없는 음악은 懽이다(三無稟德). 말하지 않아도 신실하며, 행동하지 않아도 위엄스러우며, 은혜를 베풀지 않아도 仁한 것은 志이다. 鍾과 북소리는 분노할 때 치면 사납고, 근심스러울 때 치면 구슬프고, 기쁠 때 치면 즐겁다. 뜻이 변하면 그 소리도 변하는 것이니, 그 뜻이 정성스러우면 金石도 통하는데 하물며 사람이겠느냐?

자 구 [懽환] 기뻐하다.

今王이 鼓樂於此이시든 百姓이 聞王의 鍾鼓之聲과 管籥之音하고 擧欣欣然有喜色而相告曰 吾王이 庶幾無疾病與아 何以能鼓樂也오하며 今王이 田獵於此어시든 百姓이 聞王의 車馬之音하며 見羽旄之美하고 擧欣欣然有喜色而相告曰 吾王이 庶幾無疾病與아 何以能田獵也오하면 此는 無他라 與民同樂也니이다.

지금 王께서 여기서 음악을 연주하신다고 합시다. 백성들이 王의 종소리와 북소리, 피리소리와 젓대소리를 듣고 모두 흔연히 기뻐하면서 서로에게 고하여 말하기를, '우리 임금님은 거의 질병이 없으시구나. 어찌 이렇게 음악을 잘 연주하시는가?' 라고 합니다. 지금 王께서 여기서 사냥을 하신다고 합시다. 백성들이 王의 수레와 말이 달려가는 소리를 들으며 아름다운 의장 깃발을 보고 모두 흔연히 기뻐하면서 서로에게 고하여 말하기를, '우리 임금님은 거의 질병이 없으시구나. 어찌 이렇게 사냥을 잘 하시는가?' 라고 합니다. 이것은 다른 것이 아니라 백성과 함께 즐기기 때문입니다.

集註 與民同樂者는 推好樂之心하야 以行仁政하야 使民各得其所也라.

大文字義 [欣흔] 기뻐하다. [喜희] 기뻐하다.

大文句文 [能鼓樂] 음악을 연주할 수 있다. [車馬之音] 수레와 말이 달려가는 소리. [欣欣然] 기뻐하는 모습, 흔연히 기뻐하는 모습.

今王이 與百姓同樂則王矣시리이다.

지금 王께서 백성과 함께 즐기신다면 王道를 시행할 수 있을 것입니다."

集註 好樂而能與百姓同之면 則天下之民이 歸之矣리니 所謂齊其庶幾者如此니라. ○范氏曰 戰國之時에 民窮財盡은 人君이 獨以南面之樂으로 自奉其身이니 孟子切於救民이라 故로 因齊王之好樂하야 開導其善心하야 深勸其與民同樂하야 而謂今樂猶古樂이라하시니 其實은 今樂古樂이 何可同也리오 但與民同樂之意는 則無古今之異耳라 若必欲以禮樂治天下인댄 當如孔子之言하야 必用韶舞하고 必放鄭聲이니 蓋孔子之言은 為邦之正道요 孟子之言은 救時之急務니 所以不同이니라 ○楊氏曰 樂은 以和為主하니 使人聞

鍾鼓管絃之音하고 而疾首蹙頞이면 則雖奏以咸英韶濩라도 無補於治也라. 故로 孟子告齊王以此하사 姑正其本而已시니라.

集註字義 [歸귀] 귀부하다, 돌아가다. [開개] 열다. [導도] 인도하다. [勸권] 권면하다. [務무] 일. [使사] 가령. [咸함] 黃帝의 음악. [英영] 帝嚳의 음악. [韶소] 舜의 음악. [濩호] 湯의 음악.

集註句文 [所謂齊其庶幾者如此] 제나라가 거의 다스려진다는 것은 이와 같은 것이다. [南面之樂] 임금 노릇하는 즐거움. [用韶舞] 순임금의 춤을 사용한다. [放鄭聲] 정나라 음악을 추방한다.

2장 齊宣王이 問曰 文王之囿 方七十里라호니 有諸잇가 孟子對曰 於傳에 有之하니이다.

齊宣王이 問曰, "文王의 園囿가 사방 70里라고 하는데 그러한 사실이 있습니까?" 맹자 對曰, "옛 책에 그러한 사실이 있습니다."

集註 囿者는 蕃鳥獸之所라 古者에 四時之田을 皆於農隙에 以講武事라 然이나 不欲馳騖於稼穡場圃之中이라 故로 度閒曠之地하야 以爲囿라 然이나 文王七十里之囿는 其亦三分天下有其二之後也與인저 傳은 謂古書라

大文字義 [囿유] 나라 동산. [方방] 사방. [傳전] 옛 책.

集註字義 [蕃번] 번식하다. [隙극] 틈. [講강] 익히다. [馳치] 달리다. [騖무] 달리다. [稼가] 씨뿌리다. [穡색] 거두다. [場장] 밭. [圃포] 채마밭. [閒한] 한가하다. [曠광] 비다.

集註句文 [馳騖] 달리다, 질주하다. [稼穡場圃] 곡식을 심는 농토. [稼穡] 심고 거두다. [閒曠之地] 노는 땅. [其亦~與] 아마도~일 것이다.

曰 若是其大乎잇가 曰 民이 猶以爲小也니이다 曰 寡人之囿는 方四十里로되 民이 猶以爲大는 何也잇고 曰 文王之囿 方七十里에 芻蕘者 往焉하며 雉兔者 往焉하야 與民同之하시니 民이 以爲小不亦宜乎잇가

王曰, "그렇게 컸습니까?" 맹자왈, "백성들은 오히려 작다고 여겼습니다." 王曰, "나의 囿는 사방 40里인데 백성들이 오히려 크다고 여기는 것은 어째서 입니까?" 맹자왈, "文王의 囿는 사방 70里인데 꼴 베고 나무하는 자가 출입하며, 꿩과 토끼를 잡는 자들이 출입해서 백성들과 함께 하시니, 백성들이 작다고 여기는 것은 또한 당연하지 않겠습니까?

> **集註** 芻는 草也오 蕘는 薪也라.
> **大文字義** [芻추] 꼴. [蕘요] 땔나무, 푸장나무. [雉치] 꿩. [兎토] 토끼. [往왕] 출입.
> **大文句文** [若是其大乎] 그렇게나 컸습니까? [芻蕘者] 꼴 베는 자와 나무꾼. [雉兎者] 꿩이나 토끼를 잡는 자.

臣이 始至於境하야 問國之大禁然後에 敢入호니 臣은 聞郊關之內에 有囿 方四十里에 殺其麋鹿者를 如殺人之罪라하니 則是方四十里로 爲阱於國中이니 民이 以爲大 不亦宜乎잇가

臣이 처음 국경에 이르러 나라의 大禁을 물은 뒤에 감히 들어왔습니다. 臣이 듣기에 '교외의 관문 안에 사방 40里의 囿가 있는데 사슴을 죽이는 자를 살인죄와 같이 한다.' 하니, 이것은 사방 40里로 나라 안에 함정을 만든 것입니다. 백성들이 크다고 여기는 것은 당연하지 않겠습니까?"

> **集註** 禮에 入國而問禁이라 國外百里爲郊요 郊外有關이라 阱은 坎地以陷獸者니 言陷民於死也라.
> **大文字義** [境경] 국경. [禁금] 금지. [郊교] 교외, 도성 밖에서 100里까지의 지역. [關관] 관문. [麋미] 큰 사슴. [阱정] 함정.
> **大文句文** [有囿方四十里] 사방 40里의 囿가 있다. [以(之)爲大不亦宜乎] 그것을 크다고 여기는 것이 또한 마땅하지 않겠습니까?
> **集註字義** [坎감] 구덩이를 파다. [陷함] 빠트리다.

3장 齊宣王이 問曰 交鄰國이 有道乎잇가 孟子對曰 有하니 惟仁者아 為能以大事小하나니 是故로 湯이 事葛하시고 文王이 事昆夷하시니이다. 惟智者아 為能以小事大하나니 故로 大王이 事獯鬻하시고 句踐이 事吳하니이다.

齊宣王이 問曰, "이웃나라와 교류하는데 방법이 있습니까?" 맹자 對曰, "있습니다. 오직 仁者라야 큰 나라를 가지고 작은 나라를 섬길 수 있으니, 이 때문에 湯임금이 葛을 섬기셨고, 文王이 昆夷를 섬기셨습니다. 오직 지혜로운 者만이 작은 나라로서 큰 나라를 섬길 수 있으니, 그러므로 太王은 獯鬻을 섬기셨고 句踐은 吳나라를 섬겼습니다.

集註 仁人之心은 寬洪惻怛하야 而無較計大小彊弱之私라 故로 小國이 雖或不恭이나 而吾所以字之之心이 自不能已오 智者는 明義理識時勢라 故로 大國이 雖見侵陵이나 而吾所以事之之禮를 尤不敢廢라 湯事는 見後篇하고 文王事는 見詩大雅하고 大王事는 見後章하니 所謂狄人은 卽獯鬻也라 句踐은 越王名이니 事見國語史記하니라.

大文字義 [交교] 교류하다. [道도] 방법. [獯훈] 夏나라 때 중국 북방의 蠻族. [鬻육] 팔다, 姓, 音이 '죽'일 때는 먹는 '죽'이고, 音이 '국' 일때는 나이가 어리다의 뜻임. [踐천] 실천하다. [事사] 섬기다.

集註字義 [惻측] 슬퍼하다, 가엽게 여기다. [怛달] 슬퍼하다. [字자] 사랑하다. [識식] 알다(식), 기억하다(지). [侵침] 침범하다. [陵능] 능멸하다. [狄적] 북방 오랑캐의 한 종족.

集註句文 [寬洪惻怛] 寬洪은 관대함, 惻怛은 인자함(불쌍히 여기어 슬퍼함). [較計] 비교하다. [字之之心] 사랑하는 마음.

참고 [昆夷] 犬戎은 戎族의 한 지파로 殷周시대에 중국의 서북부 지역에 살던 민족이다. 畎戎, 畎夷, 犬夷, 昆夷, 緄夷라고도 한다. 이 말은 周語上의 '祭公諫穆王征犬戎'條에 보인다.

참고 [獯鬻] 고대 중국 북방의 종족인데 山戎, 鬼方, 玁狁(주나라 때), 匈奴(한나라 때) 등으로 변천하여 왔다. 이들은 늘 중원을 침략하였으며, 周宣王 때 험윤이 京邑을 침범한 일이 있다. 이 일은 詩經 小雅 六月篇에 보인다.

참고 [越나라와 句踐] 越나라는 小康의 후예이며 會稽에 봉해져 禹임금의 제사를 받들도록 하였다. 越句踐(재위 B.C.496~B.C.465)은 아버지 闔閭의 복수를 준비하고 있던 吳王 夫差와의 싸움에서 패배한 뒤 쓸개를 맛보며 국력을 키워 마침내 오나라를 멸망시켰으나, 6世 뒤에 楚나라에 의해 멸망하였다.

以大事小者는 樂天者也요 以小事大者는 畏天者也니 樂天者는 保天下하고 畏天者는 保其國이니이다.

큰 나라로써 작은 나라를 섬기는 자는 天理를 즐기는 자이고, 작은 나라로써 큰 나라를 섬기는 자는 天理를 두려워하는 자이니, 天理를 즐기는 자는 천하를 보전하고 天理를 두려워하는 자는 그 나라를 보존합니다.

集註 天者는 理而已矣니 大之字小와 小之事大가 皆理之當然也라 自然合理故로 曰 樂天이요 不敢違理故로 曰畏天이라 包含徧覆하야 無不周徧은 保天下之氣象也요 制節謹度하야 不敢縱逸은 保一國之規模也라.

大文字義 [樂락] 즐기다. [畏외] 두려워하다. [保보] 보존하다.

大文句文 [以大事小者] 큰 나라로 작은 나라를 섬기는 자. [樂天者] 천리를 즐기는 자.

集註字義 [違위] 거슬리다. [徧변] 두루. [覆부] 덮다. [徧편] 두루하다. [縱종] 방종하다. [逸일] 안일하다. [謨모] 계책.

集註句文 [大之字小] 큰 나라가 작은 나라를 사랑하다. [不敢違理] 감히 천리를 거슬리지 못하다. [包含徧覆] 포함하고 두루 덮어주다. [無不周徧] 두루하지 않음이 없다. [制節謹度] 예절을 절제하고 법도를 삼가다. [不敢縱逸] 감히 방종하고 안일하지 못하다. [一國之規模] 한 나라의 본보기.

星湖僿說 제21권 [經史門, 畏天]

小之事大弱之事強 當以畏天二字為之骨子。用皮幣珠玉 安保疆土 苟其時宜 大或事小 況其小耶。若較量一時之利害 妄攖強隣 非智也。

解義 소국이 대국을 섬기고 약국이 강국을 섬기는 데는 마땅히 '畏天' 두 글자로써 골자를 삼아야 한다. 피륙을 쓰고 주옥을 폐백으로 바치더라도 강토를 편안하게 보전하여 진실로 時宜에 맞도록 한다면 큰 나라도 혹 작은 나라를 섬길 수 있는데, 하물며 작은 나라이겠는가? 만약 한때의 이해만 계산하여 강한 이웃을 거스른다면 이는 지혜로운 일이 아니다.

자구 [攖영] 어지럽다, 구속하다. [妄攖] 함부로 건드리다.

詩云 畏天之威하야 于時保之라하니이다.

詩經에 이르기를, '하늘의 위엄을 두려워하여 이에 나라를 보존한다.' 하였습니다."

集註 詩는 周頌我將之篇이라 時는 是也라.
大文句文 [于時保之] 이에 나라를 보존하다.

詩經 [周頌 淸廟之什 我將篇 1章]
大義 문왕을 명당에 종사하면서 상제에게 배향한 樂歌이다.
解義 我將我享이 維羊維牛니 維天其右之아
내가 받들어 올림에 양과 소이니 하늘에서 그 오른 쪽에 계실까?
儀式刑文王之典하야 日靖四方하면 伊嘏文王이 旣右饗之하시니라
문왕의 典範을 본받아 날로 천하를 안정시키면 복 주시는 문왕이 오른쪽에서 흠향하시리라.
我其夙夜에 畏天之威하야 于時保之엇다.
내가 밤낮으로 하늘의 위엄을 두려워하여 이에 보호할지어다.
자구 [將장] 받들다.(平聲). [享향] 올리다, 바치다. [儀,式,刑] 본받다. [靖정] 편안하다. [嘏하] 복을 내려주다. [饗향] 흠향하다. [夙숙] 일찍. [時시] 是.

王曰 大哉라 言矣여 寡人이 有疾호니 寡人은 好勇하노이다.

王曰 "훌륭하십니다. 夫子의 말씀이여! 나에게 병통이 있으니 나는 용맹을 좋아합니다."

集註 言以好勇故로 不能事大而恤小也라
大文字義 [疾질] 병통, 문제점, 결점.

對曰 王請無好小勇하소서 夫撫劍疾視曰 彼惡敢當我哉리오하나니 此는 匹夫之勇이라 敵一人者也니 王請大之하소서

맹자 對曰, "왕께서는 부디 小勇을 좋아하지 마소서! 칼을 어루만지며 노려보면서 말하기를, '저들이 어찌 나를 감당하리오?' 하니, 이것은 필부의 勇이라 한 사람만을 대적하는 것이니 왕께서는 부디 大勇을 가지소서!

集註 疾視는 怒目而視也라 小勇은 血氣所為요 大勇은 義理所發이라.
大文字義 [撫무] 어루만지다. [劍검] 칼. [疾질] 미워하다. [惡오] 어찌.(平聲). [當당] 당하다. [敵적] 대적하다.
大文句文 [撫劍疾視] 칼을 어루만지면서 노려 보다. [彼惡敢當我哉] 저들이 어찌 나를 감당하리오? [大之] 大勇을 가지다.

詩云 王赫斯怒하사 爰整其旅하야 以遏徂莒하야 以篤周祜하야 以對于天下라하니 此는 文王之勇也니 文王이 一怒而安天下之民하시니이다.

詩經에 이르기를, '왕이 이에 크게 노하시어 이에 周나라 군사를 정돈하여 침략군을 막아서 周나라의 福을 돈독히 하여 천하의 기대에 부응하였다.' 하였으니, 이것은 文王의 용맹입니다. 文王이 한번 노하시여 천하 백성들을 안정되게 지키셨습니다.

集註 詩는 大雅皇矣篇이라 赫은 赫然怒貌라 爰은 於也라 旅는 衆也라 遏은 詩作按하니 止也라 徂는 往也요 莒는 詩作旅하니 徂旅는 謂密人侵阮徂共之衆也라 篤은 厚也오 祜는 福也라 對는 答也니 以答天下仰望之心也라 此는 文王之大勇也라.

大文字義 [赫혁] 혁연히, 크게. [斯사] 이, 이에. [怒노] 노하다. [爰원] 이에. [整정] 정돈하다. [旅려] 무리, 군사. [遏알] 막다. [徂조] 가다. [莒거] 침략군, 무리. [篤독] 돈독히. [祜호] 복.

大文句文 [王赫斯怒 爰整其旅 以遏徂莒 以篤周祜 以對于天下] 왕이 이에 크게 노하시어 이에 周나라 군사를 정돈하여 침략군을 막아 周나라의 福을 돈독히 하여 천하의 기대에 부응하다.

集註字義 [按알] 막다. [密, 阮] 모두 나라 이름.

集註句文 [赫然怒貌] 크게 노하는 모습. [徂旅謂密人侵阮徂共之衆] 徂旅는 密人이 阮을 침략하기 위해 共으로 가는 密人의 무리를 이른다.

詩經 [大雅 文王之什 皇矣篇 8章]

大意 하늘이 살펴보고 은나라를 대신하게 하였으니 주나라만한 나라가 없어서이다. 주나라가 세세토록 덕업을 닦아 문왕과 같은 이가 없음을 찬미한 시가이다.

詩解 1장. 皇矣上帝 臨下有赫하사 監觀四方하사 求民之莫이시니 維此二國이 其政不獲일새 維彼四國에 爰究爰度하시니 上帝耆之인댄 憎其式廓이라 乃眷西顧하사 此維與宅하시니라.

위대하신 상제께서 하토를 굽어봄이 빛나시어, 사방을 굽어 살피시어 백성의 안정을 구하시도다. 夏나라 商나라가 정사의 도리를 잃었기에 저 사방나라에서 찾으시고 도모하시니, 상제께서 더해 주실진대 규모를 더해주시는지라 이에 서쪽을 돌아보시어 이곳을 주어 살도록 하셨다.

4장. 維此王季를 帝度其心하시고 貊其德音하시니 其德克明이샷다 克明克

類하시며 克長克君하시며 王此大邦하사 克順克比러시니 比于文王하사 其德靡悔하시니 旣受帝祉하사 施于孫子샷다.(言天命王季)

王季를 상제께서 그 마음을 헤아리시고 덕음을 고요하게 하시니 그 덕이 밝으셨도다. 시비를 밝히시고 선악을 분변하시며, 어른 노릇 잘 하고 군주 노릇 잘 하시며, 이 큰 나라에서 왕노릇 하시어 잘 순응하고 잘 따르셨도다. 문왕에 이르러 그 덕에 후회가 없으시니 상제께 복을 받아 자손에게 미치셨도다.

5장. 帝謂文王하사대 無然畔援하며, 無然歆羨하야 誕先登于岸이라하시다. 密人不恭이라 敢距大邦하야 侵阮徂共이어늘, 王赫斯怒하사 爰整其旅하사 以按徂旅하사 以篤于周祜하사 以對于天下하시니라.

상제께서 문왕에게 이르시되 그렇게 이것을 버리고 저것을 잡으려 들지 말며, 그렇게 탐하고 흠모하지 말아서 크게 먼저 도의 경지에 오르라 하셨다. 密나라 사람이 공손하지 않는지라 감히 큰 나라에 항거하여 阮을 침공하러 共땅으로 가거늘, 문왕께서 버럭 화를 내어 이에 그 군사를 정돈하여 침략군을 막으시어 周나라의 福을 돈독히 하시어 천하의 기대에 부응하셨다.

자구 [莫막] 안정하다. [究구] 찾다. [度탁] 도모하다. [耆기] 더해주다. [憎증] 늘리다. [眷권] 돌아보다. [貊맥] 조용하다. [類유] 나누다. [比비] 이르다. [靡미] 없다. [祉지] 복. [畔반] 배반하다. [援원] 당기다. [歆흠] 탐하다. [羨선] 부러워하다. [誕탄] 크다. [距거] 막다. [共공] 邑名.

書曰 天降下民하사 作之君作之師하샨든(하심은) 惟曰 其助上帝라 寵之四方이시니 有罪無罪에 惟我在커니 天下曷敢有越厥志리오하니 一人이 衡行於天下어늘 武王이 恥之하시니 此는 武王之勇也니 而武王이 亦一怒而安天下之民하시니이다.

書經에 이르기를, '하늘이 백성을 내리시어 임금을 세워주고 스승을 세워주신 것은, 오직 그가 上帝를 돕는지라 그를 사방의 모든 사람들 가운데서 총애하시니, 죄가 있든 없든 간에 오직 나에게 달려있으니, 천하에 어찌 감히 그 마음을 잘못쓸 수 있겠는가?' 하였습니다. 한 사람(紂王)이 천하에 함부로 행동하자 武王이 부끄러워하셨으니, 이것은 武王의 大勇이니 武王이 또한 한번 노하여 천하의 백성을 안정시켰습니다.

集 註 書는 周書泰誓之篇也라 然이나 所引이 與今書文小異하니 今且依此解之하노라 寵之四方은 寵異之於四方也라 有罪者를 我得而誅之하고 無罪者를 我得而安之니 我旣在此면 則天下何敢有過越其心志而作亂者乎아 衡行은 謂作亂也라 孟子釋書意如此하시고 而言武王亦大勇也하시니라.

大文字義 [降강] 내려주다. [作작] 세워주다, 만들어주다. [助조] 돕다. [寵총] 총애하다. [曷갈] 어찌, [越월] 잘못쓰다(過用), 넘다. [厥궐] 그. [衡횡] 횡행하다. [恥치] 부끄러워하다.

大文句文 [寵之四方] 四方의 모든 사람들 가운에서 총애하다. [惟我在] 오직 나의 책임이니, 오직 나에게 있으니. [有越厥志] ① 그 마음을 뛰어넘을 수 있으리오. ② 넘어서는 안 되는 한계를 넘을 수 있으리오.

集註字義 [誓서] 경계하다. [引인] 인용하다. [且차] 우선. [得득]~할 수 있다. [誅주] 주벌하다, 죽이다, 벌하다. [過과] 지나가다. [釋석] 해석하다, 풀이하다.

集註句文 [寵異之於四方] 하늘이 그를 사방의 모든 사람들 가운데서 총애하다. [我得而誅之] 내가 주벌할 수 있다. [過越] 뛰어넘다, 지나치게 하다.

참 고 紂王은 妲己와 飛廉에게 빠져 微子啓를 몰라보고 마음이 현혹되어 난잡한 행위를 하였다. 달기는 紂의 妃이다. 비렴은 紂의 간사한 신하인 惡來의 아비이다. 달리기를 잘했으며 財力으로 주왕을 섬겼다.

書經 周書 [泰書上, 天佑下民]

天佑下民하사 作之君作之師하심은 惟其克相上帝하야 寵綏四方이시니 有罪無罪에 予는 曷敢有越厥志호리오.

解 義 하늘이 백성들을 도우시어 임금을 세워주고 스승을 세워주심은 오직 그가 상제를 도와서 사방의 모든 사람들을 총애하고 편안하게 하니, 죄가 있든 없든 간에 내가 어찌 감히 그 뜻을 잘못씀이 있으리오.

자 구 [寵綏] 총애하고 편안하게 하다. [曷갈] 어찌.

今王이 亦一怒而安天下之民하시면 民이 惟恐王之不好勇也리이다.

지금 王께서 또 한번 노하시어 천하의 백성을 안정시킨다면, 백성이 오직 王이 勇을 좋아하지 않을까 걱정할 것입니다."

集註 王若能如文武之為면 則天下之民이 望其一怒以除暴亂하야 而拯己於水火之中하야 惟恐王之不好勇耳니라 ○此章은 言人君이 能懲小忿이면 則能恤小事大하야 以交鄰國이요 能養大勇이면 則能除暴救民하야 以安天下니라 張敬夫曰 小勇者는 血氣之怒也요 大勇者는 理義之怒也니 血氣之怒는 不可有요 理義之怒는 不可無니 知此면 則可以見性情之正이요 而識天理人欲之分矣리라.

大文句文 [惟恐王之不好勇也] 오직 王이 勇을 좋아하지 않을까 걱정한 것이다.

集註字義 [拯증] 구제하다. [懲징] 다스리다. [忿분] 분함. [恤휼] 구제하다. [分분] 분별.

集註句文 [王若能如文武之為] 왕이 만약 문왕과 무왕이 했던 것과 같이 할 수 있다면.

4장 齊宣王이 見孟子於雪宮이러시니 王曰 賢者도 亦有此樂乎잇가 孟子對曰 有하니 人不得則非其上矣니이다.

제선왕이 설궁에서 맹자를 만났는데, 王曰, "현자도 이러한 즐거움이 있습니까?" 맹자 對曰, "있습니다. 사람들이 이러한 즐거움을 얻지 못한다면 그 윗사람을 비난할 것입니다.

集註 雪宮은 離宮名이라 言人君이 能與民同樂이면 則人皆有此樂이요 不然이면 則下之不得此樂者必有非其君上之心이니 明人君當與民同樂하야 不可使人有不得者요 非但當與賢者共之而已也라.

大文字義 [非비] 비난하다.

大文句文 [人不得則非其上矣] 사람들이 이러한 즐거움을 얻지 못한다면 그 윗사람을 비난할 것이다.

集註句文 [離宮] 별궁. [不可使人有不得者] 사람들로 하여금 얻지 못한 자가 있게 해서는 안 된다.

不得而非其上者도 非也며 為民上而不與民同樂者도 亦非也니이다.

즐거움을 얻지 못한다고 하여 윗사람을 비난하는 자도 잘못이며, 백성의 윗사람이 되어서 백성과 즐기지 않는 자도 잘못입니다.

> **集註** 下不安分과 上不恤民이 皆非理也라.
>
> **大文句文** [不得而非其上者非也] 즐거움을 얻지 못한다고 하여 윗사람을 비난하는 자도 잘못이다. [為民上而不與民同樂者亦非也] 백성의 윗사람이 되어서 백성과 함께 즐기지 않는 자도 잘못이다.

樂民之樂者는 民亦樂其樂하고 憂民之憂者는 民亦憂其憂하나니 樂以天下하며 憂以天下하고 然而不王者 未之有也니이다.

백성의 즐거움을 즐거워하는 자는 백성도 그의 즐거움을 즐거워하고, 백성들의 근심을 근심하는 자는 백성도 그의 근심을 근심하니, 천하의 일로써 즐거워하며 천하의 일로써 근심하고서 왕도를 시행하지 못한 자는 있지 않았습니다.

> **集註** 樂民之樂而民樂其(君)樂이면 則樂以天下矣요 憂民之憂而民憂其(君)憂면 則憂以天下矣라.
>
> **大文句文** [樂以天下憂以天下] 천하의 일로써 즐거워하며 천하의 일로써 근심한다, 천하와 같이 즐거워하고 천하와 같이 근심한다.

昔者에 齊景公이 問於晏子曰 吾欲觀於轉附朝儛하야 遵海而南하야 放于琅邪하노니 吾何脩而可以比於先王觀也오.

옛날에 제경공이 晏子에게 묻기를, '나는 轉附山과 朝儛山을 구경하고서 바다를 따라 남쪽으로 내려가 琅邪에까지 이르고자하니 내가 어떻게 처리하여야 先王의 유람과 비견할 수 있겠습니까?'

集註 晏子는 齊臣이니 名嬰이라 轉附朝儛는 皆山名也라 遵은 循也요 放은 至也라 琅邪는 齊東南境上邑名이라 觀은 游也라.

大文字義 [晏안] 늦다. [觀관] 관람하다, 구경하다. [轉전] 구르다. [附부] 붙다, 기대다. [儛무] 춤추다. [遵준] 따라가다. [放방] 이르다.(上聲). [琅랑] 옥돌, [邪야] 耶와 同字. [脩수] 처리하다, 다스리다.

大文句文 [轉附朝儛] 제나라에 있는 전부산과 조무산.

集註字義 [嬰영] 갓난아이. [遊유] 유람하다.

참고 [晏子] 공자와 同 시대의 제나라 사람이며, 齊莊公~景公(B.C.547~490) 시기의 賢臣으로 字는 平仲이다. 齊景公의 재상되어 패업에 비견할 만한 성과를 이룩하였다.

晏子對曰 善哉라 問也여 天子 適諸侯曰 巡狩니 巡狩者는 巡所守也오 諸侯 朝於天子曰 述職이니 述職者는 述所職也니 無非事者오 春省耕而補不足하며 秋省斂而助不給하노니 夏諺에 曰 吾王이 不遊면 吾何以休며 吾王이 不豫면 吾何以助리오 一遊一豫 為諸侯度라하니이다.

晏子 對曰, '참 좋습니다. 질문이여! 天子가 제후에게 가는 것을 巡狩라 하니 巡狩는 제후가 지키는 곳을 巡幸하는 것이고, 제후가 天子를 뵙는 것을 述職이라 하니 述職은 맡은 바의 일을 진술하는 것이니 일이 아님이 없는 것입니다. 봄에는 밭가는 것을 살펴서 부족한 것을 보태주며 가을에는 수확하는 것을 살펴서 넉넉하지 못한 것을 도와줍니다. 夏나라 속담에 이르기를『우리 王께서 유람하지 않으시면 내가 어떻게 쉬며, 우리 王께서 즐기지 않으시면 내가 어찌 도움을 받겠는가? 한번 유람하고 한번 즐기는 것이 제후들의 법도가 된다.』' 하였습니다.

集註 述은 陳也라 省은 視也라 斂은 收穫也라 給은 亦足也라 夏諺은 夏時之俗語也라 豫는 樂也라 巡所守는 巡行諸侯所守之土也요 述所職은 陳其所受之職也니 皆無有無事而空行者요 而又春秋循行郊野하야 察民之所不足而補助之라 故로 夏諺에 以為王者一遊一豫皆有恩惠以及民하야 而諸侯皆取法焉하야 不敢無事慢遊以病其民也라하니라.

大文字義 [適적] 가다, 다만. [巡순] 순행하다. [狩수] 임지, 순행하다. [守수] 지키다. [術술] 진술하다. [職직] 직임. [省성] 살피다. [耕경] 밭갈이. [補보] 도와주다. [斂렴] 수확하다. [給급] 족하다. [諺언] 속담. [遊유] 유람하다. [豫예] 즐거워하다. [助조] 도움을 받다. [度도] 법도.

大文句文 [無非事者] 일이 아님이 없는 것. [吾何以助] 내가 어찌 도움을 받으리오. [為諸侯度] 諸侯의 法度가 된다.

集註字義 [陳진] 진술하다. [穫확] 거두다. [空공] 공연히. [郊교] 도성 밖 50里 이내 지역을 近郊, 100里 이내 지역을 遠郊라고 함. [慢만] 게으르다.

集註句文 [俗語] 속담. [皆無有無事而空行者] 모두 일 없이 공연히 다니는 일이 없다.

今也에는 不然하야 師行而糧食하야 飢者 弗食하며 勞者 弗息하야 睊睊胥讒하야 民乃作慝이어늘 方命虐民하야 飮食若流하야 流連荒亡하야 為諸侯憂하나니이다.

오늘날에는 그렇지 않아서 군사를 이끌고 다니면서 볶은 쌀과 말린 밥을 먹어치워 굶주린 자가 먹지 못하며 수고로운 자가 쉬지도 못하여, 흘겨보면서 서로 비방하여 백성들이 이에 원망하고 미워함을 일으키자, 왕명을 거역하고 백성을 학대하면서 먹고 마시는 것을 물 쓰듯 하여 노는 재미에 빠져서 집에 돌아갈 줄 모르며, 사냥이나 술을 마시는데 빠져서 부용국의 근심거리가 되게 합니다.

集註 今은 謂晏子時也라 師는 衆也니 二千五百人이 為師니 春秋傳曰 君行師從이라하니라. 糧은 謂糗糒之屬이라 睊睊은 側目貌라 胥는 相也라 讒은 謗也라 慝은 怨惡也니 言民不勝其勞하야 而起怨謗也라 方은 逆也요 命은 王命也라 若流는 如水之流無窮極也라 流連荒亡은 解見下文하니라 諸侯는 謂附庸之國縣邑之長이라.

大文字義 [師사] 군사. [糧량] 행군할 때 먹는 식량. [弗불] 아니다. 不보다 뜻이 강함. [睊견] 흘겨보다. [胥서] 서로. [讒참] 참소하다. [作작] 일으키다. [慝특] 사특함. [方방] 거역하다. [虐학] 학대하다.

大文句文 [師行而糧食] 師로 행하여 糧을 食하여(언해참조). [睊睊胥讒] 흘겨보면서 서로 제후들을 비방하다. [民乃作慝] 民이 慝을 作하거늘(언해참조). [方命虐民] 왕명을 거역하고 백성을 학대하다. [流連] 노는 재미에 빠져서 집에 돌아갈 줄 모름. [荒亡] 사냥이나 술을 마시는데 빠짐.

集註字義 [師사] 師團(2500人). [糗구] 찐 쌀과 보리를 가루로 만든 것. [糒비] 말린 밥, 보통 행군할 때 휴대함. [側측] 곁. [謗방] 비방하다. [逆역] 거역하다, 거슬리다. [庸용] 작은 성.

集註句文 [君行師從] 군주의 출행에 師團이 수행하다. [糗糒] 행군할 때 먹는 식량. [窮極] 끝. [附庸之國] 사방 50리가 못되는 작은 나라로서 천자에 직속되지 못한 제후.

春秋左氏傳 [定公 4년, 君行師從]

將會에 衛子行敬子言於靈公曰 會同難이라 嘖有煩言이면 莫之治也리니 其使祝佗從하소서 公曰 善타하고 乃使子魚한대 子魚辭 曰 臣展四體하야 以率舊職이라도 猶懼不給하야 而煩刑書어든 若又共二면 徼大罪也라 且夫祝은 社稷之常隸也라 社稷不動이면 祝不出竟이 官之制也라 君以軍行이면 祓社釁鼓하고 祝奉以從하니 於是乎出竟이라 若嘉好之事엔 君行師從하고 卿行旅從하니 臣無事焉이라 公曰 行也하라.

解義 會合에 가려 할 때 衛나라 子行敬子가 靈公에게 말하기를, "이번 회동에는 의견이 일치되기 어렵습니다. 언쟁하여 번잡한 말이 있게 되면 다스릴 수 없을 것이니 祝佗로 하여금 수행하게 하소서." 하니, 靈公이 좋다 하고 祝佗를 시켰다. 축타가 사양하며 말하기를, "臣은 온 몸을 다하여 舊職을 행하는데도 오히려 부족하여 刑書를 번거롭게 할까 두려운데, 만약 다시 두 가지 직책을 겸한다면 대죄를 부르게 될 것입니다. 또 大祝은 사직의 평범한 官吏입니다. 社稷의 신이 출동하는 경우가 아니면 大祝이 국경을 나가지 않는 것이 관직의 제도입니다. 임금님이 군사를 거느리고 출정하면 사직에 祓除하고 희생을 잡아 북에 피를 바르고서 大祝이 사직의 神主를 받들고 수행하니, 이때에 국경을 나갈 수 있습니다. 조회와 같은 일에는 임금의 출행에는 師團의 군사가 수종하고, 卿의 출행에는 旅團의 군사가 수종하는 것이니, 臣이 수종할 사유가 없습니다. 靈公曰 "그래도 수행하라."

자구 [嘖책] 언쟁하다. [率솔] 수행하다. [煩번] 번거롭다, 시끄럽다. [共공] 함께하다, 공손하다. [徼요] 요구하다, 순찰하다. [佗타] 짊어지다, 남. [展전] 펴다. [隸예] 천한 관리. [常隸] 하급관리. [祓불] 깨끗하게 하다. 푸닥거리. [釁흔] 틈. [嘉好之事] 조회의 일. [旅여] 旅團(500人)

從流下而忘反을 謂之流요 從流上而忘反을 謂之連이오 從獸無厭을 謂之荒이오 樂酒無厭을 謂之亡이니

물의 흐름을 따라 내려가서 돌아올 줄 모르는 것을 流라 하고, 물의 흐름을 따라 거슬러 올라가서 돌아올 줄 모르는 것을 連이라 하고, 사냥하되 싫어함이 없음을 荒이라 하고, 술을 즐겨서 만족함이 없음을 亡이라 합니다.

集註 此는 釋上文之義也라 從流下는 謂放舟隨水而下요 從流上은 謂挽舟逆水而上이라 從獸는 田獵也라 荒은 廢也라 樂酒는 以飮酒爲樂也라 亡은 猶失也니 言廢時失事也라.

大文字義 [妄망] 잊다. [反반] 돌아오다. [厭염] 싫어하다.(去聲).

大文句文 [從獸] 사냥하다, 짐승을 쫓다.

集註字義 [義의] 뜻. [放방] 놓다.(上聲). [隨수] 따르다. [挽만] 당기다. [田전] 사냥하다. [獵엽] 사냥하다. [廢폐] 폐하다.

集註句文 [放舟隨水而下] 배를 띄워서 물을 따라 내려가다.

先王은 無流連之樂과 荒亡之行하더시니 惟君所行也니이다.

先王께서는 流連의 즐거움과 荒亡의 행동이 없었으니, 오직 임금이 행하는데 달려있을 뿐입니다.'

集註 言先王之法 今時之弊二者는 惟在君所行耳라

大文句文 [惟君所行也] 오직 임금이 行하는데 달려있을 뿐이다.

景公이 說하야 大戒於國하고 出舍於郊하야 於是에 始興發하야 補不足하고 召大師曰 爲我하야 作君臣相說之樂하라하니 蓋徵招角招是也라 其詩曰 畜君何尤리오하니 畜君者는 好君也니이다.

齊景公이 기뻐하여 나라에 크게 포고하고 교외에 나아가 머물면서 이에 비로소 창고를 열어 부족함을 보충해 주고 태사를 불러 말하기를, '나를 위해서 君臣 相悅의 음악을 지으라' 하니, 대개 徵招와 角招가 이것입니다. 그 詩에 '임금의 욕심을 제지하는 것이 무슨 허물이 되겠는가?' 하니, 임금을 제지하는 것은 임금을 좋아하는 것입니다."

集註 戒는 告命也라 出舍는 自責以省民也라 興發은 發倉廩也라 大師는 樂官也

라 君臣은 己與晏子也라 樂有五聲하니 三曰 角이니 爲民이오 四曰 徵니 爲事라 招은 舜樂也라 其詩는 徵招角招之詩也라 尤는 過也라 言晏子能畜止其君之欲하니 宜爲君之所尤나 然이나 其心則何過哉리오 孟子釋之하사 以爲臣能畜止其君之欲은 乃是愛其君者也라하시니라 ○尹氏曰 君之與民이 貴賤雖不同이나 然이나 其心은 未始有異也라 孟子之言이 可謂深切矣어늘 齊王이 不能推而用之하니 惜哉로다.

大文字義 [戒계] 경계. [舍사] 머물다.(去聲). [發발] 창고를 열다. [徵치] 오음의 네 번째 음. [招소] 韶(新增東國輿地勝覽 1권). [角각] 오음의 세 번째 음. [畜축] 제지하다. [尤우] 허물.

大文句文 [大戒] 크게 포고하다. [畜君何尤] 임금의 욕심을 제지하는 것이 무슨 허물이겠는가?

集註字義 [倉창] 곳집(곡식을 저장하는 창고). [廩름] 곳집(곡식을 저장하는 창고). [切절] 간절하다. [惜석] 애석하다.

集註句文 [宜爲君之所尤] 임금의 허물하는 바가 됨이 당연하다.(임금이 언짢아 하다). 所君尤→君之所尤.

참 고 [徵招角招] 舜임금 때의 음악으로 임금과 신하가 서로 즐길 적에 연주하는 노래이며, 그 가사에 "임금의 잘못을 간하는 것이 무슨 잘못이겠는가? 임금의 잘못을 간하는 것은 임금을 좋아하는 것이다." 하였다.(順菴문집 11권 雜著). 徵招角招는 "韶樂이 齊나라에 있다. [韶樂在齊]"는 것과 논어에서 "제나라에 있을 때 소악을 들었다.[在齊聞韶]" 는 것이 바로 그것이다.

5장 齊宣王이 問曰 人皆謂我毁明堂이라하나니 毁諸아 已乎아

제선왕이 問曰, "사람이 모두 나에게 명당을 헐어버리라고 하니 헐어야 합니까, 그만두어야 합니까?"

集 註 趙氏曰 明堂은 泰山明堂이니 周天子東巡守朝諸侯之處라하니 漢時遺址尚在라하니라 人欲毁之者는 蓋以天子不復巡守하고 諸侯又不當居之也라 王問當毁之乎아 且止乎아

大文字義 [毁훼] 헐다. [已이] 그만두다.

集註字義 [遺유] 버리다, 남기다. [址지] 터.

集註句文 [且止乎] 아니면 그만 두어야 합니까?

孟子對曰 夫明堂者는 王者之堂也니 王欲行王政則勿毁之矣소서

맹자 對曰, "明堂이라는 것은 천자의 집이니 王께서 왕도를 시행하고자 하신다면 헐지 마소서!"

> **集註** 明堂은 王者所居以出政令之所也라 能行王政이면 則亦可以王矣니 何必毁哉리오
>
> **集註句文** [可以王] 왕도를 시행할 수 있다.

王曰 王政을 可得聞與잇가 對曰 昔者文王之治岐也에 耕者를 九一하며 仕者를 世祿하며 關市를 譏而不征하며 澤梁을 無禁하며 罪人을 不孥하더시니 老而無妻曰鰥이오 老而無夫曰寡요 老而無子曰獨이오 幼而無父曰孤니 此四者는 天下之窮民而無告者어늘 文王이 發政施仁하사대 必先斯四者하시니 詩云 哿矣富人이어니와 哀此煢獨이라하니이다.

王曰, "王道의 政事에 대하여 들을 수 있습니까?" 맹자 對曰, "옛날에 文王이 岐땅을 다스릴 적에 농사짓는 자에게 9분의 1세를 거두며, 벼슬하는 자에게 世祿을 주며, 관문이나 저자를 기찰하기만 하고 세금을 받지 않으며, 연못에 魚梁을 금하지 않으며, 죄인을 처자식과 연좌시키지 않았습니다. 늙어서 妻가 없는 것을 鰥이라 하고, 늙어서 남편이 없는 것을 寡라 하고, 늙어서 자식이 없는 것을 獨이라 하고, 어려서 아비가 없는 것을 孤라 합니다. 이 네 가지는 천하의 궁핍한 백성들이라서 하소연 할 곳이 없는 사람들인데, 文王이 仁政을 베푸시어 반드시 이 네 부류의 사람들을 우선으로 하셨으니, 詩經에 이르기를, '괜찮은 것은 부유한 사람들이지만 곤궁하고 외로운 사람들이 애처롭구나!' 하였습니다."

> **集註** 岐는 周之舊國也라 九一者는 井田之制也라 方一里爲一井이니 其田九百畝라 中畫井字하야 界爲九區하야 一區之中에 爲田百畝하야 中百畝는 爲公田하고 外八百畝는 爲私田하야 八家各受私田百畝하고 而同養公田하니 是九分而稅其一也라 世祿者는 先王之世에 仕者之子孫을 皆敎之하야 敎之而

成材면 則官之하고 如不足用이어든 亦使之不失其祿하니 蓋其先世嘗有功德於民이라 故로 報之如此하니 忠厚之至也라 關은 謂道路之關이오 市는 謂都邑之市라 譏는 察也요 征은 稅也라 關市之吏가 察異服異言之人하고 而不征商賈之稅也라 澤은 謂瀦水요 梁은 謂魚梁이니 與民同利하야 不設禁也라 孥는 妻子也니 惡惡이 止其身이요 不及妻子也라 先王養民之政은 導其妻子하야 使之養其老而恤其幼하나니 不幸而有鰥寡孤獨之人하야 無父母妻子之養이면 則尤宜憐恤이라 故로 必以為先也라 詩는 小雅正月之篇이라 哿는 可也라 煢은 困悴貌라.

大文字義 [仕사] 벼슬하다. [祿녹] 녹봉. [關관] 관문. [譏기] 살피다. [征정] 세금을 거두다. [梁양] 魚梁. [孥노] 처자식, 처자식에 연좌시키다. [鰥환] 홀아비. [寡과] 과부. [窮궁] 궁핍하다. [告고] 하소연하다. [哿가] 可와 同字, 머리꾸미개. [煢경] 외롭다.

大文句文 [關市譏而不征] 관문이나 저자를 기찰하기만 하고 세금을 걷지 않는다. [澤梁無禁] 연못에서 魚梁을 금하지 않는다. [天下之窮民而無告者] 천하의 궁핍한 백성이어서 하소연 할 곳이 없는 사람. [哿矣富人] 괜찮은 것은 富人이다. [哀此煢獨] 궁하고 외로운 사람이 애처롭다.

集註字義 [晝획] 긋다. [界계] 경계하다. [養양] 가꾸다. [察찰] 살피다. [異이] 다르다. [商상] 돌아다니면서 물건을 파는 사람 [賈고] 전포를 가지고서 물건을 파는 사람. [瀦저] 웅덩이. [導도] 계도하다. [恤휼] 구제하다, 구휼하다. [憐련] 불쌍히 여기다. [悴췌] 파리하다.

集註句文 [同養公田] 함께 공전을 가꾸다. [官之] 벼슬을 주다.

詩經 [小雅 祈父之什 正月篇 13장]

大義 大夫가 주나라 幽王을 풍자한 것이다.

詩解 1장. 正月繁霜이라 我心憂傷이어늘 民之訛言이 亦孔之將이로다. 念我獨兮憂心京京호니 哀我小心이여 癙憂以痒호라.

정월에 된 서리 내리니 내 마음 근심스럽거늘 백성들 헛소문마저 매우 흉흉하도다. 나 홀로 걱정함에 마음에 근심 가득하니 애달프다. 나의 소심함이여 시름에 병이 들었도다.

2장. 父母生我여 胡俾我瘉오 不自我先이며 不自我後로다. 好言自口며 莠言自口라 憂心愈愈하야 是以有侮호라

어버이 날 낳으심이여 어찌 나를 힘들게 하시나요. 나보다 먼저도 아니요 나보다 뒤도 아니로다. 좋은 말도 입에서 나오고 추한 말도 입에서 나오니, 근심이 끝이 없어 이 때문에 모욕을 당하였노라.

3장. 憂心惸惸하야 念我無祿하노라 民之無辜 幷其臣僕이로다 哀我人斯는 于何從祿고 瞻烏爰止혼댄 于誰之屋고

깊은 수심에 빠져 우리 불행을 걱정하노라. 무고한 백성들 모두가 신복이 되었도다. 슬프다 우리는 어디에서 행복을 찾을까. 까마귀를 보니 이에 앉을진대 어느 지붕에서인가.

8장. 心之憂矣 如或結之로다 今玆之正은 胡然厲矣오 燎之方揚을 寧或滅之리오 赫赫宗周를 褒姒威之로다

나의 시름 맺힌 듯하도다. 지금 나라 정사 어찌하여 포악한가. 막 불이 활활 일어나거늘 누가 끌 수 있겠는가. 찬란한 周나라를 포사가 망하게 하도다.

13장. 佌佌彼有屋하며 蔌蔌方有穀이어늘 民今之無祿은 天夭是椓이로다 哿矣富人이어니와 哀此惸獨이로다.

소인들 집을 지니고 살며 누추한 이들 녹을 먹거늘, 지금 복 없는 백성은 하늘이 재앙을 내려 해치도다. 그래도 부유한 사람은 괜찮겠지만 이 외톨이들 애처롭도다.

자구 [繁번] 잦다, 번성하다. [繁霜] 된 서리. [訛와] 유언비어. [訛言] 헛소문. [將장] 크다.(平聲). [京경] 크고 크다. [癙서] 속 끓이다, 근심하다. [癙憂] 깊은 시름. [痒양] 병. [胡호] 어찌. [俾비] 피동의 의미(使). [瘉유] 앓다. [莠유] 추하다(醜). [愈유] 더욱, 근심하다, 낫다. [侮모] 모욕을 받다. [惸경] 근심하다. [念념] 걱정하다. [無祿] 불행. [辜고] 허물. [瞻첨] 보다. [胡호] 어찌. [厲려] 포악하다. [燎료] 불을 놓다. [揚양] 성하다. [宗周] 鎬京. [褒姒] 포사. [威혈] 망하다(滅). [佌차] 작다, 들쭉날쭉. [蔌속] 나물. [蔌蔌] 누추한 모양. [穀곡] 녹을 먹다. [夭요] 재앙. [椓탁] 해치다.

王曰 善哉라 言乎여 曰 王如善之則何為不行이니잇고 王曰 寡人이 有疾호니 寡人은 好貨하노이다 對曰 昔者에 公劉好貨하더시니 詩云 乃積乃倉이어늘 乃裹餱糧을 于橐于囊이오사 思戢用光하야 弓矢斯張하며 干戈戚揚으로 爰方啓行이라하니 故로 居者 有積倉하며 行者 有裹糧也然後에사 可以爰方啓行이니 王如好貨어시든 與百姓同之하시면 於王에 何有리잇고

王曰, "참 좋습니다. 말씀이여!" 맹자왈, "왕께서 만일 좋다고 여기셨다면 어찌 시행하지 않으십니까?" 王曰, "내가 병통이 있으니 나는 재화를 좋아합니다." 맹자對曰, "옛적에 公劉가 재화를 좋아하였는데, 詩經에 이르기를, '이에 露積을 하고 이에 창고에 쌓거늘, 말린 밥을 싸서 전대와 자루에 넣어 백성을 편히 살게 하여 나라를 빛낼 것을 생각하고, 궁시를 준비하며 창과 방패와 도끼를 들고서 이에 막 길을 열었다.' 하였습니다. 그러므로 머무르는 자에게는 창고에 쌓아 놓은 것이 있으며, 길 떠나는 사람에게는 양식을 싼 뒤에야 이에 비로소 길을 열 수가 있습니다. 왕이 만일 재화를 좋아하시거든 백성과 함께 하시면 王道를 시행하는데 무슨 어려움이 있겠습니까?"

集註 王自以為好貨라 故로 取民無制하야 而不能行此王政이라하니라 公劉는 后稷之曾孫也라 詩는 大雅公劉之篇이라 積은 露積也요 餱는 乾(간)糧也라 無底曰 橐이요 有底曰 囊이니 皆所以盛餱糧也라 戢은 安集也니 言思安集其民人하야 以光大其國家也라 戚은 斧也요 揚은 鉞也라 爰은 於也라 啓行은 言往遷于豳也라 何有는 言不難也라 孟子言公劉之民이 富足如此하니 是는 公劉好貨而能推己之心하야 以及民也라 今王이 好貨어시든 亦能如此면 則其於王天下也에 何難之有리오하시니라.

大文字義 [貨화] 재화. [劉유] 姓, 도끼. [積적] 노적을 하다. [倉창] 창고에 쌓다. [裹과] 싸다. [餱후] 말린 밥. [橐탁] 전대. [囊낭] 자루. [戢즙] 편히 모여 살게 하다. [光광] 나라를 빛내다. [戚척] 큰 도끼. [揚양] 작은 도끼. [方방] 비로소.

大文句文 [何為] 무엇을 하다, 어째서. [思戢用光] 백성을 편안히 모여 살게 하여 나라를 빛낼 것을 생각하다. [弓矢斯張] 활과 화살을 준비하다. 활시위에 화살을 메우다. [居者有積倉] 머무르는 자에게는 창고에 쌓은 것이 있다.

集註字義 [乾간] 마르다. [斧부] 큰 도끼. [鉞월] 작은 도끼. [盛성] 담다, 그릇.(平聲). [往왕] 옮겨가다. [遷천] 옮겨가다. [豳빈] 나라이름, 주나라 문왕의 선조 公劉가 다스리던 나라.

集註句文 [取民無制] 백성들에게서 취하는데 제한이 없다. [安集] 편히 모여 살게 하다. [啓行] 길을 떠나다.

詩經 [大雅 生民之什 公劉篇]

詩解 召康公이 成王을 경계한 것이다. 成王이 정사를 시작할 적에 백성의 일로써 경계하여 公劉가 백성에게 후하게 한 것을 찬미하여 이 시를 지어 바친 것이다.

詩解 1장. 篤公劉 匪居匪康하사 迺埸迺疆하야 迺積迺倉이어늘 迺裹餱糧을 于橐于囊하야 思輯用光하사 弓矢斯張하며 干戈戚揚으로 爰方啓行하시니라

돈독하신 公劉께서 몸이 불편하고 마음이 불편하시어, 이에 밭두둑을 만들어서 이에 노적 쌓고 이에 저장하거늘, 말린 밥을 싸기를 전대에 하고 자루에 하여, 백성을 편히 모여 살게 하여 나라를 빛낼 일을 생각해서, 활과 화살을 장만하며 창과 방패와 도끼를 가지고 이에 비로소 길을 떠나시니라.

2장. 篤公劉 于胥斯原하시니 旣庶旣繁하며 旣順迺宣하야 而無永嘆이로다 陟則在巘하시며 復降在原하시니 何以舟之오 維玉及瑤와 鞞琫容刀로다.

독실한 공유께서 이 들판을 살펴보시니, 이미 백성들이 많으며 편안하고 두루 펴져 있어 길이 탄식하는 사람이 없도다. 오르면 산꼭대기에 계시며 다시 내려와 들판에 계시니, 무엇을 차고 있는가? 아름다운 옥과 아름다운 칼집과 칼이로다.

3장. 篤公劉 逝彼百泉하사 瞻彼溥原하시고 迺陟南岡하사 乃覯于京하시니 京師之野일새 于時處處하며 于時廬旅하며 于時言言하며 于時語語하시니라.

독실한 공유께서 저 百泉에 가시이 저 넓은 인덕을 살펴보시고, 남쪽 언덕에 오르시어 이에 京ㅁ를 둘러보시니, 京師의 들판이기에 여기서 처할 곳에 처하게 하며 여기서 나그네를 머물게 하며 여기에서 할 말을 다 하시도다.

4장. 篤公劉 于京斯依하시니 蹌蹌濟濟어늘 俾筵俾几하니 旣登乃依로다 乃造其曹하야 執豕于牢하며 酌之用匏하니 食(사)之飮(임)之하며 君之宗之로다.

후덕한 공유께서 저 京ㅁ에 의지하시니 여러 사람들 법도에 맞거늘, 자리를 펴고 궤에 의지하게 하니 자리에 오르고 의지하도다. 이에 우리에 나아가 우리에서 돼지를 잡으며 박을 써서 술을 뜨니, 밥을 먹이고 술을 마시게 하시며 임금으로 받들고 宗으로 높이도다.

5장. 篤公劉 旣溥旣長이어늘 旣景迺岡하야 相其陰陽하며 觀其流泉하니 其軍三單이로다 度其隰原하야 徹田為糧하며 度其夕陽하니 豳居允荒이로다.

후덕한 공유께서 넓고도 긴 땅 차지하니, 그림자 보고 산마루 올라가 음지와 양지를 살펴보며, 흐르는 물 관찰하니 군사들이 삼군이로다. 습지와 언덕을 헤아려 전지에 徹法을 써서 양식을 생산하며, 그 석양을 헤아리니 豳땅에 사는 것이 진실로 크도다.

자구 [篤독] 돈독하다. [公劉] 후직의 증손. [居거] 편안하다. [康강] 편안하다. [迺내] 이에(乃). [埸역] 밭두둑. [疆강] 밭두둑. [積적] 露積하다. [胥서] 살펴보다. [庶서] 거처하는 백성이 많다. [繁번] 거처하는 백성이 많다. [順순] 편안하다. [宣선] 두루하다. [無永嘆] 길이 탄식하는 사람이 없다. [巘헌] 산꼭대기. [舟주] 차다, 띠다. [瑤요] 아름다운 옥. [鞞병] 칼집. 칼을 꽂아 두는 물건. [琫봉] 칼집 장식. [溥부] 크다. [陟척] 오르다. [覯구] 보다. [師사] 무리. [時시] 是. [廬려] 머물다. [旅여] 나그네. [依의] 편안하다. [蹌창] 추창하다. (예법에 맞게 거동함) [蹌蹌濟濟] 군신들의 위엄 있는 모습. [俾비] 사역의 뜻(使). [筵연] 자리를 펴다. [登등] 자리에 오르다. [依의] 궤연에 의지하다. [曹조] 우리. [牢뇌] 우리. [匏포] 바가지. [宗종] 높여 주인으로 삼다. [景경] 그림자. [岡강] 높은 곳. [相상] 살펴보다. [徹철] 통하다. [豳빈] 地名. [允윤] 진실. [荒황] 크다.

王曰 寡人이 有疾호니 寡人은 好色하노이다 對曰 昔者에 大王이 好色하사 愛厥妃하더시니 詩云 古公亶父 來朝走馬하사 率西水滸하야 至於岐下하야 爰及姜女로 聿來胥宇라하니 當是時也하야 內無怨女하며 外無曠夫하니 王如好色이어시든 與百姓同之하시면 於王에 何有리잇고

王曰, "내가 병통이 있으니 저는 女色을 좋아합니다." 맹자 對曰, "옛적에 太王이 女色을 좋아하여 그 妃를 사랑하였는데, 詩經에 이르기를, '古公亶父가 아침에 말을 달려와 서쪽 물가를 따라서 기산 아래에까지 이르러 이에 姜女와 집터를 살폈다.' 하니, 이때를 당하여 안으로는 원망하는 여자가 없고 밖으로는 홀아비가 없었습니다. 王이 여색을 좋아하시더라도 백성과 함께 하신다면 王道를 시행하는데 무슨 어려움이 있겠습니까?"

集註 王又言此者는 好色이면 則心志蠱惑하고 用度奢侈하야 而不能行王政也라 大王은 公劉九世孫이라 詩는 大雅緜之篇也라 古公은 大王之本號니 後乃追尊為大王也라 亶父는 大王名也라 來朝走馬는 避狄人之難也라 率은 循也라 滸는 水厓也라 岐下는 岐山之下也라 姜女는 大王之妃也라 胥는 相也요 宇는 居也라 曠은 空也니 無怨曠者는 是大王好色而能推己之心하야 以及民也라 ○楊氏曰 孟子與人君言에 皆所以擴充其善心하야 而格其非心이요 不止就事論事하시니 若使為人臣者論事를 每如此면 豈不能堯舜其君乎아 愚謂 此篇은 自首章至此히 大意皆同하니 蓋鍾鼓苑囿游觀之樂과 與夫好勇好貨好色之心은 皆天理之所有요 而人情之所不能無者라 然이나 天理人欲이 同行異情하니 循理而公於天下者는 聖賢之所以盡其性也요 縱欲而私於一己者는 衆人之所以滅其天也라 二者之間이 不能以髮이로되 而其是非得失之歸는 相去遠矣라 故로 孟子因時君之問하사 而剖析於幾微之際

하시니 皆所以遏人欲而存天理라 其法似疏而實密하고 其事似易而實難하니 學者以身體之면 則有以識其非曲學阿世之言이요 而知所以克己復禮之端矣리라.

大文字義 [厥궐] 그. [妃비] 왕비. [亶단] 믿음, 충실함. [率솔] 따르다. [滸호] 물가, 물 이름. [聿율] 허사. [胥서] 살피다. [曠광] 비다. 넓다.

大文句文 [爰及姜女] 이에 강녀와. [聿來胥宇] 와서 살 곳을 살펴보다. [曠夫] 홀아비. [於王何有] 천하에 왕노릇 하는데 무슨 어려움이 있겠습니까?

集註字義 [蠱고] 미혹하게 하다, 뱃속벌레. [惑혹] 미혹하다. [緜면] 잇다, 솜. [狄적] 중국의 북방 오랑캐. [循순] 따르다. [厓애] 가장자리, 언덕. [相상] 돕다.(去聲). [格격] 바로잡다. [縱종] 풀어놓다. [歸귀] 결과. [剖부] 쪼개다. [析석] 쪼개다, 분석하다. [微미] 은미하다. [遏알] 막다. [疏소] 엉성함. [端단] 단서, 실마리.

集註句文 [蠱惑] 좀먹고 미혹되다. [水厓] 물가. [無怨曠者] 원망하는 홀아비가 없다. [若使] 가령. [大意] 여민동락. [所不能無者] 없을 수 없는 것. [同行異情] 행위는 같으나 실정은 다름. [縱欲] 욕심을 풀어놓다. 욕심대로 하다. [私於一己者] 자기 한 몸을 사사롭게 하다. [不能以髮] 털끝만큼도 용납할 수 없다. (不能容以髮) [剖析] 분석. [曲學阿世] 학문을 굽혀 세상에 아부함, 正道를 벗어난 학문으로 세상 사람에게 아첨함.

詩經 [大雅 文王之什 緜篇 9章]

大義 文王이 흥기한 것은 본래 太王에게서 비롯되었음을 찬양한 詩歌이다. 이 시는 태왕이 처음 邠에 살다가 狄人의 침략을 견디다 못해 그곳을 떠나 岐山 아래에 새로 자리를 잡아 살게 된 것을 노래한 것이다.

詩解 1장. 緜緜瓜瓞이여 民之初生이 自土沮漆하니 古公亶父 陶復陶穴하야 未有家室이라.(一章言在豳)

길게 자란 오이덩굴이여! 주나라 백성 처음 삶이 沮水와 漆水에 터전을 잡으니, 고공단보께서 가마터에 굴 파고 살아 집조차 없었더니라.

2장. 古公亶父 來朝走馬하사 率西水滸하사 至于岐下하시니 爰及姜女로 聿來胥宇하시니라.(二章言至岐)

고공단보께서 아침나절에 말을 달려와 서쪽 물가를 따라 기산 아래에 이르시니, 이에 강씨 아내와 함께 와서 집터를 살펴보시니라.

3장. 周原膴膴하니 菫荼如飴로다 爰始爰謀하시며 爰契我龜하사 曰止曰時하야 築室于玆라하시니라.(三章言定宅)

비옥한 주나라 벌판 오두와 씀바귀 엿처럼 달도다. 이에 처음 계획을 하며 이에 거북점을 치시니, 머물라 하고 공사할 때라 하여 여기에 집을 지으라고 하시니라.

9장. 虞芮質厥成이어늘 文王蹶厥生하시니 予曰有疏附며 予曰有先後며 予曰有奔奏며 予曰有禦侮라하노라.(九章遂言文王受命之事)
虞나라 芮나라 다툼 절로 끝나거늘 문왕이 일어나시니, 나는 말하노라 아랫사람 거느려 친하게 해 주는 신하 있고, 나는 말하노라 앞뒤에서 이끌어 주는 신하 있고, 나는 말하노라 덕을 펼치고 알리는 신하 있고, 나는 말하노라 외적을 방어하는 신하 있다고.

자 구 [緜緜] 계속 이어지는 모습. [瓜과] 큰 오이. [瓞질] 작은 오이. [民민] 주나라 백성. [自자] ~로부터. [沮저] 水名. [漆칠] 水名. [古公] 태왕의 號. [亶父] 태왕의 이름. [陶도] 부엌. [復복] 이중. [穴혈] 土室. [朝조] 일찍. [滸호] 물가. [姜女] 태왕의 비. [胥서] 살피다. [宇우] 집. [膴무] 땅이 기름지다. [膴膴] 비옥한 모습. [菫근] 오두. [荼도] 씀바귀. [飴이] 엿. [契계] 합치하다. [龜구] 거북점. [虞우] 우나라. [芮예] 예나라. [質질] 바로잡다. [成성] 평안하다.

6장 孟子謂齊宣王曰 王之臣이 有託其妻子於其友而之楚遊者 比其反也하야 則凍餒其妻子어든 則如之何잇고 王曰 棄之니이다.

맹자께서 제선왕에게 말씀하시기를, "王의 신하가 자신의 처자를 벗에게 맡기고 초나라에 가서 유람한 자가 있는데, 돌아옴에 미쳐서 그 처자를 추위에 떨게 하고 굶주리게 하였다면 어찌하시겠습니까?" 王曰, "그 신하를 버릴 것입니다."

集註 託은 寄也라 比는 及也라 棄는 絶也라.

大文字義 [託탁] 맡기다. [遊유] 유람하다. [比비] 미치다. [反반] 돌아오다. [凍동] 추위에 얼다. [餒뇌] 굶주리다. [棄기] 버리다.

集註字義 [寄기] 맡기다.

曰 士師 不能治士어든 則如之何잇고 王曰 已之니이다.

맹자왈 "옥관이 士를 제대로 다스리지 못하면 어떻게 하시겠습니까?" 王曰 "파직시키겠습니다."

集註 士師는 獄官也니 其屬이 有鄕士遂士之官하야 士師皆當治之라 已는 罷去也라.

大文句文 [士師] 옥관. [已之] 그만두게 하다, 파직시키다.

曰 四境之內不治어든 則如之何잇고 王이 顧左右而言他하시다.

맹자왈, "나라 안이 다스려지지 못하면 어찌 하겠습니까?" 王이 좌우를 돌아보며 딴 말을 하였다.

集註 孟子將問此而先設上二事하야 以發之러시니 及此而王不能答也라 其憚於自責하고 恥於下問이 如此하니 不足與有為를 可知矣로다. ○趙氏曰 言君臣上下가 各勤其任하고 無墮其職이라야 乃安其身이니라.

大文字義 [顧고] 돌아보다.

集註字義 [憚탄] 꺼리다. [勤근] 힘쓰다. [墜추] 잃다.

集註句文 [先設上二事] 먼저 위의 두 가지 일을 가설하다. [有為] 큰일을 하다, 훌륭한 일을 하다. [君臣上下] 王과 士師.

7장 孟子見齊宣王曰 所謂故國者는 非謂有喬木之謂也라 有世臣之謂也니 王無親臣矣사소이다 昔者所進을 今日에 不知其亡也온여

맹자께서 齊宣王을 뵙고 말씀하시기를, "이른바 오래 된 나라라는 것은 喬木이 있음을 말하는 것이 아니라 世臣이 있음을 이르는 것인데, 王께서는 가까이 하는 신하조차도 없으십니다. 어제 등용한 자를 오늘 도망한 것조차 알지 못하시는군요."

集註 世臣은 累世勳舊之臣이니 與國同休戚者也요 親臣은 君所親信之臣이니 與君同休戚者也라 此는 言喬木世臣은 皆故國所宜有나 然이나 所以為故國者는 則在此(世臣)而不在彼(喬木)也라 昨日所進用之人이 今日有亡去而不知者면 則無親臣矣니 況世臣乎아.

大文字義 [故고] 오래되다. 옛. [喬교] 높다, 솟다. [昔석] 어제, 예전에. [進진] 등용하다. [亡망] 도망하다.

大文句文	[故國] 역사와 전통이 있는 나라. [非謂有喬木之謂也] 교목이 있다 라고 이름을 이른 것이 아니다(언해참조), 위에 謂字를 衍文으로 보는 설도 있음. [昔者所進今日不知其亡] 어제 등용한 자가 오늘 도망한 것조차 알지 못하다.
集註字義	[累누] 여러 번, 잇따라. [勳훈] 공, 국가를 위하여 세운 공적. [休휴] 기쁨(福). [戚척] 근심(禍). [況~乎] 하물며~이겠는가?
集註句文	[休戚者] 기쁨과 근심을 함께 하는 자, 고락을 함께 하는 자. [所以為故國者] 역사와 전통이 있는 나라가 되는 까닭. [進用] 등용하다. [不知者] 알지 못하는 일이 있다면, 여기서 吐는 '면', '는', '하니' 중 어떤 吐도 가능함.

王曰 吾何以識其不才而舍之잇고

王曰, "내가 어찌 미리 그가 재능이 없음을 알고서 버리겠습니까?"

集註	王意以為此亡去者 皆不才之人이어늘 我初不知而誤用之라 故로 今不以其去為意耳라 因問何以先識其不才而舍之邪아하니라.
大文字義	[識식] 알다.(入聲)./ 기억하다.(지, 去聲). [才재] 재능. [舍사] 버리다.(上聲).
集註字義	[誤오] 잘못하다. [邪야] 의문조사(耶).
集註句文	[王意以(之)為此亡去者皆不才之人] 왕의 생각은 이것을 도망한 자들이 모두 재주가 없는 사람이라고 여기다. [故今不以其去為意耳] 그러므로, 지금 그가 떠나는 것을 의중에 두지 않을 뿐이다.

曰 國君이 進賢호대 如不得已니 將使卑로 踰尊하며 疏로 踰戚이니 可不愼與잇가

맹자왈, "임금이 현자를 등용할 때에는 부득이 한 듯해야 합니다. 낮은 자로 하여금 높은 자를 뛰어 넘게 하며, 소원한 자로 하여금 가까운 자를 뛰어넘게 하는 것이니 삼가지 않아서야 되겠습니까?

集註 如不得已는 言謹之至也라 蓋尊尊親親은 禮之常也라 然이나 或尊者親者未必賢이면 則必進疏遠之賢而用之니 是는 使卑者踰尊하고 疏者踰戚이니 非禮之常이라 故로 不可不謹也니라.

大文字義 [賢현] 현자. [卑비] 낮은 자. [踰유] 뛰어 넘다. [尊존] 높은 자. [疏] 소원하다. 멀어지다. [愼신] 삼가다, 신중히 하다.

大文句文 [可不愼與] 신중히 하지 않아서야 되겠는가?

集註字義 [謹근] 삼감, 신중함.

集註句文 [進疏遠之賢] 소원한 현자를 나오게 하다.

左右皆曰 賢이라도 未可也하며 諸大夫 皆曰 賢이라도 未可也하고 國人이 皆曰 賢然後에 察之하야 見賢焉然後에 用之하며 左右 皆曰 不可라도 勿聽하며 諸大夫 皆曰 不可라도 勿聽하고 國人이 皆曰 不可然後에 察之하야 見不可焉然後에 去之하며

좌우가 모두 말하기를, 賢하다 하더라도 可하지 않으며, 여러 대부들이 모두 말하기를 賢하다 하더라도 可하지 않고, 나라 사람들이 모두 말하기를, 賢하다 라고 한 뒤에 잘 살펴보아서 賢함을 알게 된 뒤에 등용합니다. 좌우가 모두 말하기를 不可하다 하더라도 듣지 말며, 여러 대부가 모두 말하기를 不可하다 하더라도 듣지 말고, 나라 사람들이 모두 말하기를 不可하다 한 뒤에 잘 살펴서 不可함을 알고 난 뒤에 그만두게 합니다.

集註 左右는 近臣이니 其言이 固未可信이요 諸大夫之言은 宜可信矣라 然이나 猶恐其蔽於私也요 至於國人하야는 則其論이 公矣라 然이나 猶必察之者는 蓋人有同俗而為衆所悅者 亦有特立而為俗所憎者라 故로 必自察之하야 而親見其賢否之實然後에 從而用舍之면 則於賢者에 知之深하고 任之重이요 而不才者不得以幸進矣니 所謂進賢如不得已者如此니라.

集註字義 [恐공] ~할까 염려하다. [公공] 공변되다, 공정하다. [蔽폐] 가리다. [憎증] 미워하다. [幸행] 요행히.

集註句文 [其言固未可信] 근신의 말만 참으로 믿어서는 안 된다, 액면그대로 믿을 수 없다. [有同俗而為衆所悅者] 세속과 함께 하여 대중에게 기쁨을 받는 자가 되는 경우가 있다. [有特立而為俗所憎者] 우뚝 서서 세속에게 미움을 받는 자가 되는 경우가 있다.

左右皆曰 可殺이라도 勿聽하며 諸大夫 皆曰 可殺이라도 勿聽하고 國人이 皆曰 可殺然後에 察之하야 見可殺焉然後에 殺之니 故로 曰 國人이 殺之也라하니이다.

左右가 모두 말하기를, 죽일 만하다 하더라도 듣지 말며, 여러 大夫가 모두 말하기를, 죽일 만하다 하더라도 듣지 말며, 나라 사람들이 모두 말하기를 죽일 만하다고 말한 뒤에 잘 살펴서 죽일 만함을 알게 된 뒤에 죽이니, 그러므로 나라 사람들이 그를 죽인다고 말하는 것입니다.

集註 此는 言非獨以此進退人才라 至於用刑에도 亦以此道니 蓋所謂天命天討니 皆非人君之所得私也니라.

集註字義 [討토] 치죄하다. [道도] 방법. [私사] 사사롭게 하다.

集註句文 [非獨] 비단~뿐만이 아니다. [人君之所得私] 임금이 사사롭게 얻는 것.(所人君得私)

成宗實錄 [成宗 1년 1월 18일, 左右皆曰可殺]

傳曰 左右皆曰可殺 諸大夫皆曰可殺 國人皆曰可殺然後 殺之。今宗親功臣政府六曹臺諫 以至一國臣民 莫不欲置浚於法 以快其憤 殿下何獨以私恩廢公義也。伏望亟明浚罪 以正典刑 以快神人之憤。

解義 대사헌 李克墩이 [孟子梁惠王章句下 所謂故國章]에서 말하기를, "좌우의 신하들이 모두 '죽일 만합니다.' 말하고, 여러 대부들이 모두 '죽일 만합니다.' 말하고, 나라 사람들이 모두 '죽일 만합니다.' 말한 후에는 이를 죽인다."라고 합니다. 지금 종친, 공신, 의정부, 六曹, 臺諫과 온 나라 臣民에 이르기까지 浚(龜城君, 臨瀛大君의 子)을 법에 처하여 그 분개함을 씻으려고 하지 않는 이가 없는데, 전하께서 어찌 홀로 私恩으로 公義를 폐기시키십니까. 엎드려 바라옵건대, 浚의 죄를 빨리 밝혀서 典刑을 바로 잡아 神明과 사람의 분개를 상쾌하게 하여 주소서!

자구 [亟극] 빨리.(入聲)./ 자주.(기, 去聲).

如此然後에 可以爲民父母니이다.

이와 같이 한 뒤에야 백성의 부모가 될 수 있습니다."

集註 傳(大學傳文)曰 民之所好를 好之하고 民之所惡를 惡之면 此之謂民之父母라하니라.

8장 齊宣王이 問曰 湯이 放桀하시고 武王이 伐紂라하니 有諸잇가 孟子對曰 於傳에 有之하니이다.

齊宣王이 問曰, "湯임금이 桀을 축출하시고 武王이 紂을 정벌하셨다 하니 그런 일이 있었습니까?" 맹자 對曰, "옛글에 그런 일이 있습니다."

集註 放은 置也라 書曰 成湯이 放桀于南巢라하니라.

大文字義 [放방] 추방하여 유폐하다.(去聲). [伐벌] 정벌하다. [傳전] 옛글.

大文句文 [放桀] 걸을 유폐시키다. [有諸] 有之乎.

集註句文 [成湯] 武功이 이루어진 湯임금의 뜻으로 成字를 붙임.

書經 商書 [湯誓 仲虺之誥, 成湯放桀于南巢]

成湯이 放桀于南巢하시고 惟有慙德하사 曰 予恐來世以台爲口實하노라. 仲虺乃作誥曰 嗚呼라 惟天이 生民有欲하니 無主면 乃亂일새 惟天이 生聰明하산든 時乂시니 有夏昏德하야 民墜塗炭이어늘 天乃錫王勇智하사 表正萬邦하사 纘禹舊服하시니 玆率厥典하야 奉若天命이니이다.

解義 탕임금이 걸을 남소로 추방하시고 오직 부끄러운 덕이 있으시어 말씀하시기를, "나는 후세에 나로써 구실로 삼을까 두렵도다!" 중훼가 이에 誥를 지어 말하기를, "오호라! 하늘이 낳은 백성이 욕심이 있으니 임금이 없으면 이에 혼란하므로 하늘이 총명한 이를 내신 것은 이에 다스리게 하는 것이니, 夏나라가 덕에 혼매해서 백성들이 도탄에 빠졌거늘 하늘이 이에 왕에게 용기와 지혜를 내려서 만방 제후의 표준이 되게 하여 禹가 옛적에 행한 것을 잇게 하였으니, 이에 그 떳떳한 법을 따라서 하늘의 명을 받들어 순응해야 할 것입니다."

자구 [桀걸] 하나라 왕, 홰 [慙참] 부끄럽다. [台이] 나. [虺회] 살무사. [誥고] 고하다, 경계하다. [時] 이에(是) [乂예] 다스리다. [錫석] 내려주다. [纘찬] 계승하다. [舊服] 옛적에 행한 것. [玆자] 이에.

曰 臣弑其君이 可乎잇가

王曰 "신하가 임금을 시해하는 것이 可합니까?"

集註 桀紂는 天子요 湯武는 諸侯라.

曰 賊仁者를 謂之賊이오 賊義者를 謂之殘이오 殘賊之人을 謂之一夫니 聞誅一夫紂矣오 未聞弑君也케이다.

맹자왈, "仁을 해치는 것을 賊이라 하고, 義를 해치는 것을 殘이라 하고, 殘賊한 사람을 한갓 보잘 것 없는 사내라고 하니, 한갓 보잘 것 없는 사내인 紂를 주벌하였다는 말은 들었어도 임금을 시해하였다는 말은 듣지 못했습니다."

集註 賊은 害也요 殘은 傷也라 害仁者는 凶暴淫虐하야 滅絶天理라 故로 謂之賊이요 害義者는 顚倒錯亂하야 傷敗彝倫이라 故로 謂之殘이라 一夫는 言衆叛親離하야 不復以爲君也라 書曰 獨夫紂라하니 蓋四海歸之면 則爲天子요 天下叛之면 則爲獨夫니 所以深警齊王하야 垂戒後世也시니라. ○王勉이曰 斯言也는 惟在下者有湯武之仁하고 而在上者有桀紂之暴면 則可커니와 不然이면 是未免於簒弑之罪也니라.

大文字義 [賊적] 해치다. [殘잔] 해치다. [誅주] 주벌하다, 죽이다.

集註字義 [滅멸] 제거하다. [絶절] 단절하다. [顚전] 넘어지다. [倒도] 넘어지다 [錯착] 어긋나다. [彝이] 떳떳한 도리, 상도. [叛반] 배반하다. [警경] 경계하다. [垂수] 드리우다, 전하다. [簒찬] 찬탈하다. [弑시] 임금이나 부모 등 윗사람을 죽이는 것을 의미함.

集註句文 [傷敗彝倫] 인륜을 손상시키고 무너뜨리다. [衆叛親離] 백성이 배반하고 친한 사람이 떠나가다. [獨夫紂] 한 사람의 필부에 지나지 않는 紂.

9장 孟子見齊宣王曰 爲巨室則必使工師로 求大木하시리니 工師得大木則王이 喜하야 以爲能勝其任也라하시고 匠人이 斲而小之則王이 怒하야 以爲不勝其任矣라하시리니 夫人이 幼而學之는 壯而欲行之니 王曰 姑舍女의 所學하고 而從我라하시면 則何如하니잇고

맹자께서 齊宣王을 만나 말씀하시기를, “큰 집을 지으려면 工師로 하여금 大木을 구하게 하실 것이니, 工師가 大木을 얻으면 왕께서 기뻐하여 그 임무를 다 할 수 있다고 여기실 것이고, 匠人이 나무를 깎아서 작게 만들면 王께서 노하여 그 임무를 감당하지 못할 것이라고 여기실 것입니다. 대저 사람이 어려서 배우는 것은 장성하여 행하고자 하는 것이니, 王께서 먼저 네가 배운 것을 버리고 나를 따르라고 하신다면 어찌하겠습니까?

集註 巨室은 大宮也라 工師는 匠人之長이요 匠人은 衆工人也라 姑는 且也라 言賢人所學者大어늘 而王欲小之也라.

大文字義 [爲위] 짓다. [師사] 전문적인 기술을 닦은 사람. [勝승] 감당하다.(平聲). [任임] 소임. [匠장] 장인, 기술자. [斲착] 깎다. [壯장] 장성하다. [姑고] 우선.

集註句文 [賢人所學者大] 배운 것이 큰 현인.

참고 [工師] 工人이나 工匠의 우두머리, 위로는 司空의 명령을 받고 아래로는 百工의 우두머리이다. 工程을 경영하는 것을 관장하고, 백공을 교육하고 관리하는 등의 일을 관장한다(예기보주).

今有璞玉於此하면 雖萬鎰이라도 必使玉人彫琢之하시리니 至於治國家하야는 則曰 姑舍女의 所學하고 而從我라하시면 則何以異於敎玉人彫琢玉哉잇고

지금 여기에 璞玉이 있다면, 비록 萬鎰이 들더라도 반드시 玉人을 시켜 彫琢하실 것입니다. 나라를 다스리는데 이르러서는 우선 네가 배운 바를 버리고 나를 따르라고 하신다면 玉人에게 옥을 彫琢하는 것을 가르치는 것과 무엇이 다르겠습니까?”

集註 璞은 玉之在石中者라 鎰은 二十兩也라 玉人은 玉工也라 不敢自治而付之能者는 愛之甚也라 治國家는 則徇私欲而不任賢하니 是는 愛國家不如愛玉也라. ○范氏曰 古之賢者는 常患人君不能行其所學하고 而世之庸君은 亦常患賢者不能從其所好라 是以로 君臣相遇를 自古以爲難하니 孔孟이 終身而不遇는 蓋以此耳시니라.

大文字義 [璞박] 옥돌, [鎰일] 중량의 단위로써 24량. [敎교] 가르치다, ~로 하여금 ~하게 하다. [彫조] 새기다. [琢탁] 쪼다, 다듬다.

大文句文 [璞玉] 옥의 원석. [何以異於敎玉人彫琢玉哉] ① 玉人에게 옥을 彫琢하는

것을 가르치는 것과 무엇이 다르겠습니까? ② 玉人에게 옥을 조탁하는 것을 가르치는 것과 어찌 다르게 하십니까?

集註字義 [付부] 맡기다. [患환] 걱정하다. [庸용] 용열하다.

集註句文 [付之能者] 능한 사람에게 맡기다. [不如愛玉] 옥을 아끼는 것만 못하다. [相遇] 서로 잘 부합함. [不遇] 뜻이 부합되는 왕을 만나지 못함. [以此耳] 이 때문일 뿐이다.

10장 齊人이 伐燕勝之어늘

齊나라 사람이 燕나라를 정벌하여 승리하였는데,

集 註 按史記에 燕王噲讓國於其相子之에 而國大亂이어늘 齊因伐之한대 燕士卒不戰하고 城門不閉하야 遂大勝燕하니라.

集註字義 [噲쾌] 목구멍, 상쾌하다. [讓양] 사양하다. [相상] 재상. [閉폐] 닫다.

集註句文 [齊因伐之] 제나라가 이름을 타서 정벌하다.

宣王이 問曰 或謂寡人勿取라하며 或謂寡人取之라하나니 以萬乘之國으로 伐萬乘之國호대 五旬而擧之하니 人力으로 不至於此니 不取하면 必有天殃이니 取之何如하니잇고

齊宣王이 問曰, "或者는 나에게 차지하지 말라 하고, 或者는 나에게 차지하라고 합니다. 萬乘의 나라로 萬乘의 나라를 정벌하였으되 50日만에 점거하였으니 人力으로는 이러한 일에 이르지 못합니다. 차지하지 않으면 반드시 하늘의 재앙이 있을 것이니 차지하는 것이 어떻겠습니까?"

集 註 以伐燕爲宣王事는 與史記諸事不同하니 已見序說하니라.

大文字義 [取취] 차지하다. [旬순] 10일. [擧거] 점거하다. [殃앙] 재앙.

大文句文 [五旬而擧] 50일 만에 연나라를 점령하다.(함락시키다.)

集註句文 [諸事不同] 여러 글이 같지 않다. 사기에서는 泯王이라 하고, 사마광의 자치통감에서는 宣王이라 함.

孟子對曰 取之而燕民이 悅則取之하소서 古之人이 有行之者하니 武王이 是也니이다 取之而燕民이 不悅則勿取하소서 古之人이 有行之者하니 文王이 是也니이다.

맹자 對曰, "차지해서 燕나라 백성이 기뻐한다면 차지하십시오. 옛 사람이 그것을 행한 분이 있었으니 武王이 바로 이런 분입니다. 차지하여 燕나라 백성이 기뻐하지 않는다면 차지하지 마십시오. 옛 사람이 그것을 행한 분이 있었으니 文王이 바로 이런 분입니다.

集註 商紂之世에 文王三分天下有其二로되 以服事商이러시니 至武王十三年하야 乃伐紂而有天下하시니라 張子曰 此事는 間不容髮이니 一日之間에 天命未絶이면 則是君臣이요 當日命絶이면 則爲獨夫라 然이나 命之絶否를 何以知之오 人情而已라 諸侯不期而會者八百이니 武王이 安得而止之哉시리오.

集註字義 [世세] 시대. [服복] 복종하다. [間간] 사이, 틈. [髮발] 터럭. [期기] 약속가다, 기약하다. [安안] 어찌.

集註句文 [間不容髮] 그 사이에는 털 끝 하나도 용납하지 못하다. [人情] 민심.

以萬乘之國으로 伐萬乘之國이어늘 簞食壺漿으로 以迎王師는 豈有他哉리오 避水火也니 如水益深하며 如火益熱이면 亦運而已矣니이다.

萬乘의 나라로 萬乘의 나라를 정벌하자 대그릇에 담은 밥과 호리병에 담은 마실 것을 가지고 王의 군사를 맞이하는 것은 어찌 다른 까닭이 있겠습니까? 물과 불을 피하는 것이니 만일 물이 더욱 깊으며 불이 더욱 뜨거워진다면 또한 옮겨갈 뿐입니다."

集註 簞은 竹器요 食는 飯也라 運은 轉也라 言齊若更爲暴虐이면 則民將轉而望救於他人矣라 ○趙氏曰 征伐之道는 當順民心이니 民心悅이면 則天意得矣니라.

大文字義 [簞단] 대그릇. [食사] 밥. [壺호] 호리병. [漿장] 마실 것. [師사] 군사. [運운] 옮겨가다. 바뀌다.

集註句文 [簞食壺漿] 대그릇에 담은 밥과 호리병에 담은 마실 것이라는 뜻으로, 간소한 음식을 마련하여 군대를 환영함을 이르는 말. [水火] 학정. [運而已] 민

심이 바뀔 뿐이다.
集註句文 [更爲暴虐] 다시 포악한 짓을 하다.

11장 齊人이 伐燕取之한대 諸侯 將謀救燕이러니 宣王이 曰 諸侯 多謀伐寡人者하니 何以待之잇고 孟子對曰 臣은 聞七十里로 爲政於天下者는 湯이 是也니 未聞以千里로 畏人者也케이다.

齊나라 사람이 燕나라를 정벌하여 차지하였는데, 제후들이 도모하여 연나라를 구하고자 하거늘, 齊宣王曰, "제후들이 도모하여 나를 정벌하려는 자가 많으니 어떻게 대처해야 합니까?" 맹자 對曰, "臣이 듣건대 70里 땅으로 천하에 왕도를 시행한 자는 湯임금이 바로 이러한 분이니, 1000里의 땅을 가지고 남을 두려워 한다는 말은 듣지 못했습니다.

集註 千里畏人은 指齊王也라.
大文字義 [謀모] 도모하다. [救구] 구제하다. [待대] 대처하다. [畏외] 두렵게 하다,
大文句文 [諸侯將謀救燕] 제후들이 도모하여 연나라를 구제하려하다. [何以待之] 어떻게 대처하면 좋겠습니까?

書에 曰 湯이 一征을 自葛로 始하신대 天下信之하야 東面而征에 西夷怨하며 南面而征에 北狄이 怨하야 曰 奚爲後我오하야 民이 望之호대 若大旱之望雲霓也하야 歸市者 不止하며 耕者不變이어늘 誅其君而吊其民하신대 若時雨降이라 民이 大悅하니 書에 曰 徯我后하다소니(하였더니) 后來하시니 其蘇라하니이다.

書經에서 말하기를, '湯임금이 처음 정벌을 葛나라로부터 시작하니 천하 사람들이 믿어서, 동쪽을 향하여 정벌함에 西夷가 원망하며 남쪽을 향하여 정벌함에 北狄이 원망하여 말하기를 어찌 우리를 뒤로 하시는가?' 하였습니다. 백성이 갈망하되 마치 큰 가뭄에 구름과 무지개를 바라는 듯하여 저자에 가는 자가 멈추지 않으며 밭갈이 하는 자가 동요하지 않았습니다. 그들의 임금을 주벌하고 백성을 위로하시니

때 맞춰 비가 내리는 듯하는지라 백성이 크게 기뻐하였습니다. 書經에서 말하기를, '우리 임금을 기다렸더니 임금께서 오시니 아마도 되살아 날 것이다.' 하였습니다.

集註 兩引書는 皆商書仲虺之誥文也니 與今書文으로 亦小異이라 一征은 初征也라 天下信之는 信其志在救民이요 不為暴也라 奚為後我는 言湯何為不先來征我之國也라 霓는 虹也니 雲合則雨하고 虹見則止라 變은 動也라 徯는 待也라 后는 君也라 蘇는 復生也라 他國之民이 皆以湯為我君而待其來하야 使已得蘇息也라 此는 言湯所以七十里而為政於天下也니라.

大文字義 [葛갈] 갈나라. [面면] 향하다. [望망] 바라다. [旱한] 가물다. [霓예] 무지개. [變변] 동요하다. [吊조] 위로하다. [徯혜] 기다리다(待). [蘇소] 소생하다.

大文句文 [一征] 처음 정벌. [其蘇] 아마도 되살아 날 것이다.

集註字義 [虺회] 姓, 살무사. [誥고] 경계하다. 가르치다. [虹홍] 무지개.

集註句文 [蘇息] 되살아나 숨을 쉬다. [為政] 좋은 정치를 펼치다.

書經 尙書 [仲虺之誥, 初征自葛]

乃葛伯이 仇餉이어늘 初征自葛하사 東征에 西夷怨하며 南征에 北狄怨하야 曰 奚獨後予오하며 攸徂之民은 室家相慶하야 曰 徯予后하다소니 后來하시니 其蘇라하니 民之戴商이 厥惟舊哉니이다. 佑賢輔德하시며 顯忠遂良하시며 兼弱攻昧하시며 取亂侮亡하사 推(퇴)亡固存하시사 邦乃其昌하리이다.

解義 이에 葛伯이 음식 내오는 자를 원수로 여기자, 처음 정벌을 葛로부터 하시어 동쪽으로 정벌함에 서이가 원망하며, 남쪽으로 정벌함에 북적이 원망하여 말하기를, '어찌 홀로 우리를 뒤로 하시는가?' 하며, 정벌한 곳의 백성들은 집안 식구들이 서로 경하하여 말하기를, '우리 임금을 기다렸더니 임금께서 오시니 아마도 살아날 것이다.' 하였으니, 백성들이 상나라를 떠받든 지가 오래되었습니다. 제후 중에 어진 이를 도와주고 덕 있는 이를 도와주시며, 충성스러운 이를 드러내주고 어진 이를 이루어주시며, 나약한 이를 겸병하고 혼매한 이를 공격하시며, 혼란한 자를 취하고 망할 형세가 있는 자에게 모욕을 가하시어, 망할 길이 있으면 밀쳐내고 보존될 길이 있으면 도와서 굳게 하여야 상나라가 이에 번창할 것입니다.

자 구 [仇구] 원수, 짝. [餉향] 음식을 보내다, 말린 음식(軍用). [仇餉] 음식을 내간 자를 원수로 삼다. [攸유] 所, [攸徂] 정벌간 곳. [徯혜] 기다리다. [戴대] 떠받들다. [佑賢輔德] 제후들 가운데 현자를 도와주고 덕을 보태주다. [推퇴] 밀쳐내다.(平聲)./ 밀다.(추, 去聲).

今에 燕虐其民이어늘 王往而征之하시니 民이 以為將拯己於水火之中也라하야 簞食壺漿으로 以迎王師어늘 若殺其父兄하며 係累其子弟하며 毁其宗廟하며 遷其重器하면 如之何其可也리오 天下 固畏齊之彊也니 今又倍地而不行仁政이면 是는 動天下之兵也니이다.

지금 燕나라가 백성을 학대하자 王이 가셔서 정벌하시니, 백성이 물과 불 속에서 자기를 구제해주리라고 생각하여, 대그릇에 담은 밥과 호리병에 담은 마실 것을 가지고 왕의 군사를 맞이하였습니다. 만약 父兄을 죽이며 子弟를 잡아서 묶어가며 종묘를 훼손하며 중요한 器物을 옮겨간다면 어찌 그것이 可하겠습니까? 천하가 진실로 齊나라의 강성함을 두려워하니, 지금 또 땅을 배로 넓히고서 仁政을 행하지 않으신다면 이것은 천하의 군사를 움직이게 하는 것입니다.

集註 拯은 救也라 係累는 縶縛也라 重器는 寶器也라 畏는 忌也라 倍地는 幷燕而增一倍之地也라 齊之取燕을 若能如湯之取葛이면 則燕人悅之하야 而齊可為政於天下矣어늘 今乃不行仁政하고 而肆為殘虐하니 則無以慰燕民之望而服諸侯之心이라 是以로 不免乎以千里而畏人也라.

大文字義 [拯증] 구제하다. [師사] 군사. [係] 잡아매다. [累] 묶다. [毁훼] 훼손하다. [遷천] 옮기다. [器기] 기물. [彊강] 굳세다, 국경. [動동] 움직이게 하다, 동원하게 하다.

大文句文 [係累] 잡아서 묶어 가다. [如之何其可也] 어찌 그것이 가하겠습니까?

集註字義 [救구] 구제하다. [縶칩] 잡아매다, 고삐. [縛박] 묶다, 포박하다. [忌기] 꺼리다, 질투하다. [幷병] 아우르다. [增증] 더하다. [肆사] 방자하다, 늘어놓다. [慰위] 위로하다. [望망] 여망.

集註句文 [縶縛] 잡아서 묶다. [肆為殘虐] 마음대로 잔학한 짓을 하다. [以千里而畏人] 1000리 땅을 가지고서도 제후들을 두렵게 하다.

王速出令하사 反其旄倪하시며 止其重器하시고 謀於燕衆하야 置君而後에 去之則猶可及止也리이다.

王께서 속히 명령을 내려 연나라 노인과 어린이를 돌려보내시며, 寶物과 器物 옮기는 것을 멈추게 하시고, 燕나라 백성들과 도모하여 임금을 세운 뒤에 燕나라를 떠나신다면 오히려 제 때에 멈추게 할 수 있을 것입니다."

集註 反은 還也라 旄는 老人也요 倪는 小兒也니 謂所虜略之老小也라 猶는 尙也라 及止는 及其未發而止之也라 ○范氏曰 孟子事齊梁之君에 論道德則必稱堯舜하시고 論征伐則必稱湯武하시니 蓋治民을 不法堯舜이면 則是爲暴요 行師를 不法湯武면 則是爲亂이니 豈可謂吾君不能而舍所學以徇之哉아.

大文字義 [旄모] 늙은이, 깃대 장식. [倪예] 어린이. [置치] 세워주다. [去거] 떠나다.

大文句文 [謀於燕衆] 연나라 백성들과 상의하다. [猶可及止也] 오히려 제 때에 멈출 수 있다.

集註字義 [反반] 돌려보내다. [虜노] 사로잡다. [略략] 빼앗다. [論논] 말하다. [稱칭] 일컷다. [法법] 본받다.

集註句文 [虜略] 노략질하다. [未發而止之] 아직 군사를 일으키지 않고서 멈추다. [行師] 군사를 동원하다. [爲亂] 作亂. [徇之] 왕의 사욕을 따르다.

12장 鄒與魯鬨이러니 穆公이 問曰 吾有司死者三十三人이로되 而民은 莫之死也하니 誅之則不可勝誅오 不誅則疾視其長上之死而不救하니 如之何則可也잇고

鄒나라가 魯나라와 전쟁을 하였는데, 鄒穆公이 問曰, "우리 有司가 죽은 사람이 33人이지만 백성은 그들을 위하여 죽은 자가 없으니, 주벌한다면 다 주벌할 수 없을 것이고 주벌하지 않는다면 유사의 죽음을 疾視하면서 구하지 않은 것이니 어찌하면 되겠습니까?"

集註 鬨은 鬪聲也라 穆公은 鄒君也라 不可勝誅는 言人衆하야 不可盡誅也라 長上은 謂有司也라 民怨其上이라 故로 疾視其死而不救也라.

大文字義 [鬨홍] 싸우다, 싸우는 소리, 떠들다(항). [穆목] 화목하다. [莫막] 누구도~하지 않다. [勝승] 다, 모두.(平聲). [疾질] 미워하다.

大文句文 [莫之死也] 그를 위하여 죽은 자가 없다(莫死之也). [不可勝誅] 다 죽일 수가 없다. [疾視] 째려보다, 고소하게 생각하다.

集註字義 [鬪투] 싸우다. [盡진] 다, 모두.

孟子對曰 凶年饑歲에 君之民이 老弱은 轉乎溝壑하고 壯者는 散而之四方者 幾千人矣오 而君之倉廩이 實하며 府庫充이어늘 有司 莫以告하니 是는 上慢而殘下也니 曾子曰 戒之戒之하라 出乎爾者 反乎爾者也라하시니 夫民이 今而後에 得反之也로소니 君無尤焉하소서

맹자 對曰, "흉년과 굶주린 해에 임금의 백성이 노약자는 시체가 도랑과 골짜기에서 굴러다니고 젊은 사람은 흩어져 사방으로 떠난 자가 수천 명이지만, 임금의 倉廩은 가득하며 府庫가 채워져 있거늘 有司가 누구도 고하지 아니하였으니, 이것은 윗사람이 태만하여 아랫사람을 해친 것입니다. 曾子曰, '경계하고 경계하라 너에게서 나온 것은 너에게로 돌아가는 것이다.' 하셨습니다. 저 백성이 오늘에야 되갚음을 할 수 있었으니 임금께서는 허물하지 마소서!

集註 轉은 飢餓輾轉而死也라 充은 滿也라 上은 謂君及有司也라 尤는 過也라.

大文字義 [饑기] 굶주리다. [溝구] 도랑. [壑학] 골짜기. [慢만] 게으르다, 거만하다. [殘잔] 해치다. [反반] 되갚음 하다. [尤우] 탓하다.

大文句文 [轉乎溝壑] ① 시체가 도랑과 골짜기에서 뒹굴다. ② 도랑과 골짜기에서 전전하다. [散而之四方者] 흩어져서 사방으로 가는 자. [幾千人] 수 천명의 사람. [倉廩] 곡식을 간직하는 창고. [府庫] 재화를 간직하는 창고. [上慢而殘下] 윗사람이 방종하여 아랫사람을 해치다. [今而後得反之] 오늘에야 되갚음을 할 수 있다.

集註字義 [輾전] 구르다.(轉之半) [轉전] 구르다.(輾之周) [過과] 허물하다.

東溟集 제25권 [詩諷 懲篇四 秦始皇, 戒之哉戒之哉]

臣讀秦史知秦之得天下與其失天下也。曾子曰 戒之哉戒之哉 出乎爾者反乎爾者。秦立誹謗妖言偶語之律 殺戮諫者。自古拒諫 未有甚秦者。故卒以此亡 嗚呼此天也。

解義 신이 秦나라의 역사를 읽어 보고서 진나라가 천하를 얻은 것과 천하를 잃은 이유에 대해서 알게 되었습니다. 증자왈, "경계하고 경계하라 너에게서 나온 것은 너에게로 돌아가는 것이다" 하였습니다. 秦나라는 비방과 요사스런 말과 마주 앉아 하는 말에 대해 처벌하는 법을 만들었으며, 간언을 하는 자를 죽였습니다. 예로부터 간언을 거부하기를 진나라와 같이 심하게 한 경우가

없었습니다. 그러므로 끝내 이 때문에 망하였으니, 이것이 하늘의 뜻인 것입니다.

자구 [誹비] 비방하다. [謗방] 나무라다. [妖요] 요사하다. [偶語] 마주 앉아 하는 말. [戮육] 죽이다, 욕보이다.

君行仁政하시면 斯民이 親其上하야 死其長矣리이다.

임금이 仁政을 행하시면 이 백성이 그 윗사람을 친애하여 그 윗사람을 위해 죽을 것입니다."

集註 君不仁而求富라 是以로 有司知重斂而不知恤民이라 故로 君行仁政이면 則有司皆愛其民하야 而民亦愛之矣리라. ○范氏曰 書曰 民惟邦本이니 本固邦寧이라하니 有倉廩府庫는 所以爲民也니 豐年則斂之하고 凶年則散之하야 恤其飢寒하고 救其疾苦라 是以로 民親愛其上하야 有危難則赴救之를 如子弟之衛父兄하고 手足之捍頭目也라 穆公이 不能反己하고 猶欲歸罪於民하니 豈不誤哉아.

大文句文 [死其長] 그 윗사람을 위해 죽다.

集註字義 [重중] 무겁게. [斂렴] 세금을 거두다. [恤휼] 구제하다, 구휼하다. [散산] 분배하다. [赴부] 달려가다. [衛위] 지키다. [捍한] 막다.

集註句文 [民惟邦本] 백성은 나라의 근본. 惟는 허사임. [本固] 근본이 굳음. [疾苦] 병과 괴로움.

13장 滕文公이 問曰 滕은 小國也라 間於齊楚하니 事齊乎잇가 事楚乎잇가

滕文公이 問曰, "滕나라는 小國이라 齊나라와 楚나라 사이에 끼어 있으니 齊나라를 섬겨야 합니까, 楚나라를 섬겨야 합니까?"

集註 滕國名이라.

大文字義 [滕등] 등나라. 노나라 남쪽에 있음. [間간] 끼어 있다.

孟子對曰 是謀는 非吾의 所能及也로소이다 無已則有一焉하니 鑿斯池也하며 築斯城也하야 與民守之하야 效死而民弗去則是可爲也니이다.

맹자 對曰 "이러한 계책은 제가 미칠 수 있는 바가 아닙니다. 그만두지 말라 하시면 한 가지가 있으니, 연못을 파며 성을 쌓아서 백성과 더불어 지켜 죽기로 힘써 백성들이 떠나지 않는다면 이것은 해볼 만한 것입니다."

集註 無已는 見前篇하니라 一은 謂一說也라 效는 猶致也라 國君은 死社稷이라 故로 致死以守國이요 至於民亦爲之死守而不去면 則非有以深得其心者면 不能也니라. ○此章은 言有國者當守義而愛民이요 不可僥倖而苟免이니라.

大文字義 [已이] 그만두다. [鑿착] 파다. [築축] 쌓다. [效효] 힘쓰다, 바치다.

大文句文 [是謀] 이러한 계책. [效死] 죽기로 힘쓰다. [是可爲也] 이것은 해 볼만 한 것이다.

集註字義 [僥요] 요행을 바라다.(上聲). [倖행] 요행(上聲).

集註句文 [至於民亦爲之死守而不去] 백성에 이르러서도 군주를 위하여 죽음으로써 지켜 떠나지 않는다면 해볼만 하다. [僥倖] 요행을 바라다.

14장 **滕文公이 問曰 齊人이 將築薛하니 吾甚恐하노니 如之何則可잇고**

등문공이 問曰, "齊나라 사람이 薛나라에 성을 쌓으려 하니 제가 매우 두렵습니다. 어떻게 하면 좋겠습니까?"

集註 薛은 國名이니 近滕이러니 齊取其地而城之라 故로 文公이 以其偪已而恐也니라.

大文字義 [薛설] 설나라. 滕나라 남쪽에 있음.

集註句文 [以其偪己] 자기를 핍박한다고 여기다.

孟子對曰 昔者에 大王이 居邠하실새 狄人이 侵之어늘 去하시고 之岐山之下하사 居焉하시니 非擇而取之라 不得已也시니이다.

맹자 對曰, "옛날에 태왕이 邠땅에 사실 때 狄人이 침입하자 떠나셨고 岐山 아래로 가서 거기에 거주하셨으니, 선택하여 차지한 것이 아니라 부득이한 것이었습니다.

集註 邠은 地名이라 言大王이 非以岐下為善하야 擇取而居之也니 詳見下章하니라.
大文字義 [居거] 거처하다. [邠빈] 豳과 같으니, 岐山 북쪽 涇水 부근에 있으며 주나라 옛 도성.

苟為善이면 後世子孫이 必有王者矣리니 君子 創業垂統하야 為可繼也라 若夫成功則天也니 君如彼에 何哉리오 彊為善而已矣니이다.

진실로 선을 행한다면 후세에 자손이 반드시 王道를 시행하는 자가 있을 것이니, 군자는 왕업을 세우고 전통을 드리워서 이을 수 있게 하는 것뿐입니다. 공을 이루는 것으로 말하면 天理이니 제나라 임금이 저와 같은데 어찌하겠습니까? 선을 행하기를 힘쓸 뿐입니다."

集註 創은 造也라 統은 緒也라 言能為善이면 則如大王雖失其地나 而其後世遂有天下하니 乃天理也라 然이나 君子造基業於前하고 而垂統緒於後하되 但能不失其正하야 令後世可繼續而行耳라 若夫成功則豈可必乎아 彼齊也를 君之力이 旣無如之何면 則但彊於為善하야 使其可繼而俟命於天耳니라. ○ 此章은 言人君이 當竭力於其所當為요 不可徼幸於其所難必이니라.
大文字義 [苟구] 진실로. [創창] 만들다. [業업] 基業. [垂수] 드리우다, 전하다. [統통] 실마리(전통). [彊강] 힘쓰다.
大文句文 [苟為善] 진실로 선을 행하다. [創業垂統為可繼也] 왕업을 세우고 전통을 드리워서 이을 수 있게 하는 것뿐이다. [若夫成功則天] 공을 이루는 것으로 말하면 天理이다. [彊為善而已] 선을 행하기를 힘쓸 뿐이다.
集註字義 [緖서] 실마리. [造조] 만들다. [俟사] 기다리다. [竭갈] 다하다. [徼요] 요구하다, 순찰하다. [幸행] 요행.
集註句文 [為善] 선을 행하다. [君子造基業於前] 군자가 앞서 기업을 만들다. [旣無如之何] 어떻게 할 수 없다. [使其可繼] 후세로 하여금 이을 수 있게 하다.

15장 滕文公이 問曰 滕은 小國也라 竭力하야 以事大國이라도 則不得免焉이로소니 如之何則可잇고 孟子對曰 昔者에 大王이 居邠하실새 狄人이 侵之어늘 事之以皮幣라도 不得免焉하며 事之以犬馬라도 不得免焉하며 事之以珠玉이라도 不得免焉하야 乃屬其耆老而告之曰 狄人之所欲者는 吾土地也니 吾는 聞之也호니 君子는 不以其所以養人者로 害人이라호니 二三子는 何患乎無君이리오 我將去之호리라하시고 去邠하시고 踰梁山하사 邑于岐山之下하사 居焉하신대 邠人이 曰 仁人也라 不可失也라하고 從之者 如歸市하더라.

滕文公이 問曰, "滕나라는 小國이라 힘을 다하여 大國을 섬기더라도 화를 면할 수 없을 것이니 어찌하면 좋겠습니까?" 맹자 對曰, "옛날에 태왕이 邠땅에 거주하실 때 狄人이 침입하자 皮幣로써 그를 섬겨도 화를 면할 수 없었으며, 犬馬로써 그를 섬겨도 화를 면할 수 없었으며, 珠玉으로써 그를 섬겨도 화를 면할 수 없었습니다. 이에 그 耆老들을 모아서 고하여 말씀하시기를 '狄人이 바라는 바는 나의 토지이다. 나는 들으니, 「君子는 남을 봉양하는 것을 가지고서 사람을 해치지 않는다」 하였다. 그대들은 어찌 임금 없음을 걱정하는가? 내가 떠나리라' 하시고, 邠땅을 떠나 梁山을 넘어 岐山 아래에 邑을 만들어 거기에서 살고 계셨는데, 邠땅 사람들이 말하기를 '어진 분이시다. 잃어서는 안 된다.' 하고, 그를 따르는 자들이 저자에 가는 것과 같았습니다.

集註 皮는 謂虎豹麋鹿之皮也라 幣는 帛也라 屬은 會集也라 土地는 本生物以養人이어늘 今爭地而殺人이면 是는 以其所以養人者로 害人也라 邑은 作邑也라 歸市는 人衆而爭先也라.

大文字義 [免면] 화를 면하다. [皮피] 虎豹와 사슴 가죽. [幣폐] 비단. [屬촉] 모으다, 부탁하다, 무리(속). [耆기] 늙은이. [踰유] 넘다. [邑읍] 도읍을 만들다. [從종] 따르다.

大文句文 [屬其耆老] 기로들을 모으다. [其所以養人者] 남을 봉양하는 것, 토지.

集註字義 [豹표] 표범, [麋미] 큰 사슴.

或曰 世守也라 非身之所能爲也니 效死勿去라하나니

或者가 말하기를, '대대로 지켜온 것이라서 자신이 할 수 있는 바가 아니니 죽기로 힘써 나라를 떠나지 말아야 한다.' 하니,

集註 又言或謂土地는 乃先人所受而世守之者라 非己所能專이니 但當致死守之요 不可舍去라하니 此는 國君死社稷之常法이니 傳所謂國滅君死之正也가 正謂此也니라.

大文句文 [世守] 대대로 지키다.

集註句文 [傳所謂] 傳하여 公羊傳에 이른바.

君請擇於斯二者하소서

왕께서는 청컨대 이 두 가지 중에서 택하소서!"

集註 能如大王則避之요 不能則謹守常法이니 蓋遷國以圖存者는 權也요 守正而俟死者는 義也니 審己量力하야 擇而處之가 可也니라. ○楊氏曰 孟子之於文公에 始告之以效死而已하시니 禮之正也요 至其甚恐하야는 則以大王之事告之하시니 非得已也라 然이나 無大王之德而去면 則民或不從하야 而遂至於亡하리니 則又不若效死之爲愈라 故로 又請擇於斯二者하시니라 又曰 孟子所論을 自世俗觀之면 則可謂無謀矣라 然이나 理之可爲者는 不過如此하니 舍此則必爲儀秦之爲矣리라 凡事求可功求成하야 取必於智謀之末하고 而不循天理之正者는 非聖賢之道也니라.

集註字義 [遷천] 옮기다. [圖도] 도모하다. [權권] 권도. [處처] 처신하다. [愈유] 낫다. [舍사] 버리다.(上聲).

集註句文 [非得已] 不得已, 不獲已. [自世俗觀之] 세속의 눈(입장)으로 보다. [理之可爲者] 이치로서 할 수 있는 것. [儀秦之爲] 장의와 소진이 행한 것. [事求可功求成] 일은 가능함을 추구하고 공은 완성을 추구하다.

16장 魯平公이 將出할새 嬖人臧倉者 請曰 他日에 君이 出則必命有司所之러시니 今에 乘輿已駕矣로대 有司 未知所之하니 敢請하노이다 公曰 將見孟子호리라 曰 何哉잇고 君所為輕身하야 以先於匹夫者는 以為賢乎잇가 禮義는 由賢者出이어늘 而孟子之後喪이 踰前喪하니 君無見焉하소서 公曰 諾다.

魯平公이 출타하려할 때 총신 臧倉이라는 자가 말하기를, "다른 날에는 임금께서 출타하시게 되면 반드시 유사에게 가시는 곳을 명하셨는데, 오늘 수레에 멍에가 연결되었으되 有司가 가시는 곳을 알지 못하니 감히 여쭙습니다." 平公曰, "孟子를 만나보겠다." 臧倉曰, "어째서 입니까, 임금께서 몸을 가볍게 하여 匹夫보다 먼저 하시는 것을 賢하다고 여기십니까? 禮義는 賢者로부터 나오는 것인데 맹자의 後喪이 前喪보다 지나쳤으니 임금께서는 만나지 마십시오." 平公曰, "알았다."

集註 乘輿는 君車也라 駕는 駕馬也라 孟子前喪父하고 後喪母하시니라 踰는 過也니 言其厚母薄父也라 諾은 應辭也라.

大文字義 [嬖폐] 총애하다. [臧장] 착하다. [駕가] 멍에를 메우다, 말에 수레를 연결시키다. [先선] 먼저 하다. [由유] 말미암다. [踰유] 넘다. [諾낙] 대답하다, 허락하다.

樂正子入見曰 君이 奚為不見孟軻也잇고 曰 或이 告寡人曰 孟子之後喪이 踰前喪이라할새 是以로 不往見也호라 曰 何哉잇고 君所謂踰者는 前以士오 後以大夫며 前以三鼎而後以五鼎與잇가 曰 否라 謂棺槨衣衾之美也니라 曰 非所謂踰也라 貧富不同也니이다.

樂正子가 들어가 뵙고 말하기를, "임금께서는 어찌하여 맹자를 만나보지 않으셨습니까?" 平公曰, "或者가 나에게 고하여 말하기를, '孟子의 後喪이 前喪보다 지나쳤다.' 하기에, 이 때문에 가서 만나지 않았노라." 樂正子曰, "어째서 입니까? 임금께서 이른바 지나쳤다는 것은 前喪에는 士의 예로써 하였고 後喪에는 大夫의 예로써 하였으며, 前喪에는 三鼎을 사용하였고 後喪에는 五鼎을 사용한 것 때문입니까?" 平公曰, "아니다. 棺槨과 衣衾의 아름다움을 이른 것이다." 樂正子曰, "이른바 지나친 것이 아니라 貧富가 같지 않은 것입니다."

集 註 樂正子는 孟子弟子也니 仕於魯하니라 三鼎은 士祭禮요 五鼎은 大夫祭禮라.

大文字義 [軻가] 수레. [鼎정] 솥, 여기서는 그릇의 뜻임. [棺관] 널, 내관. [槨곽] 덧널, 외관. [衾금] 이불.

仁祖實錄 [인조 4년 2월 17일, 前以三鼎]

至於虞祭則家禮只行三虞 故世皆通行 而考據禮經五虞之語 以爲稍別之地矣。禮曰 葬日以虞代奠 卒哭以吉祭易喪祭。又曰 卒哭生事畢 而鬼事始。蓋未葬之前 其祭禮當從死者 而至卒哭後 當祭以生者之禮故也。禮所謂葬以士夫 祭以諸侯者 指饌品 如孟子所謂前以三鼎 後以五鼎 是也。

解 義 禮葬都監에서 이뢰기를, "虞祭에 이르러서는 家禮에 三虞만 지내게 되어 있기 때문에 세상에 모두 통행되고 있습니다. 그러나 禮經의 五虞라는 말을 상고하건대, 조금 구별할 곳이 있는 것으로 생각합니다. 禮記에 '葬日에는 虞祭로 奠祭를 대신하고 졸곡에는 吉祭로 喪祭를 바꾼다.' 했습니다. 또 '졸곡에는 生事가 끝나고 鬼事가 시작된다.' 하였습니다. 대개 장사지내기 전에 제례는 죽은 사람의 신분을 따라야만 되고 졸곡 후에 이르러서는 산 사람의 예로 제사지내야 만하기 때문인 듯합니다. 예기에 이른바 '士夫의 예로 장사지내고 諸侯의 예로 제사지낸다.' 한 것은 饌品을 가리킨 것인데, 이를테면 맹자에 이른바 '전에는 三鼎으로 제사지냈고 뒤에는 五鼎으로 제사지냈다.' 라는 것이 이것입니다."

자 구 [虞우] 편안하다. [稍초] 약간, 점점. [奠전] 제물을 올리다, 제사지내다. [饌찬] 반찬, 음식.

樂正子見孟子曰 克이 告於君호니 君이 爲來見也러시니 嬖人有臧倉者 沮君이라 君이 是以로 不果來也하시니이다 曰 行或使之며 止或尼之나 行止는 非人의 所能也라 吾之不遇魯侯는 天也니 臧氏之子 焉能使予로 不遇哉리오.

樂正子가 孟子를 뵙고 말하기를, "제가 임금에게 고했더니 임금이 와서 뵈려 하였는데 총신 臧倉이라는 자가 임금을 가로막은 것입니다. 임금이 이 때문에 끝내 오지 않은 것입니다." 맹자왈, "가는 것도 或者가 시킨 것이며, 그만두는 것도 或者가 가로막은 것이니, 가고 그만두는 것은 사람이 할 수 있는 것이 아니다. 내가 魯侯를 만나지 못한 것은 천명이니 臧氏의 자식이 어찌 나를 만나지 못하게 할 수 있겠는가?"

集註 克은 樂正子名이라 沮尼는 皆止之之意也라 言人之行이 必有人使之者하며 其止必有人尼之者라 然이나 其所以行所以止는 則固有天命이니 而非此人所能使요 亦非此人所能尼也라 然則我之不遇는 豈臧倉之所能為哉아. ○此章은 言聖賢之出處는 關時運之盛衰하니 乃天命之所為요 非人力之可及이니라.

大文字義 [爲위] 하다, 생각하다.(平聲). [沮저] 저지하다. [果과] 결국. [尼니] 저지하다.

大文句文 [為來見] 이를 위하여 와서 뵙다. [行或使之며 止或尼之니(艮齋吐)] 가는 것은 누군가가 시켜서이며 멈추는 것은 누군가가 막아서이니. [行或使之며 止或尼之나(官吐)] 가는 것은 누군가가 시켜서이며 멈추는 것은 누군가가 막아서이지만. [臧氏之子] 장씨의 자식 놈.

集註字義 [止지] 저지하다.

集註句文 [人之行] 사람이 가는 데는. [必有人使之者] 使之者가 人을 수식함. [人所能使] 사람이 시킬 수 있는 바이다. [人所能尼] 사람이 막을 수 있는 바이다.

陶隱集 제4권 [文 送李侍史知南原序, 予之不遇天]

得喪利害 其來也無時 君子處之安焉。如冬寒而裘 夏暑而葛 惟所遇耳 未嘗有豪髮不自得。故曰 道之將廢也歟命也。又曰 予之不遇天也。古之人所以能若此者無他 蓋得喪利害 在外而不在我也。

解義 得失과 利害가 때 없이 닥쳐오지만, 군자는 처하기를 편안히 한다. 마치 겨울에 추우면 갖옷을 입고 여름에 더우면 베옷을 입는 것처럼 오직 만난 상황에 따를 뿐, 털끝만큼도 自得하지 못하는 일이 없었다. 그러므로 '道가 장차 폐해지는 것도 명이다' 하였고, 또 '내가 만나지 못하게 된 것도 천명이다.' 한 것이다. 옛사람이 이럴 수 있었던 것은 다른 것이 아니라, 대개 득실과 이해는 나의 밖에 있는 것이요 나에게 있는 것은 아닌 것이다.

자구 [歟여] 어조사. [也歟] 그러한가.

03

孟子集註大全卷之三

公孫丑章句上

孟子集註大全卷之三 公孫丑章句上

·03·

凡九章이라. 모두 9장이다.

1장 公孫丑問曰 夫子當路於齊하시면 管仲晏子之功을 可復許乎잇가

公孫丑 問曰, "夫子께서 齊나라에서 요직을 맡으신다면 管仲과 晏子의 功을 다시 기대할 수 있겠습니까?"

集註 公孫丑는 孟子弟子니 齊人也라 當路는 居要地也라 管仲은 齊大夫니 名夷吾니 相桓公하야 霸諸侯하니라 許는 猶期也라 孟子未嘗得政하시니 丑蓋設辭以問也라.

大文字義 [丑추] 人名에서는 音이 추임. [管관] 피리. [仲중] 버금. [晏안] 늦다. [復부] 다시, [許허] 기대하다.

大文句文 [當路] 요직을 맡다.

集註字義 [相상] 돕다. [桓환] 크다. [霸패] 으뜸. [期기] 기약하다. [未미] 아직~하지 않다.(미래 부정). [嘗상] 일찍이. [蓋개] 아마도~듯하다. 대개~듯하다.

集註句文 [設辭] 가설하다.

孟子曰 子誠齊人也이로다 知管仲晏子而已矣온여

맹자왈, "그대는 참으로 제나라 사람이로다. 管仲과 晏子만을 알 뿐이구나!

集註 齊人은 但知其國有二子而已요 不復知有聖賢之事라.

大文字義 [誠성] 진실로. [知지] 알다. [矣의] 문장 끝에 붙이는 종지형 어조사로서 '이다' 보다는 '일 것이다'의 의미가 내포됨.

大文句文 [而已] 뿐.

集註字義 [但단] 다만. [聖성] 성인, 성스럽다. [賢현] 현자, 뛰어나다, 훌륭하다.

참고 [晏子] 춘추전국시대 齊나라 靈公~景公 때의 재상으로 齊나라 어진 재상 管仲과 비견되며, 어떤 권력에도 굽히지 않는 지조가 있었다.

星湖全集 제50권 [序 貞谷家藏帖小序, 知管仲晏子]

李君獨能拔出於科臼 嘐然有反淳之志。苟非六書典則 雖在鍾王眞蹟 不以豔其名而有所流循。於是有賤霸之義 爲翰墨正法 其誰曰知管仲晏子而已乎。惜乎以此趣尙不能用之於吾儒法門。其進固未易量也。

解義 李君(李壽長, 楷書와 草書에 능함)은 홀로 일상적인 격식에서 벗어나 크게 순수한 데로 돌아가려는 뜻이 있었다. 참으로 六書의 典則이 아니면 비록 종요나 왕희지의 眞蹟이 있더라도 그 명성을 탐내어 시속을 따르는 일이 없었다. 이에 覇道를 천시하는 뜻이 있어서 翰墨의 正法을 행하였으니, 그 누가 '管仲과 晏子만을 알았을 뿐이다' 라고 말하겠는가? 애석하도다. 이러한 뜻을 오히려 우리 儒家의 法門에서 사용하지 못하였도다. (유가의 학문을 하였더라면) 그의 진보는 참으로 쉽게 헤아리지 못하였을 것이다.

자구 [拔발] 빼다. [科과] 웅덩이, 과목. [臼구] 절구. [科臼] 틀, 격식. [嘐교] 뜻이 큼. [豔염] 탐내다, 아름답다. [循순] 따르다. [霸패] 으뜸. [翰한] 편지, 문장. [趣취] 뜻.

或問乎曾西曰 吾子與子路孰賢고 曾西蹵然曰 吾先子之所畏也니라 曰 然則 吾子與管仲孰賢고 曾西艴然不悅曰 爾何曾比予於管仲고 管仲이 得君이 如彼其專也며 行乎國政이 如彼其久也로되 功烈이 如彼其卑也하니 爾何曾比予於是오하니라.

或者가 曾西에게 묻기를, '그대와 자로는 누가 나은가?' 증서가 불안해하면서 말하기를, '나의 先子께서도 경외하시는 분이시다.' 或者가 말하기를 '그렇다면 자네와 관중은 누가 나은가?' 증서가 노한 기색을 띠고 달가워하지 않으면서 말하기를, '자네는 어찌 나를 管仲과 비교하는가? 관중은 임금의 신임을 저와 같이 독차지하였으며 국정을 시행한 것이 저와 같이 오래되었지만, 功業이 저와 같이 낮았으니 자네가 어찌 나를 이 사람과 비교하는가?' 라고 하였다."

集註 孟子引曾西與或人問答如此하시니라 曾西는 曾子之孫이라 蹵은 不安貌라 先子는 曾子也라 艴은 怒色也라 曾之言은 則也라 烈은 猶光也라 桓公이

獨任管仲四十餘年하니 是專且久也라 管仲이 不知王道而行霸術이라 故로 言功烈之卑也라 楊氏曰 孔子言子路之才曰 千乘之國에 可使治其賦也라하시니 使其見於施爲라도 如是而已니 其於九合諸侯하야 一匡天下에는 固有所不逮也라 然則曾西推尊子路如此하고 而羞比管仲者는 何哉오 譬之御者컨대 子路則範我馳驅而不獲者也요 管仲之功은 詭遇而獲禽耳라 曾西는 仲尼之徒也라 故로 不道管仲之事하니라.

大文字義 [或혹] 或者, 어떤 사람. [乎호] 述目格 조사로서 '를' 혹은 '에게'로 해석함. [曾증] 일찍, 곧, 이에 [蹙축] 불안하다. [所소] ~바, ~것, ~사람(~분). [畏외] 두려워하다. [與여] 와, 과, 더불어.(上聲). [孰숙] 누가. [賢현] 낫다, 훌륭하다. [艴불] 불안하다. [爾이] 너. [於어] ~보다 더욱~하다.(비교급의 문장에 쓰임) [得득] 얻다. [彼피] 저, 저것. [專전] 오로지함. 독점함. [功공] 공로. [烈열] 업적. [卑비] 낮다.

大文句文 [曾西] 曾子의 손자, 曾元의 아들. [蹙然] 불안해하다. [先子] 조부인 증자를 가리킴. [艴然] 노한 기색을 띠다. [爾何曾] 여기서, '曾'은 註에서 '곧(則)'의 뜻으로 풀이하였는데, 혹자는 '이에(乃)'의 뜻으로 풀이함. [功烈] 공적과 업적, 공적.

集註字義 [蹴축] 불안하다. [貌모] 모습, 모양. [怒노] 노하다. [色색] 기색, 낯빛. [猶유] ~와 같다. [光광] 업적. [術술] 방법. [賦부] 田賦, 군사를 관장하는 책임자, 국방장관. [使사] 가령. [施시] 시행하다, 베풀다. [九규] 규합하다. [匡광] 바로잡다. [逮태] 미치다. [推추] 미루어나가다, 확장해나가다. [尊존] 높이다. [羞수] 부끄러워하다. [譬비] 비유하다. [御어] 마부. [範범] 규범, 표준. [馳치] 말달리다. [驅구] 말을 몰다. [獲획] 획득하다, 잡다. [詭궤] 거짓. [禽금] 새, 짐승.

集註句文 [曾之言則也] 증자의 말은 원칙이다. [王道] 왕도로서 천하를 다스리는 방법. [霸術] 무력으로 천하를 제압하는 방법. [可使治其賦] 군사에 관한 일을 다스리게 할 만하다, 국방장관을 시킬 만하다. [使其見於施爲] 가령 자로가 시행한 것을 보다. [範我馳驅] 규정대로 말을 달려 사냥함으로써 거의 짐승을 잡지 못함. 正道의 의미로 쓰임. [詭遇] 속임수로서 사냥하여 짐승을 많이 잡는 방법. 속임수의 의미로 쓰임.

論語 八佾篇 子曰 管仲之器小哉라 或曰 管仲은 儉乎잇가 曰管氏有三歸하며 官事를 不攝하니 焉得儉이리오 然則管仲은 知禮乎잇가 曰邦君이야 樹塞門이어늘 管氏亦樹塞門하며 邦君이야 為兩君之好에 有反坫이어늘 管氏亦有反坫하니 管氏而知禮면 孰不知禮리오.

자 구 [三歸] 성이 다른 세 여자를 맞아들이는 것(包氏), 혹은 三歸臺. [攝섭] 겸하다, 당기다, 돕다. [焉언] 어찌, 이에. [邦방] 나라. [樹수] 세우다. [塞門] 집안이 들여다보이지 않도록 대문 안에 세우는 가림벽. [坫점] 잔대. [反坫] 술잔을 돌려놓는 잔대.

참고 [反坫] 禮記 郊特牲에 熊氏가 말하기를 "임금이 賓에게 술을 올리면 賓은 자리 앞으로 나와 그 술잔을 받아 다 마시고서 빈 잔을 坫에 되돌려놓고 西階에서 절한다. 주인이 阼階에서 答拜하면 賓이 坫에 있는 잔을 취하여 잔을 씻고서 그 잔에 술을 부어 주인에게 올린다. 주인이 그 잔을 받아 다 마시고서 그 잔을 坫에 되돌려놓고 阼階에서 재배하면 賓은 西階에서 답배하는 것이다." 하였다.

曰 管仲은 曾西之所不為也어늘 而子為我願之乎아

맹자왈, "曾西도 하지 않은 일인데 그대는 내가 바란다고 여기는가?"

集註 曰은 孟子言也라 願은 望也라

曰 管仲은 以其君霸하고 晏子는 以其君顯하니 管仲晏子는 <u>猶不足為與</u>잇가

공손추왈, "관중은 그 임금을 霸者가 되게 하였고 晏子는 그 임금을 드러나게 하였으니, 관중과 안자는 오히려 참여하기에 부족합니까?"

集註 顯은 顯名也라.

大文字義 [顯현] 드러내다, 현달하게 하다. [猶유] 오히려. [與여] 참여하다.(去聲).

大文句文 [猶不足為與] 오히려 참여할 만하지 않습니까?, 오히려 참여하기에 부족합니까?

曰 以齊로 王이 由反手也니라.

맹자왈, "齊나라를 가지고 왕도를 행하는 것은 손을 뒤집는 것과 같이 쉽다."

集註 反手는 言易也라.

大文字義 [由유] 같다.(猶) [反반] 뒤집다.

承政院日記 [英祖 1년 9월 26일 時敏堂 書講, 反手]

上曰 孔子示諸掌 與此反手 同乎 龍慶曰 皆言容易之事也。梓曰 文王則稱法 管晏則稱爲字 此有意也。上曰 此時可見其學問之工矣。至於滋甚之惑 必欲更問而解之 則可謂篤志矣。

解義 上曰, "중용 19장의 [示諸掌]이라는 공자의 말씀과 이곳의 [反手]라는 말은 같은 뜻인가?" 侍讀官 김용경曰, "모두 쉬운 일임을 말한 것입니다." 황재曰, "문왕에 대해서는 法字[文王 不足法與]를 쓰고 관중과 안자에 대해서는 爲字[管仲晏子 猶不足爲與]를 썼으니, 이것은 의미가 있습니다." 上曰, "이런 때에 그 학문의 공교로움을 알 수 있다. 더욱 불러난 의혹에 이르러서는 반드시 다시 질문하여 이해하고자 하였으니, 그렇다면 뜻이 독실하다고 이를 만하다."

자구 [諸] 之於. [掌장] 손바닥. [反반] 뒤집다. [梓재] 가래나무. [滋자] 불어나다. [惑혹] 의혹. [更갱] 다시. [篤독] 독실하다.

曰 若是則弟子之惑이 滋甚케이다 且以文王之德으로 百年而後崩하사대 猶未洽於天下어시늘 武王周公이 繼之然後에 大行하니 今言王若易然하시니 則文王은 不足法與잇가

공손추왈, "이와 같다면 저의 미혹됨이 매우 심합니다. 또 文王의 德으로도 백년 뒤에 붕어하셨지만 오히려 천하 사람들을 흡족하게 하지 못하였는데, 武王과 周公이 이은 뒤에 교화가 크게 행해졌습니다. 지금 왕도를 행하기가 이와 같이 쉬운 것처럼 말씀하시니, 그렇다면 文王은 본받기에 부족합니까?"

集註 滋는 益也라 文王이 九十七而崩하시니 言百年은 擧成數也라 文王은 三分天下에 才有其二러시니 武王이 克商하야 乃有天下하시고 周公이 相成王하야 制禮作樂然後에 敎化大行하니라.

大文字義 [若약] 같다. [惑혹] 의혹, 의심. [滋자] 불어나다. [且차] 한편, 轉語辭. [崩붕] 천자의 죽엄을 나타내는 말. [洽흡] 흡족하다, 푹 젖어들다. [武무] 虎班, 무인, 무용. [繼계] 계속하다, 이어지다. [易이] 쉽다.(去聲)./ 바꾸다.(역, 入聲). [法법] 표준, 본보기.

大文句文 [若是] 이와 같다. [滋甚] 매우 심하다. [今言王若易然] 지금 왕도를 행하는 것이 이와 처럼 쉬운 듯이 말하다. [不足法與] 본보기(표준)가 되기에 부족합니까?

集註字義 [益익] 더하다. [擧거] 들다. [成성] 이루다, 완성하다. [數수] 숫자, 헤아리다. [才재] 겨우.(纔) [克극] 이기다. [商상] 湯임금이 세운 나라. [相상] 돕다. [制제] 만들다, 제정하다. [作작] 만들다. [樂악] 음악. [化화] 되다, 감화시키다.

集註句文 [成數] 완전한 수, 즉 소수가 아니라 정수. [克商] 상나라를 이기다. [制禮作樂] 예와 음악을 제정하다.

曰 文王은 何可當也시리오 由湯으로 至於武丁히 賢聖之君이 六七이 作하야 天下歸殷이 久矣니 久則難變也라 武丁이 朝諸侯有天下호되 猶運之掌也하시니 紂之去武丁이 未久也라 其故家遺俗과 流風善政이 猶有存者하며 又有微子微仲王子比干箕子膠鬲이 皆賢人也라 相與輔相之故로 久而後에 失之也하니 尺地도 莫非其有也며 一民도 莫非其臣也어늘 然而文王이 猶方百里起하시니 是以難也니라.

맹자왈, "文王을 어찌 당할 수 있겠는가? 湯임금으로부터 武丁에 이르기까지 賢聖한 임금이 예닐곱 분이 출현하여 천하가 殷나라로 돌아간지 오래되었으니 오래되면 변화를 어렵게 한다. 武丁이 제후에게 조회를 받고 천하를 소유하였지만 오히려 그것을 손바닥에서 움직이듯이 하였으니, 紂가 武丁과의 시간적 거리가 멀지 않았기 때문에 그 舊臣들 가문의 남겨진 풍속과 유풍, 선정이 오히려 보존되어 있었다. 또 微仲, 王子比干, 箕子, 膠鬲이 모두 현인이어서 서로 더불어 보필하고 도와주었기 때문에 오랜 뒤에야 나라를 잃었던 것이다. 한 자의 작은 땅도 그의 소유 아님이 없었고 한 사람의 백성도 그의 신하 아님이 없었는데, 文王이 오히려 사방 100里의 나라에서 출현하셨으니 이 때문에 어려웠던 것이다.

集註 當은 猶敵也라 商은 自成湯으로 至於武丁히 中間에 太甲, 太戊, 祖乙, 盤庚이 皆賢聖之君이라 作은 起也라 自武丁至紂히 凡七世라 故家는 舊臣之家也라.

大文字義 [可가]~할 수 있다.(가능을 나타내는 조동사) [當당] 당하다. [湯탕] 상나라를 세운 임금. [作작] 일어나다, 출현하다. [歸귀] 귀의하다, 돌아가다, 귀부하다. [難난] 어렵다. [變변] 변화하다, 바꾸다. [朝조] 조회받다. [運운] 운전하다, 놀리다. [掌장] 손바닥. [紂주] 商나라의 마지막 군주로서 폭군임, 周나라 武王에 의해 죽임을 당함. [故고] 옛. [遺유] 남기다. [俗속] 풍속. [流유] 유행하다. [風풍] 풍속. [存존] 보존하다. [微미] 작다, 은미하다. [箕기] 별이름, 키. [膠교] 아교, 달라붙다. [鬲격] 막다. [輔보] 보필하다. [失실] 상실하다. [莫막] 누구도~않다, 어느 것도~않다.

大文句文 [何可當也] 어찌 당할 수 있으리오. [故家遺俗] 動舊臣의 남은 풍속. [相與輔相] 서로 더블어 보필하고 도와주다. [尺地] 작은 땅.

集註字義 [敵적] 대적하다. [自자]~부터. [戊무] 다섯째 천간, 무성하다. [祖조] 할아버지, 조상. [盤반] 소반, 바탕. [庚경] 일곱째 천간. [皆개] 모두. [舊구] 옛날, 옛.

集註句文 [自武丁至紂] 武丁, 祖庚, 祖甲, 廩申, 庚丁, 武乙, 太丁, 帝乙, 紂 등 9世인데, 여기서 7世라고 한 것은 武丁과 紂를 제외한 것으로 보임.

참고 帝乙의 장자는 微子이고, 다음은 微仲이고, 다음은 紂인데 微子와 微仲은 서자이므로 紂가 帝乙의 후사가 되었다. 比干과 箕子는 紂의 숙부이며, 膠鬲은 고기 잡고 소금 굽는 사람들 틈에서 등용되었다.

承政院日記 [英祖 1년 9월 26일 時敏堂 書講, 久而後失之]

梓曰 以紂暴虐觀之 則宜乎暴亡 而賴其重熙累洽之治 猶能久而後失之。以文王之德言之 則似當速興 而猶且累仁積功 至於武王周公而敎化大行。以紂之久而失之 與文王之敎化大行 參而觀之 當監戒矣。上曰 其言好矣。

解義 검토관 黃梓曰, "紂王의 포악으로 보면 당연히 갑자기 망해야 하지만, 重熙累洽의 치세에 자뢰하여 오히려 오래 된 뒤에야 나라를 잃었습니다. 문왕의 德으로 말하면 빨리 흥성해야만 될 것 같은데 오히려 인이 쌓이고 공덕이 축적되어 武王과 周公에 이르러 교화가 크게 행해졌습니다. 紂王이 오래된 뒤에야 나라를 잃었고 문왕의 교화가 크게 행해진 것은 참작해 보면 경계삼아야만 합니다.", 上曰, "그 말이 좋다."

자구 [紂주] 상나라 주왕, 말고삐. [暴포] 포악하다. [虐학] 학대하다. [賴뢰]

자뢰하다. [累루] 잇따라. [洽흡] 두루미치다, 화합하다. [重熙累洽] 임금이 대대로 현명하여 태평세월이 오래 계속되다. [功공] 일. [猶유] 오히려. [監감] 감독하다. [戒계] 경계하다.

齊人이 有言曰 雖有知慧나 不如乘勢며 雖有鎡基나 不如待時라하니 今時則易然也니라.

제나라 사람이 말하기를, '비록 지혜는 있으나 형세를 타는 것만 못하며, 비록 농기구는 있으나 밭 갈고 씨 뿌리는 때를 기다리는 것만 못하다.' 하였으니, 지금의 때는 그러하기가 쉽다.

集註 鎡基는 田器也라. 時는 謂耕種之時라

大文字義 [慧혜] 지혜. [鎡자] 호미.

大文句文 [鎡基] 농기구.

夏后殷周之盛에 地未有過千里者也하니 而齊有其地矣며 鷄鳴狗吠相聞而達乎四境하니 而齊有其民矣니 地不改辟矣며 民不改聚矣라도 行仁政而王이면 莫之能禦也리라.

夏殷周가 성대할 적에도 땅이 1000里를 넘은 적이 없었으니 齊나라는 그러한 땅을 소유하고 있으며, 닭 울고 개 짖는 소리가 서로 들려 사방의 국경에 도달하니 齊나라는 그러한 백성을 소유하고 있으며, 땅을 다시 개척하지 않으며 백성을 다시 모으지 않더라도 仁政을 시행하여 王道를 행한다면 누구도 막을 수가 없을 것이다.

集註 此는 言其勢之易也라 三代盛時에 王畿不過千里어늘 今齊已有之하니 異於文王之百里요 又鷄犬之聲이 相聞하야 自國都로 以至於四境하니 言居民稠密也라.

大文字義 [盛성] 성대하다, 盛時. [未미] 아직~하지 않다. [鷄계] 닭. [鳴명] 울다. [狗구] 개, [吠폐] 짖다. [聞문] 들리다. [達달] 도달하다. [境경] 지경. [改개] 더. [辟벽] 개척하다, 다스리다.(入聲). [聚취] 모으다. [莫막] 누구도~하지

않다, 무엇도~하지 않다. [禦어] 막다.

大文句文 [地未有過千里者] 땅은 1000里를 넘은 적이 없다. [齊有其地] 제나라가 이러한 땅을 소유하고 있다. [地不改辟] 땅은 더 개척하지 않는다. [莫之能禦] 누구도 막을 수가 없다.

集註字義 [勢세] 형세. [畿기] 왕도에서 500리 이내의 땅. [過과] 지나다, 초과하다. [已이] 이미. [異이] 다르다. [聲성] 소리. [都도] 도읍. [稠조] 빽빽하다. [密밀] 빽빽하다.

且王者之不作이 未有疏於此時者也하며 民之憔悴於虐政이 未有甚於此時者也하니 飢者에 易為食이며 渴者에 易為飲이니라.

게다가 王者가 출현하지 않은 것이 이때 보다 소원한 적이 없으며, 백성들이 학정에 초췌한 것이 이때 보다 심한 적이 없으니, 굶주린 자에게는 먹게 하기 쉽고 목마른 자에게는 마시게 하기 쉬운 법이다.

集 註 此는 言其時之易也라 自文武至此 七百餘年이니 異於商之賢聖繼作이요 民苦虐政之甚하니 異於紂之猶有善政이라 易爲飮食은 言飢渴之甚에 不待甘美也라

大文字義 [作작] 일어나다, 출현하다. [疏소] 드물다. [憔초] 파리하다, 수척하다. [悴췌] 파리하다, 수척하다. [虐학] 모질다. [甚심] 심하다. [飢기] 굶주리다. [爲위] 되다. [渴갈] 목마르다.

大文句文 [飢者易為食] 굶주린 자에게 먹게 하기가 쉽다. [渴者易為飲] 목마른 자에게 마시게 하기가 쉽다.

孔子曰 德之流行이 速於置郵而傳命이라하시니

孔子께서 말씀하기를, '德의 유행함이 역참을 두어서 命을 전하는 것보다 빠르다.' 하셨다.

集註 置는 驛也요 郵는 馹也니 所以傳命也라 孟子引孔子之言이 如此하시니라.
大文字義 [置치] 역, [郵우] 역참, 역참의 말. [傳전] 전하다. [命명] 명령.
大文句文 [置郵] 역참을 두다.
集註字義 [驛역] 역, 역참, 역말. [馹일] 역참, 역참의 말

定本 與猶堂全書 文集 卷二十二 [儷文 海南縣敏蒲堂上梁文, 速於置郵而傳命]
郊原兮鬱鬱 蒲葦兮青青。靈雨旣濛 承仁恩兮茁茂 薰風有隧 被德化兮葱蘢。日遷善而不知 速於置郵而傳命 風行上而必偃 久於其道而化成。
解義 들판은 울창하고 갈대는 푸르도다. 단비가 이미 흡족하니 인자한 은혜를 받아 무성히 자라고, 훈훈한 바람이 불어오는 길이 있으니 그 덕화에 힘입어 싱싱하게 자라도다. 백성은 날로 착해지면서 알지 못하니 그 덕화는 역참을 두어 명을 전하는 것보다 빠르고, 훈풍이 위에 불면 반드시 쏠리게 되니, 그 道에 오래 묻혀 감화되리라.
자구 [儷려] 짝. [儷文] 넉자 혹은 여섯자의 對句로 된 漢文의 문체. 변려문. [蒲포] 부들. [郊교] 성밖, 國都에서 50리 이내의 지경을 小郊, 100리 이내의 지경을 遠郊라 함. [鬱울] 울창하다. [葦위] 갈대. [濛몽] 가랑비 오다. [茁촬] 자라다. [茂무] 무성하다. [薰훈] 향기롭다, 훈자하다. [隧수] 길. [葱총] 푸르다, 파. [蘢롱] 우거지다. [偃언] 쏠리다, 쓰러지다.

當今之時하야 萬乘之國이 行仁政이면 民之悅之 猶解倒懸也리니 故로 事半古之人이오 功必倍之는 惟此時為然하니라.

지금 이 때에 萬乘의 나라가 仁政을 시행한다면 백성들의 기뻐함이 거꾸로 매달린 것을 풀어 놓은 것과 같을 것이니, 그러므로 일은 옛 사람의 것을 절반만 하고 功은 반드시 倍가 되는 것은 오직 이 때가 그러하다."

集註 倒懸은 喩困苦也라 所施之事 半於古人而功倍於古人은 由時勢易而行速也니라.
大文字義 [悅열] 기뻐하다. [解해] 풀어놓다. [倒도] 뒤집다, 넘어지다. [懸현] 매달다.
大文句文 [為然] 그러하다.
集註字義 [喩유] 비유하다, 타이르다, 깨닫다.

2장 公孫丑問曰 夫子加齊之卿相하사 得行道焉하시면 雖由此霸王이라도 不異矣러니 如此則動心가 否乎잇가 孟子曰 否라 我는 四十이라 不動心호라.

공손추 問曰, "夫子께서 齊나라의 卿相에 오르시어 道를 행하실 수 있다면 비록 이로 인해 霸業이나 王業을 이룬다 하더라도 이상하지 않을 것입니다. 이와 같이 된다면 마음이 동요되십니까?" 맹자왈, "아니다. 나는 四十이라 不動心하였노라."

集註 此는 承上章하야 又設問孟子若得位而行道면 則雖由此而成霸王之業이라도 亦不足怪어니와 任大責重이 如此면 亦有所恐懼疑惑而動其心乎아하니라 四十은 彊仕니 君子道明德立之時라 孔子四十而不惑도 亦不動心之謂니라.

大文字義 [加가] 오르다. [卿경] 六卿. [相상] 三相. [霸패] 으뜸, 패도를 행하는 자. [王왕] 왕천하를 행하는 자, 왕도정치를 행하는 자. [動동] 동요되다. [否부] 아니다.

大文句文 [霸王] 페업과 왕업. [動心] 마음이 동요되다. [不動心] 마음이 동요되지 않다, 이것은 공자께서 말씀하신 不惑과 같은 의미임.

集註字義 [承승] 잇다. [設설] 베풀다. [由유] 말미암다. 의하다. [業업] 사업. [怪괴] 이상하다. 괴이하다. [任임] 맡다. [責책] 책임. [重중] 막중하다. 무겁다. [恐공] 두려워하다. [懼구] 두려워하다. [疑의] 의심하다. [惑혹] 현혹되다. [彊강] 강하다. [仕사] 벼슬.

集註句文 [設問] 가설하여 묻다. [成霸王之業] 페업이나 왕업을 이루다. [任大責重] 임무가 크고 책임이 막중하다. [彊仕] 사람의 나이가 마흔이 되면 志氣가 굳게 정해져서 벼슬에 나갈 수 있다는 뜻.(强健而可以仕)

참고 [我四十不動心]을 栗谷吐에서는 '我는 四十에 不動心호라'로 되어 있다.

曰 若是則夫子過孟賁이 遠矣사소이다 曰 是不難하니 告子도 先我不動心하니라.

공손추왈, "이와 같으시다면 夫子께서는 孟賁보다 훨씬 뛰어나십니다." 맹자왈, "이것은 어렵지 않으니 告子도 나보다 먼저 不動心하였다."

集註 孟賁은 勇士라 告子는 名不害라 孟賁血氣之勇을 丑蓋借之하야 以贊孟子不動心之難이라 孟子言 告子未爲知道로되 乃能先我不動心하니 則此未足爲難也라.

大文字義 [過과] 뛰어나다. [賁분] 크다. [遠원] 멀다.

大文句文 [夫子過孟賁遠矣] 夫子께서는 맹분보다 뛰어나심이 멉니다(훨씬 뛰어나십니다).

集註字義 [害해] 해치다. [借차] 빌리다. [贊찬] 찬미하다.

集註句文 [未足爲難] 어렵게 여기지 않아야 된다, 어렵지 않다.

참고 告子는 전국시대 齊나라의 사상가이며 성은 告, 이름 不害이다. 맹자와 같은 시대의 사람이다. 人性에 관하여 맹자와 논쟁을 벌여, "사람의 본성은 본래 선도 아니고 악도 아니며(無善無不善說), 다만 교육하기 나름으로 그 어느 것으로도 될 수 있다"고 주장하였다. 맹자와의 논의는 告子章句上에 수록되어 있으며, 이를 통해서만 고자의 존재를 알 수 있을 뿐이다.(두산백과)

曰 不動心이 有道乎잇가 曰 有하니라.

공손추왈, "부동심을 하는데 방법이 있습니까?" 맹자왈, "있느니라.

集註 程子曰 心有主면 則能不動矣니라

北宮黝之養勇也는 不膚撓하며 不目逃하야 思以一毫나 挫於人이어든 若撻之於市朝하야 不受於褐寬博하며 亦不受於萬乘之君하야 視刺萬乘之君호되 若刺褐夫하야 無嚴諸侯하야 惡聲이 至커든 必反之하니라.

북궁유의 용기를 기르는 방법은, 살갗이 찔려도 움츠려 들지 않으며 눈이 찔려도 눈동자를 굴려 피하지 않아, 털끝만큼이라도 남에게 모욕을 받으면 저자나 조정에서 회초리를 맞는 것과 같이 생각하여 미천한 자에게도 모욕을 받지 않으며, 또 萬乘의 군주에게도 모욕을 받지 아니하여 만승의 군주를 찌르되 마치 필부를 찌르는 것과 같이 보아 제후를 두려워함이 없어서 나쁜 소문이 이르면 반드시 보복하였다.

集註 北宮은 姓이요 黝는 名이라 膚撓는 肌膚被刺而撓屈也요 目逃는 目被刺而轉睛逃避也라 挫는 猶辱也라 褐은 毛布요 寬博은 寬大之衣니 賤者之服也라 不受者는 不受其挫也라 刺은 殺也라 嚴은 畏憚也니 言無可畏憚之諸侯也라 黝는 蓋刺客之流니 以必勝爲主而不動心者也라.

大文字義 [黝유] 검푸르다. [養양] 기르다. [膚부] 살갗. [撓요] 굽히다, 휘다. [逃도] 피하다. [毫호] 터럭. [挫좌] 모욕을 받다. [撻달] 종아리를 치다. [市시] 저자, 시장. [朝조] 조정. [褐갈] 베옷, 털옷. [寬관] 너그럽다. [博박] 넓다. [視시] 보다. [刺자] 찌르다. [嚴엄] 두렵고 꺼리다. [惡악] 나쁘다, 악하다. (入聲). [反반] 되 갚아 주다.

大文句文 [不膚撓] 피부를 찔러도 피하지 않는다. [不目逃] 눈을 찔러도 눈동자를 돌려 피하지 않는다. [挫於人] 남에게 모욕을 받다. [褐寬博] 미천한 사람. [褐夫] 필부.

集註字義 [肌기] 살가죽. [被피] 당하다. [屈굴] 굽히다, 움츠리다. [轉전] 굴리다. [睛정] 눈동자. [踐천] 천하다. [憚탄] 꺼리나. [勝승] 이기다.

集註句文 [肌膚被刺而撓屈] 살갗이 찔려 움추려 들다. [目被刺而轉睛逃避] 눈이 찔려 눈동자를 굴려서 피하다. [不受其挫] 모욕을 받지 않는다.

참고 北宮黝는 이기는 것을 자신의 주장으로 삼아 칼로 몸을 찔러도 몸을 꼼짝하지 않고 눈을 찔러도 눈동자를 꼼짝하지 않는 경지에 이르렀다.

孟施舍之所養勇也는 曰 視不勝호되 猶勝也로니 量敵而後進하며 慮勝而後會하면 是는 畏三軍者也니 舍豈能爲必勝哉리오 能無懼而已矣라하니라.

맹시사의 용기를 기르는 방법은, 싸움에서 이기지 못하되 이길 것 같이 보았는데, '적을 헤아린 뒤에 진격하며 승리할 것을 생각한 뒤에 교전한다면, 이것은 삼군을 두려워하는 자이니 내가 어찌 승리를 기필할 수 있으리오. 능히 두려움이 없었을 뿐이다.' 하였다.

集註 孟은 姓이요 施는 發語聲이요 舍는 名也라 會는 合戰也라 舍自言 其戰雖不勝이나 亦無所懼니 若量敵慮勝而後進戰이면 則是無勇而畏三軍矣라하니라 舍는 蓋力戰之士니 以無懼爲主而不動心者也라.

大文字義 [施시] 베풀다. [舍사] 맹시사.(去聲). [勇용] 용기, 용맹. [量양] 헤아리다. [敵적] 적. [進진] 진격하다. 나아가다. [慮여] 생각하다. [會회] 合戰하다.

大文句文 [視不勝猶勝] 이기지 못하되 이길 것처럼 보다. [慮勝而後會] 승리할 것을 생각한 뒤에 合戰하다.

集註句文 [合戰] 교전하다.

참 고 [孟賁]은 전국 시대의 용사로 물속에서는 蛟龍을 피하지 않았고, 육지에서는 호랑이를 피하지 않았으며, 怒聲을 발하면 하늘까지 울렸다고 한다.

孟施舍는 似曾子하고 北宮黝는 似子夏하니 夫二子之勇이 未知其孰賢이어니와 然而孟施舍는 守約也니라.

맹시사는 증자와 유사하고 북궁유는 자하와 유사하니, 저 두 사람의 용기가 누가 나은지는 알 수 없지만, 그러나 맹시사는 자신을 지키는 것이 핵심을 얻었다.

集 註 黝는 務敵人하고 舍는 專守己하며 子夏는 篤信聖人하고 曾子는 反求諸己라 故로 二子之與曾子子夏는 雖非等倫이나 然이나 論其氣象하면 則各有所似라 賢은 猶勝也라 約은 要也라 言論二子之勇하면 則未知誰勝이어니와 論其所守하면 則舍比於黝에 爲得其要也니라.

大文字義 [似사] 같다. [黝] 검푸른빛, 검푸르다. [守수] 지키다. [約약] 요약하다, 핵심.

大文句文 [守約] 지킴이 요약되다. 지킴이 핵심을 잡고 있다.

集註字義 [務무] 힘쓰다. [敵적] 대적하다. [專전] 오로지. [篤독] 독실하다. [反반] 돌이켜 반성하다. [求구] 구하다. [諸저] 之於. [等등] 같다. [倫륜] 類. [論논] 논하다. [象상] 형상. [要요] 요약하다. [誰수] 누구.

集註句文 [反求諸己] 돌이켜 자신에게서 원인을 찾는다. [非等倫] 같은 類는 아니다.

참 고 [疾視의 용기] 남을 대적하기를 힘써 털끝만큼도 남에게 좌절당하는 것을 참지 못하는 北宮黝의 용기이다. [守約의 용기] 자신을 지키기를 힘써 필승을 기약하지 않고 단지 스스로 두려움을 갖지 않도록 노력한 孟施舍의 용기이다.

참 고 檢討官 黃梓가 말하기를, "북궁유와 맹시사의 용맹을 어찌 감히 曾子와 子夏에 비기겠습니까. 다만 지키는 바가 요점을 터득하였다는 의의를 취하였을 뿐입니다."

昔者에 曾子謂子襄曰 子好勇乎아 吾嘗聞大勇於夫子矣로니 自反而不縮이면 雖褐寬博이라도 吾不惴焉이어니와 自反而縮이면 雖千萬人이라도 吾往矣라하시니라.

옛적에 증자께서 자양에게 말씀하시기를, '그대는 勇을 좋아하는가? 나는 일찍이 夫子께 大勇에 대하여 들었는데, 스스로 반성하여 곧지 않다면 비록 미천한 사람이라도 내가 두렵게 할 수 없지만, 스스로 반성해서 곧으면 비록 수천만 인이라도 나는 가서 대적할 것이다.' 라고 하셨다.

集註 此는 言曾子之勇也라 子襄은 曾子弟子也라 夫子는 孔子也라 縮은 直也니 檀弓曰 古者에 冠縮縫이러니 今也衡縫이라하고 又曰 棺束은 縮二衡三이라하니라. 惴는 恐懼之也라 往은 往而敵之也라.

大文字義 [昔석] 옛적, 접대, 어제. [謂위] 말하다, 이르다. [襄양] 돕다. [嘗상] 일찍이. [反반] 돌이켜 반성하다. [縮축] 곧음. [惴췌] 두렵다.

大文句文 [自反而不縮] 스스로 반성해서 곧지 않다. [吾不惴焉] 내가 두렵게 할 수 없다.(언해) 내가 그를 두려워하지 않을 수 있겠는가?(艮齋). [吾往矣] 나는 가서 대적할 것이다.

集註字義 [直직] 곧다. [檀단] 박달나무, 단향목. [冠관] 갓, 관모. [縫봉] 꿰매다. 박음질하다. [衡횡] 가로. [棺관] 관, 內棺. [束속] 묶다.

集註句文 [冠縮縫] 관은 세로로 박음질 함. [今也衡縫] 오늘 날에는 가로로 박음질 함. [縮二衡三] 세로로 두 번 가로로 세 번. 예기 단궁에 관은 가로로 두 번 세로로 세 번 묶는다고 하였다.(棺束縮二衡三)

承政院日記 [高宗 6년 5월 4일 紫薇堂 晝講, 自反而縮]

秉稷曰 子夏之學 以篤信聖人爲主 是在於人而不在於己。曾子之學 以反求諸己爲主 是在於己而不在於人矣。今此黝似子夏 舍似曾子之說 非其學力工夫上言之 只取在己在人處而言之 則不膚撓不目挑 而必勝於人者 其勇在人 不量敵不慮勝 而我無所懼 其勇在己也。由此觀之 二者之勇 未知孰優孰劣 槪論其所守 則在己之勇 比於在人之勇 能得其要矣。大抵勇之一字 人所不可無矣。故子路問尚勇於孔子 子曰 君子以義爲尚。蓋君子以義爲勇 臨事則反己而窮理 當勇而勇 則斧鉞有所不能移 鼎鑊有所不能屈。是之謂自反而縮 吾能往矣 此是聖人之大勇也。

解義 侍讀官 趙秉稷曰, "子夏의 학문은 성인을 독실히 믿는 것을 근본으로 삼았는데, 이는 주체가 타인에게 있고 자신에게 있지 않습니다. 曾子의 학문은

돌이켜서 그 원인을 자신에게서 찾는 것을 근본으로 삼았는데, 이는 주체가 자신에게 있고 타인에게 있지 않습니다. 지금 이 北宮黝는 자하와 비슷하고 孟施舍는 증자와 비슷하다는 말은, 학문과 工夫의 측면에서 말한 것이 아니고, 단지 주체가 자신에게 있느냐, 타인에게 있느냐? 를 가지고 말한 것입니다. 그렇다면 이는 피부를 찔러도 꿈쩍하지도 않고 눈을 찔러도 피하지 않아 남을 반드시 이기는 자는 그 용맹이 타인에게 있고, 적을 헤아리지 않고 이길 것을 생각지도 않으면서 나는 두려워하는 바가 없다는 것은 그 용맹이 자신에게 있는 것입니다. 이를 통하여 관찰해 보면, 두 사람의 용맹이 누가 나은지를 알 수 없습니다. 그들이 고수하는 바를 개론하면, 자신에게 있는 용맹이 타인에게 있는 용맹에 비하여 요체를 얻었다고 할 수 있습니다. 대개 勇이란 한 글자는 사람에게 없어서는 안 되는 것입니다. 그러므로 자로가 공자에게 [尙勇]에 대하여 질문하니, 子曰 '군자는 義를 숭상한다.' 하셨습니다. 대개 군자는 의를 가지고 용맹으로 여기기 때문에, 일에 임하면 그 원인을 자신에게 돌이켜서 이치를 궁구하고, 용기를 쓸 때를 당하여 용기를 부리게 되면 부월이 옮겨가게 하지 못하는 바가 있으며, 형벌로도 뜻을 굴복시키지 못하는 바가 있습니다. 이것을 일러 '스스로 반성하여 곧으면 나는 대적하러 갈 것이다.'라고 한 것이니, 이것이 바로 성인의 大勇입니다."

자 구 [紫자] 자줏빛. [薇미] 고비. [稷직] 피, 農官. [孰숙] 누구. [要요] 요체, 요점. [抵저] 대저, 무릇, 막다. [尙상] 높이다. [窮궁] 다하다. [斧부] 도끼. [鉞월] 큰 도끼. [鑊확] 큰 가마솥. [鼎鑊] 솥에 삶아 죽임(혹독한 형벌).

참 고 [刀鋸鼎鑊] 韓나라가 망하고 秦이 흥성할 때 사람을 칼로 베거나 솥에 삶아 죽임으로써 천하의 선비를 대하여 평소에 죄 없이 죽는 자가 수를 헤아릴 수 없었으니, 비록 맹분(齊나라 力士)이 있다한들 다시 쓸데가 없었다.(蘇軾의 留侯論)

孟施舍之守는 氣라 又不如曾子之守約也니라.

맹시사의 지킴은 氣인지라 또한 증자의 지킴이 핵심을 잡은 것만 못하다."

集 註 言孟施舍雖似曾子나 然이나 其所守乃一身之氣니 又不如曾子之反身循理하야 所守尤得其要也라 孟子之不動心은 其原이 蓋出於此하니 下文에 詳之하시니라.

大文句文 [守約] 지킴에 있어서 그 요령을 터득하다, 핵심을 잡다.

集註字義 [循순] (순리를)따르다. [原원] 근원. [詳상] 상세하다.

曰 敢問夫子之不動心과 與告子之不動心을 可得聞與잇가 告子曰 不得於言이어든 勿求於心하며 不得於心이어든 勿求於氣라하니 不得於心이어든 勿求於氣는 可커니와 不得於言이어든 勿求於心은 不可하니 夫志는 氣之帥也요 氣는 體之充也니 夫志至焉이오 氣次焉이니 故로 曰 持其志오도 無暴其氣라하니라.

공손추왈, "감히 여쭙겠습니다. 夫子의 부동심과 고자의 부동심을 들을 수 있습니까?" 맹자왈, "고자가 말하기를, '말에서 이해하지 못하면 마음에서 구하지 말며, 마음에서 이해하지 못하면 氣에서 구하지 말라' 하였으니, 마음에서 이해하지 못하면 氣에서 구하지 말라는 것은 그런대로 괜찮지만, 말에서 이해하지 못하면 마음에서 구하지 말라는 것은 불가하다. 志는 氣의 장수요 氣는 몸의 채움이니, 志가 거기에 이르고 氣가 다음이다. 그러므로 志를 굳게 가지고서도 그 氣를 해치지 말라 하는 것이다."

集註 此一節은 公孫丑之問에 孟子誦告子之言하시고 又斷以己意而告之也라 告子謂於言에 有所不達이면 則當舍置其言이요 而不必反求其理於心이며 於心에 有所不安이면 則當力制其心이요 而不必更求其助於氣라하니 此所以固守其心而不動之速也라 孟子旣誦其言而斷之曰 彼謂不得於心而勿求諸氣者는 急於本而緩其末이니 猶之可也어니와 謂不得於言而不求諸心은 則旣失於外(言)而遂遺其內(心)니 其不可也必矣라 然이나 凡曰 可者는 亦僅可而有所未盡之辭耳라 若論其極이면 則志固心之所之而爲氣之將帥라 然이나 氣亦人之所以充滿於身而爲志之卒徒者也라 故로 志固爲至極而氣卽次之니 人固當敬守其志나 然이나 亦不可不致養其氣라 蓋其內外本末이 交相培養이니 此則孟子之心이 所以未嘗必其不動而自然不動之大略也니라.

大文字義 [與여] 더불어, 와.(上聲). [得득] 터득하다, 얻다. [勿물] 말라.(부정을 나타내는 명령형) [帥수] 장수. [次차] 다음이다, 뒤따르다. [無무] 부정을 나타내는 명령형은 '勿'이지만 '無'도 '勿(말라)'의 뜻으로 자주 사용함. [暴포] 해치다. 함부로 하다, 난폭하게 하다.

大文句文 [不得(見)於言勿求(理)於心] 말에서 이해할 수 없으면 마음에서 구하지 말라. [不得(安)於心勿求(助)於氣] 마음에서 이해할 수 없으면 기에서 구하지 말라. [持其志] 그 뜻을 굳게 지키다. [無暴其氣] 그 기를 해치지 말라. 그 기를 함부로 하지 말라(양백준).

集註字義 [節절] 단락, 마디. [誦송] 암송하다. [斷단] 판단하다. [達달] 통달하다, 이해하다. [舍사] 버리다.(上聲). [制제] 제어하다. [更갱] 다시.(去聲). [助조] 도움. [固고] 굳게. [速속] 빠르게 하다. [旣기] 이미, [急급] 서두르다, 급하게 하다. [緩완] 느슨하게 하다. 완화하다. [末말] 하위, 지엽적인 것. [遺유] 버리다. 남기다. [僅근] 겨우. [極극] 극단, 지극한 것. [卒졸] 명사, 병졸. [徒도] 무리. [致치] 다하다, 끝까지 하다, 완성하다. [培배] 북돋우다. [略약] 대략.

集註句文 [急於本而緩其末] 근본에는 급하고 지엽에는 느슨하다. [其不可也必矣] 그 不可한 것이 분명하다.(필연이다.) [蓋其內外本末交相培養] 대개 내(心)외(言)와 본말은 서로 배양된다. [所以未嘗必其不動而自然不動之大略也] 그 부동심을 기필한 적은 없지만 자연히 부동심한 바의 대략이다.

鹿門集 제5권 [書 答李伯訥 정조 10년 2月, 不得於言而勿求於心]

下愚虛靈之一同於生知之聖 終難破疑。蓋心性一也。心之體卽性之體 性之用卽心之用 同則俱同 異則俱異 不可分也。故曰仁人心也 又曰盡其心者知其性也 又曰君子所性 仁義禮智根於心 又曰心爲太極。大學或問論心性 於心於性 混下本體字 不復揀別 其意可見。今曰性同心異則是心性判作兩物 心自有心之體 性自有性之體 何可混也。夫不得於言而勿求於心者 告子之所以爲告子也。今來諭旣自言 自知窘遁則其不得於言審矣。何不濯去舊見 而反求諸心 以來新意耶。

解義 [李伯訥問] 下愚의 虛靈이 태어나면서부터 生知 聖人과 동일하다는 것은 끝내 의혹을 깨뜨리기 어렵습니다.

[任聖周答] 대개 心과 性은 하나입니다. 心의 體가 바로 性의 體이고, 性의 用이 바로 心의 用이니, 같으면 모두 같고 다르면 모두 달라서 둘을 나눌 수가 없습니다. 그러므로 "仁은 人心이다." 말하고, 또 "자기의 心을 다하는 자는 자기의 性을 아는 것이다." 말하고, 또 "군자의 성은 인의예지가 마음에 뿌리를 두고 있다." 말하고, 또 "心은 太極이 된다." 라고 말한 것입니다. 大學或問에서 心性을 논하는데 心과 性에 대하여 본체의 문자를 뒤섞어서 다시 揀別하지 않았으니 그 뜻을 알 수 있습니다. 지금 '性은 같은데 心은 다르다.' 라고 말하면, 이는 心과 性을 두 개의 물건으로 쪼개어, 心은 본래 心의 體가 있고 性은 본래 性의 體가 있으니, 어떻게 뒤섞을 수 있겠습니까. 대저 "말에서 이해하지 못하면 그 원인을 마음속에서 찾지 말라." 한 것은 바로 告子가 告子가 되는 까닭입니다. 지금 보내주신 편지에서 이미 스스로 말씀하시기를 스스로 군색하게 빠져나가려고 함을 알았다면 말에서 이해하지 못한 것이 분명합니다. 어찌 옛날의 견해를 씻어 버리고 그것을 마음에서 돌이켜 구하여 새로운 의견을 받아들이지 않습니까?(임성주는

氣一元論을 주장함, 李縡의 문인)

자 구 [訥눌] 말을 더듬거리다. [俱구] 모두. [判판] 쪼개다, 나누다, 판단하다. [諭유] 타이르다, 비유하다, 깨닫다. [窘군] 군색하다. [遁둔] 피하다. [審심] 깨닫다, 환히 알다, 살피다.

栗谷全書 제32권 [語錄下, 不得於言 勿求於心]

二月一日晝講。副提學柳希春曰 大哉王言 物格知至故也。一哉王心 意誠心正故也。宇顒與李珥啓曰 此言非是。由其有格致誠正之功 故其言大 其言之大 故知其心之一 不可分言與心而兩之也。言心聲也 心一則言大 猶形影也。故不得於言 勿求於心不可 言有不得處 便是心有不明處故也。

解 義 2월1일 晝講에서 부제학 柳希春曰, "[大哉王言]은 物格知至 때문이요. [一哉王心]은 意誠心正 때문입니다." 김우옹이 이이와 함께 아뢰기를, "이 말은 옳지 않습니다. 格致誠正의 공부가 있기 때문에 그 말이 크고, 그 말이 크기 때문에 그 마음의 한결같음을 아는 것이니, 말과 마음을 나누어 둘로 할 수 없습니다. 말은 마음의 소리이니 마음이 한결같으면 말이 큰 것은 형상과 그림자가 서로 따르는 것과 같습니다. 그러므로 말에서 이해하지 못하면 마음에 구하지 말라는 것은 불가합니다. 그것은 말에서 깨닫지 못함이 있는 것은 바로 마음에 밝지 못한 곳이 있기 때문입니다."

자 구 [顒옹] 엄숙함. [珥이] 귀걸이. 햇무리.

참 고 [大哉王言 一哉王心] 伊尹이 太甲에게 정사를 돌려주고 은퇴하면서 경계하는 말을 남겼는데, 그중에 "모든 백성이 다 말하기를 '위대하도다! 왕의 말씀이여(大哉王言).'라고 하게 하며, 또 말하기를 '한결같도다! 왕의 마음이여(大哉王心)'라고 하게 하소서." 하였다.(書經 咸有一德)

美湖集 제3권 [書 答節谷宗丈, 無暴其氣]

[金時觀問] 方論養氣 而幷擧內外 內外字當刪而不刪者也。左右所謂語時病者。豈亦指此耶。

解 義 바야흐로 호연지기를 기르는 것을 논하다가 아울러 內外까지 거론하였으니, 內外라는 글자는 마땅히 삭제해야 하는데 삭제하지 않은 것이다. 그대가 이른바 '말할 때의 병폐' 라는 것은 아마도 이것을 가리킨 것인가?

[金元行答] 內與本以心而言 外以言而言。獨末云者是以氣言耳。今幷擧內外本三字 以爲此釋無暴其氣之義 故果以此爲語病耳。今更詳之 又非獨此也。交相培養 若致養其氣 亦非正釋無暴其氣之義。蓋因論告子不求氣之失而言氣之爲助者亦大 則不可以暴之 故必當有以致養。而孟子則知其如此故無暴而能培養之云爾。若謂致養其氣中 已帶過無暴意則可 以此謂專釋無暴之義則不可。

解義 內와 本은 마음을 가지고 말한 것이고, 外는 말을 가지고 말한 것입니다. 유독 末이라고 한 것은 바로 氣를 가지고 말한 것뿐입니다. 지금 內外本 세 글자를 아울러 거론하면서 '이것은 그 氣를 해치지 말라는 뜻을 해석한 것이다.' 라고 하였기 때문에 결국 이것을 어폐로 여긴 것뿐입니다. 지금 다시 자세히 살펴보니 또 유독 이뿐만이 아닙니다. 서로 배양하는 것은 이를테면 호연지기를 기르는 것이니, 또한 그 氣를 해치지 말라는 뜻을 바로 해석한 것은 아닙니다.

대개 告子가 氣에서 구하지 않은 잘못을 논함으로 인하여 氣의 도움이 되는 것도 크니, 그렇다면 해쳐서는 안 됩니다. 그러므로 반드시 기름을 다할 수 있어야 한다고 말한 것입니다. 맹자의 경우에는 이처럼 그것을 알았기 때문에 해치지 말고 잘 배양해야 한다고 말한 것뿐입니다. 만약 호연지기를 길러주는 가운데 이미 해치지 말라는 뜻을 띠고 간다면 괜찮지만, 이것이 오로지 해치지 말라는 뜻을 해석한 것이라고 한다면 옳지 않기 때문입니다.

자구 [氣기] 호연지기. [刪산] 깎다, 삭제하다. [耶야] 의문사. [病병] 병폐. [獨독] 유독. [擧거] 거론하다. [暴포] 해치다. [語病] 어폐. [致養] 기름을 다하다. [正정] 바로, 도리에 맞다. [帶過] 띠고 가다.

既曰 志至焉이오 氣次焉이라하시고 又曰 持其志오도 無暴其氣者는 何也잇고 曰 志壹則動氣하고 氣壹則動志也니 今夫蹶者趨者 是氣也而反動其心이니라.

공손추왈, "夫子께서 말씀하시기를 '志가 거기에 이르고 氣가 다음이다.' 하시고, 또 '志를 굳게 지키더라도 그 氣를 해치지 말라' 하신 것은 어째서 입니까?" 맹자왈, "志가 한결같으면 氣를 動하게 하고 氣가 한결같으면 志를 動하게 하니, 지금 넘어지거나 달리는 것은 바로 氣라서 도리어 그 마음을 動하게 하기도 한다."

集註 公孫丑見孟子言志至而氣次라 故로 問如此則專持其志可矣어늘 又言無暴其氣는 何也오하니라 壹은 專一也라 蹶은 顚躓也요 趨는 走也라 孟子言 志之所向이 專一이면 則氣固從之라 然이나 氣之所在專一이면 則志亦反爲之動이니 如人이 顚躓趨走면 則氣專在是而反動其心焉이니 所以旣持其志而又必無暴其氣也라하시니라 程子曰 志動氣者는 什九요 氣動志者는 什一이니라.

大文字義 [壹일] 한결같이 하다. [蹶궐] 넘어지다. [趨추] 달려가다.

大文句文 [志至焉氣次焉] 뜻이 이르고 氣가 뒤 따른다. [無暴其氣者] 그 氣를 해치지 말라는 것.

集註字義 [顚전] 넘어지다. [躓지] 넘어지다.(去聲)./ 자질.(질, 入聲). [向향] 지향하다. [反반] 도리어. [什십] 열. 十.

集註句文 [爲之動] 氣에게 움직임을 당하다.(爲氣所動)

敢問夫子는 惡乎長이시니잇고 曰 我는 知言하며 我는 善養吾의 浩然之氣하노라.

공손추왈, "감히 여쭙겠습니다. 夫子께서는 어디에 장점을 두십니까?" 맹자왈 "나는 知言(耳順)하며 나는 나의 浩然之氣를 잘 기르노라."

集註 公孫丑復問 孟子之不動心이 所以異於告子如此者는 有何所長而能然고하니 而孟子又詳告之以其故也시니라 知言者는 盡心知性하야 於凡天下之言에 無不有以究極其理而識其是非得失之所以然也라 浩然은 盛大流行之貌라 氣는 卽所謂體之充者니 本自浩然이로되 失養故로 餒니 惟孟子爲善養之하야 以復其初也라 蓋惟知言이면 則有以明夫道義하야 而於天下之事에 無所疑요 養氣면 則有以配夫道義하야 而於天下之事에 無所懼하니 此其所以當大任而不動心也라 告子之學은 與此正相反하니 其不動心은 殆亦冥然無覺하고 悍然不顧而已爾니라.

大文字義 [惡오] 어느 곳.(何, 平聲). [長장] 잘하다. 장점을 두다. [善선] 잘. [浩호] 넓다.

大文句文 [夫子惡乎長] 부자께서는 어떻게 부동심을 잘 하시는지요.(惡夫子長乎不動心)

集註字義 [故고] 이유, 까닭. [盡진] 다하다. [凡범] 무릇, 모든. [究구] 연구하다. 궁구하다. [識식] 알다. [是시] 옳음. [非비] 그름. [浩호] 크다, 넓다. [餒뇌] 위축되다, 줄어들다, 굶주리다. [復복] 회복하다. [初초] 근본, 처음. [配배] 짝

하다. 부합하여 하나가 되다. [懼구] 두렵다. [殆태] 거의, 아마도. [冥명] 어둡다. [覺각] 지각. [悍한] 사납다. [顧고] 돌아보다. [爾이] 뿐.

集註句文 [知言] 格物致知(사물의 이치를 연구하여 아는 것을 완전하게 하는 것). [盡心知性] 마음을 다하여 본성을 앎. [冥然] 우매한 모습. [悍然] 사나운 모습.

近思錄集解 卷之一 [道體 19, 浩然盛大流行之貌]

浩然은 盛大流行之貌니 蓋天地正大之氣를 人得之以生하야 本浩然也라. 失養則餒而無以配夫道義之用이요 得養則充而有以復其正大之體라

解義 浩然은 성대하게 流行하는 모양이니, 천지의 正大한 기운을 사람이 얻어 태어나서 본래 浩然한 것이다. 기름을 잃으면 굶주려 道義의 用에 배합될 수가 없고 기름을 얻으면 충만하여 正大한 體를 회복할 수 있다

無名子集 文藁 제8책 [所以不動心者]

[問] 傳曰 不動心有道。心是活物 出入無時 莫知其鄉。其所以不動心者 有何道歟。

解義 맹자에서 이르시기를, '不動心에는 방법이 있다' 하였다. 마음은 움직이는 물건이므로 드나듦에 일정한 때가 없고 그 방향도 알지 못한다. 그 부동심하는 것에는 어떠한 방법이 있겠는가?

[答] 欲其心之不動而固守其心以爲不動者 非吾道之不動心也。惟此心未嘗必其不動而自然不動然後 是眞爲不動心矣。何者於其言有所不達 則舍置其言而不復反求其理於心 於其心有所不安 則力制其心而不復更求其助於氣 其所以不動心者 殆亦冥然無覺 悍然不顧而已者。此所謂欲其心之不動而固守其心 以爲不動者也。

解義 마음이 動하지 않게 하고자 하여 그 마음을 굳게 지켜 動하지 않게 하는 것은 우리 儒家의 不動心이 아니다. 오직 이 마음이 動하지 않기를 기필한 적이 없는데도 저절로 動하지 않은 뒤에야 곧 참으로 不動心이 될 것이다. 왜 그런가 하면, 그 말에 통하지 않는 바가 있으면 그 말을 내버려두고서 다시 돌이켜 마음에서 그 이치를 찾아보지 말고, 마음에 편안하지 않은 바가 있으면 힘껏 마음을 제제하여 다시는 氣에서 그 도움을 구하지 않으니, 부동심할 수 있었던 까닭은 아마도 깜깜하게 깨닫지 못하거나 과감하게 돌아보지 않아서일 뿐이다. 이것이 이른바 마음의 不動함을 바라고서 자신의 마음을 굳게 지켜서 不動함으로 삼은 것이다.

자구 [鄉향] 향하다, 마을, 고향. [未嘗] 일찍이~적이 없다. [舍置] 내버려 두다. [殆태] 거의, 아마도. [顧고] 돌아보다. [冥명] 어둡다. [悍] 사납다. 억세다.

敢問何謂浩然之氣잇고 曰 難言也니라.

공손추왈, "감히 여쭙겠습니다. 무엇을 浩然之氣라고 합니까?" 맹자왈, "말로 표현하기 어렵다.

集註 孟子先言知言이어시늘 而丑先問養氣者는 承上文方論志氣而言也라 難言者는 蓋其心所獨得하야 而無形聲之驗하니 有未易以言語形容者라 故로 程子曰 觀此一言이면 則孟子之實有是氣를 可知矣라하시니라.

集註字義 [方방] 바야흐로. [形형] 형체. [聲성] 소리. [驗험] 징험, 증거. [觀관] 살펴보다.

集註句文 [無形聲之驗] 형체와 소리의 징험이 없다.

其爲氣也 至大至剛하니 以直養而無害則塞于天地之間이니라.

浩然之氣는 지극히 크고 지극히 강건하니, 곧음으로써 기르고 해침이 없다면 그 본체가 이지러지지 않아서 천지에 가득 차게 된다. **별해** 浩然之氣는 지극히 크고 지극히 강건하니 義와 道로써 기르고 해침이 없게 하면 호연지기가 천지에 꽉 차게 된다.

集註 至大는 初無限量이요 至剛은 不可屈撓라 蓋天地之正氣而人得以生者니 其體段이 本如是也라 惟其自反而縮이면 則得其所養이요 而又無所作爲以害之면 則其本體不虧而充塞無間矣리라 程子曰 天人이 一也라 更不分別이니 浩然之氣는 乃吾氣也라 養而無害면 則塞于天地하고 一爲私意所蔽면 則欿然而餒하야 知其小也니라 謝氏曰 浩然之氣는 須於心得其正時에 識取니라 又曰 浩然은 是無虧欠時니라.

大文字義 [至지] 지극히. [剛강] 굳세다. [直직] 곧음, 도의. [塞색] 가득차다.

大文句文 [以直養而無害] ① 곧음으로써 기르고 해침이 없다. ② 도의로써 잘 기르고 해침이 없다(사변록).

集註字義 [限한] 한정하다. [屈굴] 굽히다. [撓요] 굽히다, 휘다. [得득] 부여받다. [段단] 부분, 단편, 층계. [虧휴] 부족하다, 이지러지다. [充충] 채우다. [塞색] 채우다. [乃내] 바로. [私사] 사사롭다. [蔽폐] 가리다. [欿감] 부족하다, 서운하다. [小소] 작아지다. [須수] 모름지기, 반드시, 마침내. [欠흠] 부족하다. 하품하다.

集註句文 [得以生者] 부여받아서 생겨난 것. [體段] 특성, 형상, 모양. [一爲私意所蔽] 조금이라도 사의에 가림을 당하다. [欿然] 부족한 모습, 시들시들한 모습. [知其小也] 호연지기가 부족함을 아는 것이다. [於心得其正時] 마음이 그 정도를 얻을 때. [無虧欠時] 이지러지거나 부족한 때가 없다.

宋子大全 卷130 [雜著 浩然章質疑, 直養]

所謂以直養者 以道養之之謂也。 夫此氣始從道義而生 而養之旣成 則此氣還以扶助道義。 正如草木始生于根 而及其枝葉暢茂 則其津液反流于其根 而其根亦以深長。極其本而言之則陰陽生乎太極 而及其陰陽旣生 則反以運用乎太極 以生萬化 大小雖殊。而其理則一也。

解義 곧음으로 기른다[以直養]는 것은 道로써 기른다는 것을 이른 것이다. 대저 이 氣는 처음에는 道義를 따라 생기지만 길러지고 나서는 이 氣는 다시 도의를 돕게 된다. 이는 마치 초목이 처음에는 뿌리에서 생겨나지만 그 가지와 잎이 무성해지는데 이르면 그 津液이 도리어 뿌리로 흘러가서 그 뿌리도 깊게 자라는 것과 같다. 그 근본을 다하여 말한다면, 음양은 태극에서 생기지만 그 음양이 생기고 나서는 도리어 태극을 운용해서 온갖 변화를 낳는 것이니, 대소가 비록 다르지만 그 이치는 하나인 것이다.

자 구 [還환] 다시, 도리어, 돌아오다. [暢창] 번성하다, 화창하다. [茂무] 무성하다. [津진] 진액, 나루터. [極극] 지극하다, 다하다, 매우, 심히.

其爲氣也는 配義與道하니 無是餒也니라.

호연지기는 義와 道에 합하여 도의에 도움을 주니 浩然之氣(是)가 없으면 굶주리고 결핍되어 몸이 충만하지 못하고 위축된다. **별 해** 浩然之氣는 義와 道에 합하여 도의에 도움을 주니 道와 義(是)가 없으면 호연지기가 몸에 충만하지 못하게 된다.

集 註 配者는 合而有助之意라 義者는 人心之裁制요 道者는 天理之自然이라 餒는 飢乏而氣不充體也라 言人能養成此氣면 則其氣合乎道義而爲之助하야 使其行之勇決하야 無所疑憚이요 若無此氣면 則其一時所爲가 雖未必不出於道義나 然이나 其體有所不充이면 則亦不免於疑懼하야 而不足以有爲矣니라.

大文字義 [配배] 배합하여 도의에 도움이 되다. [餒뇌] 신체가 위축된다.(주자) 호연지기가 위축된다(여조겸)

大文句文 [無是餒也] 호연지기가 없으면 몸이 충만하지 못하고 위축된다.(朱子). 도의

가 없으면 호연지기가 충만하지 못하게 된다.(程子, 呂祖謙)

集註字義 [裁재] 결단하다, 자르다. [制제] 절제하다, 억제하다, 마름질하다. [飢기] 굶주리다. [乏핍] 모자라다, 부족하다, 결핍되다. [決결] 결단하다, 판단하다. [憚탄] 꺼리다.

集註句文 [合而有助之] 배합하여 도의에 도움이 된다. [氣不充體] 기가 몸에 충만하지 않다. [爲之助] 도의의 도움이 되다. [勇決] 용감하게 결단하다. [一時所爲] 한 때의 행한 바.

栗谷全書 31卷 [語錄上 金振綱所錄, 無是餒]

[問] '이것이 없으면 위축된다.[無是餒]'라고 한 것은 무슨 뜻입니까?

[答] 曰 無是之是 指浩然之氣也 餒一身之氣不充體也。如云若無浩然之氣則雖欲行道義 一身無氣如飢乏然也。若道義則是本有之物 豈有飢乏之時乎。

解義 [無是]의 是는 浩然之氣를 가리킨 것이고, [餒]는 一身의 氣가 몸에 충만하지 않은 것을 가리킨 것이다. 만약 浩然之氣가 없으면 비록 道義를 행하고자 하더라도 一身에 氣가 없어서 주리고 결핍된 것 같다고 말한 것이다. 만약 道義라면 이것은 본래 있는 물건인데 어찌 줄어들거나 결핍하는 때가 있겠느냐?

宋子大全 卷130 [雜著 浩然章質疑, 無是道義則氣餒]

呂子約說氣 無是道義則氣餒矣 蓋以是字屬道義 餒字屬氣矣。朱先生力辨其非 其說見大全。蓋自其爲氣至大至剛 止是集義所生 此三節 皆主浩然而言 而以兩其字兩是字 貫徹成文 無論義理 而若以中間一是字屬之道義則不成文理矣。

解義 呂祖儉이 氣를 말하면서 '이 道義가 없으면 氣가 위축된다' 하였는데, 아마도 是字를 道義에 해당시키고, 餒字를 氣에 해당시킨 듯하다. 朱子는 그 잘못을 힘써 비판하였는데, 그 말이 朱子大全에 나타나 있다. 대개 [其爲氣也至大至剛]에서부터 [是集義所生者]까지 이 三節은 모두 浩然之氣를 근본으로 하여 말한 것인데, 두 其字와 두 是字로 연결되어 문장을 이룬 것이므로 義理는 말할 것도 없거니와, 만약 중간에 하나의 是字를 道義에 해당시킨다면 文理를 이루지 못할 것이다.

자구 [屬속] 귀속하다, 무리. [辨변] 쟁론하다.(上聲). [至剛] 지극히 강하다. [貫관] 꿰다. [徹철] 통하다.

農巖集 卷之十二 [書 上尤齋孟子浩然章義問目, 無是餒]

無是餒也 言無是氣 則其體有不充而餒也。或者以餒字 作氣餒看 故於此章輒致疑曰 旣言無是 則已全無是氣矣 又何言餒也。是由誤看集註氣不充體一句 遂謂其餒者爲氣 而不知朱子之意本以體不充釋餒字。而原其所以不充則須著氣字說耳。 至下文集註釋行有不慊於心則餒一段 則只曰其體有所不充而更不說氣 則其本不以餒字爲氣餒者 可見矣。 蓋氣是體之充 故無是氣則餒也。然程子所謂欿然而餒 知其小也者 却似言氣之餒 未知其何說。

解義 이것이 없으면 위축된다[無是餒也]는 것은 浩然之氣가 없으면 몸이 충만하지 못하고 위축됨을 말한 것입니다. 어떤 이(여조겸 등)는 餒字를 氣가 줄어드는 것으로 보기 때문에 이 장에서 갑자기 의심을 일으켜 말하기를, '이미 이것이 없다고 말했으면 이미 이 氣가 전혀 없는 것인데, 또 무엇 때문에 줄어든다[餒]고 말하는가?' 이것은 孟子集註에서 '氣가 몸에 충만하지 않다.[其體有所不充]' 는 한 구절을 잘못 이해함으로 인하여, 마침내 그 줄어드는 것이 氣라고 여겨 주자의 뜻이 본래 몸에 충만하지 못한 것으로 '餒'字를 해석하였다는 것을 알지 못한 것입니다. 몸에 충만하지 못한 까닭을 찾으려면 모름지기 氣字를 드러내어 말할 뿐입니다.

그 아래 문장의 집주에서 '행하여 마음에 흡족하지 못한 점이 있으면 몸이 위축된다.[行有不慊於心則餒]'를 풀이한 한 단락에 이르러서는, 그 몸에 충만하지 못한 점이 있다고만 말하고 더 이상 氣는 말하지 않았습니다. 그렇다면 주자는 본래 餒字를 氣가 줄어든다는 뜻으로 하지 않았음을 알 수 있습니다. 대개 氣는 몸에 채워지는 것이므로, 이 氣가 없으면 몸이 위축되는 것입니다. 그러나 정자의 이른바 '홀쭉이 줄어들어 그 작아짐을 알게 된다.[欿然而餒 知其小也]' 는 말은 도리어 기가 줄어든다는 것을 말한 듯한데, 이것은 무엇을 말하는지 모르겠습니다.

자구 [輒첩] 갑자기. [致치] 부르다, 이르다. [誤오] 잘못하다. [釋석] 이해하다. [原원] 찾다. [慊겸] 만족하다, 불만족하다. [欿감] 줄어들다.

是集義所生者라 非義襲而取之也니 行有不慊於心則餒矣니 我故로 曰 告子未嘗知義라하노니 以其外之也일새니라.

浩然之氣는 義(善)을 쌓아서 생겨나는 것인지라 義가 엄습하여 호연지기를 취하는 것이 아니니, 행하여 마음에 흡족하지 못한 점이 있으면 몸이 위축된다. 나는 그러므로 告子는 일찍이 義를 알지 못하였다고 하였으니, 고자는 義를 외적인 것으로 여겼기 때문이다.

集註 集義는 猶言積善이니 蓋欲事事皆合於義也라 襲은 掩取也니 如齊侯襲莒之襲이라 言氣雖可以配乎道義나 而其養之之始에 乃由事皆合義하야 自反常直이라 是以로 無所愧怍하야 而此氣自然發生於中이요 非由只行一事 偶合於義하야 便可掩襲於外而得之也라 慊은 快也며 足也라 言所行이 一有不合於義而自反不直이면 則不足於心하야 而其體有所不充矣니 然則義豈在外哉리오 告子는 不知此理하고 乃曰 仁內義外라하야 而不復以義爲事하니 則必不能集義以生浩然之氣矣라 上文不得於言勿求於心은 卽外義之意니 詳見告子上篇하니라.

大文字義 [集집] 모으다. [襲습] 엄습하다. [嘗상] 일찍이~한 적이 있다. [外외] 외면.

大文句文 [不慊] 不足(嗛,饜,飫는 足과 不足의 뜻을 모두 가지고 있음.). [行有不慊於心則餒矣] 행하여 마음에 흡족하지 못한 점이 있으면 몸이 위축된다(주자). 행하여 마음에 흡족하지 못한 점이 있으면 氣가 위축된다.(정자, 여조겸)

集註字義 [積적] 쌓다. [欲욕] 하고자 하다, 바라다. [掩엄] 엄습하다, 가리다. [莒거] 춘추시대 나라이름, 감자. [愧괴] 부끄러워하다. [怍작] 부끄러워하다. [偶우] 우연히. [快쾌] 만족하다, 상쾌하다. [豈기] 어찌.

集註句文 [掩取] 몰래 취하다. [不足於心] 마음에 快足하지 않다. [其體有所不充矣] 몸이 충만하지 못하고 위축된다.

宋子大全 卷130 [雜著 浩然章質疑, 行有不慊於心]

此餒字與上文餒字 自是一意而小註饒氏以爲氣餒 似亦非是。蓋行有不慊於心則有所愧悔而害其浩然之氣 旣爲所害則其體之不充而餒必矣。○蓋義者性之具於心者而告子外之 故於言之得失 不復裁之於義而一切放過 又不知集義以養氣 以配道義而一切暴害之。

解義 이 餒字는 위 글의 餒字와 본래 똑같은 뜻인데, 小註에서 饒氏는 그것을 氣가 줄어든다.[氣餒] 라고 여겼으니 이 역시 옳지 않은 듯하다. 대개 행위가 마음에 만족하지 못한 점이 있으면 부끄럽거나 후회되는 바가 있어서 浩然之氣를 해치게 되며, 해침을 받게 되면 그 몸이 氣로 충만하지 못하여 위

축되는 것[餒]은 필연적인 것이다. 대개 義라는 것은 마음에 갖추어진 性인데, 告子가 그것을 외적인 것으로 여겼기 때문에, 그는 말의 득실에 있어서 다시 義에서 제제하지 않고 모조리 放過하였다. 또 義를 모아 氣를 길러서 도의에 배합되게 하는 것을 모르고서 모두를 害쳐버렸다.

자구 [饒요] 넉넉하다. [外외] 밖으로 여기다. [裁재] 제재하다, 제어하다. [暴포] 해치다.

必有事焉而勿正하며 心勿忘하며 勿助長也하야 無若宋人然이어다 宋人이 有閔其苗之不長而揠之者러니 芒芒然歸하야 謂其人曰 今日에 病矣와라 予助苗長矣와라하야늘 其子 趨而往視之하니 苗則槁矣러라 天下之不助苗長者 寡矣니 以爲無益而舍之者는 不耘苗者也요 助之長者는 揠苗者也니 非徒無益이라 而又害之니라.

반드시 일이 있거든 미리 그 효과를 기대하지 말며, 마음에 두고 잊지도 말며, 조장하지 말아서 宋人처럼 되지 말아야 한다. 宋人 가운데 싹이 자라나지 않을 것을 걱정하여 싹을 뽑은 사람이 있었는데, 아무것도 모르고 집에 돌아와 집사람들에게 말하기를, '오늘은 피곤하고나 내가 싹이 자라는 것을 도와주었노라' 하거늘, 그의 아들이 달려가 보니 싹이 말라버렸더라. 천하에 싹이 자라나는 것을 조장하지 않는 사람이 드믈 것이니, 이익이 없다고 여겨서 버려두는 자는 싹을 김매지 않는 자이고, 싹이 자라는 것을 돕는 자는 싹을 뽑는 자이니, 다만 무익할 뿐만 아니라 더욱 근본을 해치게 된다."

集註 必有事焉而勿正은 趙氏程子는 以七字爲句하고 近世에 或幷下文心字讀之者亦通이라 必有事焉은 有所事也니 如有事於顓臾之有事라 正은 預期也니 春秋傳曰 戰不正勝이 是也라 如作正心이라도 義亦同하니 此與大學之所謂正心者로 語意自不同也라 此는 言養氣者必以集義爲事요 而勿預期其效하며 其或未充이면 則但當勿忘其所有事요 而不可作爲以助其長이니 乃集義養氣之節度也라 閔은 憂也라 揠은 拔也라 芒芒은 無知之貌라 其人은 家人也라 病은 疲倦也라 舍之而不耘者는 忘其所有事요 揠而助之長者는 正之不得而妄有作爲者也라 然이나 不耘則失養而已요 揠則反以害之니 無是

二者면 則氣得其養而無所害矣리라 如告子不能集義而欲彊制其心이면 則必不能免於正助之病이니 其於所謂浩然者에 蓋不惟不善養이라 而又反害之矣니라.

大文字義 [正정] 기대하다. [助조] 조장하다, 돕다. [閔민] 가엽게 여기다. [苗묘] 싹. [揠언] 뽑다. [芒망] 어리석다. [病병] 피곤하다. [趨추] 달리다. [槁고] 마르다. [寡과] 적다. [益익] 이익. [耘운] 김매다.

大文句文 [必有事焉而勿正] 반드시 일이 있거든 미리 그 효과를 기대하지 말라. [無若宋人然] 송나라 사람처럼 (바보 같은 짓을) 하지 말라, [芒芒然] 아무것도 모르는 모습. 피곤한 모습(古註). [助之長者] 싹이 자라는 것을 돕는 사람.

集註字義 [或혹] 或者. [幷병] 병합하다. [顓전] 專斷하다. [臾유] 잠깐. [預예] 미리, 참여하다. [效효] 효과. [拔발] 뽑다. [疲피] 피곤하다. [倦권] 고달프다. [彊강]강하다. [制제] 제어하다, 억제하다. [免면] 면하다.

集註句文 [顓臾] 춘추시대 魯나라 附庸國.

참 고 [必有事焉而勿正心勿忘 勿助長也] 반드시 일이 있거든 미리 기필치 말고서 마음으로 잊지도 말고 조장하지도 말라(許穆). [必有事焉而勿正 心勿忘 勿助長也] 반드시 하는 일이 있어야 하되, 결과를 미리 기약하지 말아서, 마음에 잊지도 말고 빨리 자라도록 돕지도 말라(李象靖).

참 고 이 문장은 오로지 集義할 때의 노력하는 절도를 말한 것이다. 공자가 일찍이 '無所用心'을 가지고 경계하였고, 또 '欲速'을 가지고 경계하였는데, 맹자는 여기에서 이 두 가지를 합하여 말한 것이다.

참 고 忘과 助는 그 병이 같은데, 여기서 유독 조장하는 것에 대해서만 상세하게 말한 것은 告子의 병이 오로지 조장하는 데 있기 때문에 그를 통박하여 깨뜨린 것이다. 따라서 이 장 첫머리에서 이른바 '先我不動心' 이라고 한 뜻이 여기에 이르러 남김없이 드러났다. 주자가 말하기를 '노력은 하되 그 성취를 미리 기대하지 말라.' 고 한 것은 바로 천명이 流行하는 것으로 대개 미리 기대하는 것은 곧 私意이다. 이 사의가 없으면 천리가 자연히 유행하는 것이다.(宋子大全 浩然章質疑)

何謂知言이니잇고 曰 詖辭에 知其所蔽하며 淫辭에 知其所陷하며 邪辭에 知其所離하며 遁辭에 知其所窮이니 生於其心하야 害於其政하며 發於其政하야 害於其事하나니 聖人이 復起샤도 必從吾言矣시리라.

공손추 問曰, "무엇을 知言이라 합니까?" 맹자왈, "아첨하는 말에서 그 마음에 가리는 바를 알며, 지나친 말에서 그 마음에 빠져 있는 바를 알며, 사벽한 말에서 그 마음에 괴리되어 있는 바를 알며, 도피하는 말에서 그 마음에 궁한 바를 아는 것이다. 마음에서 생겨나 정사에 해를 끼치며 정사에 반영되어 그 일에 해를 끼치게 되니, 성인이 다시 나오시더라도 반드시 나의 말을 따르실 것이다."

集註 此는 公孫丑復問而孟子答之也라 詖는 偏陂也요 淫은 放蕩也요 邪는 邪僻也요 遁은 逃避也라 四者相因하니 言之病也라 蔽는 遮隔也요 陷은 沈溺也요 離는 叛去也요 窮은 困屈也라 四者亦相因하니 則心之失也라 人之有言이 皆出於心하니 其心이 明乎正理而無蔽然後에 其言이 平正通達而無病이니 苟爲不然이면 則必有是四者之病矣라 卽其言之病而知其心之失하고 又知其害於政事之決然而不可易者如此하니 非心通於道而無疑於天下之理면 其孰能之리오 彼告子者는 不得於言이어든 而不肯求之於心하야 至爲義外之說하니 則自不免於四者之病이니 其何以知天下之言而無所疑哉리오 程子曰 心通乎道然後에 能辨是非니 如持權衡하야 以較輕重이니 孟子所謂知言이 是也니라 又曰 孟子知言은 正如人在堂上이라야 方能辨堂下人曲直이니 若猶未免雜於堂下衆人之中이면 則不能辨決矣리라.

大文字義 [詖피] 치우치다, 아첨하다. [淫음] 방탕하다, 지나치다. [陷함] 빠지다. [邪사] 간사하다, 사특하다. [離리] 괴리되다. [遁둔] 회피하다, 숨기다. [起기] 나오다, 출현하다.

大文句文 [詖辭] 平辭의 반대말, 아첨하는 말, 치우치는 말, 편벽된 말. [淫辭] 방탕한 말, 지나친 말, 正辭의 반대말. [邪辭] 사벽한 말, 通辭의 반대말. [所離] 괴리되는 것. [遁辭] 숨기는 말, 達辭의 반대말.

集註字義 [偏편] 치우치다, 편향되다. [陂피] 아첨하다. [放방] 방자하다.(去聲). [蕩탕] 방탕하다. [僻벽] 치우치다. [遁둔] 회피하다. [逃도] 달아나다. [避피] 회피하다. [因인] 원인이 되다. [遮차] 차단하다, 숨기다. [隔격] 막다. [沈침] 가라앉다, [溺익] 빠지다. [叛반] 배반하다. [困곤] 곤궁하다. [屈굴] 굽히다. [卽] 나아가다. [失] 과실. [肯긍] ~하려 하다. [說설] 주장. [辨변] 분별하

다.(上聲). [權권] 저울추. [衡형] 저울대. [較교] 비교하다. [輕경] 가볍다. [曲곡] 굽히다. [直직] 펴다.

集註句文 [決然] 분명히. [權衡] 저울. [曲直] 몸을 굽히고 폄.

宋子大全 [浩然章質疑, 知言窮理]

按告子之病 雖本於義外一句 而其以義爲外者 實出於不知言之過也。蓋知言窮理也。窮理則必知義之爲性 而集義以養氣矣。然則孟子論告子之病 而必以不得於言一句爲先者 其意可謂深矣。

解 義 고자의 병통은 [義外] 한 구절에 그 근원이 있지만, 義를 외면에 있는 것으로 생각하는 것은 실로 [知言]을 모르는 잘못에서 나온 것이다. 대개 지언은 窮理이다. 이치를 궁구하면 반드시 義가 性이 됨을 알게 되고, 이 義를 모아서 氣를 기르게 되는 것이다. 그렇다면 맹자가 고자의 병통을 논하면서 반드시 [不得於言] 한 구절을 먼저 내세운 것은 그 의미가 깊다.

宰我子貢은 善為說辭하고 冉牛閔子顏淵은 善言德行이러니 孔子兼之하사대 曰 我於辭命則不能也로라하시니 然則夫子는 旣聖矣乎신져

공손추왈, "宰我, 子貢은 말을 잘 하였고, 冉伯牛, 閔子騫, 顏淵은 德行을 잘 말하였습니다. 孔子께서는 모두를 겸비하셨으나 나는 외교 문서를 작성하는데도 능하지 못하다고 하셨으니, 그렇다면 夫子께서는 이미 성인이시군요."

集 註 此一節은 林氏以爲皆公孫丑之問이라하니 是也라 說辭는 言語也요 德行은 得於心而見於行事者也라 三子善言德行者는 身有之故로 言之親切而有味也라 公孫丑言數子各有所長而孔子兼之라 然이나 猶自謂不能於辭命이어시늘 今孟子乃自謂我能知言하고 又善養氣라하시니 則是兼言語德行而有之니 然則豈不旣聖矣乎아하니라 此夫子는 指孟子也라 ○程子曰 孔子自謂不能於辭命者는 欲使學者務本而已시니라.

大文字義 [宰재] 재상. [冉염] 姓, 나아가다. [閔민] 姓, 위문하다. [顏안] 얼굴. [淵연] 연못. [兼겸] 겸하다.

大文句文 [說辭] 언어. [辭命] 외교문서, 말.

集註字義 [味미] 의미. [數수] 몇몇. [指지] 가리키다.

論語 先進篇 子曰 從我於陳蔡者 皆不及門也로다 德行엔 顏淵閔子騫冉伯牛仲弓이오

言語엔 宰我子貢이오 政事엔 冉有季路오 文學엔 子游子夏니라.

자구 [蔡채] 蔡나라. [騫건] 이지러지다. [游유] 헤엄치다, 놀다.

曰 惡라 是何言也오 昔者에 子貢이 問於孔子曰 夫子는 聖矣乎신져 孔子曰 聖則吾不能이어니와 我는 學不厭而教不倦也로라 子貢이 曰 學不厭은 智也오 教不倦은 仁也니 仁且智하시니 夫子旣聖矣신져하니 夫聖은 孔子도 不居하시니 是何言也오.

맹자왈, "아! 이 무슨 말인가? 옛적에 子貢이 공자께 묻기를, '夫子께서는 성인이십니다.' 하니, 孔子曰, '성인이라면 내가 감당하지 못하지만, 나는 배우기를 싫어하지 아니하며 가르치기를 게을리 하지 않노라.' 子貢曰, '배우기를 싫어하지 않는 것은 智이고, 가르치기를 게을리 하지 않는 것은 仁이니, 仁하고 智하시니 夫子께서는 이미 성인이십니다.' 하였으니, 대저 성인은 孔子께서도 자처하지 않으셨는데 이 무슨 말인가?"

集註 惡는 驚歎辭也라 昔者以下는 孟子不敢當丑之言하야 而引孔子子貢問答之辭以告之也라 此夫子는 指孔子也라 學不厭者는 智之所以自明이요 教不倦者는 仁之所以及物이라 再言是何言也하야 以深拒之하시니라.

大文字義 [惡오] 아!(탄식사, 平聲). [厭염] 싫어하다.(去聲). [倦권] 게을리하다. [居거] 자처하다.

大文句文 [聖則吾不能] 성인이라면 나는 해내지 못한다(吾不能聖). [學不厭而教不倦] 배우기를 싫어하지 않으며 가르치기를 게을리 하지 않는다.

集註字義 [驚경] 놀라다. [歎탄] 탄식하다. [引인] 끌어들이다. 인용하다. [物물] 상대방. [拒거] 거절하다, 단절하다.

集註句文 [敢當] 감히 자처하다. 감당하다. [仁之所以及物] 仁이 상대에게 미쳐가는 이유이다.

昔者에 竊聞之호니 子夏子游子張은 皆有聖人之一體하고 冉牛閔子顔淵은 則具體而微라하니 敢問所安하노이다.

공손추왈, "예전에 들었으니 '子夏, 子游, 子張은 모두 聖人의 일부분을 갖추고 있고, 冉伯牛, 閔子騫, 顔淵은 전체를 갖추고는 있으나 미약하다.' 하셨으니, 어느 곳에 자처하시는지를 여쭙겠습니다."

集註 此一節은 林氏亦以爲皆公孫丑之問이라하니 是也라 一體는 猶一肢也라 具體而微는 謂有其全體로되 但未廣大耳라 安은 處也라 公孫丑復問 孟子旣不敢比孔子면 則於此數子에 欲何所處也오하니라

大文字義 [竊절] 허사로써 의미가 없으나 굳이 해석하는 경우에는 '삼가' 정도가 좋을 듯함. [微미] 미약하다. [安안] 자처하다. 편안히 여기다.

大文句文 [有聖人之一體] 성인의 일부분을 갖추다. [具體而微] 전체를 갖추었으나 미약하다. [敢問所安] 어느 곳에 자처하시는지를 감히 여쭙습니다(何所自處)

集註字義 [肢지] 팔다리, 사지.

曰 姑舍是하라.

맹자왈, "우선 이것을 제처 놓자."

集註 孟子言且置是者는 不欲以數子所至者로 自處也시니라.

大文字義 [姑고] 우선, [舍사] 버리다.(上聲). [是시] 이것.

集註字義 [置치] 제쳐놓다. [處처] 자처하다.

集註句文 [所至者] 학문이 이른 것.

曰 伯夷伊尹은 何如하니잇고 曰 不同道하니 非其君不事하며 非其民不使하야 治則進하고 亂則退는 伯夷也요 何事非君이며 何使非民이리오하야 治亦進하며 亂亦進은 伊尹也요 可以仕則仕하며 可以止則止하며 可以久則久하며 可以速則速은 孔子也시니 皆古聖人也라 吾未能有行焉이어니와 乃所願則學孔子也로라.

공손추 問曰, "伯夷와 伊尹은 어떻습니까?" 맹자왈, "추구하는 도가 같지 않았다. 섬길만한 임금이 아니면 섬기지 않으며 부릴만한 백성이 아니면 부리지 않아서 다스려지면 벼슬에 나아가고 어지러워지면 물러나는 것은 伯夷이다. 누구를 섬긴들 임금이 아니며 누구를 부린들 백성이 아니겠는가? 다스려져도 벼슬에 나아가며 어지러워져도 벼슬에 나아간 것은 伊尹이다. 벼슬할 만하면 벼슬하며 그만두어야 하면 그만 두며 오래 머물 만하면 모래 머물며 속히 떠나야 하면 속히 떠나는 분은 孔子이시니, 모두 옛 聖人이다. 나는 아직 행하지는 못하고 있지만 소원하는 바는 공자를 배우는 것이다."

集註 伯夷는 孤竹君之長子니 兄弟遜國하고 避紂隱居라가 聞文王之德而歸之러니 及武王伐紂에 去而餓死하니라 伊尹은 有莘之處士니 湯聘而用之하야 使之就桀한대 桀不能用이어늘 復歸於湯하야 如是者五라가 乃相湯而伐桀也하니라 三聖人事는 詳見此篇之末及萬章下篇하니라.

大文字義 [伯백] 맏이. [夷이] 오랑캐, 동방의 종족. [伊이] 저, 이. [同동] 같다. [事사] 섬기다. [使사] 부리다. [進진] 벼슬에 나아가다. [亂난] 혼란하다, 어지럽다. [退퇴] 벼슬에서 물러나다. [止지] 벼슬을 그만두다. [久구] 오래 머물다. [速속] 속히 떠나다.

大文句文 [不同道] 추구하는 도가 같지 않다. [非其君不事] 섬길만한 임금이 아니면 섬기지 않는다. [非其民不使] 부릴만한 백성이 아니면 부리지 않는다. [何事非君] 누구를 섬긴들 임금이 아니며. [可以久則久] 오래 머물 만하면 오래 머물다. [可以速則速] 빨리 떠나야 하면 빨리 떠나다.

集註字義 [遜손] 사양하다. [避피] 피하다. [紂주] 商나라 마지막 왕으로 폭군. [隱은] 숨다. [歸귀] 귀부하다, 돌아가다. [伐벌] 정벌하다. [餓아] 굶주리다. [莘신] 나라이름, 족두리. [聘빙] 초빙하다. [桀걸] 夏王의 이름, 횃대.

伯夷伊尹이 於孔子에 若是班乎잇가 曰 否라 自有生民以來로 未有孔子也시니라.

공손추 問曰, "伯夷, 伊尹이 孔子와 이와 같이 동등합니까?" 맹자왈, "아니다. 백성이 생겨난 이래로 공자 같으신 분은 없으셨다."

集註 班은 齊等之貌라 公孫丑問而孟子答之以不同也하시니라.

大文字義 [班반] 동등하다. 나누다.
集註句文 [齊等之貌] 같은 모양.

曰 然則有同與잇가 曰 有하니 得百里之地而君之면 皆能以朝諸侯有天下어니와 行一不義하며 <u>殺一不辜而得天下</u>는 皆不為也리니 是則同하니라.

공손추 問曰, "그렇다면 같은 점이 있습니까?" 맹자왈, "100里의 땅을 얻어서 임금노릇한다면 모두 제후들에게 조회를 받고 천하를 소유하였을 것이지만, 한 가지라도 불의를 행하며 한 사람이라도 죄 없는 백성을 죽여 천하를 얻는 짓은 모두 하지 않을 것이니 이것이 같은 점이다."

集 註 有는 言有同也라 以百里而王天下는 德之盛也요 行一不義殺一不辜而得天下를 有所不爲는 心之正也라 聖人之所以爲聖人은 其根本節目之大者 惟在於此하니 於此不同이면 則亦不足以爲聖人矣니라.
大文字義 [殺살] 죽이다. [辜고] 허물, 죄.
大文句文 [殺一不辜而得天下] 한 사람이라도 무고한 사람을 죽여서 천하를 얻다.

曰 敢問其所以異하노이다 曰 宰我子貢有若은 智足以知聖人이니 <u>汙不至阿其所好</u>니라.

공손추왈, "감히 다른 점을 여쭙겠습니다." 맹자왈, "宰我, 子貢, 有若은 지혜가 성인을 알아보기에 충분하였으니, 아무리 지혜가 낮다고 하더라도 좋아하는 사람에게 아부하는데 이르지는 않았을 것이다.

集 註 汙는 下也라 三子智足以知夫子之道하니 假使<u>汙下</u>라도 必不阿私所好而空譽之니 明其言之可信也시니라.
大文字義 [汙우] 낮다, 더럽다. [阿아] 편들다, 영합하다.
大文句文 [汙不至阿其所好] 아무리 지혜가 낮다고 하더라도 좋아하는 사람(공자)에게 아부하는데 이르지는 않는다.

集註字義 [假가] 가령. [空공] 헛되다. [譽예] 명예.
集註句文 [汙下] 지혜와 식견이 낮다.

宰我曰 以予觀於夫子컨대 賢於堯舜이 遠矣샷다.

宰我曰, '내가 夫子을 살펴 보건데 요순보다 훌륭하심이 월등하시도다.'

集註 程子曰 語聖則不異하고 事功則有異하니 夫子賢於堯舜은 語事功也라 蓋堯舜은 治天下하시고 夫子는 又推其道하사 以垂敎萬世하시니 堯舜之道 非得孔子면 則後世亦何所據哉리오.
大文句文 [賢於堯舜遠] 요순보다 훌륭하심이 더욱 멀다, 요순보다 매우 훌륭하시다.
集註字義 [垂수] 드리우다. [據거] 典據로 삼다.
集註句文 [垂敎] 가르침을 전하다.

子貢이 曰 見其禮而知其政하며 聞其樂而知其德이니 由百世之後하야 等百世之王컨댄 莫之能違也니 自生民以來로 未有夫子也시니라.

子貢曰, '그 禮를 보면 정사를 알며 그 음악을 들으면 그 덕을 아는 것이니, 백세가 지난 뒤에 百世의 왕을 등급으로 정해 보건데 그 기준을 피할 수 있는 자가 없으니 백성이 생겨난 이후로 공자와 같으신 분은 없으셨다.'

集註 言大凡見人之禮면 則可以知其政이요 聞人之樂이면 則可以知其德이라 是以로 我從百世之後하야 差等百世之王컨대 無有能遁其情者니 而見其皆莫若夫子之盛也니라.
大文字義 [等등] 등급을 정하다. [違위] 어기다, 피하다.
大文句文 [等百世之王] 백세의 왕을 등급으로 정하다.
集註句文 [大凡] 대체, [見人之禮則可以知其政] 그 사람의 예모를 보면 그 사람의 정치를 알 수 있다. [我從百世之後差等百世之王] 내가 백세 뒤에 지나간 백세의 왕들을 견주어 보다.(차등을 매기다)

有若이 曰 豈惟民哉리오 麒麟之於走獸와 鳳凰之於飛鳥와 泰山之於丘垤과 河海之於行潦에 類也며 聖人之於民에 亦類也시니 出於其類하며 拔乎其萃나 自生民以來로 未有盛於孔子也시니라.

有若曰, '어찌 백성뿐이겠는가? 麒麟이 짐승에 대해서와 鳳凰이 날짐승에 대해서와 泰山이 작은 언덕에 대해서와 河海가 길에 고인 물에 대해서 동류이며, 聖人이 백성에 대해서도 동류이니, 그 동류 가운데서 빼어나시며 그 무리들 가운데서 우뚝 솟으셨으나 백성이 생겨난 이후로 孔子보다 성대한 분은 없으셨다.' 라고 하였다."

集註 麒麟은 毛蟲之長이요 鳳凰은 羽蟲之長이라 垤은 蟻封也라 行潦는 道上無源之水也라 出은 高出也요 拔은 特起也라 萃는 聚也라 言自古聖人이 固皆異於衆人이나 然이나 未有如孔子之尤盛者也니라 ○程子曰 孟子此章은 擴前聖所未發하시니 學者所宜潛心而玩索也니라.

大文字義 [惟유] 오직~뿐. [麒기] 기린. [麟린] 기린. [獸수] 짐승. [鳳봉] 봉황새의 수컷. [凰황] 봉황새의 암컷. [泰태] 크다. [丘구] 언덕. [垤질] 개미둑, 낮은 언덕. [潦료] 길바닥에 고인 물. [出출] 빼어나다. [拔발] 우뚝하다. [萃췌] 무리, 초췌하다.

大文句文 [丘垤] 작은 언덕. [行潦] 길에 고인 물. [出於其類] 그 부류에서 가장 빼어나다. [拔乎其萃] 그 무리 가운데서 우뚝 솟다.

集註字義 [蟲충] 벌래. [長장] 우두머리. [羽우] 깃. [蟻의] 개미. [封봉] 흙더미, 도드라짐. [源원] 근원. [聚취] 무리, 모이다 [擴확] 넓히다. [宜의] 마땅히. [潛잠] 잠기다. [玩완] 완미하다. [索색] 찾다.

集註句文 [毛蟲] 짐승. [異於衆人] 뭇 사람과 다르다. [玩索] 세밀하게 찾아 보다.

참고 [鳳凰] 예로부터 중국의 전설에 나오는 상상의 조류인데 몸의 전반신은 기린, 하반신은 사슴, 목은 뱀, 꼬리는 물고기, 등은 거북, 턱은 재비, 부리는 닭을 닮고, 깃에는 오색무늬가 있다. 聖天子의 治政의 징조로 나타난다고 한다.

梅山集 제7권 [書 上潁西任丈, 願學孔子]

自章首至詖淫邪遁 自宰我子貢以下至末端 有似一篇中兩節不相照應 而實則文理接續 脈絡貫通。蓋此章宗旨 在乃所願學孔子一句 而知言養氣以至於不動心 卽所以學孔子之節度也。所謂知言養氣 卽孔子之博文約禮也 所謂不動心 卽孔子之不惑也。

解義 浩然之氣章 처음부터 詖辭, 淫辭, 邪辭, 遁辭까지와 재아, 자공부터 이하로

장의 끝까지는 마치 한 편 가운데에 두 절이 있어 서로 조응하지 않는 듯하지만, 실제로는 문리가 이어지고 맥락이 관통합니다. 대개 이 章의 종지는 바로 내가 원하는 것은 공자를 배우는 것이라는 한 구절에 있으니, 知言과 養氣로부터 부동심까지는 바로 공자를 배우는 절도인 것입니다. 이른바 지언과 양기는 곧 공자의 博文約禮이고, 이른바 부동심은 곧 공자의 不惑인 것입니다.

자구 [潁영] 江의 名. [詖피] 아첨하다. [遁둔] 회피하다. [照조] 비치다, 대조하다. [應응] 응하다. [脉맥] 혈맥, 줄기. [絡락] 잇다, 조리. [約약] 단속하다, 요약하다.

宋子大全 卷130 [雜著 浩然章質疑, 君子之道當不止於不動心]

此問答 反覆曲折雖多 不過明言大聖人規模氣象 以見君子之道當不止於不動心而止。必如孔子之大聖然後能盡其性 故於其終也 發明極致 無復餘蘊。雖子貢所稱夫子之得邦家者 無以有加矣。又按論孔子 必擧夷惠尹並論之。蓋不如是則無以以彼較此 以明偏全大小之異矣。今於此章將論己之不動心而必擧告子 將論曾子大勇 而必擧黝舍子夏。此蓋孟子一生語法然也。所以當時得好辯之名 而程子亦以雄辨目之也。

解義 이 문답은 반복과 곡절이 비록 많으나, 大聖人의 규모와 기상을 분명히 말하여 군자의 도는 부동심에 머물러서는 안 됨을 나타낸 데 불과하다. 반드시 공자와 같은 대성인이 된 뒤에라야 그 性을 다할 수 있기 때문에, 이 章의 끝에 그 극치를 드러내 밝혀 다시 남은 것이 없었다. 비록 자공이 공자를 칭송한 [得邦家者]라는 것도 더함이 있을 수는 없을 것이다.

맹자께서 공자를 논할 때를 고찰하건데, 반드시 백이, 유하혜, 이윤을 들어 아울러 논하였다. 대체로 이렇게 하지 않으면 저것으로써 이것을 비교하여 偏과 全, 大와 小의 차이를 밝힐 수가 없는 것이다. 지금 이 章에서 자신의 부동심을 논하려 할 때에 반드시 고자를 들었고, 증자의 大勇을 논하려 할 때 반드시 북궁유, 맹시사, 자하를 들었다. 이것은 대체로 맹자의 평소 어법이 그러한 것이다. 그러므로 당시에 好辯의 이름을 얻었으며, 정자도 웅변가로써 그를 지목한 것이다.

자구 [覆복] 반복하다, 넘어지다.(入聲)./ 덮다, 덮개.(부, 去聲). [反覆] 언행을 이랬다저랬다 하여 자주 고침. [曲곡] 굽다. [折절] 꺾이다. [蘊온] 쌓다. [辯변] 논변하다, 말 잘하다.(上聲). [辨변] 분별하다.(上聲). [目목] 지목하다.

3장 孟子曰 以力假仁者는 霸니 霸必有大國이오 以德行仁者는 王이니 王不待大라 湯以七十里하시고 文王이 以百里하시니라.

맹자왈 "힘으로써 仁을 가장하는 자는 패자이니 패자는 반드시 大國이 있어야 하며, 德을 가지고 仁을 행하는 자는 왕도를 행하는 자이니 왕도를 행하는 자는 대국을 필요로 하지 않는다. 湯임금은 70里로써 천하에 왕도를 행하였고 文王은 100里로써 천하에 왕도를 시행하였다.

集註 力은 謂土地甲兵之力이라 假仁者는 本無是心而借其事하야 以爲功者也라 霸는 若齊桓晉文이 是也라 以德行仁이면 則自吾之得於心者推之하야 無適而非仁也라.

大文字義 [假가] 빌리다. 가장하다. [霸패] 패자, 패도를 행하는 자.

大文句文 [以力假仁者] 힘으로써 인을 가장하는 사람.

集註字義 [借차] 빌리다. [桓] 제나라 환공, 春秋五霸의 한 사람. [文문] 晉文公, 春秋五霸의 한 사람. [適적] 가는 곳마다.

集註句文 [土地甲兵之力] 재력과 무력의 힘. [無適而非仁] 어디에 가더라도 인이 아님이 없다.

以力服人者는 非心服也라 力不贍也요 以德服人者는 中心이 悅而誠服也니 如七十子之服孔子也라 詩云 自西自東하며 自南自北이 無思不服이라하니 此之謂也니라.

힘으로써 남에게 섬기도록 하는 사람은 마음으로 섬기는 것이 아니라 힘이 부족하기 때문이요, 덕으로써 남에게 섬기도록 하는 사람은 마음속으로 기뻐하여 진실로 섬기는 것이니, 70명의 제자가 공자를 섬기는 것과 같다. 시경에 이르기를, '서쪽에서 동쪽에서 남쪽에서 북쪽에서 섬기지 않는 사람이 없다' 하니, 이것을 이른 것이다."

集註 贍은 足也라 詩는 大雅文王有聲之篇이라 王霸之心이 誠僞不同이라 故로 人所以應之者 其不同이 亦如此하니라 ○鄒氏曰 以力服人者는 有意於服人而人不敢不服이요 以德服人者는 無意於服人而人不能不服이니 從古以來로 論王霸者多矣로되 未有若此章之深切而著明者也니라.

大文字義	[服복] 섬기다. [贍섬] 족하다, 넉넉하다. [悅열] 기뻐하다. [如여] 이를테면~과 같다.
大文句文	[以力服人者] 힘으로써 남에게 섬기게 하는 사람. [力不贍也] 자기의 힘이 부족하기 때문이다(以己力不足故也). [無思不服] 섬기지 않는 사람이 없다. 여기서 '思'는 節奏辭로서 뜻이 없음.
集註字義	[誠성] 진실. [僞위] 거짓. [應응] 응하다, 호응하다. [鄒추] 姓, 魯나라 附庸國. [切절] 간절하다. [著저] 드러내다.
集註句文	[王霸之心] 왕도와 패도의 마음. [鄒氏] 宋나라 哲宗 때의 신하인 鄒浩(1060년~1111년), 哲宗과 徽宗 때 간관으로 직언을 많이 하였다.

詩經	[大雅 文王之什 文王有聲之篇 8장]
大義	무공으로써 문왕을 칭송한 것이다. 대개 文王이 정벌을 시작하면 武王이 이어서 마무리 하는데 어려움이 없었다는 것을 칭송한 시이다.
詩解	1장. 文王有聲이 遹駿有聲이샷다 遹求厥寧하사 遹觀厥成하시니 文王烝哉샷다. 문왕을 기리는 소리 큰 칭송이었도다. 천하의 안녕을 찾아 그 공 이룸을 살피시니, 문왕은 훌륭한 군주이셨도다. 2장. 文王受命하사 有此武功하샷다 旣伐于崇하시고 作邑于豐하시니 文王烝哉샷다. 문왕이 천명을 받으시어 이처럼 무공을 세우셨도다. 숭을 정벌한 뒤에 풍읍을 건설하시니, 문왕은 훌륭한 군주이셨도다. 6장. 鎬京辟廱에 自西自東하며 自南自北하여 無思不服하니 皇王烝哉샷다. 호경의 학궁에 서쪽에서 동쪽에서 남쪽에서 북쪽에서 모두 복종하니, 무왕은 훌륭한 군주이셨도다.
자구	[遹휼] 이에. [駿준] 크다. [厥궐] 그(지시사). [烝증] 임금 [崇숭] 나라 이름. [辟벽] 둥근 옥(璧). [廱옹] 못(澤). [辟雍] 천자의 학궁. [皇王] 聖王.

4장 孟子曰 仁則榮하고 不仁則辱하나니 今에 惡辱而居不仁이 是猶惡濕而居下也니라.

맹자왈, "仁을 행하면 榮光스럽고 不仁을 행하면 욕되니, 오늘날 욕됨을 싫어하면서 不仁에 처하는 것은 바로 습기를 싫어하면서 낮은 곳에 거처하는 것과 같다.

集註 好榮惡辱은 人之常情이라 然이나 徒惡之而不去其得之之道면 不能免也니라.

大文字義 [榮영] 영광. [辱욕] 욕되다. [惡오] 싫어하다. [猶유] 같다. [濕습] 습기. [下하] 낮은 곳.

大文句文 [仁則榮] 仁政을 행하면 영예롭다.

集註句文 [徒惡之而不去其得之之道] 한갓 욕됨을 싫어하기만 하고 그 얻는 방법을 버리지 않는다.

如惡之인댄 莫如貴德而尊士니 賢者 在位하며 能者 在職하야 國家 閒暇어든 及是時하야 明其政刑이면 雖大國이라도 必畏之矣리라.

만일 욕됨을 싫어한다면 덕 있는 이를 귀하게 여기고 선비를 높이는 것만 한 것이 없으니, 賢者가 보필하는 지위에 있으며 능한 자가 직임을 맡아서 나라가 한가하게 되면, 이때에 미쳐서 그 정교와 형정을 밝힌다면 비록 大國이라도 반드시 두려워할 것이다.

集註 此는 因其惡辱之情하야 而進之以彊仁之事也라 貴德은 猶尙德也라 士는 則指其人而言之라 賢은 有德者니 使之在位면 則足以正君而善俗이요 能은 有才者니 使之在職이면 則足以修政而立事라 國家閒暇는 可以有爲之時也니 詳味及字하면 則惟日不足之意를 可見矣니라.

大文字義 [莫막] 아무것도~하지 않다. [尊존] 높이다. [位위] 지위. [職직] 직임. [閒한] 한가하다. [暇가] 겨를, 한가하다. [政정] 政敎. [刑형] 刑政. [畏외] 두려워하다.

大文句文 [及是時] 이 때에 급급하다. [明其政刑] 그 정교와 형정을 밝히다.

集註字義 [情정] 정황, 마음. [彊강] 힘쓰다. [尙상] 높이다. [才재] 재능. [修수] 실행하다, 정리하다, 닦다. [立입] 이루다.

集註句文 [彊仁之事] 인의 일에 힘쓰다. [指其人(德人)而言之] 그 덕인을 가리켜서 말한다. [足以修(行)政而立(成)事] 정사를 행하여 일을 성사시킬 수 있다.

詩云 迨天之未陰雨하야 徹彼桑土하야 綢繆牖戶면 今此下民이 或敢侮予아하야늘 孔子曰 為此詩者 其知道乎인져 能治其家면 誰敢侮之리오하시니라.

시경에 이르기를, '하늘이 장맛비를 내리지 않을 때에 저 뽕나무 뿌리껍질을 거두어서 둥지의 문을 얽어매어 놓는다면, 지금 이 백성들이 혹 감히 나를 업신여기랴?' 하거늘, 孔子曰, '이 시를 지은 사람은 아마도 道를 알 것이다. 그 집안을 다스릴 수 있다면 누가 감히 업신여기겠는가?'

集 註 詩는 豳風鴟鴞之篇이니 周公之所作也라 迨는 及也라 徹은 取也라 桑土는 桑根之皮也라 綢繆는 纏綿補葺也라 牖戶는 巢之通氣出入處也라 予는 鳥自謂也라 言我之備患이 詳密如此면 今此在下之人이 或敢有侮予者乎아 周公이 以鳥之爲巢如此로 比君之爲國이 亦當思患而預防之어시늘 孔子讀而贊之하사 以爲知道也라하시니라.

大文字義 [迨태] 미치다. [陰음] 음침하다, 흐리다. [徹철] 거두다. [桑상] 뽕나무, [土두] 껍질. [綢주] 얽어매다. [繆무] 묶다. [牖유] 바라지, 들창. [侮모] 업신여기다. 모욕하다.

大文句文 [迨天之未陰雨] 하늘이 아직 장맛비를 내리지 않음에 미치다. [徹彼桑土] 저 뽕나무 뿌리 껍질을 거두다. [綢繆牖戶] 둥지의 출입구를 얽어맨다.

集註字義 [豳빈] 나라이름. [鴟치] 올빼미. [鴞효] 올빼미, 부엉이. [纏전] 얽다. [綿면] 얽다. 솜. [補보] 돕다. [葺즙] 집을 수리하다, 꿰매다. [巢소] 둥지. [備비] 대비하다. [患환] 우환. [密밀] 치밀하다. [預예] 미리. [防방] 막다. [贊찬] 찬미하다.

集註句文 [纏綿補葺] 얽어서 집을 수리하다.

詩 經 [國風 豳風篇 鴟鴞 4장]

大 義 周公이 혼란한 세상을 구제한 것을 읊은 것이다. 成王이 주공의 뜻을 알지 못하였기 때문에 주공이 이에 시를 지어 성왕에게 남기고 '鴟鴞'라고 이름하였다.

詩 解 1장. 鴟鴞鴟鴞아 旣取我子어니 無毁我室이어다 恩斯勤斯하야 鬻子之閔斯러니라.
올빼미야 올빼미야 내 새끼 잡아갔으니 내 집 헐지 말지어다. 있는 사랑 다 바쳐서 근심스럽게 키운 새끼니라.
2장. 迨天之未陰雨하야 徹彼桑土하야 綢繆牖戶면 今女下民이 或敢侮予아.

장맛비 내리기 전에 저 뽕나무 뿌리를 가져다가 꽁꽁 집수리 하면, 이제 아래의 사람들이 누가 감히 나를 업신여기랴?
4장. 予羽譙譙하며 尾翛翛하야 予室翹翹어늘 風雨所漂搖라 予維音嘵嘵로다.
내 깃이 망가지며 내 꼬리도 망가져서 내 둥지 위험하거늘, 비바람 흔들어대는지라 내 다급하게 울부짖노라.

자 구 [鬻육] 기르다, 팔다, 죽. [譙초] 깃 모지라지다, 상하다. [翛소] 깃 모지라지다, 날개해진 모양. [翹교] 위태롭다. [漂표] (흔들어) 움직이다, 떠다니다. [搖요] 흔들다. [嘵효] 겁먹은 소리.

今國家 閒暇어든 及是時하야 般樂怠敖하나니 是는 自求禍也니라.

지금 나라가 한가해지면 이때에 미쳐서 마음껏 즐기고 거드름을 피우나니, 이것은 스스로 화를 부르는 것이다.

集註 言其縱欲偸安을 亦惟日不足也라.

大文字義 [般반] 즐기다. [怠태] 게으르다. [敖오] 놀다, 거만하다. [求구] 부르다, 구하다.

大文句文 [般樂怠敖] 놀면서 마음껏 즐기고(般樂) 거드름을 피우면서 예절이 없음(怠敖).

集註字義 [縱종] 멋대로 하다. [偸투] 탐하다, 훔치다.

集註句文 [縱欲偸安] 하고 싶은 대로 행하면서 목전의 안일만을 추구함.

禍福이 無不自己求之者니라.

禍와 福은 자신이 구하지 않는 것이 없다.

集註 結上文之意하니라

詩云 永言配命이 自求多福이라하고 太甲에 曰 天作孽은 猶可違어니와 自作孽은 不可活이라하니 此之謂也니라.

시경에 이르기를, '영구히 천명에 부합하는 것이 스스로 많은 복을 구하는 것이다.' 太甲曰, '하늘이 만든 재앙에는 오히려 피할 수가 있지만, 스스로 지은 재앙에는 살아날 수가 없다.' 하니, 이것을 이른 것이다."

集註 詩는 大雅文王之篇이라 永은 長也요 言은 猶念也요 配는 合也요 命은 天命也니 此는 言福之自己求者라 太甲은 商書篇名이라 孽은 禍也요 違는 避也요 活은 生也니 書作逭하니 逭은 猶緩也니 此는 言禍之自己求者라.

大文字義 [配배] 부합하다. [命명] 천명. [孽얼] 재앙, 서자. [違위] 피하다. 거슬리다. [活활] 살아나다.

大文句文 [天作孽] 하늘이 지은 재앙.

集註字義 [逭환] 늦추다, 느긋하다. [緩완] 늦추다.

詩經 [大雅 文王之什 文王篇 7장]

大義 文王이 천명을 받아 周나라를 세운 것을 읊은 詩이다.

詩解 1장. 文王在上하사 於昭于天하시니 周雖舊邦이나 其命維新이로다 有周不顯가 帝命不時아 文王陟降이 在帝左右시니라.

문왕이 위에 계시어 하늘에서 빛나시니, 주나가 오래된 나라이나 천명을 새롭게 받았도다. 주나라가 빛나지 않겠는가, 상제의 명이 때에 맞지 않는가? 오르내리는 문왕의 영혼이 언제나 상제 곁에 계시니라.

2장. 亹亹文王이 令聞不已사 陳錫哉周하사대 侯文王孫子하시니 文王孫子 本支百世시며 凡周之士도 不顯가 亦世로다.

부지런하신 문왕 훌륭한 명예가 끝이 없어서, 하늘이 주나라에 은혜를 베풀어 문왕 자손에게 내리시니, 문왕 자손들 본손 지손 백세토록 번성하며, 주나라 관리들도 빛나지 않겠는가? 대대로 번성하리라.

3장. 世之不顯가 厥猶翼翼이로다 思皇多士 生此王國이로다 王國克生하니 維周之楨이로다 濟濟多士여 文王以寧이샷다.

대대로 번성하지 않겠는가? 그 계책 조심스럽고 부지런하도다. 아름다운 많은 인재들 이 왕국에서 나왔도다. 왕국에서 잘 길러내니 주나라의 기둥이로다. 훌륭한 관리 많으니 문왕께서도 편안하시리로다.

4장. 穆穆文王이여 於緝熙敬止샷다 假哉天命은 有商孫子니라 商之孫子 其麗不億이언마는 上帝旣命이라 侯于周服이로다.

거룩하신 문왕이여! 아 끊임없이 공경하고 빛이 나도다. 위대한 천명은 상나라 자손에게 있도다. 상나라 자손들 수 없이 번성했지만 상제가 명을 내리는지라 주나라에 복종하도다.

5장. 侯服于周하니 天命靡常이라 殷士膚敏이 祼將于京하니 厥作祼將이여 常服黼冔로다 王之藎臣은 無念爾祖아.

주나라에 복종하니 천명은 바뀌는 것이라. 은나라 훌륭한 신하들 주나라 서울에서 제사도우니, 강신을 돕는 저 사람들이여 언제나 은나라 예복 입었도다. 왕의 훌륭한 신하들 너의 선조 생각하지 않아서야 되겠는가?

6장. 無念爾祖아 聿脩厥德이어다 永言配命이 自求多福이니라 殷之未喪師엔 克配上帝러니 宜鑒于殷이어다 駿命不易니라.

너의 선조 생각하지 않아서야 되겠는가? 그 덕을 닦을 지어다. 길이길이 천명에 부합하는 것이 스스로 많은 복을 구하는 것이니라. 은나라 많은 무리의 마음 잃기 전엔 상제와 잘 맞았는데, 은나라를 거울삼을 지어다. 천명은 쉽지 않은 것이다

자 의 [亹미] 힘쓰다. [翼익] 공경하다, 삼가하다. [楨정] 기둥. [濟제] 많다.(上聲)./ 건너다, 성취하다, 구제하다.(去聲). [假가] 크다, 빌리다, 거짓. [麗려] 수효, 곱다. [膚부] 아름답다, 살갗. [祼관] 강신하다. [將장] 행하다, 돕다.(平聲). [黼보] 무늬. [冔호] 은나라冠. [藎신] 훌륭하다.

5장 孟子曰 尊賢使能하야 俊傑이 在位則天下之士 皆悅而願立於其朝矣리라.

맹자왈, "현자를 높이며 재능 있는 자를 등용하여 재덕이 뛰어난 사람이 보필하는 지위에 있으면, 천하의 士가 모두 기뻐하여 그 조정에 서기를 원할 것이다.

集 註 俊傑은 才德之異於衆者라

大文字義 [俊준] 재주와 슬기가 뛰어난 사람. [桀걸] 재주와 슬기가 뛰어난 사람.

大文句文 [尊賢使能] 현자를 높이고 능한 자를 부리다.

市에 廛而不征하며 法而不廛則天下之商이 皆悅而願藏於其市矣리라.

시장에서 商賈에게 자릿세는 부과하되 물품세는 받지 않고, 行商에게 관리가 법으로 다스리되 자릿세를 받지 않는다면, 天下의 상인들이 모두 기뻐서 그 시장에 물건을 쌓아두기를 원할 것이다.

集註 廛은 市宅也라 張子曰 或賦其市地之廛而不征其貨하고 或治以市官之法而不賦其廛하니 蓋逐末者多면 則廛而抑之요 少則不必廛也니라.

大文字義 [廛전] 자릿세를 받다.(전포세를 부과하다). [征정] 세금을 거두다. [商상] 돌아다니면서 장사하는 것, 혹은 그러한 사람. [藏장] 쌓아두다.

集註字義 [賦부] 세금을 부과하다. [貨화] 재화. [逐축] 쫓다. [抑억] 억제하다.

集註句文 [市宅] 저자에 있는 집(在市之宅). [逐末者多] 말단의 일에 종사하는 자가 많다. 여기서 말단은 商賈를 말함. [廛而抑之] 전포세를 받아서 억제하다.

關에 譏而不征則天下之旅 皆悅而願出於其路矣리라.

관문에서 세심하게 살피되 통행세를 받지 않는다면, 天下의 여행자가 모두 기뻐서 그 길로 나오기를 원할 것이다.

集註 解見前篇하니라.

大文字義 [關관] 관문. [譏기] 기찰하다, 살피다. [旅여] 여행자.

大文句文 [譏而不征] 세심하게 살피되 통행세를 부과하지 않는다.

耕者를 助而不稅則天下之農이 皆悅而願耕於其野矣리라.

농부들을 公田 경작에 돕게 하되 私田에 세금을 부과하지 않는다면, 천하의 농민이 모두 기뻐하여 그 들판에서 경작하기를 원할 것이다.

集註 但使出力하야 以助耕公田하고 而不稅其私田也라.

大文句文 [助(助耕公田)而不稅(私田)] 공전을 경작하는 것을 돕게 하고 사전에 세금을 부과하지 않는다.

廛無夫里之布則天下之民이 皆悅而願爲之氓矣리라.

점포에 대지세를 부과하되 夫布와 里布를 부과하지 않는다면, 천하의 백성들이 모두 기뻐하여 그의 백성이 되기를 원할 것이다.

集註 周禮에 宅不毛者는 有里布하고 民無職事者는 出夫家之征이라하니 鄭氏謂宅不種桑麻者를 罰之하야 使出一里二十五家之布하고 民無常業者를 罰之하야 使出一夫百畝之稅와 一家力役之征也라하니라 今戰國時엔 一切取之하야 市宅之民이 已賦其廛하고 又令出此夫里之布하니 非先王之法也라 氓은 民也라.

大文字義 [夫부] 사내. [氓맹] 백성.

大文句文 [夫里之布] 직업이 없는 사람에게 부과하는 夫布와 뽕나무나 삼(麻)을 심지 않은 사람에게 부과하는 里布를 말함.

集註字義 [毛모] 植生. [職직] 직업을 삼다. 식임을 삼다. [出출] 내다. [種종] 심다. [罰벌] 벌을 주다. [常상] 일정한. [役역] 부역.

集註句文 [宅不毛者] 택지에 뽕나무와 삼을 심지 않는 사람. [一家力役之征] 한 집의 身役의 세금.

信能行此五者則鄰國之民이 仰之若父母矣리니 率其子弟하야 攻其父母는 自生民以來로 未有能濟者也니 如此則無敵於天下하리니 無敵於天下者는 天吏也니 然而不王者未之有也니라.

진실로 이 다섯 가지를 시행할 수 있다면 인접한 나라 백성들이 우러러 보기를 부모와 같이 할 것이니, 그 子弟를 거느리고 가서 그 父母를 공격하는 일은 백성이 생겨난 이후로 성취할 수 있는 자가 없었다. 이와 같이 한다면 천하에 대적할 자가 없을 것이니, 천하에 대적할 자가 없는 것은 天吏이다. 이러고서도 왕도를 시행하지 못한 자는 없다."

集註 呂氏曰 奉行天命을 謂之天吏니 廢興存亡을 惟天所命하야 不敢不從이니 若湯武是也라. ○此章은 言能行王政이면 則寇戎爲父子요 不行王政이면 則赤子爲仇讐니라.

大文字義 [信신] 진실로. [鄰린] 이웃. [仰앙] 우러러보다. [率솔] 인솔하다. [濟제] 성취하

다, 건너다, 구제하다.(去聲). [敵적] 대적하다. [吏리] 관리. [然연] 그렇게 하다.
大文句文 [未有能濟者] 성취(성사)할 수 있는 자가 없다.
集註字義 [奉봉] 받들다. [廢폐] 폐하다. [寇구] 도둑. [戎융] 오랑캐. [仇구] 원수. [讐수] 원수.

6장 孟子曰 人皆有不忍人之心하니라.

맹자왈, "사람은 모두 不忍人之心을 가지고 있다.

集註 天地以生物爲心하니 而所生之物이 因各得夫天地生物之心하야 以爲心이라 所以人皆有不忍人之心也니라.
大文字義 [忍인] 차마하다.
大文句文 [不忍人之心] 남에게 차마 하지 못하는 마음(仁心).
集註句文 [天地以生物爲心] 천지는 만물을 生長收藏하는 것을 마음으로 삼는다.

先王이 有不忍人之心하사 斯有不忍人之政矣시니 以不忍人之心으로 行不忍人之政이면 治天下는 可運之(於)掌上이니라.

先王께서는 不忍人之心을 가지시여 이에 不忍人之政이 있었으니, 不忍人之心으로 不忍人之政을 행한다면 天下를 다스리는 일은 손바닥에서 움직이는 것처럼 쉬울 것이다.

集註 言衆人은 雖有不忍人之心이나 然이나 物欲害之하야 存焉者寡라 故로 不能察識而推之政事之間이요 惟聖人은 全體此心하야 隨感而應이라 故로 其所行이 無非不忍人之政也라.
大文字義 [斯사] 이에.(乃) [運운] 운전하다, 놀리다. [掌장] 손바닥.
集註字義 [物물] 사물. [欲욕] 욕심. [害해] 해치다. [寡과] 적다. [察찰] 살피다. [識식] 알다. [全전] 온전히 하다. [隨수]~할 때 마다. [感감] 느끼다.
集註句文 [物欲害之] 물욕이 인심을 해치다(物欲害之仁心). [其所行] 성인이 시행한 바의 정치(聖人所行之政).

所以謂人皆有不忍人之心者는 今人이 乍見孺子 將入於井하고 皆有怵惕惻隱之心하나니 非所以內交於孺子之父母也며 非所以要譽於鄕黨朋友也며 非惡其聲而然也니라.

사람에게 모두 不忍人之心이 있다고 말하는 것은, 지금 어떤 사람이 별안간 어린아이가 우물에 빠지는 것을 보고서 모두 두려워하며 측은한 마음을 가지니, 어린아이의 부모와 교제를 맺으려는 것도 아니며, 鄕黨의 朋友에게 칭찬을 구하려는 것도 아니며, 나쁜 소문을 싫어하여 그러한 것도 아니다.

集註 乍는 猶忽也라 怵惕은 驚動貌라 惻은 傷之切也요 隱은 痛之深也니 此卽所謂不忍人之心也라 內은 結이요 要는 求요 聲은 名也라 言乍見之時에 便有此心이 隨見而發이요 非由此三者而然也라 程子曰 滿腔子是惻隱之心이니라 謝氏曰 人須是識其(其人)眞心이니 方乍見孺子入井之時에 其心怵惕이 乃眞心也라 非思而得이요 非勉而中이니 天理之自然也라 內交要譽惡其聲而然이면 卽人欲之私矣니라.

大文字義 [乍사] 별안간, 잠깐. [孺유] 어린이. [怵출] 두려워하다. [惕척] 두려워하다. [內납] 맺는다. [交교] 교제하다. [要요] 얻다, 요구하다. [譽예] 칭찬. [鄕향] 고향. [黨당] 마을, 무리. [聲성] 소문.

大文句文 [乍見] 별안간 보다(忽見, 猝見). [怵惕] 두려워서 조심함, 놀라는 모양. [內交] 교제. [其聲] 나쁜 소문.

集註字義 [忽홀] 갑자기. [驚경] 놀라다. [動동] 동요하다. [惻측] 상심함이 간절하다. [傷상] 상심하다. [隱은] 매우 아프다. [痛통] 아프다. [隨수]~할 때 마다. [發발] 일어나다. [腔강] 몸, 몸안의 빈 곳.

集註句文 [三者] 교제를 맺으며(內交), 명예를 구하며(要譽), 나쁜 소문을 싫어함(惡其聲). [腔子] 몸, [滿腔子] 몸에 가득하다.(充滿其身裏(洛中方言), 腔子裏 뱃속. [須是] 모름지기.(便是, 卽是) [非思而得] 생각해서 얻어지는 것이 아님.(良得)

由是觀之컨댄 無惻隱之心이면 非人也며 無羞惡之心이면 非人也며 無辭讓之心이면 非人也며 無是非之心이면 非人也니라.

이것(孺子入井)을 가지고 관찰해 보건대, 惻隱之心이 없으면 사람이 아니며 羞惡之心이 없으면 사람이 아니며 辭讓之心이 없으면 사람이 아니며 是非之心이 없으면 사람이 아니다.

集註 羞는 恥己之不善也요 惡는 憎人之不善也라 辭는 解使去己也요 讓은 推以與人也라 是는 知其善而以爲是也요 非는 知其惡而以爲非也라 人之所以爲心이 不外乎是四者라 故로 因論惻隱而悉數之하야 言人若無此면 則不得謂之人이라하시니 所以明其必有也시니라.

大文字義 [羞수] 자기의 불선을 부끄러워하다. [惡오] 남의 불선을 미워하다.(去聲). [辭사] 풀어버려서 자신에게 두지 않는다. [讓양] 미루어서 남에게 주다. [是시] 착한 것을 알아 옳다고 하다. [非비] 악한 것을 알아 그르다고 하다.

集註字義 [恥치] 부끄러워하다. [憎증] 미워하다. [推추] 미루다. [與여] 주다.(上聲). [外외] 벗어나다. [悉실] 다, 모두. [數수] 헤아리다.

集註句文 [因論惻隱而悉數之] 측은한 것을 말함으로 인하여 다른 것까지 모두 헤아리다. [所以明其必有也] 반드시 있어야 함을 밝힌 이유이다.

惻隱之心은 仁之端也요 羞惡之心은 義之端也요 辭讓之心은 禮之端也요 是非之心은 知之端也니라.

惻隱之心은 仁의 단서요 羞惡之心은 義의 단서요 辭讓之心은 禮의 단서요 是非之心은 知의 단서이다.

集註 惻隱羞惡辭讓是非는 情也요 仁義禮知는 性也요 心은 統性情者也라 端은 緖也라 因其情之發하야 而性之本然을 可得而見이니 猶有物在中而緖見於外也니라.

集註字義 [統통] 통괄하다, 통어하다. [端단] 실마리, 단서. [緖서] 실마리.

集註句文 [猶有物在中而緖見於外也] 사물이 마음속에 있어서 실마리가 밖으로 드러남이 있는 것과 같다.

참고 [疏註] 性者는 心之理요 情者는 心之用이니 心者는 性情之主라.

人之有是四端也 猶其有四體也니 有是四端而自謂不能者는 自賊者也요 謂其君不能者는 賊其君者也니라.

사람에게 이 네 가지 단서인 四端이 있는 것은 사람에게 四體가 있는 것과 같다. 이러한 四端이 있는데도 스스로 仁義를 행하지 못한다고 하는 자는 스스로를 해치는 자요, 그 임금이 仁義를 행하지 못한다고 하는 자는 그 임금을 해치는 자이다.

集註 四體는 四肢니 人之所必有者也라 自謂不能者는 物欲蔽之耳니라

大文字義 [賊적] 해치다.

大文句文 [自謂不能者] 仁義를 행하지 못한다고 스스로 말하는 사람. [謂其君不能者] 그 임금이 仁義를 행하지 못한다고 말하는 사람.

集註字義 [肢지] 팔다리, 수족. [物물] 사물. [欲욕] 욕심.

凡有四端於我者를 知皆擴而充之矣면 若火之始然하며 泉之始達이니 苟能充之면 足以保四海오 苟不充之면 不足以事父母니라.

무릇 나에게 四端이 있는 것을 모두 확충할 줄 안다면, 불이 처음 타오르며 샘물이 처음 흙속에서 솟아나오는 것과 같을 것이다. 진실로 四端을 확충할 수 있으면 四海를 보존하기에 충분하고, 진실로 四端을 확충하지 못하면 부모를 섬기기에도 부족하다."

集註 擴은 推廣之意요 充은 滿也라 四端在我하야 隨處發見하니 知皆卽此推廣而充滿其本然之量이면 則其日新又新이 將有不能自已者矣리니 能由此而遂充之면 則四海雖遠이나 亦吾度內라 無難保者요 不能充之면 則雖事之至近이나 而不能矣리라 ○此章所論人之性情과 心之體用이 本然全具而各有條理如此하니 學者於此에 反求黙識而擴充之면 則天之所以與我者를 可以無不盡矣리라 ○程子曰 人皆有是心이로되 惟君子爲能擴而充之하나니 不能然者는 皆自棄也라 然이나 其充與不充은 亦在我而已矣니라 又曰 四端에 不言信者는 旣有誠心爲(行)四端이면 則信在其中矣니라 愚按四端之信은 猶五行之土하야 無定位하고 無成名하고 無專氣로되 而水火金木이 無不待是以生者라 故로 土於四行에 無不在하고 於四時則寄王焉하니 其理亦猶是也니라.

大文字義 [擴확] 확장다. [充충] 채워나가다. [若약] 마치~과 같다. [然연] 타오르다. [泉천] 샘물. [達달] 솟아나오다. [保보] 보존하다. [事사] 섬기다.

大文句文 [火之始然] 불이 처음 타오르다. [泉之始達] 샘물이 처음 솟아나오다.

集註字義 [滿만] 가득 채우다. [量양] 局量. [新신] 새로워지다. [又우] 더욱, [遂수] 마침내. [度도] 기량, 범위. [條조] 조리, 맥락. [理이] 이치. [黙묵] 묵묵히. [識식] 알다. [與여] 부여하다.(上聲). [盡진] 다하다, [棄기] 버리다. [寄기] 붙다. [王왕] 왕성하다.

集註句文 [吾度內] 나의 범위 안에 있다. [事之至近] 부모를 섬기는 일. [無不待(必)

是以生者] 이 土로써 생장을 필요로 하지 않는 것이 없다.

참고 [於四時則寄王焉] 사시에 있어서는 붙어서 왕성하다. 王은 旺과 같은 뜻으로, 일정한 자리가 없이 계절에 따라 붙여서 왕성한 것을 가리킨다. 즉 木은 봄, 火는 여름, 金은 가을, 水는 겨울에 각각 72일씩 기운이 작용하는데 土는 일정한 자리가 없이 계절마다 붙어서 각기 18일씩 왕성한 것이다.

鹿門集 第12卷 [雜著 人皆有不忍人之心章, 孟子發擴充二字]

孟子發擴充二字 示人緊切用功處。蓋四端人人之所共有也 惟不知所以擴充 故隨發隨泯 不能復其本然。若君子知其然而加推廣之功 則可以充其所賦之量矣。以治己言之 思其身之陷溺 憫然自憐者 惻隱之發也。有以推廣之則克己行恕 全其心德 而仁之量充矣。恥不如人 奮然自作者 羞惡之發也。有以推廣之 則制事停當 拔身凡陋 而義之量充矣。聞人譽己 退然遜避者 辭讓之發也。有以推廣之則治內修外 動合節文 而禮之量充矣。見事是非 必欲可否者 是非之發也。有以推廣之則知止有定 萬理洞然 而智之量充矣。

解義 맹자께서 擴充이라는 두 글자를 드러내어 사람들에게 緊切하게 功力할 곳을 보여 주었다. 대개 四端은 사람마다 모두 가지고 있는 것이지만, 오직 확충하는 방법을 모르기 때문에 드러나는 대로 곧장 없어져서 그 本然을 회복하지 못하였다. 만약 군자가 그런 줄을 알고서 미루어 확장해 가는 공력을 가한다면, 부여받은 容量을 채울 수 있을 것이다. 治己를 가지고 말한다면, 그 몸이 곤경에 빠진 것을 생각하여 안타깝게 스스로를 불쌍하게 여기는 것은 惻隱之心이 발한 것이다. 이를 미루어 확장해 나갈 수 있다면 사욕을 극복하고 恕를 행하여 그 心德을 온전히 하여 仁의 용량이 충족될 것이다. 남보다 못한 것을 부끄럽게 여겨 분연히 스스로 일어나는 것은 羞惡之心이 발한 것이다. 이를 미루어 확장해 나갈 수 있다면 일을 제제하여 마땅함에 머물게 하며, 자신을 비루한 곳에서 뽑아내어 義의 용량이 충족될 것이다. 남이 자기를 칭찬하는 말을 들으면 물러나 사양하면서 피하는 것은 辭讓之心이 발한 것이다. 이를 미루어 확장해 나갈 수 있다면 내외를 다스려 행동이 節文에 합치하여 禮의 용량이 충족될 것이다. 일의 시비를 보고서 반드시 가부를 따지고자 하는 것은 是非之心이 발한 것이다. 이를 미루어 확장해 나갈 수 있다면 멈출 곳을 알아 정함이 있어서 만 가지 이치가 환히 밝아 智의 용량이 충족될 것이다.

자구 [發발] 드러내다. [擴확] 확대하다. [緊긴] 긴요. [切절] 간절. [隨수] 따르다. [泯민] 없어지다. [隨發隨泯] 발동하는 대로 곧장 없어지다. [賦부] 부여하다. [陷함] 빠지다. [溺익] 빠지다. [憫민] 민망하다. [憐련] 불쌍히 여기다. [奮분] 분발하다. [恕서] 내 마음을 미루어 남의 입장에 서서 이해하고 배려함. [行恕] 恕를 행하다. [拔발] 뽑아내다. [陋루] 비루하다. [譽예] 칭찬하다. [避피] 피하다. [動동] 행동. [洞통] 밝다. 통하다.

7장 孟子曰 矢人이 豈不仁於函人哉리오마는 矢人은 惟恐不傷人하고 函人은 惟恐傷人하나니 巫匠도 亦然하니 故로 術不可不愼也니라.

맹자왈, "화살 만드는 사람이 어찌 갑옷 만드는 사람 보다 仁하지 않겠는가마는, 화살 만드는 사람은 오직 사람을 상하게 하지 못할까 염려하고 갑옷 만드는 사람은 오직 사람을 상할까 염려하니, 무당과 관 짜는 사람도 그러하다. 그러므로 직업은 삼가지 않아서는 안 된다.

集註 函은 甲也라 惻隱之心을 人皆有之하니 是矢人之心이 本非不如函人之仁也라 巫者는 爲人祈祝하야 利人之生하고 匠者는 作爲棺槨하야 利人之死니라.

大文字義 [矢시] 화살. [函함] 갑옷, 상자. [傷상] 상하게 하다. [巫무] 무당. [匠장] 장인, 기술자. [術술] 사업, 방법. [愼신] 삼가다, 신중히 하다.

大文句文 [豈不仁於函人哉] 어찌 갑옷 만드는 사람보다 不仁하리오.

集註字義 [祈기] 기도하다. [祝축] 축원하다. [利이] 이롭게 여기다. [棺관] 內棺. [槨곽] 外棺.

集註句文 [利人之生] 사람의 생명을 이롭게 여기다.

孔子曰 里仁이 爲美하니 擇不處仁이면 焉得智리오하시니 夫仁은 天之尊爵也며 人之安宅也어늘 莫之禦而不仁하니 是는 不智也니라.

孔子曰, '仁한 마을에 사는 것이 아름다움이 되니 택하여 仁한 마을에 거처하지 않는다면 어찌 지혜로운 사람이 될 수 있겠는가?' 하셨으니, 仁은 하늘의 尊爵이며 사람의 安宅이거늘 누구도 막는 사람이 없는데 仁을 행하지 않으니 이것은 지혜롭지 않은 것이다.

集註 里有仁厚之俗者를 猶以爲美하니 人擇所以自處호되 而不(處)於仁이면 安得爲智乎리오 此는 孔子之言也라 仁義禮智는 皆天所與之良貴로되 而仁者는 天地生物之心으로 得之最先而兼統四者하니 所謂元者善之長也라 故로 曰尊爵이라 在人이면 則爲本心全體之德하야 有天理自然之安이요 無人欲陷

溺之危하니 人當常在其中而不可須臾離者也라 故로 曰 安宅이라 此는 又孟子釋孔子之意하사 以爲仁道之大如此어늘 而自不爲之하니 豈非不智之甚乎리오하시니라.

大文字義 [處처] 거처하다, 살다. [焉언] 어찌. [尊존] 높다. [爵작] 벼슬. [禦어] 막다.

大文句文 [里仁] 인후한 마을(仁)에 살다(里). [天之尊爵] 하늘이 부여해준 높은 관작.

集註字義 [厚후] 후하다. [俗속] 풍속. [與여] 부여하다.(上聲). [良양] 아름답다, 좋다. [貴귀] 존귀. [元원] 周易 乾卦의 卦辭 元亨利貞의 元으로써 크다, 훌륭하다, 만물이 비롯되다. [須수] 잠깐, 모름지기. [臾유] 잠시. [離이] 떨어지다. [釋석] 해석하다, 풀이하다.

集註句文 [不(處)於仁] 仁한 마을에 거처하지 않다. [天所與之良貴] 하늘이 부여해준 良貴. [良貴] 자연적으로 존귀하게 된 것(본연의 존귀함). 내 속에 본래 가지고 있는 것으로서 남이 결코 줄 수 없는 가장 고위한 것. [所謂元者善之長] 주역 건괘 文言傳에서 이른바 元은 모든 善 중에서 으뜸이다. [須臾] 잠시.

論語 里仁篇 子曰 里仁이 爲美하니 擇不處仁이면 焉得知리오.

참고 [天爵] 사람이 주는 작위라는 뜻의 人爵과 상대되는 말로, 아름다운 덕행과 같은 천연의 작위라는 뜻.

心經附註 卷之二 [孟子 是人函人章, 問仁兼四端意]

問仁兼四端意한대 朱子曰 上蔡見明道先生하고 擧史書成誦이러니 明道謂其玩物喪志라하신대 上蔡汗流浹背하고 面發赤色이어늘 明道云此便是惻隱之心이라하시니 且道하라 上蔡聞過慙惶이 自是羞惡之心이어늘 如何却說惻隱고 是有惻隱之心이라야 方會動이니 動了에 始有羞惡有恭敬有是非니 動處便是惻隱이니라 若不會動이면 却不成人이니 天地生生之理는 這些動意未嘗止息이니라

解義 仁이 四端을 겸한 뜻을 묻자, 朱子曰 "上蔡(謝良佐)가 明道先生을 뵙고 사서를 들고 외웠는데, 明道가 물건을 좋아하면 뜻을 잃는다고 하니, 사양좌가 땀이 흘러 등을 적시고 얼굴에 벌건 빛이 드러났다. 明道는 이것이 바로 측은지심이라고 말씀하였으니 우선 말해보라. 사양좌가 허물을 듣고서 부끄러워하고 황송해 한 것은 본래 羞惡之心인데, 어찌 도리어 측은지심이라고 말하였는가? 이것은 측은지심이 있어야 비로소 動할 수 있는 것이니, 動하고 나서야 비로소 羞惡之心, 恭敬之心, 是非之心이 있으니 動하는 곳이 바로 측은지심이다. 만약 動할 수 없다면 도리어 사람을 완성하지 못한다. 天地가 낳고 낳는 이치는 이 動하는 뜻이 일찍이 그친 적이 없다."

자구 [擧거] 들다. [誦송] 읊조리다, 외우다. [玩] 좋아하다. [汗한] 땀. [浹협] 적

시다. [慙참] 부끄러워하다. [惶황] 당황하다. [却각] 도리어. [方방] 비로소. [會회] ~할 수 있다. [這저] 이것. [些사] 어조사, 약간.

鹿門集 第12卷 [雜著 矢人章, 惻隱之心 卽天之生物之心]

人之惻隱之心 卽天之生物之心也。故滿兩間者 無非生物之心也 滿腔子者 無非惻隱之心也。無非生物之心 故元而亨亨而利利而貞 循環無窮 而生生之意 未嘗止息。無非惻隱之心 羞惡也辭讓也是非也 迭相爲用 而惻隱之心 無不周通。蓋天有四德而元統三德 人有四性而仁包三性 性有四端而惻隱貫三端。性出於天 情發於性 一理而已。

解義 사람의 惻隱之心은 곧 하늘의 生物之心이다. 그러므로 天地사이에 가득한 것은 생물지심 아닌 것이 없고, 가슴속에 가득한 것은 측은지심 아닌 것이 없는 것이다. 생물지심 아닌 것이 없기 때문에 元에서 亨으로 亨에서 利로 利에서 貞으로 끊임없이 순환하여 끝이 없어서 낳고 기르는 生生의 뜻이 일찍이 그치거나 멈춘 적이 없다. 측은지심 아닌 것이 없기 때문에 羞惡와 辭讓과 是非의 마음이 서로 번갈아 用이 되어 측은지심이 두루 통하지 않음이 없는 것이다. 대개 하늘에는 四德(元亨利貞)이 있지만 그 중에서 元이 三德을 통괄하고, 사람에게는 四性(仁義禮智)이 있지만 仁이 三性을 포괄하고, 性에는 四端이 있지만 惻隱이 三端을 관통하는 것이다. 性은 天에서 나오고 情은 性에서 발하니, 하나의 理일 뿐이다.

자구 [腔子] 가슴속, 체내의 텅 빈곳. [迭질] 번갈아. [統통] 통괄하다. [包포] 포함하다.

不仁不智라 無禮無義면 人役也니 人役而恥爲役하논디 由弓人而恥爲弓하며 矢人而恥爲矢也니라.

仁을 행하지 않기 때문에 지혜롭지 못하게 되는지라 禮가 없으며 義가 없으면 남에게 부림을 당하니, 남에게 부림을 당하면서 부림당하는 것을 부끄러워하는지라, 마치 활 만드는 사람으로서 활 만드는 것을 부끄러워하며 화살 만드는 사람으로서 화살 만드는 것을 부끄러워하는 것과 같다.

集註 以不仁故로 不智요 不智故로 不知禮義之所在라

大文字義 [役역] 부리다. 부림을 당하다. [由유] 같다. [하논디] 하논디라. 하는지라.

大文句文 [不仁不智] 인을 행하지 않기 때문에 지혜롭지 못한 것이다. [無禮無義] 예가 있는 곳도 알지 못하고 의가 있는 곳도 알지 못한다. [人役] 남에게 부림을 당하다.(人見役, 爲人所役) [由弓人] 활을 만드는 사람과 같다.

如恥之인댄 莫如爲仁이니라.

만일 남에게 부림을 당하는 것을 부끄러워한다면 仁을 행하는 것만 못하다.

集註 此亦因人愧恥之心而引之하야 使志於仁也라 不言智禮義者는 仁該全體하니 能爲仁이면 則三者在其中矣니라.

大文句文 [恥之] 남에게 부림을 당하는 것을 부끄러워하다.(之는 爲人所役임)

集註字義 [因인] 의지하다. 인하다. [愧괴] 부끄러워하다. [該해] 포괄하다.

集註句文 [引之] 인도해 주다.

仁者는 如射하니 射者는 正己而後에 發하야 發而不中이라도 不怨勝己者요 反求諸己而已矣니라.

仁을 행하는 자는 활 쏘는 것과 같으니, 활을 쏘는 자는 자신의 몸을 바르게 한 뒤에 화살을 발사하고, 발사하고서 명중하지 못하더라도 자기에게 이긴 자를 원망하지 않는 것이요, 돌이켜 그것을 자기에게서 찾을 뿐이다."

集註 爲仁由己니 而由人乎哉아.

大文字義 [射사] 활을 쏘다. [發발] 발사하다. [中중] 명중하다.

大文句文 [不怨勝己者] 자기를 이긴 자를 원망하지 않는다.

8장 孟子曰 子路는 人이 告之以有過則喜하더라.

맹자왈, "子路는 사람들이 그에게 허물이 있음을 고해주면 기뻐하였다.

集註 喜其得聞而改之하니 其勇於自修如此하니라 周子曰 仲由는 喜聞過라 令名이 無窮焉하더니 今人은 有過에 不喜人規하야 如諱疾而忌醫하야 寧滅其身而無悟也하니 噫라 程子曰 子路는 人告之以有過則喜하니 亦可爲百世之師矣로다.

集註字義 [規규] 경계하여 바로잡아주다.(戒正) [諱휘] 숨기다, 꺼리다. [忌기] 꺼리다, 질투하다. [醫의] (병을) 고치다. 의원, 의술. [寧녕] 차라리. [悟오] 깨닫다. [噫희] 아!

集註句文 [周子] 周敦頤(濂溪). [令名] 아름다운 명예. [忌醫] 고치기를 꺼리다.

禹는 聞善言則拜러시다.

禹임금은 善言을 들으면 절하셨다.

集註 書曰 禹拜昌言이라하니 蓋不待有過하고 而能屈己以受天下之善也라.

참고 [書] 書經 大禹模. [昌言] 善言(맹자), 直言(순자), 讜言(온당한말, 서경).

大舜은 有大焉하시니 善與人同하사 舍己從人하시며 樂取於人하야 以爲善이러시다.

舜임금은 禹임금과 子路보다도 훌륭한 점이 있으니, 善을 남들과 함께 하여 자신의 下善을 버리고 남의 上善을 쫓으며, 남에게서 上善을 취하는 것을 즐거워하여 자신의 善으로 삼았다.

集註 言舜之所爲는 又有大於禹與子路者라 善與人同은 公天下之善而不爲私也라 己未善이면 則無所係吝而舍以從人하시고 人有善이면 則不待勉强而取之於己하시니 此善與人同之目也니라.

大文句文 [有大焉] 有大於之, 여기서 之는 禹와 子路, [舍己從人] 자기의 下善을 버

리고 남의 上善을 따른다. 자신의 잘못된 견해나 고집을 버리고 다른 사람의 善을 인정하여 따르는 것. [樂取於人以為善] 남에게서 선을 취하는 것을 즐거워하여 자신의 선으로 삼다.

集註字義 [公공] 공적. [係계] 얽매이다. [吝인] 인색하다.

集註句文 [公天下之善而不爲私也] 천하의 선을 公的으로 여겨 사사롭게 하지 않는다. [無所係吝] 얽매이고 인색함이 없다. [勉强] 노력하다.

自耕稼陶漁로 以至為帝히 無非取於人者러시다.

밭 갈고 씨 뿌리고 질그릇 굽고 물고기 잡는 때로부터 帝가 되기에 이르기까지 남에게서 취하지 않은 것이 없었다.

集註 舜之側微에 耕于歷山하시고 陶于河濱하시고 漁于雷澤하시니라

大文字義 [稼가] 거두다. [陶도] 질그릇 굽다.

集註字義 [側측] 홀로, 옆. [微미] 미천하다.

集註句文 [側微] 미천.

참 고 歷山, 河濱, 雷澤은 모두 지명임.

取諸人以為善이 是與人為善者也니 故로 君子는 莫大乎與人為善이니라.

善을 남에게서 취하여 자신의 善으로 삼는 것은 바로 남이 善을 행하도록 도와주는 것이다. 그러므로 君子는 남이 善을 행하도록 도와주는 것보다 훌륭한 것이 없다."

集註 與는 猶許也助也라 取彼之善而爲之於我면 則彼益勸於爲善矣니 是는 我助其爲善也라 能使天下之人으로 皆勸於爲善이면 君子之善이 孰大於此리오 ○此章은 言聖賢樂善之誠이 初無彼此之間이라 故로 其在人者有以裕於己요 在己者有以及於人이니라.

大文字義 [與여] 도와주다.(上聲).

大文句文 [是與人為善者也] 이것이 바로 남이 선을 행하도록 도와주는 것이다.

集註字義 [許허] 인정하다. [勸권] 권하다. [裕유] 넉넉하다.

集註句文 [彼益勸於爲善矣] 저들이 선을 행하기를 더욱 권면할 것이다. [聖賢] 聖은

舜임금과 禹임금이고 賢은 子路를 가리킨다. [其在人者有以裕於己] 그 선이 남에게 있는 것을 자신에게 넉넉히 취할 수 있다.

9장 孟子曰 伯夷는 非其君不事하며 非其友不友하며 不立於惡人之朝하야 不與惡人言하더니 立於惡人之朝하야 與惡人言호대 如以朝衣朝冠으로 坐於塗炭하며 推惡惡之心하야 思與鄕人立에 其冠不正이어든 望望然去之하야 若將浼焉하니 是故로 諸侯가 雖有善其辭命而至者라도 不受也하니 不受也者는 是亦不屑就已니라.

맹자왈, "伯夷는 섬길만한 임금이 아니면 섬기지 않았으며, 사귈만한 벗이 아니면 벗하지 않았으며, 惡人의 조정에 서지 아니하여 惡人과 말하지 않았는데, 악인의 조정에 서서 악인과 말하되 마치 조복을 입고 조관을 쓰고서 진흙탕과 숯구덩이에 앉아 있는 것처럼 하였다. 악을 미워하는 마음을 미루어 鄕人과 함께 서 있을 적에 그 관이 바르지 않으면 뒤도 돌아보지 않고 떠나 마치 자신을 더럽힐 것처럼 하였다. 이 때문에 제후가 비록 초치의 글을 잘하여 보내오는 자가 있더라도 받지 않았으니, 받지 않은 것은 또한 벼슬에 나아가는 것을 탐탁하게 여기지 않은 것이다.

集註 塗는 泥也라 鄕人은 鄕里之常人也라 望望은 去而不顧之貌라 浼는 汚也라 屑은 趙氏曰 潔也라하고 說文曰 動作切切也라하니 不屑就는 言不以就之爲潔而切切於是也라 已는 語助辭라.

大文字義 [塗도] 진흙. [炭탄] 숯구덩이. [推유] 미루어나가다, 확충시키다. [冠관] 갓, 관. [望망] 바라보다. [浼면] 더럽히다. [屑설] 달갑게 여기다. 달가워하다.

大文句文 [非其君不事] 섬길만한 임금이 아니면 섬기지 않는다. [朝衣朝冠] 조복을 입고 조관을 쓰다. [望望然去之] 뒤돌아보지 않고 떠나다. [辭命] 외교문서 작성 및 전달. 여기서는 초치하는 글의 의미로 사용됨. [不屑] 탐탁하게 여기지 않다.

集註字義 [泥니] 진흙. [顧고] 돌아보다. [汚오] 더럽다. [潔결] 깨끗하다. [就취] 벼슬에 나아가다.

集註句文 [說文] 漢나라 때 許愼이 지은 說文解字. [動作切切] 움직임이 급급하다. [就之爲潔] 나아가는 것을 깨끗하게 여기다.

柳下惠는 不羞汙君하며 不卑小官하야 進不隱賢하야 必以其道하며 遺佚而不怨하며 阨窮而不憫하더니 故로 曰 爾爲爾오 我爲我니 雖袒裼裸裎於我側이나 爾焉能浼我哉리오하니 故로 由由然與之偕而不自失焉하야 援而止之而止하니 援而止之而止者는 是亦不屑去已니라.

柳下惠는 더러운 임금 섬기기를 부끄러워하지 않았으며 낮은 관직을 낮다고 여기지 아니하여, 벼슬에 나아가면 훌륭한 능력을 숨기지 않고 반드시 올바른 治道를 사용하였다. 벼슬에서 버림받아도 원망하지 않았으며, 곤궁하더라도 번민하지 않았다. 그러므로 그가 말하기를 '너는 너요 나는 나이니 비록 팔을 걷어붙이고 벌거벗은 사람이 내 옆에 있으나 네가 어찌 나를 더럽힐 수 있으리오?' 하였다. 그러므로 온화하고 즐거운 모습으로 그들과 함께 하더라도 스스로 도를 잃지 아니하여 끌어당겨 머물러 있게 하면 머물렀으니, 끌어당겨 머물러 있게 하면 머무른 것은 이 또한 떠나는 것을 탐탁하게 여기지 않은 것이다."

集註 柳下惠는 魯大夫展禽이니 居柳下而謚惠也라 不隱賢은 不枉道也라 遺佚은 放棄也라 阨은 困也라 憫은 憂也라 爾爲爾로 至焉能浼我哉는 惠之言也라 袒裼은 露臂也요 裸裎은 露身也라 由由는 自得之貌라 偕는 並處也라 不自失은 不失其正也라 援而止之而止者는 言欲去而可留也라.

大文字義 [羞수] 부끄러워하다. [汙오] 더럽히다. [隱은] 숨기다. [遺유] 빠지다, 남기다. [佚일] 버리다. [阨액] 고난, 막히다. [憫민] 불쌍히 여기다. [袒단] 어깨를 들어내다, 웃통을 벗다. [裼석] 소매를 걷어올리다. [裸나] 벌거벗다. [裎정] 벌거숭이. [偕개] 함께. [援원] 끌어 당기다.

大文句文 [隱賢] 훌륭한 능력. [遺逸] 벼슬의 등용에서 제외된 사람, 有能한 사람이 登用되지 않아 세상에 나타나지 않음. [袒裼裸裎] 옷을 걷고 몸을 드러냄. [由由然] 자연스런 모습(온화하고 즐거워하는 모습), [援而止之而止] 끌어당겨 머물러 있게 하면 머무르다.

集註字義 [展전] 펴다. [謚시] 시호, 시호를 내리다. [枉왕] 굽다, 복종하다. [露로] 드러나다, 이슬. [臂비] 팔, 팔뚝.

集註句文 [爾爲爾至焉能浼我哉] 爾爲爾로부터 焉能浼我哉까지.

孟子曰 伯夷는 隘하고 柳下惠는 不恭하니 隘與不恭은 君子不由也니라.

맹자왈, "伯夷는 도량이 좁고 柳下惠는 공손하지 않았으니, 도량이 좁고 공손하지 않은 것은 君子가 따르지 않는 것이다."

集註 隘는 狹窄也요 不恭은 簡慢也라 夷惠之行이 固皆造乎至極之地나 然이나 旣有所偏이면 則不能無弊라 故로 不可由也니라.

大文字義 [隘애] 좁다, 곤궁하다.

集註字義 [狹협] 좁다. [窄착] 좁다, 곤궁하다. [簡간] 대범하다, 간략하다. [慢만] 거만하다, 게으르다. [偏편] 치우치다, 속이다. [弊폐] 폐해, 폐단.

참고 [隘故不寬 簡故不恭] 도량이 좁기 때문에 너그럽지 않고 대범하기 때문에 공손하지 않다.

MEMO

04

孟子集註大全卷之四

公孫丑章句下

孟子集註大全卷之四 公孫丑章句下

·04·

凡十四章이라. 自第二章以下는 記孟子出處行實하야 為詳이라
모두 14장이다. 제2장 이하는 맹자의 출처와 행실을 기록한 것이 상세하다.

1장 孟子曰 天時 不如地利오 地利 不如人和니라.

맹자왈, "天時는 地利만 못하고 地利는 人和만 못하다.

集註 天時는 謂時日支干孤虛王相之屬也요 地利는 險阻城池之固也요 人和는 得民心之和也라.

集註字義 [支지] 地支. [干간] 天干. [孤] 외롭다. [虛허] 비다, 하늘. [險험] 험준하다. [阻조] 막히다. [池] 해자.

集註句文 [險阻城池] 險은 山岳, 阻는 江河로서 天險이고, 城은 廓, 池는 垓字로서 人險임.

참고 [孤虛王相] 孤虛는 天干, 즉 甲乙을 日로 하고 地支, 즉 子丑을 辰이라 하는데, 이것이 완전하지 못하므로 孤虛가 있게 된다. 초하루가 甲子日이면 그날에서 열흘까지는 戌亥日이 없기 때문에 戌亥日이 孤가 되며, 辰巳日이 虛가 된다. 旺相은 기운이 성한 것을 이르는데 金旺은 巳午未申酉에 있고, 木旺은 亥子丑寅卯에 있다.(經世遺表)

참고 [孤虛王相] 술법가들이 날과 계절의 길흉을 따지는 방법이다. 孤虛는 육갑에서 갑자로 시작된 열흘 속에는 地支에 戌亥가 없는데 이것을 孤라 하고, 열흘의 중간 5, 6日에 해당하는 地支인 辰巳가 虛라고 하는 것과 같은 경우이고, 旺相은 오행 기운의 성쇠에서 기운이 성한 것을 말하는데, 봄에는 나무의 기운이 왕성하여 木旺이고 火相이며, 여름에는 불의 기운이 왕성하여 火旺이고 土相인 것과 같은 경우이다.(正祖實錄 정조 15년 7월 28일 註)

三里之城과 七里之郭을 環而攻之而不勝하나니 夫環而攻之에 必有得天時者矣언마는 然而不勝者는 是天時 不如地利也니라.

3里의 城과 7里의 外城을 포위하여 공격하더라도 이기지 못하는 경우가 있다. 포위하여 공격하는데 반드시 天時를 얻는 경우가 있겠지만 이기지 못하는 것은 바로 天時가 地利만 못한 것이다.

集註 三里七里는 城郭之小者라 郭은 外城이라 環은 圍也라 言四面攻圍하야 曠日持久에 必有値天時之善者라.
大文字義 [郭곽] 외성, [環환] 포위하다, 두르다. [攻공] 공격하다, 다스리다.
集註字義 [圍위] 포위하다. [曠광] 허비다, 황량하다. [値치] 만나다.
集註句文 [曠日持久] (공로없이) 여러 날 오랫동안 버티다.

城非不高也며 池非不深也며 兵革이 非不堅利也며 米粟이 非不多也로되 委而去之하나니 是地利 不如人和也니라.

성이 높지 않은 것이 아니며, 해자가 깊지 않은 것이 아니며, 兵革이 견고하고 예리하지 않은 것이 아니며, 식량이 적은 것이 아닌데 버리고 도망가니, 이것은 地利가 人和만 못한 것이다.

集註 革은 甲也라 粟은 穀也라 委는 棄也라 言不得民心이면 民不爲守也라.
大文字義 [革혁] 갑옷. [堅견] 굳세다. [粟속] 식량, 조. [委위] 버리다, 맡기다.

故로 曰 域民하되 不以封疆之界하며 固國하되 不以山谿之險하며 威天下하되 不以兵革之利니 得道者는 多助하고 失道者는 寡助라 寡助之至에는 親戚이 畔之하고 多助之至에는 天下順之니라.

그러므로 '백성의 거주지를 한정하되 封土의 경계를 쓰지 않으며, 나라를 견고하게 하되 산골짜기의 험준함을 쓰지 않으며, 천하를 위협하되 兵革의 예리함을 쓰지 않는다.' 하니, 治道를 얻은 자는 도와주는 이가 많고 治道를 잃은 자는 도와주는 이가 적다. 도와주는 이가 지극히 적은 경우에는 친척이 배반하고 도와주는 이가 지극히 많은 경우에는 천하 사람들이 순종한다.

集註 域은 界限也라

大文字義 [故고] '옛말'로 보는 설도 있음. [域역] 경계를 짓다, 지경. [封봉] 봉해주다. [疆강] 나라, 국토. [固고] 견고하게 하다. [谿계] 시냇물, 산골짜기. [險험] 험준하다. [畔반] 배반하다, 밭두둑.

大文句文 [域民] 백성의 거주지를 한정하다. [封疆之界] 봉토의 경계.

以天下之所順으로 攻親戚之所畔이라 故로 君子有不戰이언정 戰必勝矣니라.

天下 사람들이 순종하는 바로써 배반하는 친척을 공격하기 때문에, 君子는 싸우지는 않지만 싸우면 반드시 이긴다."

集註 言不戰則已어니와 戰則必勝이니라 ○尹氏曰 言得天下者는 凡以得民心而已니라.

大文句文 [以天下之所順] 천하 사람들이 순종하는 바로써.(以所天下順의 도치문)

2장 孟子將朝王이러시니 王이 使人來曰 寡人이 如就見者也러니 有寒疾이라 不可以風일새 朝將視朝호리니 不識케이다 可使寡人으로 得見乎잇가 對曰 不幸而有疾이라 不能造朝로소이다.

맹자께서 제나라 王에게 조회하려 하셨는데, 王이 사람을 보내 와 말하기를, "寡人이 의당 나아가 뵐려고 하였는데 감기 기운이 있어서 바람을 쐴 수 없기 때문에 아침에 조회에서 뵙고자 하니 잘 모르겠습니다만, 寡人으로 하여금 뵙게 해주실 수 있으신지요?" 맹자 對曰, "불행히도 병이 있어서 조회에 나가지 못합니다."

集註 王은 齊王也라 孟子本將朝王이러시니 王不知하고 而託疾以召孟子라 故로 孟子亦以疾辭也하시니라

大文字義 [如여] 의당, 마땅히.(사변록) [將장] 장차~하려하다.(平聲). [朝조] 조회하다. 뵙다. [就취] 나아가다. [造조] 나아가다.

大文句文 [如就見者也] 의당 나아가 뵐려고 한 것이다. [寒疾] 한질, 감기, 추위를 느끼는 병.

明日에 出弔於東郭氏러시니 公孫丑曰 昔者에 辭以病하시고 今日弔 或者不可乎인져 曰 昔者疾이 今日愈어니 如之何不弔리오.

다음날 東郭氏에게 조문하러 나가시자, 公孫丑曰, "어제 병으로 사양하시고 오늘 조문하시는 것은 혹여 옳지 않을 듯합니다." 맹자왈, "어제의 병이 오늘 나았으니 어찌 조문하지 않겠는가?"

集註 東郭氏는 齊大夫家也라 昔者는 昨日也라 或者는 疑辭라 辭疾而出弔는 與孔子不見孺悲하시고 取瑟而歌로 同意하니라.

大文字義 [弔조] 조상하다, 조문하다. [辭사] 사양하다. [昔석] 어제. [疾질] 병. [愈유] 낫다.

大文句文 [辭以病] 병을 이유로 사양하다. 병 때문에 사양하다. [或者] 혹여. 疑或, 容或.

論語 楊貨篇 悲欲見孔子어늘 孔子辭以疾하시고 將命者出戶커늘 取瑟而歌하사 使之聞之하시다.

王이 使人問疾하시고 醫來어늘 孟仲子對曰 昔者에 有王命이어시늘 有采薪之憂라 不能造朝러시니 今病小愈어시늘 趨造於朝하더시니 我는 不識케라 能至否乎아하고 使數人으로 要於路曰 請必無歸而造於朝하소서

王이 사람을 보내어 병문안을 하시고 의원을 보내오자, 孟仲子 對曰, "어제는 王命이 있으셨는데 몸이 불편하여 조회에 나가지 못하셨습니다. 오늘 병이 조금 나아지셨으니 조회에 빨리 가신다고 하셨는데 제가 잘 모르겠습니다만 도착하지 않으셨는지요?" 하고, 몇 사람을 시켜서 길에서 맹자를 맞이하여 말하게 하기를, "부디 꼭 돌아오지 마시고 조회에 나가십시오"

集註 孟仲子는 趙氏以爲孟子之從昆弟로 學於孟子者也라하니라 采薪之憂는 言病不能采薪이니 謙辭也라 仲子權辭以對하고 又使人要孟子하야 令勿歸而造朝하야 以實己言하니라.

大文字義 [采채] 나물, 나무꾼. [薪신] 섶(나무). [趨추] 달리다. 종종 걸음으로 빨리 걷

다. [要요] 맞이하다.(邀)

大文句文 [采薪之憂] 자기의 병을 겸손하게 칭하는 말. 땔나무를 하기 어려울 정도로 몸이 불편하다는 뜻으로 자신의 병환을 완곡하게 표현하는 말. [要於路] 길에서 맞이하다.

集註字義 [從종] 4촌이나 5촌 관계를 나타내는 말. [昆곤] 맏. [權권] 임기응변, 임시. [實실] 실증.

集註句文 [從昆弟] 4촌 형제. [權辭] 변명하는 말.

참 고 春秋公羊傳에, 何休는, '天子가 병이 있으면 不豫, 諸侯는 負玆, 大夫는 犬馬, 士는 負薪이라 일컫는다.' 하였다.

참 고 負薪之憂는 나무를 짊어진 나머지 피로가 있다는 의미로 采薪之憂와 동의어임.

不得已而之景丑氏하야 宿焉이러시니 景子曰 內則父子요 外則君臣이 人之大倫也니 父子는 主恩하고 君臣은 主敬하니 丑見王之敬子也요 未見所以敬王也케이다 曰 惡라 是何言也오 齊人이 無以仁義與王言者는 豈以仁義로 爲不美也리오 其心에 曰 是何足與言仁義也云爾則不敬이 莫大乎是하니 我는 非堯舜之道어든 不敢以陳於王前하노니 故로 齊人이 莫如我敬王也니라.

부득이하여 景丑氏에게 가서 머무셨는데, 景子曰, "집안에서는 부자간요 집 밖에서는 군신간이 사람의 大倫입니다. 父子는 은혜를 근본으로 삼고 군신은 공경을 근본으로 삼으니, 저는 왕이 夫子를 공경하는 것은 보았지만 夫子께서 왕을 공경하는 것은 보지 못했습니다." 맹자왈, "아! 이 무슨 말인가. 齊人이 仁義를 가지고 왕과 말하는 자가 없으니 어찌 인의를 아름답지 않게 여긴 것이겠는가? 그의 마음에 생각하기를, '이 어찌 왕과 함께 仁과 義를 말하기에 충분하겠는가?' 한다면, 不敬한 것이 이보다 더 큰 것은 없다. 나는 堯舜의 道가 아니면 왕 앞에서 감히 말씀드리지 않았으니, 그러므로 齊人이 나처럼 왕을 공경하는 이가 없는 것이다."

集 註 景丑氏는 齊大夫家也라 景子는 景丑也라 惡는 歎辭也라 景丑所言은 敬之小者也요 孟子所言은 敬之大者也라.

大文字義 [宿숙] 머물다, 하룻밤 머물다. [主주] 근본으로 삼다, 주장하다. [惡오] 아!

(平聲). [陳진] 진술하다.

大文句文 [主恩] 恩愛를 주로 하다. [未見所以敬王] 부자(以)께서 왕을 공경하는 것은 보지 못하다. [其心曰是何足與言仁義也云爾則不敬莫大乎是] ① 그 마음에 '이 어찌 족히 왕과 더불어 인의를 말할 수 있겠는가?' 라고 해서일 것이니, 그렇다면 불경함이 이보다 큰 것이 없는 것이다.(響山集 경연강의). ② 그의 마음에, '이분께서 어찌 仁과 義를 말할 만하겠는가?' 하는 생각에서 이니, 공경스럽지 못한 것이 이보다 더 큰 것은 없다.(思辨錄)

中宗實錄 [中宗 13년 8월 3일, 我非堯舜之道]

同知事金淨曰 人君之道 裁成天地之道 輔相天地之宜。金湜所啓之言 其有期望於上者大矣。古云 我非堯舜之道 不敢陳於王前。今所言 蓋欲吾君與天爲一也。人君小有偏私之念 則萬事皆誤矣。昭格署祈禱之類 萬一或有此理 苟至公無私 則不可或存之也 況萬無此理乎。前代累習 不可因循又遺於後也。此乃當革之機 請毋留難。

解義 동지사 金淨曰, "임금의 道는 천지의 도를 재단하여 이루는 것이고 천지의 마땅함을 도와서 이루는 것입니다. 金湜이 아뢴 말은 上께 기대하고 바라는 바가 큰 것입니다. 옛말에 '나는 堯舜의 도가 아니면 감히 임금 앞에 진달하지 못한다.' 하였습니다. 지금 말한 것은 대개 우리 임금을 하늘과 하나가 되기를 바란 것입니다. 임금이 조금이라도 사정에 치우침이 있으면 만사가 다 잘못될 것입니다. 소격서에서 기도하는 부류는 만에 하나 혹 이러한 이치가 있고, 진실로 至公無私하더라도 조금도 있어서는 안 되는데, 하물며 이런 이치가 없는 것이겠습니까. 前代의 거듭된 습관을 그대로 따라 또 후세에 전해주어서는 안 됩니다. 이것은 바로 혁파해야만 하는 기회이니 부디 지체시키지 마소서."

자구 [裁成] 재단하다. [輔보] 돕다. [湜식] 물이 맑다. [昭格署] 조선 시대에, 하늘과 땅, 별에 지내는 도교의 醮祭를 맡아보던 관아. [醮초] 제사지내다, 빌다. [醮祭체제] 별을 향하여 지내는 제사. [留難] 지체시키다.

景子曰 否라 非此之謂也라 禮曰 父召어시든 無諾하며 君이 命召어시든 不俟駕라하니 固將朝也라가 聞王命而遂不果하시니 宜與夫禮로 若不相似然하이다.

景子曰, "아닙니다. 이것을 말하는 것이 아닙니다. 禮에 이르기를, '아비가 부르시면 느리게 대답하지 말며 임금이 명하여 부르시면 멍에 매우기를 기다리지 않는다.' 하니, 본래 조회에 나가려 하셨다가 왕명을 듣고서 마침내 결행하지 않으셨으니 아마도 禮의 뜻과 서로 부합되지 않은 듯합니다."

集註 禮曰 父命呼어시든 唯而不(勿)諾이라하고 又曰 君命召어시든 在官不俟屨하고 在外不俟車라하니라 言孟子本欲朝王이라가 而聞命中止하시니 似與此禮之意로 不同也라.

大文字義 [諾낙] 느리게 대답하다. [俟사] 기다리다. [駕가] 말에 멍에를 메우다. 말에 수레를 연결하다. [果과] 결행하다. [宜의] 아마도(殆). 疑를 가차한 글자임.

大文句文 [非此之謂也] 이것을 이르는 것이 아니다.(非謂此也)

集註字義 [屨구] 신발. [似사] 宜, 疑.

曰 豈謂是與리오 曾子曰 晉楚之富는 不可及也나 彼以其富어든 我以吾仁이오 彼以其爵이어든 我以吾義니 吾何慊乎哉리오하시니 夫豈不義를 而曾子言之시리오 是或一道也니라 天下에 有達尊이 三이니 爵一齒一德一이니 朝廷앤 莫如爵이오 鄕黨앤 莫如齒오 輔世長民앤 莫如德이니 惡得有其一하야 以慢其二哉리오

맹자왈, "어찌 이것을 말하는 것이겠는가? 曾子曰, '晉楚의 富는 미칠 수 없지만 저들이 富로써 한다면 나는 나의 仁으로써 할 것이요, 저들이 爵으로써 한다면 나는 나의 義로써 할 것이니 내가 무엇이 부족하겠는가?' 하였으니, 어찌 不義를 曾子께서 말한 것이겠는가? 이것은 아마도 하나의 道理일 뿐이다. 天下에 達尊이 세 가지가 있으니, 爵位가 하나이고 나이가 하나이고 德이 하나이다. 朝廷에는 爵位만한 것이 없고 鄕黨에는 나이만한 것이 없고 세상 다스리는 것을 보좌하고 백성을 기르는 데는 德만한 것이 없으니, 어찌 그 가운데 한 가지를 갖게 되었다 하여 그 두 가지를 무시할 수 있겠는가?

集註 慊은 恨也며 少也라 或作嗛하니 字書에 以爲口銜物也라하니 然則慊은 亦但爲心有所銜之義니 其爲快爲足爲恨爲少는 則因其事而所銜有不同耳라 孟子言我之意는 非如景子之所言者라하시고 因引曾子之言而云하시되 夫此豈是不義를 而曾子肯以爲言이시리오 是或別有一種道理也라하시니라 達은 通也라 蓋通天下之所尊이 有此三者하니 曾子之說은 蓋以德言之也라 今齊王은 但有爵耳니라 安得以此慢於齒德乎아

大文字義 [慊겸] 부족하다. [達달] 사람들이 모두 인정하다. [輔보] 돕다. [長장] 기르다. [慢만] 업신여기다.

大文句文 [達尊] 천하 사람들이 모두 존귀하게 여기는 것. [輔世長民] 세상을 다스리는 것을 보좌하고 백성을 기르는 것.(輔助世人, 長育民人)

集註字義 [嗛겸] 부족하다. [銜함] 머금다. [肯긍] ~을 하려하다.

集註句文 [口銜物] 입에 물건을 머금다. [曾子肯以爲言] 증자께서 말하려 하다.

故로 將大有爲之君은 必有所不召之臣이라 欲有謀焉則就之하나니 其尊德樂道 不如是면 不足與有爲也니라.

그러므로 큰일을 하려는 임금은 반드시 함부로 부르지 못하는 신하가 있다. 도모함이 있기를 바란다면 찾아가는 것이니 왕이 德을 높이고 道를 즐거워하는 것이 이와 같지 않다면 함께 큰일을 하기에 부족하다.

集註 大有爲之君은 大有作爲非常之君也라 程子曰 古之人이 所以必待人君致敬盡禮而後에 往者는 非欲自爲尊大也라 爲是故耳니라.

大文字義 [謀모] 도모하다. [與여] 함께, 더불어.(上聲).

大文句文 [就之] 찾아가다.

集註字義 [待대] 기다리다. [致치] 다하다. 극진히 하다. [往왕] 출사.

集註句文 [大有作爲非常之君也] 크게 비범한 일을 해내는 군주이다.

故로 湯之於伊尹에 學焉而後에 臣之故로 不勞而王하시고 桓公之於管仲에 學焉而後에 臣之故로 不勞而霸하니라.

그러므로 湯임금은 伊尹에게 배운 뒤에 신하로 삼았기 때문에 수고롭지 않고서도 왕도를 이루셨고, 桓公이 管仲에게 배운 뒤에 신하로 삼았기 때문에 수고롭지 않

고서도 패도를 이루었다.

> **集註** 先從受學은 師之也요 後以爲臣은 任之也라.
> **大文字義** [勞노] 수고롭다. [王왕] 왕도를 이루다.

今天下 地醜德齊하야 莫能相尙은 無他라 好臣其所教而不好臣其所受教니라.

지금 천하는 땅이 비슷하고 덕(정치상황)이 비슷하여 누구도 능히 뛰어나지 못하는 것은 다른 이유가 없다. 자기가 가르칠 수 있는 사람을 신하삼기 좋아하고 자기가 가르침을 받아야 할 사람을 신하삼기 좋아하지 않기 때문이다.

> **集註** 醜는 類也라 尙은 過也라 所教는 謂聽從於己하며 可役使者也요 所受教는 謂己之所從學者也라.
> **大文字義** [醜추] 동류, 추하다. [尙상] 뛰어나다.
> **大文句文** [好臣其所教] 자기가 가르친 사람을 신하삼기 좋아하다.
> **集註句文** [聽從於己] 자기 말을 듣고 따르다. [己之所從學者] 자기가 從遊하여 배운자.

湯之於伊尹과 桓公之於管仲에 則不敢召하니 管仲도 且猶不可召온 而況不為管仲者乎아

湯임금이 伊尹에 대해서와 桓公이 管仲에 대해서는 감히 부르지 못하였으니, 管仲도 오히려 부르지 못하였는데 하물며 管仲처럼 되지 않으려는 사람이겠느냐?"

> **集註** 不爲管仲은 孟子自謂也라 范氏曰 孟子之於齊에 處賓師之位하야 非當仕有官職者라 故로 其言이 如此하시니라 ○此章은 見賓師는 不以趨走承順爲恭하고 而以責難陳善爲敬하며 人君은 不以崇高富貴爲重하고 而以貴德尊士爲賢이면 則上下交而德業成矣니라.
> **大文字義** [召소] 부르다, 초치하다. [猶유] 오히려. [況황] 하물며.
> **大文句文** [不為管仲者] 관중처럼 되지 않으려는 사람.

集註字義 [處처] 처하다. [賓빈] 손님. [師사] 스승. [趨추] 종종 걸음으로 걷다. [承승] 받들다. [順순] 유순, 순응. [交교] 교합하다.

集註句文 [非當仕有官職者] 벼슬을 맡아 관직을 가지신 분이 아니다. [趨走承順] 임금의 부름에 달려가서 그 뜻에 순종하다. [責難陳善] 임금에게 어려운 일을 권면하고 선한 말씀을 진술하다. [上下交] 위아래가 교합되다, 주역의 地天泰卦.

3장 陳臻이 問曰 前日於齊에 王이 餽兼金一百而不受하시고 於宋에 餽七十鎰而受하시고 於薛에 餽五十鎰而受하시니 前日之不受 是則今日之受 非也오 今日之受 是면 則前日之不受 非也니 夫子必居一於此矣시리이다.

陳臻이 問曰, "예전에 齊나라에서 王이 좋은 금 100鎰을 주었는데 받지 않으셨고, 宋나라에서 70鎰을 보냈는데 받으셨고, 薛나라에서 50鎰을 보냈는데 받으셨습니다. 예전에 받지 않으신 것이 옳다면 오늘 받은 것이 잘못이고 오늘 받은 것이 옳다면 예전에 받지 않은 것이 잘못이니, 夫子께서는 반드시 이중 하나에 해당되실 것입니다."

集註 陳臻은 孟子弟子라 兼金은 好金也니 其價兼倍於常者라 一百은 百鎰也라.

大文字義 [臻진] 도달하다. [餽궤] 보내다. [鎰일] 스물넉냥. [薛설] 춘추시대 나라 이름. [非비] 잘못. [居거] 놓여있다. 해당되다.

大文句文 [兼金] 값이 보통 것의 갑절이나 되는 좋은 금.

孟子曰 皆是也니라.

맹자왈, "모두 옳다.

集註 皆適於義也라

當在宋也하야 予將有遠行이러니 行者는 必以贐이라 辭曰 餽贐이어니 予何為不受리오

宋나라에 있을 때에 내가 遠行을 하려하였는데 여행하는 사람은 반드시 노자가 필요한 법이다. 송나라 임금이 말하기를, '노자를 드린다.' 하니, 내가 무엇 때문에 받지 않겠는가?

> **集註** 贐은 送行者之禮也라
> **大文字義** [當당] 당하다. [贐신] 노자, 거마비, 전별하다.

當在薛也하야 予有戒心이라니 辭曰 聞戒故로 為兵餽之어니 予何為不受리오

薛나라에 있을 때에 내가 경계하는 마음이 있었는데, 설나라 임금이 말하기를, '경계하신다는 말을 들었기 때문에 호위를 위하여 드린다.' 하니, 내가 무엇 때문에 받지 않겠는가?

> **集註** 時人이 有欲害孟子者어늘 孟子設兵以戒備之러시니 薛君이 以金餽孟子하야 爲兵備하고 辭曰 聞子之有戒心也라하니라.
> **大文句文** [戒心] 경계하는 마음. [為兵餽之] 호위를 위하여 好金을 보내다.
> **集註字義** [時시] 당시. [設설] 베풀다, 세우다. [備비] 대비하다.

若於齊則未有處也호니 無處而餽之는 是貨之也니 焉有君子而可以貨取乎리오

齊나라의 경우에는 해당되는 것이 없으니, 해당되는 것이 없는데 보내주는 것은 바로 재물이 되니, 왕이 어찌 君子를 재물로써 취할 수 있겠는가?"

> **集註** 無遠行戒心之事하니 是未有所處也라 取는 猶致也라 ○尹氏曰 言君子之辭受取予를 唯當於理而已니라.

大文字義 [若약] 같다. [處처] 해당되다, 자처하다. [貨화] 재화, 재물. [焉언] 어찌.
大文句文 [若~則] 만약~한다면, ~경우에는. [未有處也] 자처할 것이 없다. 해당될 것이 없다. [是貨之] 이것은 재물이 된다. [焉有君子而可以貨取乎] ① 어찌 군자를 재물로서 취할 수 있겠는가? ② 어찌 군자를 재물로 매수하는 것에 농락당할 수 있겠는가?
集註字義 [遠원] 멀리. [行행] 가다, 다니다. [戒계] 경계하다. [致치] 부르다, 이르다. [辭사] 사양하다. [予여] 주다.

4장 孟子之平陸하사 謂其大夫曰 子之持戟之士 一日而三失伍則 去之아 否乎아 曰 不待三이니이다.

맹자께서 平陸에 가셔서 평륙대부에게 말씀하시기를, "그대의 창잡이 무사가 하루에 세 번 대오를 잃는다면 죽이겠는가?" 평륙대부 曰, "세 번까지 기다리지 않습니다."

集註 平陸은 齊下邑也라 大夫는 邑宰也라 戟은 有枝兵也라 士는 戰士也라 伍는 行列也라 去之는 殺之也라.
大文字義 [戟극] 창. [士사] 戰士. [伍오] 대오. [去거] 죽이다.
大文句文 [之平陸] 평륙에 가다.
集註句文 [有枝兵] 가지가 있는 병기.

然則子之失伍也 亦多矣로다 凶年饑歲에 子之民이 老羸는 轉於溝壑하고 壯者는 散而之四方者 幾千人矣오 曰 此非距心之所得爲也니이다.

맹자왈, "그렇다면 그대가 대오를 잃는 경우도 많을 것이다. 흉년이 들어 굶주리는 해에 그대의 백성이 늙고 파리한 사람이 구덩이나 산골짜기에 나뒹굴고, 젊은 사람은 흩어져서 사방으로 떠나는 자가 몇 천명이 될 것이오?" 距心曰, "이 일은 제가 할 수 있는 바가 아닙니다."

集 註 子之失伍는 言其失職이 猶士之失伍也라 距心은 大夫名이라 對言此乃王之大政使然이니 非我所得專爲也라하니라.

大文字義 [饑기] 굶주리다. [子자] 그대, 당신. [羸리] 파리하다, 고달프다. [轉전] 굴러다니다. [溝구] 도랑. [壑학] 골짜기. [壯장] 장하다, 씩씩하다. [幾기] 몇. [距거] 떨어져 있다.

大文句文 [老羸] 늙고 병든 사람. [轉於溝壑] 도랑과 골짜기에서 나뒹굴다. [距心] 공거심(대부).

集註句文 [王之大政(失政)使然] 왕의 실정이 그렇게 만든 것이다.

曰 今有受人之牛羊而為之牧之者則必為之求牧與芻矣리니 求牧與芻而不得則反諸其人乎아 抑亦立而視其死與아 曰 此則距心之罪也로소이다.

맹자왈, "지금 남의 소와 양을 받아서 그를 위해 길러주는 자가 있다면 반드시 소와 양을 위해 목지와 꼴을 구할 것이니, 목지와 꼴을 구하여도 얻지 못한다면 소와 양을 그 사람에게 돌려주는가?, 아니면 또 서서 소와 양이 죽는 것을 보고만 있는가?" 距心曰, "이것은 저의 죄입니다."

集 註 牧之는 養之也라 牧은 牧地也요 芻는 草也라 孟子言若不得自專이면 何不致其事而去오하시니라.

大文字義 [牧목] 길러주다, 목지. [芻추] 꼴. [反반] 돌려주다. [抑억] 아니면.(반어사)

大文句文 [反諸其人乎] 소와 양을 그 사람에게 돌려주는가?

集註句文 [何不致其事而去] 어찌 그 일을 돌려주고 떠나지 않는가?

他日에 見於王曰 王之為都者를 臣知五人焉이로니 知其罪者는 惟孔距心이러이다하고 為王誦之하신대 王曰 此則寡人之罪也로소이다.

다른 날 왕을 뵙고 말씀하기를, "왕의 읍을 다스리는 자를 제가 다섯 사람 알고 있는데, 자신의 죄를 아는 자는 오직 孔距心 뿐입니다" 하고, 王을 위해 지난 일을 말해주었는데, 王曰, "이것은 나의 죄입니다."

集註 爲都는 治邑也라 邑有先君之廟曰 都라 孔은 大夫姓也라 爲王誦其語는 欲以風曉王也라 ○陳氏曰 孟子一言而齊之君臣이 擧知其罪하니 固足以興邦矣로되 然而齊卒不得爲善國者는 豈非說而不繹 從而不改故邪아.

大文字義 [爲위] 다스리다. [都도] 읍. [誦송] 말해주다. [寡과] 작다, 적다.

大文句文 [王之為都者] 왕의 읍을 다스리는 사람. [為王誦之] 왕을 위하여 지난 일을 말해주다.

集註字義 [廟묘] 사당, 종묘. [風풍] 풍자하다. [曉효] 깨우치다. [擧거] 모두. [興흥] 일으키다. [邦방] 나라, 보통 제후의 나라를 가리킴. [說열] 기뻐하다.(悅) [繹역] 실마리를 찾다. [從종] 따르다. [邪야] 의문을 나타내는 어조사.(耶)

集註句文 [豈非說而不繹 從而不改故邪] 어찌 기뻐하기만 하고 실마리를 찾지 않으며 따르기만 하고 허물을 고치지 않기 때문이 아니겠는가?

論語 子罕篇 子曰 法語之言은 能無從乎아 改之爲貴니라 巽與之言은 能無說乎아 繹之爲貴니라 說而不繹하며 從而不改면 吾末如之何也已矣니라.

자 구 [法語] 바른 말. [巽손] 유순하다. [巽與之言] 완곡한 말.

5장 孟子謂蚳鼃曰 子之辭靈丘而請士師似也는 為其可以言也니 今旣數月矣로되 未可以言與아

맹자께서 지와에게 말씀하시기를, "그대가 靈丘의 邑宰를 사양하고 士師를 요청한 것이 이치에 그럴 듯했던 것은 士師가 간언할 수 있기 때문이다. 지금 이미 몇 달이 지났는데 간언할 수 없었단 말입니까?"

集註 蚳鼃는 齊大夫也라 靈丘는 齊下邑이라 似也는 言所爲近似有理라 可以言은 謂士師近王하야 得以諫刑罰之不中者라.

大文字義 [蚳지] 전갈. [鼃와] 두꺼비. [辭사] 사양하다. [靈영] 신령하다. [丘구] 언덕. [似사] 그럴 듯하다.

大文句文 [請士師似也] 법관을 청한 것은 이치에 그럴듯하다. [士師] 법령과 형벌에 관한 일을 맡아보던 재판관. [為其可以言也] 법관은 간언할 수 있기 때문이다.

集註句文 [所爲近似有理] 행한 것이 근사하여 이치가 있다.

蚳鼃諫於王而不用이어늘 致爲臣而去한대

지와가 왕에게 간언을 하였는데 써지지 않자 벼슬을 돌려주고 떠났는데

集註 致는 猶還也라.
大文句文 [致爲臣而去] 사직을 하고 떠나다, 신하가 된 것을 돌려두고 떠나다.

齊人이 曰 所以爲蚳鼃則善矣어니와 所以自爲則吾不知也케라.

齊人이 말하기를, "맹자께서 지와를 위한 것이라면 잘 했지만, 맹자 자신을 위한 것이라면 우리들은 잘 모르겠다."

集註 譏孟子道不行而不能去也라.
大文句文 [所以爲蚳鼃(者)則善矣] 맹자께서 지와를 위한 것이라면 잘 했다. [所以自爲則吾不知也] 맹자께서 자신을 위한 것이라면 우리는 모르겠다.

公都子 以告한대

公都子가 이 내용을 맹자께 고하였는데,

集註 公都子는 孟子弟子也라

曰 吾聞之也호니 有官守者不得其職則去하고 有言責者 不得其言則去라하니 我無官守하며 我無言責也則吾進退 豈不綽綽然有餘裕哉리오

맹자왈, "나는 들으니, '지켜야 할 관직이 있는 자는 그 직분을 수행할 수 없으면 떠나고, 말해야 할 책임이 있는 자는 그 말을 할 수 없으면 떠난다.' 라고 한다. 나는 지켜야 할 관직이 없으며 나는 말해야 할 책임이 없으니, 그렇다면 내가 나아가고 물러가는 것이 어찌 느긋하여 여유가 있지 않겠는가?"

集 註 官守는 以官爲守者요 言責은 以言爲責者라 綽綽은 寬貌요 裕는 寬意也라 孟子居賓師之位하야 未嘗受祿이라 故로 其進退之際에 寬裕如此하시니라 尹氏曰 進退久速을 當於理而已니라.

大文字義 [官관] 관직. [守수] 지키다. [責책] 책임. [綽작] 너그럽다. [裕유] 넉넉하다, 여유가 있다.

大文句文 [有官守者] 지켜야할 관직이 있는 자. [有言責者] 말해야 할 책임이 있는 자. [綽綽然] 느긋한 모습.

6장 孟子為卿於齊하사 出吊於滕하실새 王이 使蓋大夫王驩으로 為輔行이러시니 王驩이 朝暮見이어늘 反齊滕之路토록 未嘗與之言行事也하시다.

맹자께서 齊나라에서 客卿이 되어 滕나라에 조문하러 떠나실 때에 王이 蓋大夫 王驩을 副使로 삼았다. 王驩이 아침, 저녁으로 뵈었는데 齊와 滕의 길을 왕복하도록 일찍이 함께 使行에 대하여 말씀하신 적이 없으셨다.

集 註 蓋은 齊下邑也라 王驩은 王嬖臣也라 輔行은 副使也라 反은 往而還也라 行事는 使事也라.

大文字義 [卿경] 客卿. [出출] 떠나다. [吊조] 조문하다. [滕등] 춘추전국 시대의 나라 이름. [蓋합] 제나라 남쪽 지역 名. [驩환] 기뻐하다. [輔보] 돕다. [行행] 행사. [暮모] 저물녘. [反반] 왕복하다.

大文句文 [輔行] 副使.

集註字義 [嬖폐] 총애하다. [副부] 버금, 돕다. [還환] 돌아오다.

公孫丑曰 齊卿之位不為小矣며 齊滕之路不為近矣로되 反之而未嘗與言行事는 何也잇고 曰 夫既或治之어니 予何言哉리오

公孫丑曰, "齊나라 卿의 지위가 낮지 않으며 齊滕의 길이 가깝지 않은데 돌아오도록 일찍이 왕환과 使行의 일에 대하여 말씀하신 적이 없었던 것은 어째서 입니까?" 맹자왈, "有司가 사신의 일을 잘 한듯하니 내가 무슨 말을 하겠는가?"

集註 王驩이 蓋攝卿以行이라 故로 曰 齊卿이라 夫旣或治之는 言有司已治之矣라 孟子之待小人에 不惡而嚴이 如此하시니라.

大文句文 [不為小矣] 낮지 않다. [不為近矣] 가깝지 않다. [夫旣或治之] 이미 有司가 사신의 일을 잘 처리한 듯 하다.

集註字義 [蓋개] 아마도~듯하다. [攝섭] 대행하다, 대신하다.

集註句文 [蓋攝卿以行] 아마도 경을 대신하여 간 듯하다.

承政院日記 [仁祖 3년 4월 29일, 王驩之所讒]

萬甲曰 善人也 信人也 則樂正子固非常之人 而必待其自責然後 孟子深責之。若使樂正子從王驩 而終爲其所薦用 則尤有所難處者矣。孟子豈不欲行道於齊 而不可苟合 故去之 君子之審於去就如是。嘗疑孟子之去齊 必爲王驩之所讒 蓋孟子待王驩 如是故也。

解義 羅萬甲曰, "善人이고 信人이라면 악정자는 진실로 보통 사람이 아닌데도 반드시 自責하기를 기다린 뒤에 맹자께서 심하게 꾸짖은 것입니다. 만약 악정자로 하여금 왕환을 따르게 함으로써 끝내 그가 천거하여 등용되는 바가 되었다면 더욱 난처한 일이 있었을 것입니다. 맹자가 어찌 齊나라에서 도를 행하고 싶지 않았겠습니까마는, 구차하게 영합할 수는 없기 때문에 떠난 것이니, 군자가 거취를 살피는 것이 이와 같습니다. 일찍이 맹자께서 제나라를 떠난 것은 필시 왕환의 참소 때문이라고 의심한 것은 아마도 맹자께서 왕환을 대우하는 것이 이러했기 때문인 듯합니다."

자구 [薦천] 천거하다. [尤우] 더욱. [讒참] 참소하다.

7장 孟子自齊葬於魯하시고 反於齊하실새 止於嬴이러시니 充虞請曰 前日에 不知虞之不肖하사 使虞敦匠事어시늘 嚴하야 虞不敢請호니 今願竊有請也하노니 木若以美然하더이다.

맹자께서 齊나라로부터 돌아오셔서 魯나라에서 장례(모친상)를 치루시고, 齊나라로 돌아가다가 嬴땅에 머무셨다. 充虞가 여쭙기를, "지난번 제가 불초함을 모르시고 저에게 관 짜는 일을 감독하게 하셨는데 경황 중이라 제가 감히 여쭙지 못하였습니다. 지금 바라옵건대 여쭐 말씀이 있는데 관재가 너무나 아름다웠던 것 같았습니다."

集註 孟子仕於齊에 喪母하시고 歸葬於魯하시니라 嬴은 齊南邑이라 充虞는 孟子弟子니 嘗董治作棺之事者也라 嚴은 急也라 木은 棺木也라 以는 已通하니

以美는 太美也라.

大文字義 [葬장] 장사지내다. [嬴영] 제나라 남쪽 地名, 가득차다. [虞우] 근심하다, 편안하다. [肖초] 닮다. [敦돈] 다스리다, 감독하다. [匠장] 장인, 기술자. [嚴엄] 급하다. 조심하다. [以이] 너무.

大文句文 [敦匠事] 관짜는 일을 감독하다. [不敢請] 감히 여쭙지를 못하다.

集註字義 [歸귀] 돌아가다. [董동] 감독하다.

曰 古者에 棺椁이 無度하더니 中古에 棺이 七寸이오 椁을 稱之하야 自天子達於庶人하니 非直為觀美也라 然後에 盡於人心이니라.

맹자왈, "옛적에 棺椁이 법도가 없었는데 中古 시대에 棺은 7촌이고 椁을 거기에 걸맞게 하여 천자로부터 서인에게까지 통용되었으니, 한갓 보는데 아름다움을 삼는 것이 아니라 그렇게 한 뒤에야 사람의 마음을 다할 수 있기 때문이다.

集 註 度는 厚薄尺寸也라 中古는 周公制禮時也라 槨稱之는 與棺相稱也라 欲其堅厚久遠이요 非特爲人觀視之美而已니라.

大文字義 [棺관] 內棺. [椁곽] 外棺, 덧널. [度도] 법도. [稱칭] 걸맞게 하다. [達달] 이르다.

大文句文 [非直為觀美也] ① 한갓 보는데 아름다움을 삼은 것이 아니다.(언해) ② 한갓 보여지는 아름다움이 아니다. 여기서, [爲觀]에서 爲는 타동사 觀을 수동태로 만든 것임.

集註字義 [厚후] 두껍다. [薄박] 얇다. [堅견] 견고하다.

集註句文 [厚薄尺寸也] 두께의 치수이다. [非特爲人觀視之美而已] 다만 사람들이 보는 아름다움을 위한 것 뿐만이 아니다.

星湖全集 제25권 [書 答安百順 丙子, 七寸棺槨之制]

凡位卑則財乏 財乏則用簡。自天子至於庶人 等威截然 其何敢僭以逼之耶。孟子謂七寸棺槨之制 自天子達於庶人 恐無此理。宋世立廟者蓋鮮。聖人喪子 有棺而無槨。古無灰壙則土親於棺也。及門人之厚葬顔淵 歎不如葬鯉之得宜 此爲貧士之節度也。百順以爲如何。

解 義 무릇 지위가 낮으면 재물이 모자라고 재물이 모자라면 씀씀이가 간소한 법입니다. 천자로부터 서인에 이르기까지 신분과 위의가 분명한데, 어찌 감히

참람되게 가까이할 수 있겠습니까. 맹자께서는 7촌의 棺槨 제도가 천자로부터 서인에 이르기까지 통용되었다고 하였으나, 이러한 이치는 없을 듯합니다. 宋나라 때에는 사당을 세우는 자가 대체로 드물었습니다. 공자께서 자식을 잃었을 때 관만 있었지 槨은 없었습니다. 옛날에는 灰壙이 없었으니 그렇다면 흙이 바로 관에 닿았던 것입니다. 문인들이 안연을 후하게 장사 지내는데 이르자, 鯉를 장사 지낸 것이 마땅함을 얻은 것만 못함을 탄식하셨으니, 이것이 가난한 선비의 절도가 되는 것입니다. 百順은 어떻게 생각하십니까?

자구 [簡간] 간소하다. [等등] 신분. [威위] 위의, 몸가짐. [截재] 분명하다. [僭참] 주제넘다. [逼핍] 핍박하다. [廟묘] 사당. [鮮선] 드물다. [灰회] 석회. [壙광] 구덩이. [鯉리] 잉어.

不得이란 不可以爲悅이며 無財란 不可以爲悅이니 得之爲有財하야는 古之人이 皆用之하니 吾何爲獨不然이리오

법제 때문에 할 수 없어도 기쁨으로 삼을 수 없으며, 제력 때문에 하지 못해도 기쁨으로 삼을 수 없다. 법제로도 할 수 있고 재력도 있으면 옛 사람이 모두 관곽을 사용하였으니, 내가 무엇 때문에 혼자서만 그렇게 하지 않겠는가?

集註 不得은 謂法制所不當得이라 得之爲有財는 言得之而又爲有財也라 或曰 爲는 當作而라.

大文句文 [不得] 법제상 할 수 없다. [無財] 재력상 하지 못한다. [得之爲(而)有財] 법제상 할 수 있고 재력도 있다.

集註句文 [當作而] 마땅히 '而'字가 되어야 한다.

且比化者하야 無使土親膚면 於人心에 獨無恔乎아

게다가 죽은 자를 위하여 흙이 피부에 직접 닿지 않게 한다면 사람의 마음에 어찌 흡족함이 없겠는가?

集註 比는 猶爲也라 化者는 死者也라 恔는 快也라 言爲死者하야 不使土親近其

肌膚면 於人子之心에 豈不快然無所恨乎아.

大文字義 [比비] 위하다. [化화] 죽다. [膚부] 피부, [恔교] 흡족하다.

大文句文 [比化者] 죽은 자를 위하다. [獨無恔乎] 어찌 흡족함이 없겠는가?

集註字義 [快쾌] 흡족하다. [肌기] 피부. [恨한] 한하다.

集註句文 [豈不快然無所恨乎] 어찌 흡족하여 한이 되는 바가 없지 않겠는가?

吾는 聞之也호니 君子는 不以天下儉其親이니라.

나는 들었으니, '君子는 天下 때문에 그 부모에게 야박하게 하지 않는다.' 하였다."

集 註 送終之禮에 所當得爲而不自盡이면 是는 爲天下愛惜此物하야 而薄於吾親也라.

大文字義 [儉검] 야박하다, 검소하다.

8장 沈同이 以其私問曰 燕可伐與잇가 孟子曰 可하니라 子噲도 不得與人燕하며 子之도 不得受燕於子噲니 有仕於此어든 而子悅之하야 不告於王而私與之吾子之祿爵어어든 夫士也 亦無王命而私受之於子則可乎아 何以異於是리오

沈同이 사사롭게 묻기를, "燕나라를 정벌해도 됩니까?" 맹자왈, "해도 됩니다. 연나라 왕 子噲도 燕나라를 남에게 줄 수 없으며, 연나라 재상 子之도 子噲에게서 燕나라를 받을 수 없습니다. 가령 여기에 벼슬할 사람이 있다고 합시다. 그대가 좋아하여 왕에게 고하지 않고 사사롭게 그대가 祿爵을 주면 저 사람(士)도 王命을 무시하고 사사롭게 그대에게서 받는다면 되겠습니까, 어찌 이것과 다르겠습니까?"

集 註 沈同은 齊臣이라 以私問은 非王命也라 子噲子之는 事見前篇하니라 諸侯는 土地人民을 受之天子하고 傳之先君하니 私以與人이면 則與者受者皆有罪也라. 仕는 爲官也요 士는 卽從仕之人也라.

大文字義 [沈심] 姓.(上聲). [私사] 사적으로. [燕연] 춘추전국 시대의 七雄 중의 하나. [伐벌] 정벌하다. [噲쾌] 목구멍, 상쾌하다. [與여] 의문사(平聲)./ 주다, 돕다.(上聲). [祿록] 녹봉, 복. [爵작] 벼슬의 위계, 잔. [異이] 다르다.

大文句文 [有仕於此] 여기에 벼슬할 사람이 있다고 하자.(有A於此, 여기에 A가 있다고 하자.)
集註句文 [傳之] 전해 받다.

齊人이 伐燕이어늘 或이 問曰 勸齊伐燕이라하니 有諸잇가 曰 未也라 沈同이 問燕可伐與아하야늘 吾應之曰 可라호니 彼然而伐之也로다 彼如曰 孰可以伐之오하면 則將應之曰 為天吏則可以伐之라호리라 今有殺人者어든 或이 問之曰 人可殺與아하면 則將應之曰 可라호리니 彼如曰 孰可以殺之오하면 則將應之曰 為士師則可以殺之라호리라 今에 以燕伐燕이어니 何為勸之哉리오

齊人이 燕나라를 정벌하자. 或者가 묻기를, "齊나라에게 권하여 燕나라를 정벌하게 하셨다는데 그런 일이 있었습니까?" 맹자왈, "아니다. 沈同이 '燕나라를 정벌해도 되느냐?' 묻기에 내가 대답하기를, '된다.' 하였더니, 저들이 옳다고 여겨 정벌한 것이다. 저들이 만일 '누가 연나라를 정벌할 수 있습니까?' 하였으면, 대답하기를, '天吏가 되면 정벌할 수 있다.' 하였을 것이다. 지금 사람을 죽이는 자가 있다고 하자. 어떤 이가 묻기를, '사람을 죽일 수 있습니까?' 하면, 대답하기를, '죽일 수 있다' 할 것이다. 저들이 만일 '누가 죽일 수 있습니까?' 하면, 대답하기를, '士師가 되면 죽일 수 있다.' 하였을 것이다. 지금은 燕나라로써 燕나라를 정벌하니 어찌 정벌하기를 권하였겠는가?"

集註 天吏는 解見上篇하니라 言齊無道與燕無異하니 如以燕伐燕也라 史記에 亦謂孟子勸齊伐燕이라하니 蓋傳聞此說之誤니라 ○楊氏曰 燕固可伐矣라 故로 孟子曰 可라하시니 使齊王이 能誅其君弔其民이면 何不可之有리오 乃殺其父兄하고 虜其子弟而後에 燕人畔之어늘 乃以是로 歸咎孟子之言이면 則誤矣니라.
大文字義 [或혹] 혹자, 어떠 사람. [勸권] 권하다. [諸저] 之乎 [應응] 대답하다. [孰숙] 누구.
大文句文 [有諸] 有之乎, 그런 일이 있습니까? [彼然] 저들이 옳다고 여기다. [天吏]

천명을 받들어 백성을 다스리는 관리.

集註字義 [傳전] 전하다. [聞문] 듣다. [誤오] 잘못. [誅주] 죽이다, 주벌하다. [吊조] 위로하다. [虜노] 포로로 잡다. [畔반] 배반하다. [咎구] 허물, 죄.

響山集 제2권 [高宗 6年 8月 27日 經筵講義, 以燕伐燕]

知經筵嚴錫鼎等 進講自今有殺人止見而解之。上曰齊王不聽孟子反旄倪止重器之訓 直肆耽臆 終至燕畔 可不惜哉。晩燾曰 以燕伐燕一句 其意深長。夫田和之有齊 始於陳恒而孔子聽請討。其後田和又遷其君 遂幷齊地。然則恒與和之事 無異於子之之事 宣王以其後孫 聞見如此 安得辨別忠逆 能行弔伐之事乎。是知孟子所謂以燕伐燕 非眞爲遷器等事耳。

解義 知經筵 嚴錫鼎 등이 [今有殺人]부터 [見而解之]까지 진강하였다. 上曰, "齊王이 노약자들을 돌려보내고 중요한 기물을 수송해 오던 것을 중지하라는 맹자의 가르침을 듣지 않고 곧바로 탐욕을 함부로 부려 끝내 연나라가 배반하는데 이르렀으니, 애석하지 않은가?" 李晩燾曰, "[以燕伐燕]의 한 구절은 의미가 심장합니다. 田和가 제나라를 소유한 것은 陳恒(陳成子, 田和의 증조)에게서 비롯되었는데 공자께서 토벌할 것을 청하였습니다. 그 뒤에 田和가 또 그 군주(齊康公)를 옮기고 마침내 제나라 땅을 병탄하였습니다. 그렇다면 진항과 전화의 일은 子之의 일과 다를 것이 없는데, 齊宣王은 그 후손으로서 견문이 이와 같았으니 어찌 충의와 반역을 변별하여 백성을 위로하고 죄 있는 이를 정벌하는 일을 할 수 있었겠습니까. 이는 맹자께서 [以燕伐燕] 이라고 하신 것이 참으로 기물을 옮기는 등의 일이 될 뿐만이 아님을 알 수 있습니다."

자구 [旄모] 늙은이.(去聲). [倪예] 어린이. [肆사] 방자하다. [耽탐] 좋아하다, 빠지다. [臆억] 생각. [耽臆] 탐욕. [畔반] 배반하다. [燾도] 비추다. [遷천] 옮기다. [弔조] 위로하다. [伐벌] 토벌하다.

9장 燕人이 畔이어늘 王曰 吾甚慙於孟子하노라.

燕나라 사람이 배반하자. 齊王이 말하기를, "맹자께 매우 부끄럽도다."

集註 齊破燕後二年에 燕人이 共立太子平爲王하니라.

大文字義 [慙참] 부끄럽다.

陳賈曰 王無患焉하소서 王이 自以為與周公孰仁且智잇고 王曰 惡라 是何言也오 曰 周公이 使管叔監殷이어시늘 管叔이 以殷畔하니 知而使之면 是不仁也요 不知而使之면 是不智也니 仁智는 周公도 未之盡也시니 而況於王乎잇가 賈請見而解之호리이다.

陳賈曰, "걱정하지 마십시오. 王은 스스로를 周公과 비교하여 누가 仁하고 智하다고 생각하십니까?" 王曰, "아! 이 무슨 말인가?" 陳賈曰, "周公이 管叔을 보내어 殷나라를 감독하게 하였는데 管叔이 殷나라를 근거로 배반하였으니, 알고서 보냈다면 이는 不仁한 것이고 모르고서 보냈다면 이것은 지혜롭지 못한 것입니다. 仁과 智는 周公도 다하지 못하였는데 하물며 王에게 있어서 이겠습니까? 제가 삼가 맹자를 뵙고 해명하겠습니다."

集註 陳賈는 齊大夫也라 管叔은 名鮮이니 武王弟요 周公兄也라 武王이 勝商殺紂하시고 立紂子武庚하고 而使管叔으로 與弟蔡叔霍叔으로 監其國이러니 武王崩하고 成王幼하야 周公攝政한대 管叔이 與武庚畔이어늘 周公이 討而誅之하시니라

大文字義 [患환] 근심. [惡오] 아!(平聲). [監감] 감독하다. [殷은] 은나라. [盡진] 극진하다. [請청] 삼가, 청컨대. [解해] 해명하다.

集註字義 [鮮선] 곱다. [蔡채] 주나라 무왕이 동생 채숙에게 봉해준 나라 이름. [霍곽] 빠르다, 두루미. [崩붕] 천자의 죽음, 무너지다. [攝섭] 대행하다. [庚경] 일곱째 天干, 별이름.

참고 管叔은 武王의 동생으로 殷나라를 멸한 후 紂王의 아들 武庚을 감독하게 하였으나, 무경과 같이 반란을 일으켜 동생 周公이 토벌하여 죽였다.

見孟子問曰 周公은 何人也잇고 曰 古聖人也이시니라 曰 使管叔監殷이어시늘 管叔이 以殷畔也라하니 有諸잇가 曰 然하다 曰 周公이 知其將畔而使之與잇가 曰 不知也시니라 然則聖人도 且有過與잇가 曰 周公은 弟也요 管叔은 兄也니 周公之過 不亦宜乎아

陳賈가 맹자를 뵙고 묻기를, "周公은 어떤 사람입니까?" 맹자왈, "옛 聖人이십니다." 진가왈, "管叔을 보내서 殷나라를 감독하게 하였는데 管叔이 殷나라를 가지고 배반하였다고 하니 그런 일이 있었습니까?" 맹자왈, "그렇습니다." 진가왈, "周公이 장차 배반할 줄을 알고서 보낸 것입니까?" 맹자왈, "알지 못하였습니다." 진가왈, "그러면 聖人도 허물이 있습니까?" 맹자왈, "周公은 동생이고 管叔은 兄이니 周公의 허물이 또한 마땅하지 않습니까?

集註 言周公은 乃管叔之弟요 管叔은 乃周公之兄이니 然則周公이 不知管叔之將畔而使之하시니 其過有所不免矣라 或曰 周公之處管叔이 不如舜之處象은 何也오 游氏曰 象之惡은 已著하고 而其志不過富貴而已라 故로 舜得以是而全之어니와 若管叔之惡則未著하고 而其志其才 皆非象比也니 周公이 詎忍逆探其兄之惡而棄之耶아 周公愛兄이 宜無不盡者하니 管叔之事는 聖人之不幸也라 舜은 誠信而喜象하시고 周公은 誠信而任管叔하시니 此는 天理人倫之至니 其用心이 一也니라.

集註字義 [免면] 면하다. [處처] 대처하다. [象상] 순임금의 이복동생으로 포악하였음. [已이] 이미. [著저] 드러나다. [全전] 온전하다. [詎거] 어찌. [忍인] 참아~하다. [逆역] 미리, 거스리다, 맞이하다. [探탐] 탐지하다, 예측하다. [棄기] 버리다. [耶야] 의문사(耶), 간사하다. [任임] 맡기다.

集註句文 [有所不免矣] 어쩔 수 없는 측면이 있다. [皆非象比] 모두 象에 비할 바가 아니다. [詎忍逆探其兄之惡] 어찌 차마 그 형의 악을 미리 예측하였겠는가?

참고 [象] 순임금의 이복동생으로 포악하였다. [紂] 妲己와 飛廉에게 빠져 微子啓를 몰라보고 마음이 현혹되어 난잡한 행위를 하였다. 달기는 紂의 妃이다. 비렴은 紂의 간사한 신하인 惡來의 아비이다. 달리기를 잘했으며 財力으로 紂를 섬겼다.

且古之君子는 過則改之러니 今之君子는 過則順之로다 古之君子는 其過也 如日月之食이라 民皆見之하고 及其更也하야는 民皆仰之러니 今之君子는 豈徒順之리오 又從而為之辭로다.

옛날의 君子는 허물이 있으면 고쳤는데 오늘날의 君子는 허물이 있으면 순응하는구나! 옛날의 君子는 그 허물이 일식과 같아서 백성들이 모두 바라보았고 그 허물을 고치는데 이르러서는 백성들이 모두 우러러 보았는데, 오늘날의 君子는 어찌 다만 순응할 뿐이겠는가? 또 좇아가서 허물을 변명하는구나."

集註 順은 猶遂也라 更은 改也라 辭는 辯也라 更之면 則無損於明이라 故로 民仰之하고 順而爲之辭면 則其過愈深矣니 責賈不能勉其君以遷善改過하고 而敎之以遂非文過也시니라 ○林氏曰 齊王이 慚於孟子하니 蓋羞惡之心이 有不能自已者니 使其臣有能因是心而將順之면 則義不可勝用矣어늘 而陳賈는 鄙夫라 方且爲之曲爲辯說하야 而沮其遷善改過之心하고 長其飾非拒諫之惡이라 故로 孟子深責之하시니라 然이나 此書記事散出하야 而無先後之次라 故로 其說을 必參考而後通이니 若以第二篇十章十一章으로 置之前章之後此章之前이면 則孟子之意 不待論說而自明矣리라.

大文字義 [順순] 순응하다, 좇다. [食식] 蝕(식)과 동의어. [見견] 우러러보다. [更경] 고치다. [仰앙] 우러러보다. [徒도] 다만, 한갓.

大文句文 [過則順之] 허물이 있으면 완성하다. [從而爲之辭] 좇아가서 허물을 변명하다.

集註字義 [辯변] 변명하다, 다투다.(上聲). [愈유] 더욱. [遷천] 옮겨가다. [過과] 허물. [非비] 잘못. [文문] 꾸밈, 문식. [慚참] 부끄럽다. [蓋개] 대개, 아마도. [羞수] 자기의 불선을 부끄러워하다. [惡오] 남의 불선을 미워하다.(去聲). [已이] 그만두다. [鄙비] 비루하다. [飾식] 꾸미다. [拒거] 거절하다.

集註句文 [順而爲之辭] 허물에 순응하여 그것을 변명하다. [遂非文過] 잘못에 순응하고 허물을 꾸미다. [曲爲辯說] 왜곡되게 변명함. [長其飾非拒諫之惡] 거짓으로 꾸며대며 간언을 거절하는 악을 조장하다.

10장 孟子致爲臣而歸하실새

맹자께서 벼슬에서 물러나 돌아가려 하실 때에

集註 孟子久於齊而道不行이라 故로 去也시니라.

大文字義 [致치] 돌려주다. [歸귀] 돌아가다.

王이 就見孟子曰 前日에 願見而不可得이라가 得侍하야는 同朝甚喜러니 今又棄寡人而歸하시니 不識케이다 可以繼此而得見乎잇가 對曰 不敢請耳언정 固所願也니이다.

王이 방문하여 孟子를 뵙고 말하기를, "지난번에 뵙기를 원하였는데 뵙지 못했다가 모실 수 있게 되어서는 온 조정이 매우 기뻐하였습니다. 지금 또 과인을 버리고 돌아가시니 잘 알지 못하겠습니다만, 이후로도 계속해서 뵐 수 있을지요?" 맹자 對曰, "감히 청하지 못할 따름이지 진실로 원하는 바입니다."

大文字義 [就취] 나아가다. [願원] 원하다. [得득] ~할 수 있다, 되다. [侍시] 모시다. [同동] 온. [棄기] 버리다. [識식] 알다. [固고] 진실로.

大文句文 [不可得] 할 수 없다. 될 수 없다. [得侍同朝甚喜] 모실 수 있게 되어 온 조정의 신하들이 몹시 기뻐하다.

他日에 王이 謂時子曰 我欲中國而授孟子室하고 養弟子以萬鍾하야 使諸大夫國人으로 皆有所矜式하노니 子盍為我言之리오

다른 날 王이 時子에게 말하기를, "내가 도성에다 孟子에게 집을 마련해 주고 萬鍾의 돈을 써서 제자를 양성하게 하여 여러 대부와 백성들로 하여금 모두 공경하고 본받는 바가 있게 하려고 하는데, 그대는 어찌 나를 위하여 말해 주지 않는가?"

集註 時子는 齊臣也라 中國은 當國之中也라 萬鍾은 穀祿之數也라 鍾은 量名이니 受六斛四斗라 矜은 敬也요 式은 法也라 盍은 何不也라.

大文字義 [授수] 주다. [室실] 집. [養양] 양성하다. [鍾종] 量辭, 여섯 섬 너 말. [矜긍] 공경하다. [式식] 본받게 하다. [盍합] 어찌~하지 않는가?

大文句文 [皆有所矜式] 모두 공경하고 본받는 바가 있게 하려고 한다.

集註字義 [當당] 해당된다. [穀곡] 곡식. 녹봉. [斛곡] 섬. [法법] 본받게 하다.

承政院日記 [英祖 2년 2월 22일 進修堂 晝講, 他日王語時子]

李秉泰曰 以他日王語時子一節論之 孟子之氣像 若泰山之巖巖 豈不知去就之道。而欲行其道 故如是眷眷 然禮貌衰則去之。齊王之中國授室 養弟子以萬鍾 不過虛禮而止耳 孟子豈爲虛禮而留哉 黃梓曰 齊宣只欲以爵祿留孟子 而實無留賢之誠。且以私意語時子 而欲留孟子 此孟子所以不留也。

解義 李秉泰曰, "[他日王語時子]의 한 대목을 가지고 논하자면, 맹자의 기상이 태산처럼 우뚝하였으니 어찌 거취의 도리를 몰랐겠습니까. 도를 행하고자 하였기 때문에 이처럼 연연하였지만 예우가 쇠해지자 떠난 것입니다. 齊王이 國都에 집을 주고 만금으로 제자들을 기르게 한다는 것은 허례에 불과할 뿐입니다. 맹자가 어찌 허례로 대하는데 머무르겠습니까." 黃梓曰, "齊宣王

은 단지 작록을 가지고 맹자를 머무르게 하려 하였으니, 실로 현인을 머무르게 하는 정성이 없는 것입니다. 또 사사로운 뜻으로 時子에게 말하여 맹자를 머무르게 하려 하였으니, 이것이 맹자가 머무르지 않은 까닭입니다."

자구 [巖巖] 우뚝하다. [眷권] 돌아보다. [眷眷] 연연하다. [梓재] 가래나무.

時子因陳子而以告孟子어늘 陳子以時子之言으로 告孟子한대

時子가 陳子를 통하여 이 말을 孟子에게 고하자, 陳子가 時子의 말을 孟子에게 고하였는데,

集註 陳子는 卽陳臻也라.

大文字義 [因인] 통하다. 의하다.

孟子曰 然하다 夫時子 惡知其不可也리오 如使予欲富인댄 辭十萬而受萬이 是爲欲富乎아

맹자왈, "그럴 듯하구나. 저 時子가 어찌 그것이 불가함을 알겠는가? 가령 내가 富를 바랐다면 十萬鍾의 녹봉을 사양하고 萬鍾의 녹봉을 받는 것이 바로 富를 바라는 것이 되는 것인가?

集註 孟子旣以道不行而去면 則其義不可以復留어늘 而時子不知하니 則又有難顯言者라 故로 但言設使我欲富인댄 則我前日爲卿에 嘗辭十萬之祿하니 今乃受此萬鍾之饋면 是我雖欲富나 亦不爲此也라하시니라.

大文字義 [然연] 그러하다, 옳다. [惡오] 어찌.(平聲). [辭사] 사양하다.

大文句文 [如使] 설사, 가사.

集註字義 [顯현] 드러내다. [設설] 假說하다. [嘗상] 일찍이. [饋궤] 보내준 것, 선물.

集註句文 [有難顯言者] 드러내 놓고 말하기 어려운 점이 있다.

季孫曰 異哉라 子叔疑여 使己爲政호되 用則亦已矣어늘 又使其子弟爲卿하니 人亦孰不欲富貴리오마는 而獨於富貴之中에 有私龍斷焉이라하니라.

季孫이 말하기를, '괴이하구나. 子叔疑여! 나에게 정사를 하게 하였으되 의견을 써 주지 않으면 또한 그만둘 뿐인데, 또 그 子弟로 하여금 卿을 삼게 하니, 사람들 또한 누구인들 부귀를 바라지 않겠는가마는 유독 부귀한 사람 가운데에서 사사로이 이익을 독점하려는 자가 있다.' 하였다.

集註 此는 孟子引季孫之語也라 季孫子叔疑는 不知何時人이라 龍斷은 岡壟之斷而高也니 義見下文하니라 蓋子叔疑者嘗不用而使其子弟爲卿한대 季孫이 譏其旣不得於此하고 而又欲求得於彼하니 如下文賤丈夫登龍斷者之所爲也라 孟子引此하사 以明道旣不行이요 復受其祿이면 則無以異此矣시니라.

大文字義 [異이] 괴이하다. [疑의] 의심하다. [孰숙] 누가. [獨독] 오직, 홀로. [龍롱] 언덕, [斷단] 끊다.

大文句文 [龍斷] 이익을 독점하다. 높은 언덕

集註字義 [岡강] 언덕. [壟롱] 언덕. [譏기] 비난하다, 나무라다.

集註句文 [岡壟之斷而高也] 깎아지른 언덕인데 높은 곳이다.

古之爲市者 以其所有로 易其所無者어든 有司者 治之耳러니 有賤丈夫焉하니 必求龍斷而登之하야 以左右望而罔市利어늘 人皆以爲賤故로 從而征之하니 征商이 自此賤丈夫始矣니라.

옛적에 교역하는 자들은 그가 가지고 있는 것으로써 그가 없는 것을 바꾸면 有司가 쟁송만을 다스릴 뿐이었다. 賤丈夫가 있었으니 반드시 깎아지른 절벽을 찾아 올라가 左右로 바라보면서 저자의 이익을 그물질하자, 사람들이 모두 그를 천하다고 여겼기 때문에 좇아가서 세금을 징수하였으니, 상인에게 세금을 거두는 일이 이 賤丈夫로부터 비롯되었다."

集註 孟子釋龍斷之說이 如此하시니라 治之는 謂治其爭訟이라 左右望者는 欲得此而又取彼也라 罔은 謂罔羅取之也라 從而征之는 謂人惡其專利라 故로

就征其稅하니 後世緣此하야 遂征商人也라 ○程子曰 齊王所以處孟子者 未爲不可요 孟子亦非不肯爲國人矜式者언마는 但齊王이 實非欲尊孟子요 乃欲以利誘之라 故로 孟子拒而不受하시니라.

大文字義 [市시] 교역. [登등] 오르다. [望망] 바라보다. [罔망] 망라하다. [征정] 세금을 걷다.

大文句文 [爲市者] 교역하는 사람. [有司者] 市官, 저자를 관리하는 자. [罔市利] 저자의 이익을 망라하다.

集註字義 [釋석] 설명하다. [爭쟁] 다투다. [訟송] 송사하다, 다투다. [處처] 처우하다, 대우하다. [誘유] 유인하다, 유도하다.

11장 孟子去齊하실새 宿於晝러시니

맹자께서 齊나라를 떠나실 적에 晝邑에서 묵으셨는데,

集 註 晝는 齊西南近邑也라.

大文字義 [晝주] 邑名.

有欲爲王留行者 坐而言이어늘 不應하시고 隱几而臥하신대

王을 위하여 맹자의 걸음을 머물러 두게 하고자 하는 자가 앉아서 말하자, 대답도 하지 않으시고 안석에 기대어 누워계셨다.

集 註 隱은 憑也라 客坐而言이어늘 孟子不應而臥也라.

大文字義 [留유] 머물다. [行행] 떠남, 걸음. [應응] 대답하다. [隱은] 기대다, 숨다. [几궤] 안석. [臥와] 눕다.

大文句文 [隱几而臥] 궤안에 기대어 눕다.

集註字義 [憑빙] 기대다. 의지하다.

客이 不悅曰 弟子齊宿而後敢言이어늘 夫子臥而不聽하시니 請勿復敢見矣로이다 曰 坐하라 我明語子하리라. 昔者에 魯繆公이 無人乎子思之側則不能安子思하고 泄柳申詳이 無人乎繆公之側則不能安其身이러니라.

客이 달가워하지 않고 말하기를, "弟子가 하루 동안 제계한 뒤에 감히 말씀을 드렸는데, 夫子께서 누워서 듣지 않으시니 삼가 다시는 감히 뵙지 못하겠습니다." 맹자 왈, "앉아라. 나는 자네에게 분명히 말해 두겠다. 옛적에 魯나라 繆公은 子思 곁에 성의를 진달할 사람이 없으면 자사가 떠나갈까 염려하여 자사를 편안하게 여기지 못하였고, 泄柳와 申詳 같은 현자는 繆公 옆에 보좌할 만한 인재가 없으면 그 자신을 편안하게 여기지 못하였다.

集註 齊宿은 齊戒越宿也라 繆公이 尊禮子思하야 常使人候伺하야 道達誠意於其側이라야 乃能安而留之也라 泄柳는 魯人이요 申詳은 子張之子也니 繆公尊之不如子思나 然이나 二子義不苟容하야 非有賢者在其君之左右하야 維持調護之면 則亦不能安其身矣니라.

大文字義 [齊제] 제계하다. [宿숙] 밤을 지내다. [聽청] 듣다. [復부] 다시. [坐좌] 앉다. [明명] 분명하게. [語어] 말해주다. [昔석] 옛적에. [繆목] 깊이 생각함. [側측] 옆에. [泄설] 새다, 알려지다. [詳상] 자세하다..

大文句文 [齊宿] 하룻동안 제계함. 재계하는 곳에서 밤을 지내는 것.

集註字義 [越월] 넘다. [候후] 기후. [伺사] 문안하다. [達달] 전달하다. [尊존] 높이다. [苟구] 구차하다. [容용] 용납하다. [調조] 보호하다, 조절하다. [護호] 보호하다.

集註句文 [道達誠意於其側] 그 옆에 성의가 전달되다. [義不苟容] 의리상 구차하게 용납되지 않다.

子為長者慮而不及子思하니 子絶長者乎아 長者絶子乎아

그대는 長者(맹자)를 위하여 생각해 주되 子思에 미치지 못하니, 그대가 長者를 절교하는 것인가, 長者가 그대를 절교하는 것인가?"

集註 長者는 孟子自稱也라 言齊王이 不使子來어늘 而子自欲爲王留我하니 是는 所以爲我謀者 不及繆公留子思之事하야 而先絶我也라 我之臥而不應이 豈爲先絶子乎아.

大文字義 [子자] 그대. [長장] 장자. [慮려] 생각하다. [絶절] 절교하다.

集註字義 [稱칭] 일컫다. [留류] 머물다. [謀모] 도모하다. [臥와] 눕다. [應응] 응하다.

承政院日記 [仁祖 3년 2월 5일 資政殿 書講, 有欲爲王留行者]

午時上御資政殿 講孟子公孫丑下篇。 楘講論旨義曰 有欲爲王留行者 雖有愛賢之心 王無誠意 故子不答矣。昔者魯繆公 尊賢以誠 常使人導達其誠意 不然則子思不能安而留之也。 槪賢者 非不欲得君行道 而待之不以禮 則不留。繆公可謂知尊賢之道矣。 但繆公知其尊敬而不能用其言 難免悅賢不能擧之誠矣。 泄柳申詳兩人 雖非中庸之士 亦皆一時之賢也。 繆公之側 有賢者維持調護 則君德可進 而其身亦然 不然則小人進用 而其身亦不能安 故常欲賢者在君側 是亦可法矣。今齊王 不能如繆公之尊子思 齊臣又不如魯賢之維持調護 客但以其意來言 待長者之道 豈如是乎。絶長者之言 誠宜矣。

解義 午時에 上이 資政殿에 나아가 孟子公孫丑下篇을 講하였다. 侍講官 李楘(목)이 뜻을 강론하여 말하기를, "왕을 위하여 맹자의 걸음을 머무르게 하고자 하는 사람이 비록 현자를 사랑하는 마음은 있었으나, 왕이 성의가 없기 때문에 맹자께서 답하지 않은 것입니다.

옛날 魯繆公은 현자를 진실로 존경하여 항상 사람을 시켜 그의 성의를 전달하게 하였으니, 그렇지 않았다면 子思가 안심하고 머물지 못하였을 것입니다. 대개 현자가 뜻을 펼만한 임금을 만나 도를 행하고자 하지 않는 것은 아니지만, 대우하기를 예로써 하지 않는다면 머물지 않았습니다. 목공은 현자를 존경하는 방법을 알았다고 이를 만합니다. 다만 목공은 존경할 줄만 알았지 그 말을 채용하지 못하였으니, 현자를 좋아하되 등용하지 못했다는 진실을 면하기 어려울 것입니다.

泄柳와 申詳 두 사람은 비록 中庸之士는 아니지만, 또한 모두 한 시대의 현자입니다. 목공의 곁에 현자가 있어 돕고 보호한다면 임금의 덕이 진보될 수 있고 자신 또한 그러할 것이지만, 그렇지 않다면 소인이 등용되어 자신도 편안하지 못하기 때문에 항상 현자가 임금의 곁에 있기를 바랐으니 이 또한 본받을 만합니다.

지금 齊王은 목공이 자사를 존경한 것처럼 하지 못하고 제나라 신하 또한 노나라 현자가 돕고 보호한 것처럼 하지 못하였는데, 客이 다만 자신의 뜻으로 와서 말하였으니, 長者를 대우하는 도리가 어찌 이와 같을 수 있겠습니까. 長者를 거절했다는 말은 참으로 마땅합니다."

자구 [楘목] 끌채 가죽(끌채에 감아 장식하는 가죽). [旨지] 뜻. [旨義] 뜻. [齋재]

재계하다. [繆公] 魯나라 제후 임금이며 魯哀公의 증손. [槪개] 대개. [免면] 면하다. [悅열] 기뻐하다. [泄설] 새다. [維持] 돕다, 유지하다. [調護] 보호하다.

12장 孟子去齊하실새 尹士語人曰 不識王之不可以爲湯武則是不明也요 識其不可요 然且至則是干澤也니 千里而見王하야 不遇故로 去호되 三宿而後出晝하니 是何濡滯也오 士則玆不悅하노라.

맹자께서 齊나라를 떠나실 때 尹士가 사람들에게 말하기를, "齊王이 湯武가 될 수 없다는 것을 알지 못했다면 이는 지혜가 밝지 못한 것이요, 될 수 없는 것을 알고도 제나라에 왔다면 이것은 은택을 구한 것이다. 1000里 길을 와서 왕을 만나고 뜻이 합하지 못하였기 때문에 제나라를 떠나되 3일 동안 묵은 뒤에 晝邑을 떠났으니 이 어찌 지체한단 말인가? 나는 이것(맹자의 행동)이 달갑지 않도다."

集註 尹士는 齊人也라 干은 求也라 澤은 恩澤也라 濡滯는 遲留也라.
大文字義 [去거] 떠나다. [識식] 알다. [明명] 지혜가 밝다. [干간] 요구하다. [澤택] 은택. [遇우] 뜻에 부합하다. [濡유] 적시다. [滯체] 막히다. [玆자] 이, 이에.
大文句文 [然且至則是干澤也] 그러면서도 왔다면 이것은 은택을 요구하는 것이다. [不遇(合其志)故去] 그 뜻에 부합하지 못하기 때문에 떠나다. [濡滯] 더디게 머물다, 지체하다.

高子以告한대

高子가 이 말을 맹자에게 고하였는데,

集註 高子는 亦齊人이니 孟子弟子也라

曰 夫尹士惡知予哉리오 千里而見王은 是予所欲也니 不遇故로 去豈予所欲哉리오 予不得已也로라.

맹자왈, "저 尹士가 어찌 나를 알리오? 1000里 길을 와서 齊王을 만난 것은 바로 내가 바라는 바이지만, 뜻이 합하지 못하였기 때문에 제나라를 떠나는 것이 어찌 내가 바라는 바이겠는가? 나는 부득이해서이다.

集註 見王은 欲以行道也니 今道不行이라 故로 不得已而去요 非本欲如此也라

予三宿而出晝호되 於予心에 猶以爲速하노니 王庶幾改之니 王如改諸시면 則必反予시리라.

내가 3일 동안 머물고서 晝邑을 떠났으되 나의 마음에 오히려 빠르다고 생각하였으니 王이 마음을 바꾸기를 바란 것이다. 王이 만일 마음을 바꾼다면 반드시 나를 돌아오라고 할 것이다.

集註 所改는 必指一事而言이라 然이나 今不可考矣라. **大文句文** [王庶幾改之] 왕이 바꾸시기를 바라다. 왕이 아마도 바꾸실 것이다.(庶幾王改之에서 왕을 강조하기 위해 전치한 문장임.)

夫出晝而王不予追也하실새 予然後浩然有歸志호니 予雖然이나 豈舍王哉리오 王由足用爲善하시리니 王如用予시면 則豈徒齊民安이리오 天下之民이 擧安하리니 王庶幾改之를 予日望之하노라.

晝邑을 떠나는데 王이 나를 쫓아오지 않았기 때문에 나는 그런 뒤에 결연히 돌아갈 뜻을 두었으니, 내가 비록 그러하지만 어찌 왕을 버리겠는가? 王은 그래도 선정을 하시기에 충분하니, 王이 만일 나를 써준다면 어찌 한갓 제나라 백성만이 편안하겠는가? 천하의 백성이 모두 편안할 것이니 왕이 마음을 바꾸기를 내가 날마다 바라노라.

集 註 浩然은 如水之流不可止也라 楊氏曰 齊王은 天資朴實하야 如好勇好貨好色好世俗之樂을 皆以直告而不隱於孟子라 故로 足以爲善이니 若乃其心不然이요 而謬爲大言以欺人이면 是人은 終不可與入堯舜之道矣니 何善之能爲리오.

大文字義 [追추] 쫓아오다. [浩호] 호연히, 결연히, 넓다. [歸귀] 돌아가다. [舍사] 버리다.(上聲). [由유] 오히려, 그래도.(尙), 말미암다. [徒도] 다만, 한갓. [擧거] 모두, 들다.

大文句文 [王不予追也] 왕이 나를 쫓아오지 않다. 予를 강조함. [浩然] 결연히. [予然後浩然有歸志] 내가 그러한 뒤에 결연히 돌아갈 뜻을 두었다. [王由(尙)足用為善] 왕이 그래도(오히려) 선정을 행하기에 충분하다.

集註字義 [資자] 자질. [朴박] 소박. [謬무] 잘못되다, 어그러지다.

予豈若是小丈夫然哉라 諫於其君而不受 則怒하야 悻悻然見於其面하야 去則窮日之力而後에 宿哉리오

내가 어찌 이와 같이 小丈夫처럼 하겠는가? 그 임금에게 간하였는데 받아주지 않으면 성을 내어 노기 띤 모습을 얼굴에 나타내고서 한번 떠나면 하루 종일 힘을 다 소진한 뒤에야 머무르겠느냐?"

集 註 悻悻은 怒意也라 窮은 盡也라.

大文字義 [諫간] 간하다. [怒노] 성내다, 노하다. [悻행] 성내다. [窮궁] 소진하다.

大文句文 [悻悻然] 성을 내는 모습.

承政院日記 [英祖 2년 2월 22일 進修堂 書講, 孟子三宿出晝]

檢討官黃梓曰 以尹士章論之 不得其君 則望望然去者 小丈夫之道。故孟子三宿出晝 庶幾王之改諸 而終不能悟 豈不惜哉。

解 義 검토관 黃梓曰, "尹士章을 가지고 논하자면, 뜻을 펼 만한 임금을 만나지 못하였다면 미련 없이 떠나는 것이 소장부의 방법입니다. 그러므로 맹자가 사흘을 유숙한 뒤에 晝땅을 나간 것은 왕이 행여 고치기를 바란 것인데, 끝내 깨닫지 못했으니 어찌 애석하지 않겠습니까."

集註句文 [望望然] 훤히, 미련 없이.

尹士聞之曰 士는 誠小人也로다.

尹士가 듣고 말하기를, "나는 참으로 小人이로구나."

集 註	此章은 言(可以見)聖賢行道濟時汲汲之本心과 愛君澤民惓惓之餘意니라. 李氏曰 於此에 見君子憂則違之之情이요 而荷蕢者所以爲果也니라.
集註字義	[濟제] 구제하다. [汲급] 분주하다. [惓권] 간절하다. [憂우] 근심스럽다. [違위] 떠나다, 도피하다. [荷하] 지다. [蕢궤] 삼태기, 망태기. [果과] 세상을 버리는 과단함.
論語 憲問篇	子擊磬於衛러시니 有荷蕢而過孔門者曰 有心哉라 擊磬乎여 旣而曰 鄙哉라 硜硜乎여 莫己知也어든 斯己而已니 深則厲요 淺則揭니라 子曰 果哉라 末之難矣니라.
자 구	[擊격] 치다. [磬경] 경쇠. [蕢괴] 소쿠리. [鄙비] 비루하다. [硜갱] 땡땡거리는 소리. [厲려] 걷다(옷자락을 띠를 맨 곳까지 걷음). 사납다. [揭게] 걷다(옷의 아랫도리를 걷음), 들다. [末말] 끝내.

13장 孟子去齊하실새 充虞路問曰 夫子若有不豫色然하시이다 前日에 虞聞諸夫子호니 曰 君子는 不怨天하며 不尤人이라호이다.

맹자께서 齊나라를 떠나실 때 充虞가 길에서 묻기를, "夫子께서는 기뻐하지 않는 기색이 있으신 듯합니다. 지난번에 제가 夫子께 들었는데, '君子는 하늘을 원망하지 않으며 남을 탓하지 않는다.' 하셨습니다."

集 註	路問은 於路中問也라 豫는 悅也라 尤는 過也라 此二句는 實孔子之言이니 蓋孟子嘗稱之以敎人耳시니라.
大文字義	[豫예] 기뻐하다. [尤우] 탓하다.
大文句文	[若~然] ~한 듯하다.
論語 憲問篇	子曰 莫我知也夫인저 子貢曰 何爲其莫知子也니잇고 子曰 不怨天하며 不尤人이요 下學而上達하나니 知我者는 其天乎인져.

曰 彼一時며 此一時也니라.

맹자왈, "그것도 한 때이고 이것도 한 때이니라.

集 註 彼는 前日이요 此는 今日이라.
참 고 [彼一時 此一時]는 그 때는 그 때이고 지금은 지금이다. 즉 상황이 다르다는 뜻이다.

五百年에 必有王者興하나니 其間에 必有名世者니라.

500年 마다 반드시 왕도를 시행하는 자가 출현하는 법이니, 그 사이에 반드시 왕자를 보좌할만한 사람이 있다.

集 註 自堯舜至湯과 自湯至文武히 皆五百餘年而聖人出하니라 名世는 謂其人德業聞望이 可名於一世者爲之輔佐니 若皐陶稷契伊尹萊朱太公望散宜生之屬이라.
大文句文 [名世者] 왕자를 보좌할 만한 사람.
集註字義 [名명] 이름이 나다. [輔보] 돕다. [佐좌] 돕다. [皐고] 언덕. [陶요] 질그릇. [稷직] 피. [契설] 이름. [萊래] 쑥. [屬속] 무리.
集註句文 [德業聞望] 덕업과 명성.(명망) [可名於一世者爲之輔佐] 一世에 이름날 만한 자가 그(王道를 행하는 자)를 보좌하다.

由周而來로 七百有餘歲矣니 以其數則過矣오 以其時考之則可矣니라.

周나라 이후로 700年이 지났으니 그 年數(500년)로 본다면 지난 것이고, 시기로 살펴본다면 가능한 것이다.

集 註 周는 謂文武之間이라 數는 謂五百年之期라 時는 謂亂極思治하야 可以有爲之日이라 於是而不得一有所爲하니 此孟子所以不能無不豫也시니라.
大文字義 [由유] 부터. [數수] 年數. [過과] 지나가다. [考고] 생각하다.
大文句文 [以其數則過矣] 그 年數로써는 지난 것이다.

集註字義 [亂란] 혼란. [極극] 극에 달하다. [豫예] 기뻐하다.
集註句文 [亂極思治] 혼란이 극에 달하면 다스려지기를 생각한다. [於是而不得一有所爲] 이러한 시기에 조금도 할 수 있는 것이 없다. [不能無不豫] 불쾌한 기색이 없지 않다, 기쁘지 않은 마음이 없을 수 없다.

夫天이 未欲平治天下也시니 如欲平治天下인댄 當今之世하야 舍我오 其誰也리오 吾何為不豫哉리오

하늘이 천하를 균평하게 다스리고자 하지 않으시니 만일 천하를 균평하게 다스리고자 하신다면, 오늘날의 세상을 만나 나를 버려두고 그 누구이겠는가? 내가 무엇 때문에 기뻐하지 않으리오?"

集 註 言當此之時하야 而使我不遇於齊하니 是天未欲平治天下也라 然이나 天意는 未可知요 而其具又在我하니 我何爲不豫哉리오 然則孟子雖若有不豫然者나 而實未嘗不豫也시니 蓋聖賢憂世之志와 樂天之誠이 有並行而不悖者를 於此見矣니라.
大文字義 [平평] 균평하다. [當당] 당하다. [舍사] 버리다.(上聲). [誰수] 누구.
集註字義 [遇우] 뜻에 합하다. [具구] 도구. [憂우] 근심하다. [樂낙] 즐거워하다. [誠성] 정성. [悖패] 어그러지다.
集註句文 [樂天之誠] 천리를 즐거워하는 정성.

14장 孟子去齊居休러시니 公孫丑問曰 仕而不受祿이 古之道乎잇가

맹자께서 제나라를 떠나 休땅에 머무셨는데, 公孫丑 問曰, "벼슬하면서 녹을 받지 않는 것이 옛날의 도리입니까?"

集 註 休는 地名이라.
大文字義 [居거] 머물다. [休휴] 지명, 쉬다. [祿녹] 녹봉.

05

孟子集註大全卷之五

滕文公章句上

孟子集註大全卷之五 滕文公章句上

05

凡五章이라. 모두 5장이다.

1장 滕文公이 為世子에 將之楚할새 過宋而見孟子하신대

滕文公이 世子가 되었을 적에 楚나라에 가다가 宋나라를 지나가며 孟子를 뵈었는데,

集註 世子는 太子也라.

大文字義 [滕등] 춘추전국 시대 노나라 남쪽에 있는 소국. [將장] 장차~하려하다.(平聲). [之지] 가다. [楚초] 춘추전국 시대의 대국으로 전국칠웅의 하나. [過과] 방문하다.

참고 [宋나라] 춘추전국 시대 제후의 나라로서 武王이 주나라를 개국할 때 前朝인 商나라 先王의 제사를 받들도록 하기 위해 봉해준 나라이다. 처음에 紂王의 아들 武庚을 봉해주었으나 商나라 부흥을 위해 모반하자 紂王의 叔父인 微子를 봉해준 나라이다. 기원전 286년 35대 康王 때 제나라 연합군에 의해 멸망하였다.

孟子道性善하사대 言必稱堯舜이라.

맹자께서 性善을 말씀하시되, 말씀하실 적마다 堯舜을 일컬으셨다.

集註 道는 言也라 性者는 人所稟於天以生之理也니 渾然至善하야 未嘗有惡이라 人與堯舜이 初無少異로되 但衆人은 汨於私欲而失之하고 堯舜則無私欲之蔽而能充其性爾이라 故로 孟子與世子言에 每道性善하시고 而必稱堯舜以實之하시니 欲其知仁義不假外求요 聖人可學而至하야 而不懈於用力也라 門人이 不能悉記其辭하고 而撮其大旨如此하니라 程子曰 性卽理也니 天下之理 原其所自하면 未有不善이니 喜怒哀樂未發에 何嘗不善이리오 發而中節이면

卽無往而不善이요 發不中節然後에 為不善이라 故로 凡言善惡에 皆先善而後惡하고 言吉凶에 皆先吉而後凶하고 言是非에 皆先是而後非니라.

大文字義 [道도] 말하다. [性성] 사람이 하늘로부터 부여받아서 생겨난 理. [稱칭] 일컫다. [堯요] 요임금. [舜순] 순임금.

集註字義 [稟품] 부여받다. [渾혼] 완전하다. [汨골] 빠지다. [欲욕] 욕심. [失실] 상실하다. [蔽폐] 가리다. [爾이] 뿐. [實실] 실증하다. [假가] 빌리다, 거짓, 가령, 크다. [懈해] 게으르다. [悉실] 모두. [撮촬] 요점을 잡다. [旨지] 뜻. [發발] 발하다, 드러나다. [中중] 맞다. [節절] 절도.

集註句文 [原其所自] 그 所自出을 따져보다. 그 所自出을 탐구하다.

世子自楚反하야 復見孟子하신대 孟子曰 世子는 疑吾言乎잇가 夫道는 一而已矣니이다.

世子가 楚나라에서 돌아와 다시 孟子를 뵈었는데, 맹자왈, "世子는 내 말을 의심하시는가? 대저 道는 하나일 뿐입니다.

集註 時人이 不知性之本善하야 而以聖賢為不可企及이라 故로 世子於孟子之言에 不能無疑하야 而復來求見하니 蓋恐別有卑近易行之說也라 孟子知之라 故로 但告之如此하야 以明古今聖愚本同一性하니 前言已盡하야 無復有他說也시니라.

大文字義 [反반] 돌아오다. [疑의] 의심하다.

集註字義 [時시] 당시. [企기] 발돋움 하다. [蓋개] 아마도~인 듯하다. [別별] 별도로. [說설] 학설, 주장. [明명] 밝히다.

集註句文 [企及] 발돋움하여 미치다, 할 수 있다.

思辨錄 [孟子 藤文公上, 世子之復見孟子]
世子之復見孟子 蓋疑前言之太高 恐堯舜之聖非人人所可及 古今又異 其道難行 冀更有其次可以度其力之所能及而敎之者。故孟子告以時有古今 道無二致。然則豈復有便門捷法可以適於時而易於行者也。

解義 世子가 맹자를 다시 만난 것은 아마도 맹자께서 앞서 말한 것이 너무나 高遠한 듯하여 요순과 같은 성인은 사람마다 미칠 수 있는 바가 아니며, 古今이 또 달라서 그 도가 행해지기 어려울까 염려해서, 다시 그 다음으로 세자의 힘이 미칠 수 있는 바를 헤아려 가르쳐 줄 수 있기를 바란 것이다. 그러므로 맹자께서 때에는 고금이 있지마는 道에는 두 가지 이치가 없다는 것으

로써 고해 주신 것이다. 그렇다면 어찌 다시 간편한 門과 빠른 방법이 때에 맞고 행하기 쉬울 수 있는 일이 있겠는가.

자 구 [冀기] 바라다. [致치] 이치. [捷첩] 빠르다. [適적] 적합하다.

成覸이 謂齊景公曰 <u>彼丈夫</u>也며 我丈夫也니 吾何畏彼哉리오하며 顔淵曰 舜何人也며 予何人也오 有爲者 亦若是라하며 公明儀曰 文王은 我師也라하시니 周公은 豈欺我哉시리오하니이다.

成覸이 齊景公에게 말하기를, '저 사람도 대장부요 나도 대장부이니 내가 어찌 저 사람들을 두려워하겠는가?' 顔淵曰, '舜은 어떤 사람이며 나는 어떤 사람인가? 큰 일을 하는 사람도 이와 같다.' 公明儀曰, '수공이 文王은 나의 스승이라고 하셨는데 周公이 어찌 나를 속이겠는가?' 라고 하였습니다.

集 註 成覸은 人姓名이라 彼는 謂聖賢也라 有爲者亦若是는 言人能有爲면 則皆如舜也라 公明은 姓이요 儀은 名이니 魯賢人也라 文王我師也는 蓋周公之言이니 公明儀亦以文王爲必<u>可師</u>라 故로 誦周公之言而歎其不我欺也라 孟子旣告世子以道無二致하고 而復引此三言以明之하시니 欲世子篤信力行하야 以師聖賢이요 不當復求他說也시니라.

大文字義 [覸간] 엿보다. [畏외] 두려워하다. [儀의] 거동. [師사] 스승. [豈기] 어찌. [欺기] 속이다.

大文句文 [彼丈夫] 여기서 彼는 朱子는 聖賢, 古註는 尊貴者로 봄.

集註字義 [誦송] 말을 전하다. [歎기] 속이다. [篤독] 독실하다.

集註句文 [可師] 본받을 만하다.

참 고 [若是] 能行大事則皆如舜.

今滕을 絶長補短이면 將五十里也나 猶可以為善國이니 書에 曰 若藥이 不瞑眩이면 厥疾不瘳라하니이다.

지금 滕나라를 긴 것은 잘라서 짧은 것에 보태주면 아마 사방 50里가 되지만, 이것을 가지고도 오히려 좋은 나라를 만들 수 있습니다. 書經에 이르기를, '만일 藥이 어지럽지 않다면 그 병을 치료할 수 없다.' 하였습니다."

集註 絶은 猶截也라 書는 商書說命篇이라 瞑眩은 憒亂이라 言滕國雖小나 猶足為治니 但恐安於卑近하야 不能自克이면 則不足以去惡而為善也라 ○愚按 孟子之言性善이 始見於此하고 而詳具於告子之篇이라 然이나 黙識而旁通之면 則七篇之中에 無非此理니 其所以擴前聖之未發而有功於聖人之門이니 程子之言이 信矣로다.

大文字義 [絶절] 자르다. [長장] 긴 것. [補보] 보태주다. [短단] 짧은 것. [藥약] 약. [瞑명] 눈을 감다, 어둡다. [眩현] 어지럽다. [厥궐] 그, 그것. [瘳추] (병이)낫다.

集註字義 [截절] 끊다, 다스리다. [憒궤] 심란하다. 마음이 어지럽다. [亂난] 어지럽다. [克극] 이기다. [黙묵] 묵묵하다, 고요하다. [識식] 알다. [旁방] 곁, 널리. [擴확] 확충하다.

集註句文 [憒亂] 아찔함, 어지러움. [旁通之] 널리 통용시키다.

書 經 [商書 說命上, 若藥弗瞑眩 厥疾弗瘳]
若藥이 弗瞑眩하면 厥疾이 弗瘳하며 若跣이 弗視地하면 厥足이 用傷하리라.

解 義 만일 약이 어지럽지 않다면 그 병을 치료할 수 없으며, 만약 맨발로 다니면서 땅을 잘 보지 않으면 그 발을 상하게 된다.

자 구 [跣선] 맨발로 다니다, 맨발.

思辨錄 [孟子 藤文公上, 堯舜之道爲善]
孜孜爲善 舜之徒也 堯舜之道 爲善而已。世子果能痛自剋治 刮磨舊習 唯善孜孜 則是服瞑眩而瘳其疾者也。苟不能然 亦終於喪而已。

解 義 부지런히 善을 행하는 것은 순의 무리이니, 요순의 도는 선을 행하는 것뿐이다. 세자가 과연 통렬히 스스로를 다스리고 구습을 없앨 수 있어서 오직 선을 부지런히 한다면, 이것은 어지러울 정도의 독한 약을 복용하여 병을 낫게 하는 것과 같다. 만약 그렇게 할 수 없다면 또한 상실하는 데에서 끝날 뿐이다.

자 구 [孜자] 부지런하다, 힘쓰다. [痛통] 간절하다, 아프다. [剋극] 이겨내다. [刮괄] 깎아내다.

2장 滕定公이 薨커늘 世子謂然友曰 昔者에 孟子嘗與我言於宋이어시늘 於心終不忘이라니 今也不幸하야 至於大故호니 吾欲使子로 問於孟子然後에 行事하노라.

滕定公이 죽자 世子가 然友에게 일러 말하기를, "지난번에 맹자께서 일찍이 宋나라에서 나와 이야기한 적이 있었는데 내 마음에 끝내 잊지를 못하였다. 지금 불행히 大故를 만났으니 내가 使子를 보내어 孟子에게 물은 뒤에 상을 치르고자 한다."

集註 定公은 文公父也라 然友는 世子之傅也라 大故는 大喪也라 事는 謂喪禮라.
大文字義 [薨훙] 죽다(제후), 훙서하다. [嘗상] 일찍이, [與여] 와, 함께.(上聲). [終종] 끝내. [忘망] 잊다. [幸행] 다행, 요행. [故고] 사유, 사건, 죽다.
集註字義 [傅부] 스승. [喪상] 상복을 입다, 죽다.

然友之鄒하야 問於孟子한대 孟子曰 不亦善乎아 親喪은 固所自盡也니 曾子曰 生事之以禮하며 死葬之以禮하며 祭之以禮면 可謂孝矣라하시니 諸侯之禮는 吾未之學也어니와 雖然이나 吾嘗聞之矣로니 三年之喪에 齊疏之服과 飦粥之食은 自天子達於庶人하야 三代 共之하니라.

然友가 鄒나라에 가서 맹자께 여쭈었는데, 맹자왈, "이 또한 훌륭하지 아니한가? 親喪은 참으로 스스로 극진히 해야 하는 것이니, 曾子曰, '살아계실 적에는 禮로써 섬기며 돌아가셔서는 禮로써 장사지내며 禮로써 祭祀하면 孝라고 이를 수 있다.' 하셨습니다. 제후의 禮는 배운 적이 없지만, 그러나 내가 일찍이 들었으니 三年의 喪에 齊疏의 服과 죽을 먹는 것은 천자로부터 서인에 이르기까지 통용되어 三代가 함께 한 것입니다."

集註 當時諸侯 莫能行古喪禮어늘 而文公이 獨能以此為問이라 故로 孟子善之하시니라 又言父母之喪은 固人子之心에 所自盡者니 蓋悲哀之情과 痛疾之意非自外至니 宜乎文公於此에 有所不能自已也라 但所引曾子之言은 本孔子告樊遲者니 豈曾子嘗誦之하야 以告其門人歟아 三年之喪者는 子生三年然

後에 免於父母之懷라 故로 父母之喪을 必以三年也라 齊는 衣下縫也니 不緝曰斬衰요 緝之曰齊衰라 疏는 麤也니 麤布也라 飦은 糜也라 喪禮에 三日에 始食粥하고 既葬에 乃疏食하니 此古今貴賤通行之禮也라.

大文字義 [之지] 가다. [鄒추] 추나라. [生생] 살아계실 적에는 [死사] 돌아가셔서는. [齊자] 옷의 하단에 솔기를 둔 상복, 어머니의 상에 입는 상복. [疏소] 성기다. 거칠다. [飦전] 죽. [粥죽] 죽. [共공] 한가지로 하다.

大文句文 [齊疏之服] 어머니를 위해 입는 상복, 여기서는 부모의 상복을 총칭한 것임. [飦粥] 된 죽.

集註字義 [痛통] 아파하다. [疾질] 병. [自자] 부터. [外외] 밖, 외면. [樊번] 울타리, 에워싸다. [遲지] 더디다. 느리다. [歟여] 의문을 나타내는 어조사. [懷회] 품. [縫봉] 바느질 하다, 옷 솔기. [緝즙] 꿰매다, 길쌈하다. [斬참] 옷의 하단에 솔기를 두지 않음, 아버지의 상에 입는 상복. [衰최] 상복. [麤추] 거칠다. [糜미] 된죽.

論語 爲政篇 孟懿子問孝한대 子曰 無違니라 樊遲御러니 子告之曰 孟孫이 問孝於我어늘 我對曰 無違라호라 樊遲曰 何謂也잇고 子曰 <u>生事之以禮하며 死葬之以禮하며 祭之以禮니라.</u>

자 구 [懿의] 아름답다. [違위] 거슬리다. [樊번] 울타리, 姓. [遲지] 더디다, 姓.

然友反命하야 定為三年之喪한대 父兄百官이 皆不欲曰 吾宗國魯先君도 莫之行하시고 吾先君도 亦莫之行也하시니 至於子之身而<u>反之 不可</u>하이다 且志에 曰 喪祭는 從先祖라하니 曰 <u>吾有所受之也</u>니이다.

然友가 돌아가 복명하여 三年의 喪을 시행하기로 정하였는데, 父兄과 百官이 모두 하려하지 않으면서 말하기를, "우리의 宗國인 魯나라 先君도 시행하지 않으셨고 우리 先君도 시행하지 않으셨으니, 자식에 이르러서 되돌리는 것은 불가합니다. 또한 기록에 이르기를, '喪祭는 先祖를 따른다.' 하니, 우리들은 선조께 전해 받은 바가 있습니다."

集 註 父兄은 同姓老臣也라 滕與魯는 俱文王之後而魯祖周公이 為長하니 兄弟宗之라 故로 滕謂魯為宗國也라 然이나 謂二國不行三年之喪者는 乃其後世之失이오 非周公之法本然也라 志는 記也라 引志之言而釋其意하야 以為所以

如此者는 蓋爲上世以來로 有所傳受하니 雖或不同이나 不可改也라 然이나 志所言은 本謂先王之世 舊俗所傳禮文小異하야 而可以通行者耳요 不謂後世失禮之甚者也라.

大文字義 [反반] 돌아오다. [命명] 복명하다. [志지] 기록.

大文句文 [反之不可] 되돌리는 것은 불가하다. [吾有所受之也] 우리들이 선조께 전해 받은 바가 있다.

集註字義 [俱구] 모두. [長장] 형. [宗종] 동성, 일족. [改개] 고치다. [文문] 節文. [甚심] 심하다.

謂然友曰 吾他日에 未嘗學問이오 好馳馬試劍하더니 今也에 父兄百官이 不我足也하니 恐其不能盡於大事하노니 子爲我問孟子하라 然友復之鄒하야 問孟子한대 孟子曰 然하다 不可以他求者也라 孔子曰 君薨커시든 聽於冢宰하나니 歠粥하고 面深墨하야 卽位而哭이어든 百官有司 莫敢不哀는 先之也라 上有好者면 下必有甚焉者矣니 君子之德은 風也요 小人之德은 草也니 草尙之風이면 必偃이라하시니 是在世子하니라.

세자가 然友에게 일러 말하기를, "나는 지난 날 학문을 한 적이 없고 말달리고 검을 다루는 것을 좋아하였는데, 지금 父兄과 百官들이 나를 부족하게 여겨 내가 대사를 극진히 치르지 못할까 염려하니, 그대는 나를 위해 맹자에게 물으라" 然友가 다시 鄒나라에 가서 맹자께 여쭈었는데, 맹자왈, "그럴 것입니다. 다른 것을 구해서는 안 됩니다. 공자왈, '임금이 죽으면 冢宰에게 정사를 듣나니, 죽을 마시고 얼굴이 흑색이 되어 자리에 나아가 곡하면, 百官과 有司가 감히 슬퍼하지 아니치 못하는 것은 솔선하기 때문이다. 윗사람이 좋아하는 것이 있으면 아랫사람은 반드시 그보다 더함이 있으니, 君子의 德은 바람이요 小人의 德은 풀과 같으니 풀에 바람이 더해지면 반드시 쓸린다.' 하셨으니, 이것은 世子께 달려있는 것입니다."

集註 不我足은 謂不以我滿足其意也라 然者는 然其不我足之言이라 不可他求者는 言當責之於己라 冢宰는 六卿之長也라 歠은 飮也라 深墨은 甚黑色也라 卽은 就也라 尙은 加也니 論語에 作上하니 古字에 通也라 偃은 伏也라

孟子言 但在世子自盡其哀而已라하시니라.

大文字義 [馳치] 달리다, 질주하다. [試시] 익히다. 시험하다. [劒검] 칼. [他타] 다른 것. [求구] 구하다. [薨훙] 죽다.(제후) [聽청] 청단하다, 정사를 듣는다. [冢총] 맏(長). [宰재] 재상. [歠철] 들이 마시다. [墨묵] 검어지다. [哭곡] 곡하다. [尙상] 더하다. [偃언] 눕다, 쓸리다.

大文句文 [好馳馬試劒] 말 타고 검을 쓰기를 좋아하다.

論語 憲問篇 子張이 曰 書云 高宗이 諒陰三年을 不言이라하니 何謂也잇고 子曰 何必高宗이리오 古之人이 皆然하니 君薨커시든 百官이 總己하야 以聽於冢宰三年하니라.

자 구 [諒양] 신실함. [陰암] 여막, 음기. [諒陰] 諒闇. 임금이 선제의 거상 중에 있음. [總총] 거느리다.,

論語 顔淵篇 季康子問政於孔子曰 如殺無道하야 以就有道댄 何如하니잇고 孔子對曰 子爲政에 焉用殺이리오 子欲善이면 而民이 善矣리니 君子之德은 風이요 小人之德은 草라 草上之風이면 必偃하나니라

然友反命한대 世子曰 然하다 是誠在我라하시고 五月居廬하야 未有命戒어시늘 百官族人이 可謂曰 知라하며 及至葬하야 四方이 來觀之하더니 顔色之戚과 哭泣之哀에 弔者 大悅하더라.

然友가 돌아와서 복명하였는데, 世子曰, "그럴 것이다. 이것은 진실로 나에게 달려 있는 것이다." 5개월 동안 廬幕에 기거하여 命令과 敎戒가 있지 않았거늘 百官과 族人이 지혜롭다 할 만하다고 하였으며, 葬禮 날에 이르러 四方 사람들이 그것을 보았는데, 顔色의 슬픔과 哭泣의 슬픔에 조문하는 사람이 크게 기뻐하였다.

集 註 諸侯는 五月而葬하니 未葬엔 居倚廬於中門之外라 居喪不言이라 故로 未有命令敎戒也라 可謂曰 知는 疑有闕誤하니 或曰 皆謂世子之知禮也라하니라 ○林氏曰 孟子之時에 喪禮旣壞나 然이나 三年之喪에 惻隱之心과 痛疾之意는 出於人心之所固有者라 初未嘗亡也언마는 惟其溺於流俗之弊하야 是以로 喪其良心而不自知耳라 文公이 見孟子而聞性善堯舜之說하니 則固有以啓發其良心矣라 是以로 至此而哀痛之誠心이 發焉이러니 及其父兄百官이 皆不欲行하야는 則亦反躬自責하야 悼其前行之不足以取信하고 而不敢有非其父兄百官之心하니 雖其資質이 有過人者나 而學問之力을 亦不可

誣也라 及其斷然行之하야 而遠近見聞이 無不悅服하니 則以人心之所同然者로 自我發之하야 而彼之心悅誠服이 亦有所不期然而然者하니 人性之善이 豈不信哉리오.

大文字義 [然연] 그러하다. [在재] 달려있다. [廬여] 여막, 임시거처, 오두막. [命명] 命令. [戒계] 敎戒. [知지] 지혜롭다. [葬장] 장례. [戚척] 슬퍼하다. [弔조] 조문하다. [悅열] 기뻐하다.

集註字義 [倚기] 의지하다. [闕궐] 빠트리다. [誤오] 잘못. [壞괴] 파괴되다. [啓개] 열다, 인도하다. [發발] 啓發하다, 드러내다. [躬궁] 몸소. [責책] 책망하다. [悼도] 슬퍼하다. [非비] 비난하다. [過과] 뛰어나다. [誣무] 속이다. [斷단] 결단하다. [期기] 기약하다.

3장 滕文公이 問爲國하신대

滕文公이 나라를 다스리는 것에 대해 물었는데,

集註 文公이 以禮聘孟子라 故로 孟子至滕에 而文公問之라.

孟子曰 民事는 不可緩也니 詩云 晝爾于茅오 宵爾索綯하야 亟其乘屋이오사 其始播百穀이라하니이다.

맹자왈, "農事는 늦추어서는 안 되니, 詩經에 이르기를, '낮에는 띠 풀을 가져오고 밤에는 새끼를 꼬아서 급히 지붕을 올리고서야 비로소 百穀을 파종한다.' 하였습니다.

集註 民事는 謂農事라 詩는 豳風七月之篇이라 于는 往取也라 綯는 絞也라 亟은 急也라 乘은 升也라 播는 布也라 言農事至重하니 人君이 不可以爲緩而忽之라 故로 引詩言治屋之急이 如此者는 蓋以來春에 將復始播百穀而不暇爲此也라.

大文字義 [事사] 일. [緩완] 늦추다. [晝주] 낮. [爾이] 너, 당신. [茅모] 띠풀. [于우] 가서 취하다(往以取). [宵소] 밤. [索삭] 새끼를 꼬다. [綯도] 새끼를 꼬다. [亟극] 급히, 빨리.(入聲)./ 자주.(기, 去聲). [乘승]올리다. [屋옥] 지붕. [播파] 파종한다. [穀곡] 곡식.

大文句文 [晝爾于茅] 낮에는 네가 가서 띠 풀을 취하다. [宵爾索綯] 밤에는 네가 새끼를 꼰다. [乘屋] 지붕을 올린다.

集註字義 [豳빈] 나라 이름, 后稷의 후손인 公劉가 이곳에 나라를 세우고 10世를 이어 太王 때 岐山 남쪽으로 천도함. [至지] 지극히. [重중] 중요하다. [忽홀] 소홀히 하다. [暇가] 겨를, 여가.

詩經 [國風 豳風 七月篇 8장]

大義 周公이 변란을 만나자 后稷과 先公의 교화가 말미암는 바를 진술해서 왕업이 어려웠던 일을 말해 준 것을 읊은 것이다. 別說에는 주공 이전의 農歌를 주공이 정리한 것이라고도 한다.

詩解 1장. 七月流火어든 九月授衣하나니라 一之日觱發하고 二之日栗烈하나니 無衣無褐이면 何以卒歲리오 三之日于耜오 四之日擧趾어든 同我婦子하야 饁彼南畝커든 田畯至喜하나니라.

7월이라 大火心星이 서쪽으로 내려가면 9월이라 겨울옷을 주느니라. 동짓달에는 바람이 쌀쌀하고 섣달에는 날씨 차가우니, 옷이 없고 털옷이 없으면 어떻게 한해를 마치리오. 정월에는 나가서 보습 고치고 2월에는 밭 갈러 나가면, 우리 아내 자식 함께 남쪽 밭에 점심 내어오면 권농관이 와서 보고 기뻐하느니라.

2장. 七月流火어든 九月授衣하나니라 春日載陽하야 有鳴倉庚이어든 女執懿筐하야 遵彼微行하야 爰求柔桑하며 春日遲遲어든 采蘩祁祁하나니 女心傷悲여 殆及公子同歸로다.

7월이라 大火心星이 서쪽으로 내려가면 9월이라 겨울옷을 주느니라. 봄이라 햇볕 따뜻하여 꾀꼬리 울어대면, 여인네 아름다운 광주리 가지고서 저 오솔길을 따라가 햇뽕잎을 따며, 봄이라 해 길어지면 다북쑥도 많이 뜯나니, 서글픈 여인네 마음 공자와 함께 돌아가리로다.

7장. 九月築場圃오 十月納禾稼하나니 黍稷重穋과 禾麻菽麥이니라 嗟我農夫아 我稼旣同이어니 上入執宮功이니 晝爾于茅오 宵爾索綯하야 亟其乘屋이라야 其始播百穀이니라.

9월이라 채전에 마당을 다지고 10월이라 온갖 곡식을 거둬드리니, 올기장, 늦기장, 올벼, 늦벼, 벼, 깨, 콩, 보리니라, 아! 우리 농부들아 우리 농사 모두 끝났으니, 우리 마을에 올라가 집안단속 하리니, 낮이면 띠를 베어오고 밤이면 새기를 꼬아서, 서둘러 지붕을 이어야 봄이 오면 온갖 곡식을 심느니라.

자구 [觱필] 바람쌀쌀하다. [栗률] 춥다. [褐갈] 털옷. [于우] 가다, 목적을 나타내는 어조사. [耜사] 보습. [趾지] 발. [擧趾] 발을 들어 밭을 갈다(擧足而耕).

[饁엽] 들에 밥을 보내다, 들밥. [畯준] 권농관. [陽양] 온화하다. [倉창] 꾀꼬리. [倉庚] 꾀꼬리. [懿의] 아름답다. [筐광] 광주리. [柔유] 부드럽다. [桑상] 뽕나무. [蘩번] 다북쑥. [祁기] 많다. [築축] 다지다. [場圃] 菜田. [稼가] 거두다. [重동] 늦곡식. [穋륙] 올곡식. [菽숙] 콩.

民之爲道也 有恒産者는 有恒心이오 無恒産者는 無恒心이니 苟無恒心이면 放辟邪侈를 無不爲已니 及陷乎罪然後에 從而刑之면 是는 罔民也니 焉有仁人이 在位하야 罔民을 而可爲也리오 是故로 賢君이 必恭儉하야 禮下하며 取於民이 有制니이다.

백성의 道는 恒産이 있는 자는 恒心이 있고 恒産이 없는 자는 恒心이 없으니, 진실로 恒心이 없으면 放辟과 邪侈를 못할 것이 없을 것입니다. 罪에 빠진 뒤에 뒤따라 형벌을 가한다면 이것은 백성을 속이는 것이니, 어찌 仁人이 윗자리에 있으면서 백성을 속이는 짓을 할 수 있겠습니까? 이 때문에 賢君은 반드시 공손하고 검소해서 아랫사람을 예우하며, 백성에게서 취하는 데는 法制가 있는 것입니다.

集註 恭則能以禮接下하고 儉則能取民以制라.

大文字義 [恒항] 항구함. 변하지 않음. [産산] 생업. [苟약] 만약. [放방] 방자하다.(去聲). [辟벽] 편벽되다.(入聲). [邪사] 사특하다. [侈치] 사치하다. [已이] 뿐. [刑형] 형벌을 가하다. [罔망] 속이다. 그물질하다. [恭공] 공손하다. [儉검] 검소하다. [禮예] 예우하다. [下하] 아랫사람. [制제] 법제, 법도.

大文句文 [恒心] 恒有之善心. [放辟] 방자함. [邪侈] 간사함.

陽虎曰 爲富면 不仁矣오 爲仁이면 不富矣라하니이다.

陽虎曰, '富를 추구하면 不仁할 것이요, 仁을 추구하면 부유하지 못할 것이다' 하였습니다.

集註 陽虎은 陽貨니 魯季氏家臣也라 天理人欲이 不容並立이라 虎之言此는 恐為仁之害於富也요 孟子引之는 恐為富之害於仁也니 君子小人이 每相反而已矣니라.

集註句文 [恐為仁之害於富也] 인을 행하는 것이 부를 해칠까 염려된다.

참고 [陽虎와 陽貨의 고증] 논어 집주에 "陽貨는 季氏의 가신으로 이름은 虎이다. 季桓子를 구금하고 노나라 정사를 멋대로 한 적이 있다." 하였다. 이 말은 陽貨가 바로 陽虎라는 의미이다. 陽虎가 정사를 제멋대로 한 적은 있지만 대부가 된 적은 없다. 그런데 맹자께서 어찌 陽虎를 대부라 부를 수 있었겠는가?

춘추에서는 양호의 반란에 대하여 도둑이 보옥과 大弓을 훔쳐갔다고 기록하였으며, 양호가 제나라로 도망간 사실에 대해서는 보옥과 대궁을 되찾았다고 기록하였다. 한결같이 양호의 이름을 쓰지 않았으며, 그가 반란을 일으킨 것이나 달아난 것에 대하여 기록하지도 않았다. 향호 자체를 도리어 활이나 보옥보다 하찮게 여겼는데 이는 그를 매우 혐오하였기 때문이다. 설령 공공연히 대부를 자처했다 하더라도 공자가 어찌 대부의 예로 양호를 존대할 수 있었으랴?

논어에 양화는 있지만 양호는 없으며, 좌전에 양호는 있지만 양화는 없다. 좌전에 양호에 연관된 수십 가지 내용이 기록되어 있지만, 유독 돼지를 보냈다는 이야기 만은 없다. 그리고 좌전에서 양호의 이름을 백 수십 차례에 걸쳐 들먹거리면서도, 한결같이 향호라 하였지 양화라고 부른 적은 한 번도 없다. 그렇다면 양화와 양호는 각기 다른 사람이 아닐까 싶다. 이제 양화와 양호를 각기 다른 사람으로 본다면, 맹자의 말이 매우 분명하여 의심스러울 게 없지만, 어느 경전으로도 명확하게 증명할 수 없으므로 주자의 말을 쉽사리 바꾸지 못한다.(洙泗考信錄 이재하 번역본 인용)

夏后氏는 五十而貢하고 殷人은 七十而助하고 周人은 百畝而徹하니 其實은 皆什一也니 徹者는 徹也오 助者는 藉也니이다.

夏后氏는 50畝로써 貢法을 시행하고, 殷人은 70畝로써 助法을 시행하고, 周人은 100畝로써 徹法을 시행하였습니다. 그의 실상은 모두 10분의 1세이니, 徹이라는 것은 통용한다는 것이요, 助라는 것은 노동력을 빌린다는 것입니다.

集註 此以下는 乃言制民常產과 與其取之之制也라 夏時에 一夫受田五十畝하고 而每夫計其五畝之入以為貢이러니 商人이 始為井田之制하며 以六百三十畝之地로 畫為九區하니 區七十畝라 中為公田이요 其外는 八家各授一區하야 但借其力하야 以助耕公田하고 而不復稅其私田이라 周時엔 一夫受田百畝하되 鄉遂엔 用貢法하야 十夫有溝하고 都鄙엔 用助法하야 八家同井하야 耕則通力而作하고 收則計畝而分이라 故로 謂之徹이라 其實皆什一者는 貢法은 皆以十分之一로 為常數하고 惟助法은 乃是九一이나 而商制는 不可考요 周制則公田百畝에 中以二十畝로 為廬舍하야 一夫所耕公田이 實計十畝니 通私田百畝하면 為十一分而取其一이니 蓋又輕於十一矣라 竊料商制亦當似此하야 而以十四畝로 為廬舍하야 一夫實耕公田七畝리니 是亦不過十一也라 徹은 通也요 均也라 藉는 借也라.

大文字義 [貢공] 공법을 시행하다. [助조] 조법을 시행하다. [徹철] 철법을 시행하다. 貢法과 助法을 통용하다. [藉자] 빌리다.

集註字義 [制제] 제정하다, 법제. [入입] 수입. [畫획] 긋다. [區구] 구획하다. [借차] (노동력을)빌리다. [溝구] 도랑. [都도] 도성. [鄙비] 성 밖, 교외. [廬여] 농막. [通통] 통합하다. [輕경] 가볍다.

集註句文 [都鄙] 鄉遂를 벗어난 농촌.

참고 鄉은 都城 50~100里, 遂는 200里, 稍는 300里, 縣은 400里, 都는 500里임. 鄉遂는 교외이다.

龍子曰 治地는 莫善於助요 莫不善於貢이니 貢者는 校數歲之中하야 以為常하나니 樂歲애 粒米狼戾하야 多取之而不為虐이라도 則寡取之하고 凶年애 糞其田而不足이어늘 則必取盈焉하나니 為民父母라 使民으로 盻盻然將終歲勤動하야 不得以養其父母하고 又稱貸而益之하야 使老稚로 轉乎溝壑이면 惡在其為民父母也리오하니이다.

龍子曰, '田地를 다루는 것은 助法보다 좋은 것이 없고 貢法보다 좋지 않은 것이 없다. 貢法은 여러 해의 중간을 따져서 常式으로 삼으니, 풍년에는 쌀 낟이 흩어져서 세금을 많이 걷어도 가혹함이 되지 않지만 적게 취하고, 凶年에는 그 田地를 북돋아 주더라도 부족한대 반드시 채워야 하는 수량을 취합니다. 백성의 부모가 되어 백성들로 하여금 한스럽게 보게 하면서 장차 해가 다하도록 부지런히 일하느라 그 부모를 봉양할 수 없게 하고, 또 빚을 내어 보태서 세금을 내게 하여 노인과 어린이로 하여금 도랑과 골짜기에 굴러다니게 한다면 그 백성의 父母됨이 어디에 있으리오?' 하였습니다.

集註 龍子는 古賢人이라 狼戾는 猶狼籍니 言多也라 糞은 壅也라 盈은 滿也라 盻는 恨視也라 勤動은 勞苦也라 稱은 擧也요 貸는 借也니 取物於人하고 而出息以償之也라 益之는 以足取盈之數也라 稚는 幼子也라.

大文字義 [治치] 다루다, 다스리다. [助조] 조법. [貢공] 공법. [校교] 따지다. [數수] 몇몇. [常상] 常式. [樂낙] 풍년. [粒입] 낟알. [狼낭] 어지럽다. [戾려] 어그러지다. [虐학] 모질다. [糞분] 북돋아주다, 거름을 주다. [盈영] 채워야 하는 수량. [盻혜] 흘겨보다. [勤근] 부지런하다. [稱칭] 일으키다, 일컫다. [貸대] 빌리다, 차용. [稚치] 어리다. [轉전] 굴러다니다. [溝구] 도랑. [壑학] 골짜기. [惡오] 어디, 어찌.(平聲).

大文句文 [校數歲之中] 여러 해의 중간 수효를 헤아리다. [糞其田] 그 밭을 북돋아 주다(朱子), 그 밭을 청소하듯이 거두다(茶山). 거름을 주다. [盻盻然] 한스럽게 보는 모습. [終歲] 항상. [稱貸而益之] 빚을 내어 보태어서 세금을 내게 하다.

集註字義 [壅옹] 북돋우다. [滿만] 가득하다. [恨한] 한스럽다. [視시] 보다. [勞노] 수고롭다. 일하다. [苦고] 괴롭다, 힘쓰다. [擧거] 거행하다. [借차] 빌리다. [息식] 이자. [償상] 보상하다. [足주] 채우다.

참고 [校數歲之中] 율곡은 그해의 중간을 셈한다고 해석하여, "풍년도 아니고 흉년도 아닌 중간 해를 헤아린다." 하였다. 沙溪는 "그 몇 년 사이에 수확된 양의 多寡를 통틀어 계산하여 常式으로 정했을 것이다." 하였다.

참고 [糞其田] 集註에서는 "糞이란 북돋움이다(糞壅也)." 하였는데, 班祿章의 "百畝의 糞"에 대한 집주는, "거름을 주는데, 거름이 많고 힘 있고 부지런한 자" 라고 하였으니 서로 해석이 다르다.

夫世祿은 滕이 固行之矣니이다.

대저 世祿은 滕나라가 본디 시행하여 왔습니다.

集註 孟子嘗言文王治岐에 耕者를 九一하며 仕者를 世祿이라하시니 二者는 王政之本也라 今世祿은 滕已行之요 惟助法未行이라 故로 取於民者無制耳라 蓋世祿者는 授之土田하야 使之食其公田之入이니 實與助法으로 相為表裏하니 所以使君子小人으로 各有定業而上下相安者也라 故로 下文에 遂言助法하시니라.

集註字義 [嘗상] 일찍이. [岐기] 岐山. [世세] 대대로. [授수] 주다. [食식] 먹다. [遂수] 마침내, 드디어.

詩云 雨我公田하야 遂及我私라하니 惟助애 為有公田하니 由此觀之컨대 雖周나 亦助也로소이다.

詩經에 이르기를, '나의 公田에 비가 내려 드디어 나의 私田에 미친다.' 하니, 오직 助法에만 公田이 있는 것인데 이것을 가지고 관찰해 본다면 비록 周나라라 하더라도 助法을 썼습니다.

集註 詩는 小雅大田之篇이라 雨는 降雨也라 言願天雨於公田而遂及私田이라하니 先公而後私也라 當時에 助法盡廢하야 典籍不存이요 惟有此詩可見周亦用助라 故로 引之也시니라.

大文字義 [私사] 私田.

大文句文 [惟助為有公田] 오직 助法에만 공전이 있다고 여기다.

集註字義 [先선] 먼저하다. [公공] 공적인 것. [私사] 사사로운 것. [盡진] 모두, 다. [廢폐] 폐지되다. [典전] 법전, 경전, 서적. [籍적] 서적. 문서. [存존] 보존하다. [引인] 인용하다.

詩經 [小雅 北山之什 大田篇 4장]

大義 幽王을 풍자한 시이다. 홀아비와 과부가 홀로 살 수 없음을 불쌍하게 여긴 것이다. 別解, 농부의 말로 윗사람을 찬미한 것이다.

詩解 1장. 大田多稼라 既種既戒하야 既備乃事하니 以我覃耜로 俶載南畝하야 播厥百穀하니 既庭且碩이라 曾孫是若이로다.

큰 밭에는 심을 것도 많아 종자를 고르고 연장을 손질하여 준비를 마치고 일을 시작하니, 우리 날선 보습으로 비로소 남쪽 밭에서 일을 하여 온갖 곡식을 심어, 똑바르고 크게 자라 증손 마음에 꼭 알맞도다.

2장. 既方既皁하며 既堅既好요 不稂不莠어든 去其螟螣과 及其蟊賊이라야 無害我田穉니 田祖有神은 秉畀炎火어다.

씨방이 생기고 알이 생기며 영글어서 잘 익으며, 강아지풀 가라지풀 없으면 곡식 갉아먹는 해충들 모두 제거해야 나의 어린 벼 해로움 없을 것이니, 영험이 있는 田祖께서는 잡아다가 불속에 던져 버리소서.

3장. 有渰萋萋하야 興雨祁祁하야 雨我公田이요 遂及我私하야 彼有不穫穉하며 此有不斂穧하며 彼有遺秉하며 此有滯穗하니 伊寡婦之利로다.

뭉개 뭉개 구름 일어 비가 보슬 보슬 내려서, 나의 공전에 비를 내리고 마침내 사전에 내려, 저쪽에는 거두지 않은 늦벼 있으며 이쪽에는 남겨진 볏단도 있고, 저쪽에는 한줌의 벼가 있으며 이쪽에는 흘려놓은 이삭 있으니, 이는 과부의 차지로다.

자구 [覃염] 날카롭다. [耜사] 보습. [俶숙] 비로소. [庭정] 곧다.(直) [碩석] 크다. [曾孫] 후손.(제사에 제주를 지칭할 때) [方방] 씨앗.(房) [皁조] 열매가 아직 익지 않는 것. [稂랑] 강아지풀. [莠유] 가라지. [螟명] 벌래.(줄기를 갉아먹는 해충) [螣특] 황충이, 벼 매뚜기.(잎새를 갉아먹는 해충) [蟊모] 거세미(뿌리를 갉아먹는 해충). [賊적] 마디충.(마디를 갉아먹는 해충) [穉치] 어린 벼. [畀비] 주다. [渰엄] 구름이 이는 모습, 뭉개 뭉개. [萋처] 무성하다. [祁기] 고요하다. [祁祁] 천천히, 느리게 하는 모양. [穫확] 벼를 거두다. [穉서] 어린벼, 늦벼. [穧제] 볏단. [滯체] 남다.

設為庠序學校하야 以教之하니 庠者는 養也요 校者는 教也요 序者는 射也라 夏曰 校요 殷曰 序요 周曰 庠이오 學則三代共之하니 皆所以明人倫也라 人倫이 明於上이면 小民이 親於下니이다.

개설하여 庠序學校를 만들어 가르치니, 庠은 기름이고 校는 가르침이고 序는 활쏘기입니다. 夏나라는 校라 하였고 殷나라는 序라고 하였고 周나라는 庠이라 하였고 學은 곧 三代가 공유하였으니, 모두 人倫을 밝히는 곳입니다. 人倫이 위에서 밝으면 백성은 아래에서 친밀하게 됩니다.

集註 庠은 以養老為義요 校는 以教民為義요 序는 以習射為義니 皆鄉學也라 學은 國學也라 共之는 無異名也라 倫은 序也니 父子有親 君臣有義 夫婦有別 長幼有序 朋友有信이니 此는 人之大倫也라 庠序學校는 皆以明此而已니라.

大文字義	[設설] 개설하다, 설치하다. [庠상] 周나라 때의 학교, 養과 음이 유사하며 '기르다.'의 뜻이 있음. [序서] 殷나라 때의 학교, 射와 음이 비슷하며 '활쏘기를 익히다.'의 뜻이 있음. [學학] 夏商周 三代가 공통으로 사용한 학교. [校교] 夏나라 때의 학교, 敎와 음이 같으며 '가르치다.'의 뜻이 있음.
참고	學은 太學, 校序庠은 鄕學.

有王者起면 必來取法하리니 是為王者師也니이다.

王道를 시행하는 자가 출현한다면 반드시 와서 취하여 본받을 것이니, 이것이 왕자의 스승이 되는 것입니다.

集註	滕國이 褊小하야 雖行仁政이라도 未必能興王業이라 然이나 為王者師면 則雖不有天下라도 而其澤이 亦足以及天下矣니 聖賢至公無我之心을 於此에 可見이니라.
集註字義	[褊편] 땅이 좁다. [興흥] 일으키다. [爲위] 되다. [澤택] 은택.

詩云 周雖舊邦이나 其命維新이라하니 文王之謂也니 子力行之하시면 亦以新子之國하시리이다.

詩經에 이르기를, '周나라가 비록 오래된 나라이지만 그 命이 새로워졌다.' 하였으니, 文王을 이른 것입니다. 임금께서 힘써 이것을 시행한다면 또한 임금의 나라를 새롭게 할 것입니다."

集註	詩는 大雅文王之篇이라 言周雖后稷以來로 舊為諸侯나 其受天命而有天下는 則自文王始也라 子는 指文公이니 諸侯未踰年之稱也라.
大文字義	[維유] 발어사로 뜻이 없음. [新신] 새로워지다.
集註字義	[稷직] 기장, 農業을 관장하는 官. [踰유] 넘다.
集註句文	[子指文公諸侯未踰年之稱也] '子'는 文公을 가리키니, 제후가 죽은지가 아직 1년이 넘지 않았을 때 지위를 이어 받은 제후의 칭호이다.
참고	[稱元法] 朝鮮王朝와 高麗王朝는 춘추법에 따라 踰年稱元法을 사용하였다. 예컨대 仁祖는 27년 己丑年 5月 薨逝했는데 이 해가 孝宗 卽位年이고 다

음해가 孝宗 元年(1년)이 된다. 삼국사기는 薨年稱元法을 따랐으므로 즉위 초년을 원년으로 사용하였다.

詩經 [大雅 文王之什 文王篇]
孟子集註大全卷之三 公孫丑章句上 4장 참조

使畢戰으로 問井地하신대 孟子曰 子之君이 將行仁政하야 選擇而使子하시니 子必勉之어다 夫仁政은 必自經界始니 經界 不正이면 井地 不均하며 穀祿이 不平하리니 是故로 暴君汙吏는 必慢其經界하나니 經界 旣正이면 分田制祿은 可坐而定也니라.

畢戰을 시켜서 정전법을 묻게 하였는데, 맹자왈, "그대의 임금이 仁政을 행하려고 하여 가려서 그대를 보내셨으니 그대는 반드시 노력해야 합니다. 仁政은 반드시 경계를 바르게 하는데서 시작되니, 경계가 바르지 않으면 井地가 균등하지 않게 되며 穀祿이 공평하지 않게 될 것입니다. 이 때문에 포악한 군주와 탐관오리는 반드시 그 經界를 게을리 하니, 經界가 바르게 되었다면 전지를 나누고 녹봉을 제정하는 일은 앉아서도 쉽게 정할 수 있습니다.

集註 畢戰은 滕臣이라 文公이 因孟子之言하야 而使畢戰으로 主為井地之事라 故로 又使之來問其詳也라 井地는 卽井田也라 經界는 謂治地分田하야 經畫其溝塗封植之界也라 此法이 不修면 則田無定分하야 而豪强이 得以兼并이라 故로 井地有不均하고 賦無定法하야 而貪暴得以多取라 故로 穀祿有不平하니 此는 欲行仁政者之所以必從此始요 而暴君汙吏는 則必欲慢而廢之也라 有以正之면 則分田制祿을 可不勞而定矣리라.

大文字義 [畢필] 마치다. [選선] 선택하다. [勉면] 힘쓰다. [經경] 地境, 境界. [界계] 지경, 경계. [均균] 고르다. 均平하다. [穀곡] 곡식. [祿녹] 녹봉. [暴포] 사납다, 포악하다. [汙오] 더럽다. [慢만] 게으르다, 거만하다. [制제] 제정하다.

大文句文 [自經界始] 경계를 바르게 하는 데에서 시작된다.

集註字義 [畫획] 구분하다, 분할하다. [溝구] 도랑. [塗도] 길. [封봉] 북돋우다. [植

식] 심다, 수립하다. [豪호] 용감하다. [幷병] 아우르다. 겸병하다. [賦부] 세금을 걷다. [貪탐] 탐하다.

集註句文 [經畫其溝塗封植之界也] 도랑과 길과 封植의 경계를 구획하는 것이다.

夫滕이 壤地 褊小하나 將為君子焉이며 將為野人焉이니 無君子면 莫治野人이오 無野人이면 莫養君子니라.

滕나라는 국토가 좁고 작지만 장차 君子가 될 사람이 있으며 장치 野人이 될 사람이 있을 것이니, 君子가 없으면 野人을 다스리지 못하고 野人이 없으면 君子를 기르지 못합니다.

集註 言滕地雖小나 然이나 其間에 亦必有為君子而仕者하며 亦必有為野人而耕者라 是以로 分田制祿之法을 不可偏廢也라.

大文字義 [壤양] 국토.

大文句文 [將為君子焉] 將有爲君子(在上之人)於之. [將為野人焉] 將有爲野人(在下之人, 즉 농민)於之.

請野애 九一而助하고 國中애 什一하야 使自賦하라.

부디 野에서는 9분의 1로써 助法을 시행하고 도성 안에서는 10분의 1로써 스스로 賦稅를 내게 하십시오.

集註 此는 分田制祿之常法이니 所以治野人하야 使養君子也라 野는 郊外都鄙之地也라 九一而助는 為公田而行助法也라 國中은 郊門之內鄉遂之地也니 田不井授하고 但為溝洫하야 使什而自賦其一이니 蓋用貢法也니 周所謂徹法者 蓋如此하니라 以此推之하면 當時에 非惟助法不行이라 其貢亦不止什一矣니라.

集註字義 [鄙비] 변방.

참고 [溝] 井과 井의 경계를 나타내는 도랑, 도랑의 크기는 4尺×4尺. [洫] 成(10×10里)과 成의 경계를 표시하는 도랑으로 도랑의 크기는 8尺×8尺.

卿以下는 必有圭田하니 圭田은 五十畝니라.

卿이하는 반드시 圭田이 있으니 圭田은 50畝 입니다.

> **集註** 此는 世祿常制之外에 又有圭田이니 所以厚君子也라 圭는 潔也니 所以奉祭祀也라 不言世祿者는 滕已行之요 但此未備耳라.
>
> **集註字義** [厚후] 후하게 하다. [潔결] 깨끗하다.

餘夫는 二十五畝니라.

餘夫에게는 25畝를 줍니다.

> **集註** 程子曰 一夫上父母下妻子하야 以五口八口為率하야 受田百畝하니 如有弟면 是餘夫也라 年十六에 別受田二十五畝하고 俟其壯而有室然後에 更受百畝之田하나니라 愚按 此는 百畝常制之外에 又有餘夫之田이니 以厚野人也라.
>
> **大文句文** [餘夫] 1夫와 1婦로서 겨우 夫家를 이룬 자를 餘夫라 하여 100畝의 4분의 1, 즉 25畝를 준다.
>
> **集註字義** [率솔] 비율. [俟사] 기다리다. [室실] 아내.

死徙에 無出鄉이니 鄉田同井이 出入에 相友하며 守望에 相助하며 疾病에 相扶持하면 則百姓이 親睦하리라.

장사지내거나 이사할 적에 鄕을 나가는 일이 없으니, 鄕田에 井을 같이하는 사람이 出入할 적에 서로 짝하며, 지키고 망볼 적에 서로 도우며, 질병에 서로 도와준다면 백성이 친목할 것입니다.

> **集註** 死는 謂葬也요 徙는 謂徙其居也라 同井者는 八家也라 友는 猶伴也라 守望은 防寇盜也라.
>
> **大文字義** [徙사] 이사. [守수] 지키다. [望망] 망보다. [扶부] 붙잡아주다. [持지] 지키다, 가지다. [睦목] 화목하다.
>
> **大文句文** [死徙無出鄉] ① 죽어서 장사지내거나 이사할 적에 마을을 벗어나는 일이

없다. ② 죽어서 장사지내거나 이사할 적에 마을을 벗어나지 않게 해야 한다. [守望] 지키고 망보다.

集註字義 [伴반] 짝하다. [防방] 방어하다. [寇구] 도둑. [盜도] 도둑, 훔치다.

方里而井이니 井이 九百畝니 其中이 為公田이라 八家 皆私百畝하야 同養公田하야 公事를 畢然後에 敢治私事니 所以別野人也니라.

사방 1里가 1井이고, 1井이 900畝이니, 그 가운데를 公田으로 삼습니다. 8家는 모두 100畝씩을 私田으로 받아서 함께 公田을 가꾸고, 公田의 일을 마친 뒤에야 감히 私田의 일을 하니, 이는 野人을 분별하는 것입니다.

集註 此는 詳言井田形體之制니 乃周之助法也라 公田은 以為君子之祿이요 而私田은 野人之所受니 先公後私는 所以別君子野人之分也라 不言君子는 據野人而言하니 省文耳라 上言野及國中二法하고 此獨詳於治野者는 國中貢法은 當世已行이요 但取之過於什一爾니라.

大文字義 [畢필] 끝내다. [別별] 구별하다.

集註字義 [詳상] 자세하다. [據거] 의거하다, 의탁하다. [省생] 덜다. [獨독] 유독.

此其大略也니 若夫潤澤之則在君與子矣니라.

이것은 그 대략이니 이것을 윤택하게 하는 것으로 말하면 임금과 그대에게 달려있는 것입니다."

集註 井地之法을 諸侯皆去其籍하니 此特其大略而已라 潤澤은 謂因時制宜하야 使合於人情하고 宜於土俗하야 而不失乎先王之意也라. ○呂氏曰 子張子慨然有意三代之治하야 論治人先務에 未始不以經界為急하야 講求法制하야 粲然備具하시니 要之可以行於今이니 如有用我(張載)者면 擧而措之耳라 嘗曰 仁政은 必自經界始니 貧富不均하고 敎養無法이면 雖欲言治나 皆苟而已라 世之病難行者는 未始不以亟奪富人之田為辭라 然이나 玆法之行에 悅之者衆하리니 苟處之有術하야 期以數年이면 不刑一人而可復이니 所病者

는 特上之未行耳라 乃言曰 縱不能行之(井田之制)天下나 猶可驗之一鄕이라하고 方與學者로 議古之法하야 買田一方하야 畫為数井하야 上不失公家之賦役하고 退以其私로 正經界하고 分宅里하며 立斂法하고 廣儲蓄하며 興學校하고 成禮俗하며 救菑恤患하고 厚本抑末이면 足以推先王之遺法하야 明當今之可行이라하더니 有志未就而卒하시니라. ○愚按 喪禮(章)經界(章)兩章에 見孟子之學이 識其大者라 是以로 雖當禮法廢壞之後하야 制度節文을 不可復考나 而能因略以致詳하고 推舊而為新하야 不屑屑於旣往之迹而能合乎先王之意하시니 眞可謂命世亞聖之才矣로다.

大文字義 [潤윤] 적시다, 윤택하다. [澤택] 윤택, 은택.

集註字義 [籍적] 문서. [慨개] 개탄하다. [治치] 治世. [急급] 급선무. [講강] 강구하다, 계획하다, 외우다. [粲찬] 찬란하다. [措조] 시행하다, 조치하다. [嘗상] 일찍이. [病병] 걱정하다. [亟극] 빨리.(入聲)./ 자주.(기, 去聲). [奪탈] 빼앗다. [玆자] 이, 이에, 여기에. [復복] 실천하다. [縱종] 비록. [驗험] 징험하다. [斂염] 거두다. [儲저] 쌓다, 저축하다. [蓄축] 모으다, 쌓다. [菑재] 수재, 재앙. [恤휼] 구제하다. [抑억] 억제하다. [遺유] 남기다, 전하다, 버리다. [後후] 뒷시대. [致치] 다하다. [屑설] 달갑게 여기다. [迹적] 자취. [亞아] 버금.

集註句文 [未始不] 未嘗不. [為辭] 구실로 삼다. [處之有術] 처리하는데 좋은 방도가 있다. [因略以致詳] 소략한 것으로 인해서 상세한 것을 이루다. [屑屑] 급급하다. [命(名)世] 세상에 유명하다.

德村集 제2권 [又辭疏-1(英祖 17년), 土地天下之大本]

土地天下之大本也。大本既紊則百度從而無一不失其當。自孔孟以下歷代諸賢 未嘗不惓惓於此。隋之王通所謂田不井授 人不里居 雖舜禹不能理也云者 誠至論也。孟子之告畢戰曰 若夫潤澤之則在君與子矣云而已。至於宋之張載 亦有志未就而卒。世蓋以是病之 以是惜之矣。

解義 토지는 천하의 큰 근본입니다. 큰 근본이 이미 문란하면 온갖 제도는 따라서 하나라도 그 마땅함을 잃지 않음이 없을 것입니다. 孔孟이래로 역대 모든 현인들이 일찍이 이에 대하여 늘 생각하지 않은 적이 없었습니다. 隋나라의 王通이 이른바, "田地는 井田으로 나누어 주지 않아서 백성들이 마을에서 살지 않으면 비록 순임금과 우임금이라도 다스리지 못할 것이다." 한 것은 참으로 지극한 의론입니다. 맹자께서 畢戰에게 고하여 말씀하시기를, "이것을 윤택하게 하는 것으로 말하면 군주와 그대에게 달려있다." 하였을 뿐입니다. 송나라의 張載에 이르러서도 뜻을 두었으나 이루지 못하고 죽었습니다. 세상은 이 때문에 걱정하고 이것을 애석하게 여겼습니다.

자구 [紊문] 문란하다. [惓惓권권] 늘 생각하다.

4장 有爲神農之言者許行이 自楚之滕하야 踵門而告文公曰 遠方之人이 聞君의 行仁政하고 願受一廛而爲氓하노이다 文公이 與之處하시니 其徒數十人이 皆衣褐하고 捆屨織席하야 以爲食하더라.

神農의 학설을 행하는 사람 許行이 楚나라로부터 滕나라에 가서 門에 이르러 文公에게 고하여 말하기를, "遠方의 사람이 임금께서 仁政을 행한다는 소문을 듣고 한 뙈기 땅을 받아 백성이 되기를 원합니다." 文公이 그에게 거처할 곳을 주니, 그 무리 수십 인이 모두 갈옷을 입고 신을 삼고 자리를 짜서 양식으로 삼았다.

集註 神農은 炎帝神農氏니 始爲耒耜하야 教民稼穡者也라 爲其言者는 史遷所謂農家者流也라 許는 姓이요 行은 名也라 踵門은 足至門也라 仁政은 上章所言井地之法也라 廛은 民所居也라 氓은 野人之稱이라 褐은 毛布니 賤者之服也라 捆은 扣椓之니 欲其堅也라 以爲食은 賣以供食也라 程子曰許行所謂神農之言은 乃後世稱述上古之事에 失其義理者耳니 猶陰陽醫方을 稱黃帝之說也라.

大文字義 [爲위] 행하다. [神신] 귀신, 정신, 신묘함. [許허] 허가하다. [踵종] 이르다. 발꿈치. [廛전] 거처할 터전. [氓맹] 백성. [處처] 거처하다. [褐갈] 베옷, 털옷. [捆곤] 신을 삼다, 두드리다. [屨구] 신다, 신을 신다. [織직] 짜다. [席석] 자리.

大文句文 [有爲神農之言者許行] 신농의 말을 행함을 두는 자 허행, 신농의 학설을 표방하는 자 허행. [捆屨] 짚신을 삼다.

集註字義 [炎염] 불꽃. [耒뇌] 가래, 쟁기. [耜사] 보습, 쟁기 날. [稼가] 씨뿌리다.[穡색] 거두어들이다. [遷천] 옮기다. [流류] 유파, 부류. [扣구] 두드리다. [椓탁] 치다. [賣매] 팔다. [醫의] 의술. [方방] 기술, 방술.

集註句文 [史遷] 사마천이 아니라 班固의 오류임. [野人] 在下之人. [其義理者] 그 본 뜻.

陳良之徒陳相이 與其弟辛으로 負耒耜而自宋之滕하야 曰 聞君의 行聖人之政호니 是亦聖人也시니 願爲聖人氓하노이다.

陳良의 무리 陳相이 그의 동생 辛과 더불어 쟁기를 짊어지고 宋나라에서 滕나라로 가서 말하기를, "임금께서 聖人의 정사를 행한다는 소문을 들었습니다. 이 또한 聖人이시니 聖人의 백성이 되기를 원합니다."

集註 陳良은 楚之儒者라 耜는 所以起土요 耒는 其柄也라.
大文字義 [陳진] 베풀다. [辛신] 맵다, 고생하다. [負부] 지다.
大文句文 [耒耜] 쟁기와 쟁기 날, 쟁기
集註字義 [楚초] 춘추전국 시대 七雄 중의 하나. [起기] 흙을 파서 일으키다. 흙을 파다. [柄병] 손잡이.

陳相이 見許行而大悅하야 盡棄其學而學焉이러니 陳相이 見孟子하야 道許行之言曰 滕君則誠賢君也어니와 雖然이나 未聞道也로다 賢者는 與民並耕而食하며 饔飧而治하나니 今也에 滕有倉廩府庫하니 則是厲民而以自養也니 惡得賢이리오

陳相이 허행을 보고 크게 기뻐하여 배운 것을 모두 버리고 그에게서 배웠는데, 진상이 맹자를 뵙고 허행의 말을 전하여 말씀드리기를, "滕나라 임금은 참으로 어진 임금이지만, 아직 道(허행의 도)를 듣지 못하였습니다. 賢者는 백성과 더불어 농사지으면서 먹으며, 아침밥과 저녁밥을 해먹으면서 다스립니다. 오늘날 滕나라에 倉廩과 府庫가 있으니, 그렇다면 이것은 백성들을 병들게 하고 자신만을 봉양하는 것입니다. 어찌 賢하다고 할 수 있겠습니까?"

集註 饔飧은 熟食也니 朝曰饔이요 夕曰飧이라 言當自炊爨以為食하고 而兼治民事也라 厲는 病也라 許行此言은 蓋欲陰壞孟子分別君子小人之法이라.
大文字義 [盡진] 다하다. [棄기] 버리다. [並병] 함께. [耕경] 밭갈다. [饔옹] 아침밥. [飧손] 저녁밥. [倉창] 곡식을 저장하는 곳간. [廩늠] 곡식을 저장하는 곳간. [府부] 문서나 재물을 보관하는 곳간. [庫고] 문서나 재물을 보관하는 곳간. [厲여] 괴롭다, 위태롭게 하다.
大文句文 [饔飧而治] 직접 식사를 해먹으면서 다스리다. [倉廩府庫] 곡식 창고와 재화 창고.
集註字義 [熟숙] 익히다. [炊취] 불을 때다. [爨찬] 부뚜막, 부엌, 밥을 짓다.
集註句文 [蓋欲陰壞孟子分別君子小人之法] 아마도 맹자가 군자와 소인을 분별하는 법을 은근히 파괴하려 하는 것인 듯하다.

孟子曰 許子는 必種粟而後에 食乎아 曰 然하다 許子는 必織布而後에 衣乎아 曰 否라 許子는 衣褐이니라 許子는 冠乎아 曰 冠이니라 曰 奚冠고 曰 冠素니라 曰 自織之與아 曰 否라 以粟易之니라 曰 許子는 奚為不自織고 曰 害於耕이니라 曰 許子는 以釜甑爨하며 以鐵耕乎아 曰 然하다 自為之與아 曰 否라 以粟易之니라.

맹자왈, "許子는 반드시 곡식을 심은 뒤에 먹는가?" 陳相曰, "그렇습니다." 맹자왈, "허자는 반드시 베를 짠 뒤에 옷을 입는가?" "아닙니다. 허자는 갈옷을 입습니다." 맹자왈, "허자는 冠을 쓰는가?" "관을 씁니다." 맹자왈, "어떤 관을 쓰는가?" "흰 관을 씁니다." 맹자왈, "스스로 그것을 짜는가?" "아닙니다. 곡식을 주고 그것을 바꿉니다." 맹자왈, "허자는 어째서 스스로 짜지 않는가?" "밭을 가는데 방해가 되기 때문입니다." 맹자왈, "허자는 솥과 시루로 밥을 지으며 철기구로 밭을 가는가?" "그렇습니다." 맹자왈, "스스로 그것을 만드는가?" "아닙니다. 곡식으로 그것을 바꿉니다."

集註 釜는 所以煑요 甑은 所以炊라 爨은 然火也라 鐵은 耜屬也라 此語八反은 皆孟子問而陳相對也라.

大文字義 [種종] 심다. [粟속] 곡식. [冠관] 관을 만들다. [奚해] 어찌. [素소] 희다. [易역] 바꾸다, 교역하다. [害해] 해치다. [釜부] 가마솥. [甑증] 시루. [鐵철] 쟁기.

集註字義 [煮자] 삶다. [然연] 불을 때다.(燃) [屬속] 등속, 부류.

以粟易械器者 不為厲陶冶니 陶冶 亦以其械器易粟者 豈為厲農夫哉리오 且許子는 何不為陶冶하야 舍皆取諸其宮中而用之하고 何為紛紛然與百工交易고 何許子之不憚煩고 曰 百工之事는 固不可耕且為也니라.

맹자왈, "곡식으로 가마나 시루를 바꾸는 것은 陶冶를 병들게 하는 것이 아니니, 陶冶 또한 그 가마나 시루로 곡식을 바꾸는 것이 어찌 농부를 병들게 하는 것이 되겠는가? 또 허자는 어째서 陶冶를 하여 다만 모두 자신의 집에서 취하여 사용하지 않고 어째서 번거롭게 百工과 교역을 하는가? 어찌 허자는 번거로움을 꺼리지 않는가?" 진상왈, "百工의 일은 본래 밭 갈고서 할 수 없는 것입니다."

集註 此는 孟子言而陳相對也라 械器는 釜甑之屬也라 陶는 為甑者요 冶는 為釜鐵者라 舍는 止也라 或讀屬上句하니 舍는 謂作陶冶之處也라.

大文字義 [易역] 바꾸다.(入聲)./ 쉽다.(이, 去聲). [機기] 틀. [厲여] 병들다. [陶도] 질그릇. 질그릇을 만들다. [舍사] 다만(止=只). [紛분] 어지럽다. [憚탄] 꺼리다. [煩번] 번거로움.

大文句文 [械器] 機는 釜나 쟁기, 器는 시루. [紛紛然] 번거롭게. [百工之事 固不可耕且為也] 백공의 일은 본래 밭 갈고서 할 수 없는 것이다.

集註句文 [釜鐵] 가마와 쟁기날.

참 고 [許子何不為陶冶舍 皆取諸其宮中而用之] 허자는 어찌하여 도야의 집을 만들어 모두 자기의 집에서 취하여 사용하지 않는가?(별해)

然則治天下는 獨可耕且為與아 有大人之事하며 有小人之事하니 且一人之身而百工之所為備하니 如必自為而後애 用之면 是는 率天下而路也니라 故로 曰 或勞心하며 或勞力이니 勞心者는 治人하고 勞力者는 治於人이라하니 治於人者는 食人하고 治人者는 食於人이 天下之通義也니라.

맹자왈, "그렇다면 천하를 다스리는 일은 홀로 밭을 갈면서도 할 수 있단 말인가? 大人의 일이 있으며 小人의 일이 있으니, 또한 한 사람의 몸으로 百工이 하는 일을 갖추니 만약 반드시 스스로 만든 뒤에 그것을 사용한다면, 이것은 천하 사람들을 인솔하여 분주하게 길에 나서게 하는 것이다. 옛말에 이르기를, '혹자는 마음을 수고롭게 하며 혹자는 몸을 수고롭게 하니, 마음을 수고롭게 하는 자는 남을 다스리고 몸을 수고롭게 하는 자는 남에게 다스림을 받는다.' 하였다. 남에게 다스림을 받는 자는 남을 먹이고 남을 다스리는 자는 남에게 먹임을 받는 것이 천하에 통용되는 의리이다.

集註 此以下는 皆孟子言也라 路는 謂奔走道路하야 無時休息也라 治於人者는 見治於人也라 食人者는 出賦稅하야 以給公上也요 食於人者는 見食於人也라 此四句는 皆古語而孟子引之也라 君子는 無小人則飢하고 小人은 無君子則亂하니 以此相易은 正猶農夫陶冶以粟與械器相易이니 乃所以相濟요 而非所以相病也라 治天下者豈必耕且為哉리오.

大文字義 [獨독] 홀로. [率솔] 인솔하다. [故고] 옛말. [勞노] 수고롭게 하다. [通통] 모두 인정하다.

大文句文 [然則] 그렇다면. [獨可耕且爲與] 홀로 밭을 갈면서 또 할 수 있단 말인가? [率天下而路] 천하 사람들을 인솔하여 분주하게 길에 나서게 하다. [治於人] 남에게 다스려지다. 남에게 다스림을 받다. [食人] 사람들을 먹여주다. [天下之通義也] 천하 사람들이 모두 인정하는 의리이다.

集註字義 [奔분] 달리다. [走주] 달리다. [出출] 내다. [賦부] 부세. [給급] 공급하다. [飢기] 굶주리다. [亂난] 혼란하게 되다. [濟제] 구제하다. [爲위] 다스리다(治).

集註句文 [出賦稅] 부세를 내다. [治天下者豈必耕且爲哉] 천하를 다스리는 자가 어찌 반드시 밭을 갈면서 또 다스리겠는가?

當堯之時하야 天下 猶未平하야 洪水 橫流하야 氾濫於天下하야 草木暢茂하며 禽獸繁殖이라 五穀不登하며 禽獸偪人하야 獸蹄鳥跡之道 交於中國이어늘 堯獨憂之하사 擧舜而敷治焉이어시늘 舜이 使益掌火하신대 益이 烈山澤而焚之하니 禽獸逃匿이어늘 禹疏九河하며 瀹濟漯而注諸海하시며 決汝漢하며 排淮泗而注之江하시니 然後에 中國이 可得而食也하니 當是時也하야 禹八年於外에 三過其門而不入하시니 雖欲耕이나 得乎아

堯임금 때에 천하가 오히려 균평하게 다스려지지 아니하여, 홍수가 마구 흘러 천하에 범람하여 초목이 울창하며, 금수가 번식하며 오곡이 익지 아니하며, 금수가 사람을 위협하여 짐승 발자국과 날짐승 자취의 길이 온 나라에 교차하였다. 堯임금만이 이를 근심하여 舜을 등용해서 다스림을 펴시자, 舜이 益을 시켜서 불을 관장하게 하셨는데, 益이 山澤에 불을 놓아 태우니 금수가 도망하고 숨자 禹가 九河를 소통시키며, 濟水와 漯水를 소통시켜서 바다에 물을 대며, 汝水와 漢水를 터놓으며, 淮水와 泗水를 소통시켜서 長江에 물을 대니, 그런 뒤에야 온 나라가 먹을 수 있게 되었다. 이때에 禹가 밖에서 머무른지 8년 동안 세 번 그 집 앞을 지나갔지만 들어가지 않았으니 비록 밭을 갈고자 하나 될 수 있었겠는가?

集註 天下猶未平者는 洪荒之世에 生民之害多矣러니 聖人迭興하사 漸次除治하사되 至此尙未盡平也라 洪은 大也라 橫流는 不由其道而散溢妄行也라 氾濫은 橫流之貌라 暢茂는 長盛也요 繁殖은 衆多也라 五穀은 稻黍稷麥菽也라 登은 成熟也라 道는 路也라 獸蹄鳥跡이 交於中國은 言禽獸多也라 敷는 布也라 益은 舜臣名이라 烈은 熾也라 禽獸逃匿然後에 禹得施治水之功이라 疏는 通也며 分也라 九河는 曰徒駭 曰太史 曰馬頰 曰覆釜 曰胡蘇 曰簡 曰潔 曰鉤盤 曰鬲津이라 瀹은 亦疏通之意라 濟漯은 二水名이라 決排는 皆去其壅塞也라 汝漢淮泗는 亦皆水名也라 據禹貢及今水路컨대 惟漢水入江耳요 汝泗則入淮而淮自入海하니 此謂四水皆入于江은 記者之誤也라.

大文字義 [猶유] 아직. [橫횡] 마구, 함부로. [氾범] 넘치다. [濫남] 넘치다. [暢창] 번성하다, 화창하다. [茂무] 무성하다. [禽금] 새. [獸수] 짐승. [繁번] 번성하다. [殖식] 번식하다. [登등] 익다. [偪핍] 핍박하다. [蹄제] 발굽. [跡적] 자취. [擧거] 등용하다. [敷부] 펴다. [掌장] 관장하다. [焚분] 태우다. [逃도] 도망하다. [匿익] 숨다. [疏소] 소통시키다. [瀹약] 소통시키다 [濟제] 물 이름. [漯탑] 물 이름 [注주] 물을 대다. [決결] 터놓다. [汝여] 물 이름. [漢한] 물 이름. [排배] 밀어내다, 소통시키다. [淮회] 물 이름. [泗사] 물 이름. [江강] 長江, 양자강. [邦방] 外邦.

大文句文 [橫流] 마구 흐르다. [暢茂] 마구 번성하다. [中國] 온 나라. [烈山澤] 산과 못에 불을 놓다. [疏九河] 구하를 소통시키다. [瀹濟漯] 제수와 탑수를 소통시키다.

集註字義 [洪홍] 넓다. [荒황] 거칠다. [迭질] 번갈아. [漸점] 점점. [溢일] 넘치다. [稻도] 벼, [黍서] 찰기장. [稷직] 메기장. [麥맥] 보리, [菽숙] 콩, [熟숙] 익다. [熾치] 불사르다, 성하다. [駭해] 놀라다. [頰협] 뺨. [覆복] 덮다. [鉤구] 갈고리. [盤반] 소반. [鬲격] 막다, 가로막다. [壅옹] 막다. [塞색] 막다.

集註句文 [洪荒之世] 혼돈의 세상. [黍稷] 찰기장과 메기장. [禹貢及今水路] 書經 禹貢篇 및 오늘날의 水路志.

后稷이 教民稼穡하야 樹藝五穀한대 五穀이 熟而民人이 育하니 人之有道也애 飽食煖衣하야 逸居而無教면 則近於禽獸일새 聖人이 有憂之하사 使契為司徒하야 教以人倫하시니 父子有親이며 君臣有義며 夫婦有別이며 長幼有序이며 朋友有信이니라 放勳이 曰 勞之來之하며 匡之直之하며 輔之翼之하야 使自得之하고 又從而振德之라하시니 聖人之憂民이 如此하시니 而暇耕乎아

后稷이 백성에게 농사짓는 법을 가르쳐서 五穀을 심고 가꾸게 하였는데, 五穀이 익어서 인민이 길러졌다. 사람에게 도리가 있음에 먹기를 배불리 하고 옷을 따뜻하게 입고 편안히 거처하면서 가르침이 없다면, 禽獸와 가까워지기 때문에 성인이 이것을 근심해서 契를 시켜 司徒로 삼아 인륜을 가르치게 하시니, 父子有親 君臣有義 夫婦有別 長幼有序 朋友有信이다. 요임금이 말씀하시기를, '백성을 위로하여 나에게 오게 하고, 바로잡아 곧게 해 주고, 도와주고 보살피어 스스로 본성을 얻게 하고, 또 좇아서 덕을 펴게 한다.' 하였다. 聖人께서 백성을 근심하심이 이와 같았으니 어느 겨를에 밭을 갈았겠는가?

集註 言水土平然後에 得以教稼穡이요 衣食足然後에 得以施教化라 后稷은 官名이니 棄為之라 然이나 言教民이면 則亦非並耕矣라 樹는 亦種也라 藝는 殖也라 契은 亦舜臣名也라 司徒는 官名也라 人之有道는 言其皆有秉彝之性也라 然이나 無教면 則亦放逸怠惰而失之라 故로 聖人이 設官而教以人倫하시니 亦因其固有者而道之耳라 書曰 天敘有典하시니 勅我五典하사 五를 惇哉라하니 此之謂也라. 放勳은 本史臣贊堯之辭어늘 孟子因以為堯號也라 德은 猶惠也라 堯言勞者를 勞之하고 來者를 來之하며 邪者를 正之하고 枉者를 直之하며 輔以立之하고 翼以行之하야 使自得其性矣요 又從而提撕警覺以加惠焉하야 不使其放逸怠惰而或失之라하시니 蓋命契之辭也라.

大文字義 [樹수] 심다. [藝예] 가꾸다. [飽포] 배부르다. [煖난] 따뜻하다. [逸일] 편안하다. [契설] 商왕조 시조의 名.(入聲)./ 서약하다.(계, 去聲). [放방] 지극하다(至), 이르다.(上聲). [勳훈] 공로, 공적. [勞노] 위로하다. [匡광] 바로잡다. [直직] 곧다. [輔보] 돕다. [翼익] 돕다, 날개. [振진] 펴다, 떨치다. [暇가] 겨를. [耕경] 밭갈다, 농사짓다.

大文句文 [樹藝五穀] 오곡을 심고 가꾸다. [放勳] 요임금을 이르는 말. [勞之來之] 수고로운 사람은 위로해 주고 먼데 있는 사람은 오게 한다. [輔之翼之] 도와주고 보살피다.

集註字義 [棄기] 후직의 이름. [殖식] 번식하다, 번성하다. [秉병] 잡다. [彛이] 떳떳함, 常道 [怠태] 게으르다. [惰타] 게으르다. [敍서] 펴다. [勑칙] 신칙하다. [惇돈] 도탑다. 후하게 대하다. [贊찬] 찬미하다. [枉왕] 굽다. [提제] 이끌다, 제시하다. [撕시] 끌다. [警경] 깨닫다. [覺각] 깨닫다.

集註句文 [提撕] 인도하다.

堯以不得舜으로 爲己憂하시고 舜이 以不得禹皐陶로 爲己憂하시니 夫以百畝之不易로 爲己憂者는 農夫也니라.

堯임금이 舜을 얻지 못하는 것을 자신의 근심으로 삼으시고 舜임금이 禹와 皐陶를 얻지 못하는 것을 자신의 근심으로 삼았으니, 100畝를 다스리지 못한 것으로 자신의 근심으로 삼는 것은 농부이다.

集註 易는 治也라 堯舜之憂民은 非事事而憂之也요 急先務而已니 所以憂民者 其大如此면 則不惟不暇耕이라 而亦不必耕矣니라.

大文字義 [皐고] 언덕. [陶요] 즐거워하다. [易이] 다스리다(治).

分人以財를 謂之惠오 敎人以善을 謂之忠이오 爲天下得人者를 謂之仁이니 是故로 以天下與人은 易하고 爲天下得人은 難하니라.

사람에게 財貨를 나누어주는 것을 惠라 하고, 사람에게 善을 가르치는 것을 忠이라 하고, 천하를 위해 사람을 얻는 것을 仁이라 이른다. 이 때문에 천하를 남에게 주는 것은 쉽고 천하를 위해 사람을 얻는 것은 어려운 것이다.

集註 分人以財는 小惠而已요 敎人以善은 雖有愛民之實이나 然이나 其所及이 亦有限而難久라 惟若堯之得舜과 舜之得禹皐陶라야 乃所謂爲天下得人者 而其恩惠廣大하고 敎化無窮矣니 此所以爲仁也라.

大文字義 [與여] 주다, 돕다.(上聲).

孔子曰 大哉라 堯之為君이여 惟天이 惟大어늘 惟堯則之하시니 蕩蕩乎民無能名焉이로다 君哉라 舜也여 巍巍乎有天下而不與焉이라하시니 堯舜之治天下 豈無所用其心哉시리오마는 亦不用於耕耳시니라.

공자왈, '훌륭하도다. 堯의 임금다움이여! 하늘만이 위대함이 되는 것인데 오직 堯임금만이 그것을 본받았으니, 넓고 넓어서 백성들이 무엇이라 이름붙일 수가 없도다. 임금답도다. 舜임금이여! 높고도 높아 천하를 소유하시고도 거기에 관여하지 않으셨다.' 하였으니, 堯舜이 천하를 다스리는 것이 어찌 그 마음을 쓸 곳이 없었겠는가마는 또한 밭 가는데 쓰지 않았을 뿐이다.

集註 則은 法也라 蕩蕩은 廣大之貌라 君哉는 言盡君道也라 巍巍는 高大之貌라 不與는 猶言不相關이니 言其不以位為樂也라.

大文字義 [大대] 위대하다. [惟유] 되다(爲), 되다. [則측] 본받다. [蕩탕] 넓다. [巍외] 높다. [與여] 관여하다, 참여하다.(去聲).

大文句文 [惟堯則之] 오직 요임금만이 본받다. [蕩蕩乎] 광대한 모습. [巍巍乎] 높고도 큰 모습.

論語 泰伯篇 子曰 巍巍乎 舜禹之有天下也而不與焉이여! 子曰 大哉라 堯之爲君也여 巍巍乎 唯天이 爲大어시늘 唯堯則之하시니 蕩蕩乎 民無能名焉이로다.

吾聞用夏變夷者요 未聞變於夷者也케라 陳良은 楚産也니 悅周公仲尼之道하야 北學於中國이어늘 北方之學者 未能或之先也하니 彼所謂豪傑之士也라 子之兄弟 事之数十年이라가 師死而遂倍之온여

나는 夏로써 夷狄을 변화시켰다는 말은 들었지만, 夷狄에게 변화되었다는 말은 듣지 못하였다. 陳良은 초나라 출신이니 周公과 仲尼의 道를 즐거워하여 북쪽으로 중원에 와서 배웠는데, 北方의 배우는 자들은 누구도 그보다 앞서지 못하였으니 저 사람은 이른바 豪傑之士라고 할 만하다. 그대의 兄弟가 그를 섬긴지 수십 년이지만 스승이 죽고 나서 드디어 배반하였구나.

集註 此以下는 責陳相倍師而學許行也라 夏는 諸夏禮義之敎也라 變夷는 變化蠻夷之人也요 變於夷는 反見變化於蠻夷之人也라 產은 生也라 陳良이 生於楚하니 在中國之南이라 故로 北遊而學於中國也라 先은 過也라 豪傑은 才德出衆之稱이니 言其能自拔於流俗也라 倍는 與背同이라 言陳良은 用夏變夷어늘 陳相은 變於夷也라.

大文字義 [先선] 앞서다. [倍배] 배반하다.

大文句文 [北學於中國] 북쪽으로 중원에 와서 배우다.

集註字義 [責책] 책망하다. [蠻만] 오랑캐. [產산] 출생. [遊유] 유학하다. [出출] 출중하다.

集註句文 [其能自拔於流俗] 그가 스스로 유속에서 빼어날 수 있다. [流俗] 下流之俗.

昔者애 孔子沒커시늘 三年之外예 門人이 治任將歸할새 入揖於子貢하고 相嚮而哭하야 皆失聲然後에 歸어늘 子貢은 反築室於場하야 獨居三年然後에 歸하니라 他日애 子夏子張子游 以有若似聖人이라하야 欲以所事孔子로 事之하야 彊曾子한대 曾子曰 不可하니 江漢以濯之며 秋陽以暴之라 皜皜乎不可尙已라하시니라.

옛적에 공자께서 돌아가시자 삼년이 지난 뒤에 문인들이 책무를 다하고 돌아가려 할 적에, 들어가서 자공에게 읍하고 서로 소리 내어 곡하여 모두 목메인 뒤에 돌아갔다. 자공은 돌아와서 묘 앞마당에 집을 짓고 홀로 삼년을 거처한 뒤에 돌아갔다. 다른 날 자하, 자장, 자유가 유약을 성인과 닮았다고 하여 공자를 섬기는 방법으로 그를 섬기고자 하여 증자에게 요청하였다. 曾子曰, '옳지 않다. 선생님께서는 江水와 漢水에 씻으며 여름 볕에 말린지라 빛나고 밝으시며 깨끗하고도 깨끗하시어 더할 나위 없으시다.' 하였다.

集註 三年은 古者에 爲師心喪三年하니 若喪父而無服也라 任은 擔也라 場은 冢上之壇場也라 有若似聖人은 蓋其言行氣象이 有似之者하니 如檀弓所記 子游謂有子之言이 似夫子之類是也라 所事孔子는 所以事夫子之禮也라 江漢은 水多하니 言濯之潔也요 秋日은 燥烈하니 言暴(曝)之乾也라 皜皜는 潔白貌라 尙은 加也라 言夫子道德明著하야 光輝潔白하시니 非有若所能彷佛也라 或曰 此三語者는 孟子贊美曾子之辭也라.

大文字義 [沒몰] 죽다. [任임] 행장. [嚮향] 향하다. [反반] 돌아오다. [彊강] 강요하다. [漢] 支流로서 가장 긴 江임, 은하수. [濯탁] 씻다. [暴포] 말리다. [皜호] 희다. [尙상] 더하다.

大文句文 [失聲然後] 목이 메인 뒤에. [彊曾子] 증자에게 요청하다(강요하다). [皜皜乎] 깨끗하고도 깨끗한 모양.

集註字義 [擔담] 짐, 매다. [冢총] 무덤. [壇단] 제단, 터, 장소. [檀단] 박달나무. [燥조] 마르다. [烈열] 강하다. [乾간] 건조하다. [輝휘] 빛나다. [彷방] 비슷하다.(上聲). [佛불] 흡사하다, 어그러지다, 부처.

集註句文 [彷佛] 거의 비슷함(비슷하기는 하지만 확실히 보이지 않는 모양).

참 고 [江漢秋陽] 秋陽江漢은 先師를 그리는 말이다. 孔子께서 돌아가신 뒤에 子夏, 子游 등이 有若의 모습이 공자와 비슷하다 하여 공자를 섬기던 예로 그를 섬기고자 하여 曾子에게 요구하자, 증자가 반대하며, “비교하자면 공자께서는 장강과 한수에 씻고서 여름 햇볕에 말린 것이어서 더할 수 없이 깨끗하시다.(江漢以濯之 秋陽以暴之 皓皓乎不可尙已)” 하였다. 孟子 滕文公上에서 秋陽과 江漢은 공자를 비유한 것이다. 秋陽은 周나라 曆의 7, 8월이며 夏나라 曆의 5, 6월에 해당되므로 여름이다.(同春堂集續集 제11권 附錄六, 年譜序 註)

今也애 南蠻鴃舌之人이 非先王之道어늘 子倍子之師而學之하니 亦異於曾子矣로다.

오늘날 남쪽 오랑캐의 왜가리처럼 혀를 놀리는 자들이 선왕의 도가 아닌데, 그대가 스승을 배반하고 이것을 배우니 또한 증자와는 다르도다.

集 註 鴃은 博勞也니 惡聲之鳥라 南蠻之聲이 似之하니 指許行也라.

大文字義 [蠻만] 오랑캐. [鴃격] 때까치. [舌설] 혀. [倍배] 배반하다.

大文句文 [鴃舌之人] 왜가리 소리를 내는 사람, 까치처럼 때때거리는 사람. 왜가리 혀를 놀리는 사람.

吾聞出於幽谷하야 遷于喬木者요 未聞下喬木而入於幽谷者케라.

나는 깊은 골짜기에서 나와 교목에 옮겨 앉는다는 말은 들었고, 교목에서 내려와 깊은 골짜기로 들어간다는 말은 듣지 못하였노라.

集註 小雅伐木之詩云 伐木丁丁이어늘 鳥鳴嚶嚶이로다 出自幽谷하야 遷于喬木이라하니라.

大文字義 [幽유] 그윽하다, 깊다. [喬교] 높다.

大文句文 [幽谷] 깊은 골짜기(深谷)

集註字義 [丁정] 나무를 도끼로 벨 때 '쩡쩡' 하는 소리를 표현한 의성어. [嚶앵] 새소리.

詩經 [小雅 鹿鳴之什 伐木篇 3장]

大義 옛 벗들과 연회를 즐기는 시이다. 천자로부터 서인에 이르기까지 모름지기 벗으로서 덕을 완성하지 않는 자가 없으니, 친한 이를 친히 하여 화목하고, 벗과 어진 이를 버리지 않으며 옛 친구를 버리지 않는다면, 백성의 덕이 후한대로 돌아갈 것임을 읊은 시이다.

詩解 1장. 伐木丁丁이어늘 鳥鳴嚶嚶하나니 出自幽谷하야 遷于喬木하나다 嚶其鳴矣여 求其友聲이로다 相彼鳥矣혼대 猶求友聲이온 矧伊人矣 不求友生가 神之聽之하야 終和且平이니라.

나무 베는 소리 쩡쩡 울리는데 새 소리 아름다워라. 깊은 골짜기에서 나와 높은 나무로 옮겨갔구나. 화답하며 우는 소리 벗을 찾는 노래로다. 저기 저 새들도 제 벗을 찾는데, 하물며 사람들은 벗을 찾지 않을까. 神이 듣고 감흥하여 마침내 화평하느니라.

2장. 伐木許許어늘 釃酒有藇로다 旣有肥羜하야 以速諸父호니 寧適不來언정 微我弗顧니라 於粲洒埽요 陳饋八簋호라 旣有肥牡하야 以速諸舅호니 寧適不來언정 微我有咎니라.

이영차! 나무 베는 소리 거른 술 곱기도 하다. 살찐 어린 양 안주삼아 諸父들 부르니, 일이 있어 못 올지언정 내 소홀함은 아니로세. 아! 깨끗하게 청소하고 갖은 그릇에 음식 차리도다. 살찐 숫짐승 잡아 諸舅들 부르니, 일이 있어 못 올지언정 내게 허물 있어서가 아니니라.

3장. 伐木于阪이어늘 釃酒有衍이로다 籩豆有踐하니 兄弟無遠이로다 民之失德은 乾餱以愆이니 有酒湑我며 無酒酤我며 坎坎鼓我며 蹲蹲舞我하야 迨我暇矣하야 飮此湑矣로리라.

산비탈에서 나무 베는 소리 거른 술은 많기도 하다. 차린 음식 정갈하니 형제들 다 모였네. 사람이 덕 잃는 것은 한 덩이 마른밥 때문이니, 술이 있으면 걸러내고 없으면 사오며, 둥둥 북을 치며 덩실덩실 춤을 추어, 한가한 틈을 타서 이 거른 술 마실 것이로다.

자구 [相상] 보다(視). [矧신] 하물며. [許호] 이영차. [釃시] 술 거르다. [藇서] 아름다운 모습. [羜저] 새끼양. [速속] 부르다. [微미] 없다(無). [粲찬] 선명하다. [埽소] 쓸다. [簋궤] 제기 이름. [衍연] 넉넉하다. [餱후] 바른 밥. [愆건] 어그러지다. [湑서] 술 거르다. [酤고] 술을 팔다. [坎坎] 북을 둥둥치는 소리. [蹲준] 춤추는 모양.

魯頌에 曰 戎狄是膺하니 荊舒是懲이라하니 周公이 方且膺之어시늘 子是之學하니 亦為不善變矣로다.

시경 노송에 이르기를, '戎狄을 이에 공격하니 荊舒가 이에 응징되도다.' 하니, 주공이 바야흐로 이들 오랑캐를 공격하였는데, 그대는 이 오랑캐의 도를 배우니 또한 잘 변화하지 못한 것이로다."

集註 魯頌은 閟宮之篇也라 膺은 擊也라 荊은 楚本號也라 舒는 國名이니 近楚者也라 懲은 艾也라 今按 此詩는 為僖公之頌이어늘 而孟子以周公言之하시니 亦斷章取義也라.

大文字義 [頌송] 칭송하다. 종묘 제사에 사용하는 노래. [戎융] 오랑캐, 무기. [狄적] 북방 오랑캐. [膺응] 공격하다. 당해내다(當,詩經). [荊형] 楚나라의 별칭. [懲징] 다스리다. [且차] 장차.

大文句文 [戎狄是膺] 융적을 이에 공격하다. [荊舒是懲] 형서를 이에 응징하다.

集註字義 [閟비] 문이 굳게 닫혀있다. [僖희] 기쁘다.

詩經 [魯頌 閟宮篇 9章]

大義 僖公이 주공의 사당을 복구할 수 있었던 것을 칭송하여 읊은 시이다.

詩解 1장. 閟宮有侐하니 實實枚枚로다 赫赫姜嫄이 其德不回하사 上帝是依하시니 無災無害하야 彌月不遲하야 是生后稷하시고 降之百福하시니 黍稷重穋과 稙穉菽麥이로다 奄有下國하사 俾民稼穡하시니 有稷有黍하며 有稻有秬로소니 奄有下土하사 纘禹之緒샷다.

굳게 닫혀있는 사당 깨끗하고 고요하니 튼튼하고 치밀하도다. 빛나는 姜嫄 그 덕이 삿되지 않아 상제께서 이에 돌보시니, 재앙도 해도 없어서 달에 마쳐 더디지 않아, 이에 후직을 낳게 하고 모든 복 내려주시니, 이른 기장 늦은 기장, 이른 콩 늦은 콩과 보리로다. 문득 나라를 봉해주시어, 백성들 씨 뿌리고 거두게 하시니, 메기장이며 찰기장이며 벼며 검은 기장이니, 문득 下土를 두시어 우임금의 사업을 잇게 하셨도다.

5장. 公車千乘이니 朱英綠縢이며 二矛重弓이로다 公徒三萬이니 貝冑朱綅이며 烝徒增增이로다. 戎狄是膺하며 荊舒是懲하니 則莫我敢承이로다 俾爾昌而熾하며 俾爾壽而富하야 黃髮台背 壽胥與試하며 俾爾昌而大하며 俾爾耆而艾하야 萬有千歲에 眉壽無有害소서.

공의 수레 천승이니, 붉은 장식 창, 녹색 끈 묶은 활이며, 두 자루 창과 두 벌 활이로다. 공의 군사 삼만 이니 투구는 붉은 끈에 자개 장식하였으며, 모든 무리들 많아지도다. 오랑캐를 이에 공격하며 楚나라와 舒나라를 응징하니, 우리를 감히 막을 자 없도다. 너를 창성하게 하며, 너를 장수하고 부유하게 하여, 누런 머리 복어 등 모습, 장수한 노인 등용하며, 너를 크게 창성하게 하며, 너를 장수하게 하고 다스리게 하여, 천만년토록 해 없이 미수를 누리소서.

자의 [侐혁] 맑고 고요하다. [實實] 튼튼하다. [枚枚] 치밀하다. [姜嫄] 人名, [回회] 사악하다. [依의] 돌보다. [彌미] 마치다. [重중] 늦 곡식. [穋육] 올곡식. [稙직] 올벼. [稺치] 어린 벼(늦게 심은 벼). [菽숙] 콩, [麥맥] 보리. [稻도] 벼, [秬거] 검은 기장. [纘찬] 이어받다. [緖서] 사업. [英영] 장식. [縢등] 끈. [冑주] 투구. [綅침] 실. [烝증] 많다. [承승] 막다. [熾치] 불타오르다. [俾비] 하여금~하게 하다. [台태] 복어. [艾예] 다스리다, 쑥(애).

從許子之道則市賈 不貳하야 國中이 無僞하야 雖使五尺之童으로 適市라도 莫之或欺니 布帛長短이 同則賈相若하며 麻縷絲絮 輕重이 同則賈相若하며 五穀多寡 同則賈相若하며 屨大小 同則賈相若이니라.

陳相曰, "허행의 도를 따르면 저자의 가격이 한결 같아서 도성 안이 거짓이 없어져, 비록 五尺의 어린 동자를 시켜 저자에 가게 하더라도 혹여 속이는 일이 없을 것입니다. 베와 비단이 길이가 같으면 값이 서로 같으며, 삼실과 솜실과 고치실과 솜이 무게가 같으면 값이 서로 같으며, 오곡의 분량이 같으면 값이 서로 같으며, 신발의 크기가 같으면 값이 서로 같게 됩니다."

集註	陳相이 又言許子之道如此하니 蓋神農이 始為市井이라 故로 許行이 又託於神農而有是說也라 五尺之童은 言幼小無知也라 許行이 欲使市中所粥之物로 皆不論精粗美惡하고 但以長短輕重多寡大小로 為價也라.
大文字義	[賈가] 값, 가격. [僞위] 거짓. [適적] 가다. [麻마] 삼실. [縷누] 솜으로 만든 실. [絲사] 고치로 만든 실. [絮서] 솜. [屨구] 신발.
大文句文	[市賈不貳] 저자의 가격이 한결같다. [麻縷絲絮] 삼실, 솜실, 고치실, 솜.
集註字義	[託탁] 가탁하다, 의탁하다. [說설] 주장. [粥육] 팔다.

曰 夫物之不齊는 物之情也니 或相倍蓰하며 或相什伯하며 或相千萬이어늘 子比而同之하니 是는 亂天下也로다 巨屨小屨 同賈면 人豈為之哉리오 從許子之道면 相率而為僞者也니 惡能治國家리오

맹자왈, "물건의 格이 서로 같지 않는 것은 물건의 속성이니, 어떤 것은 혹 갑절이 되고 다섯 갑절이 되며, 혹 열배, 백배가 되며, 천배, 만배가 되는 것인데, 그대는 통틀어 값을 같게 하니 이것은 천하를 어지럽히는 것이다. 큰 신과 작은 신이 값이 같으면 사람들이 어찌 큰 신을 만들려 하겠는가? 허자의 道를 따른다면 서로 끌어다가 거짓을 하게 하는 것이니 어떻게 나라를 다스릴 수 있겠는가?"

集註	倍는 一倍也요 蓰는 五倍也요 什伯千萬은 皆倍數也라 比는 次也라 孟子言物之不齊는 乃其自然之理니 其有精粗는 猶其有大小也라 若大屨小屨同價면 則人豈肯為其大者哉리오 今不論精粗하고 使之同價면 是는 使天下之人으로 皆不肯為其精者하고 而競為濫惡之物하야 以相欺耳니라.
大文字義	[齊제] 같다, 가지런하다. [情정] 속성, 성질. [蓰사] 다섯 갑절. [什십] 열배, [伯백] 백배. [比비] 나란히 하다. 통틀다.
大文句文	[物之不齊] 사물의 격이 같지 않다. [物之情] 사물의 속성(성질). [子比而同之] 그대는 통틀어 값을 같게 하다.
集註字義	[次차] 나란히 하다. [肯긍] 하려하다. [競경] 다투다. [濫남] 조잡하다, 넘치다. [耳이] 뿐.
集註句文	[濫惡] 粗惡.
承政院日記	[英祖 2년 3월 22일 時敏堂 晝講, 治於人者食人 治人者食於人]

侍讀官 權𥛚曰 文公聞孟子之言 而欲行井地之法。故其時之人 聞風而至 願爲之氓, 若是乎聖人之言其效速也。陳相之聞風來到者 亦云貴矣。然許行之事與聖人之道相反 而陳相悅之 反有背馳聖道之意 而故爲語難於孟子矣。檢討官金相奭曰 許行之學 或有以異端稱之者矣。欲沮孟子井地之法 強引神農之事爲言 而陳相悅其學而學之 不亦惑乎。𥛚曰 陳相惑於許行之學 至於背其師而學焉。故孟子斥之以未聞變於夷者 可見其闢之廓如也。知事申思喆曰 孟子之言仁政 乃三代之治也。治於人者食人 治人者食於人 自是天下之通義 而許行之道則不然。乃曰賢者 與民竝耕而食 饔飧而治 此則必不可行也。

解義 侍讀官 權𥛚曰, "문공이 맹자의 말을 듣고 정전법을 행하고자 하였습니다. 그러므로 그 당시 사람들이 소문을 듣고 와서 백성이 되기를 원한 것이니, 성인의 말씀은 그 효과가 빠른 것이 이와 같습니다. 陳相이 소문을 듣고 온 것도 훌륭하다고 하겠습니다. 그러나 허행의 일은 성인의 도와 상반되는데도 진상이 기뻐하여 도리어 성인의 도를 조금히 어기려는 뜻이 있었으니, 이 때문에 맹자에게 난처한 질문을 한 것입니다."

檢討官 金相奭曰, "허행의 학문은 혹 이단이라고 일컫는 자가 있습니다. 맹자의 정전법을 저지하고자 하여 신농씨의 일을 억지로 끌어다가 말하였는데, 진상이 그 학설을 기뻐하여 배웠으니, 또한 미혹된 것이 아니겠습니까."

權𥛚曰, "진상이 허행의 학설에 미혹되어 자기 스승을 배반하고 그것을 배우는 지경에 이르렀습니다. 그러므로 맹자께서 오랑캐에게 변화를 받았다는 말은 듣지 못했다는 것으로 배척하였으니, 시원하게 물리친 것을 볼 수 있습니다."

知事 申思喆曰, "맹자께서 말씀하신 仁政이 바로 三代의 정치입니다. 남에게 다스림을 받는 자는 남을 먹여 주고 남을 다스리는 자는 남에게 얻어먹는 것이 본디 천하의 공통된 의리인데 허행의 도는 그렇지 않습니다. 이에 말하기를 '현자는 백성과 함께 밭을 갈면서 먹고 밥을 지으면서 다스린다.' 하였으니, 이것은 반드시 행할 수 없는 것입니다."

자구 [𥛚적] [氓맹] 백성. [馳치] 달리다, 마음을 그 방면으로 빨리 돌리다. [奭석] 크다. [沮저] 막다. [闢벽] 열다, 배척하다. [廓곽] 넓히다. [饔옹] 아침밥. [飧손] 저녁밥.

5장 墨者夷之 因徐辟而求見孟子한대 孟子曰 吾固願見이라니 今吾尚病이라 病愈어든 我且往見호리니 夷子는 不來니라.

墨家인 夷之가 徐辟을 통하여 맹자에게 뵙기를 요청하였는데, 맹자왈, "나는 본래 만나보기를 바랐는데 지금 내가 아직 병중이라 병이 나으면 내가 가서 만날 것이니 夷子는 오지 말라."

> **集註** 墨者는 治墨翟之道者라 夷는 姓이요 之는 名이라 徐辟은 孟子弟子라 孟子稱疾은 疑亦託辭以觀其意之誠否라.
>
> **大文字義** [墨묵] 먹. 五刑 중의 하나. [夷이] 온화하다, 중국 변방의 이민족. [辟벽] 임금, 다스리다.(入聲). [尚상] 아직. [愈유] 병이 낫다. [且차] 장차. [不불] 말라(勿).
>
> **集註字義** [治치] 닦다. [翟적] 꿩.

他日애 又求見孟子한대 孟子曰 吾今則可以見矣어니와 不直則道不見하나니 我且直之호리라 吾聞夷子는 墨者라호니 墨之治喪也는 以薄為其道也라 夷子思以易天下하나니 豈以為非是而不貴也리오 然而夷子葬其親이 厚하니 則是以所賤事親也로다.

다른 날, 또 맹자에게 뵙기를 요청하였는데, 맹자왈, "내가 지금은 만날 수 있지만, 곧지 않으면 도가 드러나지 않는 법이니 나는 곧게 하려 한다. 내가 들으니 夷子는 墨家라고 하는데, 墨家의 治喪은 薄葬으로 도를 삼는다. 이자는 이러한 방법으로써 천하의 풍속을 바꿀 수 있다고 생각할 것이니, 어찌 이 도를 옳지 않다거나 귀하지 않다고 여기겠는가? 그러나, 그 어버이를 장사지낸 것이 후하였으니, 이것은 비천하게 여기는 방법으로써 어버이를 섬긴 것이다."

> **集註** 又求見則其意已誠矣라 故로 因徐辟以質之如此하시니라 直은 盡言以相正也라 莊子曰 墨子는 生不歌하고 死無服하며 桐棺三寸而無椁이라하니 是는 墨之治喪이 以薄為道也라 易天下는 謂移易天下之風俗也라 夷子學於墨氏로되 而不從其敎하니 其心에 必有所不安者라 故로 孟子因以詰之하시니라.

大文字義 [直직] 곧다. [見현] 들어나다. [治치] 치루다. [薄박] 야박하다.

大文句文 [吾今則] 내가 지금은, 則은 주격조사. [不直則道不見 我且直之] 곧지 않으면 도가 드러나지 않으니 나는 곧게 하려 한다.(의견을 다 피력하지 않으면 도가 드러나지 않는 법이니 내가 먼저 나의 견해를 모두 말하려 한다.) [夷子思以(之)易天下] 夷子는 이 道(之)로써 천하를 바꾸려고 생각한다.

集註字義 [見현] 뵙다. [質질] 질문하다. [正정] 바로잡다. [服복] 齊衰服. [桐동] 오동나무, [椁곽] 덧널. [詰힐] 힐난하다, 나무라다.

참고 [不直則道不見 我且直之] 思辨錄에서는, '먼저 그 잘못을 밝혀 바른[正] 데로 돌아가게 하지 않으면, 유가의 도가 나타나지 못할 수가 있으니, 내가 장차 먼저 그 잘못을 바로잡은 뒤에 유가의 도를 나타내겠다.' 라고 주석하였다.

徐子以告夷子한대 夷子曰 儒者之道애 古之人이 若保赤子라하니 此言은 何謂也오 之則以為愛無差等이오 施由親始라하노라 徐子 以告孟子한대 孟子曰 夫夷子는 信以為人之親其兄之子 為若親其鄰之赤子乎아 彼有取爾也니 赤子匍匐將入井이 非赤子之罪也라 且天之生物也 使之一本이어늘 而夷子는 二本故也로다.

徐子가 맹자의 말씀을 夷子에게 고해 주었는데, 夷子曰, "유자의 말에 '옛 사람이 갓난아이를 보호하듯 한다.' 하였으니, 이 말은 무엇을 뜻하는 것인가? 나는 사랑에는 차등이 없지만 시행하는 것은 어버이로부터 시작된다고 여기노라." 서자가 이 말을 맹자께 고하였는데, 맹자왈, "이자는 참으로 남들이 그 형의 아들을 친애하는 것이 이웃집 갓난아이를 친애하는 것과 같다고 여기는가? 저 말(若保赤子)은 여기서 취한 것이니, 갓난아이가 엉금엉금 기어서 우물로 들어가려는 것은 갓난아이의 죄가 아니라고 한 것이다. 또 하늘이 만물을 낳을 적에 근본이 하나 되게 하였는데, 이자는 근본을 둘로 보았기 때문이다.

集註 若保赤子는 周書康誥篇文이니 此는 儒者之言也라 夷子引之는 蓋欲援儒而入於墨하야 以拒孟子之非己요 又曰 愛無差等이요 施由親始는 則推墨而附於儒하야 以釋己所以厚葬其親之意니 皆所謂遁辭也라 孟子言 人之愛其兄子與鄰之子가 本有差等하니 書之取譬는 本為小民無知而犯法이 如赤子無

知而入井耳라 且人物之生이 必各本於父母而無二하니 乃自然之理니 若天使之然也라 故로 其愛由此立而推以及人하야 自有差等이어늘 今如夷子之言이면 則是視其父母本無異於路人이요 但其施之之序姑自此始耳니 非二本而何哉오 然이나 於先後之間에 猶知所擇하니 則又本心之明이 有終不得而息者라 此其所以卒能受命而自覺其非也니라.

大文字義 [鄰인] 이웃, [匍포] 기어가다. [匐복] 기어가다.

大文句文 [徐子以(之)告夷子] 之는 '맹자의 말씀'을 가리킨다. 즉 서자가 맹자의 말씀을 이자에게 고해주다. [彼有取爾] 저것(若保赤子)은 여기에서 취한 것이다.

集註字義 [誥고] 가르치다. 경계하다, 고하다. [援원] 끌어들이다. [拒거] 막다, 거절하다. [附부] 붙다. [遁둔] 숨기다. [譬비] 비유. [息식] 종식되다. [命명] 가르침. [非비] 잘못.

集註句文 [所謂遁辭也] 公孫丑가 이른바 둔사라는 것이다.

참 고 [古之人 若保赤子] 군자가 백성에 대하여 보호하기를 나의 자식과 같이 하라는 뜻으로 맹자께서 옛 사람의 말을 인용한 것이다.

思辨錄 四 [孟子 藤文公上, 若保赤子]

夷子引康誥之言以自解曰 彼所言若保赤子者 豈不謂君之於民也 其保之若吾之子乎。 夫以保子者保民則其愛民未嘗不同於子 但恩先施親而後推於民不得無先後之序耳。夷子此言 雖主兼愛之說 旣知先後 不可無序 則亦見其不能全無分別於親疎之間。 至以所賤事親則又不能對 其辭亦屈矣。 故孟子復擧其心所明人情所不然者喩之 以爲彼康誥之言 特有所取耳。 夫人親其兄之子 固自不同於隣人之子。 然方赤子入井之時 其欲保而全之之意 未嘗有隣子兄子之異也。今民之陷於塗炭者 吾之救之也 亦猶是也。 非謂視天下人之子 均於吾子而天下人之親 均於吾親也。 且物無二本。 親者吾之本也 人道莫大於報本。 今夷子欲報人之親均於吾親 則其本不一而人道大亂矣。 此辨兼愛之失。

解 義 夷子가 康誥의 말을 인용하여 스스로 해명하여 말하기를, "書經에서 말한 바, '간난아이를 보호하듯 한다.' 라는 것은, 어찌 군자가 백성에 대해 나의 자식과 같이 보호하라고 하는 것이 아니겠느냐? 대저 자식을 보호하는 마음으로 백성을 보호한다면 그 백성을 사랑하는 것이 일찍이 자식과 같지 않은 적이 없지만, 은혜가 먼저 어버이에게 베풀어 진 뒤에 백성에게 미루어 나가는 데는 선후의 차례가 없을 수 없을 뿐이다." 하였다. 이자의 이 말은 비록 兼愛의 설을 주장하였지만, 이미 선후에 차례가 없을 수 없음을 알았으니, 그렇다면 또한 親疎간의 분별이 전혀 없을 수 없음을 알 수 있다. 천한 바로 어버이를 섬기는 것에 이르러서는 더욱 대답을 못하여 그 말 또한 막

혔다.

그러므로 맹자께서 다시 그 마음이 밝은 바와 인정이 그렇지 않은 바를 들어 비유하여, 저 강고의 말은 특히 취할 바가 있다고 여겼을 뿐이다. 대저 사람이 그 형의 아들을 친애하는 것은 본래 저절로 이웃 사람의 자식과는 같지 않은 것이다. 그러나 갓난아이가 막 우물에 들어가려고 할 때는 보호하여 온전하게 하고자 하는 뜻은 일찍이 이웃의 자식과 형의 자식이 차이가 있었던 것은 아니다. 지금 도탄에 빠진 백성들을 내가 구원하는 것 또한 이와 같다. 천하 사람의 자식 보기를 나의 자식과 같이 하며, 천하 사람의 어버이 보기를 나의 어버이와 같이 하라는 것을 말하는 것은 아니다. 또 사물에는 두 근본이 없다. 어버이는 나의 근본이니, 사람의 도는 근본에 보답하는 것보다 큰 것이 없다. 이제 이자는 남의 어버이에게 보답하는 것을 나의 어버이와 같이 하고자 하니, 그렇다면 그 근본이 하나가 아니어서 人道가 크게 어지러워질 것이다. 이것은 兼愛의 잘못된 점을 변론한 것이다.

자구 [解해] 해명하다. [兼愛] 모든 사람을 똑 같이 사랑함. [疎소] 소원함. [屈굴] 굽히다. [喩유] 비유하다, 깨우치다. [塗도] 진흙. [炭] 숯, 목탄. [均] 같다, 고르다.

蓋上世에 嘗有不葬其親者러니 其親이 死커늘 則擧而委之於壑하고 他日過之할새 狐狸食之하며 蠅蚋姑嘬之어늘 其顙有泚하야 睨而不視하니 夫泚也는 非爲人泚라 中心이 達於面目이니 蓋歸反虆梩而掩之하니 掩之 誠是也면 則孝子仁人之掩其親이 亦必有道矣니라.

상고시대에 일찍이 그 어버이를 장사지내지 않은 자가 있었다. 그 어버이가 죽자 들어다가 골짜기에 버리고서 다른 날 그 곳을 자나다가 이리와 살쾡이가 시체를 파먹으며 파리와 등애가 시체를 빨아 먹자, 이마에 땀이 흥건하여 곁눈질로 보면서 똑바로 보지 못하였다. 땀에 젖은 것은 남들 때문에 땀에 젖은 것이 아니라 마음이 얼굴에 들어난 것이다. 집으로 돌아가서 삼태기를 가지고 와 시체를 덮었으니, 시체를 덮는 것이 참으로 옳다면 효자와 仁人이 그 어버이를 덮는 데는 또한 반드시 방법이 있어야 할 것이다."

集註 因夷子厚葬其親而言此하야 以深明一本之意라 上世는 謂大古也라 委는 棄也라 壑은 山水所趨也라 蚋는 蚊屬이라 姑는 語助聲이니 或曰 螻蛄也라 嘬는 攢共食之也라 顙은 額也라 泚는 泚然汗出之貌라 睨는 邪視也요 視는 正視也니 不能不視하고 而又不忍正視는 哀痛迫切하야 不能為心之甚也라 非為人泚는 言非為他人見之而然也라 所謂一本者를 於此見之면 尤為親切이니 蓋惟至親이라 故로 如此요 在他人이면 則雖有不忍之心이나 而其哀痛迫切이 不至若此之甚矣라 反은 覆也라 虆는 土籠也요 梩는 土轝也라 於是에 歸而掩覆其親之尸하니 此는 葬埋之禮 所由起也라 此掩其親者 若所當然이면 則孝子仁人所以掩其親者 必有其道하야 而不以薄為貴矣리라.

大文字義 [擧거] 들다. [委위] 버리다. [壑학] 골짜기. [過과] 지나가다. [狐호] 여우. [狸이] 살쾡이. [蠅승]파리. [蚋예] 모기. [嘬최] 파먹다. 물다, 깨물다. [顙상] 이마. [泚자] 땀에 적시다. [睨예] 곁눈질하다, 흘겨보다. [虆유] 삼태기. [梩이] 삼태기. [掩엄] 가리다.

大文句文 [狐狸] 이리와 살쾡이. [蠅蚋] 파리와 모기. [歸反] 집으로 돌아가다(퇴계), 시신이 있는 데로 돌아가다(사계). [虆梩] 광주리.

集註字義 [趨추] 달리다. [蚊문] 모기. [螻누] 땅강아지. [蛄고] 땅강아지. [攢찬] 모이다. [額액] 이마. [汗한] 땀. [邪사] 비스듬하다, 간사하다. [覆복] 덮다. [籠농] 대바구니, 채롱. [轝거] 수레.

集註句文 [螻蛄] 땅강아지.

徐子 以告夷子한대 夷子 憮然為間曰 命之矣샷다.

서자가 이 말을 이자에게 고해 주었는데, 이자가 망연히 잠깐 있다가 말하기를, "夫子께서 나를 가르쳐 주셨도다."

集註 憮然은 茫然自失之貌라 為間者는 有頃之間也라 命은 猶教也니 言孟子已教我矣라 蓋因其本心之明하야 以攻其所學之蔽라 是以로 吾之言易入하고 而彼之惑易解也니라.

大文字義 [憮무] 멍하다, 실의에 찬 모양. [命명] 가르쳐주다.

大文句文 [憮然為間] 망연히 잠깐 있다.

集註字義 [茫망] 멍하다, 아득하다. [頃경] 잠깐. [攻공] 지적하다.

MEMO

1장 陳代曰 不見諸侯宜若小然

2장 景春曰 公孫衍張儀 豈不誠大丈夫哉

3장 周霄問曰 古之君子仕乎

4장 彭更問曰 後車数十乘從者数百人

5장 萬章問曰 宋小國也 今將行王政

6장 孟子謂戴不勝曰 子欲子之王之善與

7장 公孫丑問曰 不見諸侯何義

8장 戴盈之曰 什一去關市之征

9장 公都子曰 外人皆稱夫子好辯

10장 匡章曰 陳仲子豈不誠廉士哉

06

孟子集註大全卷之六

滕文公章句下

孟子集註大全卷之六 滕文公章句下

·06·

凡十章이라. 모두 10장이다.

1장 陳代曰 不見諸侯 宜若小然하이다 今一見之하시면 大則以王이오 小則以霸니 且志에 曰 枉尺而直尋이라하니 宜若可為也로소이다.

陳代曰, "제후를 만나지 않는 것은 작은 예절인 듯합니다. 지금 한번 만나보시면 크게는 王道를 시행할 수 있는 자를 만들 수 있을 것이고, 작게는 霸者를 만들 수 있을 것입니다. 옛글에 '한 자를 굽혀서 여덟 자를 편다' 하였으니 의당 해볼만하다고 봅니다."

集註 陳代는 孟子弟子也라 小는 謂小節也라 枉은 屈也요 直은 伸也라 八尺曰尋이라 枉尺直尋은 猶屈己一見諸侯而可以致王霸니 所屈者小하고 所伸者大也라.

大文字義 [宜의] 아마도, 마땅하다. [王왕] 왕자, 왕천하 하는 사람. [霸패] 패자, 패도를 행하는 자. [志지] 옛글. [枉왕] 굽히다. [直직] 펴다. [尋심] 여덟 자.

大文句文 [宜若小然] 작은 예절인 듯하다. [宜若可為也] 의당 해볼만 하다고 봅니다.

集註字義 [屈굴] 굽히다. [伸신] 펴다. [致치] 이루다.

孟子曰 昔애 齊景公이 田할새 招虞人以旌한대 不至어늘 將殺之러니 志士는 不忘在溝壑이오 勇士는 不忘喪其元이라하시니 孔子는 奚取焉고 取非其招不往也시니 如不待其招而往앤 何哉오

맹자왈, "옛적에 齊景公이 사냥할 때에 虞人를 旌旗로 불렀는데 오지 않자 그를 죽이려 하였다. (공자께서 우인을 칭찬하시기를) '志士는 도랑이나 골짜기에 나뒹구는 것을 잊지 않고, 勇士는 그 머리를 잃는 것을 잊지 않는다.' 하셨으니, 孔子께서는 거기에서 무엇을 취하신 것인가? 정당한 방법으로 부르지 않으면 가지 않는 것을 취하신 것이니, 만약 정당한 방법으로 부르기를 기다리지 않고 간다면 어찌하겠는가?

集註 田은 獵也라 虞人은 守苑囿之吏也라 招大夫以旌하고 招虞人以皮冠이라 元은 首也라 志士는 固窮하야 常念死無棺槨하야 棄溝壑而不恨하고 勇士는 輕生하야 常念戰鬪而死하야 喪其首而不顧也라 此二句는 乃孔子歎美虞人之言이라 夫虞人은 招之不以其物이라도 尙守死而不往이어든 況君子豈可不待其招而自往見之邪아 此以上은 告之以不可往見之意하시니라.

大文字義 [田전] 사냥하다. [招초] 부르다. [虞우] 관직의 이름, 편안하다. [旌정] 사냥에서 園囿지기를 부를 때 사용하는 깃발. [溝구] 도랑. [壑학] 골짜기. [喪상] 잃다. [元원] 머리.

集註字義 [獵엽] 사냥하다. [苑원] 동산. [囿유] 동산. [輕경] 가볍게 여기다. [鬪투] 싸우다. [顧고] 돌아보다. [邪야] 의문사(耶).

참고 庶人은 旃으로 부르고, 士는 旂로 부르고, 大夫는 旌으로 부르고, 虞人은 皮冠으로 부른다.

且夫枉尺而直尋者는 以利言也니 如以利則枉尋直尺而利라도 亦可為與아

또 한 자를 굽혀서 여덟 자를 편다는 것은 이익을 가지고 말한 것이니, 만일 이익으로써 말하면 여덟 자를 굽혀서 한자를 펴 이익을 얻더라도 할 수 있겠는가?

集註 此以下는 正其所稱枉尺直尋之非라 夫所謂枉小而所伸者大則為之者는 計其利耳니 一有計利之心이면 則雖枉多伸少而有利라도 亦將為之邪아하시니 甚言其不可也시니라.

孤山遺稿 부록 [諡狀, 枉尺直尋]

人或諷公 欲公少降其志 致位宰輔 以行其道者。公曰 此所謂枉尺直尋 孟子之所深排者也。吾未見枉己而能正人者也。其所守之堅。自處之重如此。

解義 사람들이 혹 公에게 넌지시 말하기를, "公(尹善道)이 조금 뜻을 낮추어 宰

輔의 지위에 오른 다음에 그 도를 행하기를 바란다." 하였다. 公曰, "이는 이른바 한 자를 굽혀서 여덟 자를 편다고 하는 것이니, 맹자께서 깊이 배격한 것이다. 나는 자기를 굽히고서 남을 바르게 할 수 있는 자를 보지 못하였다." 공이 자신을 지키는 바가 굳고 자처한 것의 중함이 이와 같았다.

昔者애 趙簡子使王良으로 與嬖奚乘한대 終日而不獲一禽하고 嬖奚反命曰 天下之賤工也러이다 或이 以告王良한대 良이 曰 請復之호리라 彊而後可라하야날 一朝而獲十禽하고 嬖奚反命曰 天下之良工也러이다 簡子曰 我使掌與女乘호리라하고 謂王良한대 良이 不可曰 吾為之範我馳驅호니 終日不獲一하고 為之詭遇호니 一朝而獲十하니 詩云 不失其馳어늘 舍矢如破라하니 我는 不貫與小人乘호니 請辭라하니라.

옛적에 趙簡子가 王良을 시켜서 嬖奚와 수레를 타게 하였는데, 하루 종일 한 마리의 짐승도 잡지 못하였다. 嬖奚가 돌아와 복명하기를, '천하의 서툰 말몰이꾼 입니다.' 하자, 或者가 이 사실을 王良에게 알려주었다. 王良曰, '다시 짐승을 잡기를 청합니다.' 하고, 강요한 뒤에 허락하자 하루아침에 열 마리 짐승을 잡았다. 嬖奚가 돌아와 복명하기를, '천하의 능한 말몰이꾼 입니다.' 하였다. 簡子曰, '나는 너에게 수레 타는 것을 맡기겠다.' 하고, 王良에게 말하였는데, 王良이 不可하다고 하면서 말하기를, '내가 그를 위해 수레를 법대로 몰았더니 종일토록 한 마리도 잡지 못하였고, 그를 위해 속임수로 수레를 몰아 짐승과 마주치게 하였더니 하루아침에 열 마리를 잡았습니다. 시경에 이르기를, 「법도에 맞게 말몰이 하는 것을 잃지 말고 화살을 쏘아 쪼개듯이 하라.」 하였으니, 저는 小人과 말 타는 것이 익숙하지 않으니 청컨대 사양합니다.' 하였다.

集註 趙簡子는 晉大夫趙鞅也라 王良은 善御者也라 嬖奚는 簡子幸臣이라 與之乘은 為之御也라 復之는 再乘也라 彊而後可는 嬖奚不肯하야 彊之而後에 肯也라 一朝는 自晨至食時也라 掌은 專主也라 範은 法度也라 詭遇는 不正而與禽遇也라 言奚不善射하야 以法馳驅則不獲하고 廢法詭遇而後에 中也라 詩는 小雅車攻之篇이라 言御者不失其馳驅之法하고 而射者發矢皆中

而力이어늘 今嬖奚不能也라 貫은 習也라.

大文字義 [嬖폐] 총애하다. [奚혜] 어찌. [乘승] 수레를 타다. [獲획] 잡다. [禽금] 새, 짐승. [賤천] 천하다. [彊강] 억지로. [掌장] 맡다, 전담하다. [範범] 법도. [馳치] 질주하다. [驅구] 말을 몰다. [詭궤] 속이다. [舍사] 놓다, 발사하다.(上聲). [貫관] 익숙하다. [辭사] 사양하다.

大文句文 [賤工] 서툰 말몰이꾼. [良工] 능한 말몰이꾼. [範我馳驅] 내가 수레를 법도에 맞게 몰다. [詭遇] 속임수로 수레를 몰아 짐승과 마주치게 하다.

集註字義 [趙조] 춘추전국 시대 七雄 중의 하나. [鞅앙] 가슴걸이. [善선] 잘하다. [御어] 말을 몰다. [幸행] 총애하다. [晨신] 새벽.

참고 本草綱目에 禽, 獸, 魚를 3部로 나눠서 오직 羽虫 만을 禽이라고 하였다. 그러나 맹자에서 이른바 獲禽과 禮記에서 이른바 不離禽獸란 말은 走獸를 가리킨 것이고, 魯語에서 이른바 登川禽이란 말은 水族을 가리킨 것이며, 周易에서 이른바 舊井無禽이란 것 또한 물고기를 가리킨 듯하다. 禽이란 것은 毛虫, 鱗虫, 羽虫 세 종류 모두를 가리킨 것이고, 鳥는 날아다니는 禽을 가리킨 것일 뿐이다.(星湖僿說 제5권, 萬物門 禽)

御者 且羞與射者比하야 比而得禽獸 雖若丘陵이라도 弗爲也하니 如枉道而從彼앤 何也오 且子 過矣로다 枉己者 未有能直人者也니라.

말 모는 자도 활 쏘는 사람에게 아부하는 것을 수치로 여겨서, 아부하여 짐승을 잡는 것이 비록 丘陵과 같이 많더라도 하지 않는 것인데, 만약 도를 굽혀서 저들을 따른다면 어떻게 되겠는가? 또한 그대가 지나쳤도다. 자신을 굽히는 자는 남을 곧게 할 수 있는 자가 없다."

集註 比는 阿黨也라 若丘陵은 言多也라. ○或曰 居今之世하야 出處去就를 不必一一中節이니 欲其一一中節이면 則道不得行矣라하니 楊氏曰 何其不自重也오 枉己면 其能直人乎아 古之人이 寧道之不行이언정 而不輕其去就라 是以로 孔孟이 雖在春秋戰國之時라도 而進必以正하사 以至終不得行而死也하시니 使不恤其去就而可以行道면 孔孟이 當先爲之矣시리라 孔孟이 豈不欲道之行哉시리오.

大文字義 [羞수] 부끄러워하다. [比비] 아부하다. [過과] 지나치다, 과하다.

集註字義 [阿아] 영합하다. [黨당] 무리, [中중] 맞다. 딱 들어맞다. [重중] 중히 여기다. [寧녕] 차라리. [恤휼] 구휼하다, 구제하다.

2장 景春이 曰 公孫衍張儀는 豈不誠大丈夫哉리오 一怒而諸侯懼하고 安居而天下 熄하니라.

景春曰, "公孫衍과 張儀는 어찌 참으로 대장부가 아니겠습니까? 한번 노하자 제후들이 두려워하고, 편안히 거처하자 천하의 다툼이 종식되었습니다."

集 註 景春은 人姓名이라 公孫衍張儀는 皆魏人이니 怒則說諸侯하야 使相攻伐이라 故로 諸侯懼也라.

大文字義 [衍연] 넓다. [儀의] 거동. 행동, [怒노] 노하다. [懼구] 두려워하다. [熄식] 종식되다, 꺼지다.

孟子曰 是焉得爲大丈夫乎리오 子未學禮乎아 丈夫之冠也애 父命之하고 女子之嫁也애 母命之하나니 往애 送之門할새 戒之曰 往之女家하야 必敬必戒하야 無違夫子라하나니 以順爲正者는 妾婦之道也니라.

맹자왈, "이 사람들이 어찌 대장부가 될 수 있겠습니까? 그대는 禮를 배우지 않으셨는가? 丈夫는 冠禮를 할 적에 아비가 命하고 女子가 시집갈 적에 어미가 命하니, 떠날 적에 그를 문에서 전송할 때 경계하여 말하기를, '너의 집에 가서 반드시 공경하고 반드시 경계하여 남편을 어기지 말라' 하나니, 順으로써 正을 삼는 것은 妾婦의 道입니다.

集 註 加冠於首曰 冠이라 女家는 夫家也니 婦人은 內夫家하야 以嫁爲歸也라 夫子는 夫也라 女子從人하니 以順爲正道也라 蓋言二子阿諛苟容하야 竊取權勢하니 乃妾婦順從之道耳요 非丈夫之事也라.

大文字義 [焉언] 어찌. [冠관] 冠禮를 하다. [命명] 훈계하다. [嫁가] 시집가다. [戒계] 경계하다. [違위] 어기다, 거슬리다. [順순] 순응하다. [妾첩] 여자의 겸칭,

小室. [婦부] 며느리, 아내, 여자.
集註字義 [夫부] 남편. [諛유] 아첨하다. [苟구] 구차하다. [容용] 용납하다.
集註句文 [二子] 公孫淵과 張儀.

居天下之廣居하며 立天下之正位하며 行天下之大道하야 得志하얀 與民由之하고 不得志하얀 獨行其道하야 富貴 不能淫하며 貧賤이 不能移하며 威武 不能屈이 此之謂大丈夫니라.

천하의 넓은 집에 거처하며, 천하의 正位에 서며, 천하의 大道를 행하여 뜻을 얻으면 백성과 함께 행하고, 뜻을 얻지 못하면 홀로 그 도를 행하여 부귀가 마음을 방탕하게 하지 못하며, 빈천이 절개를 옮기지 못하며, 威武가 그의 뜻을 꺾지 못하는 이런 사람을 대장부라고 합니다."

集 註 廣居는 仁也요 正位는 禮也요 大道는 義也라 與民由之는 推其所得於人也요 獨行其道는 守其所得於己也라 淫은 蕩其心也요 移는 變其節也요 屈은 挫其志也라. ○何叔京曰 戰國之時에 聖賢道否하야 天下不復見其德業之盛하고 但見姦巧之徒 得志橫行하야 氣焰可畏하고 遂以爲大丈夫라하니 不知由君子觀之면 是乃妾婦之道耳니 何足道哉리오.
大文字義 [居거] 거처하다. [由유] 행하다. [淫음] 넘치다, 지나치다. [移이] 옮겨가다. [威위] 위협. [武무] 무력.
大文句文 [天下之廣居] 천하의 넓은 집, 즉 廣居는 仁을 가리킨다. [天下之正位] 천하의 正位, 즉 正位는 禮를 가리킨다.
集註字義 [推추] 확대하다, 미루어나가다. [蕩탕] 방탕하다, 흔들다. [挫좌] 꺾다. [否비] 막히다. [橫횡] 함부로, [焰염] 불붙다, 불꽃.
集註句文 [何足道哉] 어찌 말할 가치가 있으리오.

省齋集 제4권 [往復雜稿 上重菴先生 戊午, 仁道至大至公]
下詢孟子景春章 仁道至大至公 與天地準。廣居言其普遍恢廓 人所可居也。禮者天理之節文 人事之儀則。正位言其如規圓矩方 繩直準平 無少欹衺 人所可蹈也。義者心之制 事之宜。大道言其泛應曲當 人所可由也。如此看解未知不差否。
解 義 孟子 景春章에 대하여 重菴선생이 하문하기를, "仁의 도리는 지극히 크고 지극히 공정하여 천지와 더불어 준칙이 된다. 廣居는 매우 넓고 커서 사람

이 살 수 있음을 말한 것이다. 禮는 천리의 節文이며 人事의 儀則이다. 正位는 마치 그림쇠의 둥긂, 곱자의 모남, 먹줄의 곧음, 수준기의 수평과 같이 조금도 기울어짐이 없어 사람이 실천할 수 있음을 말한 것이다. 義란 마음의 制裁요 일의 마땅함이다. 大道는 널리 응대하고 하나하나에 해당되게 하여 사람이 따를 수 있음을 말한 것이다. 이렇게 보고 해석하면 틀림이 없는지 모르겠다."

자 구 [詢순] 묻다, 상의하다. [恢회] 넓다. [廓확] 넓다. [規규] 동그라미, 법. [矩구] 사각형, 모나다. [繩승] 먹줄. [準준] 수평, 준칙. [攲기] 기울다. [袤무] 길이. 東西는 廣, 남북이나 세로는 袤. [蹈도] 밟다, 행하다. [泛범] 넓다. 물에 뜨다. [曲當] 각각에 해당하다. [差차] 다르다.

3장 周霄問曰 古之君子 仕乎잇가 孟子曰 仕니라 傳애 曰 孔子三月無君則皇皇如也하사 出疆에 必載質라하고 公明儀曰 古之人이 三月無君則弔라하니라.

周霄 問曰, "옛날의 君子는 벼슬을 하였습니까?" 맹자왈, "벼슬을 하였습니다. 옛 기록에 이르기를, '孔子께서는 삼 개월 동안 섬길 임금이 없으면 마음이 급하여 국경을 나가실 적에 반드시 폐백을 실으셨다.' 하였고, 公明儀曰, '옛 사람이 삼 개월 동안 섬길 임금이 없으면 백성을 위로하였다.' 하였습니다."

集 註 周霄는 魏人이라 無君은 謂不得仕而事君也라 皇皇은 如有求而弗得之意라 出疆은 謂失位而去國也라 質는 所執以見人者니 如士則執雉也라 出疆載之者는 將以見所適國之君而事之也라.

大文字義 [霄소] 하늘. [傳전] 옛 기록. [皇황] 급하다. [疆강] 지경, 국경. [質지] 폐백. [弔조] 위로하다.

大文句文 [皇皇如] 마음이 급한 모양, 이를테면 구하는 것이 있는데 얻지 못한다는 의미임.

集註字義 [魏위] 춘추전국 시대의 나라로 晉나라를 셋으로 등분하여 晉大夫 魏斯가 세운 나라. [載재] 싣다. [適적] 가다.

참 고 周禮 大宗伯에 '날짐승으로 여섯 가지 幣帛을 만들고 제후를 등급 매겨서 孤는 皮帛을 잡고, 卿은 염소를 잡고, 大夫는 기러기를 잡고, 士는 꿩을 잡고, 庶人은 집오리를 잡고, 工商은 닭을 잡는다.' 하였다.

三月無君則弔 不以急乎잇가

周霄曰, "삼 개월 동안 섬길 임금이 없으면 백성을 위로하는 것은 너무 급한 것이 아닙니까?"

> **集註** 周霄問也라 以는 己通이니 太也라 後章放此하니라.
> **大文字義** [以이] 너무.
> **大文句文** [不以急乎] 너무 급한 것이 아니겠습니까?

曰 士之失位也 猶諸侯之失國家也니 禮에 曰 諸侯耕助하야 以供粢盛하고 夫人이 蠶繅하야 以為衣服이라하니 犧牲이 不成하며 粢盛이 不潔하며 衣服이 不備하면 不敢以祭하고 惟士 無田則亦不祭하나니 牲殺器皿衣服이 不備하야 不敢以祭則不敢以宴이니 亦不足弔乎아

맹자왈, "士가 지위를 잃는 것은 제후가 국가를 잃는 것과 같으니, 禮記曰, '제후가 籍田을 경작하여 祭需를 바치고, 부인은 누에를 쳐 고치를 켜서 의복을 만든다.' 하니, 희생이 살찌지 못하고 제수가 깨끗하지 못하며 의복이 갖추어지지 않으면 감히 제사지내지 못한다. 오직 士만은 祭田이 없으면 또한 제사를 지내지 못하니, 희생, 기물, 의복이 갖추어지지 않아서 감히 제사를 지내지 못한다면 감히 잔치를 열 수 없으니, 또한 위로할 만하지 않겠는가?"

> **集註** 禮曰 諸侯為籍百畝하야 冕而青紘하야 躬秉耒以耕이어든 而庶人助以終畝하야 收而藏之御廩하야 以供宗廟之粢盛하고 使世婦로 蠶于公桑蠶室하야 奉繭以示于君하고 遂獻于夫人이어든 夫人이 副褘受之하야 繅三盆手하고 遂布于三宮世婦하야 使繅以為黼黻文章하야 而服以祀先王先公이라하니라 又曰 士有田則祭하고 無田則薦이라하니라 黍稷曰 粢요 在器曰 盛이라 牲殺은 牲必特殺也라 皿은 所以覆器者라.
> **大文字義** [助조] 籍田. [供공] 바치다, 이바지하다. [粢자] 제물로 바친 곡식, 기장. [盛성] 담다. [蠶잠] 누에. [繅소] 고치를 켜다. [犧희] 희생. [牲생] 희생. [成성] 살찌다. [潔결] 깨끗하다. [皿명] 그릇. [宴연] 잔치.

大文句文 [耕助] 籍田을 경작하다. [粢盛] 나라의 중요한 제사에 쓰이는 그릇에 가득 담은 곡물로서 제수의 의미로 쓰임. [蠶繅] 누에를 쳐 고치를 킨 것. [犧牲不成] 제사에 쓰이는 희생이 살찌지 않음.(이루어지지 않음) [牲殺器皿] 희생과 기물(기명). [不足弔乎] 위로할 만하지 않겠는가?

集註字義 [籍적] 적전. [冕면] 면류관. [紘굉] 갓끈. [耒뇌] 쟁기. [藏장] 저장하다. [繭견] 고치. [獻헌] 바치다. [副부] 머리꾸미개. [褘위] 왕비의 폐슬(무릎 가리개). [繅소] 고치를 켜다. [盆분] 동이. [黼보] 군주가 입는 장복 상의에 도끼 모양을 그린 것으로 '결단'의 뜻을 취한 것이다. [黻불] 군주가 입는 장복 상의에 己字 두 개를 서로 등지게 하여 그린 것이니 분변의 뜻을 취한 것이다. [薦천] (간단하게)올리다 [黍서] 찰기장. [稷직] 메기장. [特특] 特牲은 소의 희생.

集註句文 [庶人助以終畝] 서인이 도와서 밭일을 끝내다. [世婦] 女官. [繅三盆手] 고치를 켤 때 세 번 손을 담근다. [士有田則祭 無田則薦] 士는 祭田이 있으면 제사하고, 祭田이 없으면 薦한다.

참고 [祭田] 제사지내는데 경비를 조달하기 위해 부여한 田地로서 圭田 혹은 位土라고도 한다.

承政院日記 [仁祖 20년 4월 17일, 旣不以祭 則亦不可宴]

噫 刑政旣亂 禮樂亦紊 莫甚於此。及其接彼也 用之樂而獨廢於宗社之祀何歟。接彼則重 而享先則輕乎。輕重有別 而無端廢之 臣未知其可也 祭祀賓客 俱不可廢也。傳云旣不以祭 則亦不可宴 言豈誣乎。禮樂由賢者出 而不可斯須去身。身猶不可去也 則廢於享先之祀乎。

解義 護軍 韓明勖이 상소하기를, "아! 刑政이 이미 혼란하고 禮樂 또한 문란함이 지금보다 심한 적이 없습니다. 저들(청국 사신)을 접할 때에는 음악을 사용하면서 유독 종묘와 사직의 제사에서 폐지하는 것은 어째서입니까, 저들을 접대하는 것은 중하고 선조를 祭享하는 것은 가볍습니까? 輕重에 구별이 있는데 아무 이유 없이 폐지하니, 신은 이것이 옳은지 알지 못하겠습니다. 제사를 받들고 빈객을 접대하는 것을 모두 폐지해서는 안 됩니다. 옛 기록에 이르기를 '제사 지내지 못하였으면 잔치도 하지 못한다.' 하였으니, 이 말이 어찌 거짓이겠습니까. 예악은 현자에게서 비롯되니 잠시라도 몸에서 떠나게 해서는 안 됩니다. 몸에서조차 떠나게 해서는 안 되는데, 선조를 제향하는 제사에 예악을 폐지할 수 있겠습니까?

자구 [噫희] 아! [紊문] 문란하다. [歟여] 의문문에 쓰는 어조사. [誣무] 속이다. [俱구] 모두, [享先] 선조를 제향하다.

周霄曰 出疆애 必載質는 何也잇고

주소 問曰, "국경을 나가실 때에 반드시 폐백을 가지고 가시는 것은 어째서 입니까?"

> **集註** 周霄問也라.

曰 士之仕也 猶農夫之耕也니 農夫 豈為出疆하야 舍其耒耜哉리오 曰 晉國이 亦仕國也로되 未嘗聞仕 如此其急호니 仕如此其急也인댄 君子之難仕는 何也잇고 曰 丈夫生而願為之有室하며 女子生而願為之有家는 父母之心이라 人皆有之언마는 不待父母之命과 媒妁之言하고 鑽穴隙相窺하며 踰墻相從하면 則父母國人이 皆賤之하나니 古之人이 未嘗不欲仕也언마는 又惡不由其道하니 不由其道而往者는 與鑽穴隙之類也니라.

맹자왈, "士가 벼슬하는 것은 농부가 경작하는 것과 같으니, 농부가 어찌 국경을 나간다고 해서 쟁기를 버리겠는가?" 주소왈, "晉나라가 또한 벼슬할만한 나라이기는 하지만, 벼슬하는 것이 이와 같이 급하다는 것을 들은 적이 없습니다. 벼슬하는 것이 이와 같이 급한 일이라면 君子가 벼슬하기 어려워하는 것은 어째서 입니까?" 맹자왈, "아들이 태어나면 그를 위해 아내 두기를 원하며, 여자가 태어나면 그를 위해 媤家가 있기를 원하는 것은 부모의 마음이다. 사람이 모두 그러한 마음을 가지고 있지만, 부모의 命과 중매하는 사람의 말을 기다리지 않고 구멍을 뚫고서 서로 엿보며 담을 넘어서 서로 어울린다면, 부모와 나라 사람들이 모두 천하게 여길 것이다. 옛 사람이 벼슬을 바라지 않은 것은 아니지만, 또한 그 道를 따르지 않는 것을 싫어하였으니, 그 도를 따르지 않고 벼슬길에 나아가는 사람은 구멍을 뚫는 자의 부류와 같다."

> **集註** 晉國은 解見首篇하니라 仕國은 謂君子遊宦之國이라 霄意以孟子不見諸侯為難仕라 故로 先問古之君子仕否然後에 言此하야 以風切之也라 男은 以女為室하고 女는 以男為家라 妁은 亦媒也라 言為父母者非不願其男女之有室

家로되 而亦惡其不由道하나니 蓋君子雖不潔身以亂倫이나 而亦不徇利而忘義也니라.

大文字義 [舍사] 버리다.(上聲). [耒뇌] 쟁기. [耜사] 쟁기날. [媒매] 중매. [妁작] 중매. [鑽찬] 뚫다. [穴혈] 구멍. [隙극] 틈, [窺규] 엿보다. [踰유] 넘다. [墻장] 담장. [惡오] 미워하다, 싫어하다.(去聲). [與여] 같다(如).(上聲).

集註字義 [遊유] 벼슬살이 하다, 떠돌다. [宦환] 벼슬. [風풍] 풍자하다. [徇순] 따르다.

集註句文 [謂君子遊宦] 군자가 타국에서 벼슬하는 것을 이른다. [風切之] 풍자하다.

4장 彭更이 問曰 後車数十乘과 從者数百人으로 以傳食於諸侯不以泰乎잇가 孟子曰 非其道則一簞食라도 不可受於人이어니와 如其道則舜이 受堯之天下하사대 不以為泰하시니 子以為泰乎아

彭更이 問曰, "뒤 따르는 수레 수십 대와 호종하는 사람 수백 명을 데리고 제후에게 돌아다니면서 얻어먹는 것은 너무 지나치지 않습니까?" 맹자왈, "도가 아니면 한 끼의 대그릇에 담은 밥이라도 남에게서 받아서는 안 되지만, 도라면 舜이 堯임금의 天下를 받으시되 지나치다고 여기지 않았으니, 그대는 지나치다고 생각하는가?"

集註 彭更은 孟子弟子也라 泰는 侈也라.

大文字義 [彭팽] 姓. 지명, 국명, 팽창하다. [傳전] 돌아다니다, 전전하다. [以이] 너무. [泰태] 심하다, 분수에 넘치다(侈). [簞단] 대그릇.

大文句文 [以傳食於諸侯 不以泰乎] 제후들에게 돌아다니면서 얻어먹는 것은 너무 지나치지 않은가?, (A不以B乎? A는 너무 B함이 아닌가?)

曰 否라 士無事而食이 不可也니이다.

彭更曰, "아닙니다. 士가 하는 일없이 먹는 것은 옳지 않은 것입니다."

言不以舜為泰요 但謂今之士無功而食人之食이 則不可也라.

曰 子不通功易事하야 以羨補不足하면 則農有餘粟하며 女有餘布어니와 子如通之면 則梓匠輪輿 皆得食於子하리니 於此有人焉하니 入則孝하고 出則悌하야 守先王之道하야 以待後之學者호대 而不得食於子하나니 子何尊梓匠輪輿하고 而輕爲仁義者哉오

맹자왈, "그대가 물자를 교역하여 넘치는 것을 부족한 곳에 보태주지 않는다면, 농부는 남는 곡식이 있게 되며 여자는 남는 베가 있게 된다. 그대가 만일 물자를 교역한다면 木工과 수레 만드는 工人들이 모두 그대의 덕에 먹게 될 것이다. 여기에 어떤 사람이 있다고 하자. 집에 들어가면 효도하고 나가면 공경하여 선왕의 도를 지켜서 후일의 학자를 기다리되 그대에게서 얻어먹을 수 없으니, 그대가 어찌 목공과 수레 만드는 공인을 높이면서 仁義를 행하는 사람을 가볍게 여기는가?"

集註 通功易事는 謂通人之功而交易其事라 羨은 餘也라 有餘는 言無所貿易而積於無用也라 梓人匠人은 木工也요 輪人輿人은 車工也라.

大文字義 [子자] 그대. [通통] 소통하다. [功공] 공력. [易이] 교역하다, 바꾸다. [羨선] 넘치다, 부러워하다. [補보] 돕다. [粟속] 조, 식량. [梓재] 목공, 가래나무. [匠장] 장인, 기술자. [輪윤] 수레바퀴. [輿여] 수레. [悌제] 공경하다. [輕경] 가볍게 여기다.

大文句文 [通功易事] 공력을 소통하고 일을 바꾸다.(물자를 교역하다.) [以羨補不足] 넘치는 것을 부족한데 보태주다. [梓匠輪輿] 목공과 수레 만드는 공인.

集註字義 [貿무] 사다, 바꾸다, 교역하다.

曰 梓匠輪輿는 其志 將以求食也어니와 君子之爲道也도 其志亦將以求食與잇가 曰 子何以其志爲哉오 其有功於子애 可食而食之矣니 且子는 食志乎아 食功乎아 曰 食志니이다.

彭更曰, "목공과 수레 만드는 공인은 그 뜻이 먹기를 구하려는 것이지만, 군자가 도를 행하는 것도 그 뜻이 또한 먹기를 구하려는 것입니까?" 맹자왈, "그대는 어찌 그 뜻만 가지고 따지는가? 그대에게 功이 있음에 먹여줄만 하면 먹여주는 것이니, 또 그대는 뜻을 보고 먹여주는가, 공을 보고 먹여주는가?" 彭更曰, "뜻을 보고 먹여줍니다."

集註	孟子言 <u>自我而言</u>이면 固不求食이어니와 自彼而言이면 凡有功者則當食之니라.
大文句文	[子何以其志為哉] 그대는 어찌 그 뜻만 가지고 따지는가?
集註句文	[自我而言] 나의 입장에서 말하다.

曰 有人於此하니 <u>毁瓦畫墁</u>이오 其志 將以求食也則子食之乎아 曰否라 曰 然則子 非食志也라 食功也로다.

맹자왈, "여기에 어떤 사람이 있다고 하자. 기왓장을 깨서 흙손질한 담장에 함부로 그어놓고도 그 뜻이 먹는 것을 구하려는 것이라면 그대는 먹여주겠는가?" 彭更曰, "아닙니다." 맹자왈, "그렇다면 그대는 뜻을 보고 먹여주는 것이 아니라 功을 보고 먹여주는 것이로구나."

集註	墁은 墻壁之飾也라 毁瓦畫墁은 言無功而有害也라 旣曰 食功이면 則以士為無事而食者는 眞尊梓匠輪輿而輕為仁義者矣니라.
大文字義	[毁훼] 깨뜨리다. [瓦와] 기와. [畫획] 긋다. [墁만] 담벽을 꾸미다. 흙손질하다.
大文句文	[毁瓦畫墁] 기와 장을 깨서 담장을 꾸미다.(낙서를 한다)

5장 萬章이 問曰 宋은 小國也라 今애 將行王政하나니 齊楚惡而伐之則如之何니잇고

萬章이 問曰, "宋나라는 작은 나라입니다. 이제 왕도의 정치를 시행하려고 하는데 齊楚가 미워하여 정벌하려 한다면 어찌합니까?"

集註	萬章은 孟子弟子라 宋王偃이 嘗滅滕伐薛하고 敗齊楚魏之兵하야 欲霸天下하니 疑卽此時也라.
大文字義	[惡오, 平聲] 미워하다.
集註字義	[偃언] 쓰러지다. [敗패] 패배시키다. [霸패] 패자가 되다. [疑의] 아마도~인 듯하다.

孟子曰 湯이 居亳하실새 與葛為鄰이러시니 葛伯이 放而不祀어늘 湯이 使人問之曰 何為不祀오 曰 無以供犧牲也로이다 湯이 使遺之牛羊하신대 葛伯이 食之하고 又不以祀어늘 湯이 又使人問之曰 何為不祀오 曰 無以供粢盛也로이다 湯이 使亳衆으로 往為之耕이어시늘 老弱이 饋食러니 葛伯이 帥其民하야 要其有酒食黍稻者하야 奪之호대 不授者를 殺之하더니 有童子 以黍肉餉이어늘 殺而奪之하니 書에 曰 葛伯이 仇餉이라하니 此之謂也니라.

맹자왈, "湯이 亳에 거처할 때 葛과 이웃이 되었는데, 葛伯이 방탕하여 제사를 지내지 않자 湯이 사람을 시켜서 묻기를, '어째서 제사를 지내지 않는가?' 葛伯曰, '희생을 바칠 수가 없습니다.' 湯이 사람을 시켜서 牛羊을 보내주었는데, 葛伯이 먹어버리고 또 제사를 지내지 않자 湯이 또 사람을 시켜 묻기를, '어째서 제사를 지내지 않는가?' 葛伯曰, '제수를 바칠 수가 없습니다.' 湯이 亳 사람들을 시켜 가게 해서 葛나라 백성을 위해 밭을 갈게 하자 노약자들이 밥을 먹여주었는데, 葛伯이 백성을 거느리고 술과 밥과 기장과 쌀을 가진 자를 가로막고서 빼앗되 주지 않는 자를 죽었다. 어떤 동자가 기장과 고기를 가지고 대접하자 죽여서 빼앗았으니, 書經에 이르기를, '葛伯이 대접하는 사람을 원수로 여겼다.' 하니, 이것을 말한 것이다.

集註 葛은 國名이요 伯은 爵也라 放而不祀는 放縱無道하야 不祀先祖也라 亳衆은 湯之民이요 其民은 葛民也라 授는 與也라 餉은 亦饋也라 書는 商書仲虺之誥也라 仇餉은 言與餉者為仇也라.

大文字義 [亳박] 은나라 도성. [葛갈] 갈나라. [鄰인] 이웃. [放방] 방자하다.(去聲). [祀사] 제사지내다. [遺유] 보내주다. [衆중] 무리. [饋궤] 먹이다. [帥솔] 거느리다. [要요] 가로막다, 구하다, 요하다. [稻도] 벼, [奪탈] 빼앗다. [授수] 주다. [餉향] 먹이다. [仇구] 원수.

大文句文 [不以祀] 제사에 쓰지 않는다. [饋食] 밥을 먹여주다. [葛伯仇餉] 갈백이 먹여주는 사람을 원수로 여기다.

集註字義 [爵작] 작위. [縱종] 방자하다. [虺훼] 살모사, 姓.

集註句文 [與餉者為仇] 與는 以의 뜻이므로, 먹여주는 자를 원수로 여긴다.

書經 尙書 [仲虺之誥, 葛伯仇餉] 梁惠王章句下 11장 참조.

為其殺是童子而征之하신대 四海之內 皆曰 非富天下也라 為匹夫匹婦하야 復讎也라하니라.

갈백이 이 동자를 죽였기 때문에 정벌하였는데, 천하 사람들이 모두 말하기를, '천하를 탐한 것이 아니라 백성들을 위하여 복수한 것이다.' 하였다.

集註 非富天下는 言湯之心이 非以天下為富而欲得之也라.
大文字義 [爲위] 때문에. [復복] 갚다. [讎수] 원수.
大文句文 [非富天下] 非貪天下(朱子), 不貪天下之富(趙岐)

湯이 始征을 自葛로 載하사 十一征而無敵於天下하니 東面而征에 西夷怨하며 南面而征에 北狄이 怨하며 曰 奚為後我오하야 民之望之 若大旱之望雨也하야 歸市者 弗止하며 芸者不變이어늘 誅其君弔其民하신대 如時雨降이라 民이 大悅하니 書에 曰 徯我后하노소니 后來하시면 其無罰아하니라.

湯이 처음 정벌을 葛로부터 시작해서 11國을 정벌하여 천하에 대적할 자가 없었으니, 동쪽을 정벌함에 西夷가 원망하며 남쪽을 정벌함에 北狄이 원망하여 말하기를, '어째서 우리를 뒤로 하시는가?' 하였다. 백성들이 湯을 기다리기를 마치 큰 가뭄에 비를 바라는 듯하여 저자에 가는 사람이 멈추지 않으며 김을 매는 사람이 동요함이 없거늘, 그 임금을 죽이고 그 백성을 위로하니 마치 때 맞춰 비가 내린 듯하였다. 백성들이 크게 기뻐하니, 書經에 이르기를, '우리 임금님을 기다렸으니 임금님이 오시면 포악한 자에게 주벌이 없겠는가?' 하였다.

集註 載는 亦始也라 十一征은 所征이 十一國也라 餘는 已見前篇하니라.
大文字義 [始시] 처음. [載재] 시작하다(始), 싣다. [敵적] 대적하다. [面면] 향하다. [望망] 갈망하다. [若약] 마치~같다. [旱한] 가뭄. [芸운] 김매다. [變변] 동요하다. [誅주] 죽이다, 주벌하다. [弔조] 위로하다. [如여] 마치~과 같다. [時시] 제 때. [徯혜] 기다리다. [后후] 임금. [罰벌] 벌.
大文句文 [芸者不變] 김을 매는 사람(농부)들이 동요하지 않는다. [徯我后] 우리 임금

님을 기다리다. [后來 其無罰] 임금님이 오시면 포악한 임금에게 주벌이 없겠는가?

書經 尙書 [中虺之誥, 徯我后] 梁惠王章句下 11장 참조.

有攸不為臣이어늘 東征하사 綏厥士女하신대 匪厥玄黃하야 紹我周王見休하야 惟臣附于大邑周하니 其君子는 實玄黃于匪하야 以迎其君子하고 其小人은 簞食壺漿으로 以迎其小人하니 救民於水火之中하야 取其殘而已矣니라.

신하가 되지 않은 자가 있자 동쪽으로 정벌하여 그 남녀들을 편안하게 하였는데, 폐백을 광주리에 담아 우리 周王을 섬겨 천명의 아름다움을 보고 오직 위대한 周에 신하로서 복종하였다. 관직이 있는 자는 검은 비단과 황색 비단을 광주리에 담아서 주나라 관리들을 맞이하고, 백성들은 대그릇에 담은 밥과 호리병에 담은 마실 것을 가지고 주나라 백성들을 맞이하니, 백성을 물과 불속에서 구제하여 포악한 자를 잡은 것뿐이다.

集 註 按周書武成篇컨대 載武王之言이어늘 孟子約其文如此라 然이나 其辭時與今書文不類하니 今姑依此文解之하노라 有所不為臣은 謂助紂為惡하야 而不為周臣者라 匪는 與篚同이라 玄黃은 幣也요 紹는 繼也니 猶言事也니 言其士女以匪盛玄黃之幣하야 迎武王而事之也라 商人而曰 我周王은 猶商書所謂我后也라 休는 美也니 言武王이 能順天休命하야 而事之者皆見休也라 臣附는 歸服也라 孟子又釋其意하사 言商人이 聞周師之來하고 各以其類相迎者는 以武王能救民於水火之中하야 取其殘民者하야 誅之하시고 而不為暴虐耳라 君子는 謂在位之人이요 小人은 謂細民也라.

大文字義 [攸유] 바, 者(所). [綏유] 편안하다. [厥궐] 그, 그것. [匪비] 광주리에 담다(篚). [玄현] 검은 비단. [黃황] 황색 비단. [紹소] 잇다(繼). [休휴] 아름다움(美). [附부] 귀부하다. [實실] 채우다. [迎영] 맞이하다. [食사] 밥. [壺호] 병. [漿장] 마실 것, 간장. [救구] 구제하다. [殘잔] 포악하다.

大文句文 [匪厥玄黃] 검은 비단과 황색 비단을 광주리에 담다. [紹我周王見休] 우리 주왕을 섬겨 천명의 아름다움을 보다. [簞食壺漿] 대그릇에 담은 밥과 호리병에 담은 마실 것.

集註字義 [按안] 살펴보다. [時시] 時或, 간혹. [姑고] 우선. [篚비] 광주리.
書經 尙書 [武成篇, 綏厥士女] 恭天成命하야 肆予東征하야 綏厥士女하니 惟其士女 篚厥玄黃하야 昭我周王은 天休震動이라 用附我大邑周니라. **解義** 하늘이 정한 命을 공경히 받들어 이에 내가 동쪽으로 정벌하여 남녀들을 편안히 하니, 오직 그 남녀들 검은색 비단과 황색 비단을 광주리에 담아 우리 周王의 덕을 밝힌 것은 하늘의 아름다움이 진동하기 때문이라, 이로써 우리 위대한 周에 귀부하도다. **자구** [肆사] 이에, 방자하다. [篚비] 광주리에 담다, 광주리. [大邑周] 위대한 주나라.

太誓에 曰 我武를 惟揚하야 侵于之疆하야 則取于殘하야 殺伐用張하니 于湯에 有光이라하니라.

太誓에 이르기를, '우리 周王이 武威를 떨쳐서 저들의 강토를 침범하여 곧 잔악한 자를 잡아서 죽이고 정벌한 것이 장대하였으니 湯임금에게도 영광이 있을 것이다.' 하였다.

集註 太誓는 周書也라 今書文亦小異라 言武王이 威武奮揚하야 侵彼紂之疆界하야 取其殘賊하야 而殺伐之功이 因以張大하니 比於湯之伐桀에 又有光焉이라 引此하야 以證上文 取其殘之義하시니라. **大文字義** [武무] 武威. [揚양] 떨치다. [疆강] 기경, 국경. [張장] 펼치다. **大文句文** [侵于之疆] 저들의 국경을 침범하다. [殺伐用張] 죽여서 정벌한 것이 장대하다. **集註字義** [威위] 위엄. [奮분] 뽐내다. [證증] 증거삼다. [義의] 뜻.
書經 周書 [泰誓中, 我武惟揚] 我武를 惟揚하야 侵于之疆하야 取彼凶殘하야 我伐이 用張하면 于湯에 有光하리라. **解義** 우리의 武威를 떨쳐 저들의 강토를 침범하여 저 흉악한 자를 잡아 나의 정벌이 張大해지면 湯임금님에게 영광이 있으리라. **자구** [揚양] 드날리다. [我伐用張] 우리의 정벌이 장대해지다.

不行王政云爾언정 苟行王政이면 四海之內 皆擧首而望之하야 欲以為君하리니 齊楚 雖大나 何畏焉이리오

왕도의 정치를 행하지 않으면 그만이지만 진실로 왕도의 정치를 행한다면 四海의 백성이 모두 머리를 들어 바라보고서 임금으로 삼고자 할 것이니 齊楚가 비록 크지만 어찌 두렵겠는가?"

集註 宋實不能行王政이러니 後果為齊所滅하야 王偃이 走死하니라. ○尹氏曰 為國者能自治而得民心이면 則天下皆將歸往之하야 恨其征伐之不早也리니 尙何彊國之足畏哉리오 苟不自治하고 而以彊弱之勢言之면 是는 可畏而已矣니라.

大文句文 [不行王政云爾] 왕도의 정치를 행하지 않으면 그만이다.

集註字義 [實실] 실제로. [彊강] 강성하다.

集註句文 [果為齊所滅] 결국 제나라에게 멸망을 당하다.

6장 孟子謂戴不勝曰 子欲子之王之善與아 我明告子호리라 有楚大夫於此하니 欲其子之齊語也 則使齊人傅諸아 使楚人傅諸아 曰 使齊人傅之니라 曰 一齊人이 傅之어든 衆楚人이 咻之면 雖日撻而求其齊也라도 不可得矣어니와 引而置之莊嶽之間數年이면 雖日撻而求其楚라도 亦不可得矣리라.

맹자께서 戴不勝에게 말씀하시기를, "그대는 그대의 임금이 선정을 베풀기를 바라시는가? 내가 분명하게 그대에게 말해 주겠노라. 여기에 초나라 대부가 있다고 합시다. 그의 아들이 제나라말 하기를 바란다면 제나라 사람을 스승으로 삼아주겠는가, 초나라 사람을 스승으로 삼아주겠는가?" 戴不勝曰, "제나라 사람을 스승으로 삼아줍니다." 맹자왈, "한 사람의 제나라 사람을 스승으로 삼았는데 많은 초나라 사람들이 떠들어대면 비록 날마다 종아리를 쳐서 제나라말 하기를 추구한다 하더라도 할 수가 없겠지만, 자식을 데려다가 제나라 莊嶽 거리에 두기를 여러 해 동안 한다면, 비록 날마다 종아리를 쳐서 그 초나라말 하기를 추구하더라도 되지 않을 것입니다.

集註 戴不勝은 宋臣也라 齊語는 齊人語也라 傅는 敎也라 咻는 讙也라 齊는 齊語也라 莊嶽은 齊街里名也라 楚는 楚語也라 此는 先設譬以曉之也라.

大文字義 [戴대] 머리에 이다. [語어] 말. [傅부] 스승, 가르치다. [諸저] 之乎? [咻휴] 떠들다. [撻달] 종아리를 치다. [嶽옥] 큰 산, 높은 산.

集註字義 [讙환] 떠들어대다. [街가] 거리. [設설] 가설하다. [譬비] 비유하다. [曉효] 깨닫다.

참고 日知錄에, "맹자의 '引而置之莊嶽之間' 註에 '장악은 齊의 街里의 이름이다.' 하였는데, 莊은 街路의 이름이고 嶽은 마을의 이름이다. 左傳 襄公 28년 조를 보면, '得慶氏之木百車於莊' 註에 '莊은 兵車 여섯대가 달릴 만한 길이다.' 하였고, 이어 '反陳于嶽' 註에 '嶽은 마을의 이름이다.' 하였다."

子謂薛居州를 善士也라하야 使之居於王所하나니 在於王所者 長幼卑尊이 皆薛居州也면 王誰與為不善이며 在王所者 長幼卑尊이 皆非薛居州也면 王誰與為善이리오 一薛居州 獨如宋王애 何리오

그대가 薛居州를 善士라고 여겨 그를 왕의 처소에 살도록 하였으니, 왕의 처소에 있는 어른과 어린이, 신분이 높은 사람과 낮은 사람들이 모두 薛居州와 같은 사람이라면 왕이 누구와 더불어 선정을 행하지 않을 것이며, 왕의 처소에 있는 어른과 어린이, 신분이 높은 사람과 낮은 사람들이 모두 薛居州와 같은 사람이 아니라면 왕이 누구와 더불어 선정을 시행하겠습니까? 한 사람의 薛居州가 홀로 宋王에 대해 어찌하겠습니까?"

集註 居州는 亦宋臣이라 言小人衆而君子獨이면 無以成正君之功이라.

大文字義 [薛설] 姓. [獨독] 유독.

7장 公孫丑問曰 不見諸侯 何義잇고 孟子曰 古者에 不爲臣하야는 不見하더니라.

公孫丑 問曰, "제후를 만나보시지 않는 것은 무슨 義입니까?" 맹자왈, "옛적에 신하가 되지 않고서는 만나지 않는다고 하였다.

集註 不爲臣은 謂未仕於其國者也라 此는 不見諸侯之義也라.

段干木은 踰垣而辟之하고 泄柳는 閉門而不內하니 是皆已甚하니 迫이어든 斯可以見矣니라.

段干木은 담을 넘어 피하였고 泄柳는 문을 닫고 받아들이지 않았으니, 이것은 모두 너무 심하니 간절하다면 만나주어야 된다.

集註 段干木은 魏文侯時人이요 泄柳는 魯繆公時人이라 文侯繆公이 欲見此二人이로되 而二人이 不肯見之하니 蓋未爲臣也라 已甚은 過甚也라 迫은 謂求見之切也라.

大文字義 [段단] 구분, 조각. [干간] 방패, 범하다. [踰유] 넘다. [垣원] 담, 낮은 담. [辟피] 피하다(避).(去聲). [泄설] 새다, 누설하다. [柳유] 버드나무. [內납] 들이다(納). [迫박] 절박하다.

集註字義 [繆무] 사당, 나쁜 시호.(목, 入聲)./ 동여매다.(平聲)./ 틀리다, 속이다.(去聲)./ 목매다.(규, 平聲).

陽貨欲見孔子而<u>惡無禮</u>하야 大夫有賜於士어든 不得受於其家면 則往拜其門일새 <u>陽貨瞯孔子之亡也而饋孔子蒸豚한대 孔子亦瞯其亡也하야 而往拜之하시니</u> 當是時하야 陽貨先이면 豈得不見이시리오

陽貨가 孔子를 뵙고자 하였는데 무례하다는 소문이 나는 것을 싫어하였다. 대부가 士에게 내려주는 것이 있는데 그 집에서 받지 못하였다면 가서 그 門에 拜謝해야 하기 때문에, 陽貨가 공자께서 안 계신 틈을 엿보아 공자에게 삶은 돼지를 보냈다. 공자 또한 양화가 없는 틈을 엿보아 찾아가서 拜謝하시니, 이때에 陽貨가 먼저 찾아 왔다면 어찌 만나시지 않았겠는가?

集註 此는 又引孔子之事하야 以明可見之節也라 欲見孔子는 欲召孔子하야 來見己也라 惡無禮는 畏人以己爲無禮也라 受於其家는 對使人하야 拜受於家也라 其門은 大夫之門也라 瞰은 窺也라 陽貨는 於魯에 爲大夫요 孔子는 爲士라 故로 以此物로 及其不在而饋之하야 欲其來拜而見之也라 先은 謂先來加禮也라.

大文字義 [惡오] 싫어하다.(去聲)./ 모질다, 악하다.(악, 入聲). [賜사] 내려주다. [瞰감] 엿보다. [亡무] 없다. [饋궤] 선물하다. [蒸증] 찌다. [豚돈] 돼지. [先선] 먼저 찾아오다.

大文句文 [惡無禮] 무례하다는 소문이 나는 것을 싫어하다.

集註字義 [節절] 예절. [畏외] 싫어하다. [窺규] 엿보다.

論語 陽貨篇 陽貨欲見孔子어늘 孔子不見하신대 歸孔子豚이어늘 孔子時其亡也而往拜之러시니 遇諸塗하시다 謂孔子曰 來하라 予與爾言호리라 曰 懷其寶而迷其邦이 可謂仁乎아 曰 不可하다 好從事而亟失時 可謂知乎아 曰 不可하다 日月이 逝矣라 歲不我與니라 孔子曰 諾다 吾將仕矣로리라.

자 구 [迷미] 미혹하다. [亟기] 자주.(去聲)./ 빨리.(극, 入聲). [逝서] 세월이 가다. [諾낙] 대답하다, 응답하다.

曾子曰 脅肩諂笑 病于夏畦라하며 子路曰 未同而言을 觀其色컨댄 赧赧然이라 非由之所知也라하니 由是觀之則君子之所養을 可知已矣니라.

曾子曰, '어깨를 으쓱이며 아첨하면서 웃는 것은 여름철에 밭일을 하는 것보다 고통스럽다.', 子路曰, '뜻이 합하지 않는데 억지로 말하는 것을 그 낯빛을 관찰해 보건데 부끄러워서 얼굴이 벌게지는 모습을 하는지라 내 알바가 아니다.' 하였으니, 이것을 말미암아 관찰해 보면 군자가 수양하는 바를 알 수 있다."

集註 脅肩은 竦體요 諂笑는 彊笑니 皆小人側媚之態也라 病은 勞也요 夏畦는 夏月治畦之人也니 言為此者 其勞過於夏畦之人也라 未同而言은 與人未合而彊與之言也라 赧赧은 慙而面赤之貌라 由는 子路名이라 言非己所知는 甚惡之之辭也라 孟子言 由此二言觀之면 則二子之所養을 可知니 必不肯不俟其禮之至(到)而輒往見之也니라. ○此章은 言聖人은 禮義之中正이니 過之者는 傷於迫切而不洪하고 不及者는 淪於汚賤而可恥니라.

大文字義 [脅협] 올리다, 위협하다. [肩견] 어깨. [諂첨] 아첨하다. [病병] 고통스럽다. [畦휴] 밭두둑. [赧난] 얼굴이 벌게지다.

大文句文 [脅肩諂笑] 어깨를 으쓱이며(어깨를 들어 목을 움츠리며) 아첨하면서 웃다. [病于夏畦] 여름철에 논밭일 하는 것보다도 고통스럽다. [赧赧然] 부끄러워서 얼굴이 벌게지는 모습. [非由(자로)之所知] 내 알바가 아니다.

集註字義 [竦송] 솟다. [彊강] 억지로. [側측] 기울다. [媚미] 아첨하다. [態태] 태도. [慙참] 부끄러워하다. [俟사] 기다리다. [輒첩] 갑자기. [洪홍] 너그럽다. [淪윤] 빠지다.

集註句文 [竦體] 어께를 들어 몸을 움츠리다. [側媚之態] 아첨하는 태도. [不洪] 너그럽지 못하다.

8장 戴盈之曰 什一과 去關市之征을 今茲未能이란대 請輕之하야 以待來年然後에 已호대 何如하니잇고

戴盈之曰, "10분의 1세를 시행하는 것과 관문이나 저자의 세를 없애주는 것을 지금은 할 수 없다면, 청컨대 그것을 가볍게 하여 내년을 기다린 뒤에 그만 두면 어떻습니까?"

集註 盈之는 亦宋大夫也라 什一은 井田之法也라 關市之征은 商賈之稅也라 已는 止也라.

大文字義 [戴대] 머리에 이다. [盈영] 가득차다. [去거] 없애주다, 제거하다. [關관] 관문. [征정] 세금, 세금을 걷다. [茲자] 이, 이에. [已이] 그만두다.

大文句文 [今茲] 지금, 今年. 茲는 年이며 그 用例가 呂氏春秋에 있음.

孟子曰 今有人이 日攘其鄰之雞者어든 或이 告之曰 是非君子之道라한대 曰 請損之하야 月攘一雞하야 以待來年然後에 已로다.

맹자왈, "지금 날마다 자기 집에 들어오는 이웃집 닭을 훔치는 사람이 있다고 합시다. 或者가 그에게 고해주기를 '이것은 군자의 도리가 아니다' 하였는데, '청컨대 그것을 줄여서 한 달에 한 마리씩 닭을 훔쳐 내년을 기다린 뒤에 그만 둘 것입니다.' 하였다.

集註 攘은 物自來而取之也라 損은 減也라.

大文字義 [攘양] (자기 집에 온 것을) 훔치다. [鄰린] 이웃. [鷄계] 닭. [損손] 줄이다, 덜다. [月월] 매달.

大文句文 [攘其鄰之雞] 이웃집 닭이 자기 집에 오는 것을 훔치다.

如知其非義인댄 斯速已矣니 何待來年이리오.

만일 그것이 義가 아닌 줄을 알았다면 빨리 그만두어야 하니 어찌 내년을 기다리겠습니까?"

集註 知義理之不可而不能速改는 與月攘一雞로 何以異哉리오.

9장 公都子曰 外人이 皆稱夫子好辯하나니 敢問何也잇고 孟子曰 予豈好辯哉리오 予不得已也로라 天下之生이 久矣라 一治一亂이니라.

公都子曰, "外人이 모두 夫子께서 변론하기를 좋아한다고 하니 감히 여쭙겠습니다. 어째서 입니까?" 맹자왈, "내가 어찌 변론하기를 좋아하겠느냐? 나는 어쩔 수 없어서이다. 천하에 사람이 생겨난지 오래되었으니 한번 다스려지면 한번 혼란해지는 법이다.

集註 生은 謂生民也라 一治一亂은 氣化盛衰와 人事得失이 反覆相尋이니 理之常也라.

大文字義 [都도] 도읍, [稱칭] 일컫다. 말하다. [辯변] 변론하다. 말 잘하다.(上聲).

大文句文 [天下之生] 천하가 사람을 낳다. 여기서, 生은 生民의 뜻임.

集註字義 [反반] 반복하다. [覆복] 반복하다. [尋심] 찾아오다.

集註句文 [氣化盛衰 人事得失] 氣化(기운의 변화)의 성쇠와 인사의 득실.

稼亭集 3卷 [鄕試策文-財用盈虛戶口增減爲國者止深計, 一理一亂]

夫天下之生 一理一亂一盛一衰者 關於時運氣化而已。 夏之暑冬之寒極矣而春秋居其間。 春之溫者暑之漸 秋之凉者寒之漸 漸之積之 而至於極矣。而其所以一寒一暑者循環無窮焉 彼隋唐之財用盈虛 戶口增減亦猶是也。

解義 천하에 사람이 생겨난 이후로 한 번 다스려지면 한 번 어지러워지고 한 번 성대해지면 한 번 쇠해지는 것은 시대의 운세와 기운의 변화에 관련되는 것일 뿐입니다. 여름에는 더위가 겨울에는 추위가 극에 달하는데, 봄과 가을이 그 두 계절 사이에 끼어 있습니다. 봄이 따뜻한 것은 더위의 조짐이고, 가을이 서늘한 것은 추위의 조짐인데, 조짐이 축적되어 극에 이르는 것입니다. 한 번 추워지고 한 번 더워지는 것은 순환이 끝이 없는 것인데, 저 隋와 唐의 財用이 차고 비는 것과 호구가 늘고 주는 것도 이와 같습니다.

當堯之時하야 水逆行하야 氾濫於中國하야 蛇龍이 居之하니 民無所定하야 下者는 爲巢하고 上者는 爲營窟하니 書에 曰 洚水警余라하니 洚水者는 洪水也니라.

堯임금 때에 물이 역행해서 평지에 범람하여 蛇龍이 그곳에 살고 있었으니, 백성이 안정할 곳이 없어서 낮은 지대에 사는 사람들은 나무 위에 집을 짓고, 높은 지대에 사는 사람들은 굴을 파고 사니, 서경에 이르기를, '洚水가 나를 경계한다.' 하니, 堯임금 때 洚水는 지금의 홍수이다.

集註 水逆行은 下流壅塞이라 故로 水倒流而旁溢也라 下는 下地요 上은 高地也라 營窟은 穴處也라 書는 虞書大禹謨也라 洚水는 洚洞無涯之水也라 警은 戒也라 此는 一亂也라.

大文字義 [氾범] 넘치다. [濫남] 넘치다. [蛇사] 뱀. [下하] 낮은 곳. [巢소] 둥지. [上상] 높은 곳. [營영] 짓다. 경영하다. [窟굴] 동굴. [洚강] 내리다. [警경] 경

계하다. 놀라게 하다.

大文句文 [中國] 온 나라, 平地. [蛇龍] 파충류. [爲巢] 나무 위에 집을 짓다.

集註字義 [壅옹] 막다. [塞색] 막히다. [倒도] 거꾸로, 넘어지다. [旁방] 곁, 옆. [溢일] 넘치다. [穴혈] 동굴, 구멍. [洞동] 물이 세차게 치솟다. [涯애] 끝, 물가.

集註句文 [洚洞] 큰 물이 가득 넘치다. [魚龍] 魚族의 총칭.

참 고 [洪水] 書經의 시대에는 洚水(강수), 맹자의 시대에는 洪水라고 하였음.

書經 虞書 [大禹謨, 洚水儆予]

帝曰 來하라 禹아 洚水儆予어늘 成允成功혼디 惟汝賢이며 克勤于邦하며 克儉于家하야 不自滿假하논디 惟汝賢이니라 汝惟不矜하나 天下莫與汝로 爭能하며 汝惟不伐하나 天下莫與汝로 爭功하나니 予懋乃德하며 嘉乃丕績하노니 天之歷數在爾躬이라 汝終陟元后하리라.

解 義 帝가 말하기를, "이리 오라, 禹야! 홍수가 나를 경계시켰는데 믿음을 이루고 공을 이룸은 너의 어짊이며, 나라에 부지런하고 집안에서 검소하여 자만하고 대단한 체하지 않음은 너의 어짊이다. 네가 자랑하지 않으나 천하에 너와 더불어 능함을 다툴 자가 없으며, 네가 과시하지 않으나 천하에 너와 더불어 공을 다툴 자가 없도다. 내가 너의 덕을 성대하게 여기며 너의 큰 공적을 가상하게 여기노니, 하늘의 曆數가 너의 몸에 있으니 너는 마침내 帝位에 오를 것이다.

자 구 [允윤] 믿음, 진실. [假가] 대단한 체하다(大). [伐벌] 자랑하다. [懋무] 성대하다. [乃내] 너. [丕績] 큰 공적. [陟척] 오르다. [元后] 재위.

使禹治之어시늘 禹掘地而注之海하시고 驅蛇龍而放之菹하신대 水由地中行하니 江淮河漢이 是也라 險阻 旣遠하며 鳥獸之害人者 消然後에 人得平土而居之하니라.

舜임금이 禹를 시켜서 다스리게 하자, 禹가 땅을 파서 물을 바다로 흐르게 하고 蛇龍을 몰아내어 습지로 추방하였는데, 물이 땅속을 경유하여 흐르니 長江, 淮水, 黃河, 漢水가 이것이다. 물이 범람하는 일이 없어졌고 鳥獸가 사람을 해지는 일이 없어진 뒤에 사람들이 땅을 평평히 하여 살 수 있게 되었다.

集 註 掘地는 掘去壅塞也라 菹는 澤生草者也라 地中은 兩涯之間也라 險阻는 謂水之氾濫也라 遠은 去也요 消는 除也라 此는 一治也라.

大文字義 [掘굴] 파다. [注주] 흐르게 하다. [驅구] 몰아내다. [放방] 추방하다, 내치다.(去聲). [菹저] 습지. [由유] 경유하다. [險험] 험하다. [阻조] 막히다. [消소] 소멸되다, 사라지다.

大文句文 [放之菹] 습지로 추방하다. [險阻旣遠] 험난한 일이 멀리 가버렸다.

承政院日記 [英祖 2년 5월 11일 時敏堂 晝講, 洚水之災]

檢討官朴師聖曰 聖人之於氣數 亦無奈何 故洚水之災 有所不免。而然猶不諉之於氣數 而乃曰警予 使禹治之 轉其旣衰之運 反爲一治之會。先儒所謂氣數 每與人事相參者 正以此也。此等處 可以鑑矣。

解義 檢討官 朴師聖曰, "성인도 운수에 대해 또한 어찌할 수가 없으니, 그러므로 홍수의 재앙에 면하지 못하는 바가 있습니다. 그런데도 오히려 운수를 핑계하지 않고 이에 나를 경계한다고 하며, 禹로 하여금 홍수를 다스리게 하고, 쇠미해진 운수를 전환하여 도리어 한 번 다스려지는 기회로 만들었습니다. 先儒들이 이른 바 운수라는 것은 항상 人事와 서로 관여하는 것이 바로 이 때문입니다. 이러한 곳은 거울삼을 만합니다."

자구 [諉위] 핑개대다. [警경] 경계하다. [轉전] 전환하다. [鑑감] 거울로 삼다.

堯舜이 旣沒하시니 聖人之道衰하야 暴君이 代作하야 壞宮室以爲汙池하야 民無所安息하며 棄田以爲園囿하야 使民不得衣食하고 邪說暴行이 又作하야 園囿汙池沛澤이 多而禽獸至하니 及紂之身하야 天下 又大亂하니라.

堯임금과 舜임금이 돌아가셨으니 성인의 도가 쇠퇴하여 포학한 군주가 대대로 일어나서 백성들이 사는 집을 파괴하여 연못으로 삼아 백성들이 쉴 곳이 없으며, 전지를 버리고 園囿를 만들어서 백성들로 하여금 먹고 입을 수가 없게 되었다. 삿된 학설과 포악한 행동이 더욱 일어나서 園囿와 연못과 습지가 많아지고 금수가 이르니, 紂王에 이르러 천하가 더욱 크게 혼란하게 되였다.

集註 暴君은 謂夏太康孔甲履癸와 商武乙之類也라 宮室은 民居也라 沛는 草木之所生也요 澤은 水所鍾也라 自堯舜沒로 至此에 治亂非一이니 及紂而又一大亂也라.

大文字義 [暴포] 포악하다. [代대] 대대로, [汙오] 물웅덩이, 더럽다. [邪사] 삿되다, 간

사하다, 치우치다. [說설] 학설, [沛패] 늪, 습지, 성대하다.

大文句文 [園囿汙池沛澤] 원유와 연못과 습지.

集註字義 [履리] 신, 밟다. [癸계] 열 번째 천간, 헤아리다. [鍾종] 모이다, 쇠북.

참 고 [夏太康孔甲履癸商武乙] 夏나라 禹王의 손자 太康이 음란하고 방탕하여 나라를 잃었으며, 100년이 지나 少康에 이르러 나라를 회복하였다. 14세 孔甲이 夏나라를 혼란에 빠트려 4세후 폭군 履契(桀王)에 이르러 망하였다. 武乙은 商나라 湯임금의 13세로서 서자 微子啓가 있었으나 왕위를 적자 紂가 이어 받아 포악한 정사를 펴다가 周나라 武王에 의해 멸망하였다.

周公이 相武王하사 誅紂하시고 伐奄三年애 討其君하시고 驅飛廉於海隅而戮之하시니 滅國者 五十이오 驅虎豹犀象而遠之하신대 天下 大悅하니 書에 曰 丕顯哉라 文王謨여 丕承哉라 武王烈이여 佑啓我後人하사대 咸以正無缺이라하니라.

周公이 武王을 도와 紂王을 죽이고, 奄땅을 정벌한지 삼년 만에 그 임금을 죽이고, 飛廉을 바다 구석으로 몰아서 죽이니, 나라를 멸한 것이 50國이요, 호랑이와 표범과 물소와 코끼리를 몰아내서 멀리 하니 천하가 크게 기뻐하였다. 서경에 이르기를, '크게 드러났도다, 文王의 도모함이여! 크게 계승하였도다, 武王의 功業이여! 우리 後人들을 개도하여 도와주었으되 모두 바르게 되어 흠결이 없었도다.' 하였다.

集 註 奄은 東方之國이니 助紂為虐者也라 飛廉은 紂幸臣也라 五十國은 皆紂黨虐民者也라 書는 周書君牙之篇이라 丕는 大也요 顯은 明也라 謨는 謀也요 承은 繼也라 烈은 光也라 佑는 助也라 啓는 開也라 缺은 壞也라 此는 一治也라.

大文字義 [奄엄] 상나라 때의 소국, 문득. [討토] 토벌하다. [驅구] 몰다. [廉염] 청렴, 모서리. [隅우] 구석, 귀퉁이. [戮육] 죽이다. [虎호] 호랑이. [豹표] 표범. [犀서] 물소. [丕비] 크다. [顯현] 드러나다. [謨모] 계모, 계획. [承승] 이어 받다. [烈열] 功業. [佑우] 돕다. [啓계] 열다. [咸함] 다, 모두. [缺결] 흠결.

集註字義 [虐학] 포학. [幸행] 총애하다. [黨당] 무리.

書經 周書 [君牙篇, 丕顯哉文王謨]

嗚呼라 丕顯哉라 文王謨여 丕承哉라 武王烈이여 啓佑我後人하사대 咸以

正罔缺하시니 爾惟敬明乃訓하야 用奉若于先王하야 對揚文武之光命하며 追配于前人하라.

解義 아! 크게 드러났도다, 文王의 도모함이여 크게 이어 받았도다, 武王의 功業이여! 우리 후인들에게 열어서 도와주었으되 모두 바르게 되어 흠결이 없으셨으니, 너는 오직 너의 훈계를 공경히 밝혀서 先王을 받들어 순히 하여, 文王과 武王의 빛나는 命에 대답하여 선양하며, 너의 祖父와 필적하게 하라.

자구 [罔缺] 흠결이 없다. [若약] 順. [對대] 대답하다. [配배] 필적하다.

참고 [書經 周書 君牙篇] 君牙는 臣下의 이름이니 周穆王이 君牙에게 명하여 大司徒를 삼았다.

世衰道微하야 邪說暴行이 有作하야 臣弑其君者 有之하며 子弑其父者 有之하니라.

세상이 쇠퇴하고 도가 미약해져서 삿된 학설과 포악한 행동이 일어나서 신하가 그 임금을 시해하는 자가 있으며, 아들이 아비를 시해하는 자가 있게 되었다.

集註 此는 周室東遷之後니 又一亂也라.

大文字義 [衰쇠] 쇠약해지다. [微미] 미약하다. [作작] 일어나다. [弑시] 죽이다(윗사람).

大文句文 [世衰道微] 세상이 쇠퇴하고 도가 미약해지다. [邪說暴行] 삿된 학설과 포악한 행실.

참고 [周室東遷] 幽王이 죽은 BC 770년을 경계로 그 이전을 西周라 하고, 그 이후를 東周라 하여 洛陽에 도읍하였다.

孔子懼하사 作春秋하시니 春秋는 天子之事也라 是故로 孔子曰 知我者도 其惟春秋乎며 罪我者도 其惟春秋乎인저하시니라.

공자께서 두려워하시어 춘추를 지으시니 춘추는 천자의 일이다. 이 때문에 공자께서 말씀하시기를, '나를 알아주는 자도 아마 오직 춘추를 통해서 일 것이며, 나를 죄주는 자도 아마 오직 춘추를 통해서일 것이다.' 하셨다.

集註 胡氏曰 仲尼作春秋하야 以寓王法하시니 厚典庸禮와 命德討罪가 其大要皆天子之事也라 知孔子者는 謂此書之作이 遏人欲於橫流하고 存天理於旣滅하야 爲後世慮가 至深遠也라하고 罪孔子者는 以謂無其位而託二百四十二年南面之權하야 使亂臣賊子로 禁其欲而不得肆하니 則戚矣라하니라 愚謂孔子作春秋하야 以討亂賊하시니 則致治之法이 垂於萬世하니 是亦一治也니라.

集註字義 [胡호] 오랑캐, 姓. [寓우] 기탁하다. [厚후] 두텁게 하다(惇). [典전] 전범, 오륜. [庸용] 사용하다. [禮예] 예법, 예악. [命명] 벼슬을 주다. [遏알] 막다. [橫횡] 마구, 함부로. [流유] 유행하다. [罪죄] 탓하다. [託탁] 가탁하다, 칭탁하다, 빌리다. [肆사] 방자하다. [戚척] 원망하다(慼), 슬퍼하다, 근심하다. [垂수] 전하다. 드리우다.

集註句文 [厚典庸禮] 오륜을 두텁게 하고 예악을 사용하다. 전범을 돈독하게 하고 예법을 떳떳하게 하다. [命德討罪] 덕 있는 자에게 벼슬을 주고 죄지은 사람을 치다. [禁其欲而不得肆] 사욕을 금하고 방자한 짓을 못하게 하다. [垂於萬世] 만세토록 전하다.

聖王이 不作하야 諸侯 放恣하며 處士橫議하야 楊朱墨翟之言이 盈天下하야 天下之言이 不歸楊則歸墨하니 楊氏는 爲我하니 是는 無君也오 墨氏는 兼愛하니 是는 無父也니 無父無君은 是禽獸也니라 公明儀曰 庖有肥肉하며 廐有肥馬어든 民有饑色하며 野有餓莩면 此는 率獸而食人也라하니 楊墨之道 不息하면 孔子之道 不著하리니 是는 邪說이 誣民하야 充塞仁義也니 仁義充塞則率獸食人하다가 人將相食하리라.

聖王이 출현하지 않자 제후가 방자하며, 처사들이 함부로 논의하여 양주와 묵적의 학설이 천하에 가득차서, 천하의 학설이 양주에게로 쏠리지 않으면 묵적으로 쏠리었다. 楊氏는 爲我를 표방하니 이것은 임금을 무시하는 것이고, 墨氏는 兼愛를 표방하니 이것은 아비를 무시하는 것이니, 無父無君은 바로 禽獸이다. 公明儀曰, '푸줏간에는 살찐 고기가 있으며 마구간에는 살찐 말이 있는데, 백성은 주린 기색이 있으며 들에는 굶어죽은 시체가 있다면, 이것은 짐승을 몰아다가 사람을 잡아먹게 하는 것이다.' 하였으니, 양주와 묵적의 도가 종식되지 않으면 공자의 도가 드러나지 않을 것이다. 이것은 삿된 학설이 백성을 속여서 인의를 막는 것이니, 인의가 막히면 짐승을 몰아 사람을 잡아먹게 하다가 결국은 사람이 서로 잡아먹으려 할 것이다.

集註 楊朱는 但知愛身하고 而不復知有致身之義라 故로 無君이요 墨子는 愛無差等하야 而視其至親을 無異衆人이라 故로 無父라 無父無君이면 則人道滅絶이니 是亦禽獸而已라 公明儀之言은 義見首篇하니라 充塞仁義는 謂邪說偏滿하야 妨於仁義也라 孟子引儀之言하사 以明楊墨道行이면 則人皆無父無君하야 以陷於禽獸而大亂將起하리니 是亦率獸食人而人又相食也라 此는 又一亂也라.

大文字義 [放방] 방자하다.(去聲). [恣자] 방자하다. [議의] 논의하다, 설을 펴다. [翟적] 꿩. [盈영] 가득 차다. [兼겸] 겸하다. 모두, [庖포] 푸줏간, [廐구] 마굿간. [肥비] 살찌다. [饑기] 굶주리다. [色색] 낯 빛. [餓아] 굶다. [莩표] 굶주려 죽다. [率솔] 몰다. [息식] 종식되다. [著저] 드러나다. [誣무] 속이다. [食식] 잡아먹다.

大文句文 [處士橫議] 처사(재야의 사람)들이 함부로 논의하다.

集註字義 [致치] 바치다. [義의] 뜻. [偏편] 두루, 널리. [滿만] 가득 차다. [妨방] 방해하다.

承政院日記 [英祖 2년 5월 11일 時敏堂 晝講, 孟子之功 與夫子同]

同知事尹鳳朝曰 楊氏之爲我似乎義 墨氏之兼愛似乎仁。泛然說了 無甚大害而其流之弊 至於無父無君則其爲害也 不特洪水猛獸之害人而已。孟子深懼而力距之 使君臣父子之道 賴而不墜。胡氏所謂孟子之功 與夫子同者 以此也。

解義 同知經筵事 尹鳳朝曰, "楊氏의 爲我는 義와 비슷하고, 墨氏의 兼愛는 仁과 비슷합니다. 범연하게 말하면 대단히 큰 폐해는 없으나, 그 말류의 폐단은 아비를 무시하고 임금을 무시하는 데에 이른다면, 그것이 폐해가 되는 것은 홍수나 맹수가 사람을 해치는 것일 뿐만이 아닙니다. 맹자께서 매우 두려워하여 힘써 배척해서 君臣과 父子의 도가 이에 힘입어 실추되지 않게 하고자 한 것입니다. 胡安國이 말한 맹자의 功은 공자와 같다고 한 것이 바로 이 때문입니다."

자구 [泛범] 넓다, 뜨다. [泛然] 널리. [流류] 말류. [弊폐] 폐단. [特특] 다만, [距거] 막다, 거부하다. [賴뢰] 자뢰하다, 의지하다. [墜추] 실추되다.

吾為此懼하야 <u>閑先聖之道</u>하야 <u>距楊墨</u>하며 <u>放淫辭</u>하야 邪說者不得作케하노니 作於其心하야 害於其事하며 作於其事하야 害於其政하나니 聖人이 復起샤도 不易吾言矣시리라.

내가 이것을 두려워하여 先聖의 도를 보호하여 양주와 묵적을 거부하며, 지나친 말을 추방하여 삿된 학설이 일어나지 못하게 하노니, 마음에서 일어나서 일에 해를 주며 일에서 일어나서 정사에 해를 주나니, 성인이 다시 출현하시더라도 내 말을 바꾸지 않으실 것이다.

集註 閑은 衛也라 放은 驅而遠之也라 作은 起也라 事는 所行이요 政은 大體也라 孟子雖不得志於時나 然이나 楊墨之害自是滅息하야 而君臣父子之道賴以不墜하니 是亦一治也라 程子曰 楊墨之害는 甚於申韓하고 佛老之害는 甚於楊墨하니 蓋<u>楊氏</u>는 為我하니 疑於義하고 墨氏는 兼愛하니 疑於仁이요 申韓則淺陋易見이라 故로 孟子<u>止闢楊墨</u>하시니 為其惑世之甚也라 佛氏之言은 近理하니 又非楊墨之比라 所以為害尤甚이니라.

大文字義 [閑한] 보호하다.(朱子) 익히다.(趙岐) [距거] 막다, 거부하다. [放방] 추방하다.(去聲). [淫음] 지나치다, 방탕하다.

大文句文 [閑先聖之道] 선성의 도를 보호하다. [距楊墨] 양주와 묵적을 거부하다. [放淫辭] 지나친 말을 추방하다, 방탕한 말을 추방하다.

集註字義 [衛위] 보호하다. [遠원] 멀리하다. [賴뢰] 힘입다. [墜추] 추락하다. [甚심] 심하다. [於어]~보다 더욱~하다. [淺천] 얕다. [陋누] 비루하다. [見견] 알다. [止지] 다만, [闢벽] 배척하다, 열다, 개간하다. [惑혹] 현혹시키다.

集註句文 [楊氏] 양주의 학설. [止闢楊墨] 다만 양주와 묵적을 배척하다.

昔者에 <u>禹抑洪水</u>而天下平하고 周公이 兼夷狄驅猛獸而百姓이 寧하고 孔子成春秋而亂臣賊子懼하니라.

옛적에 禹임금이 홍수를 그치게 하자 천하가 편안해졌고, 周公이 夷狄을 아우르고 맹수를 몰아내어 백성이 편안해졌고, 孔子께서 春秋를 저술하시니 亂臣賊子가 두려워하였다.

集註 抑은 止也라 兼은 幷之也라 總結上文也라.
大文字義 [抑억] 그치게 하다, 억제하다. [平평] 편안하다. [兼겸] 아우르다, 겸하다. [成성] 완성하다.
大文句文 [禹抑洪水] 禹가 홍수를 그치게 하다.

詩云 戎狄是膺하니 荊舒是懲하야 則莫我敢承이라하니 無父無君은 是周公所膺也니라.

시경에 이르기를, '戎狄을 공격하니 荊舒가 다스려져서 감히 나를 당할 자가 없다.' 하니, 無父無君은 바로 周公이 응징한 바이다.

集註 說見上篇하니라 承은 當也라.
大文字義 [膺응] 응징하다, 공격하다. [荊형] 초나라. [舒서] 서나라, 楚나라의 부용국임. [懲징] 다스려지다. [承승] 당하다.
大文句文 [莫我敢承] 감히 나를 당할 자가 없다.
참고 [戎狄是膺 荊舒是懲 則莫我敢承] 孟子集註大全卷之五 滕文公章句上 4장 참조.

我亦欲正人心하야 息邪說하며 距詖行하며 放淫辭하야 以承三聖者로니 豈好辯哉리오 予不得已也니라.

나 또한 人心을 바로잡고자 하여 삿된 학설을 종식시키며, 치우친 행실을 거부하며, 지나친 말을 추방하여 三聖을 계승한 자이니, 어찌 변론하기를 좋아하겠는가? 나는 그만 둘 수가 없어서 이다.

集註 詖淫은 解見前篇하니라 辭者는 說之詳也라 承은 繼也라 三聖은 禹周公孔子也라 蓋邪說橫流하야 壞人心術이 甚於洪水猛獸之災하고 慘於夷狄簒弑之禍라 故로 孟子深懼而力救之하시니라 再言豈好辯哉 予不得已也는 所以深致意焉이라 然이나 非知道之君子면 孰能眞知其所以不得已之故哉리오.
大文字義 [正정] 바로잡다. [距거] 막다. [詖피] 치우치다. [淫음] 지나치다. [承승] 계승하다. [辯변] 변론하다, 말 잘하다.(上聲).

[大文句文] [距詖行] 치우친 행실을 막다.
[集註字義] [詳상] 상세하다, 자세하다. [壞괴] 파괴하다. [術술] 방법. [災재] 재앙. [慘참] 참혹하다. [簒찬] 찬탈하다. [弑시] 죽이다(윗사람). [救구] 구제하다.
[集註句文] [致意] 뜻을 다하다. [所以~故] ~때문이다.

能言距楊墨者는 聖人之徒也니라.

양주와 묵적의 설을 막겠다고 말할 수 있는 자는 성인의 문도이다."

集 註 言苟有能爲此距楊墨之說者면 則其所趨正矣니 雖未必知道나 是亦聖人之徒也라 孟子旣答公都子之問而意有未盡이라 故로 復言此하시니라 蓋邪說害正을 人人得而攻之요 不必聖賢이니 如春秋之法에 亂臣賊子를 人人得而誅之요 不必士師也라 聖人救世立法之意가 其切如此하시니 若以此意推之면 則不能攻討하고 而又唱爲不必攻討之說者는 其爲邪詖之徒亂賊之黨을 可知矣로다. ○尹氏曰 學者於是非之原에 毫釐有差면 則害流於生民하고 禍及於後世라 故로 孟子辯邪說을 如是之嚴하시고 而自以爲承三聖之功也어시늘 當是時하야 方且以好辯目之하니 是는 以常人之心으로 而度聖賢之心也니라.

[大文句文] [能言距楊墨者] 양주와 묵적의 설을 막겠다고 말할 수 있는 자.
[集註字義] [苟구] 만약. [趨추] 지향하다. [盡진] 다하다. [必필] 期必하다. [如여] 이를테면~과 같다. [推추] 미루어 나가다, 확장하다. [唱창] 주장하다. [原원] 근원. [毫호] 터럭. [釐리] 아주 작은 수, 다스리다. [流유] 전파되다. [嚴엄] 엄격하다. [目목] 지목하다.
[集註句文] [不能攻討] 邪說을 攻討하지 못하다. [唱爲不必攻討之說者] 攻討를 필요로 하지 않는 다는 말을 주장하는 자.

10장 匡章이 曰 陳仲子는 豈不誠廉士哉리오 居於陵할새 三日不食하야 耳無聞하며 目無見也러니 井上有李 螬食實者 過半矣어늘 匍匐往將食之하야 三咽然後에사 耳有聞하며 目有見하니라.

匡章曰, "陳仲子는 어찌 참으로 廉士가 아니겠습니까? 於陵에 거처할 때 三日 동안 먹지 않아 귀에 들리는 것이 없었으며, 눈에 보이는 것이 없었습니다. 우물가에 자두가 있어 굼벵이가 열매를 파먹은 것이 절반을 넘었는데, 기어가서 그것을 먹고 세 번 삼킨 뒤에야 귀에 들리는 것이 있고 눈에 보이는 것이 있었습니다."

集註 匡章陳仲子는 皆齊人이라 廉은 有分辨하야 不苟取也라 於陵은 地名이라 螬는 蠐螬蟲也라 匍匐은 言無力하야 不能行也라 咽은 呑也라.

大文字義 [匡광] 바르다. [廉염] 청렴하다. [李이] 자두, [螬조] 굼벵이. [實실] 열매. [匍포] 기어가다. [匐복] 기어가다. [咽인] 삼키다, 목구멍.

大文句文 [於陵] 오릉(地名). [井上有李螬食實者 過半矣] 우물 위쪽에 자두가 있는데 굼벵이가 파먹은 것이 반이 넘었다.

集註字義 [苟구] 구차하다. [蠐제] 굼벵이. [呑탄] 삼키다.

孟子曰 於齊國之士애 吾必以仲子로 為巨擘焉이어니와 雖然이나 仲子는 惡能廉이리오 充仲子之操면 則蚓而後可者也니라.

맹자왈, "齊나라의 士 가운데 내가 반드시 진중자를 제일로 삼지만, 그러나 진중자가 어찌 청렴할 수 있겠는가? 진중자의 지조를 채우려 한다면 지렁이가 된 뒤에야 가할 것입니다.

集註 巨擘은 大指也니 言齊人中에 有仲子는 如衆小指中에 有大指也라 充은 推而滿之也라 操는 所守也라 蚓은 丘蚓也라 言仲子未得為廉也니 必若滿其所守之志면 則惟丘蚓之無求於世然後에 可以為廉耳라.

大文字義 [擘벽] 엄지손가락. [操조] 지조. [蚓인] 지렁이

大文句文 [為巨擘] 엄지손가락이 되다. 최고가 되다.

夫蚓은 上食槁壤하고 下飮黃泉하나니 仲子所居之室은 伯夷之所築與아 抑亦盜跖之所築與아 所食之粟은 伯夷之所樹與아 抑亦盜跖之所樹與아 是未可知也로다.

지렁이는 땅 위에서 마른 흙을 먹고 땅 속에서는 탁수를 마시니, 진중자가 거처한 집은 伯夷가 지은 것인가, 아니면 또 盜跖이 지은 것인가? 먹는 곡식은 백이가 심은 것인가, 아니면 또 도척이 심은 것인가? 이것을 알 수 없노라."

集註 槁壤은 乾土也요 黃泉은 濁水也라 抑은 發語辭也라 言蚓은 無求於人而自足이어니와 而仲子는 不免居室食粟하니 若所從來가 或有非義면 則是未能如蚓之廉也라.

大文字義 [槁고] 마르다. [壤양] 흙. [築축] 짓다. [抑억] 아니면, 반어사. [跖척] 발바닥, 밟다. [樹수] 심다.

集註字義 [乾건, 간] 마르다, 하늘. [濁탁] 흐리다, 더럽다.

曰 是何傷哉리오 彼身織屨하고 妻辟纑하야 以易之也니라.

匡章曰, "이것이 어찌 문제가 되겠습니까? 그가 몸소 신을 짜고 처가 누인 삼배를 길쌈하여 그것으로 곡식을 바꿉니다."

集註 辟은 績也요 纑은 練麻也라.

大文字義 [傷상] 문제가 되다, 해치다. [織직] 짜다. [屨구] 신. [辟벽] 길쌈하다.(入聲). [纑노] 누인 삼실, 삼실을 삶아 낸 것, 삼실을 누이다.

大文句文 [妻辟纑] 처가 누인 삼베를 길쌈하다. 처가 방적하다.

集註字義 [績적] 길쌈하다, 실을 뽑아내다. [練연] 누이다. 마전하다.

集註句文 [練麻] 누인 삼베. 마전한 삼베.

曰 仲子는 齊之世家也라 兄戴 蓋祿이 萬鍾이러니 以兄之祿으로 為不義之祿而不食也하며 以兄之室로 為不義之室而不居也하고 辟兄離母하야 處於於陵이러니 他日에 歸則有饋其兄生鵝者어늘 已頻顣曰 惡用是鶃鶃者為哉리오 他日에 其母 殺是鵝也하야 與之食之러니 其兄이 自外至曰 是鶃鶃之肉也라한대 出而哇之하니라.

맹자왈, "진중자는 齊나라의 世家이다. 형 戴는 蓋邑의 녹봉이 萬鍾이었는데, 형의 녹봉을 불의한 녹봉이라 여겨 먹지 않았으며, 형의 집을 불의한 집이라 여겨 거처하지 않고 형을 피하고 어미를 떠나 於陵에 거처하였습니다. 어느 날 돌아왔는데 형에게 살아있는 거위를 선물하는 사람이 있었는데, 자기의 이마를 찌푸리면서 말하기를, '이 꽥꽥거리는 것으로 무엇을 하자는 것인가?' 하였습니다. 어느 날 그 어미가 거위를 잡아주어 먹었는데, 그 형이 밖에서 들어와 말하기를 이것은 꽥꽥거리는 고기라 하자 나와서 그것을 토해버렸습니다.

集註 世家는 世卿之家라 兄名이 戴니 食采於蓋하니 其入이 萬鍾也라 歸는 自於陵歸也라 已는 仲子也라 鶃鶃은 鵝聲也라 頻顣而言은 以其兄受饋為不義也라 哇는 吐之也라.

大文字義 [蓋합] 地名. [饋궤] 선물하다. [鵝아] 거위. [頻빈] 찡그리다. [顣축] 찡그리다. [鶃얼] 거위 우는 소리, 音이 '예'가 옳다는 설도 있음. [哇와] 토하다.

大文句文 [蓋祿] 개읍의 녹봉. [頻顣] 이마를 찌푸리다. [惡用是鶃鶃者為哉] 이 꽥꽥대는 것을 어떻게 먹겠는가? 이 꽥꽥대는 것을 이용해 무엇을 하자는 것인가? 이 꽥꽥대는 것을 이용해 어떻게 요리를 하자는 것인가? [出而哇之] 나가서 토하다.

集註字義 [采채] 채지. [入입] 수입. [吐토] 토하다.

集註句文 [世家] 대대로 이어온 卿의 집안.

日省錄 [英祖 39년 1월 3일 人日製 科次, 上命余誦孟子滕文公章]
上命余誦孟子滕文公章。 上曰 汝讀孟子至三卷 有所益乎 余對曰 初讀時未知何狀 至三卷 稍稍解文義矣。 又誦陳仲子章 上問陳仲子何如人也。 余對曰 以母則不食 非善人也 上又問其母何如人也。 余對曰 見其子嚬蹙 而强令食之 以至於哇 亦不好也。 上笑曰 此則發前儒未發之義也。

解義 上께서 나(世孫)에게 맹자 滕文公章을 암송하라고 명하셨다. 上曰, "네가 맹자를 읽은 것이 3권에 이르렀는데, 유익한 바가 있었느냐?" 내가 대답하기

를, "처음 읽을 때에는 무슨 정황인지를 몰랐다가 3권에 이르러서는 조금씩 글의 뜻을 이해하게 되었습니다." 또 陳仲子章을 암송하니, 상께서 陳仲子는 어떤 사람이냐고 물으셨다. 내가 대답하기를, "어미가 해 주는 것은 먹지 않았으니, 善人이 아닙니다." 상께서 또 그의 어미는 어떤 사람이냐고 물으셨다. 내가 대답하기를, "아들이 얼굴을 찡그리는 것을 보고서도 억지로 먹게 하여 토하는 지경에 이르렀으니, 이 또한 좋지는 않습니다." 상께서 웃으며 이르시기를, "이것은 先儒도 미처 밝히지 못했던 뜻을 드러낸 것이다."

자구 [余여] 나. [狀상] 정황. [稍초] 점점. [令영] ~로 하여금~하게 하다.

以母則不食하고 以妻則食之하며 以兄之室則弗居하고 以於陵則居之하니 是尙爲能充其類也乎아 若仲子者는 蚓而後充其操者也니라.

어미가 해주는 음식은 불의라 여겨 먹지 않고 처가 해주는 음식은 먹으며, 형의 집은 불의라 여겨 거처하지 않고 於陵에서는 거처하니, 이러고도 오히려 지조의 부류를 충족시킬 수 있는 것이 되겠습니까? 진중자와 같은 사람은 지렁이가 된 뒤에야 그 지조를 충족시킬 수 있을 것입니다."

集註 言仲子以母之食兄之室로 爲不義라하야 而不食不居하니 其操守如此로되 至於妻所易之粟과 於陵所居之室하야는 旣未必伯夷之所爲면 則亦不義之類耳어늘 今仲子於此則不食不居하고 於彼則食之居之하니 豈爲能充滿其操守之類者乎아 必其無求自足을 如蚯蚓然이라야 乃爲能滿其志而得爲廉耳라 然이나 豈人之所可爲哉리오 ○范氏曰 天之所生과 地之所養에 惟人이 爲大하니 人之所以爲大者는 以其有人倫也라 仲子避兄離母하야 無親戚君臣上下하니 是는 無人倫也니 豈有無人倫而可以爲廉哉리오.

大文字義 [蚓인] 지렁이가 되다.

大文句文 [是尙爲能充其類也乎] 이것이 오히려 그런 부류를 충족시킬 수 있는 것이 되겠는가?

集註字義 [操조] 지조, [守수] 지키다.

集註句文 [至於妻所易之粟 於陵所居之室] 아내가 바꿔오는 곡식과 오릉의 살고 있는 집에 이르다. [旣未必伯夷之所爲] 이미 백이처럼 의로운 사람이 행한 바를 기필할 수 없다.

MEMO

1장 孟子曰 離婁之聰公輸子之巧
2장 孟子曰 規矩方負之至也
3장 孟子曰 三代之得天下也以仁
4장 孟子曰 愛人不親反其仁
5장 孟子曰 人有恒言皆曰 天下國家
6장 孟子曰 為政不難 不得罪於巨室
7장 孟子曰 天下有道 小德役大德
8장 孟子曰 不仁者可與言哉
9장 孟子曰 桀紂之失天下也失其民也
10장 孟子曰 自暴者不可與有言也
11장 孟子曰 道在爾而求諸遠
12장 孟子曰 居下位而不獲於上
13장 孟子曰 伯夷辟紂居北海之濱
14장 孟子曰 求也為季氏宰無能改於其德
15장 孟子曰 存乎人者莫良於眸子
16장 孟子曰 恭者不侮人儉者不奪人
17장 淳于髡曰 男女授受不親禮與
18장 公孫丑曰 君子之不敎子는 何也잇고
19장 孟子曰 事孰為大事親為大
20장 孟子曰 人不足與適也政不足間也
21장 孟子曰 有不虞之譽有求全之毁
22장 孟子曰 人之易其言也無責耳矣
23장 孟子曰 人之患在好為人師
24장 樂正子 從於子敖之齊
25장 孟子謂樂正子曰 子之從於子敖來
26장 孟子曰 不孝有三無後為大
27장 孟子曰 仁之實事親是也
28장 孟子曰 天下大悅而將歸己

07

孟子集註大全卷之七

離婁章句上

孟子集註大全卷之七 離婁章句上

·07·

凡二十八章이라. 모두 28장이다

1장 孟子曰 離婁之聰과 公輸子之巧로도 不以規矩면 不能成方員이오 師曠之聰으로도 不以六律이면 不能正五音이오 堯舜之道로도 不以仁政이면 不能平治天下니라.

맹자왈, "離婁의 눈 밝음과 公輸子의 솜씨로도 잣대를 사용하지 않는다면 직각과 원을 만들지 못하고, 師曠의 귀 밝음으로도 六律을 사용하지 않는다면 五音을 바로잡지 못하고, 堯舜이 道로도 仁政을 사용하지 않는다면 천하를 균평하게 다스리지 못한다.

集註 離婁는 古之明目者라 公輸子는 名班이니 魯之巧人也라 規는 所以為員之器也요 矩는 所以為方之器也라 師曠은 晉之樂師니 知音者也라 六律은 截竹為筩하야 陰陽各六하야 以節五音之上下하니 黃鍾大簇姑洗蕤賓夷則無射은 為陽이요 大呂夾鍾仲呂林鍾南呂應鍾은 為陰也라 五音은 宮商角徵羽也라 范氏曰 此는 言治天下에 不可無法度니 仁政者는 治天下之法度也니라.

大文字義 [離이] 떠나다. [婁루] 끌다. [聰총] 귀밝음. [輸수] 보내다, 나르다. [巧교] 교묘함. [規규] 동그라미. [矩구] 곱자, 네모. [師사] 樂官, 樂士. [曠광] 비다. [律율] 음률, 법.

集註字義 [班반] 나누다, 차례. [截절] 끊다. [筩통] 대통. [簇주] 음률名. [蕤유] 음률名. [射역] 음률名. [徵치] 음률名. [范범] 姓, 풀이름.

참고 [規矩] 規는 원을 만드는 기구이고, 矩는 직각을 만드는 기구이다.

참고 [六律] 十二律 중 陽聲에 속하는 여섯 가지 音, 즉 黃鍾, 大簇(태주), 姑洗, 蕤賓(유빈), 夷則, 無射(무역). [六呂] 십이율 중 陰性에 속하는 여섯 가지 音, 즉 夾鍾, 仲呂, 林鍾, 南呂, 應鍾, 大呂.

今有仁心仁聞而民不被其澤하야 不可法於後世者는 不行先王之道也일새니라.

지금 임금이 仁心과 仁聞이 있으면서도 백성이 그 은택을 입지 못하여 후세에 본보기가 되지 못하는 것은 선왕의 도를 행하지 않기 때문이다.

集註 仁心은 愛人之心也요 仁聞者는 有愛人之聲이 聞於人也라 先王之道는 仁政이 是也라 范氏曰 齊宣王은 不忍一牛之死하야 以羊易之하니 可謂有仁心이요 梁武帝는 終日一食蔬素하고 宗廟에 以麪為犧牲하며 斷死刑에 必為之涕泣하야 天下知其慈仁하니 可謂有仁聞이라 然而宣王之時에 齊國不治하고 武帝之末에 江南大亂하니 其故는 何哉오 有仁心仁聞而不行先王之道故也니라.

大文句文 [仁心] 사람을 사랑하는 마음. [仁聞] 仁하다는 명성.

集註字義 [蔬소] 푸성귀. [素소] 채식. [麪면] 밀가루. [斷단] 결단하다. [涕체] 울다. [泣읍] 울다.

集註句文 [蔬素] 소찬을 먹다, 소식을 하다.

참 고 [侯景의 亂-武帝之末 江南大亂] 侯景은 남북조 시대 朔方사람으로 字는 萬景인데, 힘이 세고 말타기와 활쏘기를 잘 하였다. 북조 魏나라 爾朱榮의 장수가 되었다가 高歡의 부하가 되었다. 자주 변절하여 梁나라 武帝에게 항복하고 河南王에 봉해졌으나 곧바로 반란을 일으켜 양나라의 수도인 建康을 공격하여 깨뜨렸다. 梁武帝가 臺城에서 포위되어 굶어죽었다. 그 후 황제의 자리에 올랐으나 梁나라 장수 王承辯, 陳霸先 등의 토벌을 받고 죽었다.

故曰 徒善이 不足以為政이오 徒法이 不能以自行이라하니라.

옛말에, '한갓 善心만을 가지고는 선정을 시행하기에 부족하고, 한갓 法만을 가지고는 스스로 선정을 시행하지 못한다.' 하였다.

集註 徒는 猶空也라 有其(善)心無其(善)政을 是謂徒善이요 有其(善)政無其(善)心을 是謂徒法이라 程子嘗言 為政에 須要有綱紀文章이니 謹權審量讀法平價를 皆不可闕이라하시고 而又曰 必有關雎麟趾之意然後에 可以行周官之法度라하시니 正謂此也니라.

集註字義 [空공] 한갓. [須수] 모름지기. [綱강] 벼리. [紀기] 작은 벼리 줄. [闕궐] 빼

놓다. [關관] 물수리의 울음소리. [雎저] 물수리, 징경이, 雎鳩. [麟린] 기린. [趾지] 발. [正정] 바로.
集註句文 [謹權審量讀法平價] 저울질을 신중히 하고 용량을 살피며 법을 읽어주고 값을 균평하게 한다.

詩云 不愆不忘은 率由舊章이라하니 遵先王之法而過者 未之有也니라.

시경에 이르기를, '허물을 짓지 않고 잊지 않는 것은 솔선하여 舊法을 행하는 것이다.' 하니, 선왕의 법을 따르고서 잘못되는 자는 없다.

集註 詩는 大雅假樂之篇이라 愆은 過也요 率은 循也라 章은 典法也라 所行이 不過差不遺忘者는 以其循用舊典故也니라.
大文字義 [愆건] 허물. [率솔] 솔선하다. [由유] 행하다. [章장] 법, 문장. [遵준] 따르다.
集註句文 [不過差不遺忘者] 허물을 짓지 않고 빠뜨리지 않는 것. [以其循用舊典故也] 옛 전법을 따라 쓰기 때문이다.
참고 循은 법도에 따라 행하는 것이고, 徇은 무조건 따르는 것임.

詩經 [大雅 生民之什 假樂篇 4장]
大義 成王을 아름답게 여긴 것이다.
詩解 1장. 假樂君子여 顯顯令德이로다 宜民宜人이라 受祿于天이어늘 保右命之하시고 自天申之샷다.
아름답고 즐거워하는 군자여! 아름다운 덕을 드러내 밝히셨도다. 백성에게 마땅하고 벼슬아치에게 마땅한지라 하늘로부터 복록을 받았거늘, 보호하고 돕고 명하시고 또 하늘에서 거듭하시도다.
2장. 干祿百福이라 子孫千億이로다 穆穆皇皇하야 宜君宜王이라 不愆不忘하야 率由舊章이로다.
녹을 구하여 백복을 받은지라 자손들 많고도 많도다. 공경스럽고 아름다워서 제후에게 마땅하고 왕에게 마땅한지라, 허물을 짓지 말고 잊지 아니하여 옛 전법을 따르도다.
3장. 威儀抑抑하며 德音秩秩하고 無怨無惡하야 率由羣匹하니 受福無疆이라 四方之綱이로다.
몸가짐 삼가며 아름다운 말씀 떳떳하고, 원망이 없고 악이 없어서 무리들이 따르니. 복을 받음이 끝이 없는지라 사방의 벼리가 되도다.

4장. 之綱之紀하야 燕及朋友면 百辟卿士 媚于天子하야 不解于位하야 民之攸塈리라.
벼리가 되고 실마리가 되어 편안함이 벗들에게 미치면, 제후와 卿士들 천자를 사랑하여, 지위에서 게을리 말아서 백성이 쉬는 곳이로다.

자구 [假가] 아름답다, 차용하다. [令령] 아름답다. [申신] 거듭하다. [穆목] 공경하다. [穆穆] 삼가고 공경하는 모양. [黃황] 아름답다, 임금. [皇皇] 아름다운 모양. [抑억] 삼가다, 누르다. [秩질] 항상, 차례. [秩秩] 상구함이 있음. [匹필] 동류(類). [燕연] 편안하다. [百辟] 제후들. [解해] 게으르다. [塈기] 쉬다.

聖人이 旣竭目力焉하시고 繼之以規矩準繩하시니 以為方員平直에 不可勝用也요 旣竭耳力焉하시고 繼之以六律하시니 正五音에 不可勝用也며 旣竭心思焉하시고 繼之以不忍人之政하시니 而仁覆天下矣시니라.

성인이 시력을 다하시고 規矩準繩을 만들어 계승하게 하시니 내모와 원, 수평과 직선을 만드는데 이루다 쓸 수 없게 되었고, 청력을 다하시고서 六律을 만들어 계승하게 하시니 五音을 바로잡는데 이루다 쓸 수 없게 되었고, 心思를 다하시고서 차마 하지 못하는 정사로써 계승하게 하시니 仁이 천하를 덮게 하셨다.

集註 準은 所以為平이요 繩은 所以為直이라 覆은 被也라 此는 言古之聖人이 旣竭耳目心思之力하사되 然이나 猶以為未足以徧天下及後世라 故로 制為法度하야 以繼續之하시니 則其用不窮하야 而仁之所被者廣矣니라.

大文字義 [竭갈] 다하다. [規규] 그림쇠. [矩구] 곱자. [準준] 수준기. [繩승] 먹줄. [勝승] 다, 모두, 이루 다. [繼계] 계승하다. [覆복] 덮다.

集註字義 [被피] 덮다. [徧편] 두루.

集註句文 [其用不窮而仁之所被者廣] 그 쓰임이 무궁하여 仁이 천하를 덮은 것이 넓다.

참고 [規矩準繩] 規는 員을 만드는 기구이고, 矩는 방형을 만드는 기구이고, 準은 수평기이고, 繩은 먹줄이니 직선을 만드는 것임.

故曰 為高호대 必因丘陵하며 為下호대 必因川澤이라하니 為政호대 不因先王之道면 可謂智乎아

옛말에, '높은 곳을 만들되 반드시 丘陵을 이용하며, 낮은 곳을 만들되 반드시 내와 못을 이용한다.' 하니, 정사를 시행하되 선왕의 도를 이용하지 않는다면 지혜롭다고 할 수 있겠는가?

集註 丘陵은 本高하고 川澤은 本下하니 為高下者因之면 則用力少而成功多矣라 鄒氏曰 自章首로 至此는 論以仁心仁聞行先王之道하니라.

是以惟仁者아 宜在高位니 不仁而在高位면 是는 播其惡於衆也니라.

이 때문에 仁者라야 마땅히 높은 지위에 있어야 하니, 不仁하면서 높은 자리에 있으면 이것은 백성들에게 그 악을 퍼뜨리는 것이다.

集註 仁者는 有仁心仁聞而能擴而充之하야 以行先王之道者也라 播惡於衆은 謂貽患於下也라.

大文字義 [播파] 퍼뜨리다, 전파하다.

集註字義 [貽이] 끼치다.

上無道揆也하며 下無法守也하야 朝不信道하며 工不信度하야 君子 犯義오 小人이 犯刑이면 國之所存者 幸也니라.

윗사람이 도리를 헤아리지 못하며, 아랫사람이 법도를 지키지 못하여 조정이 도리를 믿지 않으며, 백관이 법도를 믿지 않아서 군자가 義를 범하고 소인이 刑을 범한다면, 나라가 보존되는 것이 요행이다.

集註 此는 言不仁而在高位之禍也라 道는 義理也라 揆는 度也라 法은 制度也라 道揆는 謂以義理度量事物而制其宜(義理)요 法守는 謂以法度自守라 工은

官也라 度는 卽法也라 君子小人은 以位而言也라 由上無道揆故로 下無法守하니 無道揆면 則朝不信道하야 而君子犯義하고 無法守면 則工不信度하야 而小人犯刑이라 有此六者면 其國必亡이니 其不亡者는 僥倖而已니라.

大文字義 [揆규] 헤아리다. [朝조] 朝廷.

集註字義 [僥요] 바라다. [倖행] 요행.

故曰 城郭不完하며 兵甲不多 非國之災也며 田野不辟하며 貨財不聚 非國之害也라 上無禮하며 下無學이면 賊民이 興하야 喪無日矣라하니라.

옛말에, '城郭이 견고하지 못하며 병장기와 무장한 병사가 많지 않은 것이 나라의 재앙이 아니며, 田野가 개간되지 않으며 貨財가 축적되지 않는 것이 나라의 害가 아니다. 윗사람이 無禮하며 아랫사람이 배움이 없으면 백성을 해치는 일이 일어나서 곧 나라가 망하게 된다.' 하였다.

集 註 上不知禮면 則無以敎民이요 下不知學이면 則易與爲亂이라 鄒氏曰 自是以惟仁者로 至此는 所以責其君이니라.

大文字義 [郭곽] 성곽. [完완] 견고하다. [兵병] 병장기. [甲갑] 무장한 병사. [辟벽] 개간하다, 다스리다.(入聲). [聚취] 축적하다. [喪상] 나라를 잃다.

大文句文 [喪無日矣] 나라를 잃는데 날이 없다. 즉 나라가 곧 망하게 된다.

集註句文 [易與(예)爲亂] 난을 일으키는데 가담하기 쉽다. [所以責其君] 군주를 책하는 이유이다.

詩曰 天之方蹶시니 無然泄泄라하니

詩經에 이르기를, '하늘이 전복시키려 하시니 그렇게 느긋해 하지 말라.' 하니,

集 註 詩는 大雅板之篇이라 蹶는 顚覆之意라 泄泄는 怠緩悅從之貌라 言天欲顚覆周室하니 羣臣이 無得泄泄然不急救正之니라.

大文字義 [蹶궤] 전복시키다, 움직이다.(去聲)./ 넘어지다.(궐, 入聲). [泄예] 느긋하다.

大文句文 [泄泄] 태만한 모습, 편안하고 느긋함 모습. [無然泄泄] 그렇게 게으르고 안

일하지 말라.

集註字義 [顚전] 넘어지다, 머리. [覆복] 뒤집히다. [怠태] 게으르다. [悅열] 기쁘다. [從종] 따르다.

集註句文 [怠緩悅從] 태만하고 기뻐하여 따르다.

詩經 [大雅 生民之什 板篇 8장]

大義 周公의 후손으로 대부가 된 凡伯이 무도한 幽王을 풍자한 것이다.

詩解 1장. 上帝板板이라 下民卒癉이어늘 出話不然하며 爲猶不遠하야 靡聖管管하며 不實于亶하나니 猶之未遠이라 是用大諫하노라.

상제께서 상도를 뒤집으니 백성들이 마침내 병들거늘 말을 냄이 옳지 못하며, 계획이 원대하지 못하여 성인이 없다 하여 의지할 곳이 없으며, 참으로 진실하지 아니하니 계획이 원대하지 못한지라 이로써 크게 간하노라.

2장. 天之方難이시니 無然憲憲이어다 天之方蹶시니 無然泄泄어다 辭之輯矣면 民之洽矣며 辭之懌矣면 民之莫矣리라.

하늘이 바야흐로 어지러움 내리시니 그렇게 기뻐하지 말지어다. 하늘이 바야흐로 動하시니 그렇게 느긋하게 말지어다. 말이 온화하면 백성이 화합하며 말이 기쁘면 백성들이 안정되리라.

5장. 天之方懠시니 無爲夸毗하야 威儀卒迷하며 善人載尸어다 民之方殿屎어늘 則莫我敢葵하나니 喪亂蔑資라 曾莫惠我師로다.

하늘이 바야흐로 성내시니 큰소리치고 아부하여 몸가짐을 어지럽히며, 선인이 시동처럼 아무 일도 못하게 하지 말지어다. 백성들이 신음하거늘 우리를 헤아려주는 이 아무도 없으니, 상란에 의지할 곳이 없는지라 일찍이 우리 무리에게 은혜를 베풀 이가 없도다.

8장. 敬天之怒하야 無敢戲豫하며 敬天之渝하야 無敢馳驅어다 昊天曰明하사 及爾出王하시며 昊天曰旦하사 及爾游衍하시나니라.

하늘의 노여움을 삼가서 감히 기뻐하고 놀지 말며, 하늘의 변하는 모습 삼가서 감히 내달리지 말지어다. 하늘은 밝아서 너의 왕래함에 미치시며, 하늘은 밝아서 그대 노니는 것을 잘 살펴보느니라.

자구 [板판] 어긋나다(反). [癉단] 병들다. [管管] 의지할 곳이 없는 모양. [亶단] 진실(誠). [憲憲] 매우 기뻐하다. [輯집] 화하다. [懌역] 기쁘다. [莫막] 안정. [民之莫矣] 백성들이 안정되다. [懠제] 성내다. [夸과] 큰소리치다. [毗비] 붙다(附). [殿전] 신음하다, 뒷간. [屎히] 신음하다. [葵규] 헤아리다. [蔑멸] 멸하다(滅). [資자] 자문하다. [豫예] 놀다. [渝유, 투] 변하다. [王왕] 가다(往). [衍연] 넉넉하다.

泄泄는 猶沓沓也니라.

泄泄(느긋해 함)는 沓沓과 같다.

集註 沓沓은 卽泄泄之意니 蓋孟子時人語如此하니라.

事君無義하며 進退無禮하고 言則非先王之道者 猶沓沓也니라.

임금을 섬기는데 義가 없으며 나아가고 물러가는데 禮가 없고, 말하기만 하면 先王의 道를 비방하고 헐뜯는 것이 沓沓과 같은 것이다.

集註 非는 詆毁也라. **集註字義** [詆저] 꾸짖다, 비난하다. [毁훼] 헐뜯다.

故曰 責難於君을 謂之恭이오 陳善閉邪를 謂之敬이오 吾君不能을 謂之賊이라하니라.

옛말에 '어려운 일을 임금에게 요구하는 것을 恭이라 하고, 善을 개진하고 邪惡함을 막는 것을 敬이라 하고, 우리 임금은 선도를 행할 수 없다 하여 간언하지 않는 것을 賊이라 한다.' 하였다."

集註 范氏曰 人臣이 以難事責於君하야 使其君為堯舜之君者는 尊君之大也요 開陳善道하야 以禁閉君之邪心하야 唯恐其君或陷於有過之地者는 敬君之至也요 謂其君不能行善道하야 而不以告者는 賊害其君之甚也니라 鄒氏曰 自詩云天之方蹶로 至此는 所以責其臣이니라 ○鄒氏曰 此章은 言為治者 當有仁心仁聞하야 以行先王之政이요 而君臣이 又當各任其責也니라. **大文字義** [責책] 요구하다. [陳진] 개진하다. [閉폐] 막다. **大文句文** [責難於君] 어려운 일을 하도록 임금에게 요구하다. [吾君不能] 우리 임금은 선도를 행할 수 없다. **集註字義** [邪사] 삿되다. [至지] 지극하다. [賊적] 해치다. **集註句文** [敬君之至] 임금을 공경하는 것이 지극하다.

燕山君日記 [연산군 2년 3월 18일, 臺諫 書啓, 責難爲恭 陳善爲敬]

臺諫書啓曰 臣等職在言官 以責難爲恭 陳善爲敬。若使在朝之臣皆阿順逢迎 則殿下何從而得聞直言乎。今乳媼恃恩專恣 賜給奴婢 族親從良等事 縱意啓達 以逞其欲 今不懲之 則臣等恐異日朝廷政事 皆出於乳媼之家。且王者無私 殿下固當蕩蕩平平 以大公至正之道自處。今右相之議 不示臣等何耶。若群議不純 則請速罷之 以快衆聽。

解義 대간이 書啓하기를, "신들은 직이 言官에 있으므로 責難하는 것을 恭으로 삼고 陳善하는 것을 敬으로 삼습니다. 만약 조정에 있는 신하가 모두 阿順하고 逢迎한다면, 전하께서 어디에서 직언을 들을 수 있겠습니까? 지금 乳媼(왕의 유모)이 은혜를 믿고서 방자하여, 노비를 賜給하고 친족의 從良 등의 일을 마음대로 啓達하여 욕심을 마음대로 부리니, 지금 징계하지 않는다면 신들은 뒷날 조정의 정사가 모두 乳媼의 집에서 나올까 염려됩니다. 王者는 私가 없는 것이니, 전하께서는 진실로 蕩蕩平平하여 大公至正한 도로써 자처해야만 하는데, 지금 右相의 논의를 신들에게 보여주시지 않으시니 무엇 때문입니까? 만약 중의가 불순하다면 부디 속히 파면하여 뭇사람이 듣기에 쾌하게 하소서."

자구 [書啓] 글로써 아뢰다. [阿順] 비위를 맞추어 순종하다. [逢迎] 남의 뜻을 맞추어 주다. [恐공] ~할까 염려하다. [媼온] 할머니, 늙은 여자. [恃시] 믿다. [恣자] 방자하다. [賜사] 내려주다. [縱종] 마음대로. [逞영] 쾌하게 하다, 마음대로 하여 만족을 얻다. [懲징] 징계하다. [蕩蕩] 크고 넓은 모습.

참고 [從良法] 良人과 賤人 사이의 혼인으로 인한 良産을 노비 신분에서 良人 신분으로 바꾸는 법을 말한다. 노비가 증가하고 良役을 부담하는 양인이 줄어들자, 태종 14년에 奴婢從父法을 도입하여 양인 남자와 혼인한 계집종의 자녀를 부계에 따라 양인으로 삼았다. 조선 후기에는 奴婢從母法을 따라 사내종과 혼인한 양인 여자의 자녀를 母系에 따라 良人으로 만들어 良役 인구를 증가시켰다.

2장 孟子曰 規矩는 方員之至也요 聖人은 人倫之至也니라.

맹자왈 "規矩는 方員의 표준이요 聖人은 人倫의 표준이다.

集註 至는 極也라 人倫은 說見前篇하니라 規矩盡所以為方員之理하니 猶聖人盡所以為人之道니라.
大文字義 [至지] 표준, 지극함.
集註字義 [極극] 지극함.

欲為君인댄 盡君道요 欲為臣인댄 盡臣道니 二者를 皆法堯舜而已矣니 不以舜之所以事堯로 事君이면 不敬其君者也요 不以堯之所以治民으로 治民이면 賊其民者也니라.

임금이 되고자 한다면 임금의 도리를 다해야 할 것이요 신하가 되고자 한다면 신하의 도리를 다해야 할 것이니, 두 가지를 모두 요순을 본받을 뿐이다. 舜이 堯임금을 섬겼던 방법으로 임금을 섬기지 않는다면 임금을 공경하지 않는 것이요, 堯임금이 백성을 다스리는 방법으로 백성을 다스리지 않는다면 그 백성을 해치는 것이다.

集註 法堯舜以盡君臣之道는 猶用規矩以盡方員之極이니 此는 孟子所以道性善而稱堯舜也시니라.
大文字義 [爲위] 되다. [法법] 본받다. [賊적] 해치다.

孔子曰 道二니 仁與不仁而已矣라하시니라.

공자왈, '방법은 두 가지이니 仁과 不仁뿐이다.' 하셨다.

集註 法堯舜이면 則盡君臣之道而仁矣요 不法堯舜이면 則慢君賊民而不仁矣니 二端之外에 更無他道라 出乎此則入乎彼矣니 可不謹哉아.
集註字義 [慢만] 태만하다. [端단] 가지, 갈래.

暴其民이 甚則身弑國亡하고 不甚則身危國削하나니 名之曰 幽厲면 雖孝子慈孫이라도 百世에 不能改也니라.

그 백성에게 포악하게 하는 것이 심하면 자신은 시해되며 나라는 망하게 되고, 심하지 않다면 자신은 위태롭고 나라는 깎이게 된다. 이것을 幽厲라고 명명하였다면 비록 효도하는 자식과 사랑하는 자손이라도 영원히 고치지 못할 것이다.

集註 幽는 暗이요 厲는 虐이니 皆惡諡也라 苟得其實이면 則雖有孝子慈孫愛其祖考之甚者라도 亦不得廢公義而改之라 言不仁之禍가 必至於此하니 可懼之甚也라.

大文字義 [暴포] 포악하게 하다. [弑시] 시해하다. [削삭] 깎다. [名명] 명명하다. 이름 짓다. [幽유] 어둡다. [厲여] 사납다.

集註字義 [暗암] 어둡다. [虐학] 포악하다, 사납다. [諡시] 시호. 왕이 죽은 다음에 붙여지는 명칭.

참 고 [幽厲] 周나라의 幽王과 厲王을 가리킨다. 이 두 王은 惡名이 높았으므로, 맹자께서는 나쁜 행위로 얻어진 시호는 아무리 孝子라 하더라도 고칠 수가 없다고 하신 것이다.

詩云 殷鑒不遠이라 在夏后之世라하니 此之謂也니라.

시경에 이르기를, '殷나라의 거울이 멀지 않다. 夏后의 세상에 있다.' 하니, 이것을 말한 것이다."

集註 詩는 大雅蕩之篇이라 言商紂之所當鑒者가 近在夏桀之世라하니 而孟子引之하야 又欲後人以幽厲爲鑒也시니라.

大文字義 [鑒감] 거울. [遠원] 멀리 있다.

참 고 [桀紂] 桀은 夏나라의 마지막 임금이고, 紂는 殷나라의 마지막 임금으로 모두 포악했으므로 포악한 임금의 대명사가 되었음.

詩經 [大雅 蕩之什 蕩篇 8장]

詩解 召穆公(召公의 후예)이 周王室이 크게 무너지는 것을 상심한 것이다. 厲王이 무도하여 천하의 법도가 무너지고 기강과 문장이 없기 때문에 이 시를 지은 것이다.

詩解 1장. 蕩蕩上帝는 下民之辟이시니 疾威上帝는 其命多辟이로다 天生烝民하시니 其命匪諶은 靡不有初나 鮮克有終일새니라.
넓고 크신 상제는 백성들의 임금이시니, 포악한 상제는 그 명에 邪辟함이 많도다. 하늘이 많은 백성을 내시니 그 명이 미덥지 못함은, 처음은 있지 않음이 없으나(처음은 善하지만) 끝맺음이 있는 이는 드물기 때문이니라.
2장. 文王曰咨라 咨女殷商아 曾是彊禦와 曾是掊克이 曾是在位하며 曾是在服은 天降慆德이나 女興是力일새니라.
문왕께서 탄식하시기를, 아! 너 殷나라 紂야, 일찍이 포악한 신하와 일찍이 가렴주구하는 신하들이 지위에 있으며, 일찍이 정사를 베푸는 자리에 있음은, 하늘이 태만한 덕을 내려서이나, 네가 흥기하여 이에 힘쓰기 때문이니라.
8장. 文王曰咨라 咨女殷商아 人亦有言호대 顚沛之揭에 枝葉未有害라 本實先撥이라하나다 殷鑒不遠하야 在夏后之世하니라.
文王이 탄식하시기를, 아! 너 殷나라 紂야, 사람이 또한 말이 있으되, 큰 나무 넘어질 적에 가지와 잎에 害가 있는 것이 아니라, 뿌리가 실로 먼저 끊어진다고 하였느니라. 은나라 거울 멀지 않아 夏后의 세상에 있느니라.

자구 [蕩蕩] 넓고 큰 모습(廣大貌). [辟벽] 편벽되다.(入聲). [疾질] 해치다. [威위] 해치다. [烝증] 많다. [諶침] 믿다. [禦어] 포악하다, 대항하다. [彊禦] 포악한 신하. [掊부] 수탈하다. [掊克] 가렴주구하는 신하. [慆도] 태만하다. [顚沛] 넘어져 뽑히다. [揭게] 뿌리가 뽑혀서 넘어지는 모습. [撥발] 끊어지다.

3장 孟子曰 三代之得天下也는 以仁이오 其失天下也는 以不仁이니라.

맹자왈, "三代가 천하를 얻은 것은 仁 때문이요, 천하를 잃은 것은 不仁 때문이다.

集註 三代는 謂夏商周也라 禹湯文武는 以仁得之하고 桀紂幽厲는 以不仁失之라.

國之所以廢興存亡者 亦然하니라.

나라가 피폐되고 흥기하며 보존되고 망하는 것 또한 이와 같다.

集註 國은 謂諸侯之國이라.

天子 不仁이면 不保四海하고 諸侯 不仁이면 不保社稷하고 卿大夫 不仁이면 不保宗廟하고 士庶人이 不仁이면 不保四體니라.

천자가 不仁하면 四海를 보존할 수 없고, 제후가 不仁하면 사직을 보존할 수 없고, 경대부가 不仁하면 종묘를 보존할 수 없고, 士庶人이 不仁하면 자신의 몸을 보존할 수 없다.

集註 言必死亡라.

今에 惡死亡而樂不仁하나니 是猶惡醉而强酒니라.

오늘날에는 죽기를 싫어하면서 不仁을 즐거워하니, 이것은 취하는 것을 싫어하면서 억지로 술을 마시는 것과 같다."

集註 此는 承上章之意而推言之也라. **大文字義** [惡오] 싫어하다.(去聲). [樂낙] 즐거워하다. [醉취] 술에 취하다. [强강] 억지로. **大文句文** [强酒] 억지로 술을 마시다.

4장 孟子曰 愛人不親이어든 反其仁하고 治人不治어든 反其智하고 禮人不答이어든 反其敬이니라.

맹자왈, "남을 사랑하는데 남이 나를 친해하지 않거든 자신이 仁한지를 돌이켜 반성하고, 남을 다스리는데 잘 다스려지지 않거든 자신이 지혜로운지를 반성하고, 남을 禮로서 대하였는데 答禮하지 않거든 자신이 공경스러운지를 반성한다.

集註 我愛人而人不親我면 則反求諸己하니 恐我之仁未至也라 智敬放此하니라. **大文字義** [反반] 돌이켜 반성하다.

行有不得者어든 皆反求諸己니 其身이 正而天下歸之니라.

행하였는데 자신이 바라는 것을 얻지 못하면 모두 반성하여 자신에게서 그것을 구하니, 자신이 바르면 천하가 자신에게 돌아갈 것이다.

> **集 註** 不得은 謂不得其所欲이니 如不親不治不答이 是也라 反求諸己는 謂反其仁反其智反其敬也라 如此則自治益詳하야 而身無不正矣리라 天下歸之는 極言其效也라.
>
> **集註句文** [極言] 다 말하다.

詩云 永言配命이 自求多福이라하니라.

詩經에 이르기를, '영원히 천명에 짝하는 것이 스스로 많은 복을 구하는 것이다.' 하였다."

> **集 註** 解見前篇하니라 ○亦承上章而言이니라.
>
> **大文字義** [永영] 길이. [言언] 생각하다. [配배] 부합하다. [命명] 天命.
>
> **참 고** [永言配命 自求多福] 孟子集註大全卷之三 公孫丑章句上 4장 참조.

5장 孟子曰 人有恒言호대 皆曰 天下國家라하나니 天下之本은 在國하고 國之本은 在家하고 家之本은 在身하니라.

맹자왈, "사람들이 항상 말하기를 모두 천하, 나라, 집이라 하는데, 천하의 근본은 나라에 있고 나라의 근본은 집안에 있고 집의 근본은 자신의 몸에 있다."

> **集 註** 恒은 常也라 雖常言之나 而未必知其言之有序也라 故로 推言之하고 而又以家本乎身也라 此는 亦承上章而推言之하니 大學所謂自天子至於庶人히 壹是皆以脩身爲本은 爲是故也니라.

6장 孟子曰 為政이 不難하니 不得罪於巨室이니 巨室之所慕를 一國이 慕之하고 一國之所慕를 天下 慕之하나니 故로 沛然德教가 溢乎四海하나니라.

맹자왈, "정사를 행하는 것은 어려운 것이 아니니, 世臣과 大家에게 죄를 짓지 않아야 한다. 世臣과 大家가 흠모하는 것을 온 나라가 흠모하고, 온 나라가 흠모하는 것을 천하가 흠모하는 것이니, 그러므로 물이 거침없이 흐르듯이 덕의 교화가 온 천하에 넘치게 된다."

集註 巨室은 世臣大家也라 得罪는 謂身不正而取怨怒也라 麥丘邑人이 祝齊桓公曰 願主君은 無得罪於羣臣百姓이라하니 意蓋如此라 慕는 向也니 心悅誠服之謂也라 沛然은 盛大流行之貌라 溢은 充滿也라 蓋巨室之心은 難以力服이요 而國人素所取信이니 今旣悅服이면 則國人皆服하야 而吾德教之所施가 可以無遠而不至矣라 此는 亦承上章而言이니 蓋君子不患人心之不服이요 而患吾身之不脩하나니 吾身旣脩면 則人心之難服者先服하야 而無一人之不服矣리라. ○林氏曰 戰國之世에 諸侯失德하야 巨室擅權하니 為患이 甚矣라 然이나 或者不脩其本하고 而遽欲勝之면 則未必能勝而適以取禍라 故로 孟子推本而言하사 惟務脩德以服其心이니 彼旣悅服이면 則吾之德教無所留礙하야 可以及乎天下矣라하시니라 裴度所謂韓洪이 輿疾討賊하고 承宗이 斂手削地는 非朝廷之力이 能制其死命이요 特以處置得宜하야 能服其心故爾라하니 正此類也니라.

大文字義 [一일] 온. [慕모] 흠모하다. [沛패] 거침없이. [溢일] 넘치다.

大文句文 [巨室] 世臣과 大家

集註字義 [巨거] 크다. [麥맥] 보리. [丘구] 언덕. [祝축] 축수하다. [桓환] 굳세다. [羣군] 여러. [服복] 복종하다. [擅단] 마음대로 하다. [權권] 권력, 권세. [患환] 근심. [遽거] 갑자기. [適적] 다만, 가다, 맞이하다.(入聲). [留류] 억류하다. [礙애] 장애가 되다. [及급] 미쳐가다, 파급되다. [裴배] 姓. [輿여] 수레를 타다. [疾질] 아픈 몸. [討토] 토벌하다. [斂렴] 거두다. [削삭] 깎다. [處처] 처리하다. [置치] 조치하다. [宜의] 마땅함. [正정] 바로.

참고 [裴度所謂韓洪 輿疾討賊] 당나라 현종이 韓洪에게 吳元濟를 토벌하도록 명하였는데, 한홍은 당시 발에 병이 있었으나 병을 무릅쓰고 출정하여 평정하였으며, 王承宗은 常山을 점거하고 반란을 꾀하였는데, 조정에서 柏耆를 보내어 대의로 설득하자 이에 감격하여 德州와 棣州를 바치고 복종한 일이 있었다.

7장 孟子曰 天下 有道앤 小德이 役大德하며 小賢이 役大賢하고 天下 無道앤 小役大하며 弱役强하나니 斯二者는 天也니 順天者는 存하고 逆天者는 亡하나니라.

맹자왈, "천하에 도가 있을 때에는 小德이 大德에게 부림을 받으며 小賢이 大賢에게 부림을 받고, 천하에 도가 없을 적에는 작은 것이 큰 것에게 부림을 받으며 약한 것이 강한 것에 부림을 받는다. 이 두 가지는 天理이니 천리에 순응하는 자는 보존되고 천리를 거슬리는 자는 망한다.

集註 有道之世에는 人皆脩德하야 而位必稱其德之大小하고 天下無道에는 人不脩德하니 則但以力相役而已라 天者는 理勢之當然也라.

大文字義 [役 역] 부림을 당하다, 부리다.

大文句文 [小德役大德] 소덕이 대덕에게 부림을 받다. [小賢役大賢] 소현이 대현에게 부림을 받다. [小役大 弱役强] 작은 것이 큰 것에게 부림을 받으며, 약한 것이 강한 것에게 부림을 받는다.

集註字義 [稱 칭] 걸맞다.

集註句文 [理勢之當然] 이치와 형세 상 마땅히 그러하다.

栗谷先生全書卷之十 [書二, 小役大弱役强]

孟子曰 小役大弱役强者 天也 夫不論德之大小 而惟以小大强弱爲勝負者 此豈天之本然哉。特以勢言之耳 勢旣如此 則理亦如此 故謂之天也。

解義 맹자왈, "작은 것이 큰 것에게 부림을 받고 약한 것이 강한 것에게 부림을 받는 것은 天理이다." 하였으니, 대저 德의 크고 작음을 논하지 않고 오직 대소와 강약으로 승부를 삼는 것, 이것이 어찌 천리의 본연이겠습니까? 다만 형세로써 말했을 뿐이니, 형세가 이미 그러하다면 理 역시 이와 같으므로 이것을 천리라고 말한 것입니다.

齊景公이 曰 旣不能令하고 又不受命이면 是는 絶物也라하고 涕出而女於吳하니라.

齊景公曰, '이미 남에게 명을 내리지도 못하고 또 남의 명을 받지도 못한다면, 이것은 남과 단절하는 것이다.' 하고, 눈물을 흘리면서 吳나라에 딸을 시집보냈다.

集註 引此以言小役大弱役强之事也라 令은 出令以使人也요 受命은 聽命於人也라 物은 猶人也라 女는 以女與人也라 吳는 蠻夷之國也라 景公이 羞與爲昏이나 而畏其强이라 故로 涕泣而以女與之하니라.

大文字義 [女녀] 딸을 시집보내다.

大文句文 [絶物] 남과 단절하다.

集註字義 [蠻만] 오랑캐. [羞수] 부끄러워하다. [昏혼] 혼인하다.

今也애 小國이 師大國而恥受命焉하나니 是猶弟子而恥受命於先師也니라.

오늘날에는 작은 나라가 큰 나라를 법으로 삼으면서 교명 받기를 부끄러워하니, 이것은 제자가 되어 스승에게 교명 받는 것을 부끄러워하는 것과 같다.

集註 言小國이 不修德以自强하고 其般樂怠敖를 皆若效大國之所爲者而獨恥受其敎命하니 不可得也라.

大文字義 [師사] 법으로 삼다, 스승으로 삼다. [恥치] 부끄러워하다.

集註字義 [般반] 즐거워하다, 돌다, 돌아오다, 일반.(平聲). [怠태] 태만하다. [敖오] 오만하다. [效효] 본받다.

集註句文 [般樂怠敖] 지나치게 즐기며 태만하고 오만한 짓을 하다. [皆若效大國之所爲者而獨恥受其敎命] 모두 大國이 하는 것을 본받으면서 유독 敎命받는 것을 부끄러워하는 것과 같다.

如恥之댄 莫若師文王이니 師文王이면 大國 五年이오 小國 七年에 必為政於天下矣리라.

만약 교명 받기를 부끄러워한다면 文王을 본받는 것이 가장 좋으니, 文王을 본받으면 大國은 5年이고 小國은 7年에 반드시 천하에 정사를 시행하게 될 것이다.

集註 此는 因其愧恥之心而勉以脩德也라 文王之政이 布在方策하니 擧而行之면 所謂師文王也라 五年七年은 以其所乘之勢不同為差라 蓋天下雖無道나 然이나 脩德之至면 則道自我行하야 而大國이 反為吾役矣리라 程子曰 五年七年은 聖人度其時則可矣라 然이나 凡此類를 學者皆當思其作為如何라야 乃有益耳니라.

大文句文 [莫若] ~만한 것이 없다, 가장 좋다.

集註句文 [道自我行] 도가 나로부터 시행된다.

詩云 商之孫子 其麗不億이언마는 上帝既命이라 侯于周服이로다 侯服于周하니 天命靡常이라 殷士膚敏이 祼將于京이라하야늘 孔子曰 仁不可為衆也니 夫國君이 好仁이면 天下無敵이라하시니라.

詩經에 이르기를, '商의 자손이 그 수가 십만 뿐 만이 아니지만 上帝가 명을 내려 周에 복종하게 하였도다. 周에 복종하니 天命은 일정한 것이 아닌지라 크게 현달한 殷나라 자손 강신례를 서울에서 돕는다.' 하거늘, 孔子曰, '仁은 무리가 당할 수 없으니 군주가 仁을 좋아하면 천하에 대적할 자가 없다.' 하셨다.

集註 詩는 大雅文王之篇이라 孟子引此詩及孔子之言하야 以言文王之事하시니라 麗은 數也라 十萬曰億이라 侯는 維也라 商士는 商孫子之臣也라 膚는 大也요 敏은 達也라 祼은 宗廟之祭에 以鬱鬯之酒로 灌地而降神也라 將은 助也라 言商之孫子衆多하야 其數不但十萬而已언마는 上帝既命周以天下하시니 則凡此商之孫子皆臣服于周矣니 所以然者는 以天命不常하야 歸于有德故也라 是以로 商士之膚大而敏達者가 皆執祼獻之禮하야 助王祭事于周之京師也라 孔子因讀此詩而言하사되 有仁者면 則雖有十萬之衆이라도 不

能當之라 故로 國君好仁이면 則必無敵於天下也라하시니라 不可爲衆은 猶所謂難爲兄難爲弟云爾라.

大文字義 [麗려] 헤아리다, 곱다. [侯후] 오직(維), 제후, 虛辭. [億억] 10만, 억. [靡미] 아니다. [常상] 항구적인 것. 변하지 않는 것. [士사] 자손. [膚부] 크다, 살갗. [敏민] 현달하다. [祼관] 강신례. [將장] 돕다.(平聲).

大文句文 [商之孫子] 상나라의 자손. [其麗不億] 그 수가 십만 뿐 만이 아니다. 그 수효를 헤아림이 십만 뿐만이 아니다. [殷士膚敏] 은(상)나라 자손이 크게 현달하다. [仁不可爲衆] 인자는 무리가 당할 수 없다. 仁者 앞에서는 많은 무리가 제구실을 할 수가 없다.

集註字義 [鬱울] 향기롭다, 답답하다. [鬯창] 울창주. [灌관] 따르다, 강신제를 지내다. [執집] 집행하다, 집전하다. [獻헌] 바치다.

集註句文 [以鬱鬯之酒 灌地而降神也] 울창주를 써서 땅에 부어 신을 내리는 것이다.

참고 [難爲兄難爲弟] (疏註)世說德行篇 後漢 陳元方 子長文 有英才 與季方 子孝先 各論父功德 爭之不能決 諮於太丘 太丘曰 元方難其兄 季方難其弟. 世說 덕행편에 후한 때 진원방의 아들 진장문이 영특한 재능이 있었는데, 진계방의 아들 진효선과 각각 그 아비의 공덕을 논할 적에 다투어 결말을 보지 못하자 태구에게 자문을 구하였다. 태구가 말하기를 '진원방은 형되기 어렵고 진계방은 아우되기 어렵다.' 하였다.

今也애 欲無敵於天下而不以仁하나니 是猶執熱而不以濯也니 詩云 誰能執熱하야 逝不以濯이리오하니라.

오늘날에는 천하에 대적할 자가 없기를 바라면서 仁을 쓰지 아니하니, 이것은 뜨거운 것을 잡고서 물에 씻지 않으려는 것과 같다. 詩經에 이르기를, '누가 뜨거운 것을 잡고서 물로 씻지 않으리오?' 하였다."

集註 恥受命於大國은 是欲無敵於天下也요 乃師大國而不師文王은 是不以仁也라 詩는 大雅桑柔之篇이라 逝는 語辭也라 言誰能執持熱物하야 而不以水自濯其手乎아 ○此章은 言不能自强이면 則聽天所命이요 修德行仁이면 則天命在我니라.

大文字義 [濯탁] 손을 물로 씻다. [逝서] 이에(발어사).

集註字義 [柔유] 부드럽다, 어리다. [聽청] 듣다.

詩經 [大雅 湯之什 桑柔篇 16장]

大義 芮伯이 厲王을 풍자하여 지은 것이다.

詩解 1장. 菀彼桑柔여 其下侯旬이러니 捋采其劉하야 瘼此下民이로다 不殄心憂하야 倉兄塡兮호니 倬彼昊天은 寧不我矜고

무성한 저 부드러운 뽕나무여 그 아래 그늘이 두루 하였는데, 뽕잎을 거두어 해쳐서 그늘이 없어져 백성들을 병들게 하도다. 마음에 시름 끊지 못하여 창황함에 병들었으니, 우뚝한 저 하늘은 어찌 나를 불쌍히 여기지 않는가.

2장. 四牡騤騤하니 旟旐有翩이로다 亂生不夷하야 靡國不泯이며 民靡有黎하야 具禍以燼이로다 於乎有哀호니 國步斯頻이로다.

네 마리 숫소 건장하니 여깃발, 조깃발 펄럭이도다. 혼란이 생겨 평화롭지 아니하여 나라가 멸망하지 아니 할리 없으며, 백성들 검은 머리 있지 아니하여 다 재앙으로 멸망하리라, 오호라 슬픔이 있으니 나라의 운명이 이에 급하도다.

5. 為謀為毖니 亂況斯削이로다 告爾憂恤하며 誨爾序爵하노라 誰能執熱하야 逝不以濯이리오 其何能淑고 載胥及溺이로다.

일을 계획하고 신중히 하나 혼란이 불어나 이에 깎여지도다. 네게 걱정할 일을 고해 주며 네게 작위를 정하는 것을 가르치노라. 누가 능히 뜨거운 물건을 쥐고서 물에 씻지 아니하리오. 그 어찌 잘 될 수 있겠는가. 곧 서로 화란에 빠질 뿐이로다.

자구 [菀울] 무성하다. [旬순] 두루하다(徧). [捋랄] 따다. [劉유] 해치다(殘). [瘼막] 병들다. [殄진] 끊다. [倉兄] 슬프다(愴怳). [塡전] 병들다. [倬탁] 우뚝하다. [騤규] 건장하다. [騤騤] 말이 건장한 모양. [牡모] 수컷. [旟여] 여깃발(송골매를 그림). [旐조] 조깃발(거북과 뱀을 그림). [翩편] 펄럭이다. [夷이] 평화롭다. [泯민] 민멸하다. [黎려] 검은머리. [燼신] 멸망하다. [步보] 운명. [頻빈] 급하다. [毖필] 신중하다. [況황] 불어나다, 견주다. [恤휼] 구휼하다. [憂恤] 걱정하다. [誨회] 가르치다. [序서] 차례하다. [淑숙] 잘되다. [載재] 비로소, 곧, 싣다.

8장 孟子曰 不仁者는 可與言哉아 安其危而利其菑하야 樂其所以亡者하나니 不仁而可與言이면 則何亡國敗家之有리오

맹자왈, "不仁한 사람은 더불어 말할 수 있겠는가? 위태로움을 편안히 여기고 재앙을 이롭게 여겨 망하는 것을 즐기니, 不仁한대도 더불어 말할 만하다면 어찌 나라를 망치고 집안을 망치는 일이 있겠는가?

集註 安其危利其菑者는 不知其為危菑하야 而反以為安利也라 所以亡者는 謂荒暴淫虐하야 所以致亡之道也라 不仁之人은 私欲固蔽하야 失其本心이라 故로 其顚倒錯亂이 至於如此하니 所以不可告以忠言하야 而卒至於敗亡也니라.

大文字義 [與여] 함께, 더불어.(上聲). [安안] 편안히 여기다. [利이] 이롭게 여기다. [菑재] 재앙(수재)

集註字義 [荒황] 사냥하되 싫어함이 없음.(양혜왕하 4장 참조) [暴포] 성질이 사나움. [固고] 굳게. [蔽폐] 가려지다. [顚전] 넘어지다. [倒도] 거꾸러지다. [錯착] 어지럽다, 어긋나다. [卒졸] 마침내.

集註句文 [荒暴淫虐] 성질이 거칠고 사나우며 주색에 빠지고 포악함. [顚倒錯亂] 뒤바뀌어 어지러워짐. 실패와 잘못.

有孺子歌曰 滄浪之水 淸兮어든 可以濯我纓이오 滄浪之水 濁兮어든 可以濯我足이라하야늘

어린 아이가 노래하기를, '滄浪의 물 맑거든 나의 갓끈을 씻을 수 있을 것이요, 滄浪의 물 흐리거든 나의 발을 씻을 수 있을 것이다.' 하거늘,

集註 滄浪은 水名이라 纓은 冠系也라.

大文字義 [孺유] 젖먹이, 어린이. [滄창] 큰 바다, 차다. [浪낭] 물결, 파도. [兮혜] 어조사. [纓영] 갓끈.

集註字義 [系계] 끈, 매다.

孔子曰 小子아 聽之하라 淸斯濯纓이오 濁斯濯足矣로소니 自取之也라하시니라.

孔子曰, '제자들아 들어라 맑으면 갓끈을 씻고 흐리거든 발을 씻을 것이니 물이 스스로 그것을 취한 것이다.' 하셨다.

集註 言水之淸濁이 有以自取之也라 聖人이 聲入心通하야 無非至理를 此類可見이니라.

大文字義 [聽청] 듣다. [淸청] 맑다. [斯사] 곧, 則과 동의.

集註句文 [聲入心通] 귀로 말을 듣고서 곧바로 그 뜻을 이해하다, 소리가 귀에 들어오면 마음으로 통하다.(논어 위정편)

夫人必自侮然後에 人이 侮之하며 家必自毁而後에 人이 毁之하며 國必自伐而後에 人이 伐之하나니라.

대저 사람은 반드시 스스로가 모욕을 준 뒤에 남들이 그에게 모욕을 주며, 집은 반드시 스스로가 무너뜨린 뒤에 남들이 무너뜨리며, 나라는 반드시 스스로가 정벌한 뒤에 남들이 정벌하는 것이다.

集註 所謂自取之者라.

大文字義 [侮모] 업신여기다, 조롱하다. [毁훼] 무너뜨리다.

太甲에 曰 天作孼은 猶可違어니와 自作孼은 不可活이라하니 此之謂也니라.

書經 太甲篇에 말하기를, '하늘이 만든 재앙은 오히려 피할 수 있지만, 스스로 만든 재앙은 살아날 수가 없다. 하니, 이것을 말한 것이다."

集註 解見前篇하니라. ○此章은 言心存則有以審夫得失之幾요 不存則無以辨於存亡之著니 禍福之來皆其自取니라.

大文字義 [孼얼] 재앙, 서자. [活활] 살아나다, 완만하게 하다.

集註字義 [存존] 보존되다. [審심] 살피다. [幾기] 기미, 낌새, 조짐. [辨변] 분별하다.(上聲). [著저] 드러남.

참고 [太甲] 湯王의 嫡長孫으로 즉위하여 학정을 일삼았다. 夏나라 桀王을 추방하고 탕임금을 도와 商나라를 세우는데 지대한 공을 세운 伊尹이 태갑을 桐宮으로 축출했다가 개과천선하자 3년 뒤에 다시 복위시켰다. 여기서, 太甲은 書經 太甲篇을 지칭하는 말로 伊尹의 告戒의 절차와 太甲이 주고받은 말을 기록한 것으로써 모두 3篇으로 되어 있다.

9장 孟子曰 桀紂之失天下也는 失其民也니 失其民者는 失其心也라 得天下 有道하니 得其民이면 斯得天下矣리라 得其民이 有道하니 得其心이면 斯得民矣리라 得其心이 有道하니 所欲을 與之聚之오 所惡를 勿施爾也니라.

맹자왈, "桀紂가 천하를 잃은 것은 그 백성을 잃은 것이니 백성을 잃은 것은 그 마음을 잃은 것이다. 천하를 얻는 데는 방법이 있으니 그 백성을 얻으면 바로 천하를 얻은 것이다. 그 백성을 얻는 데는 방법이 있으니 그 마음을 얻으면 바로 백성을 얻은 것이다. 그 마음을 얻는 데는 방법이 있으니 바라는 것을 그들에게 모아주고 싫어하는 것을 베풀지 않는 것뿐이다.

集註 民之所欲을 皆為致之를 如聚斂然하고 民之所惡는 則勿施於民이니 鼂錯所謂人情이 莫不欲壽어늘 三王이 生之而不傷하고 人情이 莫不欲富어늘 三王이 厚之而不困하고 人情이 莫不欲安이어늘 三王이 扶之而不危하고 人情이 莫不欲逸이어늘 三王이 節其力而不盡은 此類之謂也니라.

大文字義 [桀걸] 하나라 걸왕. [紂주] 상나라 주왕. [道도] 방법. [與여] 주다, 돕다.(上聲). [趣취] 모으다. [惡오] 싫어하다.(去聲). [施시] 베풀다. [爾이] 뿐.

集註字義 [欲욕] 바라다. [致치] 이루다. [斂렴] 세금. [鼂조] 아침. [错조] 두다, 姓.(去聲). [壽수] 장수하다. [生생] 살다, 살게 해주다.

참고 [鼂錯] 漢나라 景帝 때 강직한 신하이다. 제후의 세력을 약화시키고 천자의 권위를 강화시키기 위해 노력하였다. 흉노의 국경지역으로 백성들을 이주시켜 영주하게 하여 농사짓게 하고 전쟁이 날 때는 싸우도록 하자는 주장을 하였다. 후에 제후들과 간신배의 참소로 朝服을 입고서 東市에서 처형되었다.

民之歸仁也 猶水之就下며 獸之走壙也니라.

백성이 仁으로 돌아가는 것은 물이 아래로 내려가며 짐승이 들판을 달리는 것과 같다.

集註 壙은 廣野也라 言民之所以歸乎此는 以其所欲之在乎此也라.
大文字義 [就취] 나아가다. [獸수] 짐승. [壙광] 들판, 광야.

故로 為淵敺魚者는 獺也요 為叢敺爵者는 鸇也요 為湯武敺民者는 桀與紂也니라.

그러므로 못을 위하여 물고기를 몰아내는 것은 수달이고, 숲을 위하여 참새를 몰아내는 것은 송골매이고, 湯武를 위하여 백성을 몰아내는 자는 桀紂이다.

集註 淵은 深水也라 獺은 食魚者也라 叢은 茂林也라 鸇은 食雀者也라 言民之所以去此는 以其所欲在彼而所畏在此也니라.
大文字義 [淵연] 못. [敺구] 몰다. [獺달] 수달. [叢총] 무성한 숲. [爵작] 참새, 벼슬, 작위. [鸇전] 송골매, 새매.
集註字義 [雀작] 참새.
集註句文 [以其所欲在彼而所畏在此也] 그들이 바라는 것은 湯武에 있고 두려워하는 것은 桀紂에 있기 때문이다.

今天下之君이 有好仁者면 則諸侯 皆為之敺矣리니 雖欲無王이나 不可得已니라.

지금 천하의 임금 가운데 仁을 좋아하는 사람이 있다면 제후들이 모두 그를 위해 백성을 몰아줄 것이니, 비록 왕이 되고 싶어 하지 않지만 그만둘 수 없을 것이다.

今之欲王者는 猶七年之病에 求三年之艾也니 苟爲不畜이면 終身不得하리니 苟不志於仁이면 終身憂辱하야 以陷於死亡하리라.

지금 임금이 되고자 하는 자는 7년 된 병에 3년 묵은 쑥을 구하는 것과 같은 것이니, 만약 미리 준비해 두지 않는다면 종신토록 얻지 못할 것이다. 만일 仁에 뜻을 두지 않는다면 종신토록 근심하고 욕을 당하다가 죽음에 빠질 것이다.

集註 艾는 草名이니 所以灸者니 乾久益善이라 夫病已深而欲求乾久之艾면 固難卒辦이라 然이나 自今畜之면 則猶或可及이어니와 不然이면 則病日益深하고 死日益迫하야도 而艾終不可得矣리라.

大文字義 [艾애] 쑥. [畜휵] 기르다./ 저축하다(축).

集註字義 [灸자] 굽다. [乾건] 마르다. [辦판] 준비하다, 구비하다.

集註句文 [固難卒辦] 참으로 끝내 구비하기 어렵다.

詩云 其何能淑이리오 載胥及溺이라하니 此之謂也니라.

詩經에 이르기를, '어찌 잘 될 수 있으리오? 서로 더불어 禍亂에 빠질 것이다.' 하니, 이것을 이른 것이다."

集註 詩는 大雅桑柔之篇이라 淑은 善也라 載는 則也라 胥는 相也라 言今之所爲其何能善이리오 則相引以陷於亂亡而已니라.

大文字義 [淑숙] 잘하다. [載재] 곧, 則과 동의. [胥서] 서로. [溺익] 빠지다.

大文句文 [載胥及溺] 곧 서로 더불어 화란에 빠진다.

集註字義 [桑상] 뽕나무. [柔유] 부드럽다. [引인] 끌어들이다.

참고 [其何能淑 載胥及溺] 孟子集註大全卷之七 離婁章句上 7장 참조

10장 孟子曰 自暴者는 不可與有言也요 自棄者는 不可與有爲也니 言非禮義를 謂之自暴也요 吾身不能居仁由義를 謂之自棄也니라.

맹자왈, "自暴者는 더불어 말할 수 없고, 自棄者는 더불어 큰일을 할 수가 없다.

말할 때에 예의를 비난하는 것을 自暴라 하고 내 몸이 仁에 처하거나 義를 따를 수 없다고 하는 것을 自棄라고 한다.

集註 暴는 猶害也요 非는 猶毁也라 自害其身者는 不知禮義之爲美而非毁之하니 雖與之言이라도 必不見信也요 自棄其身者는 猶知仁義之爲美로되 但溺於怠惰하야 自謂必不能行이니 與之有爲(踐禮儀)라도 必不能勉也라 程子曰 人苟以善自治면 則無不可移者하니 雖昏愚之至라도 皆可漸磨而進也라 惟自暴者는 拒之以不信하고 自棄者는 絶之以不爲하나니 雖聖人與居라도 不能化而入也니 此所謂下愚之不移也니라.

大文字義 [暴포] 해치다. [與여] 함께. 더불어.(上聲). [棄기] 버리다. [非비] 비난하다. [由유] 행하다.

大文句文 [自暴者] 스스로를 해치는 자. [自棄者] 스스로를 버리는 자. [言非禮義謂之自暴也] 말할 때 예의를 비난하는 것을 자포라고 한다.

集註字義 [怠태] 게으르다. [惰타] 게으르다. [勉면] 노력하다. [昏혼] 어둡다. [愚우] 어리석다. [至지] 지극하다. [漸점] 점점. [磨마] 갈아내다, 연마하다. [拒거] 거부하다. [絶절] 단절하다. [化화] 교화되다. [入입] 들어가다.

仁은 人之安宅也요 義는 人之正路也라.

仁은 사람이 거쳐해야 할 편안한 집이고, 義는 사람이 걸어가야 할 바른 길이다.

集註 仁宅은 已見前篇하니라 義者는 宜也니 乃天理之當行이요 無人欲之邪曲이라 故曰 正路라하니라.

集註字義 [邪사] 삿되다. [曲곡] 굽히다.

集註句文 [仁宅] 사람이 편안히 거주해야 하는 집.

曠安宅而弗居하며 舍正路而不由하나니 哀哉라.

편안한 집을 비워두고서 거처하지 않으며, 바른 길을 버리고서 경유하지 아니하니 애석하도다."

集註 曠은 空也라 由는 行也라 ○此章은 言道本固有로되 而人自絶之하니 是可

哀也라 此는 聖賢之深戒니 學者所當猛省也니라.
大文字義 [曠광] 비어있다. [舍사] 집, 거주하다.(去聲)./ 버리다.(上聲).
集註字義 [猛맹] 엄하게, 맹렬히.

11장 孟子曰 道在爾而求諸遠하며 事在易而求諸難하나니 人人이 親其親하며 長其長이면 而天下平하리라.

맹자왈, "道가 가까이에 있는데 멀리서 구하며, 일이 쉬운데 있는데 어려운데서 구하니, 사람마다 그 어버이를 친애하며 그 어른을 어른으로 섬기면 천하가 균평하게 다스려질 것이다."

集註 親長은 在人에 為甚爾하고 親之長之는 在人에 為甚易로되 而道初不外是也라 舍此而他求면 則遠且難而反失之니 但人人이 各親其親하고 各長其長이면 則天下自平矣리라.
大文字義 [爾이] 가까운 곳(邇).
大文句文 [道在爾] 도가 가까이에 있다..
集註字義 [外외] 벗어나다. [他타] 다른 곳.
集註句文 [人人各親其親] 사람마다 각각 그 어버이를 친애한다.

12장 孟子曰 居下位而不獲於上이면 民不可得而治也리라 獲於上이 有道하니 不信於友면 弗獲於上矣리라 信於友 有道하니 事親弗悅이면 弗信於友矣리라 悅親이 有道하니 反身不誠이면 不悅於親矣리라 誠身이 有道하니 不明乎善이면 不誠其身矣리라. (中庸 22章)

맹자왈, "아랫자리에 있으면서 윗사람에게 신임을 얻지 못하면 백성들을 다스릴 수 없을 것이다. 윗사람에게 신임을 얻는 데는 방법이 있으니 친구에게 신임을 얻지 못하면 윗사람에게 신임을 얻지 못할 것이다. 친구에게서 신임을 얻는 데는 방법이 있으니 어버이를 섬겨 기뻐하지 않으시면 친구에게 신임을 얻지 못한다. 어버이를 기쁘게 하는 데는 방법이 있으니 자신을 돌이켜 성실하지 못하면 어버이에게 기쁨을 얻지 못할 것이다. 몸을 성실히 하는 데는 방법이 있으니 善에 밝지 못하면 그 몸을 성실하게 하지 못할 것이다.

集註 獲於上은 得其上之信任也라 誠은 實也니 反身不誠은 反求諸身而其所以為善之心이 有不實也라 不明乎善은 不能卽事窮理하야 無以眞知善之所在也라 游氏曰 欲誠其意인댄 先致其知니 不明乎善이면 不誠其身矣리라 學至於誠身이면 則安往而不致其極哉리오 以內則順乎親이요 以外則信乎友요 以上則可以得君이요 以下則可以得民矣리라.

大文字義 [獲획] 신임을 얻다. [道도] 방법. [信신] 믿음을 받다. [反반] 돌이키다. [誠성] 성실.

集註字義 [窮궁] 궁구하다, 탐구하다. [理이] 이치. [致치] 지극히 하다. [安안] 어디, 어느 곳. [君군] 임금의 마음. [民민] 백성의 마음.

集註句文 [以內則] 以內面而言之則.

是故로 誠者는 天之道也요 思誠者는 人之道也니라.

이 때문에 진실한 것은 天道이고 진실하게 되려고 노력하는 것은 人道이다.

集註 誠者는 理之在我者 皆實而無僞니 天道之本然也요 思誠者는 欲此理之在我者 皆實而無僞니 人道之當然也라.

大文句文 [思誠者] 진실하기를 생각하는 것, 진실하려고 노력하는 것(誠之者)

至誠而不動者 未之有也니 不誠이면 未有能動者也니라.

지극히 성실하고서 남을 감동시키지 못하는 경우는 없으니, 성실하지 않으면 남을 감동시킬 수 없다."

集註 至는 極也라 楊氏曰 動은 便是驗處니 若獲乎上信乎友悅於親之類是也라 ○此章은 述中庸孔子之言하니 見思誠為修身之本이요 而明善又為思誠之本이니 乃子思所聞於曾子요 而孟子所受乎子思者라 亦與大學相表裏하니 學者宜潛心焉이니라.

大文字義 [動동] 감동시키다.

集註字義 [潛잠] 가라앉다.

集註句文 [潛心] 尊心하다, 沈潛하다.

참고 [疏註] 雲峰胡氏曰 此所謂思誠 卽中庸所謂誠之 其工夫 皆兼知行而言。思誠者 修身之本 是修身以知行爲先 明善又爲思誠之本 是知行之中 又當以知爲先也。

雲峰胡氏曰 "이것은 이른바 思誠이라는 것은 곧, 中庸에서 이른바 진실하려고 하는 것이니, 그 공부가 모두 知行을 겸하여 말한 것이다. 思誠이라는 것은 修身의 근본이니 이 修身은 知行을 우선으로 삼고, 明善 또한 思誠의 근본이 되니, 이 知行 속에서도 知를 우선으로 삼는 것이 마땅하다."

참고 [疏註] 慶源輔氏曰 明善者 大學之本 誠身者 中庸之要 於此可見中庸大學之相爲表裏。曾子子思孟子之相爲授受者 益不可誣矣。

慶源輔氏曰 "明善은 대학의 근본이고 誠身은 중용의 요체이니, 여기에서 중용과 대학이 서로 表裏가 됨을 알 수 있다. 증자, 자사, 맹자가 서로 주고받은 것은 더욱 속일 수가 없다."

자구 [要요] 요체. [益익] 더욱. [誣무] 속이다.

13장 孟子曰 伯夷辟紂하야 居北海之濱이러니 聞文王作興하고 曰盍歸乎來리오 吾聞西伯은 善養老者라하고 太公辟紂하야 居東海之濱니러니 聞文王作興하고 曰盍歸乎來리오 吾聞西伯은 善養老者라하니라.

맹자왈, "伯夷는 紂王을 피하여 北海가에서 살았는데 文王이 출현하였다는 소문을 듣고 말하기를, '어찌 돌아가지 않겠는가? 내가 들으니 西伯은 늙은이를 잘 봉양한다.' 하고, 太公은 紂王을 피하여 東海가에 살았는데 文王이 출현하였다는 소문을 듣고서 말하기를, '어찌 돌아가지 않겠는가? 내가 들으니 西伯은 늙은이를 잘 봉양한다.' 하였다.

集註 作興은 皆起也라 盍은 何不也라 西伯은 卽文王也니 紂命爲西方諸侯之長하야 得專征伐이라 故로 稱西伯이라 太公은 姜姓이요 呂氏니 名尙이라 文王發政에 必先鰥寡孤獨하시고 庶人之老 皆無凍餒라 故로 伯夷太公이 來就其養이요 非求仕也니라.

大文字義 [辟피] 피하다.(去聲). [濱빈] 물가, 강가. [盍합] 어찌~하지 않겠는가? [養양] 봉양하다.

集註字義 [起기] 출현하다, 일어나다. [發발] 드러내다, 밝히다. 개발하다. [鰥환] 홀아비. [寡과] 과부. [孤] 부모 없는 아이. [獨] 늙어 지식 없는 사람. [凍동] 헐벗다, 얼다. [餒뇌] 굶주리다.

二老者는 天下之大老也而歸之하니 是는 天下之父 歸之也라 天下之父 歸之어니 其子焉往이리오

二老는 천하의 大老인데 귀부하였으니 이것은 천하의 어른이 귀부한 것이다. 천하의 어른이 귀부하였으니 그 자식들은 어디로 가겠는가?

集註 二老는 伯夷太公也라 大老는 言非常人之老者라 天下之父는 言齒德皆尊하야 如衆父然이라 旣得其心이면 則天下之心이 不能外矣니라 蕭何所謂 養民致賢하야 以圖天下者 其意暗與此(章)合이라 但其意則有公私之辨하니 學者又不可不察也니라.

大文字義 [焉언] 어디, 어느 곳.

集註字義 [齒치] 나이 많은 사람. [德덕] 덕이 있는 사람. [致치] 초치하다, 부르다.

集註句文 [衆父] 衆人之父. [以圖天下者 其意暗與此合] 천하를 도모하는 것은 그 뜻이 은연중에 이 장과 부합하기 때문이다.

참고 [蕭何所謂 養民致賢 以圖天下者] 유방을 漢王으로 삼아서 巴蜀과 漢中에서 왕 노릇하게 하고 南鄭에 도읍하게 하여 關中을 셋으로 나누어서 秦나라의 항복한 장수인 章邯과 司馬欣과 董翳를 왕으로 삼아 漢王이 중원으로 나오는 길를 막았다. 漢王이 노하여 項羽를 공격하고자 하였는데, 周勃, 灌嬰, 樊噲가 모두 간하였다. 蕭何가 간하기를, "비록 漢中의 악조건의 땅에서 왕 노릇 하지만 그래도 죽는 것보다는 낫지 않겠습니까. 한 사람 아래에 굽혀서 萬乘의 천자가 된 사람은 湯王과 武王이 바로 이러한 사람입니다. 신은 원컨대 대왕은 漢中에서 왕 노릇 하시어, 백성을 길러 어진 사람을 招致하시며(養其民以致賢人) 巴·蜀의 인물을 거두어 쓰시어 다시 三秦을 평정하신다면 천하를 도모할 수 있을 것입니다."(明齋遺稿 제44권, 炭翁先生 행장 각주)

諸侯有行文王之政者면 七年之內에 必為政於天下矣리라.

제후 가운데 文王의 정사를 시행하는 사람이 있다면 7년 안에 반드시 천하에 정사를 시행하게 될 것이다."

集註 七年은 以小國而言也니 大國五年은 在其中矣니라.

14장 孟子曰 求也為季氏宰하야 無能改於其德이오 而賦粟이 倍他日한대 孔子曰 求는 非我徒也로소니 小子아 鳴鼓而攻之 可也라하시니라.

맹자왈, "염구가 季氏의 가신이 되어 그의 덕을 개선시키지 못하였고 곡식을 세금으로 걷어 들이는 것이 이전 보다 배가 되었다. 孔子曰, '염구는 나의 문도가 아니니 제자들아 북을 울려서 그를 성토하더라도 可하다.' 하셨다.

集註 求는 孔子弟子冉求라 季氏는 魯卿이라 宰는 家臣이라 賦는 猶取也니 取民之粟이 倍於他日也라 小子는 弟子也라 鳴鼓而攻之는 聲其罪而責之也라.

大文字義 [宰재] 家臣의 長. [改개] 개선하다. [賦부] 세금을 걷다. [粟속] 곡식. [培배] 倍가 되다, 곱절이 되다. [攻공] 성토하다.

集註句文 [聲其罪而責之也] 그의 죄를 외쳐서 책망하는 것이다.

論語 先進篇 季氏富於周公이어늘 而求也爲之聚斂而附益之한대 子曰 非吾徒也로소니 小子아 鳴鼓而攻之라도 可也니라.

由此觀之컨댄 君不行仁政而富之면 皆棄於孔子者也니 況於為之強戰하야 爭地以戰에 殺人盈野하며 爭城以戰에 殺人盈城잇따녀 此 所謂率土地而食人肉이라 罪不容於死니라.

이것을 통해 관찰해 보면, 임금이 仁政을 행하지 않고서 부유하게 되면 모두 孔子에게 버림을 받을 자들이다. 하물며 그러한 임금을 위해 무리하게 전쟁을 하여 땅을 다투어 싸움을 할 적에 사람을 죽여 그 시체가 들에 가득하며, 城을 다투어 싸움을 할 적에 사람을 죽인 것이 성에 가득함에 있어서야 더 말할 나위가 있겠는가? 이것은 이른바 土地로 말미암아 人肉을 먹는 것이라 죄가 죽음으로도 용납되지 못한다.

集註 林氏曰 富其君者는 奪民之財耳로되 而夫子猶惡之하시니 況為土地之故而殺人하야 使其肝腦塗地면 則是率土地而食人之肉이라 其罪之大가 雖至於死라도 猶不足以容之也라.

大文字義 [棄기] 버림을 받다. [强강] 무리하게, [盈영] 가득하다. [率솔] 말미암다. [잇따녀] 이겠는가?(감탄의 의미)

大文句文 [皆棄於孔子者也] 모두 공자에게 버림을 받는 자들이다. [殺人盈城잇따녀] 사람을 죽인 것이 성안에 가득함이겠는가? [罪不容於死] 죄가 죽음으로도 용납되지 못한다. 죽어도 그 죄를 용서받지 못한다.

集註字義 [奪탈] 빼앗다. [惡오] 미워하다.(去聲). [肝간] 간장. [腦뇌] 뇌. [塗도] 바르다.

故로 善戰者는 服上刑하고 連諸侯者 次之하고 辟草萊任土地者 次之니라.

그러므로 싸움을 잘하는 자는 上刑을 시행하고, 제후들과 연합하여 전쟁을 하는 자는 그 다음의 형을 시행하고, 황무지를 개간하여 토지를 맡기는 자는 그 다음의 형을 시행한다."

集註 善戰은 如孫臏吳起之徒요 連結諸侯는 如蘇秦張儀之類라 辟은 開墾也라 任土地는 謂分土授民하야 使任耕稼之責이니 如李悝盡地力과 商鞅開阡陌之類也라.

大文字義 [服복] 시행하다, 옷을 입다. [辟벽] 개간하다, 다스리다.(入聲). [萊래] 잡초, 묵정밭.

大文句文 [上刑] 大辟 즉, 사형. [連諸侯者次之] 제후와 연합하여 전쟁을 벌이는 자는 上刑 다음의 형벌을 시행한다. [草萊] 황무지.

集註字義 [臏빈] 刖刑, 뒤꿈치를 자르는 형벌. [墾간] 개간하다. [悝회, 平聲] 농하다, 人名./ 근심하다.(리, 上聲). [鞅앙] 말의 뱃대끈. [阡천] 두렁, 길. [陌맥] 두렁, 길.

集註句文 [阡陌] 논밭의 경계, 東西曰阡, 南北曰陌

참고 [孫臏] 龐涓과 함께 鬼谷子에게 병법을 배웠는데, 魏나라 장수가 된 방연의 시기를 받아 발이 잘리고 墨刑을 당하는 수모를 겪은 뒤 齊나라로 탈출하였다. 輜車에 누워 군사를 지휘하였고, 급기야는 아궁이 숫자를 줄이는 계책(減竈策)을 써서 방연을 馬陵에서 대패시켰다.

참고 [吳起] 卿相이 되지 않으면 衛나라에 돌아오지 않겠다고 맹세하고서 魯나라에 가서 曾子를 섬겼는데, 모친이 죽었다는 소식을 듣고도 돌아가지 않자 증자가 각박한 사람이라고 여겨 사제의 인연을 끊었다. 또 노나라가 齊나라의 침략을 받았을 적에 오기를 장군으로 임명하고 싶어 했으나 오기의 처가 제나라 사람이라서 의심을 하니, 오기가 잔인하게도 자기의 처를 죽여 결의를 밝히고는 노나라의 장군이 되어 제나라 군대를 대파한 고사가 있다.

참고 [蘇秦과 張儀] 모두 戰國 시대의 변론가로서 鬼谷子의 제자이다. 縱은 소진이 주장한 合縱術로 山東 六國이 힘을 합하여 秦나라를 막자는 것이고, 横은 장의가 주장한 連横術로 육국을 설득하여 진나라를 섬기게 한 것이다.

참고 [李悝] 魏文侯를 섬겼으며 농업 생산력을 높이기 위해 지력을 다 뽑아 먹는 방법을 고안하였다.

15장 孟子曰 存乎人者 莫良於眸子하니 眸子不能掩其惡하나니 胷中이 正則眸子瞭焉하고 胷中이 不正則眸子眊焉이니라.

맹자왈, "사람에게 있는 것은 눈동자보다 善한 것이 없으니, 눈동자는 그 악을 가리지 못한다. 胷中이 바르면 눈동자가 밝고, 胷中이 바르지 못하면 눈동자가 밝지 못하다.

集註 良은 善也라 眸子는 目瞳子也라 瞭는 明也라 眊者는 蒙蒙하야 目不明之貌라 蓋人與物接之時에 其神在目이라 故로 胷中正則神精而明하고 不正則神散而昏이니라.

大文字義 [眸모] 눈동자. [掩엄] 가리다. [惡악] 악.(入聲). [胷흉] 마음, 가슴. [瞭료] 밝다. [眊모] 흐리다.

集註字義 [瞳동] 눈동자. [蒙몽] 어둡다(矇).

集註句文 [蒙蒙] 어둑 컴컴하다.

聽其言也요 觀其眸子면 人焉廋哉리오.

그 사람의 말을 들어 보고 그 사람의 눈동자를 관찰한다면, 사람들이 어찌 숨길 수 있으리오?"

> **集註** 廋는 匿也라 言亦心之所發이라 故로 幷此以觀이면 則人之邪正을 不可匿矣라 然이나 言猶可以僞爲어니와 眸子則有不容僞者니라.
>
> **大文字義** [焉언,] 어찌, 이(是). 어조사. [廋수] 숨기다.
>
> **集註字義** [匿익] 숨기다.

16장 孟子曰 恭者는 不侮人하고 儉者는 不奪人하나니 侮奪人之君은 惟恐不順焉이어니 惡得爲恭儉이리오 恭儉은 豈可以聲音笑貌爲哉리오

맹자왈, "공손한 사람은 남을 업신여기지 않고 검소한 사람은 남의 것을 빼앗지 않는다. 남을 업신여기고 빼앗는 임금은 오직 不順할 것을 두려워할 뿐이니, 어찌 공손하고 검소할 수 있겠는가? 공손함과 검소함이 어찌 말소리와 웃는 모습으로 될 수 있겠는가?"

> **集註** 惟恐不順은 言恐人之不順己라 聲音笑貌는 僞爲於外也라.
>
> **大文字義** [恭공] 공손하다. [侮모] 업신여기다. [儉검] 검소하다. [奪탈] 빼앗다. [惡오, 平聲] 어찌.

17장 淳于髡이 曰 男女授受不親이 禮與잇가 孟子曰 禮也니라 曰 嫂溺則援之以手乎잇가 曰 嫂溺不援이면 是는 豺狼也니 男女授受不親은 禮也오 嫂溺이어든 援之以手者는 權也니라.

淳于髡曰, "남녀가 물건을 직접 주고받지 않는 것이 禮입니까?" 맹자왈, "禮입니다." 순우곤왈, "형수가 물에 빠졌으면 손을 써서 구원해 주어야 합니까?" 맹자왈, "형수가 물에 빠졌는데 구원하지 않으면 이것은 승냥이와 이리이니, 남녀가 직접 주고받지 않는 것은 禮이고 형수가 물에 빠졌으면 손을 써서 구원해 주는 것은 權道입니다."

集註 淳于는 姓이요 髡은 名이니 齊之辯士라 授는 與也요 受는 取也라 古禮에 男女不親授受하니 以遠別也라 援는 救之也라 權은 稱錘也니 稱物輕重而往來以取中者也라 權而得中이면 是乃禮也라.

大文字義 [淳순] 순박하다. [髡곤] 머리를 깍다. [嫂수] 형수. [援원] 구원하다. [豺시] 승냥이. [狼낭] 이리. [權권] 권도, 저울추.

集註字義 [辯변] 말 잘하다.(上聲). [遠원] 깊다, 고상하다, 멀리하다. [稱칭] 저울대, 물건을 달다. [錘추] 저울추.

集註句文 [遠別] 분별을 두터이 하다. [稱物輕重而往來以取中者也] 물건의 무게를 달아서 추를 왕래시켜 中을 취하는 것이다.

曰 今天下 溺矣어늘 夫子之不援은 何也잇고

순우곤왈, "지금 천하가 도탄에 빠졌는데 夫子께서 구해주지 않으시는 것은 어째서입니까?"

集註 言今天下大亂하야 民遭陷溺하니 亦當從權以援之요 不可守先王之正道也라.

集註字義 [遭조] 만나다.

曰 天下溺이어든 援之以道요 嫂溺이어든 援之以手니 子欲手援天下乎아

맹자왈, "天下가 도탄에 빠졌으면 道로서 구해주는 것이고, 형수가 물에 빠졌으면 손을 써서 구해 주어야 하니, 그대는 손을 써서 천하를 구원하고자 하십니까?"

集註 言天下溺엔 惟道可以捄之니 非若嫂溺可手援也라 今子欲援天下호되 乃欲使我枉道求合하니 則先失其所以援之之具矣니 是欲使我以手援天下乎아 ○ 此章은 言直己守道가 所以濟時니 枉道徇人은 徒爲失己니라.

集註字義 [捄구] 구원하다, 담다. [枉왕] 굽히다. [合합] 영합하다, 부합하다. [具구] 방법, 도구.

集註句文 [枉道求合] 도를 굽혀서 임금의 뜻에 영합하다. [失其所以援之之具矣] 구원해 주는 도구를 상실하다.

18장 公孫丑曰 君子之不敎子는 何也잇고

公孫丑曰, "君子가 직접 자식을 가르치지 않는 것은 어째서 입니까?"

集註 不親敎也라.

孟子曰 勢不行也니라 敎者는 必以正이니 以正不行이어든 繼之以怒하고 繼之以怒則反夷矣니 夫子敎我以正하사대 夫子도 未出於正也라하면 則是父子相夷也니 父子相夷則惡矣니라.

맹자왈, "형세상 시행할 수 없기 때문이다. 가르치는 사람은 반드시 정도로써 하니, 자식이 정도로써 행하지 않게 되면 노여움으로써 뒤따르게 되고, 노여움으로써 뒤따르게 되면 자식을 도리어 해치게 된다. 父師가 나를 정도로써 가르치시되 父師의 행동도 정도에서 나오지 않는다고 한다면, 이것은 父子가 서로 해치는 것이니 父子가 서로 해치게 되면 나쁜 것이다.

集註 夷는 傷也라 敎子者는 本為愛其子也로되 繼之以怒면 則反傷其子矣라 父旣傷其子하면 子之心에 又責其父曰 夫子敎我以正道하사되 而夫子之身도 未必自行正道라하면 則是子又傷其父也라.

大文字義 [勢세] 형세. [正정] 바름. [反반] 도리어. [夷이] 해치다. [惡악] 나쁘다, 모질다, 악하다.(入聲).

大文句文 [夫子] 父師.

古者애 易子而敎之하니라.

옛적에는 자식을 바꿔서 가르쳤다.

集註 易子而敎는 所以全父子之恩이요 而亦不失其為敎니라.

父子之間은 不責善이니 責善則離하나니 離則不祥이 莫大焉이니라.

父子의 사이는 責善하지 않는 것이니 責善하면 사이가 벌어지게 되고, 사이가 벌어지면 상서롭지 않은 것이 이보다 큰 것이 없다."

集註 責善은 朋友之道也라 王氏曰 父有爭子는 何也오 所謂爭者는 非責善也라 當不義면 則爭之而已矣니라 父之於子也에 如何오 曰 當不義면 則亦戒之而已矣니라.

참고 [所謂爭者 非責善也] 孝經에 有爭子 則身不陷於不義라。故當不義則子不可以不爭於父 臣不可以不爭於君 故當不義則爭之 從父之令 又焉得爲孝乎아。 효경에 아버지에게 간쟁하는 자식이 있다면 아버지의 몸이 불의에 빠지지 않을 것이다. 그러므로 불의를 당하면 자식은 아버지에게 간쟁하지 않을 수 없고, 신하는 군주에게 간쟁하지 않을 수가 없다. 그러므로 불의를 당하면 간쟁해야 하니, 아버지의 명을 따르기만 한다면 어찌 효가 될 수 있겠는가?

19장 孟子曰 事孰爲大오 事親이 爲大하니라 守孰爲大오 守身이 爲大하니라 不失其身而能事其親者를 吾聞之矣오 失其身而能事其親者를 吾未之聞也로라.

맹자왈, "섬기는 것은 무엇이 큰 일이 되는가? 어버이를 섬기는 것이 큰 일이 된다. 지키는 것은 무엇이 큰 일이 되는가? 자신을 지키는 것이 큰 일이 된다. 자신을 잃지 않고서 어버이를 섬길 수 있는 사람을 나는 들었고, 자신을 잃고서 어버이를 섬길 수 있는 사람을 나는 듣지 못하였노라.

集註 守身은 持守其身하야 使不陷於不義也라 一失其身이면 則虧體辱親하니 雖日用三牲之養이라도 亦不足以爲孝矣니라.

大文字義 [事사] 섬기다. [孰숙] 누구.

集註字義 [虧휴] 망가뜨리다.

集註句文 [持守其身] 자신의 몸을 굳게 지키다. [日用三牲之養] 날마다 牛羊豕의 고기를 봉양하는데 쓰다.

孰不為事리오마는 事親이 事之本也요 孰不為守리오마는 守身이 守之本也니라.

무엇이 섬김이 되지 않겠는가만 어버이를 섬기는 것이 섬김의 근본이고, 무엇이 지킴이 되지 않겠는가만 자신을 지키는 것이 지킴의 근본인 것이다.

集註 事親孝면 則忠可移於君이요 順可移於長이며 身正이면 則家齊國治而天下平이니라.

曾子養曾晳호대 必有酒肉이러시니 將徹할새 必請所與하시며 問有餘어든 必曰 有라하더시니 曾晳이 死커늘 曾元이 養曾子호대 必有酒肉하더니 將徹할새 不請所與하며 問有餘어시든 曰 亡矣라하니 將以復進也라 此所謂養口體者也니 若曾子則可謂養志也니라.

증자가 아비 증석을 봉양하되 반드시 술과 고기가 있었는데, 밥상을 물리려할 때 반드시 줄 사람을 여쭈었으며, 남은 것이 있느냐고 물으면 반드시 있다고 하였다. 증석이 죽자 증원이 아비 증자를 봉양하되 반드시 술과 고기가 있었는데, 밥상을 물리려할 때 줄 사람을 여쭙지 않았으며, 남은 것이 있느냐고 물으면 없다고 대답하였으니 다시 드리려고 한 것이다. 이것은 이른바 口體를 봉양하는 것이니, 증자와 같이 한다면 어버이의 뜻을 봉향한다고 말할 수 있다.

集註 此는 承上文事親言之라 曾晳은 名點이니 曾子父也라 曾元은 曾子子也라 曾子養其父하시되 每食에 必有酒肉이러시니 食畢將徹去할새 必請於父曰 此餘者를 與誰오하며 或父問此物尙有餘否어든 必曰有라하시니 恐親意更欲與人也라 曾元은 不請所與하고 雖有라도 言無하니 其意將以復進於親이요 不欲其與人也니 此는 但能養父母之口體而已라 曾子則能承順父母之志하야 而不忍傷之也시니라.

大文字義 [晳석] 밝다. [將장] 장차~하려하다.(平聲). [徹철] 밥상을 거두다. [與여] 주다.(上聲). [餘여] 남은 음식.

集註字義 [畢필] 마치다. [恐공] 아마도~하다.

事親을 若曾子者 可也니라.

어버이를 섬기는 것을 증자와 같이 하는 것이 옳다."

集註 言當如曾子之養志요 不可如曾元但養口體니라 程子曰 子之身에 所能為者는 皆所當為니 無過分之事也라 故로 事親을 若曾子면 可謂至矣어늘 而孟子止曰 可也라하시니 豈以曾子之孝為有餘哉리오.

20장 孟子曰 人不足與適也며 政不足間也라 惟大人이야 為能格君心之非니 君仁이면 莫不仁이오 君義면 莫不義오 君正이면 莫不正이니 一正君而國이 定矣니라.

맹자왈, "등용한 인물에 대해 임금과 일일이 다 허물을 지적할 수가 없으며, 잘못된 정사를 일일이 다 흠잡을 수가 없다. 오직 대인이라야 잘못된 군주의 마음을 바로잡을 수가 있으니, 군주가 仁하면 仁하지 않는 사람이 없고, 군주가 의로우면 의롭지 않는 사람이 없고, 군주가 바르면 바르지 않는 사람이 없으니, 한번 군주를 바르게 하면 나라가 안정될 것이다."

集註 趙氏曰 適은 過也요 間은 非也라 格은 正也라 徐氏曰 格者는 物之所取正也니 書曰 格其非心이라하니라 愚謂間字上에 亦當有與字라 言人君用人之非를 不足過謫이요 行政之失을 不足非間이라 惟有大人之德이면 則能格君心之不正하야 以歸于正하야 而國無不治矣라 大人者는 大德之人이니 正己而物正者也라 ○程子曰 天下之治亂이 繫乎人君之仁與不仁耳라 心之非는 即害於政이니 不待乎發之於外也라 昔者에 孟子三見齊王而不言事어시늘 門人이 疑之한대 孟子曰 我先攻其邪心이라하시니 心既正而後에 天下之事를 可從而理也라 夫政事之失과 用人之非는 知者能更之하고 直者能諫之라 然이나 非心이 存焉이면 則事事而更之라도 後復有其事하야 將不勝其更矣요 人人而去之라도 後復用其人하야 將不勝其去矣라 是以로 輔相之職은 必在乎格君心之非하니 然後에 無所不正이요 而欲格君心之非者는 非有大人之德이면 則亦莫之能也니라.

大文字義 [適적] 허물하다, 꾸짖다, 가다, 마침, 다만.(入聲). [間간] 비난하다, 사이. [格격] 바로잡다, 이르다. [非비] 잘못. [莫막] 누구도~한 사람이 없다. [而

이] 면(則).

集註字義 [過과] 허물하다. [讁적] 꾸짖다, 책망하다. [繫계] 메여 있다. [攻공] 다스리다. [更경] 고치다. [諫간] 간하다, 바로잡다. [輔보] 돕다. [相상] 돕다.

集註句文 [人人而去之(去其非人)] 한 사람씩 한 사람씩 적당하지 않은 사람을 버리다.

書經 周書 [冏命, 格其非心]

惟予一人이 無良하야 實賴左右前後有位之士의 匡其不及하며 繩愆糾謬하야 格其非心하야 俾克紹先烈하노라.

解義 오직 나 한 사람이 불선하여 전후좌우의 지위에 있는 관리들이 나의 부족한 것을 바로 잡아주며, 나의 허물을 바로잡고 잘못을 규찰하여 나의 그른 마음을 바르게 하여 나로 하여금 선왕(文王과 武王)의 공렬을 이어가게 함을 실로 힘입고자 하노라.

자구 [冏경] 빛나다. [無良] 不善. [賴뢰] 힘입다. 자뢰하다. [匡광] 바로잡다. [繩승] 바로잡다. [愆건] 허물. [糾규] 규찰하다. [謬류] 잘못. [格격] 바르게 하다. [俾비] ~로 하여금~하게 하다. [紹소] 이어가다.

21장 孟子曰 有不虞之譽하며 有求全之毁하니라.

맹자왈, "생각하지도 않다가 받는 명예도 있으며, 완전하기를 추구하다가 받는 비방도 있다."

集註 虞는 度也라 呂氏曰 行不足以致譽而偶得譽를 是謂不虞之譽요 求免於毁而反致毁를 是謂求全之毁라 言毁譽之言이 未必皆實이니 修己者不可以是遽爲憂喜요 觀人者不可以是輕爲進退니라.

大文字義 [虞우] 생각하다, 염려하다. [全전] 완전하다. [毁훼] 비방.

大文句文 [有不虞之譽] 생각하지도 않다가 받는 명예도 있다. [有求全之毁] 완전하기를 추구하다가 받는 비방도 있다.

集註字義 [度탁] 헤아리다. [致치] 이루다. [遽거] 갑자기. [輕경] 경솔하게.

22장 孟子曰 人之易其言也는 無責耳矣니라.

맹자왈, "사람들이 말을 쉽게 하는 것은 질책을 받는 일이 없기 때문이다."

集 註 人之所以輕易其言者는 以其未遭失言之責故耳라 蓋常人之情은 無所懲於前이면 則無所警於後하니 非以為君子之學이 必俟有責而後에 不敢易其言也라 然이나 此豈亦有為而言之與인져.

大文字義 [易이] 쉽다. [責책] 질책. [耳이] 때문, 뿐.

集註字義 [懲징] 경계하다. [警경] 깨우치다. [俟사] 기다리다.

集註句文 [以~故] 때문이다.

23장 孟子曰 人之患이 在好為人師니라.

맹자왈, "사람들의 병폐는 남의 스승이 되기를 좋아하는데 있다."

集 註 王勉曰 學問有餘하야 人資於己어든 不得已而應之는 可也어니와 若好為人師면 則自足而不復有進矣니 此는 人之大患也니라.

集註字義 [資자] 자문하다. 의뢰하다.

24장 樂正子 從於子敖하야 之齊러니

樂正子가 子敖를 따라서 제나라에 갔다.

集 註 子敖는 王驩字라.

大文字義 [敖오] 거만하다.

集註字義 [讙환] 시끄럽다, 책망하다.

樂正子 見孟子한대 孟子曰 子亦來見我乎아 曰 先生은 何為出此言也시니잇고 曰 子來幾日矣오 曰 昔者니이다 曰 昔者면 則我出此言也 不亦宜乎아 曰 舍館을 未定이러이다 曰 子聞之也아 舍館을 定然後에 求見長者乎아

樂正子가 맹자를 뵈었는데, 맹자왈, "자네도 나를 만나러 왔는가?" 악정자왈, "선생께서는 무엇 때문에 이런 말씀을 하십니까?" "자네가 온지가 며칠이나 되었는가?" 악정자왈, "어제 왔습니다." "어제 왔다면 내가 이렇게 말하는 것이 또한 당연하지 않은가?" 악정자왈, "묵을 객사를 정하지 못했기 때문입니다." "자네는 들었는가? 묵을 객사를 정한 뒤에 장자를 만나기를 구한다고."

集註 昔者는 前日也라 館은 客舍也라 王驩은 孟子所不與言者니 則其人을 可知矣어늘 樂正子乃從之行하니 其失身之罪大矣요 又不早見長者하니 則其罪又有甚者焉이라 故로 孟子姑以此責之하시니라.

大文字義 [昔석] 어제.

集註句文 [樂正子乃從之行] 악정자가 마침내 왕환을 따라서 제나라에 가다.

曰 克이 有罪호이다.

악정자왈, "제가 죄를 지었습니다."

集註 陳氏曰 樂正子固不能無罪矣라 然이나 其勇於受責이 如此하니 非好善而篤信之면 其能若是乎아 世有强辯飾非하야 聞諫愈甚者하니 又樂正子之罪人也니라.

集註字義 [辯변] 말 잘하다. 변론하다.(上聲). [飾식] 꾸미다. [非비] 잘못.

集註句文 [聞諫愈甚者] 간함을 듣고도 더욱 심하게 하는 사람.

25장 孟子謂樂正子曰 子之從於子敖來는 徒餔啜也로다 我不意子學古之道而以餔啜也호라.

맹자께서 악정자에게 말씀하시기를, "자네가 자오를 따라 온 것은 다만 먹고 마시고자 해서이다. 나는 자네가 옛 성현의 도를 배워서 먹고 마시는데 쓸 줄을 생각하지도 못하였노라."

集註 徒는 但也라 餔는 食也요 啜은 飮也니 言其不擇所從하고 但求食耳라 此乃正其罪而切責之시니라.

大文字義 [餔포] 먹다. [啜철] 마시다. 훌쩍훌쩍 울다.

26장 孟子曰 不孝有三하니 無後爲大하니라.

맹자왈, "불효에는 세 가지가 있으니 후사가 없는 것이 큰 일이 된다.

集註 趙氏曰 於禮에 有不孝者三事하니 謂阿意曲從하야 陷親不義가 一也요 家貧親老호되 不爲祿仕가 二也요 不娶無子하야 絶先祖祀가 三也니 三者之中에 無後爲大하니라.

大文字義 [後후] 후사. 후손

集註字義 [阿아] 알랑거리다. 영합하다. [曲곡] 도리에 맞지 않다, 바르지 않다. [娶취] 장가들다.

集註句文 [祿仕] 벼슬하다.

舜이 不告而娶는 爲無後也시니 君子 以爲猶告也라하니라.

순임금이 어버이에게 고하지 않고 장가든 것은 후사를 두지 못할 것을 염려하였기 때문이니, 군자는 이것을 어버이에게 알린 것과 같다고 여기는 것이다."

集註 舜告焉이면 則不得娶而終於無後矣리니 告者는 禮也요 不告者는 權也라 猶告는 言與告同也라 蓋權而得中이면 則不離於正矣니라 ○范氏曰 天下之道有正有權하니 正者는 萬世之常이요 權者는 一時之用이니 常道는 人皆

可守어니와 權은 非體道者면 不能用也라 蓋權은 出於不得已者也니 若父非瞽瞍요 子非大舜이어늘 而欲不告而娶면 則天下之罪人也니라.

集註字義 [權권] 권도. [體체] 체득하다. [瞽고] 소경. [瞍수] 소경.

集註句文 [父非瞽瞍] 아비가 고수와 같은 사람이 아니다.

27장 孟子曰 仁之實은 事親이 是也요 義之實은 從兄이 是也니라.

맹자왈, "仁의 핵심은 어버이를 섬기는 것이 바로 이것이고, 義의 핵심은 형을 따르는 것이 바로 이것이다.

集註 仁主於愛而愛莫切於事親이요 義主於敬而敬莫先於從兄이라 故仁義之道其用이 至廣이나 而其實은 不越於事親從兄之間하니 蓋良心之發이 最為切近而精實者라 有子以孝弟為為仁之本하니 其意亦猶此也니라.

大文字義 [實실] 핵심.

智之實은 知斯二者하야 弗去 是也요 禮之實은 節文斯二者 是也요 樂之實은 樂斯二者니 樂則生矣니 生則惡可已也리오 惡可已則不知足之蹈之하며 手之舞之니라.

智의 핵심은 이 두 가지를 알아서 이것을 버리지 않는 것이고, 禮의 핵심은 이 두 가지를 節文하는 것이 바로 이것이고, 樂의 핵심은 이 두 가지를 즐기는 것이다. 즐기면 그러한 마음이 생겨날 것이니, 생겨난다면 어찌 그만둘 수 있겠는가? 그만둘 수 없게 되면 자신도 모르게 발이 뛰고 손이 춤추게 될 것이다."

集註 斯二者는 指事親從兄而言이라 知而弗去는 則見之明而守之固矣라 節文은 謂品節文章이라 樂則生矣는 謂和順從容하야 無所勉强하야 事親從兄之意가 油然自生이 如草木之有生意也라 旣有生意면 則其暢茂條達이 自有不可遏者니 所謂惡可已也라 其又盛이면 則至於手舞足蹈而不自知矣니라. ○此章은 言事親從兄은 良心眞切이니 天下之道皆原於此라 然이나 必知之明而守之固然後에 節之密而樂之深也니라.

大文字義 [惡오] 어찌.(平聲). [蹈도] 구르다, 뛰다.

集註字義 [油유] 구름이 피어오르는 모양, 뭉개 뭉개. [暢] 번성하다, 화창하다. [茂] 무성하다. [條조] 작은 가지. [遏알] 막다, 저지하다.

集註句文 [暢茂條達] 무성하게 자라 가지가 뻗는다. [節之密而樂之深也] 품절함이 치밀하고 즐거움이 깊은 것이다.

28장 孟子曰 天下大悅而將歸己어든 視天下悅而歸己호대 猶草芥也는 惟舜이 為然하시니 不得(悅)乎親이란 不可以為人이오 不順乎親이란 不可以為子러시다.

맹자왈, "천하 사람들이 크게 기뻐하여 자기에게 귀부하더라도 천하 사람들이 기뻐하여 자기에게 귀부하는 것을 오히려 초개와 같이 본 것은 오직 舜임금만이 그렇게 하셨으니, 어버이를 기쁘게 할 수 없다면 사람이 될 수 없을 것이요, 어버이를 順하게 하지 못한다면 자식이 될 수 없을 것이다.

集註 言舜視天下之歸己를 如草芥하고 而惟欲得其親而順之也라 得者는 曲為承順하야 以得其心之悅而已요 順則有以諭之於道하야 心與之一하야 而未始有違니 尤人所難也라 為人은 蓋泛言之요 為子는 則愈密矣라.

集註字義 [諭유] 깨우치다, 밝히다.

集註句文 [曲為承順] 곡진히 받들다(承順하다). [有以諭之於道] 도로써 깨우칠 수 있다.

舜이 盡事親之道而瞽瞍 底豫하니 瞽瞍底豫而天下化하며 瞽瞍底豫而天下之為父子者定하니 此之謂大孝니라.

舜임금이 어버이를 섬기는 道를 다하자 瞽瞍가 悅樂에 이르렀고, 瞽瞍가 열락에 이르자 천하가 교화되었으며, 瞽瞍가 열락에 이르자 천하에 父子된 자들이 안정하였으니, 이것을 大孝라 이른다."

集註 瞽瞍는 舜父名이라 底는 致也요 豫는 悅樂也라 瞽瞍至頑하야 嘗欲殺舜이러니 至是而底豫焉하니 書所謂不格姦亦允若이 是也라 蓋舜至此而有以順乎親矣라 是以로 天下之為子者 知天下에 無不可事之親이요 顧吾所以事之

者未若舜耳라 於是에 莫不勉而為孝하야 至於其親亦底豫焉이면 則天下之為父者亦莫不慈하니 所謂化也라 子孝父慈하야 各止其所하야 而無不安其位之意가 所謂定也라 為法於天下하야 可傳於後世요 非止一身一家之孝而已니 此所以為大孝也라 ○李氏曰 舜之所以能使瞽瞍底豫者는 盡事親之道하야 共為子職이요 不見父母之非而已라 昔에 羅仲素語此云只為天下에 無不是底父母라한대 了翁이 聞而善之曰 唯如此而後에 天下之為父子者定이니 彼臣弑其君하며 子弑其父者는 常始於見其有不是處耳라하니라.

大文字義 [底저] 이루다, 밑. [豫예] 기뻐하다, 미리. [瞽고] 소경, 樂人. [瞍수] 어르신. 長老의 칭호.

大文句文 [底豫] 열락에 이르다(致悅樂).

集註字義 [頑완] 완고하다, 악하다. [格격] 이르다. [允윤] 믿다. [若약] 따르다, 순종하다, 같다, 만약.(入聲)./ 반야.(야, 上聲). [顧고] 다만, 돌아보다. [翁옹] 늙은이.

集註句文 [不格姦亦允若] 간사한데 이르지 않게 하고 또한 믿고 따르다. [無不是底父母] 옳지 않은 부모가 없다. [不是處] 옳지 않은 점.

中宗實錄 [中宗 13년 7월 21일 夕講, 孝悌也者 其爲仁之本]

侍講官柳庸謹曰 此云 孝悌也者 其爲仁之本歟。蓋孝者 善事父母之謂也 悌者 善事兄長之謂也。善字有無限難能之事。爲人子而事親也 在常則如文王之事王季 處變則如舜之事瞽瞍 此乃十分盡到 所謂善事者也 仁亦從此而出矣。

解義 시강관 柳庸謹曰, "여기에서 이르기를 '孝悌라는 것은 仁을 행하는 근본이다.' 하였습니다. 대개 孝는 부모를 잘[善] 섬기는 것을 이름이요, 悌는 형과 어른을 잘[善] 섬기는 것을 이릅니다. [善]字에는 한없이 하기 어려운 일이 있습니다. 자식이 되어 어버이를 섬기는 데는, 평상시에 있어서는 文王이 王季를 섬기듯 하고, 變에 처해서는 舜임금이 瞽瞍를 섬기듯 하는 것이 곧 매우 극진한데 이르는 것입니다. 이른바 섬기기를 잘[善]한다는 것은 仁도 이로부터 나오는 것입니다."

1장 孟子曰 舜生於諸馮遷於負夏
2장 子產 聽鄭國之政以其乘輿
3장 孟子告齊宣王曰 君之視臣如手足則臣視君
4장 孟子曰 無罪而殺士則大夫可以去
5장 孟子曰 君仁莫不仁君義莫不義
6장 孟子曰 非禮之禮非義之義大人弗為
7장 孟子曰 中也養不中才也養不才
8장 孟子曰 人有不為也而後可以有為
9장 孟子曰 言人之不善當如後患何
10장 孟子曰 仲尼不為已甚者
11장 孟子曰 大人者言不必信行不必果
12장 孟子曰 大人者不失其赤子之心者也
13장 孟子曰 養生者不足以當大事
14장 孟子曰 君子深造之以道欲其自得之也
15장 孟子曰 博學而詳說之將以反說約也
16장 孟子曰 以善服人者未有能服人者也
17장 孟子曰 言無實不祥不祥之實
18장 徐子曰 仲尼亟稱於水曰水哉水哉
19장 孟子曰 人之所以異於禽獸者幾希
20장 孟子曰 禹惡旨酒而好善言
21장 孟子曰 王者之迹熄而詩亡
22장 孟子曰 君子之澤五世而斬
23장 孟子曰 可以取可以無取取傷廉
24장 逢蒙이 學射於羿盡羿之道
25장 孟子曰 西子蒙不潔則人皆掩鼻而過之
26장 孟子曰 天下之言性也則故而已矣5
27장 公行子 有子之喪右師往弔
28장 孟子曰 君子所以異於人者以其存心也
29장 禹稷이 當平世三過其門而不入
30장 公都子曰 匡章通國皆稱不孝焉
31장 曾子居武城有越寇
32장 儲子曰 王使人瞯夫子
33장 齊人有一妻一妾而處室者

08

孟子集註大全卷之八

離婁章句下

孟子集註大全卷之八 離婁章句下

·08·

凡三十三章이라. 모두 33장이다.

1장 孟子曰 舜은 生於諸馮하사 遷於負夏하사 卒於鳴條하시니 東夷之人也시니라.

맹자왈, "舜은 諸馮에서 태어나서 負夏로 옮기고 鳴條에서 죽었으니 東夷의 사람이다.

集註 諸馮負夏鳴條는 皆地名이니 在東方夷服之地하니라.
大文字義 [馮풍] 姓, 의지하다(빙). [遷천] 옮기다, 천도하다. [卒졸] 죽다.
참고 [夷服] 서울에서 500里씩 떨어진 곳이 1服, 夷服은 7服이고, 9服까지 있다.

文王은 生於岐周하사 卒於畢郢하시니 西夷之人也시니라.

文王은 岐周에서 태어나서 畢郢에서 죽었으니 西夷의 사람이다.

集註 岐周는 岐山下周舊邑이니 近畎夷하니라 畢郢은 近豊鎬하니 今有文王墓하니라.
大文字義 [岐기] 山名, 갈림길. [畢필] 마치다. [郢영] 地名.
集註字義 [邑읍] 도읍, [畎견] 밭도랑.
集註句文 [畎夷] 오랑캐(兀良哈).
참고 豊은 豊水로써 文王의 도읍이고, 鎬는 武王의 도읍이다.

地之相去也 千有餘里며 世之相後也 千有餘歲로대 得志行乎中國하샤 若合符節하니라.

지역 간의 서로 떨어진 거리가 1000里 남짓하며 세대가 서로 뒤짐이 1000년 남짓하지만, 뜻을 얻어 중원에서 도를 행하게 되어서는 마치 부절을 합한 것과 같았다.

集註 得志行乎中國은 謂舜為天子하고 文王為方伯하야 得行其道於天下也라 符節은 以玉為之하니 篆刻文字而中分之하야 彼此各藏其半이라가 有故則左右相合하야 以為信也라 若合符節은 言其同也라.

大文字義 [去거] 떨어지다. [後후] 뒤처짐. [符부] 부절.

大文句文 [得志行乎中國] 뜻을 얻어 중원에서 도를 행하다. [하샤] 하시어서는.

集註字義 [篆전] 篆字(글씨체의 하나). [刻각] 새기다. [信신] 신표.

集註句文 [篆刻文字而中分之] 문자를 전각하여 반으로 나누다.

참 고 [左右] 부절의 왼쪽은 신하가 가지고, 오른쪽은 군주가 가진다.

先聖後聖이 其揆一也니라.

先聖과 後聖은 헤아려 보니 그 道가 똑 같다."

集註 揆는 度也니 其揆一者는 言度之而其道無不同也라 ○范氏曰 言聖人之生이 雖有先後遠近之不同이나 然이나 其道則一也니라.

大文字義 [揆규] 헤아리다. [一일] 똑 같다.

大文句文 [其揆一也] ① 헤아려보니 똑 같다 ② 헤아림이 똑 같다, 그 법도(내면의 기준)가 똑 같다.

集註字義 [度탁] 헤아리다.

2장 子產이 聽鄭國之政할새 以其乘輿로 濟人於溱洧한대

子產이 鄭나라의 정사를 다스릴 때 자신의 乘輿로 溱水와 洧水에서 사람을 건네주었는데,

集註	子産은 鄭大夫公孫僑也라 溱洧는 二水名也라 子産이 見人有徒涉此水者하고 以其所乘之車로 載而渡之하니라.
大文字義	[聽청] 청단하다, 다스리다. [濟제] 건네주다. [溱진] 江名, 많다. [洧유] 江名.
集註字義	[僑교] 높다. [徒도] 맨손, 맨발. [涉섭] 건너다. [渡도] 건너다.
集註句文	[徒涉] 맨몸으로 건너다.

孟子曰 惠而不知爲政이로다.

맹자왈, "은혜롭기는 하지만 정사를 할 줄 모르는구나!

集註	惠는 謂私恩小利요 政則有公平正大之體와 綱紀法度(用)之施焉이니라.
集註字義	[體체] 본체, 이치. [綱강] 벼리, 大曰綱. [紀기] 벼리, 小曰紀.
集註句文	[私恩小利] 私恩인지라 작은 이익이다. [綱紀] 국가의 典章.

歲十一月에 徒杠이 成하며 十二月에 輿梁이 成하면 民未病涉也니라.

그 해 9월에 사람 다니는 다리가 완성되며 10월에 수레가 다니는 다리가 완성되면, 백성이 건너는 것을 걱정하지 않을 것이다.

集註	杠은 方橋也니 徒杠은 可通徒行者라 梁은 亦橋也니 輿梁은 可通車輿者라 周十一月은 夏九月也요 周十二月은 夏十月也라 夏令曰 十月成梁이라하니 蓋農功已畢하야 可用民力이요 又時將寒冱라 水有橋梁이면 則民不患於徒涉이니 亦王政之一事也라.
大文字義	[杠강] 다리. [輿여] 수레, [梁양] 다리.
大文句文	[徒杠] 사람이 다니는 다리. [輿梁] 수레가 다니는 다리. [病병] 걱정하다.
集註字義	[功공] 일. [冱호] 차다, 얼다.
참고	[夏令] 夏나라 月令으로서 일 년간의 일정표.

君子平其政이면 行辟人이 可也니 焉得人人而濟之리오

군자가 그 정사를 균평하게 하면 다닐 때 辟除하는 것도 좋으니 어찌 사람마다 건네줄 수 있으리오.

集註 辟은 辟除也니 如周禮閽人為之辟之辟이라 言能平其政이면 則出行之際에 辟除行人하야 使之避己라도 亦不為過라 況國中之水에 當涉者衆하니 豈能悉以乘輿濟之哉리오.

大文字義 [辟벽] 벽제하다, 물리치다.(入聲).

大文句文 [行辟人可也] 다닐 적에 사람을 피하게 벽제하는 것도 가하다.

集註字義 [閽혼] 문지기, 환관. [涉섭] 건너다.

集註句文 [當涉者衆] 그냥 건너는 강이 많다, 그냥 건너는 사람들이 많다.

故로 為政者 每人而悅之면 日亦不足矣리라.

그러므로 정사를 시행하는 자가 사람마다 기쁘게 해주게 하려면 날이 또한 부족할 것이다."

集註 言每人을 皆欲致私恩하야 以悅其意면 則人多日少하야 亦不足於用矣라 諸葛武侯嘗言治世는 以大德이요 不以小惠라하니 得孟子之意矣로라.

集註字義 [致치] 다하다.

3장 孟子告齊宣王曰 君之視臣이 如手足則臣視君을 如腹心하고 君之視臣이 如犬馬則臣視君을 如國人하고 君之視臣이 如土芥則臣視君을 如寇讎니이다.

맹자께서 齊宣王에게 말씀하시기를, "임금이 신하 보기를 수족처럼 하면 신하가 임금 보기를 腹心과 같이 하고, 임금이 신하보기를 犬馬처럼 하면 신하가 임금보기를 평범한 사람과 같이 대하고, 임금이 신하보기를 하잘 것 없는 것처럼 하면 신하는 임금보기를 寇讎와 같이 합니다."

集註 孔氏曰 宣王之遇臣下가 恩禮衰薄하야 至於昔者所進을 今日에 不知其亡하니 則其於羣臣에 可謂邈然無敬矣라 故로 孟子告之以此하시니라 手足腹心은 相待一體니 恩義之至也요 如犬馬則輕賤之라 然이나 猶有豢養之恩焉이라 國人은 猶言路人이니 言無怨無德也라 土芥則踐踏之而已矣요 斬艾之而已矣니 其賤惡之又甚矣라 寇讎之報가 不亦宜乎아.

大文字義 [芥개] 티끌, 먼지, 겨자. [寇구] 도둑. [讎수] 원수.

集註句文 [土芥] 하찮 것 없는 것, 흙과 쓰레기.

集註字義 [邈막] 멀다, 아득하다. [待대] 대하다. [豢환] 곡식을 먹여 기르다. [報보] 대응

集註句文 [可謂邈然無敬] 막연하여 공경함이 없다고 이를 만하다. [相待一體] 서로 일체로 대하다. [豢養之恩] 곡식을 먹여 길러주는 은혜. [斬艾之] 베다.

王曰 禮에 為舊君有服하니 何如라야 斯可為服矣이닛고

王曰, "儀禮에 옛 임금을 위해 喪服이 있다 하는데 어찌해야 군주를 위해 喪服을 입게 할 수 있겠습니까?"

集註 儀禮曰 以道去君而未絶者는 服齊衰三月이라하니 王疑孟子之言太甚이라 故로 以此禮為問하니라.

大文句文 [可為服矣] 군주를 위하여 상복을 입게 할 수 있다.

曰 諫行言聽하야 膏澤이 下於民이오 有故而去則君이 使人導之出疆하고 又先於其所往하며 去三年不反이라사 然後에 收其田里하나니 此之謂三有禮焉이니 如此則為之服矣니이다.

맹자왈, "諫하면 시행하고 말하면 들어주어서 은택이 백성에게 내려가게 하고, 큰 일이 있어서 떠나면 임금이 사람을 시켜 그를 인도하여 국경을 나가게 합니다. 또 그가 거처할 곳에 그가 賢하다는 것을 미리 알려주며, 떠난 뒤 3년이 지나 돌아오지 않은 뒤에야 그의 전지와 택지를 거두니, 이것을 일러 '三有禮' 라고 하는 것입니다. 이와 같이 하면 옛 임금을 위해 상복을 입게 할 수가 있습니다.

集註 導之出疆은 防剽掠也라 先於其所往은 稱道其賢하야 欲其收用之也라 三年而後에 收其田祿里居하니 前此엔 猶望其歸也라.

大文字義 [膏고] 은혜, 기름. [澤택] 덕택, 은혜. [故고] 큰 일. [導도] 인도하다. [疆강] 지경, 국경. [先선] 먼저 사람을 보내다, 주선해주다.

大文句文 [諫行言聽] 간하면 시행해 주고 말하면 들어주다. [使人導之出疆] 사람을 시켜 그를 인도하여 국경을 나가게 하다. [三有禮] 세 번 예를 갖추다.

集註字義 [剽표] 위험하다. [掠략] 노략질하다.

集註句文 [前此] 이전.

今也엔 為臣이라 諫則不行하며 言則不聽하야 膏澤이 不下於民이오 有故而去則君이 搏執之하고 又極之於其所往하며 去之日에 遂收其田里하나니 此之謂寇讎니 寇讎에 何服之有리오

오늘날에는 신하를 삼았는데, 諫하면 시행하지 않으며 말하면 들어주지 않아 은택이 백성에게 내려가지 않고, 큰 일이 있어서 떠나면 임금이 그를 구금하고, 또 그가 머무는 곳에 그를 곤궁하게 하며, 떠나는 날에 드디어 그의 전지와 택지를 몰수합니다. 이것을 일러 寇讎라고 하니 寇讎에 어찌 상복이 있겠습니까?"

集註 極은 窮也니 窮之於其所往之國이니 如晉錮欒盈也라 ○潘興嗣曰 孟子告齊王之言은 猶孔子對定公之意也로되 而其言이 有迹하야 不若孔子之渾然也하니 蓋聖賢之別이 如此하니라 楊氏曰 君臣은 以義合者也라 故로 孟子為齊王하야 深言報施之道하사 使知為君者不可不以禮遇其臣耳라 若君子之自處는 則豈處其薄乎아 맹자왈 王庶幾改之를 予日望之라하시니 君子之言이 蓋如此하니라.

大文字義 [搏박] 잡다, 체포하다, 치다. [極극] 곤궁하게 하다, 모질게 하다.

大文句文 [今也為臣] 요즘에는 신하로 삼다. [搏執之] 구금하다, 포박하다. [何服之有] 무슨 상복이 있으리오(有何服).

集註字義 [窮궁] 모질게 하다. [錮고] 금고시키다. [欒난] 둥글다. [潘반] 姓. [嗣사] 잇다. [迹적] 자취. [渾혼] 완전하다.

集註句文 [欒盈] 人名. [有迹] 자취, 가시, [王庶幾改之] 왕이 아마도 거의 고치셨을 거야(逐字譯), 왕이 마음이 바뀌었을 거야.

참고 [有迹] 맹자는 조건을 붙였고 성인은 조건이 없음, 즉 맹자는 모가 났고 성인은 통연하였음을 나타낸다. [報施] (동사+동사) 혹은 (동사+목적)의 문장은 어느 쪽으로 해석해도 좋음.

4장 孟子曰 無罪而殺士則大夫 可以去요 無罪而戮民則士 可以徙니라.

맹자왈, "罪가 없는데 士를 죽이면 大夫는 떠날 수 있고, 罪가 없는데 백성을 죽이면 士는 옮겨갈 수 있다."

集 註 言君子當見幾而作이니 禍已迫이면 則不能去矣니라.
大文字義 [戮육] 죽이다. [徙사] 옮기다.
大文句文 [大夫可以去] (화가 대부에게 미치게 되므로) 대부는 떠날 수 있다. [士可以徙] (화가 士에게 미치게 되므로) 士는 옮겨갈 수 있다.

5장 孟子曰 君仁이면 莫不仁이오 君義면 莫不義니라.

맹자왈, "임금이 仁하면 不仁한 사람이 없고, 임금이 義로우면 義롭지 않은 사람이 없다."

集 註 張氏曰 此章은 重出이라 然이나 上篇은 主言人臣當以正君為急이요 此章은 直戒人君하니 義亦小異耳니라.

6장 孟子曰 非禮之禮와 非義之義를 大人弗為니라

맹자왈, "禮가 아닌 禮와 義가 아닌 義를 大人은 시행하지 않는다."

集 註 察理不精이라 故로 有二者之蔽라 大人則隨事而順理하고 因時而處宜하니 豈為是哉리오.
集註句文 [因時而處宜] 상황에 따라 처하는 것이 마땅하다. 즉, 此一時彼一時.
참 고 [註疏] 程子曰 恭本是禮 過恭是非禮之禮也 以物與人爲義 過與是非義之義也.

程子曰 공손은 본래 禮이니 지나친 공손은 禮아닌 禮이며, 물건을 사람에게 주는 것을 義라 하니 지나치게 주는 것은 義아닌 義이다.

7장 孟子曰 中也 養不中하며 才也 養不才라 故로 人樂有賢父兄也니 如中也 棄不中하며 才也 棄不才면 則賢不肖之相去 其間이 不能以寸이니라.

맹자왈, "중용의 도를 지닌 자가 중용의 도를 지니지 않은 사람을 길러주며, 재능이 있는 사람이 재능이 없는 사람을 길러준다. 그러므로 사람들은 어진 父兄이 있는 것을 즐거워하니, 만약 중용의 도를 지닌 자가 중용의 도를 지니지 않은 자를 버리며, 재능이 있는 사람이 재능이 없는 사람을 버리면, 賢과 不肖의 사이가 한 치도 못될 것이다."

集註 無過不及之謂中이요 足以有為之謂才라 養은 謂涵育薰陶하야 俟其自化也라 賢은 謂中而才者也라 樂有賢父兄者는 樂其終能成己也라 為父兄者가 若以子弟之不賢으로 遂遽絶之而不能敎면 則吾亦過中而不才矣니 其相去之間이 能幾何哉리오.

大文句文 [中也養不中] 중용의 도를 지닌 사람이 중용의 도를 지니지 않은 사람을 기르다. [賢不肖之相去其間 不能以寸] 賢과 不肖의 서로의 거리 사이가 한 치도 못될 것이다.

集註字義 [涵함] 함양하다. [薰훈] 구어 만들다. [陶도] 빚어 만들다. [俟사] 기다리다.

集註句文 [不才] 재주가 없다. [能幾何哉] 얼마일 수 있겠느냐?

참고 [涵育] 천지가 만물을 생장하게 하는 것으로써 말한 것임.(以天地之生物言). [薰陶] 장인이 물건을 만드는 것으로써 말한 것임(以工冶之成物言).

8장 孟子曰 人有不為也而後에 可以有為니라.

맹자왈, "사람은 하지 않는 것이 있어야 큰일을 할 수가 있다."

集註 程子曰 有不為는 知所擇也라 惟能有不爲라 是以可以有爲니 無所不爲者는 安能有所為耶아."

大文句文 [人有不為也而後] 사람은 하지 않는 것이 있은 뒤에, 사람이 지조가 있은 뒤에.

集註句文 [安能有所為耶] 어찌 하는 바 있음이 가능하겠느냐?(축자역), 어찌 하는 것이 있을 수 있겠는가?, 어찌 무슨 일을 할 수 있겠는가?

9장 孟子曰 言人之不善하다가 當如後患에 何오

맹자왈, "남의 不善을 말하다가 後患이 닥치면 어찌해야 되겠는가?"

集 註 此亦有為而言이니라.

10장 孟子曰 仲尼는 不為已甚者러시다.

맹자왈, "仲尼께서는 하지 못하는 것이 매우 많으신 분이다."

集 註 已는 猶太也라 楊氏曰 言聖人所為 本分之外에 不加毫末이니 非孟子眞知孔子면 不能以是稱之니라

大文句文 [不爲已甚者] ① 하지 못하는 것이 매우 많으신 분이다. ② 너무 심한 것을 하지 않는 분이다.

참 고 [非A不能B] A가 아니었다면 B를 못했을 것이다. 非(孟子眞知孔子=A)不能(以是稱之=B) 공자를 참으로 잘 알고 있는 맹자가 아니었다면 이와 같이 칭송하지 못하였을 것이다.

11장 孟子曰 大人者는 言不必信이며 行不必果요 惟義所在니라.

맹자왈, "大人은 말했다고 해서 신의를 기필하지도 않으며, 행동했다고 해서 결과를 기필하지도 않고, 오직 義가 있는 바에 따를 뿐이다."

集 註 必은 猶期也라 大人은 言行이 不先期於信果요 但義之所在면 則必從之하나니 卒亦未嘗不信果也니라 ○尹氏曰 主於義면 則信果在其中矣요 主於信果면 則未必合義니라 王勉曰 若不合於義而不信不果면 則妄人爾니라.

大文句文 [言不必信] 말했다고 해서 신의를 기필하지 않는다. [行不必果] 행동했다고 해서 결과를 기필하지 않는다. [惟義所在] 오직 의가 있는 바에 따를 뿐이다.

참고 대인은 말했다고 하여 무조건 신의를 지키지도 않으며, 어떤 일을 행함에 무조건 과단성 있게 하는 것도 아니다. 오직 義가 있는 바에 따라 말하고 행할 뿐이다.(鄭玄의 注)

12장 孟子曰 大人者는 不失其赤子之心者也니라.

맹자왈, "大人은 간난아이의 마음을 잃지 않은 者이다."

集註 大人之心은 通達萬變하고 赤子之心은 則純一無偽而已라 然이나 大人之所以為大人은 正以其不為物誘하야 而有以全其純一無偽之本然이라 是以로 擴而充之면 則無所不知하고 無所不能하야 而極其大也니라.

集註字義 [變변] 변화. [以이] 때문이다. [誘유] 유혹하다. [極극] 끝까지 하다.

集註句文 [正以其不為物誘] 자기 몸을 바르게 하여 사물에 유혹을 당하지 않는다. [極其大也] 그 大함을 끝까지 할 수 있다.

心經附註 卷之二 [孟子 赤子之心章]

朱子曰 大人은 智周萬物하고 赤子는 全未有知하니 其心이 疑若甚不同矣나 然其不爲物誘而純一無僞는 則未嘗不同也라。故言其所以爲大人者特在於此하시니라。雙峯饒氏曰 赤子는 如飢要乳 便是欲이어니와 但飢便啼 喜便笑 皆是眞情이요 全無巧僞하나니 大人은 只是守此純一無僞之心而充廣之니 所謂蒙以養正이 聖功也니라。

解義 朱子曰, "大人은 지혜가 만물에 두루 하고 赤子는 전혀 아는 것이 없으니, 그 마음이 전혀 같지 않은 듯하지만, 물건에 유혹되지 않아서 純一하여 거짓이 없는 것은 일찍이 같지 않은 적이 없었다. 그러므로 대인이 된 까닭은 다만 여기에 있음을 말씀하신 것이다." 雙峯饒氏曰, "赤子가 굶주리면 젖을 먹으려고 하는 것은 곧 욕망이지만, 굶주리면 울고 기쁘면 웃는 것이 모두 진정이고 전혀 교묘하게 꾸미거나 거짓이 없다. 大人은 다만 純一하여 거짓이 없는 마음을 지켜서 확충하니, 이른바 어릴 때에 바름을 기르는 것이 성인의 공부라는 것이다."

자구 [周주] 두루 하다. [僞위] 거짓. [特특] 다만. [飢기] 굶주리다. [啼제] 울다. [蒙몽] 어리다.

13장 孟子曰 養生者 不足以當大事오 惟送死可以當大事니라.

맹자왈, "생존에 계신 부모를 봉양하는 것은 大事에 해당되기에 부족하고, 오직 돌아가신 부모를 보내드리는 것이 大事에 해당될 수 있다."

集註 事生이 固當愛敬이라 然이나 亦人道之常耳요 至於送死하야는 則人道之大變이니 孝子之事親에 舍是면 無以用其力矣라 故로 尤以為大事而必誠必信하야 不使少有後日之悔也니라.

大文句文 [養生者] ① 生을 봉양하는 것 ② 生者를 봉양하는 것.

集註字義 [變변] 변고. [舍사] 버리다.(上聲). [尤우] 더욱.

14장 孟子曰 君子深造之以道는 欲其自得之也니 自得之則居之安하고 居之安則資之深하고 資之深則取之左右에 逢其原이니 故로 君子는 欲其自得之也니라.

맹자왈, "君子가 도로써 학문(진리)에 깊이 나아가는 것은 自得하기를 바라는 것이다. 自得하게 되면 거기에 처하는데 편안하고, 거기에 처하는데 편안하면 資賴함이 깊어지고, 자뢰함이 깊어지면 그것을 몸 가까이에서 취하는데 그 근본을 만나니, 그러므로 君子는 自得하기를 바라는 것이다."

集註 造는 詣也니 深造之者는 進而不已之意라 道는 則其進為之方也라 資는 猶藉也라 左右는 身之兩旁이니 言至近而非一處也라 逢은 猶值也라 原은 本也니 水之來處也라 言君子務於深造而必以其道者는 欲其有所持循하야 以俟夫默識心通하야 自然而得之於己也라 自得於己면 則所以處之者 安固而不搖하고 處之安固면 則所藉者 深遠而無盡하고 所藉者深이면 則日用之間에 取之至近하야 無所往而不值其所資之本也니라 ○程子曰 學은 不言而自得者 乃自得也니 有安排布置者는 皆非自得也라 然이나 必潛心積慮하야 優游厭飫於其間然後에 可以有得이니 若急迫求之면 則是私己而已라 終不足以得之也니라.

大文字義 [造조] 나아가다. [欲욕] 바라다. [資자] 자뢰하다, 도움을 받다. [逢봉] 만나다.

大文句文 [資之深則取之左右] 자뢰함이 깊어지면 그것을 가까이에서 취한다.

集註字義 [詣예] 나아가다. [值치] 만나다. [循순] 따르다. [搖요] 흔들리다. [排배] 안

배하다. [優우] 넉넉하다. [游유] 헤엄치다. [厭염] 싫어하다, 물리다.(去聲). [飫어] 물리다, 실컷 먹다.

集註句文 [其進為之方也] 정진하는 방도이다. [其有所持循] 지키고 따르는 바가 있다. [無所往而不値其所資之本也] 가는 곳마다 그 자뢰하는 바의 근본을 만나지 않는 일이 없다. [有安排布置者] 안배하고 조처함이 있다. [優游厭飫] 충분히 습득하고 완전히 이해함. 학문을 함에 있어 차분히 사색하고 깊이 體認함. 優游涵泳과 뜻이 같음.

15장 孟子曰 博學而詳說之는 將以反說約也니라.

맹자왈, "널리 배우고 상세히 그 이치를 해설하는 것은 장차 돌이켜서 요점을 말하기 위해서 이다."

集註 言所以博學於文而詳說其理者는 非欲以誇多而鬪靡也요 欲其融會貫通하야 有以反而說到至約之地耳라 蓋承上章之意而言하니 學은 非欲其徒博이요 而亦不可以徑約也니라.

大文句文 [將以反說約也] 장차 돌이켜서 요점을 말하기 위해서 이다.

集註字義 [誇과] 과시하다. [鬪투] 다투다. [靡미] 화려하다, 쓰러지다, 없다. [融융] 녹이다. [會회] 이해하다. [徑경] 지름길

集註句文 [鬪靡] 화려한 것을 다투다, 잘난 척하다. [非欲以誇多而鬪靡也] 많이 배운 것을 과시하여 잘난 척하고자 하는 것이 아니다. [融會] 완전히 이해하다. [至約之地] 핵심적인 견지. [不可以徑約也] 지름길로 핵심에 다가가려고 해서는 안 된다.

16장 孟子曰 以善服人者는 未有能服人者也니 以善養人然後에 能服天下하나니 天下不心服而王者 未之有也니라.

맹자왈, "善으로써 남을 복종시키려는 자는 남을 복종시킬 수 있는 者가 없다. 善으로써 사람을 기른 뒤에야 천하 사람을 복종시킬 수가 있으니, 천하 사람이 마음으로 복종하지 않는데도 왕도를 시행하는 자는 없었다."

集註 服人者는 欲以取勝於人이요 養人者는 欲其同歸於善이니 蓋心之公私小異나 而人之向背頓殊하니 學者於此에 不可以不審也니라.

大文句文 [天下不心服而王者未之有也] 天下가 마음으로 복종하지 않는데도 王道를 행하는 자는 없다.

集註字義 [頓돈] 두드러지다. [殊수] 다르다.

集註句文 [小異] 작은 차이. [頓殊] 크게 차이가 나다, 두드러지게 다르다. [向背頓殊] 向이냐 背냐 하는 것은 크게 다르다.

17장 孟子曰 言無實不祥하니 不祥之實은 蔽賢者當之니라.

맹자왈, "말은 실제로 상서롭지 못한 것이 없으니 상서롭지 않은 말의 실상은 賢者를 막는 것이 여기에 해당된다."(張載), "말이 실상이 없는 것은 상서롭지 못한 것이니 상서롭지 못한 말의 실제는 현자를 막는 것이 이에 해당된다."(范祖禹).

集註 或(張載)曰 天下之言이 無有實不祥者하니 惟蔽賢이 為不祥之實이라하고, 或(范祖禹)曰 言而無實者不祥이라 故로 蔽賢이 為不祥之實이라하니 二說이 不同하야 未知孰是라 疑或有闕文焉이니라.

大文字義 [祥상] 상서롭다. [蔽폐] 막다. [當당] 해당되다.

大文句文 [蔽賢者] 현자를 막는 것, 현을 폐하는 것(말, 행동)

集註字義 [孰숙] 누가. [是시] 옳다. [闕궐] 빠뜨리다, 대궐.

18장 徐子曰 仲尼亟稱於水曰 水哉水哉여하시니 何取於水也시니잇고

徐子曰, "仲尼께서는 자주 물을 칭송하시기를, '물이여! 물이여!' 하셨으니, 물에서 무엇을 취하신 것입니까?"

> **集註** 亟는 數也라 水哉水哉는 歎美之辭라.
> **大文字義** [亟기] 자주.(去聲)./ 빨리.(극, 入聲).
> **大文句文** [徐子] 徐辟, 孟子의 제자

孟子曰 原泉이 混混하야 不舍晝夜하야 盈科而後에 進하야 放乎四海하나니 有本者如是라 是之取爾시니라.

맹자왈, "샘물이 콸콸 솟아나와 밤낮으로 쉬지 않아서 웅덩이를 채운 뒤에 나아가 四海로 흐르니, 근본이 있는 것이 이와 같기 때문에 이것을 취하였을 뿐이다.

> **集註** 原泉은 有源之水也라 混混은 湧出之貌라 不舍晝夜는 言常出不竭也라 盈은 滿也요 科는 坎也니 言其進以漸也라 放은 至也라 言水有原本하야 不已而漸進하야 以至于海하니 如人有實行이면 則亦不已而漸進하야 以至于極也니라.
> **大文字義** [原원] 근원. [混혼] 마구, 섞다. [舍사] 쉬다.(去聲). [盈영] 차다. [科과] 웅덩이. [放방] 이르다.(上聲).
> **大文句文** [原泉] 언덕 아래서 솟아나오는 샘. [混混] 콸콸 솟아나옴.
> **集註字義** [湧용] 샘솟다. [竭갈] 다하다. 물이 마르다. [坎감] 구덩이. [漸점] 점점, 차차. [極극] 궁극, 최고의 극점.
> **集註句文** [言其進以漸也] 점차적으로 나아가는 것을 말한 것이다.

苟爲無本이면 七八月之間에 雨集하야 溝澮 皆盈이나 其涸也는 可立而待也니 故로 聲聞過情을 君子恥之니라.

만약 근원이 없게 되면 7, 8월에 빗물이 모여서 도랑이 모두 차지만 그것이 마르는 것은 서서 기다릴 수 있으니, 그러므로 명예가 실제보다 지나치는 것을 군자는 부끄러워한다."

集註 集은 聚也라 澮는 田間水道也라 涸는 乾也라 如人無實行而暴得虛譽면(하야도) 不能長久也라 聲聞은 名譽也라 情은 實也라 恥者는 恥其無實而將不繼也라 林氏曰 徐子之爲人이 必有躐等干譽之病이라 故로 孟子以是答之하시니라 ○鄒氏曰 孔子之稱水는 其旨微矣어늘 孟子獨取此(盈科而後進)者는 自徐子之所急者로 言之也라 孔子嘗以聞達로 告子張矣시니 達者는 有本之謂也요 聞은 則無本之謂也라 然則學者其可以不務本乎아.

大文字義 [溝구] 도랑. [澮회] 도랑. [涸학] 물이 마르다.

大文句文 [聲聞過情] 드러난 명예가 실제보다 지나치는 것.

集註字義 [暴포] 갑자기. [譽예] 명예. [聲성] 들리다. [躐엽] 건너뛰다. [等등] 등급. [干간] 구하다, 방패, 막다, 범하다. [自자] 부터, 스스로, 저절로.

참고 井田法에서 溝는 井과 井의 경계를 표시하는 도랑으로서 그 크기는 4尺×4尺이고, 洫은 成과 成의 경계를 표시하는 도랑으로서 그 크기는 8尺×8尺이고, 澮는 同과 同의 경계를 표시하는 도랑으로서 그 크기는 18尺×16尺(2仞×2尋)이다. 여기서 井은 1里×1里(900畝), 1成은 10里×10里, 1同은 100里×100里이다.

19장 孟子曰 人之所以異於禽獸者 幾希하니 庶民은 去之하고 君子는 存之니라.

맹자왈, "사람이 금수와 다른 점이 매우 적으니, 백성들은 본성을 버리고 군자는 본성을 보존한다.

集註 幾希는 少也라 庶는 衆也라 人物之生이 同得天地之理하야 以爲性하고 同得天地之氣하야 以爲形하니 其不同者는 獨人於其間에 得形氣之正하야 而能有以全其性이 爲少異耳라 雖曰 少異나 然이나 人物之所以分이 實在於

此하니 衆人은 不知此而去之면 則名雖爲人이나 而實無以異於禽獸요 君子는 知此而存之라 是以로 戰兢惕厲하야 而卒能有以全其所受之正也니라.

集註字義 [戰전] 두려워하다. [兢긍] 삼가다. [惕척] 근심하다. [厲려] 위태롭다.

集註句文 [獨人於其間] 유독 사람만이 理와 氣사이에서. [戰兢] 戰은 戰戰으로 恭懼貌요 兢은 兢兢으로 戒謹貌임. [惕厲] 조심조심, 신중, 恐懼.

舜은 明於庶物하시며 察於人倫하시니 由仁義行이라 非行仁義也시니라.

舜임금은 만물의 이치에 밝으시며 人倫을 자세히 살피시니, 仁義에 따라 행하는 것이지 억지로 仁義를 행하는 것이 아니다."

集註 物은 事物也요 明은 則有以識其理也라 人倫은 說見前篇(藤文公上)하니라 察은 則有以盡其理之詳也라 物理固非度外로되 而人倫이 尤切於身이라 故로 其知之有詳畧之異하니 在舜則皆生而知之也라 由仁義行이요 非行仁義는 則仁義已根於心하야 而所行이 皆從此出이요 非以仁義爲美而後에 勉强行之니 所謂安而行之也라 此則聖人之事니 不待存之而無不存矣니라. ○尹氏曰 存之者는 君子也요 存者는 聖人也라 君子所存은 存天理也니 由仁義行은 存者能之니라.

集註字義 [盡진] 극진히 하다. [切절] 간절. [畧략] 소략하다.

참고 [所謂安而行之也] 중용 20장. [存之者君子也 存者聖人也] 보존하려는 것은 군자이고, 보존되어 있는 것은 성인이다.(誠者天之道也 誠之者人之道也)

20장 孟子曰 禹는 惡旨酒而好善言이러시다.

맹자왈, "禹임금은 맛있는 술을 싫어하고 善言을 좋아하였다.

集註 戰國策曰 儀狄이 作酒어늘 禹飮而甘之曰 後世에 必有以酒亡其國者라하시고 遂疏儀狄而絶旨酒라하니라 書曰 禹拜昌言이라하니라.

大文字義 [惡오] 싫어하다.(去聲). [旨지] 맛있다.

集註字義 [疏소] 멀리하다.

참고 [儀狄] 夏禹氏 때 술을 처음 발명한 사람. [昌言] 善言(맹자), 直言(순자),

讜言(서경. 온당한 말).

書經 虞書 [大禹謨, 禹拜昌言]

三旬을 苗民이 逆命이어늘 益이 贊于禹曰 惟德이 動天하야 無遠弗屆하나니 滿招損하고 謙受益이 時乃天道니이다 帝初于歷山에 往于田하사 日號泣于旻天과 于父母하사 負罪引慝하사 祗載見瞽瞍하되 夔夔齋慄하신대 瞽亦允若하니 至諴은 感神이온 矧玆有苗이릿가 禹拜昌言曰 兪라 班師振旅어늘 帝乃誕敷文德하사 舞干羽于兩階러니 七旬에 有苗格하니라.

解義 30일 동안 苗民이 명을 거역하자 益이 禹임금을 도와 말하기를, "오직 德만이 하늘을 감동시켜 아무리 먼 곳이라도 이르지 않는 곳이 없으니, 스스로 만족한 자는 손해를 부르고 스스로 겸손한 자는 이익을 받는 것이 바로 天道입니다. 帝舜께서 처음에 역산에서 밭에 나가 날마다 하늘과 부모를 소리쳐 부르며 통곡하여 죄를 짊어지고 사악함을 자기의 책임으로 돌리어 공경히 섬겨 고수를 만나보되 송구하고 엄숙한 모습을 하였는데, 고수도 믿고 따르니 지극한 정성은 神을 감동시키는데 더구나 이 三苗이겠습니까?" 禹는 온당한 말에 절을 하고 말씀하기를 "옳은 말이로다." 하고는 군사를 돌려 정돈하여 돌아오자, 帝舜께서 이에 문덕을 크게 베풀어 두 섬돌 사이에서 방패와 깃을 들고 춤을 추니 70일 만에 삼묘가 복종하여 이르렀다.

자구 [旬순] 열흘. [逆거] 거역하다. [贊찬] 돕다. [屆계] 이르다. [招초] 부르다. [時시] 是. [旻민] 하늘, [旻天] 하늘. 특히 가을하늘. [慝특] 사악함. [祗지] 공경히. [載재] 섬기다(事). [齋재] 공경. [慄율] 전율. [夔기] 조심하다. [夔夔] 공경하고 두려워하는 모습. [允] 진실로. [若약] 따르다. [矧신] 더구나. [玆자] 이(是). [昌言] 盛德의 말. [兪유] 옳은 말이다. [班반] 돌리다(還). [師사] 군사. [振진] 정돈하다. [誕탄] 크다. [敷부] 베풀다. [干羽] 干과 羽는 모두 춤추는 사람이 잡는 것.

湯은 執中하시며 立賢無方이러시다.

湯은 中道를 잡았으며 현자를 등용하되 그 類를 따지지 않았다.

集註 執은 謂守而不失이라 中者는 無過不及之名이라 方은 猶類也니 立賢無方은 惟賢則立之於位하고 不問其類也니라.

集註句文 [立賢無方] 현자는 출신 성분을 따지지 않고 등용한다, 어진이를 등용하는 데는 類가 없다. [不問其類也] 그 귀천의 부류를 따지지 않는다.

文王은 視民如傷하시며 望道而未之見이러시다.

文王은 백성 보기를 다친 사람을 살피듯 하였으며, 도를 열망하되 아직 본적이 없는 것처럼 하였다.

集 註 民已安矣로되 而視之를 猶若有傷하고 道已至矣로되 而望之를 猶若未見하시니 聖人之愛民深而求道切이 如此하니 不自滿足하야 終日乾乾之心也니라.

大文句文 [視民如傷] 백성보기를 다친 사람처럼 한다, 백성보기를 다칠 듯이 한다.(猶若有傷).

集註句文 [乾乾] 부지런히 힘씀.

武王은 不泄邇하시며 不忘遠이러시다.

武王은 가까이 있는 신하를 함부로 대하지 않았으며, 먼데 있는 신하를 잊지 않았다.

集 註 泄은 狎也라 邇者는 人所易狎而不泄하시고 遠者는 人所易忘而不忘하시니 德之盛이요 仁之至也니라.

大文字義 [泄설] 함부로 대하다, 이무럽게 대하다. [邇이] 가깝다.

大文句文 [不泄邇] 가까이 있는 신하를 함부로 대하지 않는다.

集註字義 [狎압] 함부로 대하다.

周公은 思兼三王하사 以施四事하사대 其有不合者어든 仰而思之하사 夜以繼日하사 幸而得之어시든 坐以待旦이러시다.

周公은 三王을 겸하여 네 가지 일을 시행할 것을 생각하였으되, 그 중에 부합하지 않는 것이 있으면 우러러 생각하고 밤낮으로 계속하여 요행히 터득하게 되면 앉아서 아침을 기다렸다."

集 註 三王은 禹也湯也文武也요 四事는 上四條之事也라 時異勢殊라 故로 其事或有所不合이나 思而得之면 則其理初不異矣라 坐以待旦은 急於行也라 ○

此는 承上章言舜하야 因歷敘羣聖以繼之而各擧其一事하야 以見其憂勤惕厲之意하니 蓋天理之所以常存이요 而人心之所以不死也니라 程子曰 孟子所稱은 各因其一事而言이니 非謂武王不能執中立賢이요 湯却泄邇忘遠也라 人謂各擧其盛이라하나 亦非也라 聖人은 亦無不盛이시니라.

大文字義 [旦단] 아침.

大文句文 [夜以繼日] 밤으로 낮을 잇다. 밤낮으로 하다.

集註字義 [勢세] 형편, [歷역] 차례차례. [敍서] 서술하다. [惕척] 두려워하다. [厲여] 위태롭다.

集註句文 [憂勤惕厲] 근심하고 조심함. [各擧其盛] 각각 그가 제일 잘 하는 점을 열거하다. [亦非也] 또한 틀렸다.

21장 孟子曰 王者之迹이 熄而詩亡하니 詩亡然後에 春秋作하니라.

맹자왈, "왕도를 시행하는 자의 자취가 종식되어 詩를 채록하는 절차가 없어졌으니, 詩가 없어진 뒤에 春秋가 지어졌다.

集 註 王者之迹熄은 謂平王東遷에 而政教號令이 不及於天下也라 詩亡은 謂黍離降為國風而雅亡也라 春秋는 魯史記之名이니 孔子因而筆削之하사되 始於魯隱公之元年하니 實平王之四十九年也라.

大文字義 [迹적] 자취. [熄식] 종식되다, 없어지다.

大文句文 [詩亡] 采詩의 절차가 없어지다.

集註字義 [筆필] 쓰다. [削삭] 깍아내다.

集註句文 [黍離降為國風而雅亡也] 黍離篇(平王 때의 詩)의 詩가 강등되어 國風의 王風에 만들어 넣음으로써 雅가 없어진 것이다.

晉之乘과 楚之檮杌과 魯之春秋 一也니라.

晉의 乘과 楚의 檮杌과 魯의 春秋는 똑같은 것이다.

集 註 乘은 義未詳이라 趙氏는 以為興於田賦乘馬之事라하고 或曰 取記載當時行

事而名之也라하니라 檮杌은 惡獸名이라 古者에 因以為凶人之號하니 取記惡垂戒之義也라 春秋者는 記事者必表年以首事하니 年有四時라 故로 錯擧以為所記之名也라 古者에 列國이 皆有史官하야 掌記時事하니 此三者는 皆其所記冊書之名也라.

大文字義 [乘승] 진나라의 사서. [檮도] 등걸. [杌올] 그루터기. [一일] 똑 같다.

大文句文 [檮杌] 초나라의 사서.

集註字義 [垂수] 드리우다, 전하다. [錯착] 번갈아, 어긋나다. [擧거] 거론하다.

集註句文 [興於田賦乘馬之事] 田賦와 乘馬의 일에서 흥기하다. [乘馬] 산가지(馬)를 계산하다(乘). 혹은 武備. [取記載當時行事] 당시의 행사를 취하여 기재하다. [取記惡垂戒之義也] 惡을 기록해서 경계를 드리운 뜻을 취하다. [錯擧] 번갈아 거론하다. [皆其所記冊書之名也] 모두 그 기록한 바의 서책의 이름이다.

其事則齊桓晉文이오 其文則史니 孔子曰 其義則丘 竊取之矣로라하시니라.

그 春秋의 일은 곧 齊桓公과 晉文公의 일이고, 그 문장은 곧 사관이 쓰는 문체이니, 孔子曰, '그 뜻은 곧 내가 聖王의 法을 취하였노라' 하셨다."

集註 春秋之時에 五霸迭興而桓文為盛하니라 史는 史官也라 竊取者는 謙辭也라 公羊傳에 作其辭則丘有罪焉爾라하니 意亦如此하니라 蓋言斷之在己하니 所謂筆則筆削則削하야 游夏不能贊一辭者也라 尹氏曰 言孔子作春秋에 亦以史之文으로 載當時之事也로되 而其義則定天下之邪正하야 為百王之大法이니라. ○此는 又承上章歷叙羣聖하야 因以孔子之事繼之而孔子之事는 莫大於春秋라 故로 特言之하시니라.

大文句文 [其文則史] 그 문장은 史官이 쓰는 문체이다. [其義] 褒貶(褒善貶惡)의 뜻. [丘竊取之矣] 내가 성왕의 법을 취하다.

集註字義 [霸패] 패자. [迭질] 번갈아서. [游유] 헤엄치다. [贊찬] 돕다.

集註句文 [作其辭則丘有罪焉爾] 춘추의 내용을 지은 것은 나에게 책임이 있을 뿐이다.(대개 말[言]로 결단하는 것이 자신에게 있다는 것.) [所謂筆則筆削則削] 史記 孔子世家에 이른바 기록할 만하면 기록하고 깎을 만하면 깎았다. [游夏不能贊一辭者也] 자유와 자하가 한마디도 보태지 못한 것이다.

22장 孟子曰 君子之澤도 五世而斬이오 小人之澤도 五世而斬이니라.

맹자왈, "군자의 遺澤도 5世가 되면 끊어지고, 소인의 遺澤도 5世가 되면 끊어진다.

集註 澤은 猶言流風餘韻也라 父子相繼爲一世요 三十年이 亦爲一世라 斬은 絶也니 大約君子小人之澤이 五世而絶也라 楊氏曰 四世而緦하니 服之窮也요 五世엔 袒免하니 殺同姓也요 六世엔 親屬竭矣라 服窮이면 則遺澤寖微라 故로 五世而斬이니라.

大文字義 [澤택] 은택, 遺澤. [斬참] 끊어지다.

集註字義 [韻운] 기품, 정취. [緦시] 시마복 [窮궁] 끝, 끝 지점. [袒단] 소매를 걷어 올리다. [免문] 관을 벗고 머리를 묶다.(去聲)./ 벗어나다.(면, 上聲). [殺쇄] 줄이다.(去聲)./ 죽이다.(살, 入聲). [竭갈] 다하다. [寖침] 점점.

集註句文 [餘韻] 명망. [大約] 대략. [袒免] 親盡이 되어 웃옷의 오른쪽 소매를 벗고 삼베로 머리를 묶어(혹은 사각건을 쓰고) 슬픔을 표시하는 喪禮.

참고 世는 及身, 代는 不及身.

참고 자기를 중심으로 三從형제 즉 同高祖 8촌까지가 本宗으로서 緦麻 3개월 복을 입고, 증고조의 자식 즉 고조의 형제 이하가 5세로서 이들에 대해서는 正服인 시마복을 입을 수 없고, 단지 왼쪽 소매를 벗어 팔뚝을 드러내고[袒], 갓을 벗고 좁은 삼베로 머리를 묶어[免]슬픔을 표시할 뿐이며, 6세가 되면 袒免마저 하지 않는다.(禮記 大傳)

予未得爲孔子徒也나 予는 私淑諸人也로라.

나는 孔子의 문도가 될 수 없었으나, 나는 다른 사람에게서 공자를 私淑하였노라."

集註 私는 猶竊也요 淑은 善也라 李氏以爲方言이라하니 是也라 人은 謂子思之徒也라 自孔子卒로 至孟子游梁時에 方百四十餘年而孟子已老하시니 然則孟子之生이 去孔子未百年也라 故로 孟子言予雖未得親受業於孔子之門이나 然이나 聖人之澤이 尙存하야 猶有能傳其學者라 故로 我得聞孔子之道於人하야 而私竊以善其身이라하시니 蓋推尊孔子而自謙之辭也시니라 ○此는 又承上三章歷叙舜禹至於周孔하야 而以是終之하시니 其辭雖謙이나 然이나

其所以自任之重이 亦有不得而辭者矣니라.

大文字義 [私사] 겸사로써 사용한 말. [淑숙] 좋게 만들다(善).

大文句文 [予私淑諸人也] 나는 남에게서 듣고서 사사로이 선하게 하다.

集註字義 [游유] 유람하다. [辭사] 사양하다.

集註句文 [承上三章歷叙舜禹] 上三章에서 歷敍舜禹를 이어 받음. [其所以自任之重] 그가 자임하는 바의 중책. [有不得而辭者矣] 사양할 수 없는 것이 있다.

23장 孟子曰 可以取며 可以無取에 取면 傷廉이오 可以與며 可以無與에 與면 傷惠오 可以死며 可以無死에 死면 傷勇이니라.

맹자왈, "取해도 되고 취하지 않아도 되는데 취하면 청렴을 손상시키는 것이고, 주어도 되고 주지 않아도 되는데 주면 은혜를 손상시키는 것이고, 죽어도 되고 죽지 않아도 되는데 죽으면 용기를 손상시키는 것이다."

集註 先言可以者는 略見而自許之辭也요 後言可以無者는 深察而自疑之辭也라 過取固害於廉이나 然이나 過與亦反害其惠요 過死亦反害其勇이니 蓋過猶不及之意也라 林氏曰 公西華受五秉之粟은 是傷廉也요 冉子與之는 是傷惠也요 子路之死於衛는 是傷勇也니라.

大文字義 [傷상] 손상하다. [廉염] 청렴. [與여] 주다, 돕다.(上聲).

集註字義 [秉병] 1秉은 10庾, 1庾는 16斗.

集註句文 [略見(可以取)] 얼핏 보았을 때 취해도 된다. [深察(可以無取)] 깊이 살펴보았을 때 취하지 않아도 된다. [過猶不及] 지나친 것은 모자란 것과 같다. 지나침이 모자람 보다 나을게 없다.(별해)

24장 逢蒙이 學射於羿하야 盡羿之道하고 思天下에 惟羿爲愈己라하야 於是에 殺羿한대 孟子曰 是亦羿 有罪焉이니라 公明儀曰 宜若無罪焉하이다 曰 薄乎云爾언정 惡得無罪리오

逢蒙이 羿에게 활쏘기를 배워 羿의 방법을 다 익히고, 천하에 오직 羿만이 자기보다 낫다고 생각하여 이에 羿을 죽였다. 맹자왈, "이 또한 羿도 잘못이 있는 것이다." 公明儀曰, "잘못이 없는 듯합니다." 맹자왈, "적다고 말할 수 있을지언정 어찌 죄가 없을 수 있으리오.

集註 羿는 有窮后羿也라 逢蒙은 羿之家衆也라 羿善射하야 簒夏自立이러니 後為家衆所殺하니라 愈는 猶勝也라 薄은 言其罪差薄耳라.

大文字義 [逄방] 姓, 막다. [蒙몽] 입다, 덮다. [羿예] 夏나라 때 제후 有窮國의 임금. [爲위] 여기다. [愈유] 낫다. [罪죄] 잘못.

大文句文 [逄蒙] 有窮國의 임금 羿의 가신. [是亦羿有罪焉] 이 또한 羿에게도 잘못이 있다. [宜若] ~인 듯하다. 아마도~같다. [薄乎云爾] 박하다고 말할 수 있다.

集註字義 [簒찬] 찬탈하다.

集註句文 [家衆] 가신, 참모. [後為家衆所殺] 훗날 가신들에게 죽임을 당하다.(爲A所B A에게 B를 당하다.)

鄭人이 使子濯孺子로 侵衛어늘 衛使庾公之斯로 追之러니 子濯孺子曰 今日에 我疾作이라 不可以執弓이로소니 吾死矣夫인져하고 問其僕曰 追我者는 誰也오 其僕이 曰 庾公之斯也로소이다 曰 吾 生矣로다 其僕이 曰 庾公之斯는 衛之善射者也어늘 夫子曰 吾生은 何謂也잇고 曰 庾公之斯는 學射於尹公之他하고 尹公之他는 學射於我하니 夫尹公之他는 端人也라 其取友 必端矣리라 庾公之斯 至曰 夫子는 何為不執弓고 曰 今日에 我疾作이라 不可以執弓이로다 曰 小人은 學射於尹公之他하고 尹公之他는 學射於夫子하니 我不忍以夫子之道로 反害夫子하노라 雖然이나 今日之事는 君事也라 我不敢廢라하고 抽矢扣輪하야 去其金하고 發乘矢而後에 反하니라.

鄭나라 사람이 子濯孺子를 시켜서 衛나라를 침략하게 하자 위나라가 庾公之斯를 시켜 추격하게 하였다. 자탁유자왈, '오늘 내가 병이 생겼는지라 활을 잡을 수가 없으니 내가 죽겠구나' 하고, 마부에게 묻기를, '나를 추격하는 자는 누구인가?' 마부왈, '유공지사입니다.' 자탁유자왈, '내가 살았도다.' 마부왈, '유공지사는 위나라의 활 잘 쏘는 사람인데, 夫子께서 말씀하시기를 내가 살았다고 하신 것은 무엇을 이른 것입니까?' 자탁유자왈, '유공지사는 尹公之他에게 활쏘기를 배웠고 윤공지타는 나에게서 활쏘기를 배웠으니 저 윤공지타는 단정한 사람이다. 그가 벗(제자)을 취한 것은 반드시 단정한 사람일 것이다.' 유공지사가 이르러 말하기를, '夫子께서는 어째서 활을 잡지 않으십니까?' 자탁유자왈, '오늘 내가 병이 생겼는지라 일어나서 활을 잡을 수 없도다.' 유공지사왈, '小人은 윤공지타에게 활쏘기를 배웠고 윤공지타는 夫子에게서 활쏘기를 배웠으니, 내가 차마 夫子의 道로써 도리어 부자를 차마 해칠 수 없습니다. 그러나 오늘의 일은 임금의 일인지라 내가 감히 폐할 수 없습니다.' 하고, 화살을 뽑아서 바퀴에 두드려서 화살촉을 제거하고 넉 대를 쏘고 나서 돌아갔다."

集註 之는 語助也라 僕은 御也라 尹公他는 亦衛人也라 端은 正也라 孺子以尹公正人이니 知其取友必正이라 故로 度庾公必不害己하니라. 小人은 庾公自稱也라 金은 鏃也라 扣輪出鏃하야 令不害人하고 乃以射也라 乘矢는 四矢也라 孟子言使羿如子濯孺子得尹公他而敎之면 則必無逢蒙之禍라 然이나 夷羿는 簒弑之賊이요 蒙乃逆儔며 庾斯는 雖全私恩이나 亦廢公義하니 其事皆無足論者라 孟子蓋特以取友而言耳시니라.

大文字義 [庾유] 노적가리, 곳집. [疾질] 병. [作작] (병이) 나다. [僕복] 마부. [端단] 바르다, 실마리. [忍인] 참아 하다. [抽추] 뽑다. [扣구] 두드리다. [輪륜] 바퀴. [金금] 화살촉. [乘승] 넷. [反반] 돌아가다.

大文句文 [抽矢扣輪] 화살을 뽑아서 바퀴에 두드리다. [發乘矢而後反] 화살 넉 대를 발사한 뒤에 돌아가다.

集註字義 [度탁] 요량하다, 헤아리다. [鏃족] 화살촉. [儔주] 짝, 무리.

集註句文 [孺子以尹公正人 知其取友必正] 유자는 윤공이 반듯한 사람으로 벗을 반드시 반듯한 사람을 취할 것임을 알았기 때문이다. [逆儔] 역도, 역적의 무리.

春秋左氏傳 [襄公 十四年, 尹公他와 庾公差]

初에 尹公他學射於庾公差하고 庾公差學射於公孫丁하다 孫文子使二子追衛獻公할새 公孫丁御公하다 庾公差曰 射爲背師오 不射爲戮이니 射爲禮乎인저하고 射兩鉤而還하니 尹公他曰 子爲師어니와 我則遠矣라하고 乃反之어늘 公孫丁授公轡而射之하야 貫臂하다.

解義 초에 尹公他가 庾公差에게 활쏘기를 배웠고, 유공차는 公孫丁에게 활쏘기를 배웠다. 孫文子가 두 사람을 시켜 衛獻公을 추격하게 하니 공손정이 헌공의 수레를 몰았다. 유공차가 말하기를, "활을 쏘게 되면 스승을 배반하는 것이 되고 쏘지 않으면 죽임을 당할 것이니 활을 쏘는 것이 예에 맞는다." 하고 멍에에 두 대의 화살을 쏘아 맞히고서 돌아왔다. 윤공타가 말하기를, "그대에게는 스승이 되지만 나에게는 소원한 사이이다" 하고, 마침내 수레를 돌리자 공손정이 헌공에게 고삐를 주고 활을 쏘아 윤공타의 팔을 관통시켰다.

자구 [追추] 추격하다. [御어] 모시다. [射사] 활을 쏘다. [戮육] 죽이다. [鉤구] 멍에의 굽은 곳. [還환] 돌아가다. [轡비] 고삐. [臂비] 팔.

25장 孟子曰 西子蒙不潔則人皆掩鼻而過之니라.

맹자왈, "西子가 오물을 뒤집어쓴다면, 사람들이 모두 코를 막고 지나갈 것이다.

集註 西子는 美婦人이라 蒙은 猶冒也라 不潔은 汙穢之物也라 掩鼻는 惡其臭也라.

大文字義 [蒙몽] 뒤집어쓰다. [掩엄] 가리다.

大文句文 [蒙不潔] 오물을 뒤집어쓰다.

集註字義 [冒모] 뒤집어쓰다. [汙오] 더럽다, 추하다. [穢예] 더럽다. [惡오] 싫어하다.(去聲). [臭취] 냄새.

참고 [西子] 춘추 시대 越나라의 美人 西施로, 전설에 의하면 范蠡(범려)가 吳王 夫差에게 바쳐 미인계를 써서 오나라를 패망시켰다고 한다.

雖有惡人이나 齊戒沐浴則可以祀上帝니라.

비록 추한 사람이라도 齊戒沐浴하면 上帝에게 제를 올릴 수가 있을 것이다."

集註 惡人은 醜貌者也라 ○尹氏曰 此章은 戒人之喪善하고 而勉人以自新也시니라.

大文句文 [惡人] 추한 사람.

集註字義 [醜추] 추하다, 못생기다.

集註句文 [勉人以自新也] 사람이 새로워지도록 면려시킨 것이다.

참고 [齊戒] 이를 태면, 祭享 6일전에 散齊를 3日間 別殿에서 행하고 2일 동안 致齊를 시행한다.(景慕宮儀軌)

26장 孟子曰 天下之言性也는 則故而已矣니 故者는 以利為本이니라.

맹자왈, "천하에 性을 말하는 것은 곧 드러난 자취뿐이니, 드러난 자취는 利를 가지고 근본을 삼는다.

集註 性者는 人物所得以生之理也라 故者는 其已然之跡이니 若所謂天下之故者

也라 利는 猶順也니 語其自然之勢也라 言事物之理 雖若無形而難知나 然이나 其發見之已然은 則必有跡而易見이라 故로 天下之言性者 但言其故하야도 而理自明하니 猶所謂善言天者必有驗於人也라 然이나 其所謂故者는 又必本其自然之勢하니 如人之善水之下하야 非有所矯揉造作而然者也라 若人之為惡水之在山은 則非自然之故矣니라.

大文字義 [故고] 드러난 자취, 당연한 일이 일어난 것, [利이] 元亨利貞의 利.

集註字義 [跡적] 자취. [驗험] 징험하다. [矯교] 펴는 것, [揉유] 구부리는 것.

集註句文 [人物所得以生之理] 하늘이 사람과 사물에 부여하여 생긴 이치, 인물이 품수 받아서 태어난 이치, [其已然之跡] 이미 드러난 자취, 이미 그러한 자취. [善言天者] 하늘에 관해서 말을 잘 하는 자. [有驗於人] 사람의 일에서 징험한 것이 있다. [矯揉造作] 바로잡아 조작하다.

참 고 [善言天者必有驗於人] 天을 잘 말하는 자는 반드시 사람에게 징험함이 있다.(董仲舒)

周易 繫辭上 易은 无思也无爲也하며 寂然不動이라가 感而遂通天下之故하나니 非天下之至神이면 其孰能與於此리오.

解 義 易은 사려도 없고 작위도 없으며 고요하여 움직이지 않으나 감응하여 마침내 천하의 일에 통하니, 천하의 지극히 신묘한 것이 아니면 그 누가 이것과 함께 할 수 있겠는가?

浦渚集 제22권 [雜著 讀栗谷與牛溪論心性情理氣書, 故者以利爲本]

蓋其發見者可見 而其根本則不可見。雖其不可見 若無根本 此可見者何從而發哉。故因其可見者而推之 知其有不可見者爲可見者之根本 而此可見者 從其不可見者而發也。孟子曰 天下之言性也 則故而已矣 故者以利爲本。夫故謂發見之形迹已然者也 而利卽其形迹已然之中 無所作爲而自然而發者也。如水流行與其激而在山 搏而過顙 山之發生草木與其濯濯 是皆形迹已然者也。而流行發生 是自然者也 故知其性然也。激而在山 搏而過顙及濯濯 是皆有所作爲而然也 豈性也哉。今夫以四端爲發於性者 非以其自然而發耶。然則耳目口鼻四肢之欲 亦非自然而發者乎。旣自然而發 則謂人心不發於性可乎。若不發於性 則當何從而發乎。如謂發於氣 則天下又豈有理外之氣哉。

解 義 대개 발현되는 것은 볼 수 있지만, 그 근본이 되는 것은 볼 수가 없다. 비록 볼 수 없다고 하더라도 만약 근본이 없다면, 이 볼 수 있는 것이 무엇으로부터 발현되겠는가? 그러므로 볼 수 있는 것을 통해 미루어 본다면, 볼 수 없는 것이 볼 수 있는 것의 근본이 되는 것과 이 볼 수 있는 것이 볼 수 없는 것으로 인하여 발현된다는 것을 알 수 있다.

孟子曰, "天下之言性也 則故而已矣 故者以利爲本"이라 하시니, 그렇다면

故라는 것은 이미 그렇게 발현된 形迹을 의미하고, 利는 곧 그러한 형적 가운데에서도 作爲함이 없이 자연적으로 발현된 것이다. 이를테면 물이 아래로 흘러가는 것과 격하게 하여 산에 있게 하며, 물을 쳐서 이마를 지나가게 하며, 산이 초목을 자라나게 하는 것과 민둥산이 되게 하는 것 등은 바로 모두 형적이 이미 그러한 것이다. 그러나 물이 아래로 흘러가는 것과 산이 초목을 자라나게 하는 것은 저절로 그러한 것이므로 그 性이 그러함을 알 수 있다. 물을 격하게 하여 산에 있게 하며, 물을 쳐서 이마를 지나가게 하는 것과 민둥산은 모두 作爲하는 바가 있어 그러한 것이니 어찌 性이라 할 수 있겠는가?

지금 四端을 性에서 발현된 것이라고 여기는 것은, 그것이 저절로 그렇게 발현된 것이 아니겠는가? 그렇다면 이목구비와 사지의 욕구 또한 저절로 그렇게 발현된 것이 아니겠는가? 이미 저절로 그렇게 발현된 것이라면 人心이 性에서 발현되지 않는다고 하는 것이 可하겠는가? 만약 性에서 발현되지 않았다면 어디에서 발현되었다고 해야만 되겠는가? 이를테면 氣에서 발현했다고 한다면 천하에 또 어찌 理 밖의 氣가 있겠는가?

자구 [渚저] 물가. [激격] 격하게 하다. [搏박] 치다. [與여] 와, 함께.(上聲). [顙상] 이마. [濯탁] 민둥민둥하다. [肢지] 수족. [欲욕] 욕구.

所惡於智者는 爲其鑿也니 如智者 若禹之行水也면 則無惡於智矣리라 禹之行水也는 行其所無事也시니 如智者 亦行其所無事면 則智亦大矣니라.

지혜를 미워하는 것은 穿鑿하기 때문이니 만일 지혜로운 자들이 禹임금이 물을 흘러가게 하듯이 한다면 지혜를 미워함이 없을 것이다. 禹임금이 물을 흘러가게 한 것은 그 일 없는 바를 행한 것이니, 만약 지혜로운 자가 또한 일 없는 바를 행한다면 지혜 또한 클 것이다.

集註 天下之理本皆利順이어늘 小智之人이 務爲穿鑿하니 所以失之라 禹之行水는 則因其自然之勢而導之요 未嘗以私智穿鑿而有所事라 是以로 水得其潤下之性而不爲害也라.

大文字義 [惡오] 미워하다.(去聲). [鑿착] 천착하다, 학문을 끝까지 추구하다.(別意)

大文句文 [所惡於智者] 지혜를 미워하는 것.

集註字義 [利이] 이롭게 여기다. [順순] 순리. [穿천] 뚫다. [潤윤] 적시다.
集註句文 [穿鑿] 이치에 닿지 않는 말로 억지를 부리다. [潤下之性] 적시고 내려가는 본성, 스며들고 내려가는 본성

天之高也와 星辰之遠也나 苟求其故면 千歲之日至를 可坐而致也니라.

하늘은 높고 星辰은 멀리 있지만, 만일 하늘과 星辰의 드러난 자취를 따져보면 천년 뒤(혹은 前)의 冬至를 앉아서도 알 수 있을 것이다."

集註 天雖高하고 星辰雖遠이나 然이나 求其已然之迹이면 則其運有常하야 雖千歲之久라도 其日至之度를 可坐而得이니 况於事物之近에 若因其故而求之면 豈有不得其理者而何以穿鑿為哉리오 必言日至者는 造歷者 以上古十一月甲子朔夜半冬至로 為歷元也라 ○程子曰 此章은 專為智而發이니라 愚謂事物之理 莫非自然이니 順而循之면 則為大智요 若用小智而鑿以自私면 則害於性而反為不智라 程子之言이 可謂深得此章之旨矣로다.
大文句文 [千歲之日至] 천년 前의 동지, 또는 천년 뒤의 동지.
集註字義 [度도] 도수. [必필] 굳이. [歷역] 冊曆. [發발] 말하다.
集註句文 [何以穿鑿為哉] 무엇 때문에 천착 하겠는가?, 무엇 때문에 천착을 한단 말이냐? [以上古十一月甲子朔夜半冬至為歷元也] 上古 시대의 11월 甲子朔 夜半에 冬至가 든 날을 冊曆의 기원으로 삼았다. [專為智而發] 오로지 지혜로운 자를 위하여 말하다(주자), 오로지 智의 문제에 대하여 말하다(정자).

27장 公行子 有子之喪이어늘 右師往弔할새 入門커늘 有進而與右師言者하며 有就右師之位而與右師言者러니

公行子가 자식의 喪이 있었는데, 右師가 가서 조문할 때 門에 들어오자 앞으로 나아가 右師와 말하는 者가 있었으며, 右師의 자리에 나아가 右師와 말하는 자가 있었는데,

> **集註** 公行子는 齊大夫라 右師는 王驩也라.
> **大文字義** [與여] 더불어, 와.(上聲).

孟子不與右師言하신대 右師不悅曰 諸君子皆與驩言이어늘 孟子獨不與驩言하시니 是는 簡驩也로다.

맹자께서 右師와 말씀하지 않으시니, 右師가 달갑지 않게 말하기를, "모든 군자들은 모두 나와 말하는데 맹자께서는 유독 나와 말씀하지 않으시니, 이것은 나를 얕보는 것입니다."

> **集註** 簡은 畧也라.
> **大文字義** [簡간] 무시하다, 얕보다.

孟子聞之하시고 曰 禮에 朝廷에 不歷位而相與言하며 不踰階而相揖也하나니 我欲行禮어늘 子敖以我為簡하니 不亦異乎아

맹자께서 들으시고 말씀하시기를, "禮에 '朝廷에서 남의 자리를 지나 서로 더불어 말하지 않으며, 품계(계단)를 넘어서 서로 읍하지 않는다.' 하였으니, 내가 禮를 행하고자 하는데 子敖는 내가 얕잡아 본다고 하니 또한 이상하지 않은가?"

> **集註** 是時에 齊卿大夫以君命弔하야 各有位次하니 若周禮에 凡有爵者之喪禮엔 則職喪이 涖其禁令하야 序其事라 故로 云朝廷也라 歷은 更涉也라 位는 他人之位也라 右師未就位而進與之言이면 則右師歷已之位矣요 右師已就

位而就與之言이면 則已歷右師之位矣라 孟子右師之位가 又不同階하니 孟子不敢失此禮라 故로 不與右師言也하시니라.

大文字義 [歷역] 지나가다. [踰유] 넘다. [敖오] 놀다. [異이] 이상하다.

集註字義 [若약] 이를테면~과 같다. [職직] 직을 담당하다. [涖이] 임하다, 담당하다. [序서] 순서를 매기다. [更경] 지나가다. [涉섭] 건너다.

集註句文 [職喪] 상례를 담당하는 자. [更涉] 지나가다, 통과하다.

28장 孟子曰 君子所以異於人者는 以其存心也니 君子는 以仁存心하며 以禮存心이니라.

맹자왈, "군자가 남과 다른 것은 마음을 보존하기 때문이니, 군자는 仁을 마음에 보존하고 禮를 마음에 보존한다.

集註 以仁禮存心은 言以是存於心而不忘也라.

仁者는 愛人하고 有禮者는 敬人하나니

仁者는 남을 사랑하고 禮가 있는 자는 남을 공경하니,

集註 此는 仁禮之施라.

大文句文 [仁者] 以仁存心者.

愛人者는 人恒愛之하고 敬人者는 人恒敬之니라.

남을 사랑하는 자는 남이 항상 사랑해 주고, 남을 공경하는 자는 남이 항상 공경해 준다.

集註 此은 仁禮之驗이라.

有人於此하니 其待我以橫逆則君子必自反也하야 我必不仁也며 必無禮也로다 此物이 奚宜至哉오하나니라.

여기에 어떤 사람이 있다고 하자. 그가 나를 횡포한 행동으로써 대한다면 군자는 반드시 자기에게 돌이켜, '내가 필경 不仁하며 필경 無禮하구나. 이러한 일이 어찌 나에게 이르렀는가?' 한다.

集註 橫逆은 謂强暴不順理也라 物은 事也라.
大文字義 [待대] 대하다. [橫횡] 거슬리다.(去聲). [必필] 필경. [物물] 일.
大文句文 [橫逆] 횡포. [君子必自反] 군자는 반드시 자기에게 돌이킨다. [此物 奚宜至哉] 이러한 일이 어찌 나에게 이르렀는가?

其自反而仁矣며 自反而有禮矣로대 其橫逆이 由是也어든 君子必自反也하야 我必不忠이로다하나니라,

그가 스스로 반성해도 仁하며 스스로 반성해도 禮가 있는데 그 횡포함이 이와 같다면, 군자는 반드시 스스로 돌이켜 반성하여, '내가 필경 그 마음을 다하지 못한 바가 있구나.' 한다.

集註 忠者는 盡己之謂라 我必不忠은 恐所以愛敬人者 有所不盡其心也라.
大文字義 [由유] 같다.(細註 由與猶同下倣此)

自反而忠矣로대 其橫逆이 由是也어든 君子曰 此亦妄人也已矣로다하나니 如此則與禽獸奚擇哉리오 於禽獸에 又何難焉이리오

자신에게 돌이켜보아 그 마음을 다하였으되 그 횡포함이 이와 같다면 군자가 말하기를, '이렇다면 또한 妄人일 따름이다.' 하나니, 이와 같다면 금수와 무엇이 다르겠는가, 금수에 대하여 또 무엇을 힐난하겠는가?

集註 奚擇은 何異也라 又何難焉은 言不足與之校也라.

大文字義 [擇택] 가리다, 구별하다. [難난] 힐난하다.
大文句文 [奚擇] 무엇이 다르겠는가?

是故로 君子有終身之憂요 無一朝之患也니 乃若所憂則有之하니 舜도 人也며 我亦人也로대 舜은 為法於天下하사 可傳於後世어시늘 我는 由未免為鄉人也하니 是則可憂也라 憂之如何오 如舜而已矣니라 若夫君子所患則亡矣니 非仁無為也며 非禮無行也라 如有一朝之患이라도 則君子不患矣니라.

그러므로 군자는 평생의 근심하는 일은 있고 하루아침의 걱정거리는 없다. 근심하는 바로 말하자면 가지고 있으니, 舜임금도 사람이며 나도 사람인데, 舜임금은 천하에 본보기가 되시어 후세에 전할 만하지만, 나는 오히려 鄕人이 됨을 면치 못하니, 이것이 바로 근심스러워할만한 것이다. 근심스러우면 어떻게 해야 하는가? 舜임금과 같이 할 뿐이다. 군자가 일시적으로 걱정하는 바로 말하자면 없으니, 仁이 아니면 행하지 않으며 禮가 아니면 행하지 않는다. 만약 하루아침의 걱정거리가 있다 해도 군자는 걱정하지 않는다."

集註 鄕人은 鄕里之常人也라 君子存心不苟라 故로 無後憂라.
大文字義 [患환] 걱정. [由유] 오히려(猶→尙)
大文句文 [乃若=若夫] ~로 말하면. [有一朝之患] 하루아침의 근심거리가 있다.

29장 禹稷이 當平世하야 三過其門而不入하신대 孔子賢之하시니라.

禹와 稷이 태평한 시대를 만나 세 번 자기 집 문 앞을 지나갔는데 들어가지 않았으니, 孔子께서 훌륭하게 여기셨다.

集註 事見前篇하니라.(등문공상)
자 구 [當당] 만나다.
大文句文 [禹稷] 禹와 稷.(禹가 舜임금의 신하일 때이므로 禹임금으로 칭하지 않음)

顔子當亂世하야 居於陋巷하사 一簞食와 一瓢飮을 人不堪其憂어늘 顔子不改其樂하신대 孔子賢之하시니라.

顔子가 亂世를 만나 陋巷에 거처하면서 한 끼의 대그릇에 담은 밥과 호리병에 담은 마실 것을 사람들이 그 근심을 감당하지 못하는데, 顔子가 그의 즐김을 바꾸지 않았으니 孔子께서 훌륭하게 여기셨다.

孟子曰 禹稷顔回 同道하니라.

맹자왈, "禹와 稷과 顔回는 추구하는 도가 같다.

> **集註** 聖賢之道는 進則救民하고 退則脩己하니 其心이 一而已矣니라.
> **大文字義** [陋누] 더럽다. [巷항] 골목. [簞단] 대그릇. [瓢표] 표주박. [堪감] 견디다.

禹는 思天下有溺者어든 由己溺之也하시며 稷은 思天下有飢者어든 由己飢之也하니 是以로 如是其急也시니라.

禹는 천하에 물에 빠진 사람이 있으면 오히려 자기가 빠트린 것과 같이 생각하였으며, 稷은 천하에 굶주린 사람이 있으면 자기가 굶주리게 한 것처럼 생각하였으니, 이 때문에 이와 같이 급했던 것이다.

> **集註** 禹稷은 身任其職이라 故로 以爲己責而救之急也시니라.

禹稷顔子 易地則皆然이리라.

禹와 稷과 顔子는 처지가 바뀌었더라도 모두 그렇게 하였을 것이다.

> **集註** 聖賢之心은 無所偏倚하야 隨感而應하야 各盡其道라 故로 使禹稷居顔子之

地면 則亦能樂顔子之樂이요 使顔子居禹稷之任이면 亦能憂禹稷之憂也리라.

大文字義 [易역] 바뀌다. [地지] 처지.

集註字義 [偏편] 치우치다. [倚기] 기울다.(平聲)./ 기대다.(의, 上聲). [使사] 가령.(上聲)./ 사신, 심부름.(去聲). [居거] 놓이다. [任임] 중임.

集註句文 [隨感而應] 시대가 처한 환경에 따라 대응하다.

今有同室之人이 鬪者어든 救之호대 雖被髮纓冠而救之라도 可也니라.

지금 한 집안 사람이 싸울 경우에는 구제해 주되, 비록 머리를 풀어 헤친 채 갓끈만을 매고 구제해 주더라도 괜찮다.

集註 不暇束髮而結纓往救하니 言急也니 以喩禹稷이라.

大文字義 [鬪투] 싸우다(鬭). [被피] 풀다, 입다, 덮다.(去聲)./ 이불.(上聲). [纓영] 갓끈.

集註字義 [暇가] 겨를. [喩유] 비유하다, 깨우치다.

鄕鄰에 有鬪者어든 被髮纓冠而往救之면 則惑也니 雖閉戶라도 可也니라.

향리와 이웃에 싸우는 사람이 있다면 머리를 풀어 헤친 채 갓끈만을 매고 가서 구제해 준다면 미혹된 것이니, 비록 문을 걸어 잠그더라도 괜찮다."

集註 喩顔子也라 ○此章은 言聖賢이 心無不同이요 事則所遭或異라 然이나 處之各當其理하니 是乃所以為同也니라 尹氏曰 當其可之謂時니 前聖後聖이 其心一也라 故로 所遇에 皆盡善이니라.

大文字義 [惑혹] 미혹.

集註字義 [遭조] 만나다. [當당] 합당하다.

集註句文 [所以為同也] 同이 되는 까닭이다. [當其可之謂時] 當其可를 일러 時라고 한다. 그 可함에 적당함을 時라고 한다.

孤山遺稿 제4권 [呈海南城主單子, 被髮纓冠而往救]

民等竊觀呂氏鄕約 有辨誣解冤之訓。同約凡人尙如是 況同宗切親乎。受冤者固可憐 而使之冤者 於其身豈爲吉乎。受冤者同宗 而使之冤者亦同宗 則門中之大不幸也。解紛釋難 烏可已也。此孟子所謂被髮纓冠而往救者也。門中公議 其有異同乎。此民等之所以齊聲仰號於城主閤下。伏願城主留神細察焉。

解義 저희가 삼가 呂氏鄕約을 살펴보건대, 무고함을 변론하고 억울함을 풀어야 한다는 교훈이 있습니다. 향약을 같이한 일반 사람들도 이와 같은데, 하물며 同宗의 切親이겠습니까? 억울함을 당한 자도 참으로 가련하지만, 억울한 일을 당하게 한 자도 자신에게 어찌 吉한 일이 되겠습니까? 억울함을 당한 자도 동종이고 억울함을 당하게 한 자도 동종이라면 門中의 큰 불행입니다. 분란을 해소하는 일을 어찌 그만둘 수 있겠습니까? 이는 맹자께서 이른바 '머리카락을 풀어 흩뜨린 채로 갓끈만 매고 가서 말려야 하는 경우' 입니다. 문중의 公議에 어찌 異同이 있겠습니까? 이것이 저희가 城主 閤下에게 한 목소리로 우러러 호소하게 된 所以이니, 엎드려 바라건대 성주께서는 유념하여 자세히 살펴 주소서.

30장 公都子曰 匡章을 通國이 皆稱不孝焉이어늘 夫子與之遊하시고 又從而禮貌之하시니 敢問何也잇고

公都子曰, "匡章을 온 나라 사람들이 모두 불효라고 칭하는데 夫子께서는 그와 교유하시고, 또 이어서 예로서 그를 대우하시니 감히 여쭙겠습니다. 어째서 입니까?"

集註 匡章은 齊人이라 通國은 盡一國之人也라 禮貌는 敬之也라.

大文字義 [通통] 온, 통틀어, [遊유] 교유하다.

孟子曰 世俗所謂不孝者五니 惰其四肢하야 不顧父母之養이 一不孝也요 博奕好飮酒하야 不顧父母之養이 二不孝也요 好貨財하며 私妻子하야 不顧父母之養이 三不孝也요 從耳目之欲하야 以爲父母戮이 四不孝也요 好勇鬪狠하야 以危父母 五不孝也니 章子有一於是乎아

맹자왈, "세속에서 이른바 불효라는 것이 다섯 가지이다. 몸을 게을리 하여 부모의 봉양을 돌보지 않는 것이 첫 번째 불효이고, 장기나 바둑을 두고 술마시기를 좋아하여 부모의 봉양을 돌보지 않는 것이 두 번째 불효이고, 貨財를 좋아하고 처자만을 사랑하고 부모의 봉양을 돌보지 않는 것이 세 번째 불효이고, 이목의 욕심을 좇아서 부모를 욕되게 하는 것이 네 번째 불효이고, 용기를 좋아하고 싸움하고 사납게 굴어서 부모를 위태롭게 하는 것이 다섯 번째 불효이다. 章子가 이 가운데 하나라도 있는가?

集註 戮은 羞辱也라 狠은 忿戾也라.

大文字義 [惰타] 게을리 하다. [肢지] 팔다리. [顧고] 돌보다. [博박] 장기, 쌍륙, 넓다. [奕혁] 바둑. [戮육] 욕되다, 죽이다. [狠한] 사납다.

集註字義 [羞수] 부끄러워하다. [辱욕] 욕되다. [忿분] 성내다. [戾려] 사납다, 어그러지다.

夫章子는 子父責善而<u>不相遇</u>也니라.

章子는 아들과 아비가 責善하여 서로 뜻이 맞지 않았던 것이다.

集註 遇는 合也라 相責以善而不相合이라 故로 爲父所逐也라.

大文句文 [不相遇] 서로 뜻이 맞지 않다.

責善은 朋友之道也니 父子責善이 賊恩之大者니라.

責善은 朋友의 道이니 父子가 責善하는 것은 恩愛의 막대함을 해치는 것이다.

集註 賊은 害也라 朋友는 當相責以善이어니와 父子行之면 則害天性之恩也라.

夫章子 豈不欲有夫妻子母之屬哉리오마는 為得罪於父하야 不得近이라 出妻屛子하야 終身不養焉하니 其設心에 以為不若是면 是則罪之大者라하니 是則章子已矣니라.

章子가 어찌 夫妻와 子母의 친속이 있기를 바라지 않았겠는가만, 아비에게 죄를 얻어서 가까이 할 수 없었기 때문이다. 妻를 내치고 자식을 막아서 종신토록 봉양을 받지 않았으니, 그의 속마음에 '이와 같이 하지 않으면 이것은 罪가 클 것이다.' 라고 생각한 것이니, 이것이 곧 章子일 따름이다."

集註 言章子非不欲身有夫妻之配하고 子有子母之屬이언마는 但為身不得近於父라 故로 不敢受妻子之養하야 以自責罰하니 其心에 以為不如此면 則其罪益大也라하니라. ○此章之旨는 於衆所惡而必察焉이니 可以見聖賢至公至仁之心矣니라 楊氏曰 章子之行을 孟子非取之也요 特哀其志而不與之絶耳시니라.

大文字義 [屬속] 무리, 친속, 등속. [屛병] 물리치다, 막다.

大文句文 [不養] 부양을 받지 않다. [設心] 마음을 쓰다.

集註句文 [章子非不欲身有夫妻之配] 광장은 자신에게 夫妻의 배필이 있기를 바라지 않은 것은 아니다.

思辨錄[五] [孟子 離婁下, 孟子歷擧五不孝]

蓋匡章所遭處之能盡其道則爲舜 不能則亦不免於爲章。遭人倫之大變而能盡其道者 幾人哉。如匡章之自處 亦難其人。謂之孝則未可 以爲不孝則誠有可恕者。故孟子歷擧五不孝 以爲章子無一於是 其不欲以不孝罪之者 其意豈不明矣乎。

解義 아마도 匡章이 처한 바에서 그 道를 다할 수 있다면 舜임금이 되고, 그렇지 못하면 또한 匡章이 되는 것을 면치 못할 것이다. 인륜의 큰 변고를 만나서 그 도를 다할 수 있는 자가 몇 사람이나 되겠는가? 광장이 처신한 것처럼 또한 그렇게 할 수 있는 사람 찾기 어려울 것이다. 이를 효도라고 한다면 옳지 않지만, 불효라고 하기에는 참으로 용서할 수 있는 점이 있다. 그러므로 맹자께서 다섯 가지의 불효를 열거하면서 장자는 여기에 한 가지도 없다고 하였으니, 불효로써 그를 죄주지 않으려는 뜻이 어찌 분명하지 않은가?

자구 [匡광] 바로잡다. [遭조] 만나다. [難난] 찾기 어렵다. [恕서] 용서하다. [歷擧] 차례로 열거하다.

31장 曾子居武城하실새 有越寇러니 或曰 寇至하나니 盍去諸리오 曰 無寓人於我室하야 毁傷其薪木하라 寇退則曰 脩我牆屋하라 我將反호리라 寇退커늘 曾子反하신대 左右曰 待先生이 如此其忠且敬也어늘 寇至則先去하야 以爲民望하시고 寇退則反하시니 殆於不可로소이다 沈猶行이 曰 是는 非汝所知也라 昔에 沈猶有負芻之禍어늘 從先生者七十人이 未有與焉이라하니라.

曾子가 武城에 거주할 때 越나라의 침입이 있었는데, 或者가 말하기를, "침입자가 이르렀으니 어찌 떠나지 않으십니까?" 증자왈, "내 집에 사람을 들여서 나의 薪木을 훼손시키지 말라!" 침입자가 물러가자, 증가왈, "나의 담장과 집을 수리하라 내가 돌아갈 것이다." 침입자가 물러가자 曾子가 돌아왔는데, 左右의 문인들이 말하기를, "무성대부가 夫子를 대우한 것이 이와 같이 충성스럽고 공경스러웠는데, 침입자가 이르자 먼저 떠나셔서 백성의 본보기가 되시고 침입자가 물러가자 돌아오시니, 아마도 옳지 못한 듯합니다." 沈猶行曰, "이것은 너희들이 알바가 아니다. 옛날에 沈猶가 負芻의 禍가 있었는데 선생을 모시는 사람 70人 모두가 거기에 관여하지 않았다."

集註 武城은 魯邑名이라 盍은 何不也라 左右는 曾子之門人也라 忠敬은 言武城之大夫가 事曾子忠誠恭敬也라 爲民望은 言使民望而效之라 沈猶行은 弟子姓名也라 言曾子嘗舍於沈猶氏러니 時有負芻者作亂하야 來攻沈猶氏어늘 曾子率其弟子去之하야 不與其難하시니 言師賓不與臣同이라.

大文字義 [越월] 넘다. [寇구] 침입자. [盍합] 어찌~하지 않다. [諸저] 之乎. [寓우] 들이다, 살게하다. [毁훼] 훼손하다. 염려되다(조기) [薪신] 땔나무. [脩수] 수리하다. [牆장] 담장. [屋옥] 지붕. [望망] 본보기. [殆태] 아마도, 위태롭다. [芻추] 꼴. [禍화] 화란. [與예, 여] 참여하다.(去聲).

大文句文 [薪木] 증자가 심어 놓은 여러 화초(趙岐), 그 집안의 여러 물품(일반적인 해석). [無寓人於我室 毁傷其薪木] 나의 집에 사람들을 살게 하여 나의 薪木들을 손상시키지 말게 하라.(朱子), 나의 집에 사람들을 살게 하지 말게 하라 나의 薪木들을 상하게 할까 염려된다(趙岐).

集註句文 [師賓不與臣同] 賓師는 신하와 처지가 같지 않다.

참 고 [負芻之禍] 曾子가 沈猶氏 집에 머물렀는데, 이때 증자의 제자 부추가 난을 일으켜 심유씨를 공격하자, 증자가 제자들을 거느리고 떠나 관여하지 않았던 일을 말한다.(負芻를 폭도라고 하는 설도 있음.)

子思居於衛하실새 有齊寇러니 或曰 寇至하나니 盍去諸리오 子思 曰 如伋이 去면 君誰與守리오하시니라.

子思가 衛나라에 거처할 때 齊나라의 침입이 있었는데, 或者가 말하기를, "침입자가 이르렀으니 어찌 떠나지 않으십니까?" 子思曰, "만약 내가 떠난다면 임금이 누구와 나라를 지키겠는가."

集註 言所以不去之意如此하시니라.
大文字義 [與여] 함께, 더불어.(上聲)
참고 당시 자사는 衛侯의 신하였으므로 떠나지 않은 것이다.

孟子曰 曾子子思同道하니 曾子는 師也며 父兄也오 子思는 臣也며 微也니 曾子子思 易地則皆然이리라.

맹자왈, "曾子, 子思는 추구하는 도가 같으니, 曾子는 스승이며 어른이요 子思는 신하이며 미천하니, 曾子, 子思가 처지를 바꾸었다면 모두 그렇게 하였을 것이다."

集註 微는 猶賤也라 尹氏曰 或遠害하고 或死難하야 其事不同者는 所處之地不同也라 君子之心은 不繫於利害하고 惟其是而已라 故로 易地則皆能為之니라 ○孔氏(孔文仲)曰 古之聖賢이 言行不同하고 事業亦異나 而其道는 未始不同也라 學者知此면 則因所遇而應之를 若權衡之稱物하야 低昂屢變호되 而不害其為同也니라.
大文句文 [父兄也] 어른.
集註字義 [繫계] 억매이다. [始시] 처음부터, 일찍이. [遇우] 처하다. [權권] 저울추. [衡형] 저울대. [稱칭] 달다. [低저] 내리다. [昂앙] 올리다. [屢누] 자주.
集註句文 [惟其(所處之地)是(理之所當然)而已] 오직 처한 바의 처지가 이치의 마땅한 바 일뿐이다. [權衡] 저울, 저울추와 저울대. [低昂屢變] 내렸다 올렸다 자주 변화시키다. [不害] 문제가 없다.

32장 儲子曰 王이 使人瞯夫子하시나니 果有異於人乎잇가 孟子曰 何以異於人哉리오 堯舜도 與人同耳시니라.

儲子曰, "王이 사람을 시켜서 夫子를 엿보게 하는데 과연 일반 사람과 다른 점이 있습니까?" 맹자왈, "무엇이 일반 사람과 다르겠는가? 堯舜도 일반 사람과 같을 뿐입니다."

集註 儲子는 齊人也라 瞯은 竊視也라 聖人亦人耳니 豈有異於人哉리오.
大文字義 [儲저] 쌓다, 세자. [瞯간] 엿보다.

33장 齊人이 有一妻一妾而處室者러니 其良人이 出則必饜酒肉而後에 反이어늘 其妻問所與飮食者則盡富貴也러라 其妻告其妾曰 良人이 出則必饜酒肉而後에 反할새 問其與飮食者호니 盡富貴也로대 而未嘗有顯者來하니 吾將瞯良人之所之也호리라하고 蚤起하야 施從良人之所之하니 徧國中호대 無與立談者러니 卒之東郭墦間之祭者하야 乞其餘하고 不足이어든 又顧而之他하니 此其爲饜足之道也러라 其妻歸하야 告其妾曰 良人者는 所仰望而終身也어늘 今若此라하고 與其妾으로 訕其良人而相泣於中庭이어늘 而良人이 未之知也하야 施施從外來하야 驕其妻妾하더라.

齊人이 一妻와 一妾을 대리고 집에 거처하였는데 그 남편이 외출하면 반드시 술과 고기를 실컷 먹은 뒤에 돌아오자, 그 妻가 함께 음식을 먹은 자를 물으면 모두 부귀한 사람이었다. 그 妻가 妾에게 말하기를, "남편이 외출하여 酒肉을 실컷 먹고 돌아온 뒤에 함께 음식을 먹은 사람을 물었더니 모두 부귀한 사람이었지만, 현달한 자가 있어 집에 온 적이 없었으니 내가 남편이 가는 곳을 엿보려고 한다." 하였다. 이침에 일찍 일어나서 남편이 가는 곳을 따라가서 미행하여 온 도성을 돌아다녔지만, 함께 서서 이야기 하는 자가 없었다. 마침내 東郭의 분묘 사이에서 제사지내는 사람에게 가서 남은 음식을 구걸하고 부족하면 또 두리번거리면서 다른 곳으로 가니, 이것이 그가 饜足之道로 삼은 것이다. 그 妻가 돌아와서 妾에게 말하기를, "남편이라는 사람은 우러르고 죽을 때까지 하는 대상인대 지금 이와 같다." 하고, 그 妾과 함께 남편을 헐뜯으면서 中庭에서 서로 울고 있었는데, 남편이 알아차리지 못하고 득의양양해서 밖에서 들어와 그 妻妾에게 교만하게 하였다.

集註 章首에 當有孟子曰字하니 闕文也라 良人은 夫也라 饜은 飽也라 顯者는 富貴人也라 施(이)는 邪施(이)而行하야 不使良人知也라 墦은 冢也라 顧는 望也라 訕은 怨詈也라 施施는 喜悅自得之貌라.

大文字義 [饜염] 배부르다, 물리다. [與여] 더불어, 함께.(上聲). [蚤조] 일찍. [施이] 미행하다.(去聲) [徧편] 두루 다니다. [郭곽] 성곽. [墦번] 무덤. [訕산] 헐뜯다. [施시] 기뻐하다, 베풀다.(平聲). [驕교] 교만하다.

大文句文 [施(이)從] 미행하여 따라가다. [施施] 득의 양양, 기뻐하는 모양.

集註字義 [冢총] 무덤. [詈리] 꾸짖다.

由君子觀之컨대 則人之所以求富貴利達者 其妻妾이 不羞也而不相泣者 幾希矣니라.

군자의 입장에서 본다면, 사람들 가운데 부귀와 현달을 구하는 자들은 그 처첩이 수치스럽게 여기지 않고 서로 울지 않는 자 드물 것이다.

集註 孟子言自君子而觀하면 今之求富貴者皆若此人耳니 使其妻妾見之면 不羞而泣者少矣라하시니 言可羞之甚也라 ○趙氏曰 言今之求富貴者 皆以枉曲之道로 昏夜乞哀以求之하야 而以驕人於白日하니 與斯人으로 何以異哉리오.

成宗實錄 [成宗 2년 5월 11일 晝講, 孟子極形容小人情狀處]

同知事李承召啓曰 此孟子極形容小人情狀處也。大凡小人之求官達者 必趨附權勢 乞哀媒進 宰相亦以其附己也 譽而薦之 人主亦信而任之 故小人之進也 常易。若君子直己自守 不趨附權門 故其進也難。人主幸而得一君子 其事君也 必以正 故君有過擧 輒進規諫 終必見斥。此君子所以常不達也。

解義 同知事 李承召曰, "이 장은 맹자가 극진하게 소인의 정상을 형용한 곳입니다. 대저 소인으로서 현달하기를 추구하는 자는 반드시 권세에 잽싸게 붙어 매진하기를 애걸하니, 재상도 그가 자기에게 아부하는 것을 즐겨 천거하게 되고, 임금도 믿고서 임용하기 때문에 소인의 진출은 항상 쉽습니다. 군자와 같은 경우에는 자기를 곧게 하고 스스로를 지키며, 권문에 붙지 않기 때문에 그 진출이 어렵습니다. 임금이 다행히 한 군자를 얻었는데 그가 임금을

섬기기를 반드시 바름으로써 하기 때문에 임금의 지나친 거동이 있으면 문득 바른 간언을 올리었다가 마침내는 반드시 배척을 당하게 됩니다. 이것이 군자가 항상 영달하지 못하는 까닭입니다."

자구 [極극] 지극히. [大凡] 대저. [宦환] 벼슬살이 하다. [達달] 현달하다. [趨촉] 빨리. [媒進] 승진, 출세, ~을 매개로 진출하다. [譽예] 칭찬하다. [薦천] 천거하다. [任임] 임용하다. [幸행] 요행히. [過擧] 지나친 거동. [輒첩] 문득.

09

孟子集註大全卷之一

萬章章句上

孟子集註大全卷之九 萬章章句上

·09·

凡九章이라. 모두 9장이다.

1장 萬章이 問曰 舜이 往于田하사 號泣于旻天하시니 何為其號泣也잇고 孟子曰 怨慕也시니라.

萬章 問曰, "순이 밭에 나아가 하늘에 소리쳐 울부짖었으니 어찌하여 울부짖은 것입니까?" 맹자왈, "자신을 원망하고 부모를 사모한 것이다."

集註 舜往于田은 耕歷山時也라 仁覆閔下를 謂之旻天이라 號泣于旻天은 呼天而泣也니 事見虞書大禹謨篇하니라 怨慕는 怨己之不得其親而思慕也라.

大文字義 [號호] 소리치다. [泣읍] 울부짖다. [旻민] 하늘.

大文句文 [旻天] 가을 하늘. [怨慕] 자신을 원망하고 부모를 사모하다.

集註字義 [覆복] 덮다. [閔민] 불쌍히 여기다. [下하] 下民, 백성.

集註句文 [仁覆閔下] 인으로 덮어주고 아랫사람을 불쌍히 여기다.

참 고 蒼天은 봄 하늘, 昊天은 여름 하늘, 旻天은 가을 하늘, 上天은 겨울 하늘이다.

書經 虞書 [大禹謨篇] 離婁章句下 20장 참조.

萬章이 曰 父母愛之어시든 喜而不忘하고 父母惡之어시든 勞而不怨이니 然則舜은 怨乎잇가 曰 長息이 問於公明高曰 舜이 往于田則吾旣得聞命矣어니와 號泣于旻天과 于父母則吾不知也로이다 公明高曰 是는 非爾所知也라하니 夫公明高는 以孝子之心이 為不若是恝이라 我는 竭力耕田하야 共為子職而已矣니 父母之不我愛는 於我何哉오하니라.

만장왈, "부모가 사랑하시면 기뻐하여 잊지 말며, 부모가 미워하시면 수고로워도 원망하지 않는 것이니, 그렇다면 순은 원망하였습니까?" 맹자왈, "장식이 공명고에게 묻기를, '순이 밭에 나간 것에 대해서는 제가 이미 가르침을 들을 수 있었으나, 하늘과 부모에 울부짖은 것은 제가 알지 못하겠습니다.' 하니, 공명고왈, '이것은 네가 알 수 있는 바가 아니다.' 하였다. 저 공명고는 이와 같이 무심하지 않은 것을 효자의 마음으로 생각한 것인지라, '나는 힘을 다하여 밭을 갈아서 함께 자식의 직분을 다할 뿐이니, 부모가 나를 사랑하지 않는 것은 나에게 무슨 상관이 있겠는가?' 라고 한 것이다.

集 註 長息은 公明高弟子요 公明高는 曾子弟子라 于父母는 亦書辭니 言呼父母而泣也라 恝은 無愁之貌라 於我何哉는 自責不知己有何罪耳니 非怨父母也라 楊氏曰 非孟子深知舜之心이면 不能為此言이라 蓋舜은 惟恐不順於父母요 未嘗自以為孝也시니 若自以為孝면 則非孝矣니라.

大文字義 [命명] 가르침. [恝괄] 태연하다.

大文句文 [聞命] 가르침을 듣다. [不若是恝] 이와 같이 무심하지 않다, 이와 같이 근심하다. [於我何哉] 나에게 무슨 관계가 있겠는가?(다산), 나에게 무슨 잘못이 있겠는가?(주자)

集註字義 [愁수] 근심하다.

참 고 [夫公明高 以孝子之心 為不若是恝] '夫公明高' 주어, '不若是恝' 목적어, '以孝子之心' 목적격 보어, '為' 타동사이다. '以孝子之心'을 강조할 목적으로 '為' 앞으로 전치한 것이다.

帝使其子九男二女로 百官牛羊倉廩을 備하야 以事舜於畎畝之中하시니 天下之士 多就之者어늘 帝將胥天下而遷之焉이러시니 為不順於父母라 如窮人無所歸러시다.

요임금이 그의 아들 아홉과 두 딸로 하여금 百官과 牛羊과 倉廩을 갖추고서 농사지으면서 순을 섬기게 하였는데, 천하 사람들이 순에게로 나아가는 이가 많았다. 요임금이 천하 사람들을 살펴보시고 순에게 옮겨 주려고 하였는데, 순은 부모에게 順하지 못하였기 때문에 마치 곤궁한 사람이 돌아갈 곳이 없는 것과 같았다.

集 註 帝는 堯也라 史記云二女妻之하야 以觀其內하고 九男事之하야 以觀其外라

하고 又言一年에 所居成聚하고 二年에 成邑하고 三年에 成都라하니 是는 天下之士就之也라 胥는 相視也라 遷之는 移以與之也라 如窮人之無所歸는 言其怨慕迫切之甚也라.

大文字義 [廩름] 곳집. [畎견] 밭도랑. [畝묘, 무(本音)] 이랑. [士사] 사람들. [胥서] 살피다, 서로. [遷천] 옮기다. [歸귀] 의탁할 곳.

集註字義 [聚취] 취락. [與여] 부여하다, 주다.(上聲).

참고 [畎畝之中] 밭두둑 사이(孤山遺稿), 초야에서, 농사지으면서(謹齋集), 전원에서(大山集, 東文選, 牧隱文藁, 三峰集), 논밭 가운데(存齋集) 등 번역본 마다 다소의 차이가 있음.

天下之士 悅之는 人之所欲也어늘 而不足以解憂하며 好色은 人之所欲이어늘 妻帝之二女하사되 而不足以解憂하시며 富는 人之所欲이어늘 富有天下하사되 而不足以解憂하시며 貴는 人之所欲이어늘 貴為天子하사되 而不足以解憂하시니 人悅之와 好色과 富貴에 無足以解憂者요 惟順於父母라야 可以解憂러시다.

천하 사람들이 좋아하는 것은 사람들이 바라는 바이지만 근심을 풀기에 부족하며, 여색을 좋아하는 것은 사람들이 바라는 바이지만 요임금의 두 딸을 아내삼아 주었으되 근심을 풀기에 부족하며, 부유함은 사람들이 바라는 바이지만 부유함이 천하를 소유하였으되 근심을 풀기에 부족하며, 존귀함은 사람들이 바라는 바이지만 존귀함이 천자가 되었으되 근심을 풀기에 부족하였다. 사람들이 좋아하는 것과 여색을 좋아하는 것과 부귀는 근심을 풀기에 충분하지 않고, 오직 부모에게 順하여야 근심을 풀 수 있었다.

集註 孟子推舜之心如此하야 以解上文之意하시니라 極天下之欲이라도 不足以解憂요 而惟順於父母라야 可以解憂라하시니 孟子眞知舜之心哉신저.

大文字義 [悅열] 좋아하다, 기뻐하다. [解해] 풀다. [色색] 여색. [妻처] 아내삼아주다. [順순] 천리에 맞아서 어긋나지 않는 것(父慈子孝).

集註字義 [極극] 지극하다. 끝까지 다하다.

人이 少則慕父母하다가 知好色則慕少艾하고 有妻子則慕妻子하고 仕則慕君하고 不得於君則熱中이니 大孝는 終身慕父母하나니 五十而慕者를 予於大舜에 見之矣로라.

사람이 젊어서는 부모를 사모하다가 여색을 좋아할 줄 알게 되면 젊고 예쁜 여자를 사모하게 되고, 아내와 자식을 두게 되면 처자를 사모하게 되고, 벼슬하게 되면 군주를 사모하게 되고, 군주의 마음을 얻지 못하게 되면 조급증이 생긴다. 大孝는 종신토록 부모를 사모하니, 나이 50세가 되어서도 부모를 사모하는 자를 내가 大舜에게서 보았노라."

集註 言常人之情은 因物有遷이나 惟聖人은 爲能不失其本心也라 艾는 美好也니 楚詞戰國策에 所謂幼艾가 義與此同이라 不得은 失意也라 熱中은 躁急心熱也라 言五十者는 舜攝政時年五十也라 五十而慕면 則其終身慕를 可知矣니라 ○此章은 言舜不以得衆人之所欲으로 爲己樂하시고 而以不順乎親之心으로 爲己憂하시니 非聖人之盡性이면 其孰能之리오.

大文字義 [少소] 젊다. [艾애] 예쁘다, 미모, 쑥.(去聲)./ 다스리다.(예, 去聲).

大文句文 [少艾] 어여쁜 소녀, 젊은 아가씨. [熱中] 마음을 태우다.

集註字義 [躁조] 조급하다. [攝섭] 대신하다, 당기다, 걷다.

2장 萬章이 問曰 詩云 娶妻如之何오 必告父母라하니 信斯言也인댄 宜莫如舜이어시니 舜之不告而娶는 何也잇고 孟子曰 告則不得娶하시리라 男女居室은 人之大倫也니 如告則廢人之大倫하야 以懟父母라 是以不告也시니라.

萬章 問曰, "시경에 이르기를 '아내를 맞이할 때는 어떻게 해야 하는가? 반드시 부모에게 고해야 한다.' 하였습니다. 참으로 이 시의 말과 같다면 누구도 舜과 같아서는 안 되는 것이니, 순이 부모에게 고하지 않고 장가든 것은 어째서 입니까?" 맹자 왈, "부모에게 고하였으면 장가들지 못하였을 것이다. 남녀가 한 방에 거처하는 것은 사람의 큰 인륜이니, 만약 고하였다면 사람의 큰 인륜을 폐하게 되어 부모를 원망하였을 것이다. 이 때문에 고하지 않은 것이다."

集註 詩는 齊國風南山之篇也라 信은 誠也니 誠如此詩之言也라 懟는 讎怨也라 舜이 父頑母嚚하야 常欲害舜하니 告則不聽其娶하리니 是는 廢人之大倫하야 以讎怨於父母也라.

大文字義 [娶취] 장가 들다. [信신] 진실로. [懟대] 원망하다.

大文句文 [宜莫] ~와 같아서는 안 된다. [不告] 허락을 받지 않다.

集註字義 [讎수] 원수로 삼다. [頑완] 완고하다. [嚚은] 어리석다.

詩經 [國風 齊風 南山 4장]

大義 齊襄公이 魯桓公의 부인이 된 누이와 간통하고 노환공을 죽인 것을 비난한 시이다.

詩解 1장. 南山崔崔어늘 雄狐綏綏로다 魯道有蕩이어늘 齊子由歸로다 旣曰歸止어시니 曷又懷止오.

남산은 크고 높은데 숫여우 어슬렁 짝을 찾도다. 노나라 가는 길 평탄한데 제나라 여인 이 길로 시집갔도다. 시집갔으면 그만이지 어이 또 그리워하나요.

2장. 葛屨五兩이며 冠緌雙止니라 魯道有蕩이어늘 齊子庸止로다 旣曰庸止어시니 曷又從止오.

칡덩굴 신 다섯 켤레며 관유 장식은 한 쌍씩이니라. 노나라 가는 길 평탄한데 제나라 아씨 이 길로 시집갔도다. 이 길로 갔으면 그만이지 어찌하여 또 어울리나요.

3장. 藝麻如之何오 衡從其畝니라 取妻如之何오 必告父母니라 旣曰告止오시니 曷又鞠止오

삼을 심을 땐 어찌 하나요 가로 세로 둑을 만드느니라. 아내 맞이할 땐 어이하나요 반드시 부모님께 아뢰느니라. 부모님께 고했으면 됐지 어찌 또 욕심을 부리나요.

4장. 析薪如之何오 匪斧不克이니라 取妻如之何오 匪媒不得이니라 曰得止이시니 曷又極止오

장작을 패려면 어찌 하나요 도끼가 아니면 안 되느니라. 아내 맞이할 땐 어이하나요 중매쟁이 아니면 안 되느니라. 아내 얻었으면 그만이지 어이 욕심 끝없이 부리나요.

자구 [崔崔] 크고 높다. [綏수] 느리다, 편안하다. [綏綏] 어슬렁거리는 모습. [蕩탕] 평탄하다. [緌유] 갓끈. [庸] 쓰다(用). [從종] 서로 따르다. [藝예] 심다. [衡횡] 가로.(平聲). [衡從] 가로 세로. [鞠국] 다하다. [析석] 쪼개다. [薪신] 장작. [析薪] 장작을 쪼개다. [極] 끝까지 하다.

萬章曰 舜之不告而娶則吾 既得聞命矣어니와 帝之妻舜而不告는 何也잇고 曰 帝亦知告焉則不得妻也시니라.

만장왈, "순이 부모에게 고하지 않고 장가들었다는 것은 이미 가르침을 들을 수 있었지만, 요임금이 순에게 아내삼아 주고서 고하지 않은 것은 어째서 입니까?" 맹자왈, "요임금도 고해 주었더라면 아내삼아 줄 수 없음을 아신 것이다."

集註 以女為人妻曰妻라 程子曰 堯妻舜而不告者는 以君治之而已니 如今之官府에 治民之私者亦多니라.

萬章이 曰 父母使舜으로 完廩捐階하고 瞽瞍 焚廩하며 使浚井하야 出커시늘 從而揜之하고 象이 曰 謨蓋都君은 咸我績이니 牛羊父母요 倉廩父母요 干戈朕이요 琴朕이오 弤朕이오 二嫂란 使治朕棲호리라하고 象이 往入舜宮한대 舜이 在牀琴이어시늘 象이 曰 鬱陶思君爾라하고 忸怩한대 舜이 曰 惟玆臣庶를 汝其于予治라하시니 不識케이다 舜이 不知象之將殺己與잇가 曰 奚而不知也시리오마는 象憂亦憂하시고 象喜亦喜하시니라.

만장왈, "부모가 舜을 시켜 곳간 지붕을 수리하게 하고서 사다리를 치우고 고수가 곳간에 불을 놓았으며, 舜을 시켜 우물을 파게하고서 순이 나오려고 하자 뒤따라 흙을 덮었습니다. 象曰, '都君을 덮을 것을 계획한 것은 모두 나의 공적이니 소와 양은 부모 것이고, 창름에 있는 것은 부모 것이고, 방패와 창은 내 것이고, 琴은 내 것이고, 무늬 새긴 활은 내 것이고, 두 형수는 나의 잠자리를 보게 하리라.' 하였습니다. 象이 가서 舜임금의 집에 들어갔는데, 舜임금이 침상에 앉아 琴을 타고 있거늘, 象曰, '울적한 마음에 都君을 생각하였을 뿐입니다.' 하고 부끄러워하자, 舜曰, '오직 이 신민들을 네가 나를 도와 다스리라.' 하였으니, 잘 모르겠습니다. 舜은 象이 자기를 죽이려 하는 것을 몰랐습니까?" 맹자왈, "어찌 몰랐겠는가? 象이 근심하면 또한 근심하셨고, 象이 기뻐하면 또한 기뻐하신 것이다."

集註 完은 治也라 捐은 去也라 階는 梯也라 揜은 蓋也라 按史記曰 使舜으로 上塗廩하고 瞽瞍從下하야 縱火焚廩이어늘 舜乃以兩笠으로 自捍而下去하야 得不死하며 後又使舜穿井이어늘 舜穿井에 爲匿空旁出이러니 舜旣深入에 瞽瞍與象으로 共下土實井이어늘 舜從匿空中出去라하니 卽其事也라 象은 舜異母弟也라 謨는 謀也라 蓋는 蓋井也라 舜所居에 三年成都라 故로 謂之都君이라 咸은 皆也라 績은 功也니 舜旣入井에 象이 不知舜已出하고 欲以殺舜爲己功也라 干은 盾也요 戈는 戟也라 琴은 舜所彈五弦琴也요 弤는 琱弓也니 象欲以舜之牛羊倉廩으로 與父母而自取此物也라 二嫂는 堯二女也요 棲는 牀也니 象欲使爲己妻也라 象往舜宮하야 欲分取所有라가 見舜生在牀彈琴하니 蓋旣出에 卽潛歸其宮也라 鬱陶는 思之甚而氣不得伸也라 象言己思君之甚이라 故로 來見爾라 忸怩는 慙色也라 臣庶는 謂其百官也니 象素憎舜하야 不至其宮이라 故로 舜見其來而喜하야 使之治其臣庶也라 孟子言舜非不知其將殺己언마는 但見其憂則憂하고 見其喜則喜하시니 兄弟之情이 自有所不能已耳라 萬章所言은 其有無를 不可知나 然이나 舜之心則孟子有以知之矣시니 他亦不足辨也니라 程子曰 象憂亦憂하시고 象喜亦喜하시니 人情天理가 於是爲至니라.

大文字義 [捐연] 없애다, 기부하다. [階계] 사다리. [焚분] 불사르다. [浚준] 파다. [揜엄] 덮다. [謨모] 계책(국가의 큰 계책). [蓋개] 덮다. [咸함] 모든, 다. [績적] 공적. [朕짐] 나. [弤저] 붉은 옻칠을 한 활, 무늬 새긴 활. [棲서] 잠자리, 침상. [牀상] 평상, 침상. [鬱울] 울적하다. [陶도] 근심하다. [忸육] 부끄러워하다. [怩니] 부끄러워하다. [茲자] 이에, 이. [其기] 명령형의 투식어. [于우] 돕다. [與여] 의문사(歟, 平聲).

大文句文 [使浚井出] 순으로 하여금 샘을 파게하였는데 순이 나오려고 하자. [都君] 舜의 別號. [鬱陶] 울적한 마음, 그리워하다. [忸怩] 얼굴이 붉어지다, 부끄러워하다. [臣庶] 신하들, 臣民.

集註字義 [梯제] 사다리. [蓋개] 덮다. [塗도] 칠하다, 진흙, 길. [縱종] 놓다(放). [笠립] 삿갓. [捍한] 막다. [穿천] 파다, 뚫다. [匿익] 숨다. [旁방] 옆, 곁. [盾순] 방패, [戟극] 창. [琱조] 아로새기다. [潛잠] 몰래. [慙참] 부끄러워하다.

集註句文 [爲匿空旁出] 숨을 수 있는 굴을 만들어 곁으로 나오다. [琱弓] 漆赤弓, 彤弓(尙書) [自有所不能已耳] 저절로 그만 둘 수 없는 바가 있을 뿐이다.

참 고 만장이 말한 창고를 고치게 하고 우물을 파게 한 일은 참으로 이런 일이 꼭 있었던 것은 아니다. 그러나 맹자께서 분변하지 않고, 다만 象이 근심하면 역시 근심하고 象이 기뻐하면 역시 기뻐했다는 것으로 대답했으니, 이는 순임금이 천리와 인정에 대해서 극진하였음을 지극하게 말한 것일 뿐이다.(程子)

曰 然則舜은 僞喜者與잇가 曰 否라 昔者에 有饋生魚於鄭子產이어늘 子產이 使校人으로 畜之池한대 校人이 烹之하고 反命曰 始舍之하니 圉圉焉이러니 少則洋洋焉하야 攸然而逝하더이다 子產이 曰 得其所哉인저 得其所哉인저하야늘 校人이 出曰 孰謂子產을 智오 予旣烹而食之호니 曰 得其所哉인저 得其所哉인저코녀하니 故로 君子는 可欺以其方이어니와 難罔以非其道니 彼以愛兄之道로 來故로 誠信而喜之시니 奚僞焉이시리오

만장왈, "그렇다면 순임금은 거짓으로 기뻐한 것입니까?" 맹자왈, "아니다. 옛적에 鄭子產에게 살아있는 물고기를 보낸 사람이 있었는데, 자산이 연못지기를 시켜 연못에서 기르게 하였다. 연못지기가 삶아먹고 복명하기를, '처음에 놓아주니 빌빌거리더니 조금 있다가는 생기를 되찾고서 기운차게 가버렸습니다.' 하니, 子產曰 '그것이 제자리를 얻었는가 보다, 그것이 제자리를 얻었는가 보다.' 하였다. 연못지기가 나오면서 말하기를, '누가 자산을 지혜롭다 하였는가? 내가 삶아 먹어버렸는데, 子產曰,「그것이 제자리를 얻었는가 보다, 그것이 제자리를 얻었는가 보다.」하더군.' 하였다. 그러므로 군자는 사리에 맞는 말로 속일 수는 있지만 정당한 방법이 아닌 것으로 덮어서 감추기 어려운 것이다. 象이 형을 사랑하는 방법으로써 왔기 때문에 진실로 믿고 기뻐하셨으니 어찌 거짓이겠는가?"

集註 校人은 主池沼小吏也라 圉圉는 困而未紓之貌요 洋洋則稍縱矣라 攸然而逝者는 自得而遠去也라 方은 亦道也라 罔은 蒙蔽也라 欺以其方은 謂誑之以理之所有요 罔以非其道는 謂昧之以理之所無라 象以愛兄之道來하니 所謂欺之以其方也라 舜本不知其僞라 故로 實喜之하시니 何僞之有리오. ○此章은 又言舜遭人倫之變而不失天理之常也시니라.

大文字義 [饋궤] 보내다, 선물하다. [生생] 살아있다. [烹팽] 삶다. [舍사] 놓아주다.(上聲). [圉어] 빌빌거리다. 몸이 괴로운 모양. [洋양] 생기를 얻다, 충만하다. [攸유] 질주하다, 바(所). [逝서] 가다. [欺기] 속이다. [方방] 정당한 방법. [罔망] 덮어서 감추다.

大文句文 [校人] 연못지기. [圉圉] 빌빌거리는 모습, 괴로워 펴지 못하는 모습. [少則洋洋焉] 조금 있다가는 생기를 되찾다. [攸然而逝] 재빠르게 사라지다.

集註字義 [紓서] 느슨하다, 펴다. [稍초] 점점, 작음. [縱종] 氣가 풀리다. [蒙몽] 덮다,

입다. [蔽폐] 가리다, 감추다. [誑광] 속이다. [遭조] 만나다.
集註句文 [稍縱] 조금 기가 풀리다. [攸然] 기운차게, 재빠르게. [蒙蔽] 덮어서 감추다(蒙以蔽之), 몽매.

3장 萬章이 問曰 象이 日以殺舜爲事어늘 立爲天子則放之는 何也잇고 孟子曰 封之也어시늘 或曰放焉이라하니라.

만장 問曰, "象이 날마다 舜을 죽일 것을 일삼았는데, 즉위하여 천자가 되어서는 象을 추방하여 안치한 것은 어째서 입니까?" 맹자왈, "봉해준 것인데 或者는 추방하였다고 하는구나."

集註 放은 猶置也니 置之於此하야 使不得去也라 萬章이 疑舜何不誅之오한대 孟子言舜實封之어시늘 而或者誤以爲放也라하시니라.
大文字義 [放방] 추방하여 안치하다, 圍籬安置하다.(去聲). [封봉] 영지를 봉해주다.
集註字義 [誅주] 주벌하다, 죽이다. [誤오] 잘못하다.

萬章이 曰 舜이 流共工于幽州하시고 放驩兜于崇山하시고 殺三苗于三危하시고 殛鯀于羽山하사 四罪하신대 而天下 咸服은 誅不仁也니 象이 至不仁이어늘 封之有庳하시니 有庳之人은 奚罪焉고 仁人도 固如是乎잇가 在他人則誅之하고 在弟則封之온여 曰 仁人之於弟也에 不藏怒焉하며 不宿怨焉이오 親愛之而已矣니 親之란 欲其貴也오 愛之란 欲其富也니 封之有庳는 富貴之也시니 身爲天子오 弟爲匹夫면 可謂親愛之乎아

만장왈, "순임금이 共工을 유주에 유배 보내고, 驩兜를 숭산에 추방하여 안치시키고, 三苗를 삼위에서 죽이고, 鯀을 우산에서 죽여, 네 사람에게 벌을 주자 천하가 모두 복종한 것은 不仁한 자를 주벌하였기 때문입니다. 象이 不仁에 이르렀는데 그를 庳邑에 봉하시니 有庳의 백성들은 무슨 죄가 있습니까? 仁人도 진실로 이와 같습니까? 타인에 있어서는 주벌하고 동생에 있어서는 봉해주셨군요." 맹자왈, "仁

人은 동생에 대해서 노여움을 숨기지 않으며 원망을 묵혀두지 않고 친애할 뿐이니, 친애한다는 것은 귀하기를 바라는 것이요 사랑한다는 것은 부유하기를 바라는 것이니, 有庳에 봉한 것은 富와 貴를 만들어 준 것이다. 자신은 천자가 되고 동생은 필부가 된다면 친애한다고 할 수 있겠는가?"

集註 流는 徙也라 共工은 官名이요 驩兜는 人名이니 二人比周하야 相與爲黨하니라 三苗는 國名이니 負固不服하니라 殺은 殺其君也라 殛은 誅也라 鯀은 禹父名이니 方命圮族하고 治水無功하니 皆不仁之人也라 幽州崇山三危羽山有庳는 皆地名也라 或曰 今道州鼻亭이 卽有庳之地也라하니 未知是否라 萬章이 疑舜不當封象이니 使彼有庳之民으로 無罪而遭象之虐은 非仁人之心也라 藏怒는 謂藏匿其怒요 宿怨은 謂留蓄其怨이라.

大文字義 [流유] 유배 보내다. [驩환] 기뻐하다. [兜도] 도솔천, 투구(두). [殛극] 죽이다. [鯀곤] 물고기 이름, 禹王의 아버지. [庳비] 國名. [宿숙] 묵혀두다.

大文句文 [有庳] 순임금이 동생 상에게 봉해준 나라.

集註字義 [徙사] 옮기다. [方방] 어기다, 모(네모), 방위, 견주다, 이제. [[圮비] 해치다, 무너뜨리다..

集註句文 [二人比周 相與爲黨] 두 사람이 아첨하여 서로 더불어 당을 만들다. [負固不服] 산하의 험준함을 등지고 복종하지 않다. [方命圮族] 명령을 어기고 선한 부류들을 해치다.

敢問或曰 放者는 何謂也잇고 曰 象이 不得有爲於其國하고 天子 使吏로 治其國而納其貢稅焉하니 故로 謂之放이니 豈得暴彼民哉리오 雖然이나 欲常常而見之故로 源源而來하니 不及貢하야 以政接于有庳라하니 此之謂也니라.

만장왈, "감히 여쭙겠습니다. 或曰, '순이 상을 추방하였다.' 라고 한 것은 무엇을 이른 것입니까?" 맹자왈, "象은 그 나라에서 큰일을 할 수 없고 천자가 관리를 보내어 그 나라를 다스려서 공세를 바치게 한 것이다. 그러므로 그것을 추방하였다고 한 것이니, 어떻게 백성을 학대할 수 있겠는가? 그러나 항상 象을 보고 싶어 하였기 때문에 끊임없이 오게 하였으니, 貢稅를 바칠 시기가 되지 않아도 정사로써 有庳에서 접견하였다고 하니 이것을 이른 것이다."

集註 孟子言象雖封為有庳之君이나 然이나 不得治其國이요 天子使吏代之治하고 而納其所收之貢稅於象하니 有似於放이라 故로 或者以為放也라 蓋象至不仁하니 處之如此면 則旣不失吾親愛之心이요 而彼亦不得虐有庳之民也라 源源은 若水之相繼也라 來는 謂來朝覲也라 不及貢以政接于有庳는 謂不待及諸侯朝貢之期하고 而以政事로 接見有庳之君이니 蓋古書之辭니 而孟子引以證源源而來之意하야 見其親愛之無已如此也하시니라 ○吳氏曰 言聖人은 不以公義廢私恩하고 亦不以私恩害公義하시니 舜之於象에 仁之至요 義之盡也시니라.

大文字義 [納납] 바치다, 들이다.

大文句文 [常常] 항상, 언제나. [源源而來] 끊임없이 오게 하다.

集註字義 [處처] 처리하다. [虐학] 학대하다. [源원] 물이 끊임없이 흐르는 모양, 근원. [朝조] 봄에 천자를 조현하는 것. [覲근] 가을에 천자를 조현하는 것. [期기] 기일. [證증] 증명하다.

集註句文 [不及貢] 조공하는 날이 못되다. 조공하는 날에 미치지 못하다. [孟子引以證源源而來之意] 맹자께서 인용하여 끊임없이 오게 한 뜻을 증명하다.

4장 咸丘蒙이 問曰 語에 云 盛德之士는 君不得而臣하며 父不得而子라 舜이 南面而立이어시늘 堯帥諸侯하야 北面而朝之하시고 瞽瞍亦北面而朝之어늘 舜이 見瞽瞍하시고 其容이 有蹙이라하야늘 孔子曰 於斯時也에 天下 殆哉岌岌乎인져하시니 不識케이다 此語 誠然乎哉잇가 孟子曰 否라 此非君子之言이라 齊東野人之語也라 堯老而舜이 攝也러시니 堯典에 曰 二十有八載에 放勳이 乃徂落커시늘 百姓은 如喪考妣三年하고 四海는 遏密八音이라하며 孔子曰 天無二日이오 民無二王이라하시니 舜이 旣為天子矣오 又帥天下諸侯하야 以為堯三年喪이면 是는 二天子矣니라.

咸丘蒙 問曰, "옛말에 이르기를, '성대한 덕을 지닌 현자는 임금이 신하로 삼을 수 없으며 아비가 자식으로 삼을 수 없는지라, 舜임금이 南面하여 즉위하자 堯임금이 제후들을 거느리고 北面하여 조회하시고 고수가 또한 北面하여 조회하자, 舜임금

이 고수를 보시고 그 용모가 위축되어 불안해하였다.' 라고 하자, 孔子曰 '이 때에는 천하가 위태위태하였도다.' 라고 하셨으니, 잘 모르겠습니다. 이 말은 사실입니까?" 맹자왈, "아니다. 이것은 군자의 말씀이 아니라 齊나라 동쪽 野人의 말이다. 堯임금이 늙어 순이 섭정하였으니, 堯典에 이르기를, '섭정한지 28년 만에 方勳께서 마침내 돌아가시자, 백성들이 마치 부모의 3년 喪과 같이 하고 온 나라는 음악을 금지하여 조용해졌다.' 라고 하였다. 孔子曰, '하늘에는 두 해가 없고 백성에게는 두 임금이 없다.' 하셨으니, 舜임금이 천자가 되어 있으면서 또 천하의 제후들을 통솔하여 堯임금의 3년 喪을 치렀다면 이는 천자가 둘인 것이다."

集註 咸丘蒙은 孟子弟子也라 語者는 古語也라 蹙은 顰蹙不自安也라 岌岌은 不安之貌也니 言人倫乖亂하야 天下將危也라 齊東은 齊國之東鄙也라 孟子言堯但老不治事하야 而舜攝天子之事耳요 堯在時에 舜未嘗卽天子位하시니 堯何由北面而朝乎아하시고 又引書及孔子之言하야 以明之하시니라 堯典은 虞書篇名이라 今此文은 乃見於舜典하니 蓋古書는 二篇이 或合為一耳라 言舜攝位二十八年而堯死也라 徂는 升也요 落은 降也니 人死則魂升而魄降이라 故로 古者에 謂死為徂落이라 遏은 止也요 密은 靜也라 八音은 金石絲竹匏土革木樂器之音也라.

大文字義 [語어] 옛말. [帥솔] 통솔하다, 거느리다. [朝조] 조회하다. [蹙축] 불안해 하다, 괴로워하다. [殆태] 거의, 매우. [岌급] 위태롭다, 불안하다. [載재] 年.(上聲)./ 싣다, 비로소.(去聲). [放방] 지극하다(至), 이르다.(上聲). [勳훈] 공적. [徂조] 죽다, 가다. [落락] 죽다, 떨어지다. [遏알] 막다. [密밀] 고요하다, 빽빽하다.

大文句文 [語云] 옛 글에 이르다. [天下殆哉岌岌乎] 천하가 매우 불안불안 하구나. [放勳] 큰 사업을 이룬 분의 뜻으로 요임금의 別號, [徂落] 돌아가시다. [遏密八音] 음악을 금지하여 조용하다.

集註字義 [顰빈] 찡그리다. [乖괴] 괴리되다. [升승] 오르다. [降강] 내리다. [匏포] 박.

集註句文 [人死則魂升而魄降] 사람이 죽으면 혼은 올라가고 백은 내려간다. [金石絲竹匏土革木樂器之音也] 金, 石, 絲, 竹, 匏, 土, 革, 木 등의 재료로 만든 악기에서 나는 소리이다.

咸丘蒙이 曰 舜之不臣堯則吾旣得聞命矣어니와 詩云 普天之下莫非王土며 率土之濱이 莫非王臣이라하니 而舜이 旣為天子矣시니 敢問 瞽瞍之非臣은 如何잇고 曰 是詩也는 非是之謂也라 勞於王事而不得養父母也하야 曰 此莫非王事어늘 我獨賢勞也라하니 故로 說詩者 不以文害辭하며 不以辭害志오 以意逆志라야 是為得之니 如以辭而已矣인댄 雲漢之詩에 曰 周餘黎民이 靡有孑遺라하니 信斯言也인댄 是는 周無遺民也니라.

咸丘蒙曰, "舜임금이 堯임금을 신하로 삼지 않은 것은 제가 이미 가르침을 들었지만, 시경에 이르기를, '넓은 하늘 아래 王土 아님이 없으며 모든 땅 끝까지 임금의 신하 아닌 이가 없다.' 하니, 舜이 이미 천자가 되었으니 감히 여쭙겠습니다. 고수가 신하가 아닌 것은 어째서 입니까?" 맹자왈 "이 詩는 이것을 말하는 것이 아니다. 나랏일에 수고로워서 부모를 봉양할 수 없어서 말하기를, '이것은 나랏일 아님이 없거늘 나 홀로 잘 한다고 해서 수고롭구나.' 라고 하였으니, 詩를 설명하는 사람은 글자 때문에 구절을 왜곡해서도 안 되고 구절 때문에 詩 전체의 뜻을 왜곡해서도 안 되며, 자기의 뜻으로써 詩를 지은 자의 뜻을 헤아려야 詩를 알 수가 있다. 만일 구절로써 하고 그만이라면, 雲漢의 詩에 이르기를, '周나라에 남은 백성이 한 사람도 없다.' 하였으니, 참으로 이 말대로 라면 이것은 周나라에 남은 백성이 없는 것이다.

集註 不臣堯는 不以堯為臣하야 使北面而朝也라 詩는 小雅北山之篇也라 普는 徧也요 率은 循也라 此詩는 今毛氏序云役使不均하야 己勞於王事而不得養其父母焉이라하고 其詩下文에 亦云大夫不均하야 我從事獨賢이라하니 乃作詩者自言天下皆王臣이어늘 何為獨使我以賢才而勞苦乎아하니 非謂天子可臣其父也라 文은 字也요 辭는 語也라 逆은 迎也라 雲漢은 大雅篇名也라 孑은 獨立之貌라 遺는 脫也라 言說詩之法은 不可以一字而害一句之義하며 不可以一句而害設辭之志요 當以己意로 迎取作者之志라야 乃可得之니 若但以其辭而已면 則如雲漢所言인댄 是周之民이 眞無遺種矣라 惟以意逆之면 則知作詩者之志在於憂旱이요 而非眞無遺民也니라.

大文字義 [普보] 온, 두루. [率솔] 따르다. [濱빈] 물가. [勞로] 수고롭게 하다. [文문] 글자. [害해] 왜곡하다, 해치다. [辭사] 구절. [意의] 자신의 뜻, [逆역] 헤아

리다, 짐작하다, 거스리다. [志지] 시를 지은 자의 뜻. [黎여] 검다. [靡미] 없다(無), 쓰러지다, 화려하다. [孑혈] 홀로, 혼자. [遺유] 남다.

大文句文 [普天之下] 하늘 아래 모든 곳. [率土之濱] 모든 땅의 끝까지, 땅의 모든 물가에 이르기 까지. [我獨賢勞] 나만 유독 잘한다고 해서 수고롭게 하다. [不以文害辭] 글자 때문에 구절을 왜곡해서는 안된다. [以意逆志] 해설자의 뜻으로써 시를 지은 자의 뜻을 헤아리다. [靡有孑遺] 한 사람도 남은 이가 없다. [信斯言也] 참으로 이 말대로 이다.

集註字義 [徧편] 두루. [賢현] 잘 한다. [脫탈] 벗어나다.

集註句文 [害設辭之志] 구절을 베풀어 놓은 뜻을 해치다. [若但以其辭而已] 만약 다만 그 구절로 만하고 그만두다.

詩經 [小雅 北山之什 北山篇 6章]

大義 대부들이 幽王을 비난한 것이다. 부역이 균평하지 못하며 자기가 종사하는 일에 수고로워서 그 부모를 봉양할 수 없음을 말한 것이다.

詩解 1장. 陟彼北山하야 言采其杞호라 偕偕士子 朝夕從事로니 王事靡盬라 憂我父母호라.

저 북산에 올라 구기자를 따노라. 건장한 장사들 조석으로 종사하니, 정사를 튼튼히 해야 하기에 우리 부모를 근심하였노라.

2장. 溥天之下 莫非王土며 率土之濱이 莫非王臣이어늘 大夫不均이라 我從事獨賢호라.

온 하늘 아래가 왕의 땅 아닌 곳이 없으며, 땅의 모든 물가에 이르기까지 왕의 신하 아님이 없거늘, 대부가 공평하지 못한지라 홀로 잘한다 해서 나만 부리는구나.

3장. 四牡彭彭하니 王事傍傍이로다 嘉我未老며 鮮我方將하야 旅力方剛이라 經營四方이로다.

네 마리 숫말 쉬지 않고 달리니, 나랏일이 끊임없이 계속되도다. 내 아직 늙지 않은 것을 가상하게 여기며, 내 바야흐로 건장함을 얻기 어렵다 하여, 근력이 한창 강한지라 사방을 경영할 수 있다고 여기도다.

자구 [陟척] 오르다. [采채] 뜯다, 따다. [杞기] 구기자. [偕해] 굳세다, 함께. [盬고] 소홀하다. [溥보] 넓다. [濱빈] 물가. [彭방] 성하다. [牡모] 숫말. [傍방] 분주하다. [旅여] 척추(膂), 나그네.

詩經 [大雅 湯之什 雲漢篇 6章]

大義 가뭄이 계속되어 백성들이 모두 굶어 죽을 지경에 이르자, 宣王이 온 정성을 다 기울여 재앙을 극복하려고 노력하므로, 大夫 仍叔이 선왕을 아름답게 여긴 것이다.

詩解 1장. 倬彼雲漢이여 昭回于天이로다 王曰於乎라 何辜今之人고 天降喪亂하사 飢饉薦臻일새 靡神不擧하며 靡愛斯牲하야 圭璧旣卒이어늘 寧莫我聽고.
밝은 저 은하수여! 빛이 하늘을 따라 돌아가도다, 왕이 말씀하시기를, 아! 지금 사람에게 무슨 죄가 있는가? 하늘이 喪亂을 내리시어 기근이 거듭 이르기에 神에게 제사를 거행하지 않음이 없으며, 이 희생을 아끼지 아니하여 圭璧을 이미 모두 올렸거늘, 어찌하여 내 말 들어주지 아니하시는가.

2장. 旱旣大甚하야 蘊隆蟲蟲일새 不殄禋祀하야 自郊徂宮하야 上下奠瘞하며 靡神不宗호니 后稷不克이시며 上帝不臨이샷다 耗斁下土 寧丁我躬고.
가뭄이 너무도 심하여 열기가 가득 쌓이기에, 禋제사 그치지 아니하여 郊祀를 지내고, 종묘에 가서 천지에 예물을 올리며 神을 높이지 않음이 없었으니, 후직이 감당하지 못하시며 상제가 흠향하지 않도다. 下土에 폐해를 입히고 무너뜨림이 어찌하여 내 몸에 당하였는가.

3장. 旱旣大甚이라 則不可推로다 兢兢業業하야 如霆如雷호라 周餘黎民이 靡有孑遺어늘 昊天上帝 則不我遺샷다 胡不相畏리오 先祖于摧호녀.
가뭄이 너무 심하여 밀쳐낼 수 없도다. 조심하고 두려워하여 벼락처럼 여기고 천둥처럼 여겼노라. 주나라의 백성 남은 이가 없거늘, 하늘에 계신 상제께서 나를 남겨 두지 않으리라. 어찌 서로 두려워하지 않으리오. 선조의 제사 끊어지게 되었구나.

자구 [倬탁] 밝다, 우뚝하다. [漢한] 은하수, 水名(漢水). [雲漢] 은하수. [昭소] 빛. [辜고] 허물, 죄. [薦천] 거듭. [臻진] 이르다. [蘊온] 쌓이다. [蟲蟲] 열기, 무더운 모양. [殄진] 끊어지다. [禋인] 옥황상제에게 지내는 제사. [禋祀] 禋제사 [郊교] 천지에 지내는 제사. [瘞예] 묻다. [奠전] 제물을 올리다. [耗모] 소비하다. [斁두] 무너뜨리다(敗, 去聲)./ 싫어하다.(역, 入聲). [宗종] 높이다. [克극] 감당하다. [臨림] 흠향하다, 제사를 받다. [丁정] 당하다(當). [霆정] 벼락. [摧최] 끊어지다.

孝子之至는 莫大乎尊親이오 尊親之至는 莫大乎以天下養이니 為天子父하니 尊之至也요 以天下養하시니 養之至也라 詩曰 永言孝思라 孝思維則이라하니 此之謂也니라.

효자의 지극함은 어버이를 높이는 것보다 큰 것이 없고, 어버이를 높이는 것은 천하로써 봉양하는 것보다 큰 것이 없으니, 천자의 아비가 되니 존귀함이 지극한 것이고, 천하로써 봉양하니 봉양의 지극함이다. 시경에 이르기를, '길이 효도하고 사모하는지라 효도하고 사모하는 것이 곧 본보기가 된다.' 하니, 이것을 말한 것이다.

集註 言瞽瞍旣為天子之父면 則當享天下之養이니 此는 舜之所以為尊親養親之至也라 豈有使之北面而朝之理乎아 詩는 大雅下武之篇이라 言人能長言孝思而不忘이면 則可以為天下法則也라.

大文句文 [永言孝思] 길이 효도하고 생각한다. [孝思維則] 효사는 곧 본보기가 된다.

詩經 [大雅 文王之什 下武篇 6章]

大義 康王이 大禘로 보답하는 제사를 올리고 大武의 六成을 연주하여 마침에 신의 복을 받고 경계를 베푼 것이다.

詩解 1장. 下武維周에 世有哲王이샷다 三后在天이어시늘 王配于京이샷다.
下武의 周에 대대로 현철한 왕 계셨도다. 세분 임금 하늘에 계시거늘 왕께서 서울에서 대하시도다.
2장. 王配于京하시니 世德作求샷다 永言配命하사 成王之孚샷다.
왕이 서울에서 대하시니 세덕을 지어 구하셨도다. 영원히 천명에 짝하시어 왕의 믿음을 이루셨도다.
3장. 成王之孚하샨 下土之式은 永言孝思라 孝思維則이시니라.
왕의 믿음을 이루어서는 하토의 법도가 됨은 영원히 효도하고 사모하는지라 孝思는 곧 본보기가 되느니라.

자구 [下武] 武는 무왕을 가리키며, 下의 의미는 未詳임. [三后] 太王, 王季, 文王. [配배] 대하다. [孚부] 믿음.

書曰 祇載見瞽瞍하사대 夔夔齊栗하신대 瞽瞍 亦允若이라하니 是為父不得而子也니라.

서경에 이르기를, '자식의 일을 공경히 하여 고수를 뵈었는데 조심하고 두려워하시니 고수도 믿고 따랐다.' 하니, 이것이 바로 아비가 자식으로 삼을 수 없다는 것이다."

集註 書는 大禹謨篇也라 祇는 敬也요 載는 事也라 夔夔齊栗은 敬謹恐懼之貌라 允은 信也요 若은 順也라 言舜敬事瞽瞍하야 往而見之에 敬謹如此하시니 瞽瞍亦信而順之也라 孟子引此而言瞽瞍不能以不善及其子하고 而反見化於其子하니 則是所謂父不得而子者요 而非如咸丘蒙之說也라하시니라.

大文字義 [祇지] 공경하다. [載재] 자식의 일(子之職事). [夔기] 공경하다, 삼가다. [齊제] 두려워하다. [栗율] 두려워하다(慄). [允윤] 믿다. [若약] 따르다.

大文句文 [祇載見瞽瞍] 자식의 일을 공경히 하여 고수를 뵙다. [夔夔齊栗] 조심하고 두려워하다, 몸 둘 바를 모르다. [瞽瞍亦允若] 고수도 믿고 따르다.

5장 萬章이 曰 堯以天下與舜이라하니 有諸잇가 孟子曰 否라 天子不能以天下與人이니라.

萬章曰, "堯임금이 천하를 舜에게 주었다고 하니 그런 일이 있었습니까?" 맹자왈, "아니다. 천자는 천하를 남에게 주지 못한다."

集註 天下者는 天下之天下요 非一人之私有故也라.

大文字義 [與여] 주다, 부여하다.(上聲).

然則 舜有天下也는 孰與之잇고 曰 天이 與之시니라.

만장왈, "그렇다면 순임금이 천하를 소유한 것은 누가 준 것입니까?" 맹자왈, "하늘이 주신 것이다."

集註 萬章問而孟子答也라.

天이 與之者는 諄諄然命之乎잇가

만장왈, "하늘이 주셨다는 것은 자상한 말로 舜에게 명한 것입니까?"

> **集註** 萬章問也라 諄諄은 詳語之貌라.
> **大文字義** [諄순] 정성스럽다, 타이르다.
> **大文句文** [諄諄然] 자상한 모양.

曰 否라 天이 不言이라 以行與事로 示之而已矣시니라.

맹자왈, "아니다. 하늘은 말하지 않는다. 행위와 사업으로 보여주실 뿐이다."

> **集註** 行之於身을 謂之行이요 措諸天下를 謂之事라 言但因舜之行事하야 而示以與之之意耳니라.
> **大文字義** [行행] 행위. [事사] 사업.
> **集註字義** [措조] 베풀다.

曰 以行與事로 示之者는 如之何잇가 曰 天子能薦人於天이언정 不能使天으로 與之天下며 諸侯能薦人於天子언정 不能使天子로 與之諸侯며 大夫能薦人於諸侯언정 不能使諸侯로 與之大夫니 昔者에 堯薦舜於天而天이 受之하시고 暴之於民而民이 受之하니 故로 曰 天이 不言이라 以行與事로 示之而已矣라하노라.

만장왈, "행위와 사업으로 보여준다는 것은 어떻게 하는 것입니까?" 맹자왈, "천자가 하늘에 사람을 천거할 수는 있지만 하늘로 하여금 그에게 천하를 주게 하지는 못하며, 제후가 천자에게 사람을 천거할 수는 있지만 천자로 하여금 그에게 제후를 주게 하지는 못하며, 대부가 제후에게 사람을 천거할 수는 있지만 제후로 하여금 그에게 대부를 주게 하지는 못한다. 옛적에 요임금이 하늘에 순을 천거하니 하늘이 받아주시고 그것을 백성에게 드러내니 백성들이 받아들였다. 그러므로 '하늘은 말하지 않지만 행위와 사업으로 보여주실 뿐이다.' 라고 한 것이다."

集 註 暴는 顯也라 言下能薦人於上이언정 不能令上必用之라 舜爲天人所受하시니 是는 因舜之行與事而示之以與之之意也라.

大文字義 [與여] 과, 와. 주다, 돕다.(上聲). [暴포] 드러내다.

曰 敢問薦之於天而天이 受之하시고 暴之於民而民이 受之는 如何잇고 曰 使之主祭而百神이 享之하니 是는 天이 受之오 使之主事而事治하야 百姓이 安之하니 是는 民이 受之也라 天이 與之하며 人이 與之라 故로 曰 天子不能以天下與人이라하노라 舜이 相堯二十有八載하시니 非人之所能爲也요 天也라 堯崩커시늘 三年之喪을 畢하고 舜이 避堯之子於南河之南이어시늘 天下諸侯朝覲者 不之堯之子而之舜하며 訟獄者 不之堯之子而之舜하며 謳歌者 不謳歌堯之子而謳歌舜하니 故로 曰 天也라 夫然後에 之中國하사 踐天子位焉하시니 而居堯之宮하야 逼堯之子면 是는 簒也라 非天與也니라.

만장왈, "감히 여쭙겠습니다. 하늘에 추천하여 하늘이 받아주시고 백성에게 드러내니 백성이 받아준 것은 어떻게 한 것입니까?" 맹자왈, "제사를 주제하게 하여 神들이 흠향하니 이것은 하늘이 받아들인 것이고, 일을 주관하게 하여 일이 다스려져서 백성이 편안하니 이것은 백성이 받아들인 것이다. 하늘이 천하를 주며 백성들이 천하를 주었기 때문에 '천자가 천하를 남에게 주지 못한다.' 한 것이다. 舜이 28년 동안 堯임금을 도우니 사람이 할 수 있는 바가 아니고 하늘의 뜻이다. 堯임금이 붕어하거늘 삼년상을 마치고 舜이 河南 남쪽으로 요임금의 아들을 피해가자, 천하에 朝覲하는 제후들은 堯임금의 아들에게 가지 않고 舜에게 갔으며, 옥사를 처리하는 자들은 堯임금의 아들에게 가지 않고 舜에게 갔으며, 謳歌하는 사람들은 堯임금의 아들을 구가하지 않고 舜을 구가하였으니, 그러므로 하늘이라고 말한 것이다. 그렇게 된 뒤에 도성으로 가서 천자의 지위에 오르니, 堯임금의 궁궐에 거처하여 堯임금의 아들을 핍박하였다면 이것은 찬탈이라 하늘이 준 것이 아니다.

集 註 南河는 在冀州之南하니 其南은 卽豫州也라 訟獄은 謂獄不決而訟之也라.

大文字義 [薦천] 추천하다. [享향] 흠향하다. [相상] 돕다. [載재] 年.(上聲). [崩붕] 붕

어하다(천자의 주검). [畢필] 마치다. [朝조] 봄에 천자를 조현하는 것. [覲근] 가을에 천자를 조현하는 것. [訟송] 송사하다, 다투다. [踐천] 오르다. [逼핍] 핍박하다. [簒찬] 찬탈하다.

太誓에 曰 天視 自我民視며 天聽이 自我民聽이라하니 此之謂也니라.

太書에 이르기를, '하늘이 살펴보는 것은 나의 백성을 통해 살펴보는 것이며, 하늘이 들으심은 나의 백성을 통해 듣는 것이다.' 하니, 이것을 이른 것이다."

集註 自는 從也라 天無形하야 其視聽이 皆從於民之視聽하니 民之歸舜이 如此면 則天與之를 可知矣니라.

大文字義 [視시] 눈여겨보다, 살펴보다. [聽청] 귀담아 듣다.

書經 周書 [泰誓中, 天視自我民視]

天視 自我民視하시며 天聽이 自我民聽하시나니 百姓有過 在予一人하니 今朕은 必往하리라.

解義 하늘이 살펴보는 것은 나의 백성을 통해서 살펴보는 것이며, 하늘이 들으시는 것은 나의 백성을 통해서 들으시는 것이니, 백성에게 죄가 있는 것은 나 한 사람에게 그 책임이 있는 것이다. 이제 짐은 가서 반드시 商을 정벌할 것이다.

6장 萬章이 問曰 人이 有言하되 至於禹而德衰하야 不傳於賢而傳於子라하니 有諸잇가 孟子曰 否라 不然也라 天이 與賢則與賢하고 天이 與子則與子니라 昔者에 舜이 薦禹於天十有七年에 舜이 崩커시늘 三年之喪을 畢하고 禹避舜之子於陽城이러시니 天下之民이 從之를 若堯崩之後에 不從堯之子而從舜也하니라 禹薦益於天七年에 禹崩커시늘 三年之喪을 畢하고 益이 避禹之子於箕山之陰이러니 朝覲訟獄者 不之益而之啓曰 吾君之子也라하며 謳歌者 不謳歌益而謳歌啓曰 吾君之子也라하니라.

만장 問曰, “어떤 사람이 말하기를, ‘禹임금에 이르러 덕이 쇠하여 현자에게 전하지 않고 자식에게 전하였다.’ 하니, 그런 일이 있었습니까?” 맹자왈, “아니다. 그렇지 않다. 하늘이 현자에게 주면 현자에게 주는 것이고, 하늘이 아들에게 주면 아들에게 주는 것이다. 옛적에 舜임금이 禹를 하늘에 천거한지 17년 만에 舜임금이 붕어하거늘 3년상을 마치고 禹가 陽城으로 舜임금의 아들을 피하였는데, 천하의 백성이 따르기를 마치 堯임금이 붕어한 뒤에 堯임금의 아들을 따르지 않고 舜을 따른 것과 같았다. 禹임금이 益을 하늘에 천거한지 7년에 禹임금이 붕어하거늘 3년상을 마치고 益이 기산 북쪽으로 禹임금의 아들을 피하였는데, 朝覲하고 옥사를 다스리는 자들이 益에게 가지 않고 啓에게 가서 말하기를, ‘우리 임금님의 아들이다.’ 하며, 謳歌하는 자들이 益을 구가하지 않고 啓를 구가하면서 말하기를, ‘우리 임금님의 아들이다.’ 하였다.

集註 陽城箕山之陰은 皆嵩山下深谷中可藏處라 啓는 禹之子也라 楊氏曰 此語는 孟子必有所受라 然이나 不可考矣로다 但云天與賢則與賢하고 天與子則與子라하시니 可以見堯舜禹之心이 皆無一毫私意也시니라.

大文字義 [陰음] 山北水南을 陰이라 한다. 즉, 북쪽이다.

集註字義 [箕기] 키. [嵩숭] 山名, 높다. [毫호] 터럭.

참고 山南水北曰陽, 山北水南曰陰.

丹朱之不肖에 舜之子 亦不肖하며 舜之相堯와 禹之相舜也는 歷年이 多하야 施澤於民이 久하고 啓는 賢하야 能敬承繼禹之道하며 益之相禹也는 歷年이 少하야 施澤於民이 未久하니 舜禹益相去久遠과 其子之賢不肖 皆天也니라 非人之所能為也니 莫之為而為者는 天也요 莫之致而至者는 命也니라.

丹朱가 不肖하였는데 舜임금의 아들도 불초하였으며, 舜이 堯임금을 도운 것과 禹가 舜임금을 도운 것은 지나온 해가 많아서 백성들에게 은택을 베푸신 지가 오래되었다. 우임금의 아들 啓는 賢하여 禹임금의 도를 공경히 받들어 이을 수 있었으며, 益이 禹임금을 도운 것은 지나온 해가 많지 않아서 백성에게 은택을 베푼 지가 오래되지 않았다. 舜, 禹, 益이 서로 시대의 거리가 오래고 가까운 것과 그 아들의 賢함과 不肖함은 모두 하늘의 뜻인지라 사람이 할 수 있는 바가 아니다. 아무도 그렇게 하려고 한 것이 아닌데 그렇게 된 것은 天理이고, 아무도 이루고자 한 것이 아닌데 이른 것은 天命이다.

集 註 堯舜之子는 皆不肖하고 而舜禹之為相은 久하니 此堯舜之子所以不有天下하고 而舜禹有天下也며 禹之子는 賢하고 而益相은 不久하니 此啓所以有天下하고 而益不有天下也라 然이나 此皆非人力所為而自為요 非人力所致而自至者라 蓋以理言之면 謂之天이요 自人言之면 謂之命이니 其實則一而已니라.

大文句文 [歷年] 지나온 해. [舜禹益相去久遠] 순우익이 도운 기간이 오래되고 가까움. 여기서 '遠'은 멈인데 이렇게 풀이하면 문맥이 맞지 않으므로 '近'으로 해석한다.

참 고 [舜禹益相去久遠] ① 舜禹益이 시간적 간격이 오래되고 먼 것.(思辨錄) ② 순우익이 서로의 거리가 먼 것.(沙溪全書) ③ 순우익이 서로의 거리가 오래되고 먼 것.(愚伏集). 율곡은 遠은 速의 잘못이라고 지적하였고, 우복은 율곡과 같이 해석한다면 순우익이 宰相이 된 것이라고 해야 되는데 相去라고 하였으니 久遠으로 보는 것이 옳다고 하였다. 사변록에서는 이 문장에 착오가 있는 듯하여 뜻으로써 취해야 할 것이라고 하였다.

匹夫而有天下者는 德必若舜禹而又有天子 薦之者니 故로 仲尼不有天下하시니라.

필부이면서 천하를 소유하는 자는 덕이 반드시 순, 우와 같고, 또 천자가 그를 천거함이 있어야 하니, 그러므로 공자께서 천하를 소유하지 못하신 것이다.

集 註 孟子因禹益之事하야 歷擧此下兩條하야 以推明之하시니라 言仲尼之德이 雖無媿於舜禹나 而無天子薦之者라 故로 不有天下하시니라.

集註字義 [媿괴] 부끄럽다.

繼世以有天下에 天之所廢는 必若桀紂者也니 故로 益伊尹周公이 不有天下하시니라.

세대를 이어서 천하를 소유할 적에 하늘이 임금을 폐하는 것은 반드시 桀紂와 같은 경우이니, 그러므로 益, 伊尹, 周公이 천하를 소유하지 못한 것이다.

集註 繼世而有天下者는 其先世皆有大功德於民이라 故로 必有大惡如桀紂라야 則天乃廢之요 如啓及太甲成王은 雖不及益伊尹周公之賢聖이나 但能嗣守先業이면 則天亦不廢之라 故로 益伊尹周公이 雖有舜禹之德이나 而亦不有天下하시니라.

伊尹이 相湯하야 以王於天下러니 湯이 崩커시늘 太丁은 未立하고 外丙은 二年이오 仲壬은 四年이러니 太甲이 顚覆湯之典刑이어늘 伊尹이 放之於桐三年한대 太甲이 悔過하야 自怨自艾하야 於桐에 處仁遷義三年하야 以聽伊尹之訓己也하야 復歸于亳하시니라.

伊尹이 湯임금을 도와 천하에 왕도를 시행하게 하였는데, 湯임금이 붕어하자 太丁은 즉위하지 못하고, 外丙은 2년 동안 즉위하였고, 仲壬은 4년 동안 즉위하였다. 太甲이 湯임금의 典刑을 뒤집어엎자 이윤이 그를 3년 동안 桐땅에 추방하였는데, 太甲이 허물을 뉘우쳐 스스로를 원망하고 스스로를 다스려 3년 동안 桐땅에서 仁에 처신하고 義로 옮겨가서 이윤이 자기를 훈계한 것을 듣고 다시 亳으로 돌아왔다.

集註 此는 承上文하야 言伊尹不有天下之事하시니라 趙氏曰 太丁은 湯之太子니 未立而死하고 外丙은 立二年이요 仲壬은 立四年이니 皆太丁弟也요 太甲은 太丁子也라하고 程子曰 古人이 謂歲爲年하니 湯崩時에 外丙은 方二歲요 仲壬은 方四歲요 惟太甲差長이라 故로 立之也라하시니 二說이 未知孰是라 顚覆은 壞亂也라 典刑은 常法也라 桐은 湯墓所在라 艾는 治也라 說文云 芟草也라하니 蓋斬絶自新之意라 亳은 商所都也라.

大文字義 [顚전] 넘어지다. [覆복] 엎어지다. [桐동] 태갑이 3년 동안 추방된 지역으로 湯의 陵이 있는 곳. [艾애] 다스리다. [亳박] 상나라 도성.

集註字義 [芟삼] 풀을 베다, 제거하다.

集註句文 [差長] 조금 위이다.

참고 太丁이 일찍 죽었다고 하지 않고 未立이라고 한 것으로 보아, 外丙과 仲壬이 임금의 자리에 즉위하였던 것을 알 수 있고, 외병의 2년이 중임의 4년보다 앞서 있는 것으로 보아, 이 햇수는 임금의 자리에 있었던 年數를 말하는 것이고, 그 나이를 말하는 것이 아님을 알 수 있다.(사변록)

참고 이윤의 이름은 摯이니, 力牧의 후예이다. 어머니는 有侁氏의 딸인데 空桑에서 이윤을 낳았고, 후에 伊水가로 옮겨가 살아서 伊로 성을 삼은 것이다. 이윤이 有莘의 들에서 농사짓고 있을 때 탕 임금이 사람을 보내 초빙하였는데, 다섯 번을 초빙한 뒤에야 탕 임금에게 나아가니 탕 임금이 등용하여 阿衡으로 삼고 호를 이윤이라고 하였다.(記言 59권)

周公之不有天下는 猶益之於夏와 伊尹之於殷也니라.

주공이 천하를 소유하지 못한 것은 益이 夏나라에 대해서와 이윤이 殷나라에 대해서와 같다.

集註 此는 復言周公所以不有天下之意하시니라.

孔子曰 唐虞는 禪하고 夏后殷周는 繼하니 其義一也라하시니라.

孔子曰, '唐虞는 선위하였고 夏殷周는 이어 갔으니 그 뜻은 똑같다.' 하셨다."

集註 禪은 授也라 或禪或繼가 皆天命也니 聖人이 豈有私意於其間哉시리오 ○ 尹氏曰 孔子曰 唐虞는 禪하고 夏后殷周는 繼하니 其義一也라하시고 孟子曰 天이 與賢則與賢하고 天이 與子則與子라하시니 知前聖之心者는 無如孔子요 繼孔子者는 孟子而已矣시니라.

唐宋八大家文抄 蘇軾(3) [宋大家蘇文忠公文抄 卷13 伊尹論]

夫太甲之廢는 天下未嘗有是어늘 而伊尹始行之로되 天下不以爲驚하며 以臣放君호되 天下不以爲僭하고 旣放而復立太甲호되 不以爲專하니 何則고 其素所不屑者 足以取信于天下也일새라 彼其視天下眇然하야 不足以動其心하니 而豈忍以廢放其君求利也哉리오 後之君子는 蹈常而習故하고 惴惴焉懼不免於天下라가 一爲希闊之行이면 則天下群起而誚之어든 不知求其素하고 而以爲古今之變하야 時有所不可者라하니 亦已過矣夫인저

解義 太甲의 廢位는 천하에 일찍이 이러한 일이 있지 않았는데, 伊尹이 비로소 시행하였으나 천하 사람들이 그것을 놀랍게 여기지 않았고, 신하로서 군주를 추방하였으나 천하 사람들이 참람된 일로 여기지 않았고, 추방한 뒤에 다시 太甲을 복위시켰으나 마음대로 한다고 여기지 않았으니, 어째서인가?

伊尹이 평소에 (어떤 일도 마음에 연연하여) 달갑게 여기지 않았던 것이 천하 사람들에게 믿음을 취하기에 충분하였기 때문이다. 저 伊尹은 천하 보기를 하찮게 여겨 그 마음을 동요시키기에 부족하였으니, 어찌 차마 군주를 폐위시켜 추방함으로써 이익을 추구하였겠는가? 후세의 군자들은 떳떳한 도리를 실천하여 옛 것을 익히고 무서워하여 천하의 비난을 면치 못할까 두려워하다가, 한번 드문 행동을 하여 천하 사람들이 떼로 일어나 비방하게 되면 평소의 일에서 찾을 줄을 모르고, "옛날과 지금이 변하여 시대에 따라 불가한 것이 있다." 말하니, 이는 매우 잘못된 것이다.

자구 [驚경] 놀라다. [放방] 추방하다, 내치다.(去聲). [僭참] 참람되다. [復立] 복위하다. [素소] 평소. [屑설] 달가워하다. [眇] 작다, 희미하다. [蹈도] 실천하다. [常상] 常道. [故고] 옛것. [惴천] 두려워하다. [希희] 드물다. [鬩활] 성기다. [行행] 행동. [謫처] 꾸짖다.

7장 萬章이 問曰 人이 有言호되 伊尹이 以割烹要湯이라하니 有諸잇가

萬章 問曰, "사람들이 말하기를, '이윤이 요리 솜씨로써 탕임금에게 벼슬을 요구하였다' 하니, 그러한 일이 있었습니까?"

集註 要는 求也라 按史記컨대 伊尹이 欲行道以致君而無由하야 乃為有莘氏之媵臣하야 負鼎俎하고 以滋味說湯하야 致於王道라하니 蓋戰國時에 有為此說者하니라.

大文字義 [割할] 자르다. [烹팽] 삶다.

大文句文 [以割烹要湯] ① 요리 솜씨로써 탕임금에게 벼슬을 요구하다. ② 고기를 썰어 삶아서 탕임금에 벼슬을 요구하다, ③ 염소를 삶아 탕임금에게 벼슬을 요구하다.(黙齋日記)

集註字義 [莘신] 國名, 족두리풀. [媵잉] 따라간다(星湖), 거느려서 보내다(將送, 爾雅). [鼎정] 솥. [俎조] 도마, 제향 때 희생을 올리는 도마. [滋자] 더욱, 증가하다. 번식하다.

集註句文 [有莘氏] 탕임금의 妃. [媵臣] 시집가는 여자를 수행하는 臣僕.(星湖) [負鼎俎] 솥과 도마(요리 기구)를 지다. [以滋味說湯] 더욱 맛있는 음식으로 탕임금을 설득하다.

孟子曰 否라 不然하니라 伊尹이 耕於有莘之野而樂堯舜之道焉하야 非其義也며 非其道也어든 祿之以天下라도 弗顧也하며 繫馬千駟라도 弗視也하고 非其義也며 非其道也어든 一介를 不以與人하며 一介를 不以取諸人하니라.

맹자왈, "아니다. 그렇지 않다. 伊尹이 有莘의 들에서 농사를 지으며 堯舜의 도를 즐겨 義가 아니며 道가 아니면 천하를 祿으로 준다 하더라도 돌아보지 않았으며, 말 사천 필을 준다고 매어 놓더라도 돌아보지 않았고, 義가 아니며 道가 아니면 하찮은 것 한 개를 남에게 주지 않으며 하찮은 것 한 개를 남에게서 취하지도 않았다.

集註 莘은 國名이라 樂堯舜之道者는 誦其詩하고 讀其書하야 而欣慕愛樂之也라 駟는 四匹也라 介는 與草芥之芥로 同하니 言其辭受取與를 無大無細히 一以道義而不苟也라.

大文字義 [顧고] 돌아보다. [繫계] 매어 놓다. [駟사] 네 필의 말, 네 마리 말이 끄는 수레. [介개] 하찮은 것, 草芥.

集註字義 [誦송] 읊조리다. 외우다. [欣흔] 기뻐하다.

集註句文 [其辭受取與] 그 사양하고 받고 취하고 주는 것. [無大無細] 크고 작은 것 할 것 없이.

湯이 使人以幣聘之하신대 囂囂然曰 我何以湯之聘幣爲哉리오 我豈若處畎畝之中하야 由是以樂堯舜之道哉리오

湯임금이 사람을 시켜 폐백을 보내 초빙하였는데 욕심 없는 모습으로 말하기를, '내가 무엇 때문에 湯임금이 초빙하는 폐백을 염두에 두겠는가? 내가 차라리 농사짓는 일에 처신하면서 이로 인하여 요순의 도를 즐기는 것만 하겠는가?'

集註 囂囂는 無欲自得之貌라.

大文字義 [幣폐] 폐백, 선물. [聘빙] 초빙하다. [囂효] 자득하다, 떠들썩하다. [爲위] 생각하다. [畎견] 밭도랑. [畝묘, 무] 밭이랑.

大文句文 [囂囂然] 자득하여 욕심이 없는 모양, 시끄러운 모양. [豈若] 차라리.(寧)

湯이 三使往聘之하신대 既而오 幡然改曰 與我處畎畝之中하야 由是以樂堯舜之道로는 吾豈若使是君으로 爲堯舜之君哉며 吾豈若使是民으로 爲堯舜之民哉며 吾豈若於吾身에 親見之哉리오

탕임금이 세 번 사람을 보내서 초빙하였는데, 얼마 있다가 완전히 태도를 바꾸면서 말하기를, '내가 농사짓는 일에 처신하여 이와 같이 요순의 도를 즐기는 것 보다는 내가 차라리 이 임금으로 하여금 요순과 같은 군주를 만드는 것만 하며, 내가 차라리 이 백성들로 하여금 요순의 백성을 만드는 것만 하며, 내 어찌 내 자신으로 직접 보는 것만 하겠는가?

集註 幡然은 變動之貌라 於吾身親見之는 言於我之身에 親見其道之行이요 不徒誦說向慕之而已也라.

大文字義 [幡번] 나부끼다, 깃발. [與여] ~보다는.(上聲). [由유] 같다.(猶) [親친] 직접.

大文句文 [既而] 얼마 있다가. [幡然] 갑자기 마음이 변하는 모양, 나부끼는 모양.

天之生此民也는 使先知로 覺後知하며 使先覺으로 覺後覺也시니 予는 天民之先覺者也로다 予將以斯道로 覺斯民也니 非予覺之오 而誰也리오

하늘이 이 백성을 내신 것은 先知者로 하여금 後知者를 깨닫게 하며, 先覺者로 하여금 後覺者를 깨닫게 하신 것이다. 나는 하늘이 낸 백성 가운데 선각자이니 내가 장차 이 道로써 이 백성을 깨닫게 할 것이니 내가 깨닫게 하지 않고 누가 하겠는가?'

集註 此亦伊尹之言也라 知는 謂識其事之所當然이요 覺은 謂悟其理之所以然이라 覺後知後覺은 如呼寐者而使之寤也라 言天使者는 天理當然하야 若使之也라 程子曰 予天民之先覺은 謂我乃天生此民中에 盡得民道而先覺者也라 既爲先覺之民인댄 豈可不覺其未覺者리오 及彼之覺하야는 亦非分我所有以予之也라 皆彼自有此理어늘 我但能覺之而已니라.

集註字義 [呼호] 부르다. [寐매] 잠자다. [寤오] 깨다.

集註句文 [所當然] 당연히 그러한 이유. [所以然] 그렇게 되는 이유. [言天使者天理當

然若使之也] 하늘이 시켰다는 것은 천리가 당연하여 그렇게 시킨 것과 같다는 것을 말한 것이다. [盡得民道而先覺者也] 사람의 도를 다 얻어서 먼저 깨달은 자이다. [非分我所有以予之也] 내가 소유한 것을 나누어서 그들에게 줄 수 있는 것이 아니다.

思天下之民이 匹夫匹婦 有不被堯舜之澤者어든 若己 推而內之溝中하니 其自任以天下之重이 如此라 故로 就湯而說之하야 以伐夏救民하니라.

천하의 백성 가운데 필부필부가 堯舜의 은택을 입지 않은 자가 있으면 마치 자기가 도랑에 밀어 넣은 것처럼 생각하였으니, 그가 천하의 중책을 自任한 것이 이와 같았다. 그러므로 湯임금에게 나아가 유세하여 夏나라를 정벌하여 백성을 구제하였다.

集註 書曰 昔先正保衡이 作我先王하야 曰予弗克俾厥后為堯舜이면 其心愧恥若撻于市하며 一夫不獲이어든 則曰 時予之辜라하니 孟子之言이 蓋取諸此하시니라 是時에 夏桀이 無道하야 暴虐其民이라 故로 欲使湯伐夏以救之하니라 徐氏曰 伊尹이 樂堯舜之道로되 堯舜揖遜이어늘 而伊尹이 說湯以伐夏者는 時之不同이니 義則一也니라.

大文字義 [推퇴, 추] 밀다. [內납] 들이다(納, 入聲)./ 안.(내, 去聲). [就취] 나아가다. [說세] 유세하다, 설득하다.(去聲)./ 말씀.(설, 入聲).

集註字義 [作작] 진작하다, 만들다.(入聲). [克극] 할 수 있다(能). [俾비] 사역의 뜻(使) [愧괴] 부끄러워하다. [撻달] 매질하다, 종아리를 치다. [時시] 이것(是), 제 때, 때. [辜고] 죄, 허물.

集註句文 [先正] 先은 先朝, 正은 長을 말한 것이니 곧 先朝 때 장관을 뜻함. [保衡] 商나라 초기의 어진 宰相 伊尹을 가리킴. [一夫不獲] 一夫不得其所.

書經 商書 [說命下, 先正保衡]

昔先正保衡이 作我先王하야 乃曰 予弗克俾厥后로 惟堯舜이면 其心愧恥若撻于市하며 一夫不獲이어든 則曰時予之辜라하야 佑我烈祖하야 格于皇天하니 爾尚明保予하야 罔俾阿衡으로 專美有商하라.

解義 옛날 先正인 保衡(伊尹)이 우리 先王을 흥기시켜 말하기를, "내가 임금으로 하여금 堯舜 같은 성군이 될 수 없게 한다면 마음에서 부끄러워함이 마치 시장에서 매를 맞는 것과 같으며, 한 사람이라도 살 곳을 얻지 못하면 이는

나의 허물이다." 하여, 나의 烈祖를 도와서 그 功이 皇天에 이르렀으니, 너(傅說)는 부디 나를 밝게 보좌하여 阿衡으로 하여금 商나라에서 아름다운 공로를 독차지하지 못하게 하라."

자 구 [作작] 흥기시키다. [克극] 능하다. [俾비] 被動의 의미. [撻달] 종아리를 치다. [獲획] 제자리를 얻다. [時시] 是. [辜고] 허물, 죄. [尙상] 부디. [保보] 보좌하다. [專전] 독차지하다. [美미] 아름다운 공로.

참 고 채침이 말하기를, "先正은 先世의 장관을 한 신하이고, 保는 편하게 한다는 뜻이니, 保衡은 阿衡과 같다. 作은 흥기시키는 것이고, 거리에서 종아리를 맞는다는 것은 매우 부끄럽다는 것이고, 얻지 못한다는 것은 그 있을 곳을 얻지 못한다는 뜻이다. 이 글은 殷高宗이 이윤의 말을 들어서 傅說에게 伊尹과 같이 해 주기를 바라는 말이다." 라고 하였다.

吾未聞枉己而正人者也로니 況辱己以正天下者乎아 聖人之行이 不同也라 或遠或近하며 或去或不去나 歸는 潔其身而已矣니라.

나는 자신을 굽혀 남을 바르게 한다는 것을 듣지 못하였으니, 하물며 자기를 욕되게 하여 천하를 바로잡는 것이겠는가? 성인의 행하심은 이와 같지 않아서 혹은 은둔하고 혹은 임금을 가까이 하며, 혹은 떠나기도 하고 혹은 머물러 있기도 하지만, 귀의처는 자신의 몸을 깨끗이 할 뿐이다.

集 註 辱己는 甚於枉己하고 正天下는 難於正人하니 若伊尹이 以割烹要湯이면 辱己甚矣니 何以正天下乎리오 遠謂隱遁也요 近은 謂仕近君也라 言聖人之行이 雖不必同이나 然이나 其要歸는 在潔其身而已니 伊尹이 豈肯以割烹要湯哉리오.

大文字義 [枉왕] 굽히다. [正정] 바로잡다. [歸귀] 귀의처. [潔결] 깨끗하다.

集註字義 [辱욕] 욕되다. [隱은] 숨기다. [遁둔] 숨다. [肯긍] 하려하다.

集註句文 [要歸] 요체, 요점

吾는 聞其以堯舜之道로 要湯이오 未聞以割烹也케라.

나는 요순의 도로써 탕임금에게 벼슬을 요구했다는 말은 들었어도, 요리 솜씨로 했다는 말은 듣지 못하였다.

集註 林氏曰 以堯舜之道要湯者는 非實以是要之也요 道在此而湯之聘自來耳니 猶子貢言夫子之求之는 異乎人之求之也라 愚謂 此語는 亦猶前章所論父不得而予之意니라.

論語 學而篇 子禽이 問於子貢曰 夫子至於是邦也하사 必聞其政하시나니 求之與아 抑與之與아 子貢이 曰 夫子는 溫良恭儉讓以得之시니 夫子之求之也는 其諸異乎人之求之與인져.

자구 [與여] 주다.(上聲)./ 의문사(平聲). [異이] 다르다.

伊訓에 曰 天誅造攻을 自牧宮은 朕載自亳이라하니라.

伊訓에 이르기를, '하늘의 誅伐에 처음 공격하기를 牧宮으로부터 한 것은 내가 그 일을 亳에서 시작하였기 때문이다.' 하였다."

集註 伊訓은 商書篇名이니 孟子引以證伐夏救民之事也라 今書에 牧宮을 作鳴條하니라 造載는 皆始也라 伊尹이 言始攻桀無道는 由我始其事於亳也라.

大文字義 [造조] 처음. [載재] 시작하다. [亳박] 商나라 처음 도성.

大文句文 [牧宮] 夏나라 桀王의 궁궐.

참고 [伊訓] 太甲이 즉위하자 伊尹이 글을 써서 태갑을 훈계하여 인도한 내용.

8장 萬章이 問曰 或이 謂孔子於衛에 主癰疽하시고 於齊에 主侍人瘠環이라하니 有諸乎잇가 孟子曰 否라 不然也라 好事者 為之也니라.

萬章 問曰, "或者가 이르기를, '공자께서 위나라에서 옹저의 집에 머무셨고, 제나라에서 내시 척환의 집에 머무셨다.' 하는데, 그러한 일이 있었습니까?" 맹자왈 "아니다, 그렇지 않다. 일 벌리기 좋아하는 사람이 만들어 낸 것이다.

集註 主는 謂舍於其家하야 以之為主人也라 癰疽는 瘍醫也요 侍人은 奄人也라 瘠은 姓이요 環은 名이니 皆時君所近狎之人也라 好事는 謂喜造言生事之人也라.

大文字義 [主주] 주인으로 삼다. [癰옹] 종기. [疽저] 종기. [瘠척] 여위다.

大文句文 [主癰疽] 옹저를 주인으로 삼다, 옹저의 집에 머물다. [好事者為之也] 일 벌리기 좋아하는 사람이 만들어 낸 것이다.

集註字義 [舍사] 머물다, 집.(去聲). [瘍양] 종기. [奄엄] 환관, 문득.

於衛에 主顏讎由러시니 彌子之妻 與子路之妻로 兄弟也라 彌子謂子路曰 孔子主我하시면 衛卿을 可得也라하야늘 子路以告한대 孔子曰 有命이라하니 孔子進以禮하시며 退以義하사 得之不得에 曰 有命이라하시니 而主癰疽與侍人瘠環이시면 是는 無義無命也니라.

衛나라에서 안수유 집에 머무셨는데 미자의 妻가 자로의 妻와 자매였다. 미자가 자로에게 말하기를, '공자께서 우리 집에 머무시면 위나라 경의 지위를 얻을 수 있다.' 하자, 자로가 이 말을 고하였는데, 공자왈, '命에 달려있다.' 하셨다. 공자께서는 禮로써 벼슬길에 나가시며 義로써 물러나시어, 벼슬을 얻고 얻지 못한 것에 命이 있다고 말씀하셨으니, 옹저와 내시 척환의 집에 머무셨다면 이것은 義도 없고 命도 없는 것이다.

集註 顏讎由는 衛之賢大夫也니 史記에 作顏濁鄒하니라 彌子는 衛靈公幸臣彌子瑕也라 徐氏曰 禮는 主於辭遜이라 故로 進以禮하고 義는 主於斷制라 故로 退以義하니 難進而易退者也라 在我者는 有禮義而已요 得之不得은 則有命存焉이니라.

集註字義 [幸행] 총애하다. [瑕하] 옥의 티.

孔子不悅於魯衛하사 遭宋桓司馬 將要而殺之하야 微服而過宋하시니 是時에 孔子當阨하사대 主司城貞子 爲陳侯周臣하시니라.

공자께서 魯나라와 衛나라에 거처하시는 것을 달가워하지 않으시어 宋나라로 가시다가 桓司馬가 공자를 막고 죽이려 하는 일을 만나 微服차림으로 송나라를 지나가셨다. 이때에 공자께서 액을 당하셨지만, 陳侯 周의 신하인 사성정자의 집에 머무셨다.

集註 不悅은 不樂居其國也라 桓司馬는 宋大夫向魋也라 司城貞子는 亦宋大夫之賢者也라 陳侯名周라 按史記컨대 孔子爲魯司寇하시니 齊人이 饋女樂以間之어늘 孔子遂行하사 適衛月餘에 去衛適宋이러시니 司馬魋欲殺孔子어늘 孔子去至陳하사 主於司城貞子하시니라 孟子言孔子雖當阨難이나 然이나 猶擇所主하시니 況在齊衛無事之時에 豈有主癰疽侍人之事乎아하시니라.

大文字義 [悅열] 달가워하다. [遭조] 만나다. [要요] 막다, 맞이하다, 요구하다. [阨액] 고난.

集註字義 [向상] 姓으로 사용하는 경우에는 '상'으로 발음. [魋퇴] 人名. [饋궤] 선물하다, 먹이다. [間간] 이간질하다, 사이.(平聲).

吾聞觀近臣호되 以其所爲主요 觀遠臣호되 以其所主라호니 若孔子主癰疽與侍人瘠環이시면 何以爲孔子리오

내가 들으니, '近臣을 관찰하되 주인으로 삼는 바(누가 빈객으로 머무는지)로써 할 것이요, 遠臣을 관찰하되 주인하는 바(누구의 집에 머무는지)로써 한다.' 하니, 이를테면, 공자께서 옹저와 내시 척환의 집에 머무셨다면 어찌 공자가 될 수 있겠는가?"

集註 近臣은 在朝之臣이요 遠臣은 遠方來仕者라 君子小人이 各從其類라 故로 觀其所爲主與其所主者면 而其人을 可知니라.

大文句文 [觀近臣以其所爲主 觀遠臣以其所主] 조정의 신하를 관찰할 때에는 누구를 묵게 하느냐를 살펴보고, 먼 곳에서 온 신하를 관찰할 때에는 누구의 집에 머물고 있는지를 살펴본다.

9장 萬章이 問曰 或曰 百里奚自鬻於秦養牲者하야 五羊之皮로 食牛하야 以要秦穆公이라하니 信乎잇가 孟子曰 否라 不然하니라 好事者 為之也니라.

萬章 問曰, "或者가 말하기를, '백리해가 秦나라의 희생을 기르는 자에게 자신을 팔아서 다섯 마리 양 가죽을 받고 소를 먹여 秦穆公에게 벼슬을 요구하였다.' 하니, 믿어도 됩니까?" 맹자왈, "아니다. 그렇지 않다. 일 만들기를 좋아하는 자들이 그렇게 한 것이다.

集註 百里奚는 虞之賢臣이라 人言其自賣於秦養牲者之家하야 得五羊之皮而為之食牛하야 因以干秦穆公也라.

大文字義 [鬻육] 팔다, 죽.(入聲). [牲생] 희생. [要요] 요구하다.

大文句文 [自鬻於秦養牲者] 진나라에 희생을 기르는 자에게 자신을 팔다.

集註字義 [賣매] 팔다. [干간] 요구하다, 방패, 범하다.

참고 百里奚章에 대해 巖棲集에서는 "'스스로 진나라의 희생을 기르는 자에게 다섯 마리 양의 가죽에 팔려가서(自鬻於秦養牲者五羊之皮)' 라는 부분이 한 구이고, '소를 먹여 진나라 목공에게 등용되기를 요구했다.(食牛以要秦穆公)' 라는 부분이 한 구이니, 지금 諺解에서 찍은 구두는 옳지 않다." 하였다. 암서집 주석은, "언해에서는 '五羊之皮로 食牛하여'로 현토하여 '다섯 마리 양가죽을 받기로 하고 소를 먹인다.' 는 뜻이 되어 五羊之皮가 아래 구절과 이어지게 되고, 암서집에는 '스스로 秦나라의 희생을 기르는 자에게 다섯 마리 양의 가죽에 팔려가서' 로 되어야 한다는 것이다." 라고 하였다.

百里奚는 虞人也니 晉人이 以垂棘之璧과 與屈產之乘으로 假道於虞하야 以伐虢이어늘 宮之奇는 諫하고 百里奚는 不諫하니라.

백리해는 虞나라 사람이다. 晉나라 사람이 垂棘의 璧玉과 屈產의 네 마리 말을 뇌물로 써서 虞나라에 길을 빌려 虢나라를 정벌하려하자 궁지기는 諫하고 백리해는 諫하지 않았다.

集 註 虞虢은 皆國名이라 垂棘之璧은 垂棘之地所出之璧也요 屈産之乘은 屈地所生之良馬也라 乘은 四匹也라 晉欲伐虢할새 道經於虞라 故로 以此物借道하니 其實은 欲幷取虞라 宮之奇는 亦虞之賢臣이니 諫虞公하야 令勿許로되 虞公不用이라가 遂爲晉所滅하니라 百里奚는 知其不可諫이라 故로 不諫而去之秦하니라.

大文字義 [虞우] 우나라, [棘극] 매대추나무. [璧벽] 둥근 옥. [乘승] 넷.(去聲)./ 타다.(平聲). [假가] 빌리다. [虢괵] 괵나라.

大文句文 [垂棘] 地名, 좋은 옥이 생산됨. [屈産] 地名, 良馬가 생산됨.

集註字義 [經경] 경유하다.

集註句文 [遂爲晉所滅] 마침내 晉나라에게 멸망을 당하다.

春秋左氏傳 [魯僖公上 二年, 屈産之乘與垂棘之璧]

晉荀息請以屈産之乘與垂棘之璧假道於虞以伐虢한대 公曰 是吾寶也라 對曰 若得道於虞면 猶外府也니이다 公曰 宮之奇存焉하니라 對曰 宮之奇之爲人也가 懦而不能强諫하고 且少長於君하야 君暱之하니 雖諫이나 將不聽하리이다. 乃使荀息假道於虞 曰冀爲不道하야 入自顚軨하야 伐鄍三門이러니 冀之旣病은 則亦唯君故니이다 今虢爲不道하야 保於逆旅하야 以侵敝邑之南鄙일새 敢請假道以請罪于虢하노이다 虞公許之하고 且請先伐虢하다 宮之奇諫이나 不聽하고 遂起師하다. 虢公敗戎于桑田하니 晉卜偃曰 虢必亡矣리라 亡下陽不懼하고 而又有功하니 是天奪之鑒하야 而益其疾也라 必易晉而不撫其民矣리니 不可以五稔이리라.

解 義 晉나라 荀息이 屈에서 생산되는 네 匹의 말과 垂棘에서 생산되는 玉을 써서 虞나라에 길을 빌려 虢나라 치기를 청하였다. 晉獻公曰, "이것은 나의 보물이다." 荀息이 對曰, "만약 虞나라에게 길을 빌릴 수 있다면 밖의 창고에 보관하는 것과 같습니다." 獻公曰, "虞나라에는 宮之奇있다." 荀息이 對曰, "宮之奇의 사람됨이 유약하여 강력히 간하지 못할 것이고, 또 어려서부터 虞君과 자랐기 때문에 虞君이 그를 임의롭게 대하니, 비록 간한다 하더라도 듣지 않을 것입니다."

이에 荀息을 보내어 우나라에 길을 빌리게 하였다. 荀息曰, "冀나라가 무도하여 顚軨으로부터 쳐들어와서 鄍邑의 세 성문을 공격하였는데, 冀나라가 쇠약해진 것은 오직 임금님 때문입니다. 지금 虢나라가 무도하여 逆旅에 보루를 쌓고서 우리의 남쪽 변방을 침범하기 때문에 감히 길을 빌려서 虢나라에게 죄를 묻고자 합니다." 虞公이 허락하고, 또 먼저 虢나라를 치기를 청하였다. 宮之奇가 간하였으나 虞公은 듣지 않고서 드디어 군대를 일으켰다. 虢公이 桑田에서 戎을 패배시키니, 晉나라 卜偃曰, "虢나라는 반드시 亡할 것이다. 下陽을 잃고도 두려워하지 않고 또 전쟁하여 공을 세웠으니, 이는 하늘이 그의 거울을 빼앗아 그의 미움을 더한 것이다. 반드시 晉나라를 가볍게 보고 백성을 돌보지 않을 것이니, 5년을 넘기지 못할 것이다."

자구 [僖희] 기쁘다. [荀순] 풀이름, 姓. [棘극] 가시나무, 매대추나무. [璧벽] 둥근 옥. [虞우] 國名, 염려하다. [虢] 國名, 발톱자국. [懦나] 나약하다. [暱일] 친하다. [冀기] 바라다. [顚전] 넘어지다. [軨령] 사냥수레. [鄍명] 邑名. [敝폐] 헤지다. [鄙비] 비루하다. [鑒감] 거울. [疾질] 미워하다. [撫무] 어루만지다. [稔임] 해(年), 여물다.

知虞公之不可諫而去之秦하니 年已七十矣라 曾不知以食牛로 干秦穆公之爲汙也면 可謂智乎아 不可諫而不諫하니 可謂不智乎아 知虞公之將亡而先去之하니 不可謂不智也니라 時擧於秦하야 知穆公之可與有行也而相之하니 可謂不智乎아 相秦而顯其君於天下하야 可傳於後世하니 不賢而能之乎아 自鬻以成其君을 鄕黨自好者도 不爲온 而謂賢者 爲之乎아

虞公의 간할 수 없음을 알고서 秦나라를 떠났으니 나이가 이미 70세였다. 일찍이 소를 먹여 秦穆公에게 벼슬을 구하는 것이 더러움이 됨을 알지 못하였다면 지혜롭다 할 수 있겠는가? 간해서는 안 되는데 간하지 않았으니 지혜롭지 않다고 할 수 있겠는가? 우공이 장차 멸망할 줄을 알고서 먼저 虞나라를 떠났으니 지혜롭지 않다고 할 수가 없다. 이에 秦나라에 등용되어 穆公이 함께 큰일을 할 수 있음을 알고서 그를 도왔으니 지혜롭지 않다고 할 수 있겠는가? 秦나라를 도와서 그 임금을 천하에 드러나게 하여 후세에 전할 수 있었으니 賢하지 않다면 할 수 있겠는가? 자신을 팔아서 그 임금의 대업을 이루게 하는 짓을 고향 마을의 자신을 아끼는 자들도 하지 않는 짓인데 賢하다고 하는 자가 하겠는가?"

集註 自好는 自愛其身之人也라 孟子言百里奚之智如此하니 必知食牛以干主之爲汙요 其賢又如此하니 必不肯自鬻以成其君也라 然이나 此事는 當孟子時하야 已無所據하니 孟子直以事理로 反覆推之하야 而知其必不然耳시니라 ○ 范氏曰 古之聖賢이 未遇之時에 鄙賤之事를 不恥爲之하니 如百里奚爲人養牛는 無足怪也라 惟是人君이 不致敬盡禮면 則不可得而見이니 豈有先自汙

辱하야 以要其君哉리오 莊周曰 百里奚爵祿이 不入於心이라 故로 飯牛而牛肥하야 使穆公으로 忘其賤而與之政이라하니 亦可謂知百里奚矣로다 伊尹百里奚之事는 皆聖賢出處之大節이라 故로 孟子不得不辨이시니라 尹氏曰 當時好事者之論이 大率類此하니 蓋以其不正之心으로 度聖賢也니라.

大文字義 [汙오] 더럽다. [時시] 是. [與여] 함께, 더불어.(上聲). [顯현] 드러내다. [鬻육] 팔다.

大文句文 [知穆公之可與有行也而相之] 목공이 함께 큰일을 할 수 있음을 알고서 그를 돕다.

集註字義 [愛애] 아끼다. [據거] 의지하다, 의거하다. [直직] 다만. [覆복] 되풀이하다, 넘어지다.(入聲)./ 덮다.(부, 去聲). [遇우] 만나다. [怪괴] 괴이하다, 이상하다. [爵작] 벼슬, [祿록] 녹, [節절] 절개, 마디. [辨변] 구별하다.(上聲).

集註句文 [大率] 대체로, 대개.

10

孟子集註大全卷之十

萬章章句下

孟子集註大全卷之十 萬章章句下

·10·

凡九章이라. 모두 9장이다.

1장 孟子曰 伯夷는 目不視惡色하며 耳不聽惡聲하고 非其君不事하며 非其民不使하야 治則進하고 亂則退하야 橫政之所出과 橫民之所止에 不忍居也하며 思與鄕人處하되 如以朝衣朝冠으로 坐於塗炭也러니 當紂之時하야 居北海之濱하야 以待天下之淸也하니 故로 聞伯夷之風者는 頑夫廉하며 懦夫 有立志하니라.

맹자왈, "伯夷는 눈으로는 나쁜 모습을 보지 않으며, 귀로는 나쁜 소리를 듣지 않으며, 섬길만한 임금이 아니면 섬기지 않으며, 부릴만한 백성이 아니면 부리지 않으며, 잘 다스려지면 벼슬길에 나아가고 어지러워지면 물러나서, 포악한 정사가 나오는 곳과 포악한 백성이 머무는 곳에 차마 살지 않았다. 무지한 鄕人과 더불어 거처하되 마치 조복을 입고 관모를 쓰고 진흙 구덩이나 숯가마에 앉아있는 것처럼 생각하였는데, 紂王의 시대를 맞아서 北海가에 거처하면서 천하가 맑아지기를 기다렸다. 그러므로 伯夷의 풍모를 듣는 사람은 지각이 없는 사내가 분별이 있게 되며, 겁보가 뜻을 세울 수 있게 되었다.

集註 橫은 謂不循法度라 頑者는 無知覺이요 廉者는 有分辨이라 懦는 柔弱也라 餘는 並見前篇하니라.

大文字義 [橫횡] 멋대로 하다, 마구하다, 가로. [與여] 더불어, 함께.(上聲). [塗도] 진흙, 길. [炭탄] 숯가마. [濱빈] 물가. [風풍] 풍모, 바람.(平聲)./ 풍자.(去聲). [頑완] 완고하다. [廉염] 분별이 있다, 청렴하다. [懦나] 나약하다.

大文句文 [橫政之所出] 포악한 정사가 발령되는 곳. [坐於塗炭] 진흙더미와 숯가마에 앉다. [頑夫廉] 지각이 없는 사람이 분별이 있게 되다.

芝峯集 제25권 [錄解 薛文淸讀書錄解, 目之逐物 最能喪德]

目之逐物 最能喪德 四勿以視爲先。愚謂目逐物而心從之 故曰其機在目。如目不視惡色 亦以視爲先。

解義 눈으로 사물을 좇는 것이 덕을 잃기에 가장 쉬우니, 四勿 가운데 보는 것을 앞에 둔 것이다. 내가 생각건대, 눈으로 사물을 좇다보면 마음도 따르게 되므로 그 단서가 눈에 있다고 한 것이다. 예컨대 目不視惡色에서도 보는 것을 우선으로 삼았다.

자구 [芝지] 芝草, 영지. [薛] 姓, 國名, 대쑥. [逐축] 좇다. [機기] 단서, 틀, 기교.

伊尹이 曰 何事非君이며 何使非民이리오하야 治亦進하며 亂亦進하야 曰 天之生斯民也는 使先知로 覺後知하며 使先覺으로 覺後覺이시니 予는 天民之先覺者也로니 予將以此道로 覺此民也라하며 思天下之民이 匹夫匹婦 有不與被堯舜之澤者어든 若己推而內之溝中하니 其自任以天下之重也니라.

伊尹曰, '누구를 섬긴들 임금이 아니며 누구를 부린들 백성이 아니겠는가?' 하여, 잘 다스려져도 벼슬에 나아가며 어지러워져도 벼슬에 나아가 말하기를 '하늘이 이 백성을 낼 때는 先知者로 하여금 後知者를 깨닫게 하며 先覺者으로 하여금 後覺者를 깨닫게 하셨다. 나는 天民 가운데 선각자이니 내가 이 도로써 이 백성을 깨우칠 것이다.' 하였으며, 천하의 백성 가운데 匹夫匹婦가 요순의 은택을 입는데 참여하지 못한 사람이 있으면, 마치 자기가 밀어서 도랑에 들어가게 한 것처럼 생각하였으니, 이것은 천하의 중책을 자임한 것이다.

集註 何事非君은 言所事卽君이요 何使非民은 言所使卽民이니 無不可事之君이며 無不可使之民也라 餘見前篇하니라.

大文字義 [與여] 참여하다.(去聲). [推퇴, 추] 밀다. [內납] 들어가게 하다.(納, 入聲)./안.(내, 去聲).

大文句文 [何事非君] 누구를 섬긴들 임금이 아니겠는가? [予天民之先覺者也] 나는 천민 가운데 선각자이다. [匹夫匹婦 有不與(예)被堯舜之澤者] 보통 사람 가운데 요순의 은택을 입는데 참예하지 못한 자가 있다. [己推而內之溝中] 자신이 밀어서 도랑 속에 들어가게 하다.

柳下惠는 不羞汙君하며 不辭小官하며 進不隱賢하야 必以其道하며 遺佚而不怨하며 阨窮而不憫하며 與鄕人處하되 由由然不忍去也하야 爾爲爾오 我爲我니 雖袒裼裸裎於我側인들 爾焉能浼我哉리오하니 故로 聞柳下惠之風者는 鄙夫寬하며 薄夫敦하니라.

柳下惠는 더러운 임금을 부끄럽게 여기지 않았으며, 낮은 벼슬을 사양하지 않았으며, 벼슬에 나아가면 賢를 숨기지 않아서 반드시 바른 도로써 하며, 버림을 당하여도 원망하지 않았으며, 곤궁함에 처하여도 걱정하지 않았다. 무지한 鄕人과 거처하되 태연하게 차마 떠나지 않았으며, '너는 너요 나는 나이니 비록 내 옆에서 옷을 걷어 어깨를 들어내고 벌거벗는다 하다라도 네가 어찌 나를 더럽힐 수 있으리오' 하였다. 그러므로 柳下惠의 풍모를 듣는 사람은 인색한 사내가 너그러워지며 야박한 사내가 돈후하게 되었다.

集註 鄙는 狹陋也요 敦은 厚也라 餘見前篇하니라.

大文字義 [羞수] 부끄러워하다. [汙오] 더럽다. [辭사] 사양하다. [遺유] 버리다, 남기다. [佚일] 빠지다. [阨액] 곤궁하다. [憫민] 번민하다. [袒단] 걷다. [裼석] 걷다. [裸나] 벗다. [裎정] 벗다. [浼매] 더럽히다. [鄙비] 인색하다. [薄박] 야박하다. [敦돈] 돈후하다.

大文句文 [不羞汙君] 더러운 임금을 부끄러워하지 않는다. [進不隱賢] 벼슬에 나아가더라도 자신의 賢함을 숨기지 않는다. [遺佚] 버려지다. [由由然] 자연스런 모습, 태연한 모습. [爾爲爾] 너는 너이다. [袒裼裸裎] 옷을 걷어 어깨를 들어내고 벌거벗다. [鄙夫寬] 인색한 사내가 너그러워지다. [薄夫敦] 야박한 사내가 돈후하게 되다.

集註字義 [狹협] 좁다. [陋루] 좁다, 추하다.

孔子之去齊에 接淅而行하시고 去魯에 曰 遲遲라 吾行也여하시니 去父母國之道也라 可以速而速하며 可以久而久하며 可以處而處하며 可以仕而仕는 孔子也시니라.

孔子께서 齊나라를 떠나실 적에 쌀을 건져서 받쳐 들고 가시고, 魯를 떠나실 적에 말씀하시기를 '더디구나 나의 발걸음이여!' 하셨으니, 부모의 나라를 떠나는 도이다. 속히 떠나야만 되면 속히 떠나셨으며 오래 계실만 하면 오래 계셨으며 은거할 만하면 은거하셨으며 벼슬할 만하면 벼슬하신 것은 孔子이시다."

集註 接은 猶承也요 淅은 漬米水也니 漬米將炊而欲去之速이라 故로 以手承水取米而行하야 不及炊也라 擧此一端하야 以見其久速仕止各當其可也시니라 或曰 孔子去魯에 不稅冕而行하시니 豈得為遲리오한대 楊氏曰 孔子欲去之意久矣로되 不欲苟去라 故로 遲遲其行也하시니 膰肉不至면 則得以微罪行矣라 故로 不稅冕而行하시니 非速也니라.

大文字義 [接접] 받치다. [淅석] 물에 인 쌀. [遲지] 더디다. [行행] 발걸음.

大文句文 [接淅而行] 물에 인 쌀을 받쳐 들고 떠나다. [可以速而速] 빨리 나야 하면 빨리 떠나다. [可以處而處] 은거할 만하면 은거하다.

集註字義 [漬지] 담그다. [炊취] 밥을 짓다. [稅탈] 벗다. [冕면] 면관. [膰번] 제사고기

集註句文 [見其久速仕止各當其可也] 오래 머물고 빨리 떠나고 벼슬하고 그만두고 하는 것이 때에 맞게 됨을 알 수 있다.

孟子曰 伯夷는 聖之淸者也요 伊尹은 聖之任者也요 柳下惠는 聖之和者也요 孔子 聖之時者也시니라.

맹자왈, "백이는 聖 가운데 淸을 이룬 자이고, 이윤은 聖 가운데 任을 이룬 자이고, 유하혜는 聖 가운데 和를 이룬 자이고, 공자께서는 時聖을 이루신 분이시다.

集註 張子曰 無所雜者는 淸之極이요 無所異者는 和之極이니 勉而淸은 非聖人之淸이요 勉而和는 非聖人之和라 所謂聖者는 不勉不思而至焉者也니라 孔氏曰 任者는 以天下為己責也니라 愚謂 孔子는 仕止久速이 各當其可하시니 蓋兼三子之所以聖者而時出之니 非如三子之可以一德名也니라 或疑伊尹出處合乎孔子어늘 而不得為聖之時는 何也오 程子曰 終是任底意思在니라.

大文句文 [孔子聖之時者也] 공자께서는 時聖를 이루신 분이다. 즉 세 사람의 聖을 겸하시어 때에 알맞게 하신 그 성을 내신 분이다.

集註句文 [終是任底意思在] 끝까지 자임한 의사가 있는 것이다.(語類)

孔子之謂集大成이니 集大成也者는 金聲而玉振之也라 金聲也者는 始條理也오 玉振之也者는 終條理也니 始條理者는 智之事也요 終條理者는 聖之事也니라.

孔子를 集大成이라고 이르니, 집대성이라는 것은 鏄鐘을 쳐서 소리를 내고 特磬을 쳐서 소리를 거두는 것이다. 박종을 쳐서 소리를 낸다는 것은 條理를 시작하는 것이고 특경을 쳐서 소리를 거둔다는 것은 조리를 마치는 것이니, 조리를 시작하는 것은 지혜의 일이고 조리를 마치는 것은 성인의 일이다.

集註 此는 言孔子集三聖之事하야 而為一大聖之事니 猶作樂者集衆音之小成하야 而為一大成也라 成者는 樂之一終이니 書所謂簫韶九成이 是也라 金은 鐘屬이요 聲은 宣也니 如聲罪致討之聲이라 玉은 磬也요 振은 收也니 如振河海而不洩之振이라 始는 始之也요 終은 終之也라 條理는 猶言脉絡이니 指衆音而言也라 智者는 知之所及이요 聖者는 德之所就也라 蓋樂有八音하니 金石絲竹匏土革木이라 若獨奏一音이면 則其一音이 自為始終而為一小成이니 猶三子之所知偏於一하야 而其所就亦偏於一也라 八音之中에 金石為重이라 故로 特為衆音之綱紀요 又金始震而玉終詘然也라 故로 並奏八音이면 則於其未作에 而先擊鏄鐘하야 以宣其聲하고 俟其旣闋而後에 擊特磬하야 以收其韻하나니 宣以始之하고 收以終之하야 二者之間에 脉絡貫通하야 無所不備면 則合衆小成而為一大成이니 猶孔子之知無不盡而德無不全也라 金聲玉振始終條理는 疑古樂經之言이라 故로 兒寬云 唯天子建中和之極하야 兼總條貫하야 金聲而玉振之라하니 亦此意也니라.

大文字義 [金금] 鏄鐘. [玉옥] 特磬. [振진] 거두다, 떨치다.

大文句文 [金聲而玉振之也] 박종을 쳐서 소리가 퍼지게 하고 특경을 쳐서 소리를 거두는 것이다. [始條理] 조리를 시작하다, 조리 있게 시작하다. [終條理] 조리를 마치다, 조리 있게 마치다.

集註字義 [簫소] 연주하다. [韶소] 순임금의 음악. [聲성] 퍼지다.(宣). [磬경] 경쇠. [洩루] 세다. [絡락] 잇다. [匏포] 박. [偏편] 치우치다. [詘굴] 거두다. [鏄박] 종. [闋결] 마치다. [韻운] 소리, 음향. [兒예] 姓, 흘겨보다(倪). [極극] 표준.

集註句文 [作樂者集衆音之小成] 악을 연주하는 자가 여러 소리의 소성을 모으다. [成者樂之一終] 成이라는 것은 악이 한 번 끝나는 것이다. [書所謂簫韶九成] 서경에 이른바 '簫韶九成'이라는 것이다. [簫韶九成] 순임금의 음악인 簫韶를 아홉 樂章 연주하다. [金始震而玉終詘然也] 박종이 처음에 울려 퍼지고 특경이 끝에 소리를 거두는 형태이다. [兼總條貫] 條理를 총괄하다.

참고 兒寬은 前漢 武帝 때의 사람이다. 兒寬이 품팔이를 할 적에 늘 경서를 몸에 지니고 밭일을 하다가 휴식할 때면 독송을 했던 고사가 있다.(時行賃作帶經而鋤 休息輒讀誦, 漢書 兒寬傳)

虛白堂(成俔)詩集 제6권 [詩 親祀文宣王 取文武各三人, 始終條理]

聖主守文肇太平 朔南聲教彌八紘 日開講筵不遑寧 先重根本論六經 仲尼之道日月明 始終條理集大成 時維仲春日上丁 東風淡沱天氣清 中宵大駕儼東行 濟濟縉紳趨庠黌

解義 성주(성종대왕)께서 선왕의 법도를 지켜 태평을 이루시니, 북에서 남쪽까지 聲教가 사방과 四隅에 미쳤도다. 날마다 경연을 열어 편안할 겨를 없으시고, 먼저 근본을 중히 여겨 육경을 강론하시니, 仲尼의 도가 해와 달처럼 밝아서, 시종의 조리로써 집대성을 이루셨도다. 시절은 중춘이요 상정일이라, 동풍이 온화하고 천기가 쾌청한지라, 한밤중에 대가가 동으로 행차하니, 수많은 관원들이 학궁으로 달려가도다.

자구 [俔현] 두려워하다, 바람개비. [守文] 선왕의 법도를 준행하다, 문왕의 법도를 지키다,(春秋 公羊傳). [肇조] 비롯하다, 창시하다. [朔삭] 북녘. [彌미] 두루 미치다. [紘굉] 밧줄, [八紘] 사방과 四隅. [遑황] 한가하다. [沱타] 흐르다. [淡沱] 온화하다. [宵소] 초저녁. [儼엄] 근엄하다. [濟濟] 많은 모양. [縉진] 꽂다. [紳신] 큰 띠, 벼슬아치. [縉紳] 高官. [趨추] 달려가다. [庠상] 학교. [黌횡] 학교.

智를 譬則巧也요 聖을 譬則力也니 由射於百步之外也하니 其至는 爾力也어니와 其中은 非爾力也니라.

智를 비유하자면 기교이고 聖을 비유하자면 힘이다. 이것은 100步 밖에서 활을 쏘는 것과 같아서, 화살이 이르는 것은 너의 힘이지만 화살이 적중하는 것은 너의 힘이 아니다."

集註 此는 復以射之巧力으로 發明聖智二字之義하야 見孔子巧力俱全而聖智兼備하시고 三子則力有餘而巧不足이라 是以로 一節雖至於聖이나 而智不足以及乎時中也니라 ○此章은 言三子之行은 各極其一偏하고 孔子之道는 全於衆理하니 所以偏者는 由其蔽於始라 是以로 缺於終이요 所以全者는 由其知之至라 是以로 行之盡이라 三子는 猶春夏秋冬之各一其時요 孔子則太和元氣之流行於四時也니라.

大文字義 [巧교] 솜씨, 공교함. [由유] 같다.(猶)

大文句文 [由射於百步之外也 其至 爾力也 其中 非爾力也] ① 백보 밖에서 활을 쏘는 것과 같아서 화살이 이르는 것은 너의 힘이지만, 과녁을 맞추는 것은 너의 힘이 아니다. ② 백보 밖에서 활을 쏘는데 화살이 이르는 것은 너의 힘이지만, 과녁을 맞추는 것은 너의 힘이 아닌 것과 같다.

集註字義 [復부] 다시. [節절] 부분, 마디. [偏편] 한쪽 면, 치우치다. [極극] 지극히 하다.

集註句文 [一節雖至於聖] 한 節이 비록 聖에 이르렀으나. [由其蔽於始] 처음에 가리워짐으로 말미암다. [太和元氣之流行於四時] 태화 원기가 사시에 유행하다. [太和元氣] 太虛. 氣의 本體를 太虛라 함.

中宗實錄 [中宗 38年 5月 3日 朝講, 始條理 終條理]

知事成世昌曰 知至至之 知終終之。知至至之 致知也。求知所至 而後至之 所謂始條理者 知之事也。知某事之爲是 則必期及於彼 及之而力行 力行而守之 則可與存義 所謂終條理者 聖之事也。當初不能辨其所至之是非 而知至 則不可謂知始 何能知終也。昔唐太宗 欲興至治 而學問不明 昧其所至 魏徵勸行仁義之道 而封德彜非之。宗聽魏徵之言 而行仁義 數年之間 致斗米三錢之效。此始能有志於治道 而終見其效。若使人君 誠能有志於學問之道 而終始不爲間斷 則其治效 豈至於是哉。

解義 知事 成世昌曰, "이를 곳을 알아서 이르고 마칠 곳을 알아서 마친다고 하였습니다. 이를 곳을 알아서 이르는 것은 致知입니다. 이를 곳을 구하여 안 뒤에야 이르는 것이니 이른바 始條理는 知의 일이라는 것입니다. 어떤 일이 옳다는 것을 안다면 반드시 그곳에 도달하기를 기약하게 되고, 도달하면 힘써 실행하고 힘써 실행하여 지킨다면 더불어 義를 보존할 수 있는 것이니, 이른바 終條理라는 것은 聖의 일인 것입니다. 당초에 이를 곳의 옳고 그름을 분별하지 못하고서 이를 곳을 알았다면 시작을 알았다고 할 수 없으니 어떻게 끝남을 알 수 있겠습니까? 옛날 唐太宗은 至治를 일으키고자 하였으나 학문이 밝지 못하여 이를 곳에 어두웠으니, 魏徵이 仁義의 도를 행할 것을 권하였는데 封德彜가 반대하였습니다. 태종은 위징의 말을 듣고서 仁義를 시행한지 몇 년 사이에 쌀 한 말에 3전이 되는 효과를 거두었습니다. 이것이 시작할 때 治道에 뜻을 둘 수 있어 끝에 가서 그 효과를 본 것입니다. 만일 임금으로 하여금 진실로 학문의 도에 뜻을 둘 수 있게 하여 始終 중단이 없게 한다면 그 다스림의 효과가 어찌 여기에만 이르겠습니까?

자구 [知至] 아는 것이 지극해 지다. [推極] 지극히 하다. [致知] 아는 것을 지극히 하다. [辨변] 분별하다.(上聲). [興흥] 일으키다. [昧매] 어둡다. [彜이] 떳떳함. [非비] 반대하다. [致치] 이룩하다. [誠성] 진실로.

2장 北宮錡 問曰 周室班爵祿也는 如之何잇고

北宮錡 問曰, "周나라 왕실이 爵祿을 반열하는 것은 어떠하였습니까?"

集註 北宮은 姓이요 錡는 名이니 衛人이라 班은 列也라.
大文字義 [錡의] 쇠뇌, 가마솥(기)
集註字義 [班반] 班列하다.

孟子曰 其詳은 不可得而聞也로다 諸侯惡其害己也而皆去其籍이어니와 然而軻也 嘗聞其略也로다.

맹자왈, "그 상세함은 들을 수가 없었다. 제후들이 자기를 해칠 것을 싫어하여 모두 그 典籍을 없애버렸는데, 나는 일찍이 그의 개략을 들은 적이 있습니다.

集註 當時諸侯兼幷僭竊이라 故로 惡周制妨害己之所為也라.
大文字義 [籍적] 전적.

天子一位오 公이 一位오 侯一位오 伯이 一位오 子男이 同一位니 凡五等也라 君이 一位오 卿이 一位오 大夫一位오 上士一位오 中士一位오 下士一位니 凡六等이라.

天子가 하나의 位이고, 공작이 하나의 位이고, 후작이 하나의 位이고, 백작이 하나의 位이고, 자작과 남작이 똑 같이 하나의 位이니, 모두 다섯 등급입니다. 君이 하나의 位이고, 卿이 하나의 位이고, 大夫가 하나의 位이고, 上士가 하나의 位이고, 中士가 하나의 位이고, 下士가 하나의 位이니, 모두 여섯 등급입니다.

集註 此는 班爵之制也라 五等은 通於天下하고 六等은 施於國中이라.

天子之制는 地方千里오 公侯는 皆方百里오 伯은 七十里오 子男은 五十里니 凡四等이라 不能五十里는 不達於天子하야 附於諸侯하나니 曰附庸이니라.

天子의 제도는 땅이 사방 1000里이고, 공작과 후작은 모두 사방 100里이고, 백작은 사방 70里이고, 자작과 남작은 사방 50里이니, 모두 네 등급이다. 사방 50里에 부족한 것은 천자에게 직접 진달하지 못하여 제후에게 붙으니 附庸이라 합니다.

集註 此以下는 班祿之制也라 不能은 猶不足也라 小國之地 不足五十里者는 不能自達於天子하고 因大國하야 以姓名通하니 謂之附庸이라 若春秋郳儀父之類是也니라.

大文字義 [方방] 사방. [達달] 진달하다.

大文句文 [附庸] 큰 나라에 딸려서 의탁하는 작은 나라.

集註字義 [郳주] 부용국의 國名.

참고 [郳儀父] 春秋左傳 魯隱公 원년 經文에 "3월에 魯나라 은공이 郳나라 임금 儀父와 蔑에서 만나 맹약을 맺었다.(三月 公及郳儀父盟于蔑)"라는 말이 나온다.

天子之卿은 受地視侯하고 大夫는 受地視伯하고 元士는 受地視子男이니라.

天子의 卿은 땅을 받는 것이 후작과 比見되고, 大夫는 땅을 받는 것이 백작과 비견되고, 元士는 땅을 받는 것이 자작, 남작과 비견됩니다.

集註 視는 比也라 徐氏曰 王畿之內에 亦制都鄙受地也라 元士는 上士也라.

大文字義 [視시] 比見하다. 보다.

大文句文 [受地視侯] 토지를 받는 것이 제후와 비견된다.

集註句文 [制都鄙受地也] 도비를 제정하여 전지를 받는 것이다.

大國은 地方百里니 君은 十卿祿이오 卿祿은 四大夫요 大夫는 倍上士요 上士는 倍中士요 中士는 倍下士요 下士與庶人在官者는 同祿하니 祿足以代其耕也니라.

大國(公爵과 侯爵의 나라)은 땅이 사방 100里이니, 임금은 卿의 祿의 10배이고, 卿의 祿은 大夫의 4배이고, 大夫는 上士의 2배이고, 上士는 中士의 2배이고, 中士는 下士의 2배이고, 下士와 庶人으로서 관직에 있는 자는 祿을 같이 하니, 祿은 田地를 경작하는 수입을 대신하기에 충분합니다.

集註 十은 十倍之也요 四는 四倍之也요 倍는 加一倍也라 徐氏曰 大國은 君田이 三萬二千畝니 其入이 可食(사)二千八百八十人이요 卿田은 三千二百畝니 可食二百八十八人이요 大夫田은 八百畝니 可食七十二人이요 上士田은 四百畝니 可食三十六人이요 中士田은 二百畝니 可食十八人아요 下士與庶人在官者田은 百畝니 可食九人至五人이라 庶人在官은 府史胥徒也라 愚按 君以下所食之祿은 皆助法之公田이니 藉農夫之力以耕하야 而收其租하고 士之無田與庶人在官者는 則但受祿於官을 如田之入而已니라.

大文字義 [耕경] 전지.

大文句文 [祿足以代其耕也] 녹은 전지를 경작하는 수입을 대신하기에 충분하다.

集註字義 [藉자] 빌리다. [租조] 조세.

集註句文 [其入可食二千八百八十人] 그 수입은 2880명을 먹일 수 있다. [府史胥徒] 물품 및 문서를 출납하는 府史, 서리 및 하인.

참고 [府史胥徒] 각 관부의 장관 밑에서 물품을 관리하고 문서를 작성하는 벼슬아치를 府史라 하고, 胥徒는 吏胥 徒隷를 말한다.(연산군일기)

次國은 地方七十里니 君은 十卿祿이오 卿祿은 三大夫요 大夫는 倍上士요 上士는 倍中士요 中士는 倍下士요 下士與庶人在官者는 同祿하니 祿足以代其耕也니라.

次國(伯爵의 나라)은 땅이 사방 70里이니, 임금은 卿의 祿의 10배이고, 卿의 祿은 大夫의 3배이고, 大夫는 上士의 2배이고, 上士는 中士의 2배이고, 中士는 下士의 2배이고, 下士와 庶人으로서 관직에 있는 자는 祿을 같이 하니, 祿은 田地를 경작하는 수입을 대신하기에 충분합니다.

集註 三은 謂三倍之也라 徐氏曰 次國은 君田이 二萬四千畝니 可食二千一百六十人이요 卿田은 二千四百畝니 可食二百十六人이라.

小國은 地方五十里니 君은 十卿祿이오 卿祿은 二大夫요 大夫는 倍上士요 上士는 倍中士요 中士는 倍下士요 下士與庶人在官者는 同祿하니 祿足以代其耕也니라.

小國(子爵과 男爵의 나라)은 땅이 사방 50里이니, 임금은 卿의 祿의 10배이고, 卿의 祿은 大夫의 2배이고, 大夫는 上士의 2배이고, 上士는 中士의 2배이고, 中士는 下士의 2배이고, 下士와 庶人으로서 관직에 있는 자는 祿을 같이 하니, 祿은 田地를 경작하는 수입을 대신하기에 충분합니다.

集註 二는 卽倍也라 徐氏曰 小國은 君田이 一萬六千畝니 可食千四百四十人이요 卿田은 一千六百畝니 可食百四十四人이라.

耕者之所獲은 一夫 百畝니 百畝之糞에 上農夫는 食九人하고 上次는 食八人하고 中은 食七人하고 中次는 食六人하고 下는 食五人이니 庶人在官者 其祿이 以是爲差니라.

농사짓는 자가 얻는 토지는 한 사람이 100畝이니, 100畝를 가꾸는데 上農夫는 9人을 먹이고, 上次는 8人을 먹이고, 中은 7人을 먹이고, 中次는 6人을 먹이고, 下는 5人을 먹이니, 庶人으로서 관직에 있는 자는 그 녹이 이것으로 차등을 둡니다."

集註 獲은 得也라 一夫一婦 佃田百畝하야 加之以糞하니 糞多而力勤者 爲上農이니 其所收可供九人이요 其次는 用力不齊라 故로 有此五等이라 庶人在官者는 其受祿不同하야 亦有此五等也라 ○愚按 此章之說은 與周禮王制로 不同하니 蓋不可考라 闕之可也니라 程子曰 孟子之時는 去先王未遠하고 載籍이 未經秦火로되 然而班爵祿之制를 已不聞其詳이라 今之禮書는 皆

掇拾於煨燼之餘하고 而多出於漢儒一時之傅會하니 奈何欲盡信而句爲之解乎아 然則其事를 固不可一二追復矣로다.

大文字義 [糞분] 가꾸다.

大文句文 [百畝之糞] 100묘(무)를 가꾸다.

集註字義 [佃전] 밭을 갈다, 경작하다. [供공] 이바지하다. [齊제] 같다. [闕궐] 제쳐놓다. [去거] 거리. [掇철] 줍다. [煨외] 굽다. [燼신] 타고 남다. [傅부] 부착하다, 스승. [追추] 추론하다. [復복] 회복하다.

集註句文 [煨燼] 불타고 남다. [傅會] 理致에 맞지 않는 말을 억지로 끌어 붙여 自己主張의 條件에 맞도록 함.(牽强附會) [奈何欲盡信而句爲之解乎] 어찌 다 믿어서 구절마다 해석하고자 하는가? [追復] 추론하여 복구시키다.

3장 萬章이 問曰 敢問友하노이다. 孟子曰 不挾長하며 不挾貴하며 不挾兄弟而友니 友也者는 友其德也니 不可以有挾也니라.

萬章 問曰, "감히 交友에 대해 여쭙겠습니다." 맹자왈, "나이 많은 것을 믿고서 벗하지 않으며, 존귀함을 믿고서 벗하지 않으며, 兄弟를 믿고서 벗하지 않으니, 교우한다는 것은 그 덕을 벗하는 것이다. 믿는 구석이 있어서는 안 된다.

集 註 挾者는 兼有而恃之之稱이라.

大文字義 [挾협] 끼다, 믿다, 믿는 구석이 있다.

集註句文 [兼有而恃之之稱] 겸하여 가졌다고 해서 그것을 믿는 말.

孟獻子는 百乘之家也라 有友五人焉하더니 樂正裘와 牧仲이요 其三人則予 忘之矣로라 獻子之與此五人者로 友也에 無獻子之家者也니 此五人者 亦有獻子之家면 則不與之友矣리라.

孟獻子는 百乘之家이다. 벗 다섯 사람을 두었는데 악정구와 목중이고 세 사람은 내가 잊었노라. 맹헌자가 이 다섯 사람과 더불어 벗할 적에 맹헌자의 家勢를 의식함이 없었던 것이니, 이 다섯 사람도 맹헌자의 가세를 의식하였다면 더불어 벗하지 않았을 것이다.

集註 孟獻子는 魯之賢大夫仲孫蔑也라 張子曰 獻子忘其勢하고 五人者는 忘人之勢하니 <u>不資其勢而利其有</u>然後에 能忘人之勢라 若五人者<u>有獻子之家</u>면 則反為獻子之所賤矣리라.

大文字義 [裘구] 갖옷. [與여] 더불어, 함께, 와.(上聲).

大文句文 [無獻子之家者也] 맹헌자의 가세를 의식함이 없었던 것이다.

集註句文 [不資其勢而利其有] 그 가세에 의지하여 소유하고 있는 것을 이롭게 여기지 않는다. [有獻子之家] 맹헌자의 가세를 의식하는 자가 있다.

<u>非惟</u>百乘之家 為然也라 雖小國之君이라도 亦有之하니 費惠公이 曰 吾於子思則師之矣오 吾於顏般則友之矣오 王順長息則事我者也라하니라.

百乘之家만이 그러한 것이 아니다. 비록 小國의 임금이라도 그러한 일이 있었으니, 費惠公曰, '내가 子思에 대해서는 스승으로 섬겼고, 내가 顏般에 대해서는 벗으로 사귀었고, 王順과 長息은 나를 섬기는 사람들이다.' 하였다.

集註 惠公은 費邑之君也라 師는 所尊也요 友는 所敬也요 事我者는 所使也라.

大文句文 [非惟]~뿐만이 아니다.

참고 顏般은 현인이지만 두드러진 점은 없으며, 長息은 公明高의 제자이다. 費惠公은 魯나라 대부로서 처음에는 費땅을 食邑으로 가지고 있다가 후에 혜공이 되었으니, 費는 魯나라의 부용국이다. 비는 지극히 작은 나라이고 혜공은 달리 두드러진 일은 없었지만, 子思와 같은 현인을 존경하고 예우하여 스승으로 삼을 줄 알았으니, 이것이 맹자가 칭찬한 까닭이다.(月沙集 26권 筵中講義, 孟子)

非惟小國之君이 爲然也라 雖大國之君이라도 亦有之하니 晉平公之於亥唐也에 入云則入하며 坐云則坐하며 食云則食하야 雖疏食菜羹이라도 未嘗不飽하니 蓋不敢不飽也라 然이나 終於此而已矣오 弗與共天位也하며 弗與治天職也하며 弗與食天祿也하니 士之尊賢者也라 非王公之尊賢也니라.

小國의 임금만이 그러한 것이 아니다. 비록 大國의 임금이라도 그러한 사실이 있었으니, 晉平公이 亥唐을 대할 때에 들어오라고 하면 들어갔으며, 앉으라 하면 앉았으며, 먹으라 하면 먹고서 비록 거친 밥과 나물국이라도 배부르지 않은 적이 없었으니, 대개 배불리 먹지 않을 수 없기 때문이다. 그러나 여기에서 그친 것뿐이고, 그와 더불어 天位를 함께하지 않았으며, 그와 더불어 天職을 다스리지 않았으며, 그와 더불어 天祿을 먹지 않았으니, 士가 현자를 높이는 도리이지 王公이 현자를 높이는 도리는 아니다.

集註 亥唐은 晉賢人也라 平公이 造之에 唐言入이라야 公乃入하고 言坐라야 乃坐하고 言食이라야 乃食也라 疏食는 糲飯也라 不敢不飽는 敬賢者之命也라 ○范氏曰 位曰天位요 職曰天職이요 祿曰天祿이라하니 言天所以待賢人하야 使治天民이니 非人君所得專者也니라.

大文字義 [疏소] 거칠다. [食사] 밥.(去聲)./ 먹다.(식, 入聲). [羹갱] 국. [嘗상] 일찍이~하다. [飽포] 배부르다.

集註字義 [造조] 나아가다. [糲려] 현미. [命] 말씀.

참고 諺解의 해석과 註의 해석이 다르다. 즉, 諺解에서는, '진평공이 해당에게 들어오라 이르면 들어가며, 앉으라 이르면 앉으며, 먹으라 이르면 먹었다.' 라고 해석하고 있다. 註에서는, '진평공이 나아감에 해당이 들어오라고 말해야 공이 이에 들어가고, 앉으라고 말해야 이에 앉고, 먹으라고 말해야 이에 먹었다.' 라고 해석하고 있다. 두 해석은 문맥의 흐름으로 볼 때 註의 해석이 옳은 듯하다.

舜이 尙見帝어시늘 帝館甥于貳室하시고 亦饗舜하사 迭爲賓主하시니 是는 天子而友匹夫也니라.

舜이 올라가서 요임금을 뵙자 요임금이 사위를 별궁에 머물게 하고, 또 舜을 대접하여 번갈아서 賓主가 되니, 이것이 천자로서 필부와 벗한 것이다.

集註 尙은 上也니 舜上而見於帝堯也라 館은 舍也라 禮에 妻父曰外舅니 謂我舅者를 吾謂之甥이라하니 堯以女妻舜이라 故로 謂之甥이라 貳室은 副宮也니 堯舍舜於副宮하고 而就饗其食하시니라.

大文字義 [尙상] 올라가다, 높이다, 오히려. [館관] 머물다. [甥생] 사위, 생질. [饗향] 잔치를 베풀다. [迭질] 번갈아, 갈마들다.

大文句文 [尙見帝] 올라가서 요임금을 뵙다. [館甥于貳室] 사위를 별궁에 머물게 하다.

集註字義 [舅구] 장인, 시아버지, 외삼촌.

集註句文 [謂我舅者 吾謂之甥] 나를 장인(舅)이라고 하는 자를 내가 그를 사위(甥)라고 한다.

用下敬上을 謂之貴貴오 用上敬下를 謂之尊賢이니 貴貴尊賢 其義 一也니라.

아랫사람으로서 윗사람을 공경하는 것을 귀한 사람을 귀하게 여긴다고 하고, 윗사람으로서 아랫사람을 공경하는 것을 현자를 높인다고 이르니, 귀한 사람을 귀하게 여기는 것과 현자를 높이는 것은 그 뜻이 똑같은 것이다."

集註 貴貴尊賢은 皆事之宜者라 然이나 當時에 但知貴貴而不知尊賢이라 故로 孟子曰 其義一也라하시니라 ○此는 言朋友는 人倫之一이니 所以輔仁이라 故로 以天子友匹夫而不爲詘이요 以匹夫友天子而不爲僭이니 此는 堯舜所以爲人倫之至하야 而孟子言必稱之也시니라.

大文句文 [用下敬上] 아랫사람으로서 윗사람을 공경하다. [謂之貴貴] 귀한 사람을 귀하게 여긴다고 한다.

集註字義 [輔보] 도와주다. [詘굴] 굽히다. [僭참] 참람되다.

集註句文 [以天子友匹夫而不爲詘] 천자로서 필부와 벗하더라도 굽힘이 되지 않는다.

4장 萬章이 問曰 敢問交際는 何心也잇고 孟子曰 恭也니라.

萬章 問曰, "감히 交際하는 방법을 여쭙겠습니다. 어떤 마음을 가져야 합니까?" 맹자왈, "공손히 하는 것이다."

集註 際는 接也니 交際는 謂人以禮儀幣帛으로 相交接也라.

曰 卻之卻之 爲不恭은 何哉잇고 曰 尊者 賜之어든 曰 其所取之者 義乎아 不義乎아 而後受之라 以是爲不恭이니 故로 弗卻也니라.

만장왈, "선물을 물리치고 물리치는 것이 不恭함이 되는 것은 어째서 입니까?" 맹자왈, "尊者가 선물을 주면 그가 취한 바가 義로운 것인지 義롭지 못한 것인지를 생각한 뒤에 그것을 받기 때문에 不恭함이 되니, 그러므로 물리치지 않는 것이다."

集註 卻은 不受而還之也라 再言之는 未詳이라 萬章疑交際之間에 有所卻者면 人便以爲不恭은 何哉오 孟子言 尊者之賜에 而心竊計其所以得此物者 未知合義與否하야 必其合義然後에 可受요 不然則卻之矣니 所以卻之爲不恭也니라.

大文字義 [卻각] 물리치다. [賜사] 내려주다.

集註字義 [還환] 돌려두다.

集註句文 [不受而還之] 받지 않고 돌려주다.

曰 請無以辭卻之오 以心卻之曰 其取諸民之不義也而以他辭로 無受 不可乎잇가 曰 其交也 以道요 其接也 以禮면 斯는 孔子도 受之矣시니라.

만장왈, "말로 물리치지 말고 마음속으로 물리치면서 생각하기를, '그가 그것을 백성에게서 취한 것이 의롭지 못하다.' 하여, 다른 말로 둘러대서 받지 않는 것도 안 됩니까?" 맹자왈, "교제하기를 道로써 하고 대접하기를 禮로써 한다면 이것은 孔子께서도 받으셨을 것이다."

集註 萬章以為彼旣得之不義면 則其餽를 不可受니 但無以言辭間而卻之요 直以心度其不義하야 而託於他辭以卻之니 如此可否耶아하니라 交以道는 如餽贐聞戒周其飢餓之類요 接以禮는 謂辭命恭敬之節이라 孔子受之는 如受陽貨烝豚之類也라.

集註字義 [餽궤] 선물, 선물을 보내다. [間간, 평성] 비난하다, 사이. [直직] 다만, [託탁] 가탁하다. [耶야] 耶의 동의어. [贐신] 노자. [周주] 도와주다. [烝증] 삶다. [豚돈] 돼지.

集註句文 [餽贐] 전별로 예물을 보내다. [聞戒] 경계하는 말을 듣고 비용을 주다. [周其飢餓] 굶주린 사람을 도와주다. [辭命] 임금의 말, 외교문서. [烝豚] 삶은 돼지.

萬章이 曰 今有禦人於國門之外者 其交也 以道요 其餽也 以禮면 斯可受禦與잇가 曰 不可하니 康誥에 曰 殺越人于貨하야 閔不畏死를 凡民이 罔不譈라하니 是는 不待教而誅者也니 (殷受夏 周受殷 所不辭也 於今為烈) 如之何其受之리오

만장왈, "지금 도성 문 밖에서 사람을 막고 강도 짓하는 사람이 있는데, 교제를 道로서 하고 선물 주는 것을 禮로서 한다면 사람을 막고 강도 짓한 것을 받아도 됩니까?" 맹자왈, "안 된다. 康誥에 말하기를 '財貨 때문에 사람을 죽여서 넘어뜨리고 사리에 어두워 죽기를 두려워하지 않는 자를 모든 백성이 원망하지 아니함이 없다.' 하니, 이것은 교명을 기다리지 않고 誅伐할 수 있는 자이니 (殷受夏 周受殷 所不辭也 於今為烈殷은 衍文임) 어찌 그것을 받겠는가?"

集註 禦는 止也니 止人而殺之하고 且奪其貨也라 國門之外는 無人之處也라 萬章以為苟不問其物之所從來하고 而但觀其交接之禮면 則設有禦人者 用其禦得之貨하야 以禮餽我면 則可受之乎아하니라 康誥는 周書篇名이라 越은 顚越也라 今書에 閔은 作暋하고 無凡民二字하니라 譈는 怨也라 言殺人而顚越之하고 因取其貨하야 閔然不知畏死를 凡民이 無不怨之라 孟子言 此乃不待教戒而當卽誅者也니 如何而可受之乎아하시니라 商受至為烈十四字는 語意不倫하니 李氏以為 此必有斷簡或闕文者가 近之어니와 而愚意其直為衍字耳라 然이나 不可考하니 姑闕之可也니라.

大文字義 [禦어] 막고서 강도짓하다. [閔민] 사리에 어둡다. [罔망] 없다, 속이다. [譈대] 원망하다. [敎교] 敎命. [烈열] 엄격함.

大文句文 [殺越] 죽여서 쓰러트리다.

集註字義 [設설] 設使. [越월] 넘어뜨리다. [暋민] 어리석다, 사리에 어둡다. [卽즉] 당장에. [倫륜] 차서.

集註句文 [所從來] 由來.

曰 今之諸侯 取之於民也 猶禦也어늘 苟善其禮際矣면 斯는 君子도 受之라하시니 敢問何說也니잇고 曰 子以為有王者作인댄 將比今之諸侯而誅之乎아 其教之不改而後에 誅之乎아 夫謂非其有而取之者를 盜也는 充類至義之盡也라 孔子之仕於魯也에 魯人이 獵較이어늘 孔子亦獵較하시니 獵較도 猶可온 而況受其賜乎따녀(아).

만장왈, "오늘날의 제후들이 백성에게서 취하는 것도 길을 막고 강도질하는 것과 같은데, 만일 그가 禮로써 교제를 잘 한다면 이것은 군자도 받는다고 하셨으니, 무슨 말씀이신지를 감히 여쭙겠습니다." 맹자왈, "그대는 왕도를 시행하는 자가 출현한다면 오늘날의 제후들을 싸잡아서 주벌한다고 생각하는가? 아니면, 교계를 내렸는데도 고치지 않은 뒤에 주벌할 것이라고 생각하는가? 자신의 소유가 아닌데 취하는 자를 일러 도둑이라 하는 것은, 그 부류를 확충시켜 義의 지극히 정밀한 데까지 이르러 극단적으로 말한 것이다. 孔子께서 魯에서 벼슬하실 적에 魯人이 獵較를 하자 孔子께서도 엽각를 하셨으니, 엽각도 오히려 할 수 있는데 하물며 주는 것을 받는 것에 있어서이겠는가?"

集 註 比는 連也라 言今諸侯之取於民이 固多不義나 然이나 有王者起면 必不連合而盡誅之요 必教之不改而後에 誅之니 則其與禦人之盜不待教而誅者로 不同矣라 夫禦人於國門之外와 與非其有而取之는 二者固皆不義之類라 然이나 必禦人이라야 乃為眞盜요 其謂非有而取를 為盜者는 乃推其類하야 至於義之至精至密之處而極言之耳니 非便以為眞盜也라. 然則今之諸侯 雖曰取非其有나 而豈可遽以同於禦人之盜也哉아 又引孔子之事하야 以明世俗所尚을 猶或可從이니 況受其賜 何為不可乎아 獵較은 未詳이라 趙氏以

為 田獵相較하야 奪禽獸以祭니 孔子不違는 所以小同於俗也라하고 張氏以為 獵而較所獲之多少也라하니 二說이 未知孰是라.

大文字義 [比비] 싸잡아서, 통틀어서, 비교하다. [敎교] 교계를 내리다. [充충] 확충하다. [獵엽] 사냥하다. [較각] 견주다, 다투다.

大文句文 [禮際] 예로써 교제하다. [其敎之] 仰敎之. [充類至義之盡] 부류를 확충시켜 義의 지극히 정밀한 데까지 이르다.

集註字義 [違위] 어기다.

曰 然則孔子之仕也는 非事道與잇가 曰 事道也시니라 事道어시니 奚獵較也잇고 曰 孔子先簿正祭器하사 不以四方之食으로 供簿正하시니라 曰 奚不去也시니잇고 曰 為之兆也시니 兆足以行矣而不行而後에 去하시니 是以로 未嘗有所終三年淹也시니라.

만장왈, "그렇다면, 孔子께서 벼슬하신 것은 道를 행하기를 일삼으신 것이 아닙니까?" 맹자왈, "道를 행하기를 일삼으신 것이다." 만장왈, "도를 행하기를 일삼되 어찌 獵較을 하셨습니까?" 맹자왈, "孔子께서는 먼저 장부에 祭器의 수효를 바로잡으시고, 四方의 珍味는 바로잡은 장부의 수효대로 제공하지 못하게 하셨다." 만장왈, "어찌 떠나지 않으신 것입니까?" 맹자왈, "조짐을 보신 것이니, 조짐은 도를 행하기에 족하지만 행해지지 않은 뒤에 떠나셨다. 이 때문에 일찍이 3년을 마칠 때까지 머무른 적이 없으셨다.

集 註 此는 因孔子事而反覆辯論也라 事道者는 以行道為事也라 事道奚獵較也는 萬章問也라 先簿正祭器는 未詳이라 徐氏曰 先以簿書로 正其祭器하야 使有定數하야 而不以四方難繼之物實之니 夫器有常數하고 實有常品이면 則其本正矣라 彼獵較者 將久而自廢矣라하니 未知是否也라 兆는 猶卜之兆니 蓋事之端也라 孔子所以不去者는 亦欲小試行道之端하야 以示於人하야 使知吾道之果可行也니 若其端이 旣可行이로되 而人不能遂行之然後에 不得已而 必去之하시니 蓋其去雖不輕이나 而亦未嘗不決이라 是以로 未嘗終三年留於一國也시니라.

大文字義 [簿부] 장부. [正정] 바로잡다. [食식] 진미. [供공] 제공하다. [兆조] 조짐. [淹엄] 머무르다.

大文句文 [先簿正祭器] 먼저 장부에 제기의 수효를 바로잡다. [兆足以行矣而不行而後

去] 조짐은 도를 행하기에 충분하지만 행해지지 않은 뒤에 떠나다. [未嘗有所終三年淹也] 3년을 마치도록 머무른 바가 일찍이 있지 않았다.

集註字義 [辯변] 변론하다, 말을 잘하다.(上聲). [實실] 채우다. [卜점] 거북점.

集註句文 [不以四方難繼之物實之] 사방의 계속해서 올리기 어려운 물건으로 채우지 않는다. [不得已而必去之] 부득이 하여 굳이 떠나다.

참 고 [先簿正祭器] 이것은 그 사이에 말이 빠진 것이 의심할 여지없이 분명한데도 선유가 억지로 해설을 하는데, 뜻이 지리멸렬하기만 하니 일단 의심만 두고 빼놓는 것이 좋을 것이다.(象村集 제42권 외집)

참 고 [先簿正祭器] 徐氏가 말하기를 "먼저 문서로써 그 祭器를 바루어서 일정한 수가 있게 하고, 사방의 계속 대기 어려운 물건은 담지 않게 하셨으니, 그릇에 일정한 수가 있고, 담는 데에 일정한 물품이 있게 하면 그 근본이 바르게 되니, 저 獵較은 장차 오래되면 저절로 없어질 것이다." 하였다.(星湖全集 50권 石隱集書)

孔子有見行可之仕하시며 有際可之仕하시며 有公養之仕하시니 於季桓子엔 見行可之仕也요 於衛靈公엔 際可之仕也요 於衛孝公엔 公養之仕也니라.

孔子께서는 도를 행할 수 있음을 보고서 하신 벼슬이 있으며, 交際할 수 있음을 보고서 하신 벼슬이 있으며, 公養할 수 있음을 보고서 하신 벼슬이 있었다. 季桓子에게는 도를 행할 수 있음을 보고서 하신 벼슬이고, 衛靈公에게는 교제할 수 있음을 보고서 하신 벼슬이고, 衛孝公에게는 公養할 수 있음을 보고서 하신 벼슬이다."

集 註 見行可는 見其道之可行也라 際可는 接遇以禮也요 公養은 國君養賢之禮也라 季桓子는 魯卿季孫斯也라 衛靈公은 衛侯元也라 孝公은 春秋史記에 皆無之하니 疑出公輒也라 因孔子仕魯而言其仕有此三者라 故로 於魯則兆足以行矣 而不行然後去요 而於衛之事엔 則又受其交際問餽而不郤之一驗也니라. ○尹氏曰 不聞孟子之義면 則自好者為於陵仲子而已니 聖賢辭受進退는 惟義所在니라 愚按 此章文義는 多不可曉하니 不必强為之說이니라.

大文句文 [有見行可之仕] 도를 행할 수 있음을 보고서 하신 벼슬이 있다. [有(見)際可之仕] 교제할 수 있음을 보고서 하신 벼슬이 있다. [有(見)公養之仕] 공양할 수 있음을 보고서 하신 벼슬이 있다. [公養] 군주가 현자를 봉양하는 예.

集註句文 [於陵仲子] 진중자이며, 등문공하 10장 참조.

5장 孟子曰 仕非為貧也而有時乎為貧하며 娶妻 非為養也而有時乎為養이니라.

맹자왈, "벼슬하는 것은 가난하기 때문만은 아니지만 때로는 가난 때문인 경우도 있으며, 처를 취해 장가드는 것은 먹고 입는 것 때문만은 아니지만 때로는 먹고 입는 것 때문인 경우도 있다.

集註 仕本為行道로되 而亦有家貧親老하야 或道與時違而但為祿仕者하니 如娶妻本為繼嗣로되 而亦有為不能親操井臼하야 而欲資其餽養者니라.

大文字義 [娶취] 장가들다.

集註字義 [親친] 어버이, 직접. [臼구] 절구질하다. [資자] 의지하다. [餽궤] 음식을 권하다, 먹이다.

集註句文 [餽養] 음식을 장만하여 봉양하다.

為貧者는 辭尊居卑하며 辭富居貧이니라.

가난 때문에 벼슬하는 사람은 높은 자리는 사양하고 낮은 자리에 처하며, 많은 녹을 사양하고 녹이 적은 자리에 처하여야 한다.

集註 貧富는 謂祿之厚薄이라 蓋仕不為道면 已非出處之正이라 故로 其所居 但當如此니라.

集註句文 [已非出處之正] 이미 출처가 올바른 것이 아니다.

辭尊居卑하며 辭富居貧은 惡乎宜乎오 抱關擊柝이니라.

높은 자리를 사양하고 낮은 자리에 처하며 부를 사양하고 가난에 처하는 것은, 어떤 직책을 맡는 것이 마땅하겠는가? 관문지기나 야경꾼이다.

集註 柝은 夜行所擊木也라 蓋為貧者는 雖不主於行道나 而亦不可以苟祿이라 故로 惟抱關擊柝之吏位卑祿薄하야 其職易稱하니 為所宜居也라 李氏曰 道不行矣요 為貧而仕者는 此其律令也니 若不能然이면 則是貪位慕祿而已矣니라.

大文字義 [抱포] 끌어안다. [關관] 관문. [柝탁] 딱따기.

大文句文 [惡乎宜乎] 어떠한 직책을 맡는 것이 합당한가. [抱關] 관문의 빗장을 끌어안는 사람, 즉 관문지기. [擊柝] 야경꾼.

集註字義 [易이] 쉽다.(去聲)./ 바꾸다.(역, 入聲). [稱칭] 걸맞다. [慕모] 흠모하다.

集註句文 [此其律令也] 이것은 그 법칙이다.

孔子嘗為委吏矣샤 曰 會計를 當而已矣라하시고 嘗為乘田矣샤 曰牛羊을 茁壯長而已矣라하시니라.

孔子께서는 일찍이 창고지기가 되어, '會計를 마땅하게 할 뿐이다.' 하시고, 일찍이 乘田이 되어서는, '牛羊을 살찌우고 건장하게 기를 뿐이다.' 하셨다.

集註 此는 孔子之為貧而仕者也라 委吏는 主委積之吏也요 乘田은 主苑囿芻牧之吏也라 茁은 肥貌라 言以孔子大聖으로도 而嘗為賤官하사되 不以為辱者는 所謂為貧而仕하야 官卑祿薄而職易稱也라.

大文字義 [茁촬] (동물이) 살찌다, 자라다.

大文句文 [委吏] 창고지기. [乘田] 원유나 초지를 관리하는 낮은 벼슬아치.

集註字義 [積자] 비축하다.(去聲)./ 쌓다.(적, 入聲). [苑원] 나라 동산. [囿유] 동산. [芻추] 꼴.

集註句文 [主委積之吏] 창고를 주관하는 관리. [委積] 곡식 등을 비축함, 積은 胔로 읽어야 함(승정원일기 영조 3년 10월 23일조 참고.) [苑囿] 국가 소유의 목장. [芻牧] 풀을 먹여 가축을 기르다.

位卑而言高 罪也요 立乎人之本朝而道不行이 恥也니라.

지위는 낮은데 말이 고상한 것은 罪이며, 조정에 있으면서 도가 행해지지 않는 것은 부끄러운 것이다."

集註 以出位為罪면 則無行道之責이요 以廢道為恥면 則非竊祿之官이니 此는 為貧者之所以必辭尊富而寧處貧賤也니라. ○尹氏曰 言為貧者는 不可以居尊이요 居尊者는 必欲以行道니라.

集註句文 [以出位為罪] 자신의 지위를 벗어난 것을 죄로 여기다. [為貧者之所以必辭尊富而寧處貧賤也] 가난한 자는 반드시 높은 자리와 많은 녹봉을 사양하고 빈천에 편안하게 처하기 때문인 것이다.

참고 [出位] 자신의 분수를 벗어나지 않게 조심한다는 말이다. 주역 艮卦 象에, "군자는 간괘를 보고서 자신의 생각을 분수에 넘지 않게 한다.(君子以思不出其位)" 라는 말이 나오는데, 논어 憲問篇에도 이와 똑같은 曾子의 말이 실려 있다.(孤山遺稿 제2권 疏)

6장 萬章이 曰 士之不託諸侯는 何也잇고 孟子曰 不敢也니라 諸侯失國而後에 託於諸侯는 禮也요 士之託於諸侯는 非禮也니라.

萬章曰, "士가 제후에게 의탁하지 않는 것은 어째서 입니까?" 맹자왈, "감히 하지 못하는 것이다. 제후가 나라를 잃은 뒤에 제후에게 의탁하는 것은 禮이고, 士가 제후에게 의탁하는 것은 禮가 아니다."

集註 託은 寄也니 謂不仕而食其祿也라 古者에 諸侯出奔他國하야 食其廩餼를 謂之寄公이라 士無爵土하야 不得比諸侯하니 不仕而食祿이면 則非禮也니라.

集註字義 [寄기] 위탁하다. [廩름] 곳간. [餼희] 희생, 양식. [比비] 견주다.

集註句文 [廩餼] 식료품. [爵土] 작위와 토지. [不得比諸侯] 제후와 견줄 수가 없다.

萬章이 曰 君이 餽之粟則受之乎잇가 曰 受之니라 受之는 何義也잇고 曰 君之於氓也에 固周之니라.

만장왈, "임금이 곡식을 보내 주면 받습니까?" 맹자왈, "받는다." 만장왈, "받는 것은 무슨 義理입니까?" 맹자왈, "임금은 백성에 대해서 본디 구제해 주는 법이다."

集註 周는 救也라 視其空乏이면 則周卹之無常數하니 君待民之禮也라.

大文字義 [餽궤] 보내다. [氓맹] 백성. [周주] 도와주다, 구제하다, 두루.
集註字義 [䘏휼] 진휼하다, 구제하다.

曰 周之則受하고 賜之則不受는 何也잇고 曰 不敢也니라 曰 敢問其不敢은 何也잇고 曰 抱關擊柝者 皆有常職하야 以食於上하나니 無常職而賜於上者를 以爲不恭也니라.

만장왈, "구제해 주면 받고 내려주면 받지 않는 것은 어째서 입니까?" 맹자왈, "감히 받지 못하는 것이다." 만장왈, "감히 여쭙겠습니다. 감히 받지 못하는 것은 어째서 입니까?" 맹자왈, "관문지기나 야경군은 모두 일정한 직임이 있어서 윗사람에게 녹을 얻어먹는 것이니, 일정한 직임이 없으면서 윗사람에게서 내려주어 받는 것을 不恭이라고 여긴다."

集註 賜는 謂予之祿이 有常數하니 君所以待臣之禮也라.
大文句文 [常職] 일정한 직임. [以食於上] 윗사람에게서 먹는다.

曰 君이 餽之則受之라하시니 不識케이다 可常繼乎잇가 曰 繆公之於子思也에 亟問하시고 亟餽鼎肉이어시늘 子思不悅하사 於卒也에 摽使者하야 出諸大門之外하시고 北面稽首再拜而不受 曰 今而後에 知君之犬馬畜伋이라하시니 蓋自是로 臺無餽也하니 悅賢不能擧요 又不能養也면 可謂悅賢乎아

만장왈, "임금이 보내주면 받는다고 하시니 잘 모르겠습니다. 항상 계속할 수 있습니까?" 맹자왈, "繆公이 子思에 대해서 자주 문안을 하고 자주 삶은 고기를 보내주자 子思가 달가워하지 않았다. 마침내 심부름 하는 사람에게 손사래를 치며 그를 대문 밖으로 내보내고, 北面하여 머리를 조아려 두 번 절하고 받지 않으면서 말하기를, '오늘 이후에야 임금이 犬馬로서 나를 기르고 있다는 것을 알았노라.' 하시니, 대개 이때부터 심부름꾼이 보내주는 것이 없었다. 賢者를 좋아하면서 등용하지 못하고 또 봉양하지도 못한다면, 賢者를 좋아하는 것이라고 하겠는가?"

集註 亟는 數也라 鼎肉은 熟肉也라 卒은 末也라 摽는 麾也라 數以君命來餽면 當拜受之니 非養賢之禮라 故로 不悅而於其末後復來餽時에 麾使者出하고 拜而辭之하시니라 犬馬畜伋은 言不以人禮待己也라 臺는 賤官이니 主使令者라 蓋繆公愧悟하야 自此로 不復令臺來致餽也라 擧는 用也라 能養者 未必能用이어든 况又不能養乎아.

大文字義 [繆목] 깊이 생각함. [亟기] 자주.(去聲)./ 빨리.(극, 入聲). [問문] 문안하다. [鼎정] 솥. [卒졸] 마침내. [摽표] 손사래 치다. [稽계] 조아리다. [伋급] 子思의 名. [臺대] 심부름꾼.

大文句文 [亟問] 자주 문안하다. [亟餽鼎肉] 자주 삶은 고기를 보내주다. [知君之犬馬畜伋] 임금의 견마로 나를 기른다는 것을 알다.

集註字義 [數삭] 자주.(入聲)./ 세다.(수, 去聲). [熟숙] 익히다. [麾휘] 부르다, 대장기. [辭사] 사양하다. [畜휵] 기르다, 저축하다. [愧괴] 부끄러워하다. [悟오] 깨닫다.

思辨錄[五] [孟子 萬章下, 臺無餽]

臺無餽 恐謂不復有所餽也。註言繆公愧悟 自此不復令臺來致餽。蓋以爲停此臺餽而有所謂繼粟繼肉者矣。然何以見其爲必如此也。特以繆公 能禮於子思 故以意斷之 若是耳。詳玩上下文義 殆不然歟。

解義 臺無餽는 아마도 다시 갖다 바치는 일이 없음을 말한 듯하다. 註에서는 繆公이 부끄럽게 여기고 깨달아서 이때부터 다시 使者를 시켜 갖다 바치지 않았음을 말하고 있다. 아마도 사자가 바치는 것을 정지시키고서 계속해서 곡식을 보내고 고기를 보내는 일은 있었다고 여긴 것이다. 그러나 무엇 때문에 굳이 이렇게 보아야 할 것인가. 특히 목공이 자사에게 예를 베풀 수 있었기 때문에 주자가 자기의 뜻으로써 단정한 것이 이와 같았을 뿐이다. 위아래의 글 뜻을 자세히 음미하건대 아마 그렇지 않은 듯하다.

자구 [愧괴] 부끄럽다. [悟오] 깨닫다. [粟속] 곡식. [特특] 다만. [玩완] 음미하다. [殆태] 아마도.

曰 敢問 國君이 欲養君子인댄 如何라사 斯可謂養矣리잇고 曰 以君命將之어든 再拜稽首而受하나니 其後에 廩人이 繼粟하며 庖人이 繼肉하야 不以君命將之니 子思以為鼎肉이 使己僕僕爾亟拜也라 非養君子之道也라하시니라.

만장왈, “감히 여쭙겠습니다. 군주가 군자를 봉양하고자 한다면 어떻게 하여야 봉양한다고 이를 수 있습니까?” 맹자왈, “君命으로서 받들고 오면 두 번 절하고 머리를 조아려 받는 것이니, 그 뒤에는 장고지기가 곡식을 계속 대주며 푸줏간 사람이 고기를 계속 대주되, 君命으로써 바치는 것이 아니다. 子思는 삶은 고기가 자신으로 하여금 번거롭게 자주 절하게 하는 것이라서 군자를 봉양하는 道가 아니라고 생각한 것이다.

集註 初以君命來餽면 則當拜受니 其後에 有司各以其職으로 繼續所無요 不以君命來餽하야 不使賢者 有亟拜之勞也라 僕僕은 煩猥貌라.

大文字義 [將장] 받들다.(平聲). [廩름] 곳간. [庖포] 푸줏간, 부엌. [僕복] 자신의 겸칭.

大文句文 [僕僕] 분주하게 질서가 없음, 번잡함.

集註字義 [煩번] 번거롭다. [猥외] 외람되다.

堯之於舜也에 使其子九男으로 事之하며 二女로 女焉하시고 百官牛羊倉廩을 備하야 以養舜於畎畝之中이러시니 後에 擧而加諸上位하시니 故로 曰 王公之尊賢者也니라.

堯임금이 舜에 대하여 그 자식 아홉 아들로 하여금 그를 섬기게 하며 두 딸로 그에게 시집가게 하고, 百官, 牛羊, 倉廩을 갖추고서 농사지으면서 舜을 봉양하게 하였다. 그 뒤에 등용하여 그를 上位에 올려놓았으니, 그러므로 王公이 현자를 높이는 것이라고 하는 것이다.”

集註 能養能擧는 悅賢之至也라 唯堯舜이 爲能盡之하시니 而後世之所當法也니라.

大文字義 [備비] 갖추다. [畎견] 밭도랑. [畝무, 묘] 밭이랑. [擧거] 등용하다.

集註字義 [法법] 본받다.

7장 萬章이 曰 敢問不見諸侯는 何義也잇고 孟子曰 在國曰 市井之臣이요 在野曰 草莽之臣이라 皆謂庶人이니 庶人이 不傳質爲臣하얀 不敢見於諸侯가 禮也니라.

萬章曰, "감히 여쭙겠습니다. 제후를 만나지 않는 것은 어떤 의리입니까?" 맹자왈, "國都에 있는 자를 市井之臣이라 하고 초야에 있는 자를 草莽之臣이라 한다. 모두 庶人을 이르니 서인이 예물을 전하여 신하가 되지 않으면 감히 제후를 만나지 않는 것이 禮이다."

集註 傳은 通也라 質者는 士執雉하고 庶人執鶩하야 相見以自通者也라 國內莫非君臣이나 但未仕者는 與執贄在位之臣으로 不同이라 故로 不敢見也니라.

大文字義 [莽망] 풀, 잡초.

大文句文 [市井之臣] 致仕하고 도성에 있는 신하. [草莽之臣] 致仕하고 초야에 있는 신하. [不傳質爲臣] 폐백을 전하여 신하가 되지 않다.

集註字義 [傳전] 통하다. [質지] 폐백.(去聲)./ 바탕.(질, 入聲). [鶩목] 오리. [贄지] 폐백.

萬章이 曰 庶人이 召之役則往役하고 君이 欲見之하야 召之 則 不往見之는 何也잇고 曰 往役은 義也요 往見은 不義也니라.

만장왈, "庶人은 군주가 불러서 부역을 시키면 가서 부역을 하고, 군주가 만나보고자 하여 부르면 가서 만나지 않는 것은 어째서입니까?" 맹자왈, "가서 부역하는 것은 義이고 가서 만나는 것은 義가 아니다.

集註 往役者는 庶人之職이요 不往見者는 士之禮라.

참고 公執桓圭, 侯執信圭, 伯執躬圭, 卿執羔, 大夫執雁

且君之欲見之也는 何爲也哉오 曰 爲其多聞也며 爲其賢也니이다 曰 爲其多聞也則天子도 不召師온 而況諸侯乎아 爲其賢也則吾未聞欲見賢而召之也케라 繆公이 亟見於子思曰 古에 千乘之國이 以友士하니 何如하니잇고 子思不悅曰 古之人이 有言曰 事之云乎언정 豈曰 友之云乎리오하시니 子思之不悅也는 豈不曰 以位則子는 君也요 我는 臣也니 何敢與君友也며 以德則子는 事我者也니 奚可以與我友리오 千乘之君이 求與之友而不可得也온 而況可召與아

또 군주가 만나보고자 하는 것은 무엇 때문인가?" 만장왈, "多聞 때문이며 賢明함 때문입니다." 맹자왈, "多聞 때문이라면 천자도 스승을 부르지 못하는 것인데 하물며 제후이겠는가? 현명함 때문이라면 내가 현자를 만나보고자 하여 부른다는 것은 듣지 못하였다. 목공이 자주 자사를 뵈면서 말하기를, '옛날에 千乘之國의 군주가 士와 벗한 것은 어째서 입니까?' 子思가 달가워하지 않고 말하기를, '옛사람이 말하기를 섬긴다고 말할지언정 어찌 벗한다고 말하였겠습니까?' 하였다. 자사가 달가워하지 않은 것은, '지위로서 보면 그대는 임금이요 나는 신하이니 어찌 감히 임금과 벗하며, 德으로서 보면 그대는 나를 섬기는 자인데 어찌 나와 벗할 수 있으리오' 라고 어찌 생각한 것이 아니겠는가? 千乘之君이 그와 더불어 벗하기를 요구하더라도 될 수 없는데 하물며 부를 수 있겠는가?

集註 孟子引子思之言而釋之하야 以明不可召之意하시니라.
大文句文 [豈不曰] 어찌~라고 생각한 것이 아니겠는가?

齊景公이 田할새 招虞人以旌한대 不至어늘 將殺之러니 志士는 不忘在溝壑이요 勇士는 不忘喪其元이라하시니 孔子奚取焉고 取非其招不往也시니라.

齊景公이 사냥할 때 虞人을 旌旗로 불렀는데 오지 않자 그를 죽이려 하였다. 子曰, '志士는 구덩이에 뒹굴고 있는 것을 잊지 않으며, 勇士는 그 머리를 잃는 것을 잊지 않는다.' 하셨으니, 孔子께서는 무엇을 虞人에게서 취하셨는가? 정당한 부름이 아니면 가지 않음을 취하신 것이다."

集註 說見前篇하니라.
大文字義 [田전] 사냥하다, 밭. [旌정] 사냥터에서 우인을 부르는데 사용하는 깃발. [溝구] 도랑. [壑학] 골짜기. [元원] 머리, 으뜸.
大文句文 [虞人] 원유를 담당하는 관원. [取非其招不往也] 정당한 방법으로 부르지 않으면 가지 않음을 취한 것이다.

曰 敢問招虞人何以니잇고 曰 以皮冠이니 庶人은 以旃이오 士는 以旂오 大夫는 以旌이니라.

만장왈, "감히 여쭙겠습니다. 虞人을 무엇으로 부릅니까?" 맹자왈, "皮冠을 사용하니, 庶人은 旃旗를 사용하고 士는 旂旗를 사용하고 大夫는 旌旗를 사용한다.

集註 皮冠은 田獵之冠也니 事見春秋傳하니라 然則皮冠者는 虞人之所有事也라 故로 以是招之라 庶人은 未仕之臣이라 通帛曰旃이라 士는 謂已仕者라 交龍爲旂요 析羽而注於旂干之首曰旌이라.

大文字義 [旃전] 庶人을 부를 때 사용하는 깃발. [旂기] 士를 부를 때 사용하는 깃발.

集註字義 [析석] 쪼개다. [注주] 매달다, 흐르다, 물을 대다. [干간] 깃대(竿), 방패, 막다, 범하다.

集註句文 [通帛] 흰 비단. [交龍爲旂] 두 마리의 용이 그려져 있는 깃발. [析羽而注於旂干之首] 깃털을 쪼개서 깃대의 머리에 매달다.

春秋左氏傳 [昭公 20년 12월, 守道不如守官]

齊侯田于沛할새 招虞人以弓한대 不進이어늘 公使執之한대 辭曰 昔我先君之田也에 旃以招大夫하고 弓以招士하고 皮冠以招虞人하시니 臣不見皮冠이라 故로 不敢進이니이다 乃舍之하다 仲尼曰 守道不如守官이라하시니 君子韙之니라.

解義 齊侯가 沛에서 사냥을 할 때에 虞人을 활로 불렀는데 가지 않았다. 公이 사람을 시켜 잡아오게 하였는데, 虞人이 해명하여 말하기를, "옛적에 우리 선군께서 사냥을 하실 적에 旃旗로 대부를 부르시고 활로 士를 부르시고 皮冠으로 虞人을 부르셨는데, 臣은 皮冠을 보지 못하여 감히 나아가지 않았습니다." 하니, 바로 놓아주었습니다. 공자께서 말씀하시기를, "도를 지키는 것이 관직을 지키는 것만 못하다." 하셨으니, 군자는 이 말을 옳게 여겼다.

자구 [沛패] 地名, 성대한 모양. [辭사] 핑계. [舍사] 놓다, 석방하다.(上聲). [韙위] 옳다.

東國李相國全輯 제22권 [反柳子厚守道論, 守道不如守官]

柳子厚著論曰 守道不如守官 是非聖人之言 傳之者誤也。官者 道之器 未有守道而失官者 而曰守道不如守官 蓋亦喪其本矣。柳子之此說誠然矣。然予以爲此特極於上智者而論之耳 非聖人所以汎爲人而論之者也。中下人者未知道之爲守官之本 妄求道之所在 自以爲能守其道 而忽於守官。因以曠職喪局則不旋踵蹈其禍矣 官可守歟。是喩人而陷於不義 烏在其爲聖人之言耶。苟以

爲守道不如守官 而努力恪謹 能守其官 則亦庶幾於道矣 道豈不存乎。

解義 유자후(柳宗元)가 論을 지어 말하기를, "道를 지키는 것이 관직을 지키는 것만 못하다' 하였는데, 이것은 성인의 말이 아니고 이것을 전한 사람이 잘못한 것이다. 관직은 도의 기구이니 도를 지켜 관직을 잃는 자는 없지만, 도를 지키는 것이 관직을 지키는 것만 못하다고 한다면, 아마도 그 근본을 잃는 것이다." 유자후의 이 말은 참으로 옳다. 그러나, 나(李奎報)는 이것을 다만 上智에 국한하여 논한 것일 뿐이고, 성인이 널리 일반 사람을 위하여 논한 것은 아니라고 생각한다. 中等이나 下等의 사람은 도가 관직을 지키는 근본이 됨을 알지 못하고 망령되이 道의 所在만을 찾아 스스로 도를 지킬 수 있다고 생각하고 관직을 지키는 데에 소홀하게 된다. 따라서 직책에 나태하고 직무를 망치게 되면 곧 돌이키지 못하고 화를 당하게 될 것이니, 그 관직을 지킬 수 있겠는가? 이는 사람을 타일러 불의에 빠지게 하는 것이니, 어찌 성인의 말씀이라 할 수 있겠는가? 만일 도를 지키는 것이 관직을 지키는 것만 못하다고 생각하여 노력하고 삼가서 그 관직을 지킬 수 있다면 또한 도에 가깝게 될 것이니, 그 도가 어찌 보존되지 않겠는가?

자구 [妄망] 함부로. [忽홀] 소홀히 하다. [隳타] 태만하다, 훼손하다(휴). [喪상] 상실하다. [局국] 직무, [旋선] 돌다. 돌이키다. [不旋] 돌이키지 못하다. [踵종] 도달하다, 발꿈치. [蹈도] 밟다. [喩유] 타이르다, 깨닫다. [烏오] 어찌. [恪각] 삼가다.

以大夫之招로 招虞人이어늘 虞人이 死不敢往하니 以士之招로 招庶人이면 庶人이 豈敢往哉리오 況乎以不賢人之招로 招賢人乎아

大夫를 부르는 방법으로 虞人을 부르자 虞人이 죽어도 감히 가지 못하니, 士를 부르는 방법으로 庶人을 부르면 庶人이 어찌 감히 가겠는가? 하물며 賢人을 부르는 것이 아닌 방법으로 賢人을 부르겠는가?

集註 欲見而召之는 是不賢人之招也라 以士之招로 招庶人이면 則不敢往이요 以不賢人之招로 招賢人이면 則不可往矣니라.

欲見賢人而不以其道면 猶欲其入而閉之門也니라 夫義는 路也요 禮는 門也니 惟君子 能由是路하며 出入是門也니 詩云 周道如底하니 其直如矢로다 君子所履오 小人所視라하니라

賢人을 만나보고자 하면서 정당한 방법으로 하지 않으면 들이고저 하면서 문을 닫은 것과 같다. 義는 길이요 禮는 門이니 오직 군자만이 이러한 길을 경유할 수 있으며, 출입하는 것은 門이니 시경에 이르기를, '周나라 가는 길 숫돌처럼 판판하니 그 곧음이 화살 같구나, 군자가 밟는 바요 소인이 우러러보는 바이다' 하였다."

集註 詩는 小雅大東之篇이라 底는 與砥同하니 礪는 石也니 言其平也요 矢는 言其直也라 視는 視以為法也라 引此하야 以證上文能由是路之義하시니라.

大文字義 [底저] 숫돌, 바닥. [視시] 우러리보다.

集註字義 [砥지] 숫돌. [礪려] 숫돌. [直직] 곧음.

集註句文 [以證上文能由是路之義] 上文의 '이 길을 경유할 수 있다는 뜻'을 증명하다.

詩經 [小雅 小旻之什 大東篇 7章]

大義 東方의 大國이 크게 혼란함을 풍자한 것이다. 東國사람들이 부역 때문에 곤궁한데도 재물을 함부로 쓰니 譚大夫가 이 시를 지어 그 문제점을 고해준 것이다.

詩解 1장. 有饛簋飧이오 有捄棘匕로다 周道如砥하니 其直如矢로다 君子所履오 小人所視니 睠言顧之오 潸焉出涕호라.

그릇에 가득한 밥이요 굽어있는 가시나무 수저로다. 큰길이 숫돌처럼 평평하니 그 곧음은 화살과 같도다. 군자가 밟는 바요 소인들이 우러러보는 바이니, 이것을 돌아보고 눈물을 흘리노라.

2장. 小東大東에 杼柚其空이로다 糾糾葛屨여 可以履霜이로다 佻佻公子 行彼周行하야 既往既來하니 使我心疚로다.

동쪽의 작은 나라 큰 나라에 북과 바디가 모두 비었도다. 엉성한 칡신이여 서리를 밟을 수 있도다. 적막한 공자 저 큰 길에 가서 왕래하니 내 마음 병들게 하도다.

7장. 維南有箕하니 不可以簸揚이며 維北有斗하니 不可以挹酒漿이로다 維南有箕하니 載翕其舌이며 維北有斗하니 西柄之揭로다.

남쪽에 箕星 있으나 까불어 쭉정이 날리지 못하며, 북쪽에 斗星 있으나 술과 장을 취하지 못하도다. 남쪽에 기성 있으니 그 혀를 늘어트리고 있으며, 북쪽에 두성 있으니 서쪽으로 자루를 들고 있도다.

자구 [饛몽] 수북이 담다. [簋궤] 그릇. [飧손] 저녁밥. [捄구] 굽다. [棘극] 매대추. [匕비] 숟가락. [砥지] 숫돌. [睠권] 돌아보다. [潸산] 눈물이 흐르다. [杼저] 북. [柚축] 바디. [糾규] 얽히다. [佻도] 인정이 없다. [疚구] 병들다. [簸파] 까불다. [挹읍] 당기다 [翕흡] 당기다.(引)

萬章이 曰 孔子는 君이 命召어시든 不俟駕而行하시니 然則孔子非與잇가 曰 孔子는 當仕有官職而以其官으로 召之也니라.

만장왈, "孔子께서는 임금이 命하여 부르면 수레에 멍에 하기를 기다리지 않고 달려가셨으니, 그렇다면 孔子께서는 잘못하신 것입니까?" 맹자왈, "孔子는 당시에 벼슬하여 관직이 있었기 때문에 관직으로 부른 것이다."

集註 孔子方仕而任職이어시늘 君以其官名召之라 故로 不俟駕而行하시니라 徐氏曰 孔子孟子易地則皆然이시리라. ○此章은 言不見諸侯之義가 最為詳悉하니 更合陳代公孫丑所問者而觀之면 其說이 乃盡이니라.

大文字義 [俟사] 기다리다. [駕가] 수레에 멍에를 메우다.

大文句文 [非與] 잘못한 것입니까?

集註字義 [易역] 바뀌다. [盡진] 극진하다.

참고 [陳代公孫丑所問者] 孟子 滕文公下 1장(陳代曰 不見諸侯 宜若小然하이다 今一見之하시면 大則以王이오 小則以霸니 且志예 曰枉尺而直尋이라하니 宜若可為也로소이다)과 7장(公孫丑問曰 不見諸侯何義잇고 孟子曰 古者에 不為臣하야는 不見하더니라) 참조.

8장 孟子謂萬章曰 一鄉之善士라야 斯友一鄉之善士하고 一國之善士라야 斯友一國之善士하고 天下之善士라야 斯友天下之善士니라.

맹자께서 만장에게 이르시기를, "한 고을의 善士라야 한 고을의 善士와 벗하고, 한 나라의 善士라야 한 나라의 善士와 벗하고, 천하의 善士라야 천하의 善士와 벗한다.

集註 言己之善이 蓋於一鄉然後에 能盡友一鄉之善士니 推而至於一國天下에도 皆然하니 隨其高下하야 以為廣狹也라.

以友天下之善士로 為未足하야 又尙論古之人하나니 頌其詩하며 讀其書하되 不知其人이 可乎아 是以로 論其世也니 是尙友也니라.

천하의 善士와 벗하는 것으로도 부족하다고 하여 또 옛사람을 거슬러 올라가 論하니, 그의 詩를 외우며 그의 책을 읽으면서도 그 사람을 알지 못한다고 하는 것이 옳겠는가? 이 때문에 그 당시의 행사의 자취를 논하는 것이니, 이것이 거슬러 올라가서 옛사람과 벗하는 것이다."

集註 尙은 上同하니 言進而上也라 頌은 誦通이라 論其世는 論其當世行事之迹也라 言旣觀其言이면 則不可以不知其為人之實이라 是以로 又考其行也라 夫能友天下之善士면 其所友衆矣로되 猶以為未足하야 又進而取於古人하니 是能進其取友之道하야 而非止為一世之士矣니라.

大文字義 [尙상] 거슬러 올라가다.

大文句文 [尙論] 거슬러 올라가 논하다.

集註句文 [其所友衆矣] 그 벗하는 대상이 많다. [非止為一世之士矣] 한 시대의 士가 될 뿐만이 아니다.

9장 齊宣王이 問卿한대 孟子曰 王은 何卿之問也시니잇고 王曰 卿이 不同乎잇가 曰 不同하니 有貴戚之卿하며 有異姓之卿하니이다 王曰 請問貴戚之卿하노이다 曰 君이 有大過則諫하고 反覆之而不聽則易位니이다.

齊宣王이 卿에 대해 물었는데, 맹자왈, "왕은 어떤 卿을 물으시는 것입니까?" 王曰, "卿은 같지 않습니까?" 맹자왈, "같지 않습니다. 貴戚之卿이 있으며 異姓之卿이 있습니다." 王曰, "청컨대 貴戚之卿에 대해 묻습니다." 맹자왈, "임금이 큰 허물이 있으면 간하고 그것을 반복해도 들어주지 않으면 王位를 바꿉니다."

集註 大過는 謂足以亡其國者라 易位는 易君之位하고 更立親戚之賢者라 蓋與君有親親之恩하고 無可去之義하니 以宗廟為重하야 不忍坐視其亡이라 故로 不得已而至於此也니라.

王이 勃然變乎色하신대

王이 발끈하여 낯빛이 변하였는데

集註 勃然은 變色貌라
大文字義 [勃발] 발끈하다.
大文句文 [勃然變乎色] 별안간 성이 나서 낯빛이 변하다.

曰 王은 勿異也하소서 王이 問臣하실새 臣이 不敢不以正對호이다.

맹자왈, "王은 이상하게 생각하지 마소서. 王이 臣에게 물었기 때문에 臣이 바름으로써 대답할 수밖에 없었습니다."

集註 孟子言也라.
大文字義 [異이] 괴이하다.
大文句文 [不敢不] ~할 수밖에 없다.(이중부정으로 조동사)

王이 色定然後에 請問異姓之卿하신대 曰 君이 有過則諫하고 反覆之而不聽則去니이다.

王이 안색이 안정된 뒤에 異姓之卿에 대해 물었는데, 맹자왈, "임금이 허물이 있으면 諫하고 반복하되 들어주지 않으면 떠나는 것입니다."

集註 君臣은 義合하니 不合則去니라 ○此章은 言大臣之義는 親疎不同이라 守經行權이 各有其分하니 貴戚之卿은 小過를 非不諫也로되 但必大過而不聽이라야 乃可易位요 異姓之卿은 大過를 非不諫也로되 雖小過而不聽이라도 已可去矣라 然이나 三仁은 貴戚이로되 不能行之於紂하고 而霍光은 異姓이로되 乃能行之於昌邑하니 此又委任權力之不同이니 不可以執一論也니라.
集註字義 [疎소] 소원하다. [經경] 經道, 常道. [權권] 권도.
集註句文 [三仁] 殷나라의 微子, 箕子, 比干을 말함. [昌邑] 昌邑王

論語 微子篇 微子는 去之하고 箕子는 爲之奴하고 比干은 諫而死하니라 孔子曰 殷有三仁焉이니라.

通鑑節要 卷之十一 [漢紀 元平 元年, 昌邑王]

四月에 帝崩하니 無嗣라 大將軍光이 與群臣으로 議迎昌邑王賀하니 賀는 哀王之子라 在國에 素狂縱하야 動作無節이라 嘗遊方與할새 不半日에 馳二百里어늘 中尉王吉이 上疏諫曰 夫廣廈之下와 細旃之上에 明師居前하고 勸誦在後하야 上論唐虞之際하고 下及殷周之盛하야 考仁聖之風하고 習治國之道면 於以養生에 豈不長哉잇가 王이 終不改節이러라 六月에 王이 受皇帝璽綬하고 襲尊號하다.

解義 四月에 황제가 붕어하니 후사가 없었다. 대장군 곽광이 군신들과 의논하여 昌邑王 賀를 옹립하니 賀는 哀王(武帝의 아들)의 아들이다. 본국에 있을 적에 평소에 방종하여 행동에 절도가 없었다. 일찍이 方與縣에 유람할 적에 반나절이 못되어 말을 몰아 200리를 달리거늘 中尉 王吉이 상소하여 간하여 말하기를, "넓고 큰 집 아래와 고운 털방석 위에 현명한 스승이 앞에 있고 권하는 誦官이 뒤에 있어서 위로는 唐虞의 시대를 논하고 아래로는 殷周의 盛時를 언급하여 仁聖의 유풍을 상고하고 치국의 도를 익힌다면 양생하는데 어찌 장구하지 않겠습니까." 왕(창읍왕)이 끝내 소행을 고치지 않았다. 유월에 왕이 황제의 옥새와 인수를 받고 존호를 승습하였다.

자구 [崩붕] 죽다(天子). [嗣사] 계승하다, 이어받다. [賀하] 하례하다. [素소] 평소. [狂광] 미치광이 [縱종] 경거망동하다, 사납다. [遊유] 노닐다. [馳치] 달리다. [尉위] 벼슬 이름, 편안히 하다. [疏소] 상소하다, 소통하다. [廈하] 큰 집. [旃전] 고운 털방석. [殷은] 은나라, 성대하다. [盛성] 성대함. [節절] 소행, 마디. [璽새] 옥새. [綬수] 인끈. [襲습] 승습하다.

MEMO

1장 告子曰 性猶杞柳也

2장 告子曰 性猶湍水也

3장 告子曰 生之謂性

4장 告子曰 食色性也

5장 孟季子問公都子曰 何以謂義內也

6장 公都子曰 告子曰 性無善無不善也4

7장 孟子曰 富歲子弟多賴

8장 孟子曰 牛山之木嘗美矣

9장 孟子曰 無或乎王之不智也

10장 孟子曰 魚我所欲也

11장 孟子曰 仁人心也義人路也

12장 孟子曰 今有無名之指屈而不信

13장 孟子曰 拱把之桐梓人苟欲生之

14장 孟子曰 人之於身也兼所愛

15장 公都子問曰 鈞是人也或為大人

16장 孟子曰 有天爵者有人爵者

17장 孟子曰 欲貴者人之同心也

18장 孟子曰 仁之勝不仁也猶水勝火

19장 孟子曰 五穀者種之美者也

20장 孟子曰 羿之敎人射

11

孟子集註大全卷之十一

告子章句上

孟子集註大全卷之十一 告子章句上

·11·

凡二十章이라. 모두 20장이다.

1장 告子曰 性은 猶杞柳也요 義는 猶桮棬也나 以人性爲仁義 猶以杞柳爲桮棬이니라.

告子曰, "性은 杞柳와 같으며, 義는 桮棬과 같아서 人性을 가지고 仁義를 만드는 것은 杞柳를 가지고 桮棬을 만드는 것과 같습니다."

集註 性者는 人生所稟之天理也라 杞柳는 柜柳요 桮棬은 屈木所爲니 若卮匜之屬이라 告子言人性이 本無仁義하야 必待矯揉而後成이라하니 如荀子性惡之說也라.

大文字義 [杞기] 갯버들, 고리버들. [柳류] 버드나무. [桮배] 그릇. [棬권] 나무 그릇.

大文句文 [杞柳] 고리버들. [桮棬] 나무로 만든 그릇.

集註字義 [稟품] 부여받다, 품부받다. [柜거] 고리버들. [卮치] 술잔. [匜이] 주전자. [矯교] 바로잡다. [揉유] 구부리다.

集註句文 [柜柳] 고리버들. [卮匜] 주전자, 술그릇.

참고 杞柳는 버들의 한 종류이고, 桮棬은 버들로 만드는 그릇이다. 告子가 "사람의 천성은 杞柳와 같고 義는 桮棬과 같으니, 사람을 仁義로 나아가게 하는 것은 杞柳로 桮棬을 만드는 것과 같아서, 본성을 거슬러 賊害하는 것이다." 하였다.(중종실록)

孟子曰 子能順杞柳之性而以爲桮棬乎아 將戕賊杞柳而後에 以爲桮棬也니 如將戕賊杞柳而以爲桮棬이면 則亦將戕賊人하야 以爲仁義與아 率天下之人而禍仁義者는 必子之言夫인저

맹자왈, "그대는 杞柳의 性을 그대로 살려가지고 桮棬을 만들 수 있는가? 만약 장차 杞柳의 性을 해친 뒤에 桮棬을 만든다면 또한 사람을 해쳐서 仁義를 행하는 것인가? 천하의 사람들을 통솔하여 仁義를 해치는 것은 반드시 그대의 이 말일 것입니다."

集註 言如此면 則天下之人이 皆以仁義爲害性而不肯爲하리니 是는 因子之言而爲仁義之禍也라.

大文字義 [戕장] 해치다. [賊적] 해치다. [與여] 의문사(平聲).

참고 告子의 이 論은 性이 善함도 없고 不善함도 없다는 것을 말한 것이다.(朴世堂) 대개 杞木이나 버들의 성질은 본래 좋고 나쁜 분별이 없는 것으로서, 교정하여 杯棬을 만든 뒤에야 쓸 수 있는 그릇이 되어 善이라 할 수 있게 된다. 사람이 仁義를 행하는 데 있어서도 또한 이와 같은 것이다. 註에는 告子의 말을 荀子의 性惡說과 같다고 했으나 잘못된 듯하다. 人工으로 만든다는 것은 같으나, 그 근본을 말하면 같지 않은 것이다. 만일 고자의 말을, "성은 본래 불선한 것으로서 교정을 받아야 선해진다."는 뜻이라고 본다면, 이른바 杞木이나 버들이 그릇이 되기 전이라고 해서 어찌 불선이라 말할 수 있겠는가?(思辨錄)

참고 "주자는 고자의 설을 '性惡說'이라 하고 박세당은 '性無善無惡說'이라 하였는데, 맹자의 '사람을 해쳐 仁義를 행한다.'는 말을 살펴보면, 고자가 한 말의 주된 뜻을 알 수 있다. 고자는 性을 不善한 것이라고 생각했기 때문에 맹자와 반대로 '仁義는 사람을 해친다고 할 수 있다.' 한 것이다. 만약 性에는 善한 것도 없고 惡한 것도 없다고 한다면 인의를 행하는 것이 어찌 사람을 해치는 데에까지 이르겠는가? 박세당의 설은 잘못되었다."라고 고쳤으면 한다. 그리고 버들가지의 성이 선한 것도 없고 불선한 것도 없는 것을 가지고 비유한 것은 바람직하지 않은 것 같다.(農巖集卷之十五, 與權有道再論四辨錄辨)

2장 告子曰 性은 猶湍水也라 決諸東方則東流하고 決諸西方則西流하나니 人性之無分於善不善也 猶水之無分於東西也니라.

告子曰, "性은 湍水와 같아서 동쪽으로 터놓으면 동쪽으로 흐르고 서쪽으로 터놓으면 서쪽으로 흐르니, 人性이 善과 不善으로 나누어짐이 없는 것이 물이 東西로 나누어짐이 없는 것과 같습니다."

集註 湍은 波流瀠回之貌也라 告子因前說而小變之하니 近於揚子善惡混之說하니라.

大文字義 [湍단] 여울물. [決결] 터놓다, 결정하다.

集註字義 [瀠형] 돌아 흐르다. 물이 회유하는 모양.

참고 [細註] [揚子法言 修身篇] 人之性也善惡混 修其善則爲善人 修其惡則爲惡人 氣也者 所適善惡之馬歟. [朱子] 告子以善惡皆性之所無而生於習 揚子以善惡皆性之所有而成於修 亦有小異故曰近.

孟子曰 水信無分於東西어니와 無分於上下乎아 人性之善也 猶水之就下也니 人無有不善하며 水無有不下니라.

맹자왈 "물은 진실로 東西에 구분이 없지만 상하에도 구분이 없는가? 人性이 善한 것은 물이 아래로 내려가는 것과 같으니 사람에게는 不善이 없으며 물은 내려가지 않음이 없습니다.

集註 言水誠不分東西矣어니와 然이나 豈不分上下乎아 性卽天理니 未有不善者也니라.

弘濟全書 77권 [經史講義, 孟子 告子章, 人性之善 猶水之就下]

[正祖問] 孟子曰 人性之善也 猶水之就下也。人無有不善 水無有不下 蓋性卽天理 理無不善之謂也。然則程伯子所謂理有善惡者何也。

解義 맹자가 말씀하시기를, "사람의 性이 善한 것은 마치 물이 아래로 내려가는 것과 같다. 사람에게는 不善이 없으며 물에는 아래로 내려가지 않는 것이 없다." 하였는데, 대개 성은 곧 天理이고 理에는 불선이 없다는 것을 이른 것이다. 그렇다면 정자가 이른바 "理에 善惡이 있다" 한 것은 어째서인가?

[李魯春答] 性固純善 而氣有善惡 理隨而局焉 則惡亦豈可謂非此性乎。孟

子單指本然而以天命源頭處言之 程子兼指氣質而以人物稟受處言之。本然氣質 同是性也 氣質之性 不可以有善惡而謂非性者 猶人心道心同是心也 人心不可以流於惡而謂非心也。

性은 본디 純善하지만 氣에는 善과 惡이 있고 理가 따라서 한계를 지으니, 惡도 어찌 이 性이 아니라고 할 수 있겠습니까? 맹자께서는 단지 本然만을 가리켜 天命의 근원이 되는 곳으로써 말한 것이고, 정자는 겸하여 氣質을 가리켜 人物이 품부받은 것으로써 말한 것입니다. 本然과 氣質이 다 함께 性이니, 氣質之性이 선악이 있다고 해서 성이 아니라고 할 수 없는 것은, 人心과 道心이 다 함께 마음이어서, 인심이 악으로 흐른다고 해서 마음이 아니라고 할 수 없는 것과 같습니다.

자구 [隨수] 따르다. [局국] 구획하다. [稟품] 받다.

今夫水를 搏而躍之면 可使過顙이며 激而行之면 可使在山이어니와 是豈水之性哉리오 其勢 則然也니 人之可使為不善이 其性이 亦猶是也니라.

지금 물을 쳐서 뛰어오르게 하면 이마 보다 더 높게 올라가게 할 수 있으며, 격하게 해서 흐르게 하면 산에 있게 할 수도 있으니, 이것이 어찌 물의 性이겠는가? 그 형세가 그러한 것이니 사람으로 하여금 不善을 행하게 할 수 있는 것은 그 性이 또한 이와 같은 것입니다."

集註 搏은 擊也라 躍은 跳也라 顙은 額也라 水之過額在山은 皆不就下也라 然이나 其本性은 未嘗不就下요 但為搏擊所使而逆其性耳니라. ○此章은 言性本善이라 故로 順之而無不善이요 本無惡이라 故로 反之而後에 為惡이니 非本無定體하야 而可以無所不為也니라.

大文字義 [搏박] 치다. [躍약] 뛰어오르다. [顙상] 이마. [激격] 격하게 하다. [勢세] 상황.

集註字義 [擊격] 치다. [跳도] 뛰어오르다. [額액] 이마. [反반] 거스리다.

集註句文 [非本無定體而可以無所不為也] 본래 정해진 본체가 없어서 하지 못하는 바가 없을 수 있는 것이 아닌 것이다.

弘齋全書 77권 [經史講義, 孟子 告子章, 惡亦不可不謂之性]

[正祖問] 孟子則曰 搏而躍之 可使過顙 激而行之 可使在山 是豈水之性也

哉。程子則曰 有濁之多者 有濁之少者 淸濁雖不同 不可以濁者不謂水也。水之濁者 不可不謂之水 則過顙在山者 獨不可謂水乎。均是水則水之性 亦何往而不在耶。

解義 맹자께서 말씀하시기를 "쳐서 뛰어오르게 하면 이마보다 높이 올라가게 할 수 있고, 물길을 막아서 흐르게 하면 산에 있게 할 수도 있으니 이것이 어찌 물의 性이겠는가?" 정자는 말하기를 "탁함이 많은 것도 있고 탁함이 적은 것도 있으니, 청탁이 비록 같지는 않으나 탁하다고 해서 물이 아니라고 할 수는 없다." 하였다. 물의 탁한 것이 물이라고 아니할 수 없다면, 이마보다 높이 올라가게 하거나 산에 있게 하는 것은 유독 물이라고 할 수 없는 것이겠는가? 다 같은 물이라면 물의 性도 어느 곳에 간들 있지 않겠는가?

[李時秀答] 孟程之以水喩性 所指者各異。搏躍而過顙 激行而在山 非水之性也 人之使之也。卽所謂人性本善 而反之爲惡也。有濁之多者 有濁之少者 非人之爲也 水性之有淸濁也 卽所謂善固性也 而惡亦不可不謂之性也。

解義 맹자와 정자가 물을 性에 비유한 것은 지시하는 바가 각기 다릅니다. 쳐서 이마보다 높이 뛰어 올라가거나 격하게 해서 흐르게 하여 산에 있게 하는 것은 물의 성이 아니라 사람이 그렇게 한 것입니다. 곧 이른바 사람의 性은 본래 善한데 거슬리게 해서 惡하게 되는 것이다. 탁함이 많은 것도 있고 탁함이 적은 것도 있는 것은 사람이 한 일이 아니라 물의 性에 청탁이 있는 것이니, 곧 이른바 善은 본래 性이지만 惡도 性이라고 하지 않아서는 안 됩니다.

자구 [喩유] 비유하다.

3장 告子曰 生之謂性이니라.

告子曰, "生을 性이라 합니다."

集註 生은 指人物之所以知覺運動者而言이라 告子論性前後四章이 語雖不同이나 然이나 其大指는 不外乎此하니 與近世佛氏所謂作用是性者로 略相似하니라.

農巖集 제31권 [雜識 內篇, 性卽生之理]

生之爲性 如此說亦可。蓋人物纔生便有性 性卽生之理。故字從心從生 凡言性舍生字不得。程子亦嘗引此句論性矣。但告子之意 專指知覺運動者而言 故孟子先加詰問 得其所言之意 然後折之以理。蓋單說此一句時 未見其必誤 及後兩轉答問 則其誤始判然矣。

解義 生을 性이라 하는데 이와 같이 말하는 것도 괜찮다. 대개 사람과 사물은 겨우 태어날 적에 바로 性을 가지니, 性은 곧 生의 理이다. 그러므로 글자가 心字에 生字를 한 것이니, 무릇 성을 말할 때에 生字를 버리고서는 될 수 없다. 程子도 일찍이 이 구절을 인용하여 성을 논하였다. 다만 告子의 뜻은 오로지 지각과 운동만을 가리켜 말한 것이기 때문에, 맹자가 먼저 힐문을 더하여 그가 말한 뜻을 얻고 난 뒤에 이치로써 그 잘못을 꺾었다. 대개 다만 이 한 구절을 말할 때에는 그것이 꼭 잘못되었다고 볼 수 없고, 두 번 문답을 주고받은 뒤에 오류가 비로소 분명해진 것이다.

자구 [纔재] 겨우, [從心從生] 마음心에 나을生을 한 것. [舍사] 버리다.(上聲). [詰힐] 꾸짖다, 경계하다. [折절] 꺾다.

孟子曰 生之謂性也는 猶白之謂白與아 曰 然하다 白羽之白也 猶白雪之白이며 白雪之白이 猶白玉之白與아 曰 然하다.

맹자왈, "生을 性이라 하는 것은 白을 白이라 하는 것과 같은가?" 고자왈, "그렇습니다." 맹자왈, "白羽의 白은 白雪의 白과 같으며 白雪의 白은 白玉의 白과 같은가?" 고자왈, "그렇습니다."

集註 白之謂白은 猶言凡物之白者를 同謂之白이요 更無差別也라 白羽以下는 孟子再問에 而告子曰然이라하니 則是謂凡有生者는 同是一性矣니라.

大文句文 [生之謂性也] 謂生性也의 도치문.

然則犬之性이 猶牛之性하며 牛之性이 猶人之性與아

맹자왈, "그렇다면 개의 性은 소의 性과 같으며 소의 性은 사람의 性과 같은가?"

集註 孟子又言 若果如此면 則犬牛與人이 皆有知覺하고 皆能運動하니 其性이 皆無以異矣라하시니 於是에 告子自知其說之非하고 而不能對也하니라. ○ 愚按 性者는 人之所得於天之理也요 生者는 人之所得於天之氣也니 性은 形而上者也요 氣는 形而下者也라 人物之生이 莫不有是性하고 亦莫不有是氣언마는 然이나 以氣言之하면 則知覺運動은 人與物이 若不異也로되 以理言之하면 則仁義禮智之稟이 豈物之所得而全哉아 此는 人之性이 所以無

不善而為萬物之靈也라 告子不知性之為理하고 而以所謂氣者로 當之라 是以로 杞柳湍水之喩와 食色無善無不善之說이 縱橫繆戾하고 紛紜舛錯이로되 而此章之誤가 乃其本根이니 所以然者는 蓋徒知知覺運動之蠢然者 人與物同하고 而不知仁義禮智之粹然者 人與物異也라 孟子以是折之하시니 其義精矣로다.

集註字義 [非비] 잘못, [稟품] 부여받다, 품부받다. [靈령] 신령, 영, 萬有의 精氣. [湍단] 여울물. [喩유] 비유, [縱종] 방종하다. [橫횡] 마음대로 하다. [繆류] 어긋나다. 얽다.(무) [戾려] 어그러지다. [紛분] 어지럽다. [紜운] 어지럽다. [舛천] 어그러지다. [錯착] 어긋나다. [徒도] 다만, 보행하다, 무리. [蠢준] 꿈틀거리다. [粹수] 순수하다, 깨끗하다. [折절] 고자의 말을 꺾다.

集註句文 [縱橫繆戾] 이리 저리 어그러지다. [紛紜舛錯] 분분하게 어긋나다. 어지럽게 뒤섞이다.

4장 告子曰 食色이 性也니 仁은 內也라 非外也오 義는 外也라 非內也니라.

告子曰, "食慾과 色慾이 性이니 仁은 내면에 있는 것이고 외면에 있는 것이 아니며, 義는 외면에 있는 것이고 내면에 있는 것이 아닙니다."

集 註 告子以人之知覺運動者로 為性이라 故로 言人之甘食悅色者 卽其性이라 故로 仁愛之心은 生於內하고 而事物之宜는 由乎外하니 學者但當用力於仁이요 而不必求合於義也니라.

참 고 疏注 慶源輔氏曰 人之甘食者 知其食之美而甘之也 悅色者知其色之美而悅之也 知卽知覺也 甘與悅卽運動也。

孟子曰 何以謂仁內義外也오 曰 彼長而我長之라 非有長於我也니 猶彼白而我白之라 從其白於外也라 故로 謂之外也라하노라.

맹자왈, "어째서 仁은 내면에 있고 義는 외면에 있다고 하시는가?" 고자왈, "저 사람이 어른이어서 내가 저 사람을 어른으로 공경하는 것이지 어른이 내 마음 속에 있는 것이 아니니, 저것이 희어서 내가 저것을 희다고 하는 것과 같다. 외면에서 그 흰 것을 따르기 때문에 그것을 외면에 있다고 하는 것입니다."

集註 我長之는 我以彼為長也요 我白之는 我以彼為白也라.

曰 異於白馬之白也는 無以異於白人之白也어니와 不識케라 長馬之長也 無以異於長人之長與아 且謂長者 義乎아 長之者 義乎아

맹자왈, "白馬의 白色은 白人의 白色과 다를 것이 없지만, 잘 알지 못하겠으나 나이든 말을 나이든 말로 대하는 것은 나이든 어른을 나이든 어른으로 공경하는 것과 다를 것이 없는가? 또한 나이 든 어른이 義라고 생각하시는가? 나이 든 어른으로 공경하는 것이 義라고 생각하시는가?"

集註 張氏曰 上異於二字는 疑衍이라하고 李氏曰 或有闕文焉이라하니라. 愚按白馬白人은 所謂彼白而我白之也요 長馬長人은 所謂彼長而我長之也라 白馬白人은 不異하나 而長馬長人은 不同하니 是乃所謂義也라 義不在彼之長이요 而在我長之之心하니 則義之非外가 明矣니라.

大文句文 [謂長者義乎아 長之者義乎] 나이 든 어른이 義라고 생각하는가, 나이 든 어른으로 공경하는 것이 義라고 생각하는가?

集註字義 [衍연] 군더더기. [闕궐] 빠뜨리다, 대궐.

集註句文 [張氏] 張鎰이니, 당나라 德宗 때의 무신으로 명재상이다. 鳳翔절도사 시절에 역당 이초림에 의해 죽임을 당하였다.

霽谷集 卷八 [學辯, 其仁義之爲內]

於人之長馬之長 生其分別而辨之各異者 卽理也 亦內也。生其分別而長之不長之者 卽義也 亦內也。所謂有物有則者也 其旨於是明矣。所以知人性可以爲堯舜者 正以其仁義之爲內故也。

解義 사람이 나이 든 것과 말이 나이 든 것에 대하여 그 분별을 일으켜 판단하는 것이 각각 다른 것은 곧 이치이니 또한 내면에 있는 것이고, 그 분별을 일으켜 나이 많은 어른으로 공경하거나 나이 많은 어른으로 공경하지 않는 것은 곧 義이니 또한 내면에 있는 것이다. 이른바 물건이 있으면 법칙이 있는 것이니, 그 뜻은 여기에서 명백할 것이다. 사람의 性은 堯舜도 될 수 있다는 것을 아는 것이 바로 仁義가 내면이 되기 때문이다.

霽谷集 卷一 [書類(二) 與閔彦暉論辨言正術書, 長者義乎 長之者義乎]

告子謂彼長而我長之 非有長於我也。孟子引長馬之長長人之長 出於心之區別者喩之。且曰長者義乎 長之者義乎 此所謂天理也。其義之分明已如此 則何故必以爲外在也。先儒云 羈靮之生 由於馬 斯固至論 然因此而謂羈靮之理 不在於心不可。何則知馬之可以羈靮而羈靮之者誰耶。夫羈靮而制馬則心之理得也。如或有不中不明 妄羈靮而御牛者矣 是果有係於馬牛而然乎。

解義 告子가 이르기를, "저 사람이 어른이어서 내가 그를 어른으로 공경하는 것은 나에게 어른이 있는 것이 아니다." 하니, 맹자께서 나이 많은 말을 대우함과 어른을 공경함은 마음의 구별에서 나왔음을 인용하여 비유하였다. 또 말하기를 "어른이 義인가, 어른으로 공경하는 것이 義인가" 하였으니 이것이 이른바 天理라는 것이다. 그 뜻이 이처럼 분명하다면 무슨 까닭에 굳이 그것이 외면에 있는 것이라고 하는 것인가?

先儒들이 말하기를, "굴레와 고삐가 생긴 것은 말 때문이다." 하였으니, 이것이 참으로 至論이지만, 그러나 이 때문에 굴레와 고삐의 이치가 마음에 있지 않다고 하면 잘못이다. 왜냐하면 말에게 굴레를 씌우고 고삐를 맬 수 있음을 알고서 굴레와 고삐를 사용한 것이 누구인가? 굴레를 씌우고 고삐를 매어 말을 제어함은 마음의 이치에서 얻어진 것이다. 만약 그 이치가 바르지 못하고 밝지 못해서 함부로 굴레와 고삐를 사용하여 소를 제어하려는 자가 있다 한다면, 이것이 과연 소와 말에 관계되어서 그런 것이겠는가?

자구 [霞하] 노을. [彥언] 훌륭한 사람, 크다. [暉휘] 광채, 밝다. [羈기] 굴레. [靮적] 고삐. [制제] 억제하다. [妄망] 함부로. [御어] 통솔하다, 제어하다. [係계] 실마리, 묶다.

曰 吾弟則愛之하고 秦人之弟則不愛也하나니 是는 以我爲悅者也라 故로 謂之內오 長楚人之長하며 亦長吾之長하나니 是는 以長爲悅者也라 故로 謂之外也라하노라.

고자왈, "나의 아우이면 사랑하고 秦人의 아우이면 사랑하지 아니하나니, 이것은 나로서 기쁨을 삼는 것이다. 그러므로 그것을 내면에 있다고 한다. 楚人의 어른을 어른으로서 공경하며 또 나의 어른을 어른으로 공경하니, 이것은 어른으로서 기쁨을 삼는 것이다. 그러므로 그것을 외면에 있다고 한 것입니다."

集註 言愛主於我라 故로 仁在內요 敬主於長이라 故로 義在外라.

曰 耆秦人之炙 無以異於耆吾炙하니 夫物이 則亦有然者也니 然則耆炙도 亦有外與아

맹자왈, "秦人이 불고기를 좋아하는 것은 내가 불고기를 좋아하는 것과 다를 것이 없으니, 대개 사물이란 것은 또한 그러함이 있는 것입니다. 그렇다면 불고기를 좋아하는 것도 외면에 있는 것인가?"

集註 言長之耆之 皆出於心也라 林氏曰 告子以食色爲性이라 故로 因其所明者而通之하시니라. ○自篇首로 至此四章히 告子之辨이 屢屈而屢變其說하야 以求勝하고 卒不聞其能自反而有所疑也하니 此正其所謂不得於言勿求於心者니 所以卒於鹵莽而不得其正也니라.

大文字義 [耆기] 좋아하다. [炙자] 불고기.

集註字義 [辨변] 변론.(上聲). [屢누] 자주. [鹵로] 거칠다, 소금, 황무지. [莽망] 거칠다.

集註句文 [因其所明者而通之] 고자가 분명하게 알고 있는 바에 의거하여 깨우쳐 주셨다. [卒不聞] 끝내 ~을 듣지 못하다. [鹵莽] 말이 거칠다. [卒於鹵莽] 말이 거친데서 끝나다.

5장 孟季子問公都子曰 何以謂義內也오

孟季子가 公都子에게 묻기를, "어째서 義가 내면에 있다고 하는가?"

集註 孟季子는 疑孟仲子之弟也니 蓋聞孟子之言而未達이라 故로 私論之하니라.

集註字義 [達달] 깨닫다, 통달하다. [私사] 사사로이.

曰 行吾敬故로 謂之內也니라.

公都子曰, "내 마음의 敬을 행하기 때문에 내면에 있다고 하는 것이다."

集註 所敬之人이 雖在外나 然이나 知其當敬하야 而行吾心之敬以敬之면 則不在外也니라.

集註句文 [行吾心之敬以敬之] 내 마음의 敬을 행하여 공경한다.

鄕人이 長於伯兄一歲則誰敬고 曰 敬兄이니라 酌則誰先고 曰 先酌鄕人이니라 所敬은 在此하고 所長은 在彼하니 果在外라 非由內也로다.

孟季子曰, "鄕人이 伯兄보다 한 살이 위라면 누구를 공경하는가?" 公都子曰, "형을 공경한다." 孟季子曰, "술을 따를 때는 누가 먼저인가?" 公都子曰, "鄕人에게 먼저 술을 따른다." 孟季子曰, "공경의 대상은 兄에게 있고 어른의 대상은 鄕人에게 있으니 과연 외면에 있는 것이다. 내면에서 말미암는 것이 아니다."

集註 伯은 長也라 酌은 酌酒也라 此皆季子問에 公都子答이요 而季子又言如此면 則敬長之心이 果不由中出也라하니라.

大文字義 [酌작] 술따르다.

公都子不能答하야 以告孟子한대 孟子曰 敬叔父乎아 敬弟乎아하면 彼將曰 敬叔父라하리라 曰 弟爲尸則誰敬고하면 彼將曰 敬弟라하리라 子曰 惡在其敬叔父也오하면 彼將曰 在位故也라하리라 子亦曰 在位故也라하라 庸敬은 在兄하고 斯須之敬은 在鄕人하니라.

公都子가 대답을 못하여 맹자에게 고하였는데, 맹자왈, "그대는 '叔父를 공경하는가, 아우를 공경하는가?' 하면, 저 사람은 '叔父를 공경한다.'고 말할 것이다. '아우가 시동이 되면 누구를 공경하는가?' 하면, 저 사람은 '아우를 공경한다.'고 말할 것이다. 그대가 말하기를 '叔父를 공경한다는 말은 어디로 갔는가?' 하면, '아우가 시동의 지위에 있기 때문이다.' 라고 말할 것이다. 그대 또한 '향인이 빈객의 지위에 있기 때문이다.' 라고 말하라. 평상시의 공경은 兄에게 있고 잠시의 공경은 鄕人에게 있는 것이다."

集註 尸는 祭祀所主以象神이니 雖子弟爲之나 然이나 敬之를 當如祖考也라 在位는 弟在尸位하고 鄕人在賓客之位也라 庸은 常也요 斯須는 暫時也라 言因時制宜 皆由中出也라.

大文字義 [尸시] 尸童. [庸용] 항상. [須수] 잠깐, 모름지기.
大文句文 [庸敬] 항상 공경함. [斯須] 잠시.
集註字義 [暫잠] 잠시.
集註句文 [祭祀所主以象神] 제사지낼 때 신주로 삼아 神을 형상(상징)한 것. [因時制宜] 제 때에 따라 마땅함에 처하다(隋時處中), 시대 상황에 따라 마땅한 방도를 취하다, 그때그때 올바른 방법을 사용하다.

季子聞之하고 曰 敬叔父則敬하고 敬弟則敬하니 果在外라 非由內也로다 公都子曰 冬日則飮湯하고 夏日則飮水하나니 然則飮食도 亦在外也로다.

孟季子가 이 말을 듣고서 말하기를, "叔父를 공경할 경우에는 공경하고 아우를 공경할 경우에는 공경하는 것이니, 과연 義는 외면에 있는 것이라 내면에서 말미암는 것이 아니로구나." 公都子曰, "겨울이면 끓는 물을 마시고 여름이면 찬물을 마시니 그렇다면 마시고 먹는 것도 외면에 있는 것이로구나."

集 註 此亦上章 耆炙之義니라. ○范氏曰 二章問答이 大指略同하니 皆反覆譬喩하야 以曉當世하야 使明仁義之在內하시니 則知人之性善하야 而皆可以為堯舜矣리라.
集註字義 [耆기] 좋아하다, 늙은이. [炙자] 불고기. [覆복] 되풀이하다. [譬비] 비유하다, 깨우치다. [喩유] 비유하다, 깨우치다. [曉효] 깨닫다. 밝다.
集註句文 [反覆] 반복하다. [譬喩] 비유하다. [以曉當世] 當世를 깨우치다.

霞谷集卷八 [學辯, 理是心別其宜]
此言義雖隨物而異 其理皆出於內也。 與飮食之嗜 生於心者無異也 義是心得其宜 理是心別其宜。
解 義 이것은 義가 비록 사물에 따라 다르더라도 그 이치는 모두가 안(內)에서 나온 것임을 말한 것이다. 음식을 즐기는 것도 마음에서 나오는 것과 다를 것이 없으니 義는 곧 마음이 마땅함을 얻은 것이고, 이치는 곧 마음이 그 마땅함을 구별하는 것이다.
자 구 [嗜기] 좋아하다.

6장 公都子曰 告子曰 性은 無善無不善也라하고

公都子曰, "告子가 말하기를, '性은 善함도 없고 不善함도 없다.' 라고 합니다.

> **集註** 此亦生之謂性食色性也之意니 近世蘇氏胡氏之說이 蓋如此하니라.
> **集註句文** [此亦生之謂性食色性也之意] 이 또한 生을 性이라 하고 食色을 性이라고 하는 뜻이다. [蘇氏胡氏] 蘇軾과 胡安國.

或曰 性은 可以爲善이며 可以爲不善이니 是故로 文武興則民이 好善하고 幽厲興則民이 好暴라하고

或者가 말하기를, '性은 善하게 할 수도 있으며 不善하게 할 수도 있으니, 이 때문에 文武가 출현하면 백성이 善을 좋아하고 幽厲가 출현하면 백성이 暴惡을 좋아한다.' 라고 합니다.

> **集註** 此는 卽湍水之說也라.
> **大文句文** [文武] 周나라의 聖君으로 文王과 武王을 가리킴. [幽厲] 厲王과 幽王으로 周나라의 포악한 군주임.

或曰 有性善하며 有性不善하니 是故로 以堯爲君而有象하며 以瞽瞍爲父而有舜하며 以紂爲兄之子오 且以爲君이로되 而有微子啓王子比干이라하나니

或者가 말하기를, '性은 善함도 있으며 性은 不善함도 있으니, 이 때문에 堯가 임금인데도 象같은 사람이 있으며, 瞽瞍가 아비인데도 舜같은 사람이 있으며, 紂가 兄의 아들이고 또 임금인데도 微子啓와 王子比干과 같은 사람이 있다.' 라고 합니다.

> **集註** 韓子性有三品之說이 蓋如此하니라. 按此文하면 則微子比干이 皆紂之叔父로되 而書稱微子爲商王元子라하니 疑此或有誤字라.
> **集註句文** [書稱微子] 書經 周書 大誥 微子之命

참고 [微子啓] 은나라 紂王의 庶兄으로 武王이 殷나라를 정복하였을 때 微子啓는 손을 뒤로 묶은 다음 입에 圭璧을 물고서 무왕에게 귀순하였다. 무왕은 몸소 그 포박을 풀어주고 예우하여 宋나라에 봉해 湯의 제사를 받들게 하였다.

참고 [王子比干] 은나라의 少師로서 충간을 하면서도 은나라를 떠나지 않으니 紂王이 노하여 말하기를, 나는 들으니 聖人의 심장에는 7개의 구멍이 있다고 하는데 사실인가 하고, 마침내 비간의 가슴을 쪼개어 그 심장을 보았다고 한다.

今曰 性善이라하시니 然則彼皆非與잇가 孟子曰 乃若其情則可以為善矣니 乃所謂善也니라.

지금 말씀하시기를, '性善'이라 하시니, 그렇다면 저들은 모두 틀린 것입니까?" 맹자왈, "그 情으로 말할 것 같으면 善하다고 할 수 있을 것이니, 바로 이른바 '性善'이라는 것이다.

集註 乃若은 發語辭라 情者는 性之動也라 人之情은 本但可以為善이요 而不可以為惡이니 則性之本善을 可知矣니라.

大文句文 [乃若] 말하자면. [曰若, 越若)

集註句文 [情者 性之動也] 情은 性이 動한 것이다.

中庸 1章 喜怒哀樂之未發을 謂之中이오 發而皆中節을 謂之和니 中也者는 天下之大本也요 和也者는 天下之達道也라. 疏註 喜怒哀樂은 情也요 其未發則性也니 無所偏倚故로 謂之中이오 發皆中節은 情之正也니 無所乖戾故로 謂之和라.

자구 [偏편] 치우치다, 쏠리다. [倚기] 치우치다. [乖괴] 어그러지다. [戾려] 어그러지다, 사납다.

存齋集 十六卷 [雜著 原性, 其情則可以爲善]

其情則可以爲善 儘名言也。雖桀紂生子則知愛 抉膚則知痛 當死則知哀。苟推是心 仁不可勝用也 是其情可以爲善者也。不直曰性善而已 而曰其情 不直曰其情善 而必曰情則 又必曰可以 宛轉立言 使人人回認腔子中有天性一線之善也。

解義 '其情則可以爲善'은 참으로 名言이다. 비록 桀紂라도 자식을 낳으면 사랑할 줄 알며, 자식의 피부를 도려내면 아픔을 알며, 죽게 되면 슬픔을 안다. 만약 이러한 마음을 미루어 나간다면 仁을 이루 다 쓸 수 없을 것이니, 이것

이 '其情可以爲善',이라는 것이다. 곧장 '性善'이라고 말하지 않을 뿐이고 '其情'이라고 말하며, 곧장 '其情善'이라고 하지 않고 굳이 '情則'이라고 하고, 또 굳이 '可以'라고 하였으니, 완곡히 말하여 사람마다 몸속에 天性의 한 가닥 善이 있음을 돌아보게 하려는 것이다.

자 구 [儘진] 다하다, 완수하다. [抉결] 들추어내다, 드러내다. [膚부] 피부. [直직] 곧바로. [宛완] 완연히, 완곡하게. [轉전] 선회하다. [腔강] 빈 속. [腔子] 가슴 속, 體內의 텅빈 곳.

若夫為不善은 非才之罪也니라.

不善을 하는 것으로 말할 것 같으면, 타고난 재능의 罪가 아니다.

集 註 才는 猶材質이니 人之能也라 人有是性이면 則有是才하니 性既善이면 則才亦善이라 人之為不善은 乃物欲陷溺而然이니 非其才之罪也니라.

惻隱之心을 人皆有之하며 羞惡之心을 人皆有之하며 恭敬之心을 人皆有之하며 是非之心을 人皆有之하니 惻隱之心은 仁也요 羞惡之心은 義也요 恭敬之心은 禮也요 是非之心은 智也니 仁義禮智 非由外鑠我也라 我固有之也언마는 弗思耳矣니 故로 曰 求則得之하고 舍則失之라하니 或相倍蓰而無算者는 不能盡其才者也니라.

惻隱之心을 사람이 모두 가지고 있으며 羞惡之心을 사람이 모두 가지고 있으며 恭敬之心을 사람이 모두 가지고 있으며 是非之心을 사람이 모두 가지고 있으니, 惻隱之心은 仁이요 羞惡之心은 義요 恭敬之心은 禮요 是非之心은 智이다. 仁義禮智는 밖으로부터 나에게 녹아든 것이 아니라 내가 본디 소유하고 있는 것이지만 생각하지 않을 뿐이다. 그러므로 孔子께서 말씀하시기를, '구하면 얻고 놓으면 잃는다.' 하셨으니, 혹 서로의 차이가 두 배가 되고 다섯 배가 되어 셀 수도 없는 것은 그 재능을 다하지 못한 것이다.

集註 恭者는 敬之發於外者也요 敬者는 恭之主於中者也라 鑠은 以火銷金之名이니 自外以至內也라 算은 數也라 言四者之心이 人所固有로되 但人自不思而求之耳니 所以善惡相去之遠은 由不思不求而不能擴充以盡其才也니라 前篇에 言是四者為仁義禮智之端이어늘 而此不言端者는 彼欲其擴而充之요 此直因用以著其本體라 故로 言有不同耳니라.

大文字義 [鑠삭] 녹이다. [相상] 서로와의 거리. 선과 악의 거리. [蓰사] 다섯배.

大文句文 [非由外鑠我也] 밖으로부터 나에게 녹아들어온 것이 아니다.

集註字義 [銷소] 녹이다. [彼피] 公孫丑上. [用용] 작용.

集註句文 [恭者 敬之發於外者也] 恭은 敬이 외면에서 발한 것이다. [敬者 恭之主於中者也] 敬은 恭이 마음에 主가 되는 것이다. [因用以著其本體] 작용으로 인하여 본체가 드러나다(因情著性). [言有不同耳] 말씀에 같지 않음이 있을 뿐이다.

詩曰 天生蒸民하시니 有物有則이로다 民之秉夷라 好是懿德이라하야늘 孔子曰 為此詩者여 其知道乎인져 故로 有物이면 必有則이니 民之秉夷也 故로 好是懿德이라하시니라.

詩經에 이르기를, '하늘이 백성을 내시니 사물이 있으면 법칙이 있도다. 백성이 본성을 굳게 지키는지라 이 아름다운 덕을 좋아한다.' 하거늘, 孔子曰, '이 시를 지은 사람이여! 그 도를 아는구나. 그러므로 사물이 있으면 반드시 법칙이 있으니 백성이 본성을 굳게 지키는 것이다. 그러므로 이 아름다운 덕을 좋아한다.' 하셨다."

集註 詩는 大雅蒸民之篇이라 蒸은 詩作烝하니 衆也라 物은 事也요 則은 法也라 夷는 詩作彝하니 常也라 懿는 美也라 有物必有法은 如有耳目則有聰明之德하고 有父子則有慈孝之心하니 是民所秉執之常性也라 故로 人之情이 無不好此懿德者라 以此觀之면 則人性之善을 可見이니 而公都子所問之三說은 皆不辨而自明矣니라. ○程子曰 性卽理也니 理則堯舜至於塗人이 一也요 才稟於氣하니 氣有清濁하야 稟其清者為賢하고 稟其濁者為愚하니 學而知之면 則氣無清濁히 皆可至於善而復性之本이니 湯武身之是也라 孔子所言下愚不移者는 則自暴自棄之人也니라 又曰 論性不論氣면 不備요 論氣不論性이면 不明이요 二之則不是니라 張子曰 形而後에 有氣質之性이니 善反之면 則天地之性이 存焉이라 故로 氣質之性을 君子有弗性者焉이니라

愚按 程子此說才字는 與孟子本文으로 小異하니 蓋孟子는 專指其發於性者言之라 故로 以為才無不善이라하시고 程子는 兼指其稟於氣者言之하시니 則人之才는 固有昏明强弱之不同矣니 張子所謂氣質之性이 是也라 二說이 雖殊나 各有所當이라 然이나 以事理考之면 程子為密하니 蓋氣質所稟이 雖有不善이나 而不害性之本善이요 性雖本善이나 而不可以無省察矯揉之功이니 學者所當深玩也니라.

大文字義 [蒸] 무리. [則칙] 법칙. [秉병] 굳게 지키다. [夷이] 떳떳함. [懿의] 아름답다. [為위] 짓다. [物물] 事.(孝慈之事 등)

大文句文 [蒸民] 백성. [秉夷] 본성을 굳게 지킴.(秉彝)

集註字義 [彝이] 떳떳함. [辨변] 변론하다, 따지다.(上聲). [塗도] 길, 진흙. [才재] 타고난 재질. [矯교] 바로잡다. [揉유] 구부리다. [玩완] 완미하다.

集註句文 [塗人] 평범한 사람. [湯武身之是也] 湯武는 몸으로써 실천한 분이니 바로 이분이다. [二之則不是] 理와 氣 둘로 나눈다면 옳지 않다. [善反之] 잘 회복하다. [君子有弗性者焉] 군자는 성이라고 말하지 않음이 있다. [矯揉] 바로잡다.

참고 張橫渠는 心統性情說 주장하고, 王陽明과 陸象山은 心則理說을 주장하였다.

詩經 [大雅 蕩之什 蒸民篇 8장]

大義 尹吉甫가 宣王을 찬미한 것이다. 현자를 임명하고 능한 자를 부려서 周왕실을 중흥시킨 것을 찬양한 것이다.

詩解 1장 天生烝民하시니 有物有則이로다 民之秉彝라 好是懿德이로다 天監有周하시니 昭假于下일새 保玆天子하사 生仲山甫샷다.

하늘이 백성을 내시니 사물이 있으면 법칙이 있도다. 백성이 본성을 굳게 지키는지라 이 아름다운 덕을 좋아하도다. 하늘이 주나라를 살피시니 아래까지 밝은 덕이 이르기에, 이에 천자를 보호하사 仲山甫를 낳으셨도다.

2장. 仲山甫之德이 柔嘉維則이라 令儀令色이며 小心翼翼하며 古訓是式하며 威儀是力하며 天子是若하며 明命使賦로다.

중산보의 덕이 유순하고 아름다움이 법칙이 되는지라, 몸가짐을 잘하고 안색을 선하게 하며, 조심하고 공경하며 선왕의 남기신 법을 이에 본받으며, 몸가짐을 힘쓰며 천자에게 순종하며 밝은 명을 펴도다.

3장. 王命仲山甫하사 式是百辟하며 纘戎祖考하야 王躬是保케하시다 出納王命하니 王之喉舌이며 賦政于外하니 四方爰發이로다.

왕이 중산보에게 명하시어 모든 제후에게 본받게 하며, 너의 祖考를 계승하여 왕의 몸을 보존케 하시도다. 왕명을 출납하니 왕의 목구멍과 혀이며, 밖으로 정사를 펴니 사방이 이에 호응하도다.

자구 [則칙] 본받다. [懿의] 아름답다. [監감] 살피다. [假가] 이르다. [令령] 잘하다, 선하다. [儀의] 몸가짐. [色색] 안색. [翼翼] 공경하는 모습. [古訓] 선왕이 남기신 법. [式식] 본받다(法). [力력] 노력하다. [若약] 순하다. 같다, 만약. [賦부] 펴다. [辟벽] 임금(천자 또는 제후).(入聲). [戎융] 너. [纘찬] 계승하다. [喉후] 목구멍, [爰원] 이에.

7장 孟子曰 富歲엔 子弟多賴하고 凶歲엔 子弟多暴하나니 非天之降才 爾殊也라 其所以陷溺其心者 然也니라.

맹자왈, "풍년에는 젊은이들이 의지할 데가 많고 凶歲에는 젊은이들이 포악한 일이 많으니, 하늘이 내려준 재능이 이와 같이 다른 것이 아니라 그 마음을 陷溺하게 하는 것이 그러한 것이다.

集註 富歲는 豐年也라 賴는 藉也라 豐年엔 衣食饒足이라 故로 有所賴藉而為善이요 凶年엔 衣食不足이라 故로 有以陷溺其心而為暴니라.

大文字義 [賴뢰] 의지하다. [爾이] 如此, 如彼, 然, 如.

集註字義 [藉자] 의지하다. [饒요] 넉넉하다.

今夫麰麥을 播種而耰之호대 其地同하며 樹之時 又同하면 浡然而生하야 至於日至之時하야 皆熟矣나니 雖有不同이나 則地有肥磽하며 雨露之養과 人事之不齊也니라.

지금 밀과 보리를 파종하고 씨앗을 덮되 그 땅이 같으며 심은 때가 또한 같다면, 쑥쑥 자라나서 夏至 때에 이르러 모두 결실을 맺는다. 오직 수확은 같지 않음이 있으나 그것은 땅에는 비옥함과 척박함이 있으며, 비와 이슬의 길러줌과 농사짓는 법이 같지 않음이 있기 때문이다.

集註 麰는 大麥也라 耰는 覆種也라 日至之時는 謂當成熟之期也라 磽는 瘠薄也라.

大文字義 [麰모] 보리. [麥맥] 보리. [播파] 뿌리다. [種종] 씨앗. [耰우] 씨앗을 덮다. [樹수] 심다. [浡발] 성하다, 일어나다. [雖수] 오직(惟). [肥비] 비옥하다. [磽효] 메마르다.

大文句文 [麰麥] 밀과 보리, 보리(趙岐). [播種] 씨앗을 뿌리다. [浡然而生] 쑥쑥 자라나다. [日至] 夏至. [人事] 농사짓는 법.
集註字義 [覆복] 덮다. [磽척] 메마르다, 파리하다.
集註句文 [大麥] 보리.

故로 凡同類者 擧相似也니 何獨至於人而疑之리오 聖人도 與我同類者시니라.

그러므로 무릇 같은 부류는 모두 서로 비슷하니 어찌 유독 사람에 이르러 의심하겠는가? 성인도 나와 같은 부류이시다.

集 註 聖人亦人耳니 其性之善이 無不同也니라.
大文字義 [擧거] 모두. [與여] 와, 함께, 더불어.(上聲).

故로 龍子曰 不知足而爲屨라도 我知其不爲蕢也라하니 屨之相似는 天下之足이 同也일새니라.

그러므로 龍子曰, '발을 알지 못하고 신발을 만들더라도 나는 그것이 삼태기가 되지 않을 줄을 안다.' 하니, 신발이 서로 비슷한 것은 천하 사람들의 발이 같기 때문이다.

集 註 蕢는 草器也라 不知人足之大小而爲之屨면 雖未必適中이나 然이나 必似足形이요 不至成蕢也라.
大文字義 [屨구] 신발, [蕢궤] 삼태기.

口之於味에 有同耆也하니 易牙는 先得我口之所耆者也라 如使口之於味也에 其性이 與人殊 若犬馬之與我不同類也면 則天下何耆를 皆從易牙之於味也리오 至於味하야는 天下期於易牙하나니 是는 天下之口 相似也일새니라.

입이 맛에 대해 똑같이 좋아하는 것이 있으니, 易牙는 우리 입이 좋아하는 것을 먼저 깨달은 사람이다. 가령 입이 맛에 있어서 그 性이 남과 다른 것이 犬馬가 나와 동류가 아닌 것과 같다면, 천하 사람들이 어찌 맛을 즐기기를 모두 易牙가 조리한 음식 맛을 따르듯이 하겠는가? 맛에 이르러서는 천하 사람들이 易牙가 되기를 기약하나니 이것은 천하의 입이 서로 같기 때문이다.

集註 易牙는 古之知味者라 言易牙所調之味는 則天下皆以為美也라.
大文句文 [易牙] 제환공의 신하. [如使] 가령. [天下期於易牙] 천하 사람들이 易牙가 되기를 기약하다.

惟耳도 亦然하니 至於聲하야는 天下期於師曠하나니 是는 天下之耳 相似也일새니라.

귀도 그러하니, 음악을 연주하는 소리에 이르러서는 천하 사람들이 師曠이 연주하는 음악 듣기를 기대하니, 이것은 천하 사람들의 귀가 서로 같기 때문이다.

集註 師曠은 能審音者也라 言師曠所和之音은 則天下皆以為美也라.
大文字義 [曠광] 밝다, 공허하다.

惟目도 亦然하니 至於子都하야는 天下莫不知其姣也하나니 不知子都之姣者는 無目者也니라.

눈도 그러하니, 子都에 이르러서는 천하 사람들이 그 아리따움을 알지 못하는 사람이 없으니, 子都의 아리따움을 알지 못하는 사람은 안목이 없는 사람이다.

集註 子都는 古之美人也라 姣는 好也라.
大文字義 [姣교] 아리땁다, 예쁘다.

故로 曰 口之於味也애 有同耆焉하며 耳之於聲也애 有同聽焉하며 目之於色也애 有同美焉하니 至於心하야 獨無所同然乎아 心之所同然者는 何也오 謂理也義也니 聖人은 先得我心之所同然耳시니 故로 理義之悅我心이 猶芻豢之悅我口니라.

그러므로 '입이 맛에 대해 똑 같이 좋아함이 있으며, 귀가 소리에 대해 똑 같이 듣는 것이 있으며, 눈이 色에 대해 똑같이 아름다워 함이 있다.' 말하니, 마음에 이르러서만 유독 똑같이 그러한 바가 없겠는가? 마음이 똑 같이 그러한 바는 무엇인가? 理와 義를 말하는 것이니, 聖人은 내 마음이 똑같이 그러한 바를 먼저 깨달았을 뿐이다. 그러므로 理와 義가 나의 마음을 기쁘게 하는 것이 고기가 나의 입을 즐겁게 하는 것과 같다."

集註 然은 猶可也라 草食曰芻니 牛羊是也요 穀食曰豢이니 犬豕是也라 程子曰 在物為理요 處物為義니 體用之謂也라 孟子言人心이 無不悅理義者하니 但聖人則先知先覺乎此耳요 非有以異於人也니라 程子又曰 理義之悅我心이 猶芻豢之悅我口라하시니 此語 親切有味하니 須實體察得義理之悅心이 眞猶芻豢之悅口라야 始得이니라.
大文字義 [芻추] 꼴을 먹여 기른 고기. [豢환] 곡식을 먹여 기른 고기.
大文句文 [芻豢] 고기.

思辨錄[五] [孟子 告子上, 理義之悅我心]
口之於味也 有同嗜焉 耳之於聲也 有同聽焉 目之於色也 有同美焉 至於心 獨無所同然乎。心之所同然者 何也。謂理也義也 聖人先得我心之所同然耳。故理義之悅我心 猶芻豢之悅我口。孟子論性 多矣 亦未有如此章之理明義盡 使人曉然而易知也。學者苟能深思默契而信其必然 則其於爲善 必無疑沮退縮而甘於暴棄也。
解義 입이 음식 맛에 대하여 똑 같이 좋아하는 것이 있고, 귀가 소리에 대하여 똑 같이 듣는 것이 있고, 눈이 사물에 대해여 똑 같이 아름다워 하는 것이 있으니, 마음에 있어서만 유독 그러하지 않겠는가, 마음이 똑 같이 그러한

것은 어째서인가? 그것은 理와 義를 말하는 것이니, 聖人은 우리 마음이 똑같이 그러한 바를 먼저 알았을 뿐이다. 그러므로 理와 義가 우리 마음을 기쁘게 하는 것은 마치 고기가 우리 입을 즐겁게 하는 것과 같다. 맹자께서 性을 論한 것이 많으나, 또한 이 章과 같이 이치가 밝고 뜻이 극진하여 사람으로 하여금 깨닫게 하여 알기 쉽게 한 것은 있지 않다. 배우는 자가 진실로 깊이 생각하고 은연중에 뜻이 통하여 반드시 그러한 까닭을 믿을 수 있다면 善을 행하는 데 있어서 반드시 의심하고 막히고 물러나 위축되어 스스로 자포자기하는 일이 없을 것이다.

자구 [嗜기] 좋아하다. [曉효] 깨닫다. [默묵] 묵묵히. [契계] 부합하다. [墨契] 은연중에 뜻이 통하다. [沮저] 막다. [縮축] 위축되다, 곧게 하다.

8장 孟子曰 牛山之木이 嘗美矣러니 以其郊於大國也라 斧斤이 伐之어니 可以為美乎아 是其日夜之所息과 雨露之所潤애 非無萌蘖之生焉이언마는 牛羊이 又從而牧之라 是以로 若彼濯濯也하니 人이 見其濯濯也하고 以為未嘗有材焉이라하나니 此豈山之性也哉리오

맹자왈, "牛山의 나무가 일찍이 아름다웠는데 도성에서 교외에 있기 때문에 도끼와 자귀로 벌목하니 아름다울 수 있겠는가? 이것은 밤낮의 생장과 雨露의 적셔줌에 싹이 자라나지 않는 것은 아니지만, 소와 양이 또 따라다니면서 먹어버린 것이다. 이 때문에 저와 같이 민둥하게 되었으니, 사람들이 그 민둥한 것을 보고 재목이 있던 적이 없다고 여길 것이라 하니, 이 어찌 산의 性이겠는가?

集註 牛山은 齊之東南山也라 邑外를 謂之郊라 言牛山之木이 前此에 固嘗美矣러니 今為大國之郊하야 伐之者衆이라 故로 失其美耳라 息은 生長也라 日夜之所息은 謂氣化流行하야 未嘗間斷이라 故로 日夜之間에 凡物이 皆有所生長也라 萌은 芽也요 蘖은 芽之旁出者也라 濯濯은 光潔之貌라 材는 材木也라 言山木雖伐이나 猶有萌蘖이어늘 而牛羊이 又從而害之라 是以로 至於光潔而無草木也니라.

大文字義 [斧부] 도끼. [斤근] 자귀. [息식] 생장. [露로] 이슬. [萌맹] 싹. [芽아] 싹. [蘖얼] 움. [濯탁] 민둥민둥하다. [材재] 재목.

大文句文 [大國] 大都, 도성. [萌蘖] 싹. [濯濯] 민둥민둥한 모습.
集註字義 [芽아] 싹.
集註句文 [氣化流行] 음양이 유행하다.

雖存乎人者인들 豈無仁義之心哉리오마는 其所以放其良心者 亦猶斧斤之於木也애 旦旦而伐之어니 可以為美乎아 其日夜之所息과 平旦之氣에 其好惡 與人相近也者 幾希어늘 則其旦晝之所為 有梏亡之矣나니 梏之反覆則其夜氣 不足以存이오 夜氣 不足以存則其違禽獸 不遠矣니 人이 見其禽獸也而以為未嘗有才焉者라 하나니 是豈人之情也哉리오

비록 사람에게 보존된 것인들 어찌 仁義의 마음이 없겠는가마는, 사람이 그 양심을 잃어버린 것이 또한 도끼와 자귀가 나무에 대해 아침마다 벌목하는 것과 같으니 아름다워질 수 있겠는가? 밤낮의 양심의 생장과 새벽의 맑은 기운에도 好惡가 남과 서로 가까운 것이 적은데 낮에 하는 행위가 양심을 구속하여 없어지게 하니, 양심을 구속하는 일이 반복되면 그 밤기운은 양심을 보존하기에 부족하게 되고, 밤기운이 양심을 보존하기에 부족하게 되면 짐승과의 차이가 멀지 않게 된다. 사람들이 짐승과 같은 것을 보고 일찍이 자질을 가진 적이 없다고 생각하니, 이 어찌 사람의 實情이겠는가?

集註 良心者는 本然之善心이니 卽所謂仁義之心也라 平旦之氣는 謂未與物接之時淸明之氣也라 好惡與人相近은 言得人心之所同然也라 幾希는 不多也라 梏은 械也라 反覆은 展轉也라 言人之良心이 雖已放失이나 然이나 其日夜之間에 猶必有所生長이라 故로 平旦未與物接하야 其氣淸明之際에 良心이 猶必有發見者라 但其發見至微하고 而旦晝所為之不善이 又已隨而梏亡之하니 如山木旣伐에 猶有萌蘖이어늘 而牛羊이 又牧之也라 晝之所為가 旣有以害其夜之所息하고 夜之所息이 又不能勝其晝之所為라 是以로 展轉相害하야 至於夜氣之生이 日以寖薄하야 而不足以存其仁義之良心이면 則平旦之氣亦不能淸하야 而所好惡遂與人遠矣니라.
大文字義 [旦단] 아침. [梏곡] 수갑을 채우다, 구속하다. [違위] 차이가나다.
大文句文 [其所以放其良心者] 사람이 그 자신의 양심을 잃어버리는 것. [旦旦而伐之]

아침마다 벌목하다. [平旦之氣] 새벽녘의 기운. [旦晝] 낮. [有梏亡之] 양심을 구속하여 없어지게 함이 있다. [人見其禽獸] 사람들이 그 짐승과 같은 것을 보다.

集註字義 [械계] 형틀, 수갑. [牧목] 먹어버리다. [寖침] 점점.

思辨錄[五] [孟子 告子上, 良心放失]

言人有仁義之心 猶山之有材。及其邪欲侵蝕 良心放失 則亦猶山木之見翦於斧斤而無一日之停。然彼斧斤與邪欲 亦不能不暫隙於日夜之中。得以休息 邪欲旣隙 良心復萌 察乎平旦之氣 便可見矣。而但其眹甚微 亦若存若亡而已。誠令養之有方而斷去邪欲之害 則亦可以復本性之善。乃其朝晝之所爲 如牛羊之踐牧 梏之又梏 反覆不已 向之休息於斧斤之暫隙萌眹微動者遂遏絶而不可復存矣。至是則去禽獸不遠。人見其如此 以爲其性實然 此又豈人性之實固然也。

詳義 사람에게 仁義의 마음이 있는 것은 마치 산에 재목이 있는 것과 같음을 말한 것이다. 삿된 욕심이 침식하여 良心을 놓쳐 잃어버리게 되면, 이는 또한 산의 나무가 도끼와 자귀에 베어져서 하루도 쉴 새 없는 것과 같다. 그러나 도끼와 자귀, 삿된 욕심은 또한 낮과 밤사이에 잠깐 틈이 없을 수 없다. 휴식을 얻어 삿된 욕심에 틈이 생겨 양심이 다시 싹트는 것을 아침의 청명한 기운에서 살펴보면 곧 알 수 있다. 다만 그 조짐이 매우 미약하여 또한 있는 듯 없는 듯 할뿐이다. 가령 잘 기르는데 방법이 있어서 삿된 욕심의 해를 끊어 버린다면 또한 선한 本性을 회복할 수 있다. 도리어 아침과 낮으로 하는 짓이 만약 소와 양이 牧草를 밟아 구속하고 더욱 구속하여 반복하기를 그치지 않는다면, 앞서 도끼와 자귀를 쉬게 하는 잠시의 틈에 싹트려는 조짐이 미미하게 움직이던 것이 드디어 막히고 끊어져서 다시는 보존할 수 없게 될 것이다. 이 지경에 이르게 되면 금수와의 차이가 멀지 않게 된다. 사람들이 이와 같은 것을 보고 그 본성도 실제로 이와 같을 것이라고 생각할 것이니, 이 또한 어찌 사람의 성품의 실상이 진실로 그러하겠는가?

자구 [蝕식] 갉아먹다. [翦전] 자르다, 제거하다. [暫잠] 잠시. [隙극] 틈. [萌맹] 싹. [眹짐] 조짐, 눈동자. [誠성] 만일, 과연, 진실로. [梏곡] 수갑, 수갑을 채우다, 묶다. [覆복] 다시. [已이] 그치다, 그만두다. [遏알] 막다. 은폐하다. [固고] 진실로.

故로 苟得其養이면 無物不長이오 苟失其養이면 無物不消니라.

그러므로 만일 그 기름을 얻는다면 만물이 생장하지 않는 것이 없고, 만일 그 기름을 잃는다면 만물이 소멸되지 않는 것이 없다.

集 註 山木人心이 其理一也라.

孔子曰 操則存하고 舍則亡하야 出入無時하야 莫知其鄕은 惟心之謂與인저하시니라.

孔子曰, '지키면 보존되고 놓으면 없어져서 들고 나는데 정해진 때가 없어서 향하는 곳을 알지 못하는 것은 오직 마음을 이른 것이다.' 하셨다."

集 註 孔子言心은 操之則在此하고 捨之則失去하야 其出入이 無定時하고 亦無定處如此라하시니 孟子引之하사 以明心之神明不測이 得失之易而保守之難이라 不可頃刻失其養하시니 學者當無時而不用其力하야 使神淸氣定하야 常如平旦之時면 則此心常存하야 無適而非仁義矣리라 程子曰 心豈有出入이리오 亦以操舍而言耳니 操之之道는 敬以直內而已니라. ○愚聞之師호니 曰人理義之心이 未嘗無하니 唯持守之면 卽在爾라 若於旦晝之間에 不至梏亡이면 則夜氣愈淸이요 夜氣淸이면 則平旦未與物接之時에 湛然虛明氣象을 自可見矣니라 孟子發此夜氣之說하시니 於學者에 極有力하니 宜熟玩而深省之也니라.

大文字義 [操조] 지키다.(守) [舍사] 놓다, 버리다.(上聲). [鄕향] 방향.(嚮), 趙岐는 里(居)로 해석함.

大文句文 [出入] 出은 放亡, 入은 操存의 의미임.

集註字義 [湛담, 잠] 맑다, 물이 괴다, 깊다.

集註句文 [敬以直內] 경을 근본으로 삼으면 마음이 저절로 곧게 된다. [湛然] 물이 깊고 고요한 모양, 담담함 모양. [虛明] 허명하다. [極有力] 매우 힘이 있다, 매우 효과가 있다.

참 고 以敬直內는 노력해서 되는 것이고 敬以直內는 저절로 되는 경지이다. 以義方外는 노력해서 되는 것이고 義以方外(의를 행하면 밖이 저절로 바르게 됨)은 저절로 되는 경지이다.(心經)

9장 孟子曰 無或乎王之不智也로다.

맹자왈, "왕이 지혜롭지 못함을 괴이하게 여기지 말라.

集註 或은 與惑同하니 疑怪也라 王은 疑指齊王이라.
大文句文 [無或] 괴이하게 여기지 말라.

雖有天下易生之物也나 一日暴之오 十日寒之면 未有能生者也니 吾見이 亦罕矣오 吾退而寒之者 至矣니 吾如有萌焉에 何哉리오

비록 천하에 자라기 쉬운 사물이 있으나, 하루 동안 따뜻하게 해주고 열흘 동안 춥게 해준다면 자랄 수 있는 것이 없을 것이니, 내가 왕을 뵙는 것이 더욱 드물고 내가 물러나서는 춥게 하는 자들이 이를 것이니, 내가 가령 싹을 틔움에 무슨 소용이 있으리오.

集註 暴은 溫之也라 我見王之時少하니 猶一日暴之也요 我退則諂諛雜進之日多하니 是十日寒之也라 雖有萌蘗之生이나 我亦安能如之何哉리오.
大文字義 [暴폭] 쬐다. [罕한] 드물다.
集註字義 [諂첨] 아첨하다. [諛유] 아첨하다. [萌맹] 싹. [蘗얼] 움.
集註句文 [我見王之時少] 내가 왕을 볼 때가 적다. [諂諛雜進之日多] 아첨하는 무리가 섞여 나오는 날이 많다. [我亦安能如之何哉] 내가 또한 어찌할 수 있겠는가.

今夫奕之為數 小數也나 不專心致志하면 則不得也니 奕秋는 通國之善奕者也라 使奕秋로 誨二人奕이어든 其一人은 專心致志하야 惟奕秋之為聽하고 一人은 雖聽之나 一心에 以為有鴻鵠이 將至어든 思援弓繳而射之하면 雖與之俱學이라도 弗若之矣나니 為是其智 弗若與아 曰 非然也니라.

지금 바둑의 기예는 작은 기예이기는 하지만, 마음을 오로지 하고 뜻을 다하지 않으면 될 수 없다. 혁추는 온 나라에서 바둑을 잘 두는 사람이다. 혁추로 하여금 두 사람에게 바둑을 가르치게 한다면, 한 사람은 마음을 오로지 하고 뜻을 다하여 오직 혁추의 말만 듣고, 한 사람은 비록 듣기는 하지만 온 마음에 큰기러기와 고니가 이르면 주살을 당겨서 쏠 것만을 생각한다면, 비록 그와 함께 배웠다 하더라도 같지 않을 것이니, 이것은 그의 지혜가 그만 못해서인가. 그렇지 않다."

集註 奕은 圍棊也라 數는 技也라 致는 極也라 奕秋는 善奕者名秋也라 繳은 以繩繫矢而射也라. ○程子為講官하야 言於上曰 人主一日之間에 接賢士大夫之時多하고 親宦官宮妾之時少하면 則可以涵養氣質而薰陶德性이라하야시늘 時不能用하니 識者恨之하니라 范氏曰 人君之心이 惟在所養하니 君子養之以善則智하고 小人養之以惡則愚라 然이나 賢人은 易疎하고 小人은 易親이라 是以로 寡不能勝衆하고 正不能勝邪하니 自古로 國家治日常少而亂日常多는 蓋以此也니라.

大文字義 [奕혁] 바둑. [數수] 기술. [誨회] 가르치다. [鴻홍] 큰기러기 [鵠곡] 고니, 백조. [援원] 당기다. [繳격] 주살 끈.

大文句文 [通國] 온 나라. [惟奕秋之為聽] 오직 혁추의 말만 듣게 되다. [弓繳] 주살.

集註字義 [圍위] 둘러싸다. [棊기] 바둑, 바둑돌. [繩승] 끈. [繫계] 매달다. [涵함] 적시다. [薰훈] 교훈, 훈자하다. [陶도] 기르다, 만들다.

集註句文 [薰陶] 교화하고 훈육하다. [寡不能勝衆] 적은 사람은 많은 사람을 이기지 못한다.

10장 孟子曰 魚도 我所欲也며 熊掌도 亦我所欲也언마는 二者를 不可得兼인댄 舍魚而取熊掌者也로리라 生亦我所欲也며 義亦我所欲也언마는 二者를 不可得兼인댄 舍生而取義者也로리라.

맹자왈, "물고기 요리도 내가 바라는 바이며 곰발바닥 요리도 내가 바라는 바이지만, 두 가지를 겸할 수 없다면 물고기 요리를 버리고 곰발바닥 요리를 취할 것이다. 生도 내가 바라는 바이며 義도 내가 바라는 바이지만, 두 가지를 겸할 수 없다면 生을 버리고 義를 취할 것이다.

集註 魚與熊掌이 皆美味로되 而熊掌尤美也라.

大文字義 [魚어] 물고기 요리. [熊웅] 곰. [掌장] 손바닥.

大文句文 [熊掌] 곰발바닥 요리.

生亦我所欲이언마는 所欲이 有甚於生者라 故로 不為苟得也하며 死亦我所惡언마는 所惡 有甚於死者라 故로 患有所不辟也니라.

生 또한 내가 바라는 바이지만 바라는 것이 生보다 더한 것이 있으므로 生을 구차하게 얻지 아니하며, 죽음 또한 내가 싫어하는 바이지만 싫어하는 것이 죽음보다 더한 것이 있으므로 환란을 피하지 않는 경우가 있는 것이다.

集註 釋所以舍生取義之意라 得은 得生也라 欲生惡死者는 雖衆人利害之常情이나 而欲惡有甚於生死者는 乃秉彝義理之良心이라 是以로 欲生而不為苟得하고 惡死而有所不避也니라.

集註句文 [秉彝] 떳떳한 본성, 하늘이 부여한 본성.

참고 [不爲苟得]에 대하여 퇴계는 "구차하게 얻지 못한 것이요.", 송시열은 "구차하게 얻지 아니하고"로 해석하였다.

如使人之所欲이 莫甚於生이면 則凡可以得生者를 何不用也며 使人之所惡 莫甚於死者면 則凡可以辟患者를 何不為也리오

가령 사람이 바라는 것이 生보다 더한 것이 없다면 무릇 생을 얻을 수 있는 짓을 어찌 하지 않으며, 사람이 싫어하는 것이 죽음보다 더한 것이 없다면 무릇 환란을 피할 수 있는 짓을 어찌 하지 않으리오.

集註 設使人無秉彝之良心하고 而但有利害之私情이면 則凡可以偷生免死者를 皆將不顧禮義而為之矣리라.

集註字義 [偸투] 구차하다, 훔치다.

集註句文 [設使] 가령. [偸生] 목전의 안일만을 추구하다, 죽어야 할 때에 죽지 않고 욕되게 살기를 탐하다.

由是라 則生而有不用也하며 由是라 則可以辟患而有不為也니라.

하늘이 부여한 떳떳한 양심에 의지하는지라 살 수 있는데도 살려 하지 않는 경우가 있으며, 떳떳한 양심에 의지하는지라 환란을 피할 수 있는데도 피하려 하지 않는 경우가 있다.

集註 由其必有秉彝之良心이라 是以로 其能舍生取義如此니라.
大文句文 [由是] 하늘이 부여한 본성인 양심을 의지하다.(是는 秉彝之良心).

是故로 所欲이 有甚於生者하며 所惡 有甚於死者하니 非獨賢者有是心也라 人皆有之언마는 賢者는 能勿喪耳니라.

이 때문에 바라는 것이 生보다 더한 경우가 있으며, 싫어하는 것이 죽음보다 더한 경우가 있으니, 비단 賢者만이 이러한 마음을 가지고 있는 것이 아니다. 사람은 모두 이러한 마음을 가지고 있지만 賢者는 능히 상실하지 않을 뿐이다.

集註 羞惡之心을 人皆有之로되 但衆人은 汨於利欲而忘之하고 惟賢者는 能存之而不喪耳니라.
集註字義 [汨골] 빠지다.

一簞食와 一豆羹을 得之則生하고 弗得則死라도 嘑爾而與之면 行道之人도 弗受하며 蹴爾而與之면 乞人도 不屑也니라.

한 끼의 대그릇에 담은 밥과 나무그릇에 담은 국을 얻게 되면 살고 얻지 못하면 죽더라도 꾸짖으면서 주면 길가는 사람도 받지 않으며, 발로 차서 주면 걸인도 달가워하지 않는다.

集註 豆는 木器也라 嘑(爾)는 咄啐之貌라 行道之人은 路中凡人也라 蹴은 踐踏也라 乞人은 丐乞之人也라 不屑은 不以為潔也라 言雖欲食之急이라도 而猶惡無禮하야 有寧死而不食者하니 是其羞惡之本心이니 欲惡有甚於生死者

를 人皆有之也라.

大文字義 [簞단] 대그릇. [豆두] 그릇.(물기 있는 것을 담는 그릇) [嘑호] 꾸짖다, 부르짖다, 거칠게 말하다. [與여] 주다.(上聲). [蹴축] 발로 차다. [屑설] 달갑게 여기다.

集註字義 [咄돌] 꾸짖다. [啐쵀] 부르짖다. [踏답] 밟다. [丐개] 빌다, 비럭질하다. [潔결] 탐탁하다.

集註句文 [嘑爾] 부르짖는 모습(嘑然).

萬鍾則不辨禮義而受之하나니 萬鍾이 於我何加焉이리오 為宮室之美와 妻妾之奉과 所識窮乏者得我與인져

萬鍾의 많은 재물이면 예의를 분별하지 않고서 받으니, 만종의 많은 재물이 나에게 무슨 보탬이 되겠는가? 궁실의 아름다움과 처첩의 봉양과 내가 알고 있는 궁핍한 사람이 나의 은혜에 감사하게 하는 것 때문일 것이다.

集註 萬鍾於我何加는 言於我身에 無所增益也라 所識窮乏者得我는 謂所知識之窮乏者 感我之惠也라 上言人皆有羞惡之心하고 此(章)言衆人所以喪之由此三者하니 蓋禮義之心이 雖曰固有나 而物欲之蔽亦人所易昏也니라.

大文字義 [辨변] 분별하다.(上聲). [加가] 이익, 보탬. [識식] 알다.

大文句文 [萬鍾] 많은 재물, 1鍾은 6斛 4료임. [所識窮乏者得我] 내가 알고 있는 궁핍한 사람이 나의 은혜에 감사하다.

集註句文 [喪之] 여기서 之는 羞惡之心임. [三者] 宮室之美, 妻妾之奉, 所識窮乏者得我.

鄕為身엔 死而不受라가 今為宮室之美하야 為之하며 鄕為身앤 死而不受라가 今為妻妾之奉하야 為之하며 鄕為身앤 死而不受라가 今為所識窮乏者 得我而為之하나니 是亦不可以已乎아 此之謂失其本心이니라.

접때는 자신을 위해서는 죽어도 받지 않다가 지금 궁실의 아름다움을 위하여 받으며, 접때는 자신을 위해서는 죽어도 받지 않다가 지금 처첩의 봉양을 위하여 받으며, 접때는 자신을 위해서는 죽어도 받지 않다가 지금 내가 알고 있는 궁핍한 사람이 나의 은혜에 감사하게 하는 것 때문에 받으니, 이 또한 그만 둘 수 없겠는가? 이것을 일러 그 본심을 상실했다고 하는 것이다."

集註 言三者는 身外之物이니 其得失이 比生死為甚輕이어늘 鄉為身엔 死猶不肯受嘑蹴之食이라가 今乃為此三者하야 而受無禮義之萬鍾하니 是豈不可以止乎아 本心은 謂羞惡之心이라. ○此章은 言羞惡之心이 人所固有언마는 或能決死生於危迫之際로되 而不免計豐約於宴安之時라 是以로 君子不可頃刻而不省察於斯焉이니라.

大文字義 [鄉향] 접때.(嚮) [已이] 그만두다.

集註句文 [不免計豐約於宴安之時] 편안할 때에 많고 적음을 따지는 일을 면하지 못한다.

참고 官吐는 "鄉為身엔 死而不受라가", 栗谷吐는 "鄉為身死而不受라가"로서 栗谷吐의 해석은 "접때에는 자신이 죽게 되었어도 받지 않다가" 이다. 沙溪 金長生이 이에 동의하였다.

11장 孟子曰 仁은 人心也요 義는 人路也니라.

맹자왈, "仁은 人心이고 義는 사람이 걸어가야 할 길이다.

集註 仁者는 心之德이니 程子所謂心如穀種이요 仁則其生之性이 是也라 然이나 但謂之仁이면 則人不知其切於己라 故로 反而名之曰 人心이라하시니 則可見其為此身酬酢萬變之主하야 而不可須臾失矣니라 義者는 行事之宜니 謂之人路라하시니 則可以見其為出入往來必由之道하야 而不可須臾舍矣니라.

集註字義 [酬수] 응대하다, 갚다. [酢작] 응대하다, 잔을 돌리다.

大文句文 [人心] 사람이 가지고 있는 사랑하는 마음.(仁心) [人路] 사람이 걸어가야 할 길.

集註句文 [酬酌] 응대하다.

舍其路而不由하며 放其心而不知求하나니 哀哉라.

그 길을 잃어버리고서 경유하지 않으며, 그 마음을 잃었는데도 구할 줄을 알지 못하니 애석하도다.

集註 哀哉二字를 最宜詳味하니 令人惕然有深省處니라.
集註字義 [惕척] 두려워하다.

人이 有雞犬이 放則知求之호대 有放心而不知求하나니

사람은 닭과 개가 도망하면 찾을 줄 알지만, 마음을 잃어버리고서 찾을 줄 모르는 경우가 있으니,

集註 程子曰 心은 至重하고 雞犬은 至輕이어늘 雞犬放則知求之호되 心放則不知求하나니 豈愛其至輕而忘其至重哉아 弗思而已矣니라 愚謂上兼言仁義하고 而此下專論求放心者는 能求放心이면 則不違於仁하야 而義在其中矣일새니라.
大文字義 [鷄계] 닭. [放방] 도망하다, 달아나다.(上聲).
大文句文 [放心] 잃어버린 마음.
集註字義 [愛애] 아끼다. [違위] 어기다.

學問之道는 無他라 求其放心而已矣니라.

학문하는 방법은 다른 것이 없다. 잃어버린 마음을 찾는 것뿐이다."

集註 學問之事固非一端이나 然이나 其道則在於求其放心而已라 蓋能如是면 則志氣清明하고 義理昭著하야 而可以上達이요 不然이면 則昏昧放逸하야 雖曰從事於學이나 而終不能有所發明矣라 故로 程子曰 聖賢千言萬語가 只是欲人將已放之心約之하야 使反復入身來니 自能尋向上去하야 下學而上達也라하시니라 此乃孟子開示切要之言이어늘 程子又發明之하야 曲盡其指하시니 學者宜服膺而勿失也니라.
集註字義 [尋심] 찾다. [要요] 요점, 요체. [約약] 단속하다. [膺응] 가슴.
集註句文 [志氣清明] 志氣가 환하게 밝아지다. [義理昭著] 의리가 환하게 드러나다. [可以上達] 위로 천리에 통할 수 있다. [昏昧放逸] 어둡고 방탕해지다. [自能尋向上去] 스스로 찾아서 향상해 갈 수 있다. [下學而上達] 아래로 인사를 배워서 위로 천리에 통한다. [服膺] 가슴에 새기다, 교훈 등을 가슴속에 품어두다.

12장 孟子曰 今有無名之指 屈而不信이 非疾痛害事也언마는 如有能信之者면 則不遠秦楚之路하나니 為指之不若人也니라.

맹자왈, "지금 무명지가 굽어서 펴지지 않는 것이 아파서 일에 해가 되는 것은 아니지만, 만일 무명지를 펴게 할 수 있는 자가 있다면 진나라나 초나라 가는 길을 멀다하지 않을 것이니, 손가락이 남들과 같지 않기 때문이다.

集註 無名指는 手之第四指也라.
참고 [母指] 엄지,(拇指) 大指, 擘指. [食指] 둘째 손가락, 人指, 鹽指, 示指. [中指] 셋째 손가락, 長指, 間指, 將指. [藥指] 넷째 손가락, 無名指. [季指] 새끼 손가락.

指不若人則知惡之호대 心不若人則不知惡하나니 此之謂不知類也니라.

손가락이 남들과 같지 않다면 그것을 싫어할 줄 알지만, 마음이 남들과 같지 않다면 싫어할 줄을 모르니, 이것을 일러 等類를 모른다고 하는 것이다."

集註 不知類는 言其不知輕重之等也라.
大文字義 [類류] 等類, 倫類, 무리.

13장 孟子曰 拱把之桐梓를 人苟欲生之인댄 皆知所以養之者로대 至於身하야는 而不知所以養之者하나니 豈愛身이 不若桐梓哉리오 弗思 甚也일새니라.

맹자왈, "두 뼘이나 한 뼘 둘레의 오동나무나 가래나무를 사람들이 만약 기르고자 한다면 모두 기르는 방법을 알지만, 자신의 몸에 이르러서는 기르는 방법을 알지 못하니 어찌 자신의 몸을 아끼는 것이 오동나무나 가래나무만 못해서이겠는가? 너무 생각하지 않기 때문이다."

集註 拱은 兩手所圍也요 把는 一手所握也라 桐梓는 兩木名이라.
大文字義 [拱공] 두 손으로 에워싸다. [把파] 한 손으로 쥐다. [梓재, 자] 가래나무.
大文句文 [拱把] 두 뼘이나 한 뼘의 둘레. [所以~者] ~하는 것, ~하는 방법.
集註字義 [握악] 쥐다.

14장 孟子曰 人之於身也애 兼所愛니 兼所愛則兼所養也라 無尺寸之膚를 不愛焉則無尺寸之膚를 不養也니 所以考其善不善者는 豈有他哉리오 於己예 取之而已矣니라.

맹자왈, "사람들은 자신의 몸에 대해 모든 부위를 다 아끼니, 모든 부위를 다 아낀다면 모든 부위를 다 길러야 하는 것이다. 한 치나 한 자의 피부를 아끼지 않음이 없다면 한 치나 한 자의 피부를 기르지 않음이 없을 것이니, 잘 기르고 잘못 기름을 상고하는 것이 어찌 다른 것이 있겠는가? 자기에게서 취할 뿐이다.

集註 人於一身에 固當兼養이라. 然이나 欲考其所養之善否者는 惟在反之於身하야 以審其輕重而已矣니라.
大文字義 [愛애] 아끼다. [膚부] 피부.
大文句文 [兼所愛] 모든 부위를 다 아끼다. [寸尺之膚] 한 치나 한 자의 피부.

體有貴賤하며 有小大하니 無以小害大하며 無以賤害貴니 養其小者 為小人이오 養其大者 為大人이니라.

몸에는 귀천이 있으며 대소가 있으니, 작은 것(口腹)으로 큰 것(心志)을 해치지 말며, 천한 것으로 귀한 것을 해치지 말아야 한다. 작은 것을 기르는 자는 소인이 되고, 큰 것을 기르는 자는 대인이 된다.

集註 賤而小者는 口腹也요 貴而大者는 心志也라.

今有場師 舍其梧檟하고 養其樲棘하면 則為賤場師焉이니라.

지금 원예사가 오동나무와 가래나무를 버리고 멧대추나무를 기른다면 천한 원예사가 될 것이다.

集註 場師는 治場圃者라. 梧는 桐也요 檟는 梓也니 皆美材也라. 樲棘은 小棗니 非美材也라.
大文字義 [檟가] 개오동나무. [樲이] 멧대추나무. 酸棗. [棘극] 맷대추나무.
大文句文 [場師] 원예사.
集註句文 [治場圃者] 원예사.

養其一指하고 而失其肩背而不知也면 則為狼疾人也니라.

한 개의 손가락만을 기르고 어깨와 등을 잃으면서도 알지 못한다면, 狼疾에 걸린 사람이 되는 것이다.

集註 狼은 善顧나 疾則不能이라 故로 以為失肩背之喻하니라.
大文字義 [狼낭] 이리.
大文句文 [狼疾人] 낭질에 걸린 사람.

順菴集 11권 [雜著 經書疑義, 狼疾]
狼性多疑善顧 以伺察非常 有疾則不能焉。以喻人養其一指之輕而忽於其重者 無善顧之明也。或云狼善顧 而疾走則不能顧 喻人急於目前 不及于後慮也。
解義 이리의 품성은 의심이 많아 뒤를 잘 돌아보고 비상사태를 살피는데, 병이 있으면 그 짓을 하지 못한다. 사람이 경미한 손가락 하나만을 기르고 중대한 것을 소홀하게 여기는 자는 잘 뒤돌아보는 밝음이 없음을 비유한 것이다. 或者는 '이리는 잘 돌아보는데 빨리 달리면 돌아보지 못하니, 사람이 눈앞의 일에만 급급하고 뒷날의 생각에는 미치지 못함을 비유한 것이다.' 하였다.
자구 [伺사] 엿보다, 살피다.

飮食之人을 則人賤之矣나니 爲其養小以失大也니라.

음식을 탐하는 사람을 사람들이 천하게 여기니, 그것은 작은 것을 기르고 큰 것을 잃기 때문이다.

集註 飮食之人은 專養口腹者也라.

飮食之人이 無有失也면 則口腹이 豈適爲尺寸之膚哉리오

음식을 탐하는 사람이 큰 것(心志)를 잃어버리는 일이 없다면, 口腹이 어찌 다만 한 자나 한 치의 피부만 될 뿐이겠는가?"

集註 此는 言若使專養口腹而能不失其大면 體則口腹之養은 軀命所關이니 不但爲尺寸之膚而已라. 但養小之人은 無不失其大者라 故로 口腹이 雖所當養이나 而終不可以小害大賤害貴也니라.

集註字義 [軀구] 몸, 신체.

集註句文 [若使] 가령. [軀命所關] 신체와 생명에 관련된 것.

15장 公都子問曰 鈞是人也로대 或爲大人하며 或爲小人은 何也잇고 孟子曰 從其大體 爲大人이오 從其小體 爲小人이니라.

公都子 問曰, "똑 같은 사람인데 或者는 대인이 되고 或者는 소인이 되는 것은 어째서 입니까?" 맹자왈, "大體를 따르는 사람은 대인이 되고 小體를 따르는 사람은 소인이 된다."

集註 鈞은 同也라 從은 隨也라 大體는 心也요 小體는 耳目之類也라.

大文字義 [鈞균] 다 같다.(均)

曰 鈞是人也로대 或從其大體하며 或從其小體는 何也잇고 曰 耳目之官은 不思而蔽於物하나니 物이 交物則引之而已矣오 心之官 則思라 思則得之하고 不思則不得也니 此天之所與我者라 先立乎其大者면 則其小者 不能奪也니 此為大人而已矣니라.

公都子曰, "똑같은 사람인데 或者는 大體를 따르며 或者는 小體를 따르는 것은 어째서 입니까?" 맹자왈, "耳目의 기능은 생각하지 못하므로 외물에 가림을 당하니, 內物(耳目)이 外物과 교접하게 되면 끌려갈 뿐이다. 마음의 기능은 생각하는 것이다. 생각하면 알게 되고 생각하지 않으면 알지 못하게 되니, 이것이 하늘이 나에게 부여해 준 것이다. 먼저 큰 것에 대해 확립해 놓으면 작은 것이 빼앗지 못할 것이니, 이런 사람이 대인이 될 뿐이다."

集註 官之為言은 司也니 耳司聽하고 目司視하야 各有所職而不能思라 是以로 蔽於外物하나니 既不能思而蔽於外物이면 則亦一物而已라 又以外物로 交於此物이면 其引之而去不難矣라 心則能思而以思為職하니 凡事物之來에 心得其職이면 則得其理而物不能蔽요 失其職이면 則不得其理而物來蔽之라 此三者는 皆天之所以與我者로되 而心為大하니 若能有以立之면 則事無不思하야 而耳目之欲이 不能奪之矣니 此所以為大人也라 然이나 此天之此를 舊本에 多作比하고 而趙註에 亦以比方釋之어늘 今本엔 既多作此하고 而註亦作此하니 乃未詳孰是라 但作比字於義為短이라 故로 且從今本是라. ○范浚心箴曰 茫茫堪輿俯仰無垠이라 人於其間에 眇然有身하니 是身之微 太倉稊米로되 參為三才는 曰 惟心爾라 往古來今에 孰無此心이리오마는 心為形役하야 乃獸乃禽이라 惟口耳目과 手足動靜이 投間抵隙하야 為厥心病이라 一心之微를 衆欲攻之하니 其與存者 嗚呼幾希로다 君子存誠하야 克念克敬하나니 天君泰然하야 百體從令하나니라.

大文字義 [與여] 부여하다, 주다.(上聲).

大文句文 [物交物] 內物(耳目)이 外物과 교접하다.

集註字義 [奪탈] 빼앗다. [茫망] 아득하다. [堪감] 견디다, 맡다. [垠은] 끝, 지경, 경계. [眇묘] 작다, 애꾸눈. [稊제] 돌피. [投투] 내던지다. [抵저] 던지다. [厥궐] 그, 그것.

集註句文 [亦一物而已] 또한 하나의 물건에 불과할 뿐이다. [比方] 비교. [茫茫] 넓고 멀어서 아득한 모양. [堪輿] 천지. [眇然] 자그마한 모습. [稊米] 곡식의 낟알. [投間抵隙] 사이에 끼어들고 틈으로 파고들다, 마음의 빈틈을 파고들다.

[其與存者] 그 부여받아 보존한 것. [天君] 사람의 중심에 위치하여 耳目口鼻形의 五官을 다스린다는 뜻에서 마음 즉 양심의 별칭으로 쓰임.

참고 [堪輿家] 산소자리를 잡는 것을 전문으로 하는 사람, 風水家.

心經附註 三卷 [孟子 鈞是人也章, 天官과 天君]

荀子曰 耳目口鼻能各有接而不相能也니 夫是之謂天官이요 心居中虛하야 以治五官하니 夫是之謂天君이라 聖人은 淸其天君하야 正其天官이니라. ○ 又曰 虛壹而靜을 謂之淸明이니 心者는 形之君也요 而神明之主也라 出令而無所受令이니라.

解義 荀子曰 "耳目口鼻의 기능은 각각 접촉함은 있으나 서로 겸하지는 못하니 이것을 天官이라 한다. 마음은 가슴속 빈 곳에 거처하면서 五官을 다스리니 이것을 天君이라 한다. 성인은 天君을 맑게 하여 天官을 바르게 한다." 又曰 "虛해서 한결같고 靜함을 淸明이라 한다. 마음은 형체의 군주이고 神明의 주인이니, 명령을 내리지만 명령을 받는 일은 없다."

16장 孟子曰 有天爵者하며 有人爵者하니 仁義忠信樂善不倦은 此 天爵也요 公卿大夫는 此 人爵也니라.

맹자왈, "天爵이라는 것이 있으며 人爵이라는 것이 있으니, 仁義忠信을 실천하며 선을 즐겨 게을리 하지 않는 것은 바로 천작이고 공경대부는 바로 인작이다.

集註 天爵者는 德義可尊이니 自然之貴也라.

大文句文 [天爵] 하늘이 부여해준 것으로서 인의를 말함. [人爵] 왕이 부여해준 것으로서 높은 벼슬을 말함. [仁義忠信樂善不倦] 인의충신을 실천하고 선을 즐겨서 게을리 하지 않는 것.

古之人은 脩其天爵而人爵從之러니라.

옛 사람은 천작을 닦아 인작이 이르게 하였다.

集註 脩其天爵은 以爲吾分之所當然者耳요 人爵從之는 蓋不待求之而自至也라.

今之人은 脩其天爵하야 以要人爵하고 旣得人爵하고 而棄其天爵하나니 則惑之甚者也라 終亦必亡而已矣니라.

오늘날 사람들은 천작을 닦아서 인작을 요구하고 이미 인작을 얻게 되면 천작을 버리니, 그렇다면 의혹됨이 심한 것이라 마침내 또한 반드시 망할 뿐이다."

集註 要는 求也라 脩天爵以要人爵하니 其心이 固已惑矣요 得人爵而棄天爵이면 則其惑又甚焉이니 終必幷其所得之人爵而亡之也라.

참고 [芝峯集 제21권, 雜著 祭柳府使文 注]
柳永起가 생전에 三品에 해당되는 인천부사를 역임하여 세상에서는 현달했다고 하지만 지봉 자신은 현달이라 여기지 않는 까닭은, 그에게는 人爵보다 더 존귀한 天爵인 良貴가 있기 때문이라고 말한 것이다. 良貴는 천작과 같은 말로, 良은 본연의 善을 의미한다. 남이 주거나 빼앗을 수 있는 인작과 달리, 사람마다 자기에게 본디 가지고 있는 자연적인 존귀함으로 인의와 충신을 행하고 선을 즐거워하며 게을리 하지 않는 것이 바로 양귀이자 천작이다.

17장 孟子曰 欲貴者는 人之同心也니 人人이 有貴於己者언마는 弗思耳니라.

맹자왈, "귀하기를 바라는 것은 사람의 똑같은 마음이니, 사람마다 자기에게 귀한 것이 있지만 생각하지 않을 뿐이다.

集註 貴於己者는 謂天爵也라.

人之所貴者는 非良貴也니 趙孟之所貴를 趙孟이 能賤之니라.

남이 귀하게 해 주는 것은 良貴가 아닌 것이니, 趙孟이 귀하게 해 준 것을 조맹이 천하게 할 수 있다.

集註 人之所貴는 謂人以爵位加己而後에 貴也라 良者는 本然之善也라 趙孟은 晉卿也라 能以爵祿與人而使之貴면 則亦能奪之而使之賤矣라 若良貴則人

安得而賤之哉리오.

大文句文 [良貴] 하늘로부터 부여 받은 貴, 본연의 善.

참고 趙孟은 趙簡子이며 名은 籍이다. 晉나라를 三分하여 周王에게 제후로 임명해 줄 것을 요청하여 趙나라를 세웠다.

詩云 既醉以酒요 既飽以德이라하니 言飽乎仁義也라 所以不願人之膏粱之味也며 令聞廣譽 施於身이라 所以不願人之文繡也니라.

詩經에 이르기를, '이미 술에 취하였고 이미 덕에 배부르다.' 하니, 인의에 배부른지라 남들의 고량진미를 원하지 않으며, 아름다운 명성과 드넓은 명예가 자신에게 베풀어지는지라 남의 아름다운 옷을 원하지 않는다는 것을 말한 것이다."

集註 詩는 大雅既醉之篇이라. 飽는 充足也라. 願은 欲也라. 膏는 肥肉이요 粱은 美穀이라. 令은 善也요 聞은 亦譽也라. 文繡은 衣之美者也라. 仁義充足而聞譽彰著는 皆所謂良貴也라. ○尹氏曰 言在我者重이면 則外物輕이니라.

大文字義 [粱양] 아름다운 곡물. [令영] 아름답다. 선하다. [聞문] 명성, [譽예] 명예, [文문] 문채나다. [繡수] 수.

大文句文 [膏粱之味] 기름진 음식, 고량의 진미. [令聞廣譽] 아름다운 명성과 드넓은 명예. [文繡] 문채나는 수를 놓은 옷.

詩經 [大雅 生民之什 既醉篇 8章]

大義 태평성세를 읊은 것이다. 술에 취하고 덕에 배부르며 사람들에게는 士君子의 행실이 있음을 노래한 것이다.

詩解 1장. 既醉以酒요 既飽以德호니 君子萬年에 介爾景福이로다.

이미 취하였으되 술로써 하고 이미 배불렀으되 덕으로써 하니, 군자 만년에 너의 큰 복을 크게 하리로다.

2장. 既醉以酒요 爾殽既將하니 君子萬年에 介爾昭明이로다.

이미 취하였으되 술로써 하고 너의 안주를 이미 올렸으니, 군자 만년에 너의 光大함을 크게 하리로다.

3장. 昭明有融하니 高朗令終이로다 令終有俶하니 公尸嘉告로다.

밝은 광명이 매우 맑으니 高明하여 마침을 잘 하리로다. 마침을 잘함은 시작이 있으니 尸童이 좋은 말로 고하누나.

4장. 其告維何오 籩豆靜嘉어늘 朋友攸攝이 攝以威儀로다.

그 고함은 무엇인가 변두가 정갈하고 아름답거늘, 벗들의 검속하는 바 검속하되 위의로써 하누나.
5장. 威儀孔時어늘 君子有孝子로다 孝子不匱하니 永錫爾類로다.
위의가 매우 제때에 맞거늘 군자가 효자를 두었도다. 효자 다함이 없는지라 길이 너에게 善을 주리로다.
6장. 其類維何오 室家之壼에 君子萬年을 永錫祚胤이로다.
그 善은 무엇인가 집안이 엄숙함에, 군자 만년을 길이 복록과 자손을 주리로다.
7장. 其胤維何오 天被爾祿하야 君子萬年을 景命有僕이로다
그 자손은 무엇인가 하늘이 너에게 녹을 입혀, 군자 만년을 큰 命 따름이 있으리로다.
8장. 其僕維何오 釐爾女士로다 釐爾女士요 從以孫子로다.
그 따르는 것은 무엇인가 너에게 훌륭한 女士를 주도다. 너에게 훌륭한 여사를 주고 훌륭한 자손으로써 따르게 하리로다.
자구 [君子] 王. [介개] 크다. [爾이] 王. [殽효] 안주. [融융] 밝다. [朗랑] 밝다. [俶숙] 비로소. [攝섭] 검속하다. [匱궤] 다하다(竭). [類류] 善. [壼곤] 深遠하고 엄숙함. [祚조] 복. [胤윤] 자손. [僕복] 따르다(附). [釐리] 주다.

18장 孟子曰 仁之勝不仁也 猶水勝火하니 今之爲仁者는 猶以一杯水로 救一車薪之火也라 不熄則謂之水不勝火라하나니 此又與於不仁之甚者也라.

맹자왈, "仁이 不仁을 이기는 것은 물이 불을 이기는 것과 같으니, 지금 仁을 행하는 자들은 한 잔의 물로써 수레에 가득 실린 섶나무에 붙은 불을 구제하는 것과 같다. 꺼지지 않으면 물이 불을 이기지 못한다고 할 것이니, 이 또한 不仁을 도와주는 것이 심한 것이다.

集註 與는 猶助也라. 仁之能勝不仁은 必然之理也로되 但爲之不力이면 則無以勝不仁이어늘 而人遂以爲眞不能勝이라하니 是는 我之所爲가 有以深助於不仁者也라.
大文字義 [薪신] 섶나무, 땔나무. [熄식] 꺼지다. [與여] 도와주다.(上聲).

亦終必亡而已矣니라.

또한 마침내 반드시 망할 뿐이다."

集註 言此人之心이 亦且自怠於爲仁하야 終必幷與其所爲而亡之니라. ○趙氏曰 言爲仁不至而不反諸己也니라.

19장 孟子曰 五穀者는 種之美者也나 苟爲不熟이면 不如荑稗니 夫仁도 亦在乎熟之而已矣니라.

맹자왈, "오곡은 종자 가운데 아름다운 것이지만, 만일 익지 않게 되면 피만도 못하니, 대개 仁도 또한 익숙하게 하는데 있을 뿐이다."

集註 荑稗는 草之似穀者니 其實亦可食이라 然이나 不能如五穀之美也라 但五穀不熟이면 則反不如荑稗之熟이니 猶爲仁而不熟이면 則反不如爲他道之有成이라 是以로 爲仁은 必貴乎熟이니 而不可徒恃其種之美요 又不可以仁之難熟而甘爲他道之有成也니라. ○尹氏曰 日新而不已則熟이니라.

大文字義 [熟숙] 익다, 익숙하다. [荑제] 돌피. [稗패] 피.

大文句文 [荑稗] 피.

大文字義 [似사] 같다. [穀곡] 곡식. [實실] 열매. [恃시] 믿다.

集註句文 [甘爲他道之有成] 다른 道의 성숙함이 있음을 달게 여기다.

20장 孟子曰 羿之敎人射애 必志於彀하나니 學者도 亦必志於彀니라.

맹자왈, "예가 남에게 활쏘기를 가르칠 적에 반드시 활을 당기는데 뜻을 두게 하였으니, 활쏘기를 배우는 사람도 반드시 활을 가득 당기는데 뜻을 두어야 한다.

集註 羿는 善射者也라. 志는 猶期也라. 彀은 弓滿也니 滿而後發이 射之法也라. 學은 謂學射라.

大文字義 [羿예] 활을 잘 쏘는 사람. [彀구] 활을 가득 당기다.

大匠이 誨人애 必以規矩하나니 學者도 亦必以規矩니라.

대목수가 사람을 가르칠 적에 반드시 규구를 사용하니, 배우는 사람도 반드시 규구를 사용해야 한다."

集註 大匠은 工師也라 規矩는 匠之法也라. ○此章은 言事必有法然後에 可成이니 師舍是則無以敎요 弟子舍是則無以學이라 曲藝도 且然이온 況聖人之道乎아.

大文字義 [誨회] 가르치다. [規규] 그림쇠, 원을 그리는데 사용하는 자. [矩구] 직각자, 각을 만들 때 쓰는 자.

大文句文 [大匠] 대목수.

集註句文 [工師] 대목수.

MEMO

1장 任人有問屋廬子曰 禮與食孰重
2장 曹交問曰 人皆可以為堯舜
3장 公孫丑問曰 高子曰小弁
4장 宋牼將之楚孟子遇於石丘
5장 孟子居鄒季任為任處守
6장 淳于髡曰 先名實者為人也
7장 孟子曰 五霸者三王之罪人也
8장 魯欲使愼子為將軍
9장 孟子曰 今之事君者曰 我能為君
10장 白圭曰 吾欲二十而取一
11장 白圭曰 丹之治水也愈於禹
12장 孟子曰 君子不亮
13장 魯欲使樂正子為政
14장 陳子曰 古之君子何如則仕
15장 孟子曰 舜發於畎畝之中
16장 孟子曰 教亦多術矣

12

孟子集註大全卷之十二

告子章句下

孟子集註大全卷之十二 告子章句下

·12·

凡十六章이라. 모두 16장이다.

1장 任人이 有問屋盧子曰 禮與食이 孰重고 曰禮重이니라.

任나라 사람이 옥려자에게 묻기를, "禮와 먹는 것이 무엇이 중요한가?" 옥려자曰, "禮가 중요하다."

集註 任은 國名이라 屋盧子는 名連이니 孟子弟子也라. **大文字義** [盧려] 오두막집. [與여] 와, 함께.(上聲).

色與禮 孰重고

任人曰, "여색과 예는 무엇이 중요한가?"

集註 任人이 復問也라.

曰 禮重이니라 曰 以禮食則飢而死하고 不以禮食則得食이라도 必以禮乎아 親迎則不得妻하고 不親迎則得妻라도 必親迎乎아 屋盧子 不能對하야 明日에 之鄒하야 以告孟子한대 孟子曰 於答是也에 何有리오

옥려자曰, "禮가 중요하다." 任人曰, "예를 갖추고 먹으면 굶주려 죽고, 예를 갖추지 않고 먹으면 먹을 것을 얻더라도 반드시 예를 갖추는가? 親迎하면 아내를 얻지 못하고 친영하지 않으면 아내를 얻더라도 반드시 친영을 하는가?" 옥려자가 대답을 못하여 다음날 鄒나라에 가서 이 사실을 맹자에게 고하였는데, 맹자왈, "이것에 답하는데 무슨 어려움이 있겠는가?

> **大文句文** [親迎] 六禮의 하나로, 신랑이 신부 집에 가서 신부를 직접 맞이하여 오는 절차. [之鄒] 추나라에 가다.

集註 何有는 不難也라.

不揣其本而齊其末이면 方寸之木을 可使高於岑樓니라.

그 아래 부분을 헤아려 보지 않고서 그 위 부분만을 가지런히 한다면 사방 한 치의 나무를 잠루보다 높게 할 수가 있다.

> **集註** 本은 謂下요 末은 謂上이라. 方寸之木은 至卑하니 喩食色이요 岑樓는 樓之高銳似山者니 至高하니 喩禮라 若不取其下之平하고 而升寸木於岑樓之上이면 則寸木反高하고 岑樓反卑矣니라.
>
> **大文字義** [揣췌] 헤아리다, 재다, 생각하다. [齊제] 가지런히 하다. [岑잠] 산봉우리. [樓누] 누각.
>
> **集註字義** [喩유] 비유하다, 깨우치다. [銳예] 뾰족하다.

金重於羽者는 豈謂一鉤金與一輿羽之謂哉리오

쇠붙이가 새의 깃보다 무거운 것이 어찌 한 개의 쇠갈고리와 한 수레의 새 깃털을 일러 말하는 것이겠는가?

> **集註** 鉤는 帶鉤也라. 金本重而帶鉤小라 故로 輕하니 喩禮有輕於食色者요 羽本輕而一輿多라 故로 重하니 喩食色有重於禮者니라.
>
> **大文字義** [鉤구] 띠쇠, 갈고리. [輿여] 수레.
>
> **大文句文** [一鉤金] 한 개의 쇠갈고리. [一輿羽] 한 수레의 새 깃털.
>
> **月沙集 五十九卷** [呈文 呈閣老禮部科官文, 天下之事有經有權]
> 天下之事 有經有權 立嫡以長 以絶奸窺 此之謂經也。大亂猝至 國勢翦焉 社稷爲重 擇嗣圖存 此之謂權也。以經則人心泮渙 以權則群情鎭定 以經則

禍亂難紓 以權則恢復可期。當此之時 而猶且泥於常經 不思所以變通者乎。金重於羽 而羽有時或重於金。

解義 천하의 일은 經道가 있고 權道가 있으니, 長子로써 嫡統을 세워 간특한 자가 엿보는 것을 끊는 것을 경도라 합니다. 大亂이 갑자기 이르러 國勢가 깎이어서 전복될 상황이라 사직이 중요하므로 후사를 뽑아 보존하기를 도모하는 것을 권도라 합니다. 경도로써 하면 人心이 해이해지고 권도로써 하면 여러 정황이 진정되며, 경도로써 하면 화란을 풀기 어렵고 권도로써 하면 회복을 기대할 수 있습니다. 이러한 때에 오히려 경도에 빠져서 변통할 바를 생각하지 않아서야 되겠습니까? 쇠가 깃털보다 무거우나 깃털이 혹 때로 쇠보다 무거운 경우도 있습니다.

자구 [經경] 경도. [權권] 권도. [嫡적] 맏아들, 본처. [奸간] 간사하다. [窺규] 엿보다. [猝졸] 갑자기. [翦전] 깎이다. [泮반] 풀리다, 泮水. [渙환] 풀리다. [紓서] 느슨하다. [恢회] 회복하다.

取食之重者와 與禮之輕者而比之면 奚翅食重이며 取色之重者와 與禮之輕者而比之면 奚翅色重이리오

먹을 것 가운데 중한 것과 禮 가운데 가벼운 것을 취하여 비유한다면 어찌 먹을 것만이 중할 뿐이겠으며, 여색 가운데 중한 것과 禮 가운데 가벼운 것을 취하여 비유한다면 어찌 여색만이 중할 뿐이겠는가?"

集註 禮食親迎은 禮之輕者也요 飢而死以滅其性과 不得妻而廢人倫은 食色之重者也라. 奚翅는 猶言何但이니 言其相去懸絶하야 不但有輕重之差而已라.

大文字義 [取취] 취하다(以). [奚해] 어찌. [翅시] ~뿐, 날개.

大文句文 [奚翅] 어찌~뿐이겠는가?

集註字義 [性성] 性命. [懸현] 현격하다. [差차] 차이.

集註句文 [飢而死以滅其性] 飢以死而滅其性. [何但] 어찌 다만. [懸絶] 매우 멈.

往應之曰 紾兄之臂而奪之食則得食하고 不紾則不得食이라도 則將紾之乎아 踰東家牆而摟其處子則得妻하고 不摟則不得妻라도 則將摟之乎아하라.

가서 응대하여 말하기를, '형의 팔을 비틀어서 먹을 것을 취하면 먹을 것을 얻을 수 있고, 비틀지 않으면 먹을 것을 얻지 못하더라도 팔을 비틀려 하겠는가? 동쪽 집의 담장을 넘어서 그 집의 처녀를 끌고 온다면 아내를 얻을 수 있고 끌고 오지 않으면 아내를 얻지 못하더라도 끌고 오려고 하겠는가?' 라고 하여라."

集註 紾은 戾也라. 摟는 牽也라. 處子는 處女也라. 此二者는 禮與食色이 皆其重者로되 而以之相較면 則禮為尤重也라. ○此章은 言義理事物이 其輕重이 固有大分이라. 然이나 於其中에 又各自有輕重之別하니 聖賢於此에 錯綜斟酌하야 毫髮不差하시니 固不肯枉尺而直尋이요 亦未嘗膠柱而調瑟이라. 所以斷之를 一視於理之當然而已矣니라.

大文字義 [紾진] 비틀다. [臂비] 팔, [踰유] 넘어가다. [牆장] 담장. [摟루] 끌고 오다.

集註字義 [戾려] 위배하다, 사납다. [錯착] 처리하다, 어긋나다. [綜종] 모으다. [斟짐] 헤아리다. [酌작] 짐작하다, 잔질하다. [尋심] 8尺. [直직] 곧게 펴다. [調조] 타다, 연주하다. [瑟슬] 고지식함, 융통성이 없음. [斷단] 판단하다.

集註句文 [錯綜] 종합하다, 뒤섞이다. 뒤집어지다. 分經緯(疏注) [斟酌] 천심을 헤아리다. 量淺深(疏注). [毫髮不差] 털끝만큼의 착오도 범하지 않는다. [膠柱而調] 雁足에 풀칠하고서 비파를 연주하다, 고지식하다, 융통성이 없다.

2장 曹交問曰 人皆可以為堯舜이라하니 有諸잇가 孟子曰 然하다.

曹交 問曰, "사람은 모두 요순이 될 수 있다고 하니, 그런 일이 있습니까?" 맹자왈, "그렇습니다"

集註 趙氏曰 曹交는 曹君之弟也라. 人皆可以為堯舜은 疑古語나 或孟子所嘗言也라.

交는 聞文王은 十尺이요 湯은 九尺이라호니 今交는 九尺四寸以長이로되 食粟而已로니 如何則可잇고

曹交問曰, "제가 듣기로 문왕은 키가 10尺이고 탕왕은 9尺이라고 합니다. 지금 저는 9尺 4寸으로 長身이지만 곡식만을 축내고 있을 뿐이니 어찌하면 좋겠습니까?"

集註 曹交問也라. 食粟而已는 言無他材能也라.
大文字義 [粟속] 곡식, 조.

曰 奚有於是리오 亦為之而已矣니라 有人於此하니 力不能勝一匹雛면 則為無力人矣오 今曰 擧百鈞이면 則為有力人矣니 然則擧烏獲之任이면 是亦為烏獲而已矣니 夫人은 豈以不勝為患哉리오 弗為耳니라.

맹자왈, "어찌 형체에 달려 있겠습니까? 또한 노력할 따름입니다. 여기에 어떤 사람이 있다고 합시다. 힘이 한 마리의 오리 새끼를 감당하지 못하면 곧 힘이 없는 사람이 되고, 지금 말하되, '百鈞을 들어올린다.' 하면 곧 힘이 있는 사람이 되니, 그러면 오학의 짐을 들면 이 또한 오학의 힘을 가진 사람이 될 따름입니다. 사람이 어찌 감당하지 못하는 것으로써 근심을 삼겠습니까? 하지 않기 때문입니다.

集註 匹字는 本作鴄하니 鴨也라. 從省(생)作匹하니 禮記에 說匹為鶩이 是也라. 烏獲은 古之有力人也니 能擧移千鈞하니라.
大文字義 [雛추] 새 새끼. [擧거] 들다. [鈞균] 서른 斤. [獲확] 낚심하다, 얻다(획). [任임] 짐. [勝승] 이기다. [患환] 근심하다.
大文句文 [豈以不勝為患哉] 어찌 한 마리의 오리 새끼를 감당하지 못하는 것으로써 근심을 삼겠는가?(豈以不勝一匹雛為患哉) [弗為耳] 그 힘을 쓰지 않을 뿐이다.(弗為其力耳)
集註字義 [鴄필] 집오리. [鴨압] 오리. [鶩목] 집오리.
集註句文 [從省作匹] 생략하여 匹로 쓰다. [說匹為鶩] 匹을 설명하여 鶩으로 삼다, 匹을 鶩이라고 설명하다.

徐行後長者를 謂之弟오 疾行先長者를 謂之不弟니 夫徐行者는 豈人所不能哉리오 所不為也니 堯舜之道는 孝弟而已矣니라.

천천히 걸어서 어른을 뒤따르는 것을 공손하다고 하고, 빨리 걸어서 어른을 앞질러 가는 것을 공손하지 않다고 하니, 천천히 걷는 것이 어찌 사람이 할 수 없는 것이겠습니까? 하지 않는 것이니 요순의 도는 孝悌일 따름입니다.

集 註 陳氏曰 孝弟者는 人之良知良能自然之性也라. 堯舜은 人倫之至로되 亦率是性而已니 豈能加毫末於是哉리오. 楊氏曰 堯舜之道大矣로되 而所以為之는 乃在夫行止疾徐之間이요 非有甚高難行之事也언마는 百姓이 蓋日用而不知耳니라.
大文字義 [徐서] 천천히. [弟제] 공손하다(悌). [疾질] 빨리, 질병.
大文句文 [疾行] 빨리 걷다. [孝弟] 효도와 공경.
集註字義 [至지] 표준. [毫호] 터럭.
集註句文 [良知] 본래부터 알고 있는 것, 하늘이 부여한 지혜. [良能] 본래부터 할 수 있는 것, 하늘이 부여한 능력. [所以為之] 그것을 행하는 방법.

子服堯之服하며 誦堯之言하며 行堯之行이면 是堯而已矣오 子服桀之服하며 誦桀之言하며 行桀之行이면 是桀而已矣니라.

그대가 요임금의 옷을 입으며 요임금의 말을 읊조리며 요임금의 행동을 행한다면 이것은 요임금일 따름이요, 그대가 걸의 옷을 입으며 걸의 말을 읊조리며 걸의 행동을 행한다면 이것은 걸일 따름입니다."

集 註 言為善為惡이 皆在我而已라. 詳曹交之問하면 淺陋麤率하니 必其進見之時에 禮貌衣冠言動之間에 多不循理라 故로 孟子告之如此兩節云이라.
大文字義 [服복] 입다, 옷. [誦송] 읊조리다.
集註字義 [詳상] 살피다.(審) [陋루] 비루하다. [麤추] 거칠다. [率솔] 경솔하다. [云운] 어조사. [循순] 따르다.

曰 交得見於鄒君이면 可以假館이니 願留而受業於門하노이다.

曹交曰, "제가 추나라 임금을 뵙게 된다면 객사를 빌릴 수 있을 것이니, 머물러 문하에서 수업받기를 원합니다."

集 註 假館而後에 受業하니 又可見其求道之不篤이니라.
大文字義 [假가] 빌리다. [館관] 객사.

曰 夫道 若大路然하니 豈難知哉리오 人病不求耳니 子歸而求之면 有餘師리라.

맹자왈, "道란 大路와 같은 것이니 어찌 알기 어렵겠습니까? 사람의 병통은 구하지 않을 뿐이니 그대가 돌아가서 구한다면 많은 스승이 있을 것입니다."

集註 言道不難知하니 若歸而求之事親敬長之間이면 則性分之內에 萬理皆備하야 隨處發見하야 無不可師하니 不必留此而受業也니라. ○曹交事長之禮旣不至하고 求道之心이 又不篤이라 故로 孟子敎之以孝弟하시고 而不容其受業하시니 蓋孔子餘力學文之意요 亦不屑之敎誨也시니라.

大文句文 [有餘師] 남은 스승이 있다. 스승은 많을 것이다.

集註字義 [隨수] 따르다. [篤독] 독실하다. [屑설] 달갑게 여기다. [誨회] 가르치다.

集註句文 [性分之內] 본성 안에. [餘力學文] 논어 학이편 行有餘力 則以學文의 축약임. [不屑之敎誨] 달갑게 여기지 않는 가르침.

3장 公孫丑問曰 高子曰 小弁은 小人之詩也라하더이다 孟子曰 何以言之오 曰 怨이니이다.

公孫丑 問曰, "高子曰 '小弁의 詩는 소인의 詩이다' 하였습니다." 맹자왈, "무엇 때문에 그렇게 말하는가?" 공손추왈, "부모를 원망하기 때문입니다."

集註 高子는 齊人也라. 小弁은 小雅篇名이라. 周幽王이 娶申后하야 生太子宜臼하고 又得褒姒하야 生伯服한대 而黜申后하고 廢宜臼하니 於是에 宜臼之傅爲作此詩하야 以敍其哀痛迫切之情也하니라.

大文字義 [弁반] 즐거워하다, 갖추다.(平聲)./ 고깔.(변, 去聲).

集註字義 [娶취] 장가들다. [宜의] 마땅함. [臼구] 절구. [褒포] 기리다. [姒사] 동서, 언니. [黜출] 내치다. [敍서] 진술하다, 차례. [迫박] 곤궁, 닥치다. [切절] 간절하다.

詩經 [小雅 小旻之什 小弁篇 9장]

大義 주나라 幽王을 풍자한 것이다. 유왕이 申나라에 장가들어 태자 宜臼를 낳았는데, 뒤에 褒姒를 얻어 아들 伯服을 낳았다. 포사의 참소를 믿고 申后를 내치고 의구를 축출하니 의구가 이 시를 지어 스스로를 원망한 것이다. 혹

은 이 시는 태자 의구의 사부가 지은 것이라고도 한다.

詩解 1장 弁彼鸒斯여 歸飛提提로다 民莫不穀이어늘 我獨于罹호라 何辜于天고 我罪伊何오 心之憂矣여 云如之何오.

날갯짓하는 저 갈가마귀여! 때지어 돌아가며 한가롭게 날아오누나. 백성들은 잘 하지 않는 이가 없거늘 나 홀로 근심하였노라. 하늘에 무슨 죄를 지었는가, 내 죄는 무엇인가? 마음의 근심함이여 어찌하리오.

2장 踧踧周道여 鞫為茂草로다 我心憂傷이여 惄焉如擣로다 假寐永嘆하야 維憂用老호니 心之憂矣라 疢如疾首로다.

평탄한 큰 길이여 막혀서 초목이 무성하리로다. 내 마음 서글퍼함이여 서글픔에 절구질하듯 하누나. 잠시 졸던 중에도 기리 탄식하여 근심으로 늙어가니, 마음의 근심인지라 병이 들어 머리가 아픈 듯하였노라.

3장 維桑與梓도 必恭敬止온 靡瞻匪父며 靡依匪母아 不屬于毛며 不離于裏아 天之生我여 我辰安在오.

뽕나무와 가래나무도 반드시 공경하는 법인데, 존경하여 우러를 분은 아비 아니고는 없으며 의지할 분은 어미 아니고 없는가? 털끝에 이어받지 않으며 온 몸에 걸려있지 않는가? 하늘이 나를 나으심이여 나의 좋은 때가 어디에 있는가?

자구 [弁반] 날개 짓 하면서 나는 모습. [鸒여] 갈가마귀. [提시] 때지어 날다.(平聲). [提提] 한가롭게 무리지어 나는 모습. [穀곡] 잘하다(善), 곡식. [罹리] 근심하다(憂). [踧축] 평탄함, 삼가다. [踧踧] 평탄함. [周道] 큰 길. [鞫국] 궁벽하다. [惄녁] 근심하다(思). [擣도] 찧다(舂). [假寐] 의관을 벗지 않고 잠자다. [疢진] 열병. [瞻첨] 우러러보다. [依의] 친하게 의지하다. [屬촉] 연결되다(連). [毛모] 털끝. [離리] 걸리다(麗). [裏리] 심장과 배. [辰신] 좋은 때.

曰 固哉라 高叟之為詩也여 有人於此하니 越人이 關弓而射之어든 則己 談笑而道之는 無他라 疏之也오 其兄이 關弓而射之어든 則己 垂涕泣而道之는 無他라 戚之也니 小弁之怨은 親親也라 親親은 仁也니 固矣夫라 高叟之為詩也여

맹자왈, "고루하구나. 고수가 시를 해석함이여! 어떤 사람이 여기에 있다고 하자. 월나라 사람이 활을 당겨서 쏘려고 하면 자기는 담소하면서 이야기하는 것은 다름이 아니라 관계가 소원한 것이고, 그 형이 활을 당겨 쏘려고 하면 자기는 눈물을 흘리면서 말하는 것은 다른 것이 아니라 가깝게 여기기 때문이다. 小弁詩의 원망은 가까운 이를 친애하는 것이다. 가까운 이를 친애하는 것은 仁이니, 고루하도다. 고수가 시를 해석함이여!"

集 註	固는 謂執滯不通也라. 為는 猶治也라. 越은 蠻夷國名이라. 道는 語也라. 親親之心은 仁之發也라.
大文字義	[固고] 고루하다. [關완] 시위를 당기다(彎), 빗장(관). [射석] 맞히다.(入聲)./ 쏘다.(사, 去聲)./ 벼슬이름.(야, 去聲)./ 싫어하다.(역, 入聲). [疏소] 소원하다. [涕체] 눈물을 흘리다. [戚척] 가깝게 여기다.
集註字義	[滯체] 막히다.

曰 凱風은 何以不怨이니잇고

공손추왈, "개풍의 시는 어찌하여 원망하지 않습니까?"

集 註	凱風은 邶風篇名이라. 衛有七子之母不能安其室이어늘 七子作此하야 以自責也하니라.
詩 經	[國風 邶風 凱風篇 4장]
大 義	일곱 아들이 효를 다하여 그 어머니의 마음을 위로해 드린 것을 찬미한 것이다.
詩 解	1장. 凱風自南으로 吹彼棘心이로다 棘心夭夭어늘 母氏劬勞샷다. 봄바람이 남쪽으로부터 가시나무 어린 싹에 불어오도다. 가시나무 어린 싹 여리고 예쁜데 어머니 노고가 크셨도다. 2장. 凱風自南으로 吹彼棘薪이로다 母氏聖善이어시늘 我無令人하소라. 봄바람이 남쪽으로부터 저 가시나무 덤풀에 불어오도다. 어머니 사랑 거룩하시거늘 우리들 어진 사람이 없노라. 3장. 爰有寒泉이 在浚之下로다 有子七人호대 母氏勞苦아 이에 차가운 샘물이 준읍 아래에 있도다. 아들 일곱이 있지만 어머님 수고스럽게 하느냐. 4장. 睍睆黃鳥 載好其音이로다 有子七人호대 莫慰母心가 곱디고운 꾀꼬리 그 소리를 좋게 하누나. 아들 일곱 있지만 어머니 마음 위로하지 못하느냐.
자 구	[凱개] 즐겁다. [凱風] 봄바람. [棘극] 가시나무. [夭요] 예쁘다. [劬구] 수고롭다. [聖성] 밝다. [令영] 선하다. [浚준] 지명, 깊다. [睍현] 곱다. [睆환] 곱다. [慰위] 위로하다.

曰 凱風은 親之過 小者也오 小弁은 親之過 大者也니 親之過 大而不怨이면 是는 愈疏也요 親之過 小而怨이면 是는 不可磯也니 愈疏도 不孝也요 不可磯도 不孝也니라.

맹자왈, "개풍의 시는 어버이의 허물이 적은 경우이고, 소반의 시는 어버이의 허물이 큰 경우이다. 어버이의 허물이 큰데 원망하지 않는다면 이것은 더욱 소원해지는 것이고, 어버이의 허물이 적은데 원망한다면 이것은 조그만 잘못에 대번에 노하는 것이다. 더욱 소원해지는 것도 불효이고 조그만 잘못에 대번에 노하는 것도 불효이다.

集註 磯는 水激石也니 不可磯는 言微激之而遽怒也라.

大文字義 [凱개] 즐기다. [愈유] 더욱~하다. [磯기] 부딪치다, 격하게 하다.

大文句文 [不可磯] 조금만 부딪쳐도 대번에 노하다, 부모의 조그만 잘못에 자식이 원망하며 대번에 성내다.

集註句文 [水激石] 물이 부딪치는 돌.

참고 [磯기] 물 가운데 있는 돌이 흐르는 것을 가로 막고 있는 것.

참고 [疏注] 朱子曰 親之過大 則傷天地之大和 戾父子之至愛 若此而不怨焉 則是坐視其親之陷于大惡 恝然不少動其心 而父子之情益薄矣 此之謂愈疏。親之過小 則特以一時之私心 而少有虧于父子之天性 若此而遽怨焉 則是水中不可容一激石 一有激石 則叫號而遽怒矣。此之謂不可磯 故二者均爲不孝也。
朱子曰 "어버이의 허물이 크다면 천지의 大和를 어그러지게 하여 부자간의 지극한 사랑을 어그러뜨리는 것이니, 이와 같은데도 원망하지 않는다면 이는 어버이께서 大惡에 빠지는 것을 좌시하여 무심하게 조금도 그 마음을 동요시키지 않아서 父子의 정이 더욱 야박해질 것이니, 이것을 일러 더욱 소원해진다고 하는 것이다. 어버이의 허물이 적다면 다만 한 때의 사심에 의해 父子의 天性을 조금 이지러지게 하는 것이니, 이와 같은데도 대번에 원망한다면 이것은 물속에 한 개의 부딪치는 돌도 용납할 수 없으니 하나라도 부딪치는 돌이 있다면 큰 소리를 내면서 대번에 노할 것이다. 이것을 일러 '不可磯'라 하니, 그러므로 두 가지는 모두 불효가 되는 것이다."

자 의 [戾려] 어그러지다, 사납다. [恝설] 무심하게 [疏소] 소원하다. [虧휴] 이지러지다, 덜다. [遽거] 대번에, 갑자기. [叫규] 부르짖다, 울다.(叫의 俗字) [均균] 모두, 똑같이.

참고 대체로 물은 자식에 비유하고 돌은 어버이에 비유하고 있습니다. 어버이의 과실이 적은데도 자식이 원망한다면 이것은 조금만 부딪쳐도 갑자기 노하는 것입니다. '不可磯'는 자식이 되어 부딪쳐 노하는 일이 있어서는 안 된다는

것을 의미할 뿐입니다.(星湖全集 제28권, 答黃得甫 丙辰)

참 고 퇴계는 經典釋義에서, '可히 磯치 못홈이니' 라고 풀이하였다. 대개 부딪치는 것은 여울돌이고 성내는 것은 물이며, 허물을 범한 자는 어버이이고 성을 내는 자는 자식이다. 여울돌이 조금만 부딪쳐도 물이 문득 성내는 것을 가지고 어버이가 조금만 허물을 범해도 자식이 문득 성냄을 비한 것이니, 어찌 매우 분명치 않은가. 여울돌은 어머니를 가리키고 물은 자식을 가리킨다.(順菴선생문집 제11권 잡저)

孔子曰 舜은 其至孝矣신져 五十而慕라하시니라.

孔子曰, '순은 지극한 효를 행하셨도다. 50살 나이에도 부모를 사모하였다' 하셨다."

集 註 言舜猶怨慕하시니 小弁之怨이 不為不孝也라. ○趙氏曰 生之膝下하야 一體而分이라 喘息呼吸에 氣通於親하나니 當親而疏면 怨慕號天이라. 是以로 小弁之怨이 未足為愆也라.

大文字義 [慕모] 사모하다.

集註字義 [喘천] 헐떡이다. [愆건] 허물.

集註句文 [怨慕] 자신을 원망하고 부모를 사모하다.

4장 宋牼이 將之楚어늘 孟子遇於石丘하시다.

宋牼이 초나라에 가려고 하다가 맹자께서 석구에서 우연히 만나셨다.

集 註 宋은 姓이요 牼은 名이라 石丘는 地名이라.

大文字義 [牼경] 정강이뼈.

大文句文 [將之楚] 초나라에 가려고 하다.

曰 先生은 將何之오.

맹자왈, "선생께서는 어디를 가려 하십니까?"

集註 趙氏曰 學士年長者라 故로 謂之先生이라.

曰 吾聞秦楚 構兵하니 我將見楚王하야 說而罷之호되 楚王이 不悅이어든 我將見秦王하야 說而罷之호리니 二王에 我將有所遇焉이리라.

송경왈, "내가 들으니 秦나라와 楚나라가 전쟁을 한다 하니, 내가 초왕을 만나서 설득하여 군사를 파하게 하되 초왕이 달가워하지 않으면 내가 진왕을 만나서 설득하여 군사를 파하게 하려하니, 두 왕 중에 나의 뜻에 부합하는 사람이 있을 것입니다."

集註 時에 宋牼이 方欲見楚王호되 恐其不悅이면 則將見秦王也라. 遇는 合也라. 按莊子書컨대 有宋鈃者禁攻寢兵하야 救世之戰하야 上說下敎하야 强聒不舍라하야늘 疏云齊宣王時人이라하니 以事考之컨대 疑卽此人也라.

大文字義 [構구] 얽다. [說세] 설득하다, 유세하다.(去聲)./ 말하다.(설, 入聲). [罷파] 파하다. [遇우] 부합하다, 만나다.

大文句文 [構兵] 交兵하다. [我將有所遇焉] 나의 뜻에 부합하는 사람이 있을 것이다.

集註字義 [鈃견] 人名, 술그릇(형). [聒괄] 떠들썩하다.

曰 軻也는 請無問其詳이오 願聞其指하노니 說之 將何如오 曰 我將言其不利也호리라 曰 先生之志則大矣어니와 先生之號則不可하다.

맹자왈, "나는 삼가 그 상세한 내용을 묻는 것이 아니고 그 취지를 듣고자 하니 그들을 어떻게 설득하려 합니까?" 송경왈, "나는 불리함을 말하려 합니다" 맹자왈, "선생의 뜻은 크지만 선생의 구호는 옳지 않습니다.

集註 徐氏曰 能於戰國擾攘之中에 而以罷兵息民爲說하니 其志可謂大矣라. 然以利爲名이면 則不可也라.

大文字義 [軻가] 맹자의 名, 수레가 전진하기 힘든 모양.

集註字義 [擾요] 어지럽히다. [攘양] 물리치다.

集註句文 [戰國擾攘] 전국시대의 요란함.

先生이 以利로 說秦楚之王이면 秦楚之王이 悅於利하야 以罷三軍之師하리니 是는 三軍之士 樂罷而悅於利也라 爲人臣者 懷利以事其君하며 爲人子者 懷利以事其父하며 爲人弟者 懷利以事其兄이면 是는 君臣父子兄弟 終去仁義하고 懷利以相接이니 然而不亡者 未之有也니라 先生이 以仁義로 說秦楚之王이면 秦楚之王이 悅於仁義하야 而罷三軍之師하리니 是는 三軍之士 樂罷而悅於仁義也라 爲人臣者 懷仁義以事其君하며 爲人子者 懷仁義以事其父하며 爲人弟者 懷仁義以事其兄이면 是는 君臣父子兄弟 去利하고 懷仁義以相接也니 然而不王者 未之有也니 何必曰利리오

선생이 이익으로써 秦楚의 왕을 설득하면 진초의 왕이 이익을 달가워하여 삼군의 군사를 파할 것이니, 이것은 삼군의 군사들이 파함을 즐거워하여 이익에 기뻐할 것입니다. 신하된 자가 이익을 품고서 군주를 섬기며 자식 된 자가 이익을 품고서 아비를 섬기며 아우 된 자가 이익을 품고서 형을 섬기면, 이는 군신과 부자와 형제가 끝내 인의를 버리고 이익을 품고서 서로 상대할 것이니, 그러게 하고도 망하지 않는 자는 없습니다. 선생이 인의로써 진초의 왕을 설득하면 진초의 왕이 인의를 달갑게 여겨 삼군의 군사를 파한다면, 이는 삼군의 군사들이 파하기를 즐거워하여 인의에 기뻐할 것입니다. 신하가 된 자가 인의를 품고서 군주를 섬기며 자식 된 자가 인의를 품고서 아비를 섬기며 아우 된 자가 인의를 품고서 형을 섬기면, 이것은 군신과 부자와 형제가 이익을 버리고 인의를 품고서 서로 상대하는 것이니, 그렇게 하고도 왕도를 시행하지 못하는 자는 없었으니 어찌 군이 이익을 말씀하십니까?"

集註	此章은 言休兵息民이 為事則一이나 然이나 其心이 有義利之殊하야 而其效有興亡之異하니 學者所當深察而明辨之也니라.
大文字義	[師사] 군사. [懷회] 품다. [終종] 끝내. [去거] 버리다.
大文句文	[樂罷而悅於利] 파하기를 즐거워하여 이익에 기뻐하다. [相接] 서로 상대하다. [然而] 그러나.

5장 孟子居鄒하실새 季任이 為任處守러니 以幣交한대 受之而不報하시고 處於平陸하실새 儲子為相이러니 以幣交한대 受之而不報하시다.

맹자께서 鄒나라에 계실 적에 季任이 任나라의 留守가 되었는데 폐백을 보내와 교제하자 받으시고 답례하지 않았으며, 平陸에 계실 적에 儲子가 相이 되었는데 폐백을 보내와 교제하자 받으시고 답례하지 않으셨다.

集註	趙氏曰 季任은 任君之弟라. 任君이 朝會於鄰國이어늘 季任이 為之居守其國也라. 儲子는 齊相也라. 不報者는 來見則當報之요 但以幣交則不必報也라.
大文字義	[幣폐] 폐백, 선물. [交교] 교제하다. [儲저] 저축하다. 東宮, 姓.
大文句文	[處守] 留守. [為任處守] 임나라의 유수가 되다.

他日에 由鄒之任하사 見季子하시고 由平陸之齊하사 不見儲子하신대 屋廬子 喜曰 連이 得間矣와라

다른 날 추나라를 경유하여 임나라에 가서 계자를 만나 보시고, 평륙을 경유하여 제나라에 가서 저자를 만나보지 않으셨는데, 옥려자가 기뻐하면서 말하기를, "내가 기회를 얻어 질문할 수 있게 되었노라."

集註	屋廬子知孟子之處此에 必有義理라 故로 喜得其間隙而問之하니라.

問曰 夫子之任하사 見季子하시고 之齊하사 不見儲子하시니 為其為相與잇가.

옥려자 問曰, "夫子께서 임나라에 가시어 계자를 만나 보시고 제나라에 가시어 저자를 만나보지 않으셨으니, 그가 相이 되었기 때문입니까?"

集註 言儲子但為齊相하니 不若季子攝守君位라 故로 輕之邪아

集註字義 [攝섭] 대신하다.

集註句文 [攝守君位] 임금의 자리를 대신하여 지키다.

曰 非也라 書에 曰 享은 多儀하니 儀不及物이면 曰 不享이니 惟不役志于享이라하니

맹자왈, "아니다. 서경에 이르기를, '享禮에는 갖추어야 할 의식이 많다. 의식이 예물에 미치지 못하면 不享이라고 말하니, 오직 향례에 마음을 쓰지 않아서이다.' 라고 하였으니,

集註 書는 周書洛誥之篇이라. 享은 奉上也라. 儀는 禮也요 物은 幣也라. 役은 用也라. 言雖享이나 而禮意不及其幣하면 則是不享矣니 以其不用志于享故也니라.

大文字義 [享향] 윗사람에게 예물을 올리는 것. [役역] 쓰다.(用)

大文句文 [多儀] 갖추어야 할 의식이 많다. [儀不及物] 의식에 예물이 부족하다. [惟不役志于享] 오직 享에 마음을 쓰지 않다.

書經 周書 [洛誥篇, 享多儀]

汝其敬하야사 識百辟의 享하며 亦識其有不享이니 享은 多儀하니 儀不及物하면 惟曰 不享이니 惟不役志于享하면 凡民이 惟曰不享이라하야 惟事其爽侮하리이다.

解義 당신께서는 공경하여 제후들의 향례를 알아야 하니, 또한 향례를 시행하지 않는 자가 있음도 알아야 합니다. 향례에는 의식이 많아야 하는 법인데 의식이 예물에 미치지 못하면 불향이라 합니다. 제후들이 향례에 마음을 쓰지 아니하면 모든 백성이 불향이라고 말하게 되어 정사가 어그러지고 소홀해질 것입니다.

자의 [百辟] 제후, [享향] 조향. [儀의] 예, [物물] 폐백. [爽상] 어그러지다, 시원하다. [侮모] 업신여기다. [爽侮] 어그러지고 소홀해지다.

爲其不成享也니라.

저자가 享禮을 이루지 않았기 때문이다.”

集註 孟子釋書意如此하시니라.

屋廬子 悅이어늘 或이 問之한대 屋廬子曰 季子는 不得之鄒오 儲子는 得之平陸일새니라.

옥려자가 기뻐하자 或者가 물었는데, 옥려자왈, “계자는 추나라에 갈 수 없고 저자는 평륙에 갈 수 있기 때문이다.”

集註 徐氏曰 季子는 爲君居守하야 不得往他國以見孟子하니 則以幣交而禮意已備요 儲子는 爲齊相하야 可以至齊之境內로되 而不來見하니 則雖以幣交나 而禮意不及其物也라.

大文字義 [廬려] 집.

6장 淳于髡이 曰 先名實者는 爲人也요 後名實者는 自爲也니 夫子 在三卿之中하사 名實이 未加於上下而去之하시니 仁者도 固如此乎잇가

순우곤曰, “명예와 실적을 앞세우는 자는 남을 위하는 것이고, 명예와 실적을 뒤로 하는 자는 자신을 위하는 것입니다. 夫子께서 삼경의 지위에 계시어 명예와 실적이 아직 상하에 가해지지 않았는데 떠나가시니 仁者도 진실로 이와 같습니까?”

集註 名은 聲譽也요 實은 事功也라. 言以名實爲先而爲之者는 是有志於救民者也요 以名實爲後而不爲者는 是欲獨善其身者也라. 名實未加於上下는 言上未能正其君하고 下未能濟其民也라.

大文字義 [髡곤] 머리를 깎다. [先선] 앞세우다. [名명] 명예. [實실] 실적.

集註字義 [聲성] 소리. [譽예] 기리다. [功공] 일. [獨독] 홀로. [濟제] 구제하다.

참고 [淳于髡] 제나라의 변론가.

思辨錄[五] [孟子 告子下, 仕者와 隱處者]

言仕者 以名譽事功爲先 此有意乎救世而爲人也。 隱處者以名譽事功爲後 此有意乎獨善而自爲也。 今孟子旣在爲人之地則異於自爲者。乃名實無所見 而輒去之 殆非仁者也。

解義 "벼슬하는 사람은 명예와 공적을 우선으로 삼으니, 이것은 세상을 구제하여 남을 위하는 데 뜻을 둔 것이다. 숨어 사는 자는 명예와 공적을 뒤로 하니, 이것은 獨善하여 자신을 위하는데 뜻을 두는 것이다. 이제 맹자께서 이미 남을 위하는 지위에 있으니 자신을 위하는 자와는 다르다. 이에 명예와 공적이 나타남도 없이 문득 떠나가니, 아마도 仁者가 아닐 것이다." 라고 말한 것이다.

자구 [事功] 공적. [隱은] 숨다. [輒첩] 문득. [殆태] 아마도, 위태롭다.

孟子曰 居下位하야 不以賢事不肖者는 伯夷也요 五就湯하며 五就桀者는 伊尹也요 不惡汙君하며 不辭小官者는 柳下惠也니 三子者 不同道하나 其趨는 一也니 一者는 何也오 曰 仁也라 君子는 亦仁而已矣니 何必同이리오

맹자왈, "아랫자리에 있으면서 賢함을 가지고 불초한 자를 섬기지 않은 자는 伯夷이고, 다섯 번 湯임금에게 나아갔으며 다섯 번 桀에게 나아간 자는 伊尹이고, 더러운 임금을 싫어하지 않으며 낮은 벼슬을 사양하지 않은 자는 柳下惠입니다. 이 세 사람이 出處의 도는 같지 않지만 그 지향점은 똑 같았으니, 똑 같았다는 것은 무엇인가? 仁이라고 하는 것입니다. 군자는 또한 仁 뿐이니 어찌 같을 필요가 있겠습니까?"

集註 仁者는 無私心而合天理之謂라. 楊氏曰 伊尹之就湯은 以三聘之勤也요 其就桀也는 湯進之也니 湯豈有伐桀之意哉시리오 其進伊尹以事之也는 欲其悔過遷善而已니 伊尹이 旣就湯이면 則以湯之心爲心矣라. 及其終也에 人歸之하고 天命之하니 不得已而伐之耳라. 若湯이 初求伊尹에 卽有伐桀之心이어늘 而伊尹이 遂相之以伐桀이면 是는 以取天下爲心也니 以取天下爲心이면 豈聖人之心哉리오.

大文字義 [肖초] 닮다. [就취] 나아가다. [惡오] 싫어하다, 미워하다.(去聲)./ 나쁘다.(악, 入聲). [汙오] 더럽다. [辭사] 사양하다. [趨추] 지향하는 점. [一일] 똑

갈다.

集註字義 [合합] 부합하다. [聘빙] 초빙하다. [勤근] 부지런함. [伐벌] 정벌하다. [悔회] 뉘우치다. [過과] 허물. [遷천] 옮겨가다. [歸귀] 귀부하다, 돌아가다.

集註句文 [爲心] 자신의 마음으로 삼다.

曰 魯繆公之時에 公儀子為政하고 子柳子思為臣이로되 魯之削也 滋甚하니 若是乎賢者之無益於國也여

순우곤曰, "노나라 목공 때 공의자가 정사를 행하였고 자유와 자사가 신하가 되었지만, 노나라가 땅이 깎인 것이 매우 심하였으니, 현자가 나라에 대해 무익한 것이 이와 같음이여."

集 註 公儀子는 名休니 為魯相이라. 子柳는 泄柳也라. 削은 地見侵奪也라. 髡譏孟子雖不去나 亦未必能有為也라.

大文字義 [繆목] 나쁜 시호에 사용됨. [削삭] 깍이다. [滋자] 매우, 번식하다.

集註字義 [譏기] 기롱하다, 비난하다.

曰 虞不用百里奚而亡하고 秦穆公이 用之而霸하니 不用賢則亡이니 削을 何可得與리오

맹자왈, "虞나라는 백리해를 등용하지 않고서 망하였고, 진목공은 백리해를 등용하여 패자가 되었습니다. 현자를 쓰지 않으면 망하는 것이니, 땅이 깎여 나간 것만으로 어찌 될 수 있겠습니까?"

集 註 百里奚는 事見前篇하니라.

大文字義 [虞우] 우나라. [與여] 의문사(平聲).

大文句文 [削何可得與] 어찌 땅이 깎여 나갈 뿐이겠는가?

曰 昔者에 王豹處於淇而河西 善謳하고 緜駒處於高唐而齊右 善歌하고 華周杞梁之妻 善哭其夫而變國俗하니 有諸內면 必是形諸外하나니 爲其事而無其功者를 髡이 未嘗覩之也로니 是故로 無賢者也니 有則髡必識之니이다.

순우곤曰, "옛적에 왕표가 기수 가에 살적에 河水의 서쪽 지방이 謳歌를 잘하였고, 면구가 고당에 살적에 제나라 서쪽 지방이 노래를 잘하였으며, 화주와 기량의 처가 남편의 상에 곡을 잘하여 나라의 풍속을 변화시켰습니다. 내면에 가지고 있으면 반드시 외면으로 드러나는 법이니, 일을 하였는데도 공이 없는 자를 제가 본 적이 없습니다. 그러므로 현자가 없는 것이니, 있다면 제가 반드시 알았을 것입니다."

集註 王豹는 衛人이니 善謳하니라. 淇는 水名이라. 緜駒는 齊人이니 善歌하니라. 高唐은 齊西邑이라. 華周杞梁은 二人皆齊臣이니 戰死於莒어늘 其妻哭之哀하니 國俗이 化之하야 皆善哭하니라. 髡이 以此로 譏孟子仕齊無功하니 未足爲賢也라.

大文字義 [豹표] 표범. [淇기] 기수. [謳구] 구가하다. [緜면] 햇솜. [駒구] 망아지. [右우] 서쪽. [杞기] 구기자나무. [形형] 나타나다. [覩도] 보다.

大文句文 [善哭] 남편이 죽어 슬피 울다.

集註字義 [莒거] 周나라 제후국.

曰 孔子爲魯司寇러시니 不用하고 從而祭에 燔肉이 不至어늘 不稅冕而行하시니 不知者는 以爲爲肉也라하고 其知者는 以爲爲無禮也라하니 乃孔子則欲以微罪行하사 不欲爲苟去하시니 君子之所爲를 衆人이 固不識也니라.

맹자왈, "공자께서 司寇가 되셨는데 그 말을 써주지 않고, 노군을 도와 제사지낼 적에 제사 고기가 이르지 않자 관을 벗을 겨를도 없이 떠나셨으니, 모르는 자는 제사 고기 때문이라 여기고 아는 자는 무례하기 때문이라고 여길 것입니다. 도리어 공자께서는 하찮은 잘못을 구실로 삼아 떠나고자 하시고 구차하게 떠나고자 하지 않으셨으니, 군자가 하시는 바를 뭇 사람들이 본디 알지 못하는 것입니다."

集註 按史記컨대 孔子為魯司寇하사 攝行相事하시니 齊人이 聞而懼하야 於是에 以女樂遺魯君한대 季桓子與魯君으로 往觀之하고 怠於政事어늘 子路曰 夫子可以行矣니이다. 孔子曰 魯今且郊하니 如致膰于大夫면 則吾猶可以止라 하시더니 桓子卒受齊女樂하고 郊又不致膰俎于大夫어늘 孔子遂行하시니라. 孟子言以為為肉者는 固不足道요 以為為無禮도 則亦未為深知孔子者라. 蓋聖人이 於父母之國에 不欲顯其君相之失하시고 又不欲為無故而苟去라 故로 不以女樂去而以膰肉行하시니 其見幾明決而用意忠厚하시니 固非衆人所能識也라 然則孟子之所為를 豈髡之所能識哉리오. ○尹氏曰 淳于髡이 未嘗知仁하고 亦未嘗識賢也하니 宜乎其言若是로다.

大文字義 [寇구] 도둑. [燔번] 제사 고기, 불사르다, [稅탈] 벗다. [冕면] 면관. [苟구] 구차하다.

大文句文 [司寇] 法을 맡은 관원의 우두머리. [不用] 말을 써주지 않는다. [從而祭] 이어서 제사를 지내다.(朱子) 魯君을 따라서 제사를 지내다.(趙岐) [燔肉] 제사 고기. [不稅冕而行] 관을 벗을 여유 없이 빨리 떠나다. [欲以微罪行] 하찮은 죄를 구실로 삼아서 떠나고자 하다.

集註字義 [攝섭] 대행하다, 겸하다, 걷다, 당기다. [遺유] 주다, 남기다. [怠태] 게으르다. [且차] 하려하다(將). [郊교] 郊제사. [致치] 이르게 하다. [膰번] 제사 고기. [卒졸] 마침내. [俎조] 제사에 희생을 올리는 제기로써 도마. [顯현] 드러나다.

集註句文 [君相之失] 임금과 재상의 잘못. [其見幾明決而用意忠厚] 그 기밀을 보고 밝게 결단하여 뜻을 쓰는 것이 충후하다.

7장 孟子曰 五霸者는 三王之罪人也요 今之諸侯는 五霸之罪人也요 今之大夫는 今之諸侯之罪人也니라.

맹자왈, "오패는 삼왕의 죄인이고, 오늘날의 제후는 오패의 죄인이고, 오늘날의 대부는 오늘날 제후들의 죄인이다.

集註 趙氏曰 五霸는 齊桓晉文秦穆宋襄楚莊也요 三王은 夏禹商湯周文武也니라. 丁氏曰 夏昆吾와 商大彭豕韋와 周齊桓晉文을 謂之五霸라하니라.

大文句文 [五霸] 춘추시대의 가장 강성했던 제후로서, 齊桓公, 晉文公, 宋襄公, 秦穆公, 楚莊王을 가리킴.

集註字義 [穆목] 화목. [襄양] 오르다. [昆곤] 맏. [彭팽] 姓. [豕시] 돼지. [韋위] 무두질한 가죽.

참고 [三王] 夏禹, 商湯, 周文武로서 文王과 武王은 한 사람으로 여긴 것이다.

天子適諸侯曰 巡狩요 諸侯朝於天子曰 述職이니 春省耕而補不足하며 秋省斂而助不給하나니 入其疆하니 土地辟하며 田野治하며 養老尊賢하며 俊傑이 在位則有慶이니 慶以地하고 入其疆하니 土地荒蕪하며 遺老失賢하며 掊克이 在位則有讓이니 一不朝則貶其爵하고 再不朝則削其地하고 三不朝則六師로 移之하나니 是故로 天子는 討而不伐하고 諸侯는 伐而不討하나니 五霸者는 摟諸侯하야 以伐諸侯者也라 故로 曰 五霸者는 三王之罪人也니라.

천자가 제후에게 가는 것을 순수라 하고 제후가 천자에게 조회 가는 것을 술직이라 하니, 봄에 밭가는 것을 살펴 부족한 것을 보태주며 가을에 수확한 것을 살펴 부족한 것을 도와준다. 지경에 들어가니 토지가 개간되며 전야가 잘 다스려지며 노인을 봉양하고 현자를 높이며 훌륭한 사람이 지위에 있으면 賞이 있으니 땅으로 賞을 주고, 지경에 들어가니 토지가 황폐하며 노인을 버리고 현자를 홀대하며 세금을 긁어모으는 사람이 지위에 있으면 꾸짖음이 있다. 한 번 朝見하지 않으면 그의 작위를 강등하고 두 번 조현하지 않으면 그 영지를 깎고 세 번 조현하지 않으면 六師를 동원하여 봉지를 옮긴다. 이 때문에 천자는 성토하되 토벌하지 않고 제후는 토벌하되 성토하지 않으니, 오패는 제후들을 이끌고서 제후를 토벌한 것이다. 그러므로 오패는 三王의 죄인이라고 말한 것이다.

集註 慶은 賞也니 益其地以賞之也라. 掊克은 聚斂也라. 讓은 責也라. 移之者는 誅其人而變置之也라. 討者는 出命以討其罪하고 而使方伯連帥로 帥諸侯以伐之也라. 伐者는 奉天子之命하야 聲其罪而伐之也라. 摟는 牽也라. 五霸牽諸侯하야 以伐諸侯하고 不用天子之命也라. 自入其疆으로 至則有讓은 言巡狩之事요 自一不朝로 至六師移之는 言述職之事라.

大文字義 [適적] 가다, 맡다, 다만.(入聲). [巡순] 순행하다. [狩수] 순시하다, 사냥하다. [朝조] 朝會가다. [斂염] 수확하다. [給급] 족하다, 주다. [疆강] 지경, 강토. [辟벽] 개간하다, 다스리다.(入聲). [俊준] 현자. [傑걸] 현자. [慶경] 상, 상주다. [荒황] 거칠다. [蕪무] 거칠다. [失실] 홀대하다. [掊배] 글어 모으다. [讓양] 꾸짖다. [貶폄] 강등하다. [削삭] 깎다. [討토] 성토하다. [摟루] 끌어당기다.(牽)

大文句文 [巡狩] 천자가 제후를 순시하는 것. [述職] 제후가 조회가서 천자에게 맡은

바의 일을 아뢰는 것. [土地辟] 토지가 개간되다. [有慶] 상이 있다. [慶以地] 토지로 상을 주다. [掊克] 그러모으다. [六師] 1師는 12,500名임.

集註字義 [賞상] 상주다. [掊부] 그러모으다. [克극] 다스리다, 이기다. [帥수] 장수.(去聲)./ 거느리다.(솔, 入聲). [牽견] 끌어당기다. [覇패] 으뜸.

集註句文 [方伯連帥] 방백과 연수. [帥諸侯] 제후들을 통솔하다.

참고 [方伯連帥] 제후의 우두머리를 말한다. 周나라 때 서울에서 천 리 밖에 方伯을 두었는데, 5國을 屬이라 하여 속에는 長을 두고, 10국을 連이라 하여 거기에는 帥를 두어 우두머리로 삼았다.(禮記 王制篇) 조선에서는 모두 관찰사를 말한다.

五霸에 桓公이 為盛하더니 葵丘之會에 諸侯束牲載書而不歃血하고 初命曰 誅不孝하며 無易樹子하며 無以妾為妻라하고 再命曰 尊賢育才하야 以彰有德이라하고 三命曰 敬老慈幼하며 無忘賓旅라하고 四命曰 士無世官하며 官事無攝하며 取士必得하며 無專殺大夫라하고 五命曰 無曲防하며 無遏糴하며 無有封而不告라하고 曰 凡我同盟之人은 旣盟之後에 言歸于好라하니 今之諸侯 皆犯此五禁하나니 故로 曰 今之諸侯는 五霸之罪人也니라.

오패 가운데 제환공이 성대하였는데, 규구의 회맹에 제후들이 희생을 묶고 맹서문을 올려놓되 삽혈하지 않고, 初命曰 '불효를 죄주며 세자를 바꾸지 말며 첩을 처로 삼지 말라.' 再命曰 '현자를 높이며 재능이 있는 자를 길러서 덕이 있는 자를 표창하라.' 三命曰 '노인을 공경하고 어린이를 사랑하며 빈객과 여행자를 잊지 말라.' 四命曰 '공실 후손에게 대대로 관직을 주지 말며 관청의 일을 겸직시키지 말며 관리를 등용할 때는 반드시 적합한 사람을 얻으며 대부를 마음대로 죽이지 말라.' 五命曰 '제멋대로 제방을 쌓지 말며 곡식의 출납을 막지 말며 대부에게 채지를 봉하고 고하지 않는 일이 없도록 하라.' 하고, '무릇 나와 동맹한 사람은 맹서한 뒤에 우호로 돌아가자' 라고 말하였으니, 오늘날의 제후들은 모두 이 다섯 가지 금령을 범하였다. 그러므로 '오늘날의 제후는 오패의 죄인이다' 라고 한 것이다.

集註 按春秋傳건대 僖公九年葵丘之會에 陳牲而不殺하고 讀書加於牲上하야 壹明天子之禁하니라. 樹는 立也니 已立世子면 不得擅易이라. 初命三事는 所以脩身正家之要也라. 賓은 賓客也요 旅는 行旅也니 皆當有以待之요 不可忽忘也라. 士世祿而不世官은 恐其未必賢也라. 官事無攝은 當廣求賢才以充之요 不可以闕人廢事也라. 取士必得은 必得其人也라. 無專殺大夫는 有罪則請命于天子而後에 殺之也라. 無曲防은 不得曲為隄防하야 壅泉激水하야 以專小利病鄰國也라. 無遏糴은 鄰國凶荒이어든 不得閉糴也라. 無有封而不告者는 不得專封國邑而不告天子也라.

大文字義 [盛성] 성대하다. [葵규] 해바라기. [束속] 묶다. [牲생] 희생. [書서] 맹서하는 글. [歃삽] 희생의 피를 마시다. [誅주] 주벌하다, 죄주다. [樹수] 세우다, 나무. [彰창] 표창하다. [賓빈] 손님. [旅여] 망명자, 나그네. [士사] 공실의 자손. [攝섭] 겸하다. [專전] 마음대로하다. [曲곡] 제멋대로. [防방] 제방. [遏알] 막다. [糴적] 쌀을 사들이다.

大文句文 [為盛] 성대함이 되다. [葵丘之會] 규구에서의 회맹. [束牲載書] 희생을 묶어서 맹서의 글 위에 놓다. [不歃血] 피를 마시지 않다. [無易樹子] 세자를 바꾸지 말라. [士無世官] 공실의 자손에게 관직을 세습하지 말라. [取士必得] 관리를 등용시켜 반드시 적합한 사람을 얻다. [無曲防] 제멋대로 제방을 쌓지 말라. [言歸于好] 우호로 돌아가자.(言은 어조사)

集註字義 [擅천] 마음대로. [壅옹] 막다. [激격] 부딪치다. [凶흉] 흉년들다, 흉하다. [荒황] 흉년들다, 거칠다.

集註句文 [春秋傳] 춘추 穀梁傳. [闕人廢事] 적임자가 없다고 하여 일을 폐하다.

世祖實錄 [세조 11년 1월 29일, 無以妾爲妻]

先是 司憲府大司憲金從舜等上疏曰 謹按詩春秋 媵妾安其分曰 寔命不同 聖人美葵丘無以妾爲妻之禁。蓋妾不可以竝嫡 卑不可以抗尊 嫡妾之分 猶天經地緯 不可紊也。頃者金泂幼娶閔汝翼之女以爲妻 憫其無後 又娶都以恭之女 生二子而與閔氏同居 終其身而無異心焉。然則以恭之女妾也 其子則庶也 安得謂之泂之嫡子耶。

解義 앞서 大司憲 金從舜 등이 상소하기를, "삼가 詩經과 春秋를 고찰하건대, 媵妾이 그 분수를 편안히 여겨 말하기를, '실로 命은 같지 않으니, 聖人이 葵丘의 會盟에서 妾을 妻로 삼지 말라는 禁令을 아름답게 여겼다.' 하였으니, 대개 첩은 嫡妻와 병립할 수 없고, 비천한 자는 존귀한 자와 겨룰 수 없으며, 적첩의 분수는 영원히 변하지 않는 떳떳한 이치이니 문란하게 할 수 없는 것입니다. 근자에 金泂은 어려서 閔汝翼의 딸에게 장가들어 아내로 삼았는데, 그가 후사가 없음을 가련하게 여겨 또 都以恭의 딸에게 장가들어 아들 둘을 낳아 민씨와 동거하면서 종신토록 다른 마음이 없었습니다. 그렇

다면 도이공의 딸은 妾이요, 그 아들은 庶子인데, 어찌 김형의 嫡子라고 할 수 있겠습니까?"

자구 [按안] 생각하다. [媵잉] 시집가는데 딸려 보내는 여자 [寔식] 진실로, 참으로. [竝병] 이울러. [嫡적] 正室, 장남. [經경] 날줄. [緯위] 씨줄. [天經地緯] 만세토록 변하지 않는 떳떳한 이치. [紊문] 문란하다. [頃경] 근자에 [泂형] 깊고 넓은 모양. [娶취] 장가들다. [翼익] 날개. [憫민] 불쌍히 여기다, 가련하게 여기다.

長君之惡은 其罪小하고 逢君之惡은 其罪大하니 今之大夫 皆逢君之惡하나니 故로 曰 今之大夫는 今之諸侯之罪人也라하노라.

임금의 악을 조장하는 것은 그 죄가 작고 임금의 악에 영합하는 것은 그 죄가 크다. 그러므로 '오늘날의 대부는 모두 임금의 악에 영합하니 오늘날의 대부는 오늘날의 제후의 죄인이다.' 라고 말한 것이다."

集註 君有過에 不能諫하고 又順之者는 長君之惡也요 君之過未萌에 而先意導之者는 逢君之惡也라. ○林氏曰 邵子有言호되 治春秋者不先治五霸之功罪면 則事無統理하야 而不得聖人之心이라. 春秋之間에 有功者未有大於五霸요 有過者亦未有大於五霸라 故로 五霸者는 功之首요 罪之魁也라하니 孟子此章之義其亦若此也與인져 然이나 五霸得罪於三王하고 今之諸侯得罪於五霸는 皆出於異世라 故로 得以逃其罪이니와 至於今之大夫하야는 宜得罪於今之諸侯하니 則同時矣로되 而諸侯非惟莫之罪也라. 乃反以為良臣而厚禮之하고 不以為罪而反以為功하니 何其謬哉오.

大文字義 [長장] 조장하다. [逢봉] 영합하다.

集註字義 [萌맹] 싹트다. [導도] 인도하다. [逢봉] 영합하다. [邵소] 人名, 邑名. [治치] 배우다, 연구하다. [魁괴] 으뜸. [逃도] 벗어나다, 회피하다. [謬류] 그릇되다, 어긋나다.

集註句文 [邵子] 康邵雍, 시호는 節이고 康節邵로도 불림. [治春秋者] 춘추를 배우는 자, 춘추를 깊이 연구하는 자. [事無統理] 일에 조리가 없다. [通理] 條理. [皆出於異世] 모두 다른 시대에서 나오다. [諸侯非惟莫之罪也] 제후들 가운데 누구도 대부들을 죄주지 못할 뿐만이 아니다. [何其謬哉] 어쩌면 그렇게도 어긋나는가?

8장 魯欲使愼子로 爲將軍이러니

노나라가 愼子를 장군으로 삼고자 하였는데,

集 註 愼子는 魯臣이라.

孟子曰 不敎民而用之를 謂之殃民이니 殃民者는 不容於堯舜之世니라.

맹자왈, "백성들에게 인의를 가르치지 않고 전쟁에 쓰는 것을 백성들을 해친다고 하니, 백성을 해치는 자는 요순의 세상에서 용납되지 못합니다.

集 註 敎民者는 敎之禮義하야 使知入事父兄하고 出事長上也라. 用之는 使之戰也라.

大文字義 [殃앙] 해치다.

一戰勝齊하야 遂有南陽이라도 然且不可하니라.

한번 싸워 제나라를 이겨 마침내 남양을 차지하더라도 불가합니다."

集 註 是時에 魯蓋欲使愼子伐齊하야 取南陽也라 故로 孟子言就使愼子善戰하야 有功如此라도 且猶不可라하시니라.

愼子勃然不悅 曰 此則滑釐의 所不識也로이다.

신자가 발끈 성을 내며 달가워하지 않으면서 말하기를, "이것은 제가 알지 못하는 바입니다."

集 註 滑釐는 愼子名이라.

大文字義 [愼신] 삼가다. [勃발] 발끈 성을 내다. [滑활] 미끄럽다. [釐리] 다스리다.

曰 吾明告子호리라 天子之地 方千里니 不千里면 不足以待諸侯요 諸侯之地 方百里니 不百里면 不足以守宗廟之典籍이니라.

맹자왈, "나는 그대에게 분명하게 일러주리라. 천자의 땅은 사방 1000里이니 1000里가 되지 않으면 제후를 대접하기에 부족하고, 제후의 땅은 사방 100里이니 100里가 되지 않으면 종묘의 전적을 지키기에도 부족합니다."

集註 待諸侯는 謂待其朝覲聘問之禮라. 宗廟典籍은 祭祀會同之常制也라.
참고 [朝] 春見曰朝. [覲] 秋見曰覲. [聘] 제후를 대신하여 대부가 가는 것. [問] 時聘曰問. 예컨대 冬至使, 正朝使 등.

周公之封於魯에 為方百里也니 地非不足이로되 而儉於百里하며 太公之封於齊也에 亦為方百里也니 地非不足也로되 而儉於百里하니라.

주공이 노나라를 봉해 받음에 사방 100里가 되니 땅이 부족하여 100里로 제한한 것이 아니며, 태공이 제나라를 봉해 받음에 또한 사방 100里가 되니 땅이 부족하여 100里로 제한한 것이 아닙니다.

集註 二公이 有大勳勞於天下로되 而其封國이 不過百里하니라. 儉은 止而不過之意也라.
大文字義 [封봉] 봉해주다(토지를 주어 제후로 삼다.) [儉검] 부족하다, 제한하다.
大文句文 [地非不足 而儉於百里] 땅이 부족한 것은 아니나 100里로 만족하다.(星湖先生僿說卷之二十六) 땅이 부족하여 100里로 제한한 것이 아니다.(思辨錄[五] 孟子)

今魯方百里者 五니 子以為有王者 作則魯 在所損乎아 在所益乎아

지금 노나라는 사방 100里가 되는 땅이 다섯이니, 그대는 왕도를 시행하는 자가 출현한다면 노나라는 덜어내야 할 바에 있는가, 더하여야 할 바에 있다고 생각하시는가?

集註 魯地之大는 皆幷呑小國而得之니 有王者作이면 則必在所損矣리라.
大文字義 [作작] 출현하다, 일어나다. [損손] 덜다. [益익] 보테다, 더하다.

徒取諸彼하야 以與此라도 然且仁者 不為온 況於殺人以求之乎아

다만, 저기에서 취하여 여기에 주더라도 또한 仁者는 하지 않는데, 하물며 사람을 죽여 그것을 구하는 것이겠습니까?

集註 徒는 空也니 言不殺人而取之也라.
大文字義 [徒도] 다만(只). [與여] 주다.(上聲).
集註字義 [空공] 한갓.

君子之事君也는 務引其君以當道하야 志於仁而已니라.

군자가 임금을 섬기는 것은 그 임금을 인도하여 도에 부합하게 하여 인에 뜻을 두게 하는데 힘쓸 뿐입니다."

集註 當道는 謂事合於理요 志仁은 謂心在於仁이라.

9장 孟子曰 今之事君者 曰 我能為君하야 辟土地하며 充府庫라 하나니 今之所謂良臣이오 古之所謂民賊也라 君不鄉道하야 不志於仁이어든 而求富之하니 是는 富桀也니라.

맹자왈, "오늘날 임금을 섬기는 자들은 '나는 능히 임금을 위하여 토지를 개간하며 부고를 채운다.'고 말하니, 오늘날의 이른바 良臣이고 옛날의 이른바 民賊이다. 임금이 道를 향하지 않아 仁에 뜻을 두지 않는데 부유하게 만들기를 추구하니, 이것은 桀을 부유하게 하는 것이다.

集 註 辟은 開墾也라.
大文字義 [辟벽] 개간하다, 다스리다.(入聲). [鄕향] 향하다.(去聲)./ 마을.(平聲)./ 접때.(上聲).
大文句文 [良臣] 훌륭한 신하. [民賊] 백성을 해치는 사람.
集註字義 [墾간] 개간하다.

我能爲君하야 約與國하야 戰必克이라하나니 今之所謂良臣이오 古之所謂民賊也라 君不鄕道하야 不志於仁이어든 而求爲之强戰하니 是는 輔桀也니라.

'나는 임금을 위해 동맹국과 약속하여 전쟁을 하면 반드시 이길 수 있을 것이다.' 하니, 오늘날의 이른바 良臣이고 옛날의 이른바 民賊이다. 임금이 道를 향하지 않아 仁에 뜻을 두지 않는데 그를 위해 억지로 전쟁을 추구하니, 이것은 桀을 도와주는 것이다.

集 註 約은 要結也라. 與國은 和好相與之國也라.
大文字義 [約약] 약조하다.
大文句文 [與國] 동맹국.

由今之道하야 無變今之俗이면 雖與之天下라도 不能一朝居也니라.

지금의 도를 따르고 지금의 습속을 변혁시키지 못한다면, 비록 그에게 천하를 주더라도 하루아침도 편히 지내지 못할 것이다."

集 註 言必爭奪而至於危亡也라.
大文句文 [不能一朝居也] 하루아침도 차지하지 못할 것이다, 하루아침도 편안히 지내지 못할 것이다.

10장 白圭曰 吾欲二十而取一하노니 何如하니잇고

白圭曰, "내가 20 가운데에서 1을 稅로 취하고자 하는데 어떻습니까?"

集註 白圭는 名丹이니 周人也라. 欲更稅法하야 二十分而取其一分하니 林氏曰 按史記컨대 白圭能薄飮食하고 忍嗜欲하야 與童僕同苦하며 樂樂觀時變하야 人棄我取하고 人取我與하야 以此居積致富하니 其為此論은 蓋欲以其術로 施之國家也니라.

集註字義 [嗜기] 좋아하다, 즐기다. [積자] 저축하다, 비축하다.(去聲)./ 쌓다.(적, 入聲)

集註句文 [童僕] 僮僕. [樂觀] 잘 관찰하다. [時變] 물가 시세의 변화. [居積] 재물을 비축하다. [致富] 부를 이루다.

孟子曰 子之道는 貉道也로다.

맹자왈, "그대의 방법은 오랑캐의 방법입니다.

集註 貉은 北方夷狄之國名也라.

大文字義 [貉맥] 오랑캐의 한 종족.

萬室之國에 一人이 陶則可乎아 曰 不可하니 器不足用也니이다.

萬戶의 나라에서 한 사람이 그릇을 굽는다면 가하겠습니까? 백규왈, "불가하니 그릇이 쓰기에 부족할 것입니다."

集註 孟子設喩以詰圭에 而圭亦知其不可也라.

集註字義 [設설] 가설하다. [詰힐] 힐난하다.

曰 夫貉은 五穀이 不生하고 惟黍 生之하나니 無城郭宮室宗廟祭祀之禮하며 無諸侯幣帛饔飧하며 無百官有司라 故로 二十에 取一而足也니라.

맹자왈, "오랑캐는 오곡이 생산되지 않고 오직 기장만이 생산되니, 성곽과 궁실과 종묘와 제사의 예절이 없으며 제후와 폐백과 대접하는 예절이 없으며 백관과 유사가 없습니다. 그러므로 20 가운데에서 1을 세로 취하더라도 충분한 것입니다.

集註 北方은 地寒하야 不生五穀하고 黍早熟이라 故로 生之라. 饔飧은 以飮食饋客之禮也라.

大文字義 [饔옹] 아침밥. [飧손] 저녁밥. [幣폐] 비단, 재화. [帛백] 비단.

大文句文 [五穀] 稻麥菽稷黍. [饔飧] 대접하다.

集註字義 [饋궤] 먹이다, 음식을 대접하다. [菽숙] 콩. [稷직] 메기장. [黍서] 찰기장.

今에 居中國하야 去人倫하며 無君子면 如之何其可也리오

지금 중원에 거처하면서 인륜을 버리며 관료가 없다면 어찌 가하겠습니까?

集註 無君臣祭祀交際之禮면 是去人倫이요 無百官有司면 是無君子니라.

陶以寡라도 且不可以為國이온 況無君子乎아

그릇이 부족하더라도 나라를 다스릴 수 없는데, 하물며 관료가 없는 것이겠습니까?

集註 因其辭以折之하시니라.

大文字義 [陶도] 질그릇, 굽다/ 人名(요).

集註字義 [折절] 꺾다.

欲輕之於堯舜之道者는 大貉에 小貉也요 欲重之於堯舜之道者는 大桀에 小桀也니라.

요순의 방법보다 가볍게 하고자 하는 것은 大貉을 추종하는 小貉이고, 요순의 방법보다 무겁게 하고자 하는 것은 大桀을 추종하는 小桀이 되는 것입니다."

集 註 什一而稅는 堯舜之道也니 多則桀이요 寡則貉이니 今欲輕重之면 則是小貉小桀而已니라.
集註字義 [什십] 10.
集註句文 [什一] 10분의 1.

11장 白圭曰 丹之治水也 愈於禹호이다.

백규왈, "丹의 치수가 禹임금보다 낫습니다."

集 註 趙氏曰 當時諸侯에 有小水어늘 白圭爲之築堤하야 壅而注之他國하니라.
集註字義 [壅옹] 막다. [注주] 터놓다. 흘려보내다.

孟子曰 子過矣로다 禹之治水는 水之道也니라.

맹자왈, "그대가 지나쳤도다. 禹임금의 치수는 물 길을 따른 것입니다.

集 註 順水之性也라.

是故로 禹는 以四海爲壑이어시늘 今에 吾子는 以鄰國爲壑이로다.

이 때문에 禹임금은 四海를 물 받는 골짜기로 삼았는데, 오늘 그대는 이웃나라를 물 받는 골짜기로 삼는구나.

集 註 壑은 受水處也라.
大文字義 [壑학] 골짜기.

水逆行을 謂之洚水니 洚水者는 洪水也라 仁人之所惡也니 吾子過矣로다.

물이 역행하는 것을 강수라고 하니 강수는 홍수이다. 仁者가 싫어하는 바이니 그대가 지나쳤도다."

集註 水逆行者는 下流壅塞이라 故로 水逆流니 今乃壅水以害人이면 則與洪水之災로 無異矣니라.

大文字義 [洚강] 큰 물.(諺解本에서는 음을 '강'이라 하고, 漢韓大字典에서는 음을 '홍'이라 함.)

集註字義 [塞색] 막다.(入聲)./ 변방.(새, 去聲). [災재] 재해(水災).

12장 孟子曰 君子不亮이면 惡乎執이리오

맹자왈, "군자가 미덥지 못하면 어떤 일을 잡을 수 있으리오."

集註 亮은 信也니 與諒同이라. 惡乎執은 言凡事苟且하야 無所執持也라.

大文字義 [亮양] 미덥다.

集註字義 [諒양] 믿다. [執집] 잡다, 행하다.

思辨錄[五] [孟子 告子下. 君子所執者信]

君子所執者信。 無信則無執 無執則不可以有行。 論語大車無輗 小車無軏 其何以行之哉。輗軏乃所以執也 曰執曰行 言雖異而意則一也。

解義 군자가 잡는 것은 信이다. 信이 없으면 잡는 것이 없고 잡는 것이 없으면 행함이 있을 수 없다. 論語에 "큰 수레에 輗가 없고 작은 수레에 軏이 없으면 어떻게 운행할 수 있겠는가?" 하였는데, 예와 월은 바로 잡는 것이니, 執이니 行이니 하는 것은 비록 다르나 뜻은 한가지이다.

자구 [輗예] 멍에 끝에 가로지른 나무로 멍에를 묶어 소를 수레에 연결시키는 것. 이를 '수레채마구리'라고 한다. [軏월] 멍에 끝에 위로 구부러진 것으로 가로댄 나무에 멍에를 묶어서 말과 수레를 연결하는 것. 이를 '멍에막'이라고 한다.

13장 魯欲使樂正子로 為政이러니 孟子曰 吾聞之하고 喜而不寐호라.

노나라가 악정자에게 정치를 하게 하였는데, 맹자왈, "내가 그것을 듣고 기뻐서 잠을 이루지 못하였노라."

> **集註** 喜其道之得行이라.
> **大文字義** [寐매] 잠자다.

公孫丑曰 樂正子는 强乎잇가 曰 否라 有知慮乎잇가 曰 否라 多聞識乎잇가 曰 否라.

공손추왈, "악정자는 강합니까?" 맹자왈 "아니다." 공손추왈, "지혜와 사려가 있습니까?" 맹자왈, "아니다." 공손추왈, "견문과 지식이 많습니까?" 맹자왈, "아니다."

> **集註** 此三者는 皆當世之所尚이로되 而樂正子之所短이라 故로 丑疑而歷問之하니라.
> **集註字義** [尚상] 높이다. [歷역] 차례로, 낱낱이.

然則奚為喜而不寐시니잇고

공손추왈, "그렇다면 어째서 기뻐하여 잠을 이루지 못하셨습니까?"

> **集註** 丑問也라.

曰 其為人也 好善이니라 好善이 足乎잇가

맹자왈, "그 사람됨이 善을 좋아한다." 공손추왈, "善을 좋아하는 것이 정치를 하기에 충분합니까?"

> **集註** 丑問也라.

曰 好善이 優於天下온 而況魯國乎이따녀

맹자왈, "善을 좋아하는 것은 천하를 다스리기에 충분한데 하물며 노나라를 다스리는 것이겠는가?

> **集註** 優는 有餘裕也니 言雖治天下라도 尙有餘力也라.
> **大文句文** [優우] 넉넉하다. [이따녀] 이겠는가?(감탄의 의미), 잇따녀와 동의어.

夫苟好善 則四海之內 皆將輕千里而來하야 告之以善하고

진실로 善을 좋아한다면 四海의 사람들이 모두 1000里를 쉽게 여겨 찾아와 善으로써 그에게 고해주려고 할 것이다.

> **集註** 輕은 易也니 言不以千里爲難也라.
> **大文字義** [苟구] 진실로, 만약. [輕경] 가볍게 여기다.

夫苟不好善 則人將曰 訑訑를 予旣已知之矣로라하리니 訑訑之聲音顔色이 距人於千里之外하나니 士止於千里之外則讒諂面諛之人이 至矣리니 與讒諂面諛之人으로 居면 國欲治인들 可得乎아

진실로 善을 좋아하지 않는다면 사람들이 말하기를, '자만함을 내가 이미 알았노라.' 할 것이다. 자만한 음성과 안색은 사람을 1000里 밖에서 막을 것이니, 士가 1000里 밖에서 멈추게 되면 아첨하고 비위나 맞추는 사람들이 모여들 것이다. 아첨하고 비위나 맞추는 사람들과 거처한다면 나라가 다스려지기를 바란들 될 수 있겠는가?"

> **集註** 訑訑는 自足其智하야 不嗜善言之貌라. 君子小人이 迭爲消長하니 直諒多聞之士遠이면 則讒諂面諛之人至는 理勢然也니라. ○此章은 言爲政이 不在於用一己之長이요 而貴於有以來天下之善이니라.
> **大文字義** [訑이] 으쓱거리다. [顔안] 얼굴. [距거] 막다. [讒참] 거짓말하다, 참소하다. [諂첨] 알랑거리다. [諛유] 아첨하다. [與여] 더불어, 함께.(上聲).
> **大文句文** [訑訑] 자만하는 모습. [讒諂面諛] 아첨하고 비위를 맞춤.

集註字義 [迭질] 번갈아

集註句文 [直諒多聞] 정직하고 신실하고 견문이 많음. [貴於有以來天下之善] 천하의 선한 사람을 오게 할 수 있는 것을 귀하게 여긴다.

栗谷全書卷之二十四 [聖學輯要六 爲政第四上, 君子小人迭爲消長]

朱子曰 優有餘裕也 言雖治天下 尙有餘力也。 輕易也 言不以千里爲難也。 訑訑自足其智 不嗜善言之貌。君子小人迭爲消長 直諒多聞之士遠 則讒諂面諛之人至 理勢然也。此言爲政不在於用一己之長 而貴於有以來天下之善。

解義 朱子曰, "優는 여유가 있다는 것이니 비록 천하를 다스린다 해도 오히려 여력이 있다는 것을 말한 것이다. 輕은 쉽다는 것이니 천리를 어렵게 여기지 않는다는 것을 말한 것이다. 訑訑는 스스로 그 지혜에 만족하여 선한 말을 즐거워하지 않는 모습이다. 군자와 소인은 번갈아 消長하므로, 곧고 믿음직하고 들은 것이 많은 선비가 멀어지면 침소하고 아첨하는 사람이 곁에 모이는 것은 이치와 형세가 그러한 것이다. 이것은 정치하는 것은 자기 한 사람의 장점을 쓰는 데 있는 것이 아니라, 천하의 선한 사람을 오게 하는데 있음을 귀하게 여긴다."

자구 [嗜기] 즐거워하다. [迭질] 번갈아. [諒량] 믿음.

14장 陳子曰 古之君子 何如則仕니잇고 孟子曰 所就三이오 所去三이니라.

陳子曰, "옛날의 군자는 어떠한 경우면 벼슬을 하였습니까?" 맹자왈, "벼슬에 나아가는 것이 셋이요 벼슬을 그만두는 것이 셋이다.

集註 其目在下하니라.

大文句文 [陳子] 맹자의 제자 陳臻.

迎之致敬以有禮하며 言將行其言也則就之하고 禮貌未衰나 言弗行也則去之니라.

신하를 맞이하는데 공경을 다하여 禮가 있으며 신하의 말을 시행하겠다고 말하면 벼슬에 나아가고, 禮는 아직 쇠하지는 않았으나 말이 시행되지 않으면 떠난다.

集註 所謂見行可之仕니 若孔子於季桓子是也라. 受女樂而不朝則去之矣시니라.

大文字義 [迎영] 맞이하다. [致치] 다하다, 이루다. [將장] 장차~하려하다.(平聲). [貌모] 모습, 모양. [衰쇠] 쇠하다.

大文句文 [致敬] 공경을 다하다.

集註句文 [見行可之仕] 시행할 만한 것을 보고서 하는 벼슬.

其次는 雖未行其言也나 迎之致敬以有禮則就之하고 禮貌衰則去之니라.

그 다음은 비록 그 말을 시행하지는 못하지만 신하를 맞이하는데 공경을 다하여 禮가 있으면 벼슬에 나아가고 禮가 쇠하면 떠난다.

集註 所謂際可之仕니 若孔子於衛靈公이 是也라 故로 與公遊於囿에 公이 仰視蜚鴈而後去之하시니라.

集註字義 [蜚비] 날다, 쌕새기. [雁안] 기러기.

集註句文 [際可之仕] 교제할 만한 것을 보고 하는 벼슬.

其下는 朝不食하며 夕不食하야 飢餓不能出門戶어든 君이 聞之曰 吾 大者론 不能行其道하고 又不能從其言也하야 使飢餓於我土地를 吾恥之라하고 周之인댄 亦可受也어니와 免死而已矣니라.

그 아래로는 아침도 먹지 못하고 저녁도 먹지 못하여 굶주려서 문 밖을 나가지 못하면, 임금이 그 소식을 듣고 말하기를, '내가 큰 것으로는 그 도를 시행하지 못하고, 또 그 말을 따르지 못해서 나의 나라에서 굶주리게 하는 것을 내가 부끄럽게 여긴다.' 하고, 도와준다면 받을 수 있지만 죽음을 면하는 정도일 뿐이다."

集註 所謂公養之仕也라 君之於民에 固有周之之義요 況此又有悔過之言하니 所以可受라. 然이나 未至於飢餓不能出門戶면 則猶不受也라. 其曰免死而已면 則其所受亦有節矣니라.

大文字義 [饑기] 굶주리다. [餓아] 굶주리다. [戶호] 지게문. [恥치] 부끄러워하다. [周

주] 도와주다.. 구제하다.

集註字義 [悔회] 후회하다. [猶유] 오히려, 같다, 꽤하다. [節절] 절의.

集註句文 [公養之仕] 임금이 현자를 기르는 것을 보고 하는 벼슬.

無名子集 文稿 제13책 [峽裏閒話 及第崔啓沃就賑濟場喫粥]

我宣廟時 庭試及第崔啓沃放榜日 戴賜花持紅牌 就賑濟場喫粥 至今傳說。今則名以朝官 雖朝不食夕不食 飢餓不能出門戶 初不擧論於賑濟。雖欲就食亦不容焉。未知優待朝官而然耶 抑以損削爲主而諉以朝官耶。孟子曰 君曰飢餓於我土地吾恥之 周之亦可受也。然則上之周之爲有名 下之受之非無義而況賑濟等政 乃國家恤窮之典。則以朝官而旣不得祿以代耕 又不得與他民同霑惠澤 而飢餓以死可乎。在朝官則自好者容或以爲寧死 不欲與於此 苟延時日之軀命 良可歎也。

解義 우리 신조 임금 때 庭試文科에 급제한 崔啓沃이 放榜의 날에 어사화를 꽂고 紅牌를 가지고서 賑濟場에 나아가 죽을 먹은 일이 지금까지 전해진다. 지금은 곧 명색이 朝官으로서 비록 아침도 먹지 못하고 저녁도 먹지 못하여 굶주려 문밖도 나서지 못하더라도 애초에 진제에 대하여 거론하지도 않는다. 비록 가서 먹고자 하더라도 허용되지도 않는다. 朝官을 우대할 줄 몰라서 그러한가, 아니면 삭감을 목적으로 삼으면서 조관으로서 핑계를 대는 것인가. 맹자왈 “임금이 말하기를 ‘내 땅에서 굶주리게 하는 것을 내가 부끄러워한다.’ 하고 구호해 준다면 또한 받을 수 있다.” 하였다. 그렇다면 윗사람이 구호해 주는 것이 명분이 있게 되며, 아랫사람이 받는 것은 의리가 없는 것이 아닌데, 더구나 賑濟 등의 정사는 바로 국가가 곤궁함을 구휼하는 법이다. 그렇다면 조관으로서 이미 녹봉이 경작을 대신할 만큼 되지 않는데, 또 백성과 같이 은택을 입을 수도 없어 굶주려 죽어서야 되겠는가? 조관에 있어서는 자신을 아끼는 사람 가운데 혹여 차라리 죽어 이런데 참여하여 구차하게 목숨을 연장하고 싶지 않다고 생각하니 참으로 탄식할 만하다.

자구 [峽협] 골짜기. [賑진] 구휼하다. [喫끽] 먹다. [粥죽] 죽, 팔다(육). [諉위] 핑계대다. [恤휼] 구휼하다. [窮궁] 곤궁. [典전] 법. [霑점] 은혜를 입다, 젖다. [軀구] 신체. [軀命] 목숨.

15장 孟子曰 舜은 發於畎畝之中하시고 傅說은 擧於版築之間하고 膠鬲은 擧於魚鹽之中하고 管夷吾는 擧於士하고 孫叔敖는 擧於海하고 百里奚는 擧於市하니라.

맹자왈, "순은 농사짓다가 發身하였고, 부열은 판축을 하다가 등용되었고, 교격은 어염을 하다가 등용되었고, 관이오는 옥사에서 등용되었고, 손숙오는 바닷가에서 등용되었고, 백리해는 저자에서 등용되었다.

集註 舜은 耕歷山이러시니 三十에 登庸하시고 說은 築傅巖이러니 武丁이 擧之하고 膠鬲은 遭亂하야 鬻販魚鹽이러니 文王이 擧之하시고 管仲은 囚於士官이러니 桓公이 擧以相國하고 孫叔敖는 隱處海濱이러니 楚莊王이 擧之為令尹하니라. 百里奚는 事見前篇하니라.

大文字義 [發발] 일어나다. [畎견] 밭도랑. [畝묘] 밭이랑. [版판] 판자. [膠교] 아교. [鬲격] 막다. [擧거] 등용하다. [鹽염] 소금. [敖오] 놀다.

大文句文 [畎畝之中] 농사짓다가. [版築之間] 판축을 하다가. [魚鹽之中] 물고기와 소금을 팔다가. [擧於士] 옥사에서 등용되다.

集註字義 [庸용] 쓰다.(用) [鬻육] 팔다. [販판] 매매하다. [囚수] 갇히다, 죄인. [濱빈] 물가.

集註句文 [登庸] 등용하다, 재상이 되다. [築傅巖] 부암에서 판축을 하다. [囚於士官] 옥관에게 갇히다.

治平要覽 제130권 [宋史全文 24권 상 宋孝宗 注]

版築은 흙으로 담을 쌓는다는 뜻으로 뛰어난 인재가 비천한 일에 종사하는 것을 비유한 말이다. 書經 商書 說命上에, "商高宗이 三年喪을 마치고 나서도 말을 하지 않자, 신하들이 말하기를, '임금이 말씀을 하지 않으면 신하들은 명령을 받들 수 없습니다.' 하니, 고종이 말하기를, '나의 덕이 훌륭하지 못함을 두려워하여 묵묵히 도를 생각하는 중이었다. 꿈속에서 上帝가 나에게 훌륭한 신하를 주셨으니, 그가 나를 대신하여 말할 것이다.' 하고, 그 모양을 그려서 찾아보았더니, 傅巖의 들판에서 토담을 쌓고 있는 傅說의 모습이 이와 비슷하였다. 고종이 그를 영입하여 승상으로 삼아 곁에 두었다." 하였다.

故로 天將降大任於是人也신댄 必先苦其心志하며 勞其筋骨하며 餓其體膚하며 空乏其身하야 行拂亂其所為하나니 所以動心忍性하야 曾益其所不能이니라.

그러므로 하늘이 장차 이 사람에게 大任을 내려주시려고 할 때에는, 반드시 먼저 그 心志를 괴롭게 하며, 그 筋骨을 수고롭게 하며, 그 體膚를 굶주리게 하며, 그 신세를 궁핍하게 하여 행동할 때마다 그가 하는 바를 방해하고 어지럽게 하니, 이것은 그 마음을 분발시켜 성질을 참게 하여 그가 못하는 바를 더욱 증진시키는 것이다.

集註 降大任은 使之任大事也니 若舜以下是也라. 空은 窮也요 乏은 絶也라. 拂은 戾也니 言使之所為不遂하야 多背戾也라. 動心忍性은 謂竦動其心하고 堅忍其性也라. 然이나 所謂性은 亦指氣稟食色而言耳니라. 程子曰 若要熟也인댄 須從這裏過니라.

大文字義 [空공] 궁하다. [拂불] 어긋나다. [曾증] 증진하다. [益익] 더욱.

大文句文 [空乏] 궁핍하게 하다. [行拂亂其所為] 행동할 때마다 그가 하는 바를 불란하게 하다. [動心忍性] 인의의 마음을 움직이게 하여 기질의 성을 참게 하다.

集註字義 [背배] 잘못되다. [戾려] 어긋나다. [竦송] 놀라다, 움츠리다. [要요] 바라다. [這저(자)] 이(此). [裏리] 안, 속, 내부.

集註句文 [竦動] 격동시키다. (공경하는 마음에서)너무 황송하고 두려워서 몸을 떨다. [須從這裏過] 모름지기 이 고난 속을 지나가야 한다.

참 고 [動心] 動其仁義之心. [忍性] 忍其聲色臭味之性(近思錄集解 五卷에 주자는 성을 氣質之性이라 하였다.)

人恒過然後에 能改하나니 困於心하며 衡於慮而後에 作하며 徵於色하며 發於聲而後에 喩니라.

사람은 항상 허물 뒤에 고칠 수 있으니, 마음에 곤궁하며 생각에 가로막힌 뒤에 분기하며 남의 안색에서 징험하며 남의 음성에서 드러난 뒤에 깨닫게 된다.

集註 恒은 常也니 猶言大率也라. 橫은 不順也라. 作은 奮起也라. 徵은 驗也라. 喩는 曉也라. 此는 又言中人之性이 常必有過然後에 能改하나니 蓋不能謹於平日이라 故로 必事勢窮蹙하야 以至困於心衡於慮然後에 能奮發而興起하고 不能燭於幾微라 故로 必事理暴著하야 以至驗於人之色發於人之聲然後에 能警悟而通曉也니라.

大文字義 [恒항] 항상. [困곤] 곤궁하다. [衡횡] 가로막다. [徵징] 징험하다, 경험하다. [喩유] 깨닫다.

集註字義 [率솔] 대략, 거느리다, 비율(율). [曉효] 깨닫다, 밝다, 새벽. [蹙축] 막히다. [慮려] 생각. [奮분] 분발하다. [燭촉] 간파하다. [暴포] 갑자기. [警경] 놀라다, 경계하다. [悟오] 깨닫다.

集註句文 [大率] 대개. [至困於心衡於慮然後] 마음에 곤궁하고 생각에 가로막힘에 도달한 뒤에. [幾微] 낌새. [暴著] 밝게 들어나다. [警悟] 깨우치다. [通曉] 분명히 알다.

入則無法家拂士하고 出則無敵國外患者는 國恒亡이니라.

안으로는 법도를 지키는 世臣과 보필하는 賢士가 없고, 밖으로는 대등한 나라와 外患이 없는 경우는 나라가 항상 망한다.

集註 此는 言國亦然也라. 法家는 法度之世臣也요 拂士는 輔弼之賢士也라.

大文字義 [拂필] 보필하다, 돕다/ 답답하다, 어기다(불). [敵적] 대등하다.

大文句文 [法家] 법도 있는 世臣. [拂士] 왕을 보필하는 신하. [敵國] 힘이 대등한 나라.

然後에 知生於憂患而死於安樂也니라.

그러한 뒤에 우환 속에서 살아나고, 안락 속에서 죽는다는 것을 아는 것이다."

集註 以上文觀之면 則知人之生全이 出於憂患이요 而死亡이 由於安樂矣니라. ○尹氏曰 言困窮拂鬱은 能堅人之志하야 而熟人之仁이니 以安樂失之者多矣니라.

集註句文 [生全] 생존과 보존, 생존. [拂鬱] 답답하다, 울분에 차다.

16장 孟子曰 敎亦多術矣니 予不屑之敎誨也者는 是亦敎誨之而已矣니라.

맹자왈, "가르침에는 또한 방법이 많으니, 내가 달갑게 여기지 않아서 가르치기를 거절하는 것 또한 가르치는 것일 따름이다."

集註 多術은 言非一端이라. 屑은 潔也라. 不以其人為潔而拒絶之가 所謂不屑之敎誨也니 其人이 若能感此하야 退自脩省이면 則是亦我敎誨之也니라. ○尹氏曰 言或抑或揚或與或不與를 各因其材而篤之니 無非敎也니라.

大文字義 [術술] 방법, 꾀, [屑설] 달갑게 여기다, 가루. [誨회] 가르치다.

集註字義 [潔결] 깨끗하다. [篤독] 독실하다.

참고 언해에서는 "내 설히 너겨 교회티 아니홈은 이 또한 교회할 따람이니라." 즉, "내가 깨끗하게 여겨 가르치지 아니함은 이 또한 敎誨할 따름이니라." 하여, 주자의 견해와 다르게 해석하고 있다.

MEMO

1장 孟子曰 盡其心者知其性也
2장 孟子曰 莫非命也順受其正
3장 孟子曰 求則得之舍則失之
4장 孟子曰 萬物皆備於我矣
5장 孟子曰 行之而不著焉
6장 孟子曰 人不可以無恥
7장 孟子曰 恥之於人大矣
8장 孟子曰 古之賢王好善而忘勢
9장 孟子謂宋句踐曰 子好遊乎
10장 孟子曰 待文王而後興者
11장 孟子曰 附之以韓魏之家
12장 孟子曰 以佚道使民
13장 孟子曰 霸者之民驩虞如也
14장 孟子曰 仁言不如仁聲之入人深也
15장 孟子曰 人之所不學而能者
16장 孟子曰 舜之居深山之中
17장 孟子曰 無爲其所不爲
18장 孟子曰 人之有德慧術知者
19장 孟子曰 有事君人者
20장 孟子曰 君子有三樂
21장 孟子曰 廣土衆民君子欲之
22장 孟子曰 伯夷辟紂居北海之濱
23장 孟子曰 易其田疇薄其稅斂
24장 孟子曰 孔子登東山而小魯
25장 孟子曰 雞鳴而起
26장 孟子曰 楊子取爲我
27장 孟子曰 饑者甘食渴者甘飮
28장 孟子曰 柳下惠不以三公
29장 孟子曰 有爲者辟若掘井
30장 孟子曰 堯舜性之也
31장 公孫丑曰 伊尹曰 予不狎于不順
32장 公孫丑曰 詩曰不素餐兮
33장 王子墊 問曰士何事
34장 孟子曰 仲子不義與之齊國而弗受
35장 桃應問曰 舜爲天子
36장 孟子自范之齊
37장 孟子曰 食而弗愛豕交之也
38장 孟子曰 形色天性也
39장 齊宣王 欲短喪
40장 孟子曰 君子之所以敎者五
41장 公孫丑曰 道則高矣美矣
42장 孟子曰 天下有道以道殉身
43장 公都子曰 滕更之在門也
44장 孟子曰 於不可已而已者
45장 孟子曰 君子之於物也愛之而弗仁
46장 孟子曰 知者無不知也

13

孟子集註大全卷之十三

盡心章句上

孟子集註大全卷之十三 盡心章句上

·13·

凡四十六章이라. 모두 46장이다.

1장 孟子曰 盡其心者는 知其性也니 知其性則知天矣니라.

맹자왈, "자신의 마음을 지극히 하는 자는 자신의 性을 아는 것이니, 그 性을 알면 하늘을 아는 것이다.

集註 心者는 人之神明이니 所以具衆理而應萬事者也라. 性은 則心之所具之理요 而天은 又理之所從以出者也라. 人有是心이 莫非全體나 然이나 不窮理면 則有所蔽而無以盡乎此心之量이라. 故로 能極其心之全體而無不盡者는 必其能窮夫理而無不知者也니 旣知其理면 則其所從出이 亦不外是矣라. 以大學之序言之하면 知性은 則物格之謂요 盡心은 則知至之謂也니라.

集註字義 [具구] 갖추다. [應응] 응대하다. [蔽폐] 가리다. [盡진] 다하다. [極극] 끝까지 다하다. [外외] 벗어나다.

集註句文 [具衆理而應萬事] 모든 이치를 갖추어 만사에 응한다. [心之所具之理] 마음에 갖추고 있는 바의 이치. [理之所從以出者] 이치가 따라서 나온 것. [無以盡乎此心之量] 이 마음의 역량을 다 할 수 없다.(다 발휘할 수 없다) [物格] 사물의 이치가 극처에 도달하지 않음이 없음(物理之極處無不到), 사물의 이치가 극처에 이름.(사물의 理를 가지고 말하면 物格) [知至] 나의 앎이 극처에 이름.(내 마음을 가지고 말하면 知至)

참고 [性] 心之所具之理(=理之全體而人之所得以生也). [天] 理之所從以出者(=理之自然而人之所由以生也). [心] 人之所以主於身而具是理者也.

참고 [細註] 新安陳氏曰 心者 神明之舍 具衆理 心之體也 應萬事 心之用也 大學章句 釋明德 或問釋致知之知字 此釋心字大槩 三處互相發云.

참고 사물의 이치를 궁구하여 나아가는 것이 格物이고 나의 지식을 끝까지 밀고 나가는 것이 致知이니, 그 결과 나의 知가 극처에 이른 것이 知至이며, 사물의 이치가 극처에 이른 것이 物格이다. 格物은 用功이고 物格은 그 성과인 收功이다.(사계 김장생)

存其心하야 養其性은 所以事天也요

자신의 마음을 보존하여 자신의 性을 기르는 것은 하늘을 섬기는 것이고,

集 註 存은 謂操而不舍요 養은 謂順而不害라 事는 則奉承而不違也라.

集註字義 [操조] 잡다. [舍사] 버리다.(上聲).

思辨錄[五] [孟子 盡心上, 存其心以養其性]

存其心以養其性 乃所以事天也。心有不存則性失其養 性失其養則悖於天矣。心必待存而後無所放 性必待養而後無所害。則向之有所不存而或失其養者可見。卽所謂反之者而爲上知之次也。曰事天則能恭其職而無所失矣。

解 義 그 마음을 보존하여 性을 기르는 것은 바로 하늘을 섬기는 방법이다. 마음에 보존되어 있지 못하면 性이 그 기름(養)을 잃게 되고, 性이 그 기름을 잃게 되면 하늘과 어그러지는 것이다. 마음은 반드시 보존하기를 기다린 뒤에야 놓치는 일이 없으며, 性은 반드시 기름을 기다린 뒤에야 해치는 바가 없다. 그런데 지향하는 것이 보존되지 못하는 바가 있어 간혹 그 기름 잃는 것을 볼 수 있다. 이른바 '反之' 라는 것인데 '上知'의 다음이 되는 것이다. 하늘을 섬긴다면 그 직분에 공손할 수 있어서 잃어버리는 바가 없을 것임을 말한 것이다.

자 구 [悖패] 어그러지다. [向향] 지향하다.

殀壽에 不貳하야 修身以俟之는 所以立命也니라.

요절하고 장수하는 것에 의심하지 않고서 몸을 수양하고 기다리는 것은 천명을 확립하는 것이다."

集 註 殀壽는 命之短長也라 貳는 疑也라 不貳者는 知天之至요 修身以俟死는 則事天以終身也라 立命은 謂全其天之所付하야 不以人爲害之라. ○程子曰 心也性也天也는 一理也라 自理而言이면 謂之天이요 自稟受而言이면 謂之性이요 自存諸人而言이면 謂之心이니라. 張子曰 由太虛하야 有天之名하고 由氣化하야 有道之名하고 合虛與氣하야 有性之名하고 合性與知覺하야 有心之名이니라. 愚謂盡心知性而知天은 所以造其理也요 存心養性以事天은 所以履其事也니 不知其理면 固不能履其事라. 然이나 徒造其理하고 而不履其事하면 則亦無以有諸己矣니라. 知天而不以殀壽貳其心은 智之盡也요

事天而能修身以俟死는 仁之至也니 智有不盡이면 固不知所以爲仁이라. 然이나 智而不仁이면 則亦將流蕩不法하야 而不足以爲智矣니라.

大文字義 [殀요] 일찍 죽다. [壽수] 장수하다. [貳이] 의심하다,

集註字義 [付부] 부여하다. [稟품] 주다, 받다. [諸저] 之於. 모두(제) [盡진] 다하다. [造조] 나아가다. [履리] 실천하다. [徒도] 한갓. [蕩탕] 방탕하다, 광대하다.

集註句文 [太虛] 하늘, 우주의 근원. [合虛與氣] 太虛와 기를 합하다. [盡心知性而知天] 마음을 다하면 성을 알아서 하늘을 안다. [無以有諸己] 그것을 자기에게 소유할 수 없다. [不知所以爲仁] 인을 행하는 방법을 알지 못한다. [流蕩不法] 방탕하여 본보기가 되지 못하다.

思辨錄[五] [孟子 盡心上, 盡心知性과 存心養性]

不以死生貳其心 謹修其身以俟禍福之來 乃所以立此天命也。愚謂程張之論心性 可謂精之至矣。朱子以盡心知性 爲知之事 以存心養性 爲行之事 又分殀壽不貳屬知 修身以俟屬行 深恐其不然。讀此書者 若反覆詳玩 參驗自可知之矣。

解義 生死로써 그 마음을 둘로 하지 않고 삼가 그 몸을 닦아서 禍福이 오기를 기다리는 것이 바로 천명을 확립하는 방법이다. 내가 생각하기를, 程子와 張子가 心과 性을 논한 것은 지극히 정밀하다고 할 수 있다. 朱子가 盡心과 知性으로써 知의 일을 삼고, 存心과 養性으로써 行의 일을 삼고, 또 나누어서 殀壽不貳를 知에 속하게 하고, 修身以俟를 行에 속하게 하는 것은 참으로 그렇지 않을까 생각한다. 이 글을 읽는 자가 만일 반복하여 자세히 玩味하고, 참고하고 징험하여 보면 저절로 알 수 있을 것이다.

자구 [俟사] 기다리다. [屬속] 속하다, 따르다. [玩완] 완미하다. [驗험] 징험하다.

承政院日記 [仁祖 4년 8월 10일 資正殿 晝講, 性卽理理卽天]

上讀新受音一遍 大文釋一遍。景奭講論旨義曰 盡其心者之者字 朱子以爲不可不仔細看 蓋者字是喫緊處也。盡心知性 先儒比之於明鏡 若無所蔽 則是乃知其性也。性卽理也 理卽天也 知性則天亦不外是矣。存心養性以事天乃力行也。殀壽不貳, 修身以俟者 天之付予我者 不以人爲 害之也。

解義 上께서 새로 배운 대목을 음으로 한 번 읽으시고 大文을 한 번 해석하였다. 侍讀官 李景奭이 旨義를 강론하여 말하기를, "'本心을 다하는 자(盡其心者)'의 '者' 字에 대해 朱子는 자세히 살피지 않아서는 안 된다고 하였으니, 아마도 '者' 字가 중요한 곳인 듯합니다. 본심을 다하여 本性을 아는 것을 先儒들이 밝은 거울에 비유하였는데, 만약 가려진 바가 없다면 이는 바로 본성을 아는 것입니다. 性은 理이고 理는 天이니, 본성을 안다면 천리도 여기에서 벗어나지 않을 것입니다. 본심을 보존하고 본성을 길러서 天을 섬기

는 것은 바로 노력하여 행하는 것입니다. 단명과 장수에 대해 의심하지 않고 자신을 닦아서 죽음을 기다리는 것은 하늘이 나에게 부여한 것을 사람이 해치지 못하는 것입니다."

자 구 [遍편] 번(횟수), 두루. [奭석] 크다. [旨지] 뜻, 맛. [旨義] 뜻. [喫끽] 먹다, 마시다. [緊긴] 견고하다, 급하다. [喫緊] 매우 긴요함. [蔽폐] 가리다.

2장 孟子曰 莫非命也나 順受其正이니라

맹자왈, "천명이 아닌 것이 없으나 그 가운데에서도 正命을 순리로 받아들여야 한다.

集 註 人物之生에 吉凶禍福이 皆天所命이라. 然이나 惟莫之致而至者乃爲正命이라. 故로 君子脩身以俟之는 所以順受乎此也니라.

集註句文 [惟莫之致而至者] 오직 아무도 이루고자 한 것은 아닌데 이르는 것.

참 고 [맹자 萬章下 6章]

莫之爲而爲者 天也 莫之致而至者 命也.

아무도 그렇게 하려고 한 것이 아닌데 하는 것은 天이고, 아무도 이루고자 한 것이 아닌데 이르는 것은 命이다.

是故로 知命者는 不立乎巖墻之下하나니라.

이 때문에 正命을 아는 자는 넘어지려는 담장 밑에 서지 않는다.

集 註 命은 謂正命이라. 巖墻은 墻之將覆者라. 知正命이면 則不處危地以取覆壓之禍니라.

大文字義 [巖암] 높다. [墻장] 담장.

集註字義 [覆복] 전도되다. [壓압] 누르다.

참 고 [死而不弔者三 畏壓溺] 禮記 檀弓上에 "사람이 죽었어도 조문하지 않는 경우가 세 가지가 있으니 자살하여 죽은 자, 압사한 자, 익사한 자이다."

盡其道而死者는 正命也요

그 도를 다하고서 죽는 것은 정명이고,

集註 盡其道면 則所値之吉凶이 皆莫之致而至者矣라.

集註字義 [値치] 만나다.

桎梏死者는 非正命也니라.

질곡에 매어서 죽는 것은 정명이 아닌 것이다."

集註 桎梏은 所以拘罪人者라. 言犯罪而死는 與立巖墻之下者로 同하니 皆人所取요 非天所為也라. ○此章與上章은 蓋一時之言이니 所以發其末句未盡之意니라.

大文字義 [桎질] 차꼬, 족쇄. [梏곡] 수갑.

大文句文 [桎梏死] 질곡에 매어서 죽다. 형벌을 받고 죽다.

集註字義 [拘구] 체포하다.

3장 孟子曰 求則得之하고 舍則失之하나니 是求는 有益於得也니 求在我者也일새니라.

맹자왈, "구하면 얻고 놓아버리면 잃게 되니, 이러한 구함은 얻는데 유익하니 나에게 있는 것을 구하기 때문이다.

集註 在我者는 謂仁義禮智니 凡性之所有者라.

求之有道하고 得之有命하니 是求는 無益於得也니 求在外者也일새니라.

구하는데 道가 있고 얻는데 命이 있으니, 이러한 구함은 얻는데 무익하니 밖에 있는 것을 구하기 때문이다."

集註 有道는 言不可妄求요 有命은 則不可必得이라. 在外者는 謂富貴利達이니 凡外物皆是라. ○趙氏曰 言爲仁由己요 富貴在天이니 如不可求인댄 從吾所好니라.

4장 孟子曰 萬物이 皆備於我矣니

맹자왈, "만물의 이치가 모두 나에게 갖추어져 있으니

集註 此는 言理之本然也라 大則君臣父子요 小則事物細微가 其當然之理無一不具於性分之內也니라.

集註句文 [事物細微] 사물의 세미한 것.

反身而誠이면 樂莫大焉이오

자신에게 돌이켜 반성해 보아 진실무망하다면 즐거움이 이보다 큰 것이 없고,

集註 誠은 實也라 言反諸身而所備之理를 皆如惡惡臭好好色之實然이면 則其行之不待勉强而無不利矣니 其爲樂이 孰大於是리오.

集註字義 [備비] 갖추다. [惡악] 나쁘다.(入聲)./ 싫어하다, 미워하다(오, 去聲). [臭취] 냄새. [利이] 이롭다.

集註句文 [反諸身] 反之於身. [如惡惡臭好好色之實然] 악취를 싫어하고 아름다운 여색을 좋아하는 것처럼 진실무망하다. [勉强] 애써 노력하다. [其行之不待勉强而無不利矣] 그 행함이 애써 노력하기를 기필하지 않고도 이롭지 않음이 없을 것이다.

強恕而行하면 求仁이 莫近焉이니라.

힘써 자신의 입장에 서서 남의 마음을 헤아려 행한다면 仁을 추구하는 방법이 이보다 가까운 것이 없다."

集註 强은 勉强也라. 恕는 推己以及人也라. 反身而誠則仁矣니 其有未誠은 則是猶有私意之隔而理未純也라 故로 當凡事勉强하야 推己及人이면 庶幾心公理得而仁不遠也라. ○此章은 言萬物之理具於吾身하니 體之而實이면 則道在我而樂有餘하고 行之以恕면 則私不容而仁可得이니라.

大文字義 [强강] 노력하다. [恕서] 자기의 입장에 서서 남을 헤아리다.

大文句文 [强恕] 힘써서 제 마음으로 남의 마음을 헤아리다. [求仁] 인을 추구하는 방법.(求仁之方)

集註字義 [推추] 미루어 가다. [猶유] 오히려. [隔격] 막히다. [體체] 체득하다.

集註句文 [推己及人] 자기의 마음을 미루어 나가 남에게 미치게 하다. [庶幾] 거의. [庶幾心公理得而仁不遠也] 거의 마음이 공변되고 이치가 얻어져서 인이 멀지 않은 것이다. [體之而實] 체득하여 실천하다.

5장 孟子曰 行之而不著焉하며 習矣而不察焉이라 終身由之而不知其道者 衆也니라.

맹자왈, "仁義를 행하고서도 밝게 알지 못하며 익히고서도 아는 것이 정밀하지 못하기 때문에 종신토록 인의를 행하더라도 그 道를 알지 못하는 자가 많은 것이다."

集註 著者는 知之明이요 察者는 識之精이라. 言方行之而不能明其所當然하고 旣習矣而猶不識其所以然이라. 所以終身由之而不知其道者多也니라.

大文字義 [著저] 밝게 알다. [由유] 행하다. [衆중] 많다.

集註字義 [精정] 정밀하다. [方방] 바야흐로, 막.

集註句文 [方行之] 막 행하다, 바야흐로 행하다.

6장 孟子曰 人不可以無恥니 無恥之恥면 無恥矣니라.

맹자왈, "사람은 부끄러움이 없을 수 없으니, 부끄러움이 없는 것을 부끄럽게 여긴다면 부끄러워할 일이 없을 것이다."

集註 趙氏曰 人能恥己之無所恥면 是能改行從善之人이니 終身無復有恥辱之累矣니라.
大文字義 [恥치] 부끄러워하다.
大文句文 [無恥之恥] 부끄러움이 없는 것을 부끄러워하다. [無恥矣] 부끄러워할 일이 없을 것이다.
集註句文 [是能改行從善之人] 이 사람은 (자신의 잘못된) 행동을 고쳐서 선을 따를 수 있는 사람이다.

7장 孟子曰 恥之於人에 大矣라.

맹자왈, "부끄러워하는 것은 사람에게 있어서 중대하다.

集註 恥者는 吾所固有羞惡之心也니 存之則進於聖賢이요 失之則入於禽獸라. 故로 所繫爲甚大니라.
集註字義 [繫계] 관계되다, 연계되다.

爲機變之巧者는 無所用恥焉이니라.

교묘한 마음과 속이는 행동을 공교하게 하는 자는 부끄러워하는 마음을 쓸 곳이 없을 것이다.

集註 爲機械變詐之巧者는 所爲之事가 皆人所深恥로되 而彼方且自以爲得計라. 故로 無所用其愧恥之心也니라.
大文字義 [機기] 機械之心, 機心. 교묘한 마음. [變변] 變詐之行, 속이는 행동.
集註句文 [方且] 오히려. [得計] 善計.

不恥不若人이면 何若人有리오

부끄러워하지 않는 것이 남만 못하다면 무엇이 남과 같은 것이 있겠는가?"

> **集註** 但無恥一事가 不如人이면 則事事不如人矣니라. 或曰不恥其不如人이면 則何能有如人之事리오하니 其義亦通이니라. 或問人有恥不能之心이 如何닛고 程子曰 恥其不能而為之는 可也요 恥其不能而掩藏之는 不可也니라.
>
> **集註字義** [掩엄] 가리다. [藏장] 감추다.
>
> **集註句文** [恥其不能而為之] 그가 능하지 못함을 부끄러워하여 노력해서 행하다.
>
> **참고** [不恥不若人] 남과 같지 않음을 부끄러워하지 않는다(주자). 옛 성인과 같지 않음을 부끄러워하지 않는다(趙岐).

8장 孟子曰 古之賢王이 好善而忘勢하더니 古之賢士인들 何獨不然이리오 樂其道而忘人之勢라 故로 王公이 不致敬盡禮則不得亟見之하니 見且猶不得亟온 而況得而臣之乎아

맹자왈, "옛날의 현명한 왕은 선을 좋아하고 자신의 위세를 염두에 두지 않았는데, 옛날의 賢士인들 어찌 유독 그렇지 않았겠는가? 그 도를 즐기면서 남의 위세를 염두에 두지 않은 것이다. 그러므로 王公이 공경을 다하고 예를 극진히 하지 않으면 자주 만날 수가 없으니, 만나는 것 또한 오히려 자주 못하는데 하물며 신하를 삼을 수 있겠는가?"

> **集註** 言君當屈己以下賢이요 士不枉道而求利니 二者勢若相反이나 而實則相成이니 蓋亦各盡其道而已니라.
>
> **大文字義** [勢세] 위세. [獨독] 유독. [亟기] 자주.(去聲)./ 빨리.(극, 入聲).
>
> **大文句文** [好善而忘勢] 선을 좋아하고 권세 따위를 염두에 두지 않는다.
>
> **集註句文** [屈己以下賢] 자신을 굽혀서 현자에게 자신을 낮춘다.

9장 孟子謂宋句踐曰 子好遊乎아 吾語子遊호리라.

맹자께서 宋句踐에게 말씀하시기를, "그대는 유세하기를 좋아하는가? 내가 그대에게 유세에 대하여 말해 주리라.

集註 宋은 姓이요 句踐은 名이라. 遊는 遊說也라.
大文字義 [遊유] 유세하다.

人知之라도 亦囂囂하며 人不知라도 亦囂囂니라.

남들이 알아주더라도 만족하며, 남들이 알아주지 않더라도 만족하여야 한다."

集註 趙氏曰 囂囂는 自得無欲之貌라.
大文字義 [囂효] 만족하다.

曰 何如라야 斯可以囂囂矣잇고 曰尊德樂義則可以囂囂矣니라.

宋句踐曰, "어찌하여야 만족할 수 있습니까?" 맹자왈, "덕을 높이고 의를 좋아하면 만족할 수 있다.

集註 德은 謂所得之善이니 尊之면 則有以自重而不慕乎人爵之榮이요 義는 謂所守之正이니 樂之면 則有以自安而不徇乎外物之誘矣니라.
集註字義 [慕모] 흠모하다. [爵작] 벼슬. [榮영] 영예. [徇순] 따르다. [誘유] 유혹하다.

故로 士는 窮不失義하며 達不離道니라.

그러므로 士는 곤궁하여도 의를 잃지 않으며 현달하여도 도를 떠나지 않는다.

集註 言不以貧賤而移하고 不以富貴而淫이니 此는 尊德樂義가 見於行事之實也니라.

集註字義 [移이] 義를 바꾸다. [淫음] 방탕하다.

窮不失義故로 士得己焉하고 達不離道故로 民不失望焉이니라.

곤궁하여도 의를 잃지 않기 때문에 士는 자신을 잃지 않고, 현달하여도 도를 떠나지 않기 때문에 백성들이 바라는 바를 잃지 않는다.

集註 得己는 言不失己也라. 民不失望은 言人素望其興道致治러니 而今果如所望也라.

大文字義 [得득] 잃지 않다.

大文句文 [士得己焉] 士가 자신을 잃지 않는다.

集註字義 [素소] 평소.

古之人이 得志하얀 澤加於民하고 不得志하얀 脩身見於世하니 窮則獨善其身하고 達則兼善天下니라.

옛 사람이 뜻을 얻으면 은택이 백성들에게 가해지고 뜻을 얻지 못하면 자신을 수양하여 세상에 드러내니, 곤궁하면 홀로 자신만이라도 선하게 하고 현달하면 선을 천하 사람들과 같이 한다."

集註 見은 謂名實之顯著也라. 此는 又言士得己民不失望之實이니라. ○此章은 言內重而外輕이면 則無往而不善이니라.

大文字義 [澤택] 은택. [兼겸] 함께하다.

大文句文 [得志] 출사하다.

10장 孟子曰 待文王而後에 興者는 凡民也니 若夫豪傑之士는 雖無文王이라도 猶興이니라.

맹자왈, "문왕과 같은 성군을 기다린 뒤에 흥기하는 자는 보통의 백성이니, 호걸지사와 같은 경우는 비록 문왕과 같은 성군이 없더라도 오히려 흥기할 수 있다."

集註 興者는 感動奮發之意라. 凡民은 庸常之人也요 豪傑은 有過人之才智者也라. 蓋降衷秉彝는 人所同得이나 唯上智之資라야 無物欲之蔽하야 為能無待於敎而自能感發以有為也니라.
大文句文 [待文王而後] 문왕과 같은 성군이 나오기를 기다린 뒤에. [豪傑之士] 재능과 지혜가 남보다 뛰어난 사람.
集註字義 [庸용] 보통, 쓰다(用). [資자] 자질. [降강] 내려주다(하늘의 입장). [衷충] 忠, 中正(朱子), 善(趙岐). [秉병] 부여받다.(인간의 입장) [彝이] 본성.
集註句文 [庸常之人] 평범한 사람. [降衷秉彝] 하늘에서 忠을 내려주어 부여받은 본성. [秉彝] 하늘이 부여한 본성.

11장 孟子曰 附之以韓魏之家라도 如其自視欿然이면 則過人이 遠矣니라.

맹자왈, "韓魏之家를 더해 주더라도 만약 스스로 하찮게 본다면 남보다 매우 뛰어난 것이다."

集註 附는 益也라 韓魏는 晉卿이니 富家也라 欿然은 不自滿之意라 尹氏曰 言有過人之識이면 則不以富貴為事니라.
大文字義 [附부] 더해주다. [欿감] 하찮게 여기다.

12장 孟子曰 以佚道使民이면 雖勞나 不怨하고 以生道殺民이면 雖死나 不怨殺者니라.

맹자왈, "편안하게 하는 방도로써 백성을 부리면 비록 수고로우나 원망하지 않으며, 살리는 방도로써 백성을 죽이면 비록 죽더라도 죽임을 원망하지 않는다."

集註 程子曰 以佚道使民은 謂本欲佚之也니 播穀乘屋之類是也요 以生道殺民은 謂本欲生之也니 除害去惡之類是也라. 蓋不得已而為其所當為면 則雖咈民之欲이나 而民不怨이니 其不然者는 反是니라.
集註字義 [佚일] 편안하다. [播파] 씨를 뿌리다. [乘승] 올라가 손질하다. [屋옥] 지붕. [咈불] 어긋나다.

集註句文 [乘屋] 지붕을 덮는 일.

13장 孟子曰 霸者之民은 驩虞如也요 王者之民은 皞皞如也니라.

맹자왈, "패자의 백성은 기뻐하는 모습을 하고, 王道를 시행하는 자의 백성은 당당한 모습을 한다.

集註 驩虞는 與歡娛同이라. 皞皞는 廣大自得之貌라. 程子曰 驩虞는 有所造為而然이니 豈能久也리오 耕田鑿井하니 帝力이 何有於我는 如天之自然이니 乃王者之政이니라. 楊氏曰 所以致人驩虞인댄 必有違道干譽之事하나니 若王者則如天하야 亦不令人喜하고 亦不令人怒니라.

大文字義 [驩환] 기뻐하다. [虞우] 즐거워하다. [皞호] 진득하다.

大文句文 [驩虞] 기뻐함. [皞皞] 당당한 모습, 진득한 모습.

集註字義 [娛오] 즐거워하다. [違위] 어기다.

大文句文 [造為] 조작하다. [何有於我] 나와 무슨 상관이 있는가? [違道干譽] 도를 어기고 명예를 추구하다.

殺之而不怨하며 利之而不庸이라 民日遷善而不知為之者니라.

죽이는 데도 원망하지 않으며 이롭게 해주는 데도 공으로 여기지 않기 때문에, 백성들이 날마다 선으로 옮겨가되 그렇게 해주는 자를 알지 못한다.

集註 此는 所謂皞皞如也라. 庸은 功也라. 豐氏曰 因民之所惡而去之요 非有心於殺之也니 何怨之有리오. 因民之所利而利之요 非有心於利之也니 何庸之有리오. 輔其性之自然하야 使自得之라. 故로 民日遷善而不知誰之所為也니라.

大文字義 [庸용] 공으로 삼다, 쓰다, 보통.

夫君子는 所過者化하며 所存者神이라 上下與天地同流하나니 豈曰小補之哉리오

군자가 지나가는 곳은 교화가 되며 마음에 보존하고 있는 것은 신묘하게 이루어지기 때문에 상하로 천지와 그 흐름을 함께 하니 어찌 작은 보탬이라고 말할 수 있으리오."

集註 君子는 聖人之通稱也라. 所過者化는 身所經歷之處에 卽人無不化니 如舜之耕歷山而田者遜畔하고 陶河濱而器不苦窳也라. 所存者神은 心所存主處에 便神妙不測이니 如孔子之立斯立道斯行綏斯來動斯和하야 莫知其所以然而然也라. 是其德業之盛이 乃與天地之化로 同運並行하야 擧一世而甄陶之요 非如霸者但小小補塞其罅漏而已라. 此則王道之所以為大니 而學者所當盡心也니라.

大文句文 [同流] 두루 행해지다.

集註字義 [陶요] 皐陶(人名). [濱빈] 물가. [窳유] 이지러지다. [綏유] 편안하다. [動동] 고무하다. [甄견] 질그릇 굽다, 교화하다. [罅하] 빈틈. [漏루] 틈이 나다, 새다.

集註句文 [田者] 농부. [器不苦窳] 그릇이 거칠고 이지러지거나 흠이 있음. [立斯立道斯行] 생업을 세워주면 자립하고 인도해 주면 따른다. [綏斯來動斯和] 편안하게 해주면 오고 고무시켜주면 화합한다. [甄陶] 다스리다, 교도하다, 질그릇을 만들다. [罅漏] 갈라진 뜸.

참 고 朱子語類에 所存者神에 대해서 주자는 "내 마음에 보존한 바는 신묘하게 성취되는 것이니, 서경에서 이른바 '바라는 대로 다스릴 수 있게 하여 온 천하가 바람에 움직이듯 교화가 퍼진다.'는 뜻과 같다.(所存者神吾心之所存處 便成就如神耳 如書云從欲以治 四方風動之意)" 하였다.

14장 孟子曰 仁言이 不如仁聲之入人深也니라.

맹자왈, "仁言은 仁聞이 사람들에게 깊이 알려지는 것만 못하다.

集註 程子曰 仁言은 謂以仁厚之言으로 加於民이라. 仁聲은 謂仁聞이니 謂有仁之實하야 而為衆所稱道者也라. 此는 尤見仁德之昭著라 故로 其感人이 尤深也니라.

大文句文 [仁言] 出於上之言, 政敎法度之言(趙岐).

集註字義 [此차] 仁聲.

集註句文 [仁聞] 得於下之聲. [為衆所稱道者] 사람들에게 칭송을 받는 것.

참 고 疏注에서 慶源輔氏가 말하기를, "인후한 말은 이를테면 서경의 훈고, 서명에 실려 있는 등속이고, 仁聲은 이를테면 邠人이 太王이 仁人이라는 소문을 듣게 되었고, 백이와 태공은 문왕이 養老를 잘한다고 소문을 들은 것 등이 바로 이것이다." 하였다.

善政이 不如善教之得民也니라.

善政은 善教가 백성들의 마음을 얻는 것만 못하다.

集註 政은 謂法度禁令이니 所以制其外也요 教는 謂道德齊禮니 所以格其心也라.
大文句文 [善政不如善教之得民也] 선정보다는 선교로 민심을 얻는 것이 낫다.
集註字義 [格격] 至善(朱子), 格其非心(鄭玄)

善政은 民이 畏之하고 善教는 民이 愛之하나니 善政은 得民財하고 善教는 得民心이니라.

선정은 백성들이 두려워하고 선교는 백성들이 사랑하니, 선정은 백성들의 재물을 얻게 되고 선교는 백성들의 마음을 얻게 된다."

集註 得民財者는 百姓足而君無不足也요 得民心者는 不遺其親不後其君也라.

15장 孟子曰 人之所不學而能者는 其良能也요 所不慮而知者는 其良知也니라.

맹자왈, "사람이 배우지 않고 능한 것은 良能이고, 생각하지 않고 아는 것은 良知이다.

集註 良者는 本然之善也라. 程子曰 良知良能은 皆無所由하니 乃出於天이요 不繫於人이니라.
大文句文 [良能] 하늘에서 부여받은 재능. [良知] 하늘에서 부여받은 알음알이.

孩提之童이 無不知愛其親也며 及其長也하야 無不知敬其兄也니라.

어린아이는 그 어버이를 사랑할 줄 모르는 자가 없으며, 장성해서는 그 형을 공경할 줄 모르는 자가 없다.

集 註 孩提는 二三歲之間에 知孩笑可提抱者也라. 愛親敬長은 所謂良知良能也라.
大文字義 [孩해] 어린아이, [提제] 손잡아주다.
大文句文 [孩提之童] 두세 살 먹은 아이.
集註字義 [抱포] 안아주다.
集註句文 [二三歲之間 知孩笑可提抱者也] 두세 살 정도 되는 웃을 줄 알고 손을 잡아주고 안아줄 만한 아이이다.

親親은 仁也요 敬長은 義也니 無他라 達之天下也니라.

어버이를 친애하는 것은 仁이고 어른을 공경하는 것은 義이니, 이는 다른 것이 아니라 온 천하 사람들이 모두 인정하는 이치이기 때문이다."

集 註 言親親敬長이 雖一人之私나 然達之天下하야 無不同者는 所以為仁義也니라.
大文句文 [達之天下] 온 천하에 공통되다, 천하 어디서나 통하는 똑 같은 이치이다.

稼亭集 제2권 [義財記, 天性之眞而人道之常]
牛峯李敬父問於余曰 朋友與兄弟孰親。曰 兄弟親。然則世之人皆急於朋友而緩於兄弟 何也。曰 此從欲之害而好利之弊也。請爲君言之可乎。蓋孩提愛親及長敬兄 擴而充之 由內及外者 天性之眞而人道之常也。人於兄弟 曰惟其常流於褻慢 而不務於愛敬 甚者猜嫌忿鬩 而無所不至。至於它人 或勢利以相啗 貨財以相通 酒食以相歡 親愛之篤 結託之固 而亦無所不至。雖然旣曰勢利矣 勢利之竭則其相啗者適足以相害耳。此從欲之害而好利之弊者也。
解 義 李敬父가 나(家亭 李穀)에게 묻기를, "붕우와 형제 중에 누가 더 친한가?" 李穀曰, "형제가 더 친하다." 李敬父曰 "그렇다면 세상 사람들이 붕우에 대해서 모두 급하고, 형제에 대해서 느긋해 하는 것은 어째서인가?" 李穀曰, "이것은 사욕을 따르는 폐해이고 이익을 좋아하는 폐단이다. 청컨대 그대를 위해 말해도 되겠는가? 대개 어린아이는 어버이를 친애하고 커서는 형을 공경하는데, 이것을 확충해서 내부로부터 외부에 미쳐가게 하는 것은 천성의 참됨이고 人道의 마땅함인 것이다. 사람들이 형제에 대해 말하기를 '오직 그 떳떳함이 설만함으로 흘러 사랑과 공경에 힘쓰지 않으며, 심한 경우는 시기하고 의심하며 화내고 싸워 못할 짓이 없다.' 하였다. 타인에 대해서는 혹 권세와 이익으로써 서로 유인하며 재화로써 서로 통하며 술과 밥으로써 서로 환대하며 친애가 독실하고 결탁함이 단단하여 또한 못할 짓이 없다.

그러나 이미 권세와 이익이라고 말하였으니, 권세와 이익이 다하면 서로 유인하는 것이 다만 서로를 해치기에 충분할 뿐이다. 이것은 사욕을 따르는 폐해이며 이익을 좋아하는 폐단인 것이다."

자 구 [急급] 급하다. [緩완] 느슨하다. [弊폐] 폐단. [孩提] 어린아이(두세 살 된 어린아이) [褻설] 업신여기다, 경멸하다, 속옷. [慢만] 거만하다. [猜시] 시기하다. [嫌혐] 미워하다. [忿분] 분하다. [鬩혁] 다투다. [它타] 남, 타인. [啗염] 유인하다, 꾀다.

16장 孟子曰 舜之居深山之中에 與木石居하시며 與鹿豕遊하시니 其所以異於深山之野人者 幾希러시니 及其聞一善言하시며 見一善行하샨 若決江河라 沛然莫之能禦也러시다.

맹자왈, "순임금이 깊은 산 속에서 거처할 적에 木石과 거처하였으며 사슴과 돼지와 노닐었으니 깊은 산 속에 사는 야인들과 다른 것이 드물었는데, 그가 한 마디의 善言을 들으시며 하나의 善行을 봄에 미쳐서는 마치 江河를 터놓은 것과 같아 그 성대한 기세를 막을 수가 없었다."

集註 居深山은 謂耕歷山時也라. 蓋聖人之心이 至虛至明하야 渾然之中에 萬理畢具하니 一有感觸이면 則其應甚速而無所不通하나니 非孟子造道之深이면 不能形容至此也니라.

大文字義 [與여] 함께, 더불어.(上聲). [鹿록] 사슴. [豕시] 돼지. [幾기] 거의. [希희] 드물다.(稀) [決결] 터놓다. [沛패] 거침없다, 쏟아지다. [禦어] 막다.

集註字義 [虛허] 虛靈하다. [渾혼] 완전하다. [畢필] 모두. [觸촉] 닿다.

集註句文 [至虛至明] 지극히 허령하고 지극히 밝다. [一有感觸] 하나라도 감촉하는 것이 있다.

17장 孟子曰 無為其所不為하며 無欲其所不欲이니 如此而已矣니라.

맹자왈, "하지 않아야 할 것을 하지 말며, 바라지 않아야 할 것을 바라지 말아야 하니, 이와 같을 따름이다."

集 註 李氏曰 有所不為不欲은 人皆有是心也언마는(이니) 至於私意一萌而不能以禮義制之면 則為所不為하고 欲所不欲者多矣니 能反是心이면 則所謂擴充其羞惡之心者而義不可勝用矣라 故로 曰如此而已矣라하시니라.

集註字義 [萌맹] 싹. [反반] 돌이키다, 반성하다. [羞수] 자신의 잘못을 부끄러워하다. [惡오] 남의 잘 못을 미워하다.(去聲).

18장 孟子曰 人之有德慧術知者는 恒存乎疢疾이니라.

맹자왈 "사람에게 지혜로운 덕과 뛰어난 기술이 있는 것은 항상 재앙과 우환에 대한 마음을 가지고 있기 때문이다.

集 註 德慧者는 德之慧요 術知者는 術之知라. 疢疾은 猶災患也라. 言人必有疢疾이면 則能動心忍性하야 增益其所不能也니라.

大文字義 [慧혜] 지혜, 슬기롭다. [疢진] 열병.

大文句文 [德慧] 지혜로운 덕. [術知] 뛰어난 기술. [疢疾] 재앙과 우환.

集註句文 [動心忍性] 그 마음을 분발시키고 그 성격을 강인하게 한다.

近思錄 卷之五 [克己, 動心忍性]

思叔이 詬詈僕夫한대 伊川曰 何不動心忍性고하니 思叔이 慙謝하니라 朱子曰 動心忍性은 謂竦動其心하고 堅忍其性이라 然所謂性者는 亦指氣稟而言耳니 說見孟子하니라.

解 義 張思叔(張繹)이 마부를 꾸짖자, 伊川先生이 "어찌하여 마음을 분발하고 성질을 참지 않는가?(動心忍性하지 않는가?)" 하고 꾸짖으니, 張思叔이 부끄러워하고 사죄하였다. 朱子가 말하기를, "動心忍性이란 마음을 분발(竦動)시키고 그 성격을 강인하게 하는 것을 이른다. 그러나 性이라고 말한 것은 또한 氣稟을 가리켜 말한 것뿐이니, 이 내용이 孟子 告子下에 보인다."

자 구 [詬구] 꾸짖다. [詈이] 꾸짖다. [僕夫] 마부. [慙참] 부끄럽다. [謝사] 사죄하다. [竦송] 우뚝서다, 공손하다. [竦動] 분발하다. 황송하여 감동하다. [堅견] 굳세다.

獨孤臣孼子는 其操心也危하며 其慮患也 深故로 達이니라.

유독 외로운 신하와 사랑받지 못한 자식은 마음가짐을 지극히 조심하며 환란을 생각하는 것이 깊기 때문에 사리에 통달하게 된다."

集註	孤臣은 遠臣이요 孽子는 庶子니 皆不得於君親而常有疢疾者也라. 達은 謂達於事理니 卽所謂德慧術知也라.
大文字義	[孽얼] 서자. [操조] 잡다, 지조. [危위] 위태롭다, 바르게 하다.
大文句文	[孤臣] 소원한 신하, 외로운 신하. [孽子] 서자. 사랑받지 못한 자식.(趙岐) [操心] 마음가짐.

19장 孟子曰 有事君人者하니 事是君에 則爲容悅者也니라.

맹자왈, "임금을 섬기는 자가 있으니, 임금을 섬김에 자신을 용납되게 하고 임금을 기쁘게 하는 자이다.

集註	阿徇以爲容하고 逢迎以爲悅이니 此는 鄙夫之事요 妾婦之道也라.
大文句文	[爲容悅者] ① 자신을 용납되게 하고 임금을 기쁘게 하는 자. ② 임금에게 용납되는 것으로 자신의 기쁨을 삼는 자.
集註字義	[阿아] 아첨하다. [徇순] 따르다. [悅열] 기뻐하다. [鄙비] 비열하다. [逢봉] 영합하다, 만나다.
集註句文	[阿徇以爲容] 君之惡以求容其身. [逢迎以爲悅] 君之惡以求君之悅. [逢迎] 영합하다.

有安社稷臣者하니 以安社稷爲悅者也니라.

사직을 편안히 하는 신하가 있으니, 사직을 편안히 하는 것을 자신의 기쁨으로 삼는 자이다.

集註	言大臣之計安社稷이 如小人之務悅其君하야 眷眷於此而不忘也라.
集註字義	[眷권] 돌아보다.
集註句文	[眷眷] 전념하다.

有天民者하니 達可行於天下而後에 行之者也니라.

天民인 者가 있으니, 현달하여 천하에 도를 행할 만한 뒤에 행하는 자이다.

集 註 民者는 無位之稱이니 以其全盡天理하야 乃天之民이라. 故로 謂之天民이라. 必其道可行於天下然後에 行之요 不然이면 則寧沒世不見知而不悔하야 不肯小用其道以徇於人也라. 張子曰 必功覆斯民然後에 出이니 如伊呂之徒니라.

大文字義 [達달] 현달하다, 출세하다.

集註字義 [寧녕] 차라리, 어찌, 편안하다. [覆복] 덮다. [肯긍] 하려하다.

集註句文 [以其全盡天理] 천리를 온전하게 다하기 때문에, 踐形하기 때문에. [沒世] 죽은 후.

有大人者하니 正己而物正者也니라.

大人인 者가 있으니, 자신을 바르게 하여 남을 바르게 해주는 자이다."

集 註 大人은 德盛而上下化之니 所謂見龍在田은 天下文明者라. ○此章은 言人品不同이 略有四等하니 容悅佞臣은 不足言이요 安社稷則忠矣라. 然猶一國之士也요 天民則非一國之士矣라. 然猶有意也니 無意無必하야 唯其所在而物無不化는 惟聖者能之니라.

集註字義 [盛성] 성대하다, 담다. [見현] 나타나다. [佞영] 아첨하다, 말재주. [猶유] 아직도, 오히려, 같다.

集註句文 [天下文明] 천하가 문명해 진다. [容悅佞臣] 자신을 용납되게 하고 임금을 기쁘게 하는 아첨하는 신하. [無意無必] 사사로운 뜻이 없고 기필함이 없다(論語 子罕篇 참고).

참 고 [所謂見龍在田 天下文明者] 이른 바 나타난 용이 밭에 있다는 것은 천하가 아름답고 밝은 것이다.(易經 文言傳 九二)

20장 孟子曰 君子 有三樂而王天下 不與存焉이니라.

맹자왈, "군자에게 세 가지 즐거움이 있으니 천하에 왕노릇 하는 것은 거기에 참여하여 들어 있지 않다.

大文字義 [與여] 참여하다.(去聲).

父母俱存하며 兄弟無故一樂也요

부모가 함께 생존해 계시며 형제가 변고가 없는 것이 첫 번째 즐거움이고,

集註 此는 人所深願이나 而不可必得者어늘 今旣得之면 其樂을 可知니라.
大文字義 [俱구] 함께. [故고] 변고.

仰不愧於天하며 俯不怍於人이 二樂也요

우러러 하늘에 부끄럽지 않으며 굽어보아 사람에게 부끄럽지 않은 것이 두 번째 즐거움이고,

集註 程子曰 人能克己면 則仰不愧俯不怍하야 心廣體胖이라. 其樂을 可知니 有息則餒矣니라.
大文字義 [仰앙] 우러러보다. [愧괴] 부끄러워하다. [俯부] 굽어보다. [怍작] 부끄러워하다.
集註字義 [胖반] 편안하다. [餒뇌] 줄어든다.
集註句文 [心廣體胖] 마음이 관대해지고 몸이 편안하다. 마음이 넓어지고 몸이 여유 있게 펴진다. [有息則餒] 쉼이 있으면 줄어들게 된다.

得天下英才而教育之 三樂也니

천하의 영재를 모아 교육하는 것이 세 번째 즐거움이니,

集註 盡得一世明睿之才하야 而以所樂乎己者로 教而養之면 則斯道之傳을 得之者衆하야 而天下後世將無不被其澤矣리라. 聖人之心所願欲者가 莫大於此어늘 今旣得之면 其樂이 為何如哉오.
集註字義 [睿예] 총명하다, 슬기롭다.
集註句文 [明睿之才] 총명한 재주, 명철한 재주.

君子有三樂而王天下 不與存焉이니라.

군자는 세 가지 즐거움을 가지되 천하에 왕노릇 하는 것은 거기에 참여하여 들어있지 않다."

> **集 註** 林氏曰 此三樂者는 一係於天하고 一係於人이요 其可以自致者는 惟不愧不怍而已니 學者可不勉哉아.

21장 孟子曰 廣土衆民을 君子欲之나 所樂은 不存焉이니라.

맹자왈, "영토를 넓히고 백성을 늘리는 것을 군자는 바라지만 즐기는 것은 여기에 있지 않다.

> **集 註** 地闢民聚하야 澤可遠施라 故로 君子欲之라. 然未足以為樂也라.
> **集註字義** [闢벽] 개간하다. [聚취] 모여들다. [澤택] 은택.

中天下而立하야 定四海之民을 君子樂之나 所性은 不存焉이니라.

천하의 한 가운데서 왕이 되어 四海의 백성을 안정시키는 것을 군자는 좋아하지만 本性은 여기에 있지 않다.

> **集 註** 其道大行하야 無一夫不被其澤이라 故로 君子樂之라. 然其所得於天者는 則不在是也니라.
> **大文句文** [中天下而立] 천하의 한가운데서 왕이 되다. 천하의 한가운데서 왕도를 시행하다. [所性] 타고난 바의 본성.

君子所性은 雖大行이나 不加焉이며 雖窮居나 不損焉이니 分定故也니라.

군자의 본성은 비록 큰 일이 행해지더라도 여기에 더해지지 않으며, 비록 곤궁하게 처하더라도 거기서 줄어들지 않으니 분수가 정해져 있기 때문이다.

集註 分者는 所得於天之全體라 故로 不以窮達而有異니라.
大文句文 [大行] 中天下立定四海之民.

君子所性은 仁義禮智 根於心이라 其生色也 睟然見於面하며 盎於背하며 施於四體하야 四體 不言而喩니라.

군자의 본성은 인의예지가 마음에 뿌리를 두고 있다. 그 빛이 나타나는 것이 순수하게 얼굴에 드러나며 등에 흘러넘치며 사지에 베풀어져서 사지가 말하지 않아도 깨닫게 된다."

集註 上言所性之分이 與所欲所樂不同하고 此乃言其蘊也라. 仁義禮智는 性之四德也라 根은 本也라 生은 發見也라 睟然은 淸和潤澤之貌요 盎은 豐厚盈溢之意라. 施於四體는 謂見於動作威儀間也라. 喩는 曉也니 四體不言而喩는 言四體不待吾言而自能曉吾意也라. 蓋氣稟淸明하야 無物欲之累하면 則性之四德이 根本於心하니 其積之盛이면 則發而著見於外者 不待言而無不順也니라. 程子曰 睟面盎背는 皆積誠致然이니 四體不言而喩는 唯有德者能之니라. ○此章은 言君子固欲其道之大行이나 然이나 其所得於天者는 則不以是而有所加損也니라.
大文字義 [睟수] 깨끗하다, 순수하다. [盎앙] 가득차다. [喩유] 깨닫다.
大文句文 [睟然見於面] 粹然히 얼굴에 드러나다.
集註字義 [蘊온] 깊은 뜻.(深其義) [豐풍] 풍부하다. [盈영] 가득차다. [溢일] 넘치다. [曉효] 깨닫다. [稟품] 부여하다. [累루] 얽매이다.
集註句文 [積誠致然] 쌓여서 眞誠이 완성된 모습.(積之誠成然)

思辨錄[五] [孟子 盡心上, 根於心]
根於心 謂心之所本有也。四軆不言而喩 言耳目手足之所施爲所發用者 不待心口之揆度揣擬而自喩於仁義禮智之則 無所不合也。 所謂從心所欲不踰矩安而行之不勉而中者也。○此章 明君子之所大 在乎能盡吾心之所得於天者若向所謂樂與欲 乃其餘之推耳。得之不得 曾不足以毫髮加損於定分也。
解義 "마음에 뿌리를 두고 있다."는 것은 마음이 본래 지니고 있는 것을 이름이요, "온 몸이 말하지 않아도 깨닫게 된다."는 것은, 耳目과 手足이 행하고

드러나는 것이 마음과 입이 헤아리는 것을 기다리지 않고 저절로 인의예지의 법칙을 깨달아 이에 부합하지 않음이 없음을 말한 것이다. 논어에서 이른바 "마음이 하고자 하는 대로 따라도 법도를 넘지 않는다."는 것과, "편안히 행하고 노력하지 않아도 법도에 맞는다."는 것이다. 이 章은 군자가 크게 여기는 것은, 하늘로부터 부여받은 바의 내 마음을 다할 수 있는데 있고, 앞서 말한 바와 같이 즐거움과 사욕은 바로 그 나머지를 미루어 나간 것뿐이다. 얻고 얻지 못하는 것은 일찍이 정해진 분수에 털끝만큼도 가감할 수 없음을 밝힌 것이다.

자구 [喩유] 깨닫다. [施爲] 행하다. [揆규] 헤아리다. [揆度] 헤아리다. [揣췌] 헤아리다. 탐색하다. [擬의] 헤아리다, 비교하다. [則칙] 규칙. [踰유] 넘다. [矩규] 법도. [中중] 들어맞다. [毫호] 조금, 잔털. [毫髮] 털끝. [加損] 가감. [定分] 정해진 분수

22장 孟子曰 伯夷辟紂하야 居北海之濱이러니 聞文王作興하고 曰 盍歸乎來리오 吾聞西伯은 善養老者라하고 大公이 辟紂하야 居東海之濱이러니 聞文王作興하고 曰 盍歸乎來리오 吾聞西伯은 善養老者라하니 天下에 有善養老則仁人이 以為己歸矣니라.

맹자왈, "백이는 紂王을 피하여 북해 가에서 살았는데 문왕이 출현했다는 소리를 듣고 흥기하여 말하기를, '어찌 돌아가지 않으리오. 내가 들으니 西伯은 늙은이를 잘 봉양하다.' 하고, 태공이 紂王을 피하여 동해 가에서 살았는데 문왕이 출현했다는 소식을 듣고 흥기하여 말하기를, '어찌 돌아가지 않으리오. 내가 들으니 서백은 늙은이를 잘 봉양한다.' 하니, 천하에 늙은이를 잘 봉양하는 자가 있으면 仁人이 자신의 귀의처로 여길 것이다.

集註 己歸는 謂己之所歸라. 餘見前篇하니라.

大文字義 [辟피] 피하다.(去聲). [作작] 일어나다. [興흥] 흥기하다. [盍합] 어찌~하지 않으리오. [歸귀] 귀의처, 돌아갈 곳.

大文句文 [聞文王作興] 문왕이 출현했다는 소문을 듣고 흥기하다. [盍歸乎來] 어찌 돌아가지 않으리오.(來는 어조사) [善養老者] 늙은이를 잘 봉양하는 자. [以為己歸矣] 자신의 귀의처로 여기다.

五畝之宅에 樹墻下以桑하야 匹婦蠶之則老者 足以衣帛矣며 五母雞와 二母彘를 無失其時면 老者 足以無失肉矣며 百畝之田을 匹夫 耕之면 八口之家 可以無饑矣리라.

5畝의 택지에 담장 아래에다 뽕나무를 심고 부인네들이 누에를 치면 늙은이가 비단옷을 입기에 충분하며, 다섯 마리 암닭과 두 마리 암돼지를 기르되 새끼 칠 때를 잃지 않는다면 늙은이가 고기 먹는 것을 잃지 않기에 충분하며, 100畝의 田地를 보통의 사내가 경작하면 여덟 식구의 집이 굶주림이 없을 수 있을 것이다.

集註 此는 文王之政也라. 一家養母雞五母彘二也라. 餘見前篇하니라.

大文字義 [樹수] 심다. [墻장] 담장. [桑상] 뽕나무. [蠶잠] 누에를 치다. [彘체] 돼지. [饑기] 굶주리다.

大文句文 [匹婦蠶之] 여인이 누에를 치다. [五母雞] 다섯 마리 어미닭. [足以無失肉] 고기를 잃지 않기에 충분하다.

所謂西伯이 善養老者는 制其田里하야 教之樹畜하며 導其妻子하야 使養其老니 五十에 非帛不煖하며 七十에 非肉不飽하나니 不煖不飽를 謂之凍餒니 文王之民이 無凍餒之老者 此之謂也니라.

이른 바 西伯이 養老를 잘 한다는 것은, 전지와 택지의 제도를 제정하여 뽕나무 심고 가축 기르는 것을 가르치며, 그 처자를 인도하여 늙은이를 봉양하게 하는 것이다. 나이 50십에 비단옷이 아니면 따뜻하지 않고 나이 70에 고기를 먹지 않으면 배부르지 않으니, 따뜻하지 않고 배부르지 않는 것을 일러 추위에 떨고 굶주린다고 한다. 문왕의 백성이 추위에 떨고 굶주리는 늙은이가 없다고 하는 것은 바로 이것을 말한 것이다."

集註 田은 謂百畝之田이요 里는 謂五畝之宅이라. 樹는 謂耕桑이요 畜은 謂雞彘也라. 趙氏曰 善養老者는 教導之하야 使可以養其老耳요 非家賜而人益之也니라.

大文字義 [制제] 제정하다. [畜축, 本音휵] 짐승을 기르다. [導도] 인도하다. [煖난] 따뜻하다. [飽포] 배부르다. [凍동] 추위에 떨다. [餒뇌] 굶주리다.

大文句文 [制其田里] 전지와 택지의 법을 제정하다. [無凍餒之老者] 추위에 떨고 굶주리는 늙은이가 없는 것.

23장 孟子曰 易其田疇하며 薄其稅斂이면 民可使富也니라.

맹자왈, "백성들의 농지를 관리해주며 백성들의 세금을 가볍게 해주면 백성들은 부유하게 될 수 있다.

集註 易는 治也라. 疇는 耕治之田也라.
大文字義 [易이] 다스리다. [疇주] 밭두둑, 경계. [斂렴] 세금을 거두다.

食之以時하며 用之以禮면 財不可勝用也니라.

곡식을 제 때에 먹게 하며 禮로써 쓰게 하면 재용은 이루다 쓸 수 없을 것이다.

集註 教民節儉이면 則財用足也리라.

民非水火면 不生活이로되 昏暮에 叩人之門戶하야 求水火어든 無弗與者는 至足矣일새니 聖人이 治天下에 使有菽粟을 如水火니 菽粟이 如水火면 而民이 焉有不仁者乎리오

백성이 물과 불이 아니면 생활하지 못하지만, 저물녘에 남의 문을 두드려 물과 불을 구하면 주지 않는 자가 없는 것은 매우 충분하기 때문이다. 성인이 천하를 다스림에 가령 콩과 곡식을 소유하기를 물과 불처럼 할 것이니, 물과 불처럼 한다면 백성이 어찌 不仁함이 있으리오."

集註 水火는 民之所急이니 宜其愛之로되 而反不愛者는 多故也라. 尹氏曰 言禮義生於富足이니 民無常産이면 則無常心矣니라.
大文字義 [昏혼] 저물녘. [暮모] 저물다. [叩고] 두드리다. [與여] 주다.(上聲). [菽숙] 콩. [粟속] 조.

24장 孟子曰 孔子登東山而小魯하시고 登太山而小天下하시니 故로 觀於海者엔 難為水요 遊於聖人之門者엔 難為言이니라.

맹자왈, "공자께서 동산에 오르시어 노나라를 작다고 하시고, 태산에 오르시어 천하를 작다고 하셨다. 그러므로 바다를 본 자에게는 물 되기 어렵고, 성인의 문하에서 유학한 자에게는 말 되기 어렵다.

集註 此는 言聖人之道大也라. 東山은 蓋魯城東之高山이요 而太山則又高矣라. 此는 言所處益高면 則其視下益小요 所見旣大면 則其小者不足觀也라. 難為水難為言은 猶仁不可為衆之意라.

大文句文 [難為水] 물 되기 어렵다. 물이 물로 보이지 않는다. [難為言] 말 되기 어렵다. 말하기가 어렵다.

集註句文 [仁不可為衆] 인자에게는 대중이 되지 못한다, 인자는 많은 사람으로 대적할 수 없다.

觀水 有術하니 必觀其瀾이니라 日月이 有明하니 容光에 必照焉이니라.

물을 관찰하는 데는 방법이 있으니 반드시 그 여울목을 살펴보아야 한다. 해와 달은 빛의 본체가 있으니 빛이 들 만한 곳에는 반드시 비춰준다.

集註 此는 言道之有本也라. 瀾은 水之湍急處也라. 明者는 光之體요 光者는 明之用也라. 觀水之瀾이면 則知其源之有本矣요 觀日月於容光之隙에 無不照면 則知其明之有本矣니라.

大文字義 [瀾란] 여울목. [照조] 비추다.

集註字義 [湍단] 여울목. [隙극] 틈.

流水之為物也 不盈科면 不行하나니 君子之志於道也에도 不成章이면 不達이니라.

흐르는 물의 속성은 웅덩이를 채우지 않으면 흘러가지 않으니, 군자가 도에 뜻을 두었을 때에도 文章을 이루지 못하면 도달하지 못한다."

集註 言學當以漸이라야 乃能至也라. 成章은 所積者厚而文章外見也라. 達者는 足於此而通於彼也라. ○此章은 言聖人之道大(첫 문장)而有本(둘째 문장)하니 學之者必以其漸(셋째 문장)이라야 乃能至也니라.

大文字義 [科과] 웅덩이. [章장] 문장. [達달] 통달하다.

大文句文 [流水之為物也 不盈科不行] 흐르는 물의 속성은 웅덩이를 채우지 않으면 흘러가지 않는다.

集註句文 [學當以漸] 배움은 물이 조금씩 조금씩 스며들 듯이 하여야 한다. [成章所積者厚而文章外見也[乃能至也] 成章은 쌓은 것이 두터워서 문장이 밖으로 드러난 것이다. [乃能至也] 마침내 성인의 경지에 이를 수 있는 것이다.

弘齋全書卷七十七 [經史講義十四 孟子, 不成章不達]

不成章不達 蓋謂學者進道 有許多科級。如於最初科成章而後 方達於第二科 以次皆然 而成章二字之義 終涉未瑩。集註云所積者厚 文章外見。然則文章之外見 亦有許多般樣。如在最初科者 其文章比之第二科 雖不足爲文章 而以自己所到之地頭言之 則亦可謂之文章 而可達於第二科耶。朱子又曰 成章是做得成片段 文理可觀。

解義 不成章不達은 학자가 도에 나아감에 많은 科級이 있음을 이른다. 이를테면 최초의 과정에서 문장을 이룬 뒤라야 바야흐로 두 번째 과정에 도달할 수 있고, 그다음도 차례에 따라 모두 그러한데, 成章이라는 두 글자의 뜻은 끝내 통하기에 분명하지가 않다.《집주》에는 "쌓인 것이 두터워서 문장이 밖으로 드러남이다."라고 하였다. 그렇다면 문장이 밖으로 드러나는 것도 허다한 양상이 있다. 이를테면 최초의 과정에 있는 자가 그 문장이 두 번째 과정에 견주어 볼 때, 비록 문장이 되기에는 부족하더라도 스스로 자신이 도달한 바의 경지로써 말하면 또한 문장이라고 할 수가 있고, 두 번째 과정에 도달할 수가 있지 않겠는가? 주자가 또 말하기를, "成章이라는 것은 하나의 단원을 이루어 文理가 볼 만한 것이다."

자구 [涉섭] 통하다, 건너다. [瑩영] 밝다, 옥돌. [地頭] 경지. [做得成] 이루다.

25장 孟子曰 雞鳴而起하야 孳孳為善者는 舜之徒也요

맹자왈, "닭이 울면 일어나서 부지런히 선을 행하는 자는 순의 무리이고,

集註 孳孳는 勤勉之意라. 言雖未至於聖人이나 亦是聖人之徒也라.

大文字義 [孳자] 부지런하다.

大文句文 [孳孳爲善者] 부지런히 선을 행하는 자.

雞鳴而起하야 孳孳爲利者는 蹠之徒也니

닭이 울면 일어나서 부지런히 利를 추구하는 자는 도척의 무리이니,

集註 蹠은 盜蹠也라.
大文字義 [蹠척] 밟다.
集註句文 [盜蹠] 춘추시대의 큰 도둑의 名.

欲知舜與蹠之分인댄 無他라 利與善之間也니라.

순과 도척의 구분을 알고자 한다면 다른 것이 없다. 利와 善의 사이다."

集註 程子曰 言間者는 謂相去不遠하야 所爭이 毫末耳라 善與利는 公私而已矣니 才出於善이면 便以利言也니라. ○楊氏曰 舜蹠之相去遠矣나 而其分은 乃在利善之間而已니 是豈可以不謹이리오 然이나 講之不熟하고 見之不明이면 未有不以利爲義者니 又學者所當深察也니라. 或問 雞鳴而起하야 若未接物이면 如何爲善이닛고 程子曰 只主於敬이 便是爲善이니라.
集註字義 [毫호] 터럭. [末말] 끝. [才재] 겨우.(纔) [出출] 벗어나다. [講강] 익히다. [熟숙] 익숙하다. [鷄계] 닭. [鳴명] 울다.
集註句文 [才出於善] 겨우 선에서 벗어나다. [如何爲善] 어떻게 선을 행하는가?

26장 孟子曰 楊子는 取爲我하니 拔一毛而利天下라도 不爲也하니라.

맹자왈, "양자는 爲我를 취하니, 한 개의 털을 뽑아 천하를 이롭게 하더라도 하지 않는다.

集註 楊子는 名朱라. 取者는 僅足之意니 取爲我者는 僅足於爲我而已요 不及爲人也라. 列子稱其言曰 伯成子高不以一毫利物이라하니 是也라.
大文字義 [拔발] 뽑다.
大文句文 [取爲我] 爲我만을 취하다.
集註字義 [僅근] 겨우.

墨子는 兼愛하니 摩頂放踵이라도 利天下인댄 為之하니라.

묵자는 兼愛하니, 정수리를 갈아서 발꿈치에 이르더라도 천하를 이롭게 한다면 할 것이고,

集註 墨子는 名翟이라. 兼愛는 無所不愛也라. 摩頂은 摩突其頂也라. 放은 至也라.
大文字義 [摩마] 갈다. [頂정] 정수리. [放방] 이르다.(去聲). [踵종] 발꿈치.
集註字義 [翟적] 꿩. [突돌] 부딪히다.(觸)
集註句文 [摩突其頂] 이마를 갈고 부딪치다.

勉庵文集 十一卷 [書 答李聖一, 磨頂放踵]
下示職命 聖恩隆重 感惶交摯。且讀來敎 委曲懇惻 人非木石 寧不欲磨頂放踵 思所以上報吾君下酬知己哉。然山野之性 迂恠成痼 决不敢彈冠結綬以取傍笑。且念國勢民命 倒懸至此 雖伊管大才 尚難下手。
解義 내려 주신 직명은 임금의 은혜가 융숭하니 감격과 황송한 마음이 번갈아 일어납니다. 또 보내주신 편지를 읽어 보니 자세하고 매우 측은하여 사람이 목석이 아니라면 어찌 정수리를 갈아서 발꿈치에 이르게 하여 위로 우리 임금께 보답하고 아래로는 知己에 보답할 것을 생각하고 싶지 않겠습니까? 그러나 山野에 살아온 사람의 성격이 오활하고 괴이함이 고질이 되었으니 결단코 감히 벼슬길에 나아갔다가 비웃음을 받을 수는 없습니다. 또 나라의 형세와 백성의 목숨이 위급함이 이 지경에 이른 것을 생각하니, 비록 伊尹이나 管仲 같은 큰 인재라도 오히려 손을 쓰기 어려울 것입니다.
자 구 [下示] 내려주시다. [惶황] 황송. [摯지] 이르다. [來敎] 보내주신 편지. [委曲] 자세함. [懇간] 간절하다. [惻측] 슬퍼하다. [酬수] 보답하다. [迂우] 우활하다, 세상물정에 어둡다. [恠괴] 괴이하다. [痼고] 고질. [彈冠] 벼슬에 나갈 준비를 하다. [綬수] 인끈. [結綬] 벼슬에 나가다. [傍笑] 비웃음. [倒懸] 위급한 처지에 처함. [伊管] 이윤과 관중.

子莫은 執中하니 執中이 爲近之나 執中無權이 猶執一也니라.

子莫은 중간을 잡았으니 중간을 잡는 것은 도에 가까움이 되지만, 중간을 잡고 균평함을 취한 것이 없으니 한쪽만을 잡는 것과 같은 것이다.

集註 子莫은 魯之賢人也니 知楊墨之失中也라. 故로 度於二者之間하야 而執其中하니라. 近은 近道也라. 權은 稱錘也니 所以稱物之輕重而取中也라. 執中而無權이면 則膠於一定之中하야 而不知變이니 是亦執一而已矣니라. 程子曰 中字最難識이니 須是黙識心通이니라. 且試言一廳則中央爲中이요 一家則廳非中而堂爲中이며 一國則堂非中而國之中爲이니 中推此類면 可見矣니라. 又曰 中不可執也니 識得則事事物物에 皆有自然之中하야 不待安排하니 安排著이면 則不中矣니라.

大文句文 [執中無權] 중간을 잡고 균평함을 취한 것이 없다.

集註字義 [度탁] 헤아리다.(入聲)./ 법도.(도, 去聲). [排배] 배치하다, 밀치다. [着착] 붙다, 입다.(入聲)./ 나타나다.(저, 去聲). [稱칭] 저울대. [錘추] 저울추. [膠교] 아교로 붙이다. [變변] 임기응변.

集註句文 [黙識心通] 묵묵히 기억하고 마음으로 통하다. [試言] 設言. [安排著(착)] 안배를 붙이다, 안배를 못 박다. 혹은 著은 어조사로 뜻이 없음.

所惡執一者는 爲其賊道也니 擧一而廢百也니라.

한 쪽만을 잡는 것을 싫어하는 것은 도를 해치기 때문이니, 한 가지만을 들고 백가지를 폐하는 것이다."

集註 賊은 害也라. 爲我는 害仁이요 兼愛는 害義요 執中者는 害於時中이니 皆擧一而廢百者也라. ○此章은 言道之所貴者中이요 中之所貴者權이니라. 楊氏曰 禹稷이 三過其門而不入하시니 苟不當其可면 則與墨子無異요 顔子在陋巷하야 不改其樂하시니 苟不當其可면 則與楊氏無異라. 子莫은 執爲我兼愛之中而無權하니 鄕鄰有鬪而不知閉户하고 同室有鬪而不知救之리니 是亦猶執一耳라. 故로 孟子以爲賊道하시니라. 禹稷顔回易地則皆然은 以其有權也니 不然이면 則是亦楊墨而已矣니라.

大文字義 [爲위] 때문이다. [賊적] 해치다. [擧거] 거행하다.

集註字義 [陋누] 누추하다. [巷항] 골목. [鬪투] 싸우다.

集註句文 [不當其可] 그 가함에 맞지 않다.

27장 孟子曰 饑者 甘食하고 渴者 甘飮하나니 是未得飮食之正也라 饑渴이 害之也니 豈惟口腹이 有饑渴之害리오 人心이 亦皆有害하니라.

맹자왈, "굶주린 자는 달게 먹고 목마른 자는 달게 마시니, 이것은 마시고 먹는 것의 올바른 맛을 얻지 못한 것이다. 굶주림과 목마름이 해친 것이니. 입이나 배만이 굶주림과 목마름의 해가 있겠는가? 사람의 마음에도 모두 해로움이 있는 것이다.

集註 口腹이 爲饑渴所害라 故로 於飮食에 不暇擇而失其正味요 人心이 爲貧賤所害라 故로 於富貴에 不暇擇而失其正理니라.

大文字義 [饑기] 굶주리다. [甘감] 달다. [渴갈] 목마르다.

集註字義 [暇가] 겨를. [擇택] 가리다.

人能無以饑渴之害로 爲心害則不及人을 不爲憂矣리라.

사람이 굶주림과 목마름의 해로써 마음이 해를 입지 않을 수 있다면, 남에게 못 미치는 것을 근심으로 여기지 않을 것이다."

集註 人能不以貧賤之故而動其心이면 則過人이 遠矣니라.

참고 이 章은 사람이 작은 것을 가지고 큰 것을 해쳐서는 안 되고, 末을 가지고 本을 해쳐서는 안 됨을 말한 것이다.(心經附註 原註)

心經附註 附註 [人心爲利欲所害]

朱子曰 人心亦皆有害一句를 趙氏 謂人心爲利欲所害라하니 此說이 甚善이라 蓋飢渴이 害其知味之性이면 則飮食이 雖不甘이나 亦以爲甘하고 利欲이 害其仁義之性이면 則所爲雖不可나 亦以爲可也니라.

解義 朱子曰, "'人心 또한 모두 해를 입는 경우가 있다.'는 한 句를 趙岐는 '人心이 利慾에 해를 받는 것'이라고 말하였으니, 이 말이 매우 좋다. 대개 배고품과 목마름이 맛을 아는 性을 해치면 飮食이 비록 달지 않지만 또한 달다고 여기고, 利慾이 仁義의 性을 해치면 행하는 바가 비록 옳지 않으나 또한 옳다고 여긴다."

28장 孟子曰 柳下惠는 不以三公으로 易其介하니라.

맹자왈, "유하혜는 三公의 자리 때문에 그의 개결함을 바꾸지 않았다."

集註 介는 有分辨之意라. 柳下惠는 進不隱賢하야 必以其道하며 遺佚不怨하고 阨窮不憫하며 直道事人하야 至於三黜하니 是其介也니라. ○此章은 言柳下惠和而不流하니 與孔子論夷齊不念舊惡으로 意正相類하니 皆聖賢微顯闡幽之意也니라.

大文字義 [介개] 개결하다, 操守其心.(張橫渠)

大文句文 [三公] 太師, 太傅, 太保.

集註字義 [阨액] 곤궁하다. [憫민] 번민하다. [黜출] 내쳐지다. [闡천] 밝다. [幽유] 어둡다, 그윽하다.

集註句文 [遺佚] 버림을 받다.(유능한 사람이 버려져서 세상에 나타나지 않음.) [微顯闡幽] 은미한 일을 나타내고 감추어진 일을 드러낸다.

周易 繫辭傳下 夫易은 彰往而察來하며 而微顯闡幽라。

解義 易은 지나간 일을 밝히고 미래의 일을 살피며, 은미한 것을 드러내고 숨겨진 것을 밝혀 준다.

29장 孟子曰 有爲者 辟若掘井하니 掘井九軔而不及泉이면 猶爲棄井也니라.

맹자왈, "어떤 일을 하는 자는 비유하자면 우물을 파는 것과 같으니, 우물을 아홉 길이나 파더라도 源泉에 미치지 못하면 오히려 우물을 버리는 것이 된다."

集註 八尺曰仞이라. 言鑿井雖深이나 然이나 未及泉而止면 猶爲自棄其井也니라. ○呂侍講曰 仁不如堯하고 孝不如舜하고 學不如孔子하면 終未入於聖人之域이요 終未至於天道니 未免爲半塗而廢하야 自棄前功也니라.

大文字義 [辟비] 비유하다(譬).(去聲). [掘굴] 파다. [軔인] 길.(仞) [泉천] 원천, 샘물.

集註字義 [仞인] 8尺. [鑿착] 뚫다. [塗도] 길, 진흙.

30장 孟子曰 堯舜은 性之也요 湯武는 身之也요 五霸는 假之也니라.

맹자왈, "堯舜은 본성대로 실천하였고, 湯武는 도를 체득하여 본성을 회복하였고, 五霸는 인의를 가장하였다.

集註 堯舜은 天性渾全하야 不假修習이요 湯武는 修身體道하야 以復其性이요 五霸則假借仁義之名하야 以求濟其貪欲之私耳니라.

大文字義 [假가] 빌리다.

大文句文 [性之] 본성대로 실천하다. [身之] 체득하다.

集註句文 [渾全] 완전하다.

久假而不歸하니 惡知其非有也리오

오래도록 빌리고 돌려주지 않았으니, 그것이 자기의 소유가 아니라는 것을 어떻게 알았겠는가?"

集註 歸는 還也라. 有는 實有也라. 言竊其名以終身하야 而不自知其非眞有라. 或曰 蓋嘆世人莫覺其僞者라하니 亦通이라. 舊說에 久假不歸면 卽爲眞有라하니 則誤矣니라. ○尹氏曰 性之者는 與道一也요 身之者는 履之也니 及其成功則一也라. 五霸則假之而已니 是以로 功烈이 如彼其卑也니라.

集註字義 [還환] 돌려주다. [竊절] 겸사의 뜻으로 사용. [嘆탄] 한탄하다. [誤오] 잘못. [履리] 실천하다, 밟다, 신발.

31장 公孫丑曰 伊尹이 曰 予不狎于不順이라하고 放太甲于桐한대 民이 大悅하고 太甲이 賢커늘 又反之한대 民大悅하니

공손추曰, "이윤이 말하기를, '나는 의리에 順하지 못한 것을 가까이서 두고 보지 못한다.' 하고, 太甲을 桐땅으로 추방하였는데 백성들이 크게 기뻐하였습니다. 태갑이 賢하게 되자 또 돌아오게 하였는데 백성들이 크게 기뻐하였으니,

集 註 予不狎于不順은 太甲篇文이라. 狎은 習見也라. 不順은 言太甲所為不順義理也라. 餘見前篇하니라.

大文字義 [狎압] 익히 보다, 가까이 두고 보다. [桐동] 太甲이 추방된 곳.

集註句文 [前篇] 萬章上

賢者之為人臣也에 其君이 不賢則固可放與잇가 孟子曰 有伊尹之志則可커니와 無伊尹之志則篡也니라.

현자가 신하가 됨에 그 임금이 현하지 못하면 참으로 추방해도 됩니까?" 맹자왈, "이윤과 같은 뜻을 가지고 있다면 괜찮지만, 이윤과 같은 뜻이 없다면 찬탈이다."

集 註 伊尹之志는 公天下以為心하야 而無一毫之私者也라.

大文字義 [與여] 의문사(平聲). [篡찬] 찬탈하다.

集註句文 [公天下以為心] 천하를 공변되게 하는 것을 자신의 마음으로 삼는다.

32장 公孫丑曰 詩曰 不素餐兮라하니 君子之不耕而食은 何也잇고 孟子曰 君子 居是國也에 其君이 用之則安富尊榮하고 其子弟 從之則孝弟忠信하나니 不素餐兮 孰大於是리오

공손추曰, "시경에 이르기를, '공밥 먹지 않는다' 하는데, 군자가 농사짓지 않고 먹는 것은 어째서 입니까?" 맹자왈, "군자가 이 나라에 거처함에 그 임금이 등용하면 임금은 편안하며 부유하고 권위가 높아지며 영화롭게 되고, 백성들의 자제들이 따르게 되면 孝悌忠信하니 공밥 먹지 않는 것이 어찌 이보다 크겠는가?"

集 註 詩는 魏國風伐檀之篇이라. 素는 空也니 無功而食祿을 謂之素餐이라. 此는 與告陳相彭更之意同이라.

大文字義 [素소] 空, 공연히. [餐찬] 먹다, 녹을 먹다. [耕경] 갈다(밭, 논)

大文句文 [素餐] 공밥 먹다, 공연히 녹을 먹다.

詩 經 [國風 魏風 伐檀篇 3章]

大 義 지위가 있는 자가 공이 없는데도 녹을 받으니, 군자가 벼슬할 수 없음을 풍자한 것이다.

詩解 1장. 坎坎伐檀兮하야 寘之河之干兮하니 河水淸且漣猗로다 不稼不穡이면 胡取禾三百廛兮며 不狩不獵이면 胡瞻爾庭有縣貆이리오하나니 彼君子兮여 不素餐兮로다.

영차영차 박달나무를 잘라서 하수가에 두었더니, 하수 물 맑고도 물결이 일도다. 씨 뿌리지 않고 거두지 않으면 어찌 벼 삼백전을 거두며, 수렵하지 아니하면 어찌 뜰에 걸려 있는 담비 가죽을 보리오 하나니, 저 군자여 공밥 먹지 않는구나.

2장. 坎坎伐輻兮하야 寘之河之側兮하니 河水淸且直猗로다 不稼不穡이면 胡取禾三百億兮며 不狩不獵이면 胡瞻爾庭有縣特兮리오하나니 彼君子兮여 不素食兮로다.

영차영차 바퀴살 감을 베어서 하수가에 두었더니, 하수 물 맑고도 곧게 물결치도다. 씨 뿌리지 않고 거두지 않으면 어찌 벼 삼백억을 거두며, 수렵하지 아니하면 어찌 뜰에 걸려 있는 짐승을 보리오 하나니, 저 군자여 공밥 먹지 않는구나.

3장. 坎坎伐輪兮하야 寘之河之漘兮하니 河水淸且淪猗로다 不稼不穡이면 胡取禾三百囷兮며 不狩不獵이면 胡瞻爾庭有縣鶉兮리오하나니 彼君子兮여 不素飧兮로다.

영차영차 수레바퀴 감을 베어서 하수가에 두었더니, 하수물 맑고도 잔물결이 일도다. 씨 뿌리지 않고 거두지 않으면 어찌 벼 삼백균을 거두며 수렵하지 아니하면 어찌 뜰에 걸려 있는 메추라기를 보리오 하나니, 저 군자여 공밥 먹지 않는구나.

자구 [坎감] 물건을 힘껏 치는 소리, 구덩이. [坎坎] 영차영차. [檀단] 박달나무. [寘치] 두다. [干간] 물가, 방패, 범하다, 막다. [漣연] 물결이 일다. [猗의] 어조사(兮). [稼가] 심다. [穡색] 거두다. [胡호] 어찌, 오랑캐. [廛전] 집터, 300 가구분의 곡식. [狩수] 사냥하다. [獵렵] 사냥하다. [瞻첨] 보다. [縣현] 걸려있다. [貆환] 담비. [素餐] 공밥먹다. [輻폭] 바퀴살감. [直직] 곧게 물결치다. [億] 十萬. [特] 짐승, 숫소. [輪륜] 수레바퀴감. [漘순] 물가. [淪윤] 잔물결. [囷균] 곳집, 볏장. [鶉순] 메추라기. [飧손] 저녁밥.

33장 王子墊이 問曰 士는 何事잇고

왕자점 問曰, "士는 무슨 일을 합니까?"

集註 墊은 齊王之子也라. 上則公卿大夫와 下則農工商賈가 皆有所事로되 而士居其間하야 獨無所事라 故로 王子問之也라.

大文字義 [墊점] 빠지다.

集註句文 [商賈] 장사하는 사람.

孟子曰 尙志니라.

맹자왈, "뜻을 높입니다."

集註 尙은 高尙也라. 志者는 心之所之也라. 士旣未得行公卿大夫之道하고 又不當爲農工商賈之業이면 則高尙其志而已니라.

大文字義 [尙상] 높이다.

曰 何謂尙志잇고 曰 仁義而已矣니 殺一無罪 非仁也며 非其有而取之 非義也니 居惡在오 仁이 是也라 路惡在오 義是也라 居仁由義면 大人之事 備矣니라.

왕자점曰, "무엇을 일러 뜻을 높인다고 합니까?" 맹자왈, "인의를 높일 뿐이니 한 사람이라도 죄가 없는데 죽이는 것은 仁이 아니며, 그가 가질 것이 아닌데 취하는 것은 義가 아니니, 거처할 곳이 어느 곳에 있는가? 仁이 바로 이곳입니다. 길은 어느 곳에 있는가? 義가 바로 이곳입니다. 仁에 거처하고 義를 행하면 대인의 일이 갖추어집니다."

集註 非仁非義之事를 雖小나 不爲하고 而所居所由가 無不在於仁義하니 此는 士所以尙其志也라. 大人은 謂公卿大夫라. 言士雖未得大人之位나 而其志如此면 則大人之事가 體用已全하니 若小人之事는 則固非所當爲也니라.

34장 孟子曰 仲子不義로 與之齊國而弗受를 人皆信之어니와 是舍簞食豆羹之義也라 人莫大焉이어늘 亡親戚君臣上下하니 以其小者로 信其大者 奚可哉리오

맹자왈, "진중자는 불의한 방법으로 그에게 제나라를 주더라도 받으려 하지 않는다는 것을 사람들이 모두 믿고 있지만, 이것은 대그릇에 담은 밥과 나무그릇에 담은 국을 버리는 작은 廉義이다. 사람에게는 인륜보다 큰 것이 없는데 친척과 군신과 상하를 버리니 작은 것을 가지고 큰 것을 믿는 것이 어찌 옳겠는가?"

集註 仲子는 陳仲子也라. 言仲子設若非義而與之齊國이라도 必不肯受리니 齊人이 皆信其賢이라. 然이나 此但小廉耳라. 其辟兄離母하고 不食君祿하야 無人道之大倫하니 罪莫大焉이라. 豈可以小廉으로 信其大節하야 而遂以爲賢哉리오.

大文字義 [與여] 주다.(上聲). [舍사] 버리다.(上聲). [簞단] 대그릇 밥. [豆두] 나무그릇(제사용). [羹갱] 국. [奚해] 어찌.

集註字義 [肯긍] 하려하다. [廉염] 廉義. [辟피] 피하다.(去聲). [離리] 떠나다. [遂수] 드디어, 아침내, 이루다.

集註句文 [設若] 설령.

35장 桃應이 問曰 舜이 爲天子요 皐陶爲士어든 瞽瞍殺人則如之何잇고

桃應 問曰, "순이 천자가 되고 고요가 士師가 되었는데, 고수가 사람을 죽였다면 어떻게 됩니까?"

集註 桃應은 孟子弟子也라. 其意以爲舜雖愛父나 而不可以私害公이요 皐陶雖執法이나 而不可以刑天子之父라 故로 設此問하야 以觀聖賢用心之所極이요 非以爲眞有此事也라.

大文字義 [桃도] 복숭아. [皐고] 언덕. [陶요] 人名, 질그릇(도). [瞽고] 소경, 도리를 모르는 사람. [瞍수] 소경. [士사] 師士.

大文句文 [皐陶] 순임금의 신하. [瞽瞍] 순임금의 아버지 名.

孟子曰 執之而已矣니라.

맹자왈, "형을 집행할 뿐이다."

集註 言皐陶之心이 知有法而已요 不知有天子之父也라.

然則舜은 不禁與잇가

도응曰, "그렇다면 순임금이 금지시키지 않습니까?"

集註 桃應問也라.

曰 夫舜이 惡得而禁之시리오 夫有所受之也니라.

맹자왈, "순임금이 어찌 금지시킬 수 있겠는가? 법을 傳受받은 바가 있는 것이다."

集註 言皐陶之法이 有所傳受하니 非所敢私라. 雖天子之命이라도 亦不得而廢之也니라.

然則舜은 如之何잇고

도응曰, "그렇다면 순임금은 어찌합니까?"

集註 桃應問也라.

曰 舜이 視棄天下하사대 猶棄敝蹝也하사 竊負而逃하사 遵海濱而處하사 終身訢然樂而忘天下하시리라.

맹자왈, "순임금은 천하를 버리되 오히려 헌 신짝 버리듯 하여 아비를 몰래 등에 업고 도망해서 바닷가를 따라 거처하여, 종신토록 흔연히 즐거워하면서 천하를 잊었을 것이다."

集註 蹝는 草履也라. 遵은 循也라. 言舜之心이 知有父而已요 不知有天下也라. 孟子嘗言舜視天下를 猶草芥하시고 而惟順於父母라야 可以解憂라하시니 與此意로 互相發이니라. ○此章은 言為士者는 但知有法而不知天子父之為尊이요 為子者는 但知有父而不知天下之為大니 蓋其所以為心者 莫非天理之極人倫之至라 學者察此而有得焉이면 則不待較計論量이라도 而天下에 無難處之事矣리라.

大文字義 [棄기] 버리다. [敝폐] 해지다. [蹝사] 신발. [竊절] 몰래. [負부] 업다. [逃도] 도망하다. [遵준] 따르다. [濱빈] 물가. [訢흔] 기뻐하다.

大文句文 [棄敝蹝] 헌 신짝을 버리다.

集註字義 [嘗상] 일찍이. [芥개] 티끌, 먼지. [極극] 극처, [至지] 지극함.

集註句文 [互相發] 서로 발명하다. [較計論量] 비교하고 논란하다.

36장 孟子自范之齊러시니 望見齊王之子하시고 喟然歎曰 居移氣하며 養移體하나니 大哉라 居乎여 夫非盡人之子與아

맹자께서 范邑에서 제나라로 가셨는데, 제왕의 아들을 멀리서 보시고 아! 탄식하시면서 말씀하시기를, "거처하는 환경이 기세를 바꾸며, 기름이 몸가짐을 바꾸어 놓으니, 대단하구나. 거처하는 환경이여! 똑 같은 사람의 자식이 아닌가?

集註 范은 齊邑이라. 居는 謂所處之位라. 養은 奉養也라. 言人之居處가 所繫甚大하니 王子亦人子耳로되 特以所居不同이라 故로 所養不同하야 而其氣體有異也라.

大文字義 [范범] 邑名, 풀이름. [望망] 바라보다. [喟위] 탄식. [移이] 바꾸어 놓다. [氣기] 기세. [體체] 체질. [盡진] 똑 같은, 모두.

大文句文 [喟然] 탄식하는 모양.

孟子曰

맹자왈

> **集 註** 張鄒皆云羡文也라.
> **集註字義** [羡선] 나머지, 부러워하다.
> **集註句文** [羡文] 나머지 문장, 衍文, [張鄒] 張軾과 鄒浩이다. 장식은 남송의 성리학자로 字는 敬夫 호는 南軒이다. 鄒浩는 북송 때의 관리이다.

王子宮室車馬衣服이 多與人同而王子 若彼者는 其居 使之然也니 況居天下之廣居者乎아

왕자는 궁실과 車馬와 의복이 대부분 남들과 같지만 왕자가 저와 같이 된 것은 그 거처가 그를 그렇게 만든 것이니, 하물며 천하의 廣居인 仁에 거처하는 것이겠는가?

> **集 註** 廣居는 見前篇하니라. 尹氏曰 睟然見於面盎於背는 居天下之廣居者然也니라.
> **大文句文** [廣居] 仁.
> **集註字義** [睟수] 수연히, 깨끗하게. [盎앙] 흘러넘치다.

魯君이 之宋하야 呼於垤澤之門이어늘 守者曰 此非吾君也로되 何其聲之似我君也호하니 此는 無他라 居相似也니라.

노나라 임금이 송나라에 가서 질택문에서 소리치자, 성문을 지키는 자가 말하기를, '이분은 나의 임금이 아닌데 어찌하여 그 소리가 우리 임금과 비슷한 것인가.' 하였으니, 이것은 다른 것이 아니라 거처하는 환경이 서로 비슷하기 때문이다."

> **集 註** 垤澤은 宋城門名也라. 孟子又引此事為證하시니라.
> **大文字義** [垤질] 개미둑.

37장 孟子曰 食而弗愛면 豕交之也요 愛而不敬이면 獸畜之也니라.

맹자왈, "먹여주기만 하고 사랑하지 않으면 돼지로 사귀는 것이고, 사랑하기만 하고 공경하지 않으면 짐승으로 기르는 것이다.

集註 交는 接也요 畜은 養也라. 獸는 謂犬馬之屬이라.
大文字義 [豕시] 돼지. [畜축] 기르다.

恭敬者는 幣之未將者也니라.

공경이라는 것은 폐백을 받들기 전에 하는 것이다.

集註 將은 猶奉也니 詩曰 承筐是將이라하니라. 程子曰 恭敬이 雖因威儀幣帛而後發見이나 然이나 幣之未將時에 已有此恭敬之心이요 非因幣帛而後有也니라.
大文字義 [將장] 받들다.(平聲).
大文句文 [未將] 받들기 전.
集註字義 [承승] 받들다. [筐광] 광주리.

詩經 [小雅 鹿鳴之什 鹿鳴 3장]
大義 빈객에게 연향을 베푸는 시이다.
詩解 1장. 呦呦鹿鳴이여 食野之苹이로다 我有嘉賓하야 鼓瑟吹笙호라 吹笙鼓簧하야 承筐是將호니 人之好我 示我周行이엇다.
끼욱끼욱 우는 사슴이여 들판의 대쑥을 뜯도다. 나에게 아름다운 손님 있어 琴과 笙을 연주하노라. 혀를 울려 笙을 연주하여 광주리 받들어 폐백을 올리니, 나를 좋아하는 사람들 나에게 큰 길을 보여주도다.
2장. 呦呦鹿鳴이여 食野之蒿로다 我有嘉賓호니 德音孔昭하야 視民不恌니 君子是則是傚로다 我有旨酒호니 嘉賓式燕以敖로다.
끼욱끼욱 우는 사슴이여 들판의 제비쑥을 뜯도다. 나에게 아름다운 손님 있으니 德音이 몹시도 밝아서, 백성들에게 보여 경박하지 않게 하니 군자는 이것을 법칙으로 삼고 본받도다. 나에게 맛있는 술 있으니 아름다운 손님과 잔치하고 놀도다.

3장. 呦呦鹿鳴이여 食野之芩이로다 我有嘉賓하야 鼓瑟鼓琴호니 鼓瑟鼓琴이여 和樂且湛이로다 我有旨酒하야 以燕樂嘉賓之心이로다.
끼욱끼욱 우는 사슴이여 들판의 금초를 뜯도다. 나에게 아름다운 손님 있어 금슬을 연주하도다. 금슬을 연주함이여 화락하고 즐겁도다. 나에게 맛있는 술 있으니 아름다운 손님의 마음 안락하게 하도다.

자 구 [呦유] 사슴이 욺. 또는 그 소리. [呦呦] 끼욱끼욱. [苹평] 대쑥. [鼓고] 연주하다. [簧황] 혀(피리 등), 피리. [鼓簧] 생황의 혀를 울리다. [將장] 폐백을 바치다.(平聲). [周行] 큰 길, 大道. [蒿고] 재비쑥. [孔昭] 몹시도 밝다. [恌조] 경박하다. [傚효] 본받다. [燕연] 잔치하다. [敖오] 놀다. [芩금] 芩草. [湛담] 즐겁다. [燕樂] 안락하게 하다.

恭敬而無實이면 君子 不可虛拘니라.

예물로만 공경하되 진실이 없으면 군자는 공연히 얽매여서는 안 된다."

集註 此는 言當時諸侯之待賢者特以幣帛為恭敬而無其實也라. 拘는 留也라.

38장 孟子曰 形色은 天性也니 惟聖人然後에 可以踐形이니라.

맹자왈, "형색은 천성이니, 오직 성인이 된 뒤라야 타고난 형색대로 실천할 수 있다."

集註 人之有形有色이 無不各有自然之理하니 所謂天性也라. 踐은 如踐言之踐이라. 蓋衆人은 有是形而不能盡其理라 故로 無以踐其形이요 惟聖人은 有是形而又能盡其理하니 然後에 可以踐其形而無歉也니라. ○程子曰 此는 言聖人이 盡得人道而能充其形也라. 蓋人得天地之正氣而生하야 與萬物不同하니 旣為人인댄 須盡得人理然後에 稱其名이라. 衆人은 有之而不知하고 賢人은 踐之而未盡하니 能充其形은 惟聖人也니라. 楊氏曰 天生烝民에 有物有則하니 物者는 形色也요 則者는 性也라. 各盡其則이면 則可以踐形矣니라.

大文字義 [踐천] 실천하다.

大文句文 [形色] 形은 이목구비, 色은 이목구비의 기색.(본래의 모습) [天性] 타고난 본성. [踐形] 타고난 형색대로 실천하다.

集註字義 [歉겸] 부족하다. [烝증] 뭇. [稱칭] 걸맞게 되다.
集註句文 [踐言] 한 말을 실천하다.

思辨錄[五] [孟子 盡心上, 形色天性]

孟子曰 形色天性也 唯聖人然後可以踐形。言萬物各有形色 牛有牛之形色 犬有犬之形色。天各隨其形色而賦之以性 則卽此形色 便是天性。人亦有此人之形色 以稟其性 不可空生空死 以負其所得於天之形色。而衆人鮮能之 唯聖人爲能盡踐其形而無復遺恨也。盡心踐形 言雖殊而意則一也。

解義 맹자왈, "形色은 天性이니, 오직 성인이라야 형색대로 실천할 수 있다." 하였다. 만물에 각각 형색이 있으니, 소에게는 소의 형색이 있고 개에게는 개의 형색이 있음을 말한 것이다. 하늘이 각각 그 형색에 따라서 성품을 부여하였으니 곧 이 형색이 바로 천성이다. 사람에게도 이러한 사람의 형색이 있어서 그 性을 부여받았으니, 헛되이 살고 헛되이 죽어서 하늘에서 얻은 바의 형색을 배반해서는 안 된다. 사람들은 잘 할 수 있는 자가 드무니, 오직 성인이 된 뒤에야 그 형색을 다 실천할 수 있어서 다시 유감이 없다. 盡心과 踐形은 말은 비록 다르나 뜻은 똑 같은 것이다.

자구 [賦부] 부여하다. [稟품] 부여받다, 품부받다. [負부] 배반하다. [鮮선] 드물다. [遺유] 남기다. [殊수] 다르다.

宋子大全 卷一百二 [書 答洪虞卿, 形色天性與告子食色]

形色天性與告子食色 告子所謂食色 以口之欲食目之欲色而言也 是中庸序所謂人心也。此所謂形色 如頭之理當直 色之理當莊也 以天賦之自然而言也。二者逈然不同 不可合而論之也。蓋告子所謂以外物而言也 此以一身而言也。

解義 形色天性과 告子食色에 대하여, 고자가 말한 食色은, 입에 대한 식욕과 눈에 대한 색욕으로써 말한 것이니, 이는 中庸 서문에서 말한 人心이라는 것이다. 여기서 말한 形色은 이를테면 머리의 이치는 곧아야 하고 낯빛의 이치는 씩씩해야 한다는 것이니, 하늘이 부여한 저절로 그러한 것을 가지고 말한 것이다. 두 가지는 완전히 다르니 합하여 논할 수는 없는 것이다. 아마도 고자가 말한 것은 外物로써 말한 것이고, 여기서는 몸으로써 말한 것이다.

자구 [色색] 낯빛. [莊장] 씩씩하다. [逈형] 판이하다.

39장 齊宣王이 欲短喪이어늘 公孫丑曰 為朞之喪이 猶愈於已乎인져

제선왕이 短喪하고자 하자, 공손추曰, "朞年喪을 하는 것이 오히려 그만 두는 것보다 나을 것입니다."

集註 已는 猶止也라.
大文字義 [愈유] 낫다. [已이] 그만두다.
大文句文 [短喪] 상기를 짧게 하다. [朞之喪] 기년상, 1년상.

孟子曰 是猶或이 紾其兄之臂어늘 子謂之姑徐徐云爾로다 亦教之孝弟而已矣니라.

맹자왈, "이것은 或者가 형의 팔을 비틀자 그대가 말하기를 '우선 천천히 하라' 하는 것과 같도다. 또한 효제를 가르칠 뿐이다."

集註 紾은 戾也라 教之以孝弟之道면 則彼當自知兄之不可戾而喪之不可短矣리라. 孔子曰 子生三年然後에 免於父母之懷하나니 予也有三年之愛於其父母乎아하시니 所謂教之以孝弟者如此하니 蓋示之以至情之不能已者요 非強之也니라.
大文字義 [或혹] 혹자. [紾진] 비틀다. [臂비] 팔. [姑고] 우선. [徐서] 천천히.
大文句文 [云爾] 如此. 혹은 어미종결사로도 사용함.
集註字義 [戾려] 사납다. [懷회] 품. [強강] 억지로 하다.

論語 楊貨篇 [三年之喪]
宰我問 三年之喪이 期已久矣로소이다 君子三年을 不爲禮면 禮必壞하고 三年을 不爲樂이면 樂必崩호리니 舊穀이 既沒하고 新穀이 既升하며 鑽燧改火하나니 期可已矣로소이다. 子曰 食夫稻하며 衣夫錦이 於女에 安乎아 曰安하이다 女安則爲之하라 夫君子之居喪에 食旨不甘하며 聞樂不樂하며 居處不安故로 不爲也하나니 女安則爲之하라 宰我出커늘 子曰 予之不仁也여 子生三年然後에 免於父母之懷하나니 夫三年之喪은 天下之通喪也니 予也有三年之愛於其父母乎아.
자 구 [期기] 期年, 기간(별설). [崩붕] 무너지다. [升승] 익다. [鑽찬] 비비다. [燧수] 불을 취하는 나무. [改火] 계절에 따라 땔나무를 달리하여 봉화불을 바꾸는 것. [期可已] 기년이면 그만두어도 된다. [稻도] 쌀밥. [錦금] 비단옷. [居喪] 부모상을 치루다. [通喪] 천하 사람들이 인정하는 喪期. 통용되는 喪期.

王子有其母死者어늘 其傅為之請數月之喪이러니 公孫丑曰 若此者는 何如也잇고

왕자 중에 그 어미가 죽은 자가 있는데, 그 스승이 그를 위해 몇 개월의 상기를 요청하였다. 공손추曰, "이와 같이 하는 것은 어떻습니까?"

集註 陳氏曰 王子所生之母死에 厭於嫡母하야 而不敢終喪이어늘 其傅為請於王하야 欲使得行數月之喪也라. 時又適有此事하니 丑問如此者는 是非何如오하니라. 按儀禮컨대 公子為其母하야 練冠麻衣縓緣하고 旣葬에 除之라하니 疑當時에 此禮已廢어나 或旣葬而未忍卽除라 故로 請之也라.

大文字義 [傅부] 스승.

集註字義 [壓압] 압존되다. [適적] 마침. [縓전] 분홍색. [緣연] 가선. [除제] (상복을)벗다.

集註句文 [王子所生之母] 왕자를 나아주신 어머니. [嫡母] 정실 어머니. [練冠] 마전한 베로 만든 관, 인 삼베로 만든 관. [縓緣] 분홍색으로 깃의 가선을 두르다.

曰 是欲終之而不可得也라 雖加一日이나 愈於已하니 謂夫莫之禁而弗為者也라.

맹자왈, "이것은 상기를 마치고 싶어도 될 수 없는 것이다. 비록 하루를 더하더라도 그만두는 것보다 나을 것이니, (앞서 말한 것은) 누구도 금하지 않는데도 하지 않는 것을 말한 것이다."

集註 言王子欲終喪而不可得이어늘 其傅為請하니 雖止得加一日이라도 猶勝不加하니 我前所譏는 乃謂夫莫之禁而自不為者耳니라. ○此章은 言三年通喪은 天經地義라 不容私意有所短長이니 示之至情이면 則不肖者有以企而及之矣리라.

集註字義 [傅부] 스승. [譏기] 나무라다. [肖초] 닮다. [企기] 발돋움하다.

集註句文 [天經地義] 천지간에 바꿀 수 없는 이치, 천지간의 당연한 이치로서 변할 수 없는 법도. [不容私意有所短長] 사사로운 뜻을 용납하여 줄이고 늘이는 것을 둘 수 없다.

40장 孟子曰 君子之所以教者五니

맹자왈, "군자의 가르치는 방법이 다섯 가지이니,

集註 下文五者는 蓋因人品高下와 或相去遠近先後之不同이라.

有如時雨 化之者하며

제 때에 비가 내려 만물을 화육하는 것과 같은 경우가 있으며,

集註 時雨는 及時之雨也라. 草木之生에 播種封植하야 人力已至로되 而未能自化하니 所少者는 雨露之滋耳라. 及此時而雨之면 則其化速矣니 教人之妙亦猶是也니 若孔子之於顏曾이 是已라.

集註字義 [封봉] 북돋우다. [植치] 세워주다. [化화] 변화하다. [滋자] 적시다.

集註句文 [封植] 북돋아 주다. [是已] 是也.

有成德者하며 有達財者하며

덕을 이루어 주어야 하는 경우가 있으며, 재주를 달성시켜 주어야 하는 경우가 있으며,

集註 財는 與材同이라. 此는 各因其所長而教之者也라. 成德은 如孔子之於冉閔이요 達財는 如孔子之於由賜라.

大文字義 [達달] 이루어 주다. [財재] 재주, 재물.

集註句文 [冉閔] 염백우와 민자건. [由賜] 자로와 자공.

有答問者하며

질문에 대답해 주어야 하는 경우가 있으며,

集註 就所問而答之니 若孔孟之於樊遲萬章也라.

集註字義 [樊번] 울타리.

有私淑艾者하니

사적으로 선으로 다스려 주어야 하는 경우가 있으니,

集註 私는 竊也요 淑은 善也요 艾는 治也라. 人或不能及門受業하고 但聞君子之道於人하야 而竊以善治其身이면 是亦君子教誨之所及이니 若孔孟之於陳亢夷之가 是也라. 孟子亦曰 予未得為孔子徒也나 予는 私淑諸人也라하시니라.

大文字義 [私사] 개인적으로. [淑숙] 善. [艾애] 다스리다.

集註句文 [陳亢夷之] 陳子禽과 夷之(등문공 참고)

此五者는 君子之所以教也니라.

이 다섯 가지는 군자가 가르치는 방법이다."

集註 聖賢施教 各因其材하야 小以成小하고 大以成大하야 無棄人也니라.

集註句文 [無棄人] 버리는 사람이 없다.

41장 公孫丑曰 道則高矣美矣나 宜若登天然이라 似不可及也니 何不使彼로 為可幾及而日孳孳也잇고 孟子曰 大匠이 不為拙工하야 改廢繩墨하며 羿不為拙射하야 變其彀率이니라.

공손추曰, "도는 높고도 아름다우나 아마도 하늘에 오르는 것과 같아서 미치지 못할 듯합니다. 어찌 저들로 하여금 거의 미칠 수 있게 하여 날마다 부지런히 노력하게 하지 않습니까?" 맹자왈, "대목수는 서툰 목수를 위하여 繩墨을 고치거나 폐기하지 않으며, 羿는 형편없는 射手를 위하여 시위를 당기는 방법을 바꾸지 않는다."

集註 彀率은 彎弓之限也라. 言教人者皆有不可易之法하니 不容自貶以徇學者之不能也니라.

大文字義 [孳자] 부지런하다. [匠장] 목수, 장인. [拙졸] 형편없다. [繩승] 먹줄. [墨묵] 먹. [羿예] 人名. [彀구] 활을 당기다.

大文句文 [宜若~然] ~인 듯하다. [宜若登天然] 하늘을 오르는 듯하다. [大匠] 훌륭한

목수, 拙工의 상대 말. [彀率] 시위를 당기는 한도.

集註字義 [貶폄] 깍아내리다.

集註句文 [敎人者皆有不可易之法] 사람을 가르치는 데는 바꿀 수 없는 법이 있다. [不容自貶以徇學者之不能] 스스로를 폄하하여 배우는 자의 능하지 못함을 따르는 것을 용납하지 못한다.(목표치를 낮추어서는 안 된다.)

君子引而不發하야 躍如也하야 中道而立이여든 能者從之니라.

군자는 활을 당기기만 하고 발사하지 아니하여 화살이 튀어 나갈 듯이 해서 중도에 맞게 서있으면 능한 자가 이를 따르는 것이다."

集註 引은 引弓也요 發은 發矢也라. 躍如는 如踊躍而出也라. 因上文彀率而言君子敎人에 但授以學之之法이요 而不告以得之之妙니 如射者之引弓而不發矢라 然이나 其所不告者 已如踊躍而見於前矣니라. 中者는 無過不及之謂니 中道而立은 言其非難非易요 能者從之는 言學者當自勉也라. ○此章은 言道有定體하고 敎有成法하니 卑不可抗이요 高不可貶이요 語不能顯이요 黙不能藏이니라.

大文字義 [躍약] 뛰다.

大文句文 [躍如] 생생하고 또렷함.

集註字義 [矢시] 화살. [踊용] 뛰다. [抗항] 끌어올리다. [顯현] 드러내다. [黙묵] 말을 하지 않다. [藏장] 감추다.

集註句文 [得之之妙] 체득의 오묘함. [卑不可抗] 낮더라도 끌어올려서는 안 된다. [語不能顯] 말을 해도 드러낼 수 없다. [黙不能藏] 입을 다물고 있어도 감출 수가 없다.

42장 孟子曰 天下有道앤 以道殉身하고 天下無道앤 以身殉道하나니

맹자왈, "천하에 道가 있을 적에는 道로써 몸을 따르게 하고, 천하에 道가 없을 적에는 몸으로써 道를 따르게 하니,

集註 殉은 如殉葬之殉이니 以死隨物之名也라. 身出則道在必行이요 道屈則身在必退하야 以死相從而不離也라.

大文字義 [殉순] 따르다.
大文句文 [以道殉身] 도로써 몸을 따르게 한다. 몸이 벼슬에 나가면 도가 행해진다. [以身殉道] 몸으로써 도를 따르게 한다.(獨善其身)
集註句文 [以死隨物之名] 죽음으로 남을 따르는 명칭. [身出則道在必行] 몸이 출사하면 도는 반드시 행해져야 하는 입장에 있다.

未聞以道로 殉乎人者也케라.

도로써 남을 따른다는 것은 듣지 못하였다."

集註 以道從人은 妾婦之道니라.
참고 道로써 몸을 따르게 하면 통달하여도 道에서 떨어지지 않고, 몸으로써 도를 따르면 窮하여도 義를 잃지 않을 것이다. 道를 가지고 남을 따르는 자를 아직 듣지 못하였다. 道로써 남을 따르면 道에서 떨어지고 義를 잃는다.(四辨錄[五] 孟子)

43장 公都子曰 滕更之在門也에 若在所禮而不答은 何也잇고

공도자曰, "등경이 문하에 있을 적에 예우할 대상에 있는 듯한데도 대답하지 않으신 것은 어째서 입니까?"

集註 趙氏曰 滕更은 滕君之弟로 來學者也라.
大文字義 [滕등] 오르다, 滕나라. [若약] 이와 같다, 만약.
大文句文 [若在所禮] 예우하는 바에 있는 듯하다.

孟子曰 挾貴而問하며 挾賢而問하며 挾長而問하며 挾有勳勞而問하며 挾故而問이 皆所不答也니 滕更이 有二焉하니라.

맹자왈, "존귀함을 믿고 질문하며, 賢함을 믿고 질문하며, 나이 많은 것을 믿고 질문하며, 훈로가 있다는 것을 믿고 질문하며, 저의를 가지고 질문하는 것은 모두 대답하지 않는 것이니, 등경이 이 가운데 두 가지가 있다."

集 註 趙氏曰 二는 謂挾貴挾賢也라. 尹氏曰 有所挾이면 則受道之心이 不專하니 所以不答也니라. ○此는 言君子雖誨人不倦이나 又惡夫意之不誠者니라.

大文字義 [挾협] 끼다, 빙자하다, 믿다. [勳훈] 功. [勞로] 功, 수고롭다. [故고] 저의, 의도.

巖棲集 卷十一 [書 答安達賢, 苟無忠信 禮不虛行]

虛禮云者 傳曰 苟無忠信 禮不虛行。又曰 恭敬而無實 君子不可虛拘。夫玉帛辭命 豈不足以爲禮 而不出於忠信恭敬 則君子以爲虛也。故孟子於挾賢挾故之問 若在所禮而不答 於儀不及物之幣 爲其不成享而不報不見皆以此也。

虛禮라고 하는 것은 옛글에 이르기를, "진실로 충신이 없으면 예는 헛되이 행해지지 않는다." 하였습니다. 또 말하기를, "공경하되 진실이 없으면 군자는 헛되이 얽매이지 않는다." 하였습니다. 무릇 玉帛과 辭命이 어찌 禮가 되기에 부족하겠습니까만, 충신과 공경에서 나오지 않으면 군자는 그것을 헛된 것으로 여겼습니다. 그러므로 맹자께서는 賢함을 믿고 연고를 믿고 묻는 것에 대해 예우할 바에 있을 듯한데도 대답하지 않았고, 예의가 물선에 미치지 못한 폐백은 그 바치는 禮를 이루지 못했기 때문에 답례를 하지 않고 만나 보지도 않았던 것은 모두 이 때문이었습니다.

자 구 [棲서] 거처하다. [虛行] 헛되이 행하다. [虛拘] 헛되이 구애받다. [辭命] 임금의 말씀과 명령, 외교문서의 작성 및 전달. [挾賢] 賢함을 믿다. [挾故] 연고를 믿다. [成享] 예를 갖추다.

44장 孟子曰 於不可已而已者는 無所不已오 於所厚者薄이면 無所不薄也니라.

맹자왈, "그만두어서는 안 될 경우에 그만두는 자는 그만두지 못할 것이 없고, 후하게 해야 할 경우에 박하게 하면 박하게 하지 않을 것이 없다.

集 註 已는 止也니 不可止는 謂所不得不爲者也라. 所厚는 所當厚者也라. 此는 言不及者之弊라.

참 고 "於不可已而已者 無所不已"는 處事를 말하고, "於所厚者薄 無所不薄"는 接物을 말한다.

其進이 銳者는 其退速이니라.

나아가는 것이 빠른 자는 물러가는 것도 빠르다."

集 註 進銳者는 用心太過하야 其氣易衰라 故로 退速이니라. ○三者之弊는 理勢必然이니 雖過不及之不同이나 然이나 卒同歸於廢弛니라.

大文字義 [銳예] 급하다.

集註字義 [易이] 쉽다.(去聲). [衰쇠] 쇠하다. [弊폐] 폐단. [卒졸] 마침내, 끝내. [弛이] 헤이해지다.

45장 孟子曰 君子之於物也에 愛之而弗仁하고 於民也에 仁之而弗親하나니 親親而仁民하며 仁民而愛物이니라.

맹자왈, "군자는 사물에 대해 아끼되 사랑하지 아니하고, 백성에 대해 사랑하되 친애하지 아니하니, 친척을 친애하고서 백성을 사랑하며 백성을 사랑하고서 만물을 아낀다."

集 註 物은 謂禽獸草木이라 愛는 謂取之有時하고 用之有節이라. 程子曰 仁은 推己及人이니 如老吾老하야 以及人之老니 於民則可나 於物則不可라. 統而言之하면 則皆仁이요 分而言之하면 則有序니라. 楊氏曰 其分이 不同이라 故로 所施에 不能無差等하니 所謂理一而分殊者也니라. 尹氏曰 何以有是差等고 一本故也니 無僞也니라.

大文句文 [親親而仁民] 친척을 친애하고서 백성을 사랑한다, 친한 이를 친애하고서 백성을 사랑한다. [仁民而愛物] 백성들을 사랑하고서 만물을 아낀다.

集註字義 [節절] 절도. [統통] 통틀다. [分분] 나누다, 분수. [殊수] 다르다. [僞위] 거짓.

高麗史節要 卷之三十五 [恭讓王[二] 辛未三年, 親親而仁民 仁民而愛物]

六曰 施仁。其施之之方 自親親而仁民 仁民而愛物 自有等殺 不可混施也。殿下常自謂 予之過 固在於仁慈。臣愚以謂 此誠天地生物之心 生民永賴之本 非過失也。但有優游與果斷之異耳。

解 義 여섯째는, 인을 베푸는 것입니다. 인을 베푸는 방법은 친척을 친히 하고서 백성을 사랑하며 백성을 사랑한 다음 사물을 아끼는 것이니, 저절로 차등이 있으므로 혼동하여 베풀어서는 안 됩니다. 전하께서 항상 스스로, '나의 허물

은 진실로 인자한 데 있다.' 하셨습니다. 신은 생각하기에, 이것은 진실로 천지가 만물을 생육하는 마음이며, 백성을 생육하는 것이 길이 자뢰하는 근본이지 허물이 아닙니다. 다만 우유부단함과 과단함의 차이가 있을 뿐입니다.

자구 [賴뢰] 자뢰하다. [優游] 우유부단.

46장 孟子曰 知者 無不知也나 當務之爲急이요 仁者 無不愛也나 急親賢之爲務니 堯舜之知로 而不徧物은 急先務也요 堯舜之仁으로 不徧愛人은 急親賢也니라.

맹자왈, "지혜로운 자는 알지 못하는 것이 없으나 마땅히 힘써야 할 일을 급선무로 삼고, 仁者는 사랑하지 않는 것이 없으나 현자를 친애하는 것을 급선무로 삼는다. 요순의 지혜로도 사물에 두루 하지 못한 것은 먼저 해야 할 일을 급하게 여긴 것이고, 요순의 인으로도 사람을 사랑하는데 두루 하지 못한 것은 현자를 친애하는 것을 급하게 여긴 것이다.

集註 知者는 固無不知나 然이나 常以所當務者爲急이면 則事無不治하야 而其爲知也大矣요 仁者는 固無不愛나 然이나 常急於親賢이면 則恩無不洽하야 而其爲仁也博矣니라.

大文字義 [徧편] 두루 하다.

集註字義 [洽흡] 흡족하다.

不能三年之喪而緦小功之察하며 放飯流歠而問無齒決이 是之謂不知務니라.

삼년상을 잘 하지 못하면서 시마복이나 소공복을 살피며, 밥숟가락을 크게 뜨고 국물을 들이마시면서 마른고기를 이로 끊지 말라고 따지는 것은, 이것을 일머리를 모른다고 하는 것이다."

集註 三年之喪은 服之重者也라 緦麻는 三月이요 小功은 五月이니 服之輕者也라 察은 致詳也라 放飯은 大飯이요 流歠은 長歠이니 不敬之大者也라 齒

決은 齧斷乾肉이니 不敬之小者也라 問은 講求之意라. ○此章은 言君子之於道에 識其全體면 則心不狹하고 知所先後면 則事有序니라. 豐氏曰 智不急於先務면 雖偏知人之所知하고 偏能人之所能이라도 徒弊精神而無益於天下之治矣요 仁不急於親賢이면 雖有仁民愛物之心이라도 小人在位하야 無由下達하야 聰明이 日蔽於上하고 而惡政이 日加於下하리니 此는 孟子所謂不知務也니라.

大文字義 [緦시] 緦麻服으로 3개월 동안 입는 상복, 고조부모의 상에 시마복을 입음. [放방] 크다, 지극하다.(上聲). [歠철] 들이마시다. [問문] 따지다. [決] 자르다.

大文句文 [小功] 小功服으로 5개월 동안 입는 상복, 증조부모의 상에 입는 상복. [放飯流歠] 밥을 크게 뜨고 국을 길게 들이 마시다. [問無齒決] 이로 끊지 말라고 따지다.

集註字義 [齧설] 물다. [講강] 따지다.

集註句文 [致詳] 상세함을 지극히 하다. [偏能人之所能] 사람들이 능한 바에 두루 능하다.

葛菴集 제13권 [書 重答黃用五, 緦麻服과 小功服]

姊妹旣皆出嫁 其服不降。朱子嘗有言曰 母之姊妹服。反重於母之兄弟。緣於兄弟旣嫁則降服 而姊妹之服則未嘗降。故爲子者 於舅服緦 於姨母服小功也。淺陋於此不敢有疑。嘗以爲姊妹之服 雖出嫁猶不降也。

解 義 자매가 이미 모두 출가하더라도 그 服을 강등하지 않는다. 주자가 일찍이 말하기를, "어머니의 자매에 대한 복(이모복)은 도리어 어머니의 형제에 대한 복(외삼촌복)보다 중하다. 그것은 형제에 대해서는 이미 시집갔으면 降服을 하지만 자매의 복은 강등한 적이 없는 데에서 연유한다. 그러므로 자식된 자는 외삼촌에게는 緦麻服을 입지만 이모에게는 小功服을 입는 것이다." 하였으니, 내가 이 말에 대해 감히 의심이 없다. 일찍이 자매의 복은 시집을 갔더라도 강복하지 않는다고 생각한다.

자 구 [姊자] 누님. [服복] 상복. [降강] 강등하다. [緣연] 연유하다. [舅구] 외삼촌, 시아버지, 장인. [姨이] 이모, [淺천] 고루하다. [陋루] 더럽다.

1장 孟子曰　不仁哉梁惠王也

2장 孟子曰 春秋無義戰

3장 孟子曰 盡信書則不如無書

4장 孟子曰 有人曰 我善為陳

5장 孟子曰 梓匠輪輿能與人規矩

6장 孟子曰 舜之飯糗茹草也

7장 孟子曰 吾今而後知殺人親之重也

8장 孟子曰 古之為關也將以禦暴

9장 孟子曰 身不行道不行於妻子

10장 孟子曰 周于利者凶年不能殺

11장 孟子曰 好名之人

12장 孟子曰 不信仁賢則國空虛

13장 孟子曰 不仁而得國者有之矣

14장 孟子曰 民為貴社稷次之

15장 孟子曰 聖人百世之師也

16장 孟子曰 仁也者人也

17장 孟子曰 孔子之去魯

18장 孟子曰 君子之戹於陳蔡之間

19장 貉稽曰 稽大不理於口

20장 孟子曰 賢者以其昭昭使人昭昭

21장 孟子謂高子曰 山徑之蹊間

22장 高子曰 禹之聲尚文王之聲

23장 齊饑陳臻曰 國人皆以夫子

24장 孟子曰 口之於味也

25장 浩生不害問曰 樂正子何人也

26장 孟子曰 逃墨必歸於楊

27장 孟子曰 有布縷之征粟米之征

28장 孟子曰 諸侯之寶三

29장 盆成括仕於齊孟子曰 死矣

30장 孟子之滕舘於上宮

31장 孟子曰 人皆有所不忍

32장 孟子曰 言近而指遠者

33장 孟子曰 堯舜性者也

34장 孟子曰 說大人則藐之

35장 孟子曰 養心莫善於寡欲

36장 曾晳嗜羊棗而曾子不忍食羊棗

37장 萬章問曰 孔子在陳曰 盍歸乎來

38장 孟子曰 由堯舜至於湯五百有餘歲

14

孟子集註大全卷之十四

盡心章句下

孟子集註大全卷之十四 盡心章句下

·14·

凡三十八章이라. 모두 38장이다.

1장 孟子曰 不仁哉라 梁惠王也여 仁者는 以其所愛로 及其所不愛하고 不仁者는 以其所不愛로 及其所愛니라.

맹자왈, "不仁하구나 양혜왕이여! 仁者는 그가 사랑하는 마음으로써 그가 사랑하지 않는 사람에게 미쳐가게 하고, 不仁한 자는 그가 사랑하지 않는 마음으로써 그가 사랑하는 사람에게 미쳐가게 한다."

集註 親親而仁民하고 仁民而愛物이 所謂以其所愛로 及其所不愛也라.

公孫丑曰 何謂也잇고 梁惠王이 以土地之故로 糜爛其民而戰之하야 大敗하고 將復之호되 恐不能勝故로 驅其所愛子弟하야 以殉之하니 是之謂以其所不愛로 及其所愛也니라.

공손추曰, "무엇을 말씀하신 것입니까?" 맹자왈, "양혜왕이 토지의 연고 때문에 백성을 유린하면서 전쟁을 하다가 크게 패하고, 다시 싸우려고 하였지만 이기지 못할까 염려하였다. 그러므로 그가 사랑하는 자제(太子 申)를 내몰아 목숨을 바치게 하였으니, 이것을 일러 그가 사랑하지 않는 마음으로써 그가 사랑하는 대상에 미치게 하였다는 것이다."

集註 梁惠王以下는 孟子答辭也라 糜爛其民은 使之戰鬪하야 糜爛其血肉也라. 復之는 復戰也라 子弟는 謂太子申也라 以土地之故로 及其民하고 以民之故로 及其子하니 皆以其所不愛로 及其所愛也니라. ○此는 承前篇之末三

章之意하야 言仁人之恩은 自內及外하고 不仁之禍는 由疏逮親이니라.

大文字義 [糜미] 문드러지다, 죽, 싸라기. [爛란] 문드러지다, 빛나다. [恐공]~할까 염려하다. [復부] 다시. [驅구] 몰다. [殉순] 목숨을 바치다. 따라죽다.

大文句文 [糜爛] 썩어 문드러지다. 유린하다.

集註字義 [復부] 다시 싸우다.(去聲)./ 회복하다.(복, 入聲). [承승] 이어받다. [疏소] 멀다, 소원하다, 드물다, 與疎同. 疎는 疏의 속자. [逮체] 미치다.

集註句文 [由疏逮親] 소원함으로부터 친척(어버이)에 미치다.

通鑑節要 [周顯王 二十八年, 太子申為將]

魏龐涓이 伐韓한대 韓이 請救於齊어늘 齊威王이 因起兵하야 使田忌田嬰田盼將之하고 孫臏為師하야 以救韓할새 直走魏都하니 龐涓이 聞之하고 去韓而歸魏하다. 魏大發兵하야 以太子申為將하야 以禦齊師어늘 孫子謂田忌曰 彼三晉之兵이 素悍勇而輕齊하야 齊號為怯이라하니 善戰者는 因其勢而利導之라. 乃使齊軍으로 入魏地하야 為十萬竈하고 明日에 為五萬竈하고 又明日에 為二萬竈하다. 龐涓이 行三日에 大喜曰 我固知齊軍怯이로다. 入吾地三日에 士卒亡者過半矣라하고 乃棄其步軍하고 與其輕銳로 倍日幷行逐之하다. 孫子度其行하니 暮當至馬陵이요 馬陵은 道陿而旁多阻隘하야 可伏兵이라 乃斫大樹하야 白而書之曰 龐涓이 死此樹下하리라하고 龐涓이 果夜到斫木下하야 見白書하고 以火燭之하야 讀未畢에 萬弩俱發하니 魏師大亂相失이라. 龐涓이 自知智窮兵敗하고 乃自剄하니 齊因乘勝하야 大破魏師하다.

解義 魏나라 龐涓이 韓나라를 정벌하자, 韓나라가 齊나라에게 구원을 요청하였다. 齊威王이 이로 인하여 군대를 일으켜 田忌, 田嬰, 田盼으로 하여금 군대를 거느리게 하고 孫臏을 軍師로 삼아 韓나라를 구원할 때에 곧바로 魏나라 도성으로 달려가게 하니, 방연이 이 소식을 듣고 韓나라를 버리고 魏나라로 돌아왔다. 魏나라는 크게 군대를 일으켜 太子 申을 장수로 삼아 齊나라 군사를 막게 하였다. 孫子가 田忌에게 이르기를, "저 三晉(魏)의 군사들은 본래 사납고 용맹하여 齊나라를 경시해서 겁쟁이라고 불렀으니, 전쟁을 잘하는 자는 그 형세에 따라서 이롭게 이끌어 낸다." 하고는 마침내 齊나라 군사로 하여금 魏나라 땅에 들어가 10만 개의 아궁이를 만들고, 다음날에는 5만 개의 아궁이를 만들고, 또 다음날에는 2만 개의 아궁이를 만들게 하였다. 방연이 행군한 지 3일 만에 크게 기뻐하며 말하기를, "나는 진실로 齊나라 군사들이 겁보라는 것을 알았도다. 우리 땅에 들어온 지 3일 만에 士卒들이 도망한 자가 반이 넘는구나." 하고는 이에 보병을 버리고 輕銳兵과 함께 이틀에 갈 거리를 하루 만에 달려 추격하였다. 孫子가 그 행군 속도를 헤아려 보니 저물녘에 도착하게 되었는데, 馬陵은 길이 좁고 옆에

막힌 곳이 많아서 병사를 매복시킬 만하였다. 이에 큰 나무를 깎아 희게 하고 쓰기를, "방연이 이 나무 아래에서 죽으리라." 하였다. 방연이 밤에 과연 깎아 놓은 나무 아래에 이르러 흰 나무에 씌어 있는 글씨를 보고는 불을 밝혔는데, 글을 미처 다 읽기도 전에 만 개의 쇠뇌가 일제히 발사되니, 魏나라 군사들이 크게 혼란하여 대오를 잃었다. 방연은 지혜가 다하고 군사가 패한 줄을 스스로 알고 마침내 스스로 목을 찔러 죽으니, 齊나라가 이로 인하여 승세를 타고 魏나라 군대를 대파하였다.

자구 [龐방] 크다. [涓연] 시냇물. [齊威王] 田和이며 田常의 九世孫임. [嬰영] 갓난아이. [盼반] 눈의 검은자위와 흰자위가 뚜렷하여 예쁜 모양. [臏빈] 종지뼈, 정강이뼈, 정강이뼈를 자르는 형벌. [禦어] 막다. [悍한] 사납다. [怯겁] 겁내다. [因其勢而利導之] 그 형세에 따라서 이롭게 인도한다. [竈조] 아궁이, 부엌. [棄기] 버리다. [倍日幷行] 하루에 이틀 갈 노정을 겸하여 가는 것. [逐축] 추격하다. [度탁] 헤아리다.(入聲)./ 법도.(도, 去聲). [暮모] 저물녘. [陜협] 좁다. [阻소] 막다, 험하다. [隘애] 좁다, 험하다. [斫작] 깎다. [弩노] 쇠뇌. [夾협] 끼다. [燭촉] 밝히다. [剄경] 목을 베다.

2장 孟子曰 春秋에 無義戰하니 彼善於此則有之矣니라.

맹자왈, "춘추에 의로운 전쟁은 없으니, 저들이 이들보다 나은 경우는 있다.

集 註 春秋에 每書諸侯戰伐之事에 必加譏貶하야 以著其擅興之罪하고 無有以為合於義而許之者라. 但就中에 彼善於此者則有之하니 如召陵之師之類가 是也니라.

集註字義 [譏기] 책망하다. [貶폄] 폄하하다. [擅천] 멋대로. [就취] 곧.

集註句文 [擅興之罪] 멋대로 군사를 일으킨 죄.

春秋左氏傳 [僖公 4년, 召陵之師]

四年春에 齊侯以諸侯之師伐楚하니 楚子使與師言曰 君處北海하고 寡人處南海하야 唯是風馬牛不相及也니 不虞君之涉吾地也라 何故오 管仲이 對曰 昔召康公命我先君大公曰 五侯九伯을 女實征之하야 以夾輔周室하라하시고 賜我先君履하되 東至于海 西至于河 南至于穆陵 北至于無棣하니라. 爾貢包茅不入하야 王祭不共이라 無以縮酒하니 寡人是徵하노라. 昭王 南征而不復하시니 寡人是問하노라. 對曰 貢之不入은 寡君之罪也니 敢不共給이리오마는 昭王之不復은 君其問諸水濱하라 師進하야 次于陘하다. 夏에 楚子

使屈完如師하니 師退하야 次于召陵하다. 齊侯陳諸侯之師하고 與屈完乘而觀之할새 齊侯曰 豈不穀是爲리오 先君之好是繼니 與不穀同好如何오 對曰 君若以德綏諸侯면 誰敢不服이리오마는 君若以力이면 楚國方城以爲城하고 漢水以爲池하리니 雖衆이나 無所用之리이다. 屈完及諸侯盟하다.

解義 4년 봄에 齊侯가 제후들의 군대를 거느리고 楚나라를 토벌하니 楚子가 제후들의 군중으로 사신을 보내어 말하기를, "임금은 북해에 계시고 과인은 남해에 거처하여 오직 바람난 牛馬도 서로 미칠 수 없는 먼 거리인데, 갑자기 임금께서 우리의 땅에 오신 것은 무엇 때문입니까?" 관중이 對曰, "옛적에 召康公이 우리 先君 太公에게 명하여 말하기를, '5侯 9伯을 그대가 실로 토벌하여 주왕실을 보좌하라.' 하고, 우리 先君에게 정벌할 수 있는 영역을 내려주되 동쪽으로는 바다에 이르고 서쪽는 황하에 이르고 남쪽으로는 穆陵에 이르고 북쪽으로는 無棣이르게 하였습니다. 楚나라는 공물로 띠풀(包茅)을 들이지 않아서 왕실 제사에 바치지 못하였는지라 술을 거를 수가 없었으니 과인이 이것을 징계하노라. 昭王이 남쪽으로 순행하다가 돌아오지 못하셨으니 과인은 이것도 묻노라." 楚使 對曰, "공물을 바치지 않은 것은 우리 임금의 죄이니 감히 바치지 않겠습니까만, 昭王이 돌아오지 못하신 것은 물가에 가서 물어 보십시오." 하였다. 제후의 군대가 진격하여 陘땅에 주둔하였다. 여름에 楚子가 굴완을 군중으로 보내니, 군사가 퇴각하여 召陵땅에 주둔하였다. 齊侯가 제후들의 군대를 포진하고 굴완과 수레를 타고 군사를 사열할 때, 齊侯曰, "내가 이곳까지 온 것은 어찌 나만을 위해서이겠는가? 우리 先君의 우호를 계승하기 위함이니, 나와 우호를 맺는 것은 어떻겠는가?" 굴완이 對曰, "임금님께서 만약 덕으로 제후들을 회유한다면 누가 감히 복종하지 않겠습니까만, 임금님께서 만약 무력을 쓰신다면 楚나라는 方城山을 城으로 삼고 漢水를 해자로 삼을 것이니, 비록 군사가 많다 하더라도 사용할 곳이 없을 것입니다." 굴완이 제후들과 결맹하였다.

자구 [虞우] 생각하다, 근심하다, 안심하다. [涉섭] 건너다. [夾협] 부축하다, 끼다. [履리] 영역, 족적이 미치는 곳, 밟다, 신발. [五侯九伯] 五等諸侯와 九州伯. [輔보] 돕다. [履이] 정벌할 땅. [貢공] 바치다. [包茅] 띠풀. [縮축] 거르다(酒), 줄이다, 곧다. [縮酒] 술을 거르다. [陘형] 地名, 부뚜막. [不穀] 자신의 겸칭. [綏유] 편안하다.

征者는 上이 伐下也니 敵國은 不相征也니라.

정벌이라는 것은 윗사람이 아랫사람을 토벌하는 것이니, 대등한 나라는 서로 정벌하지 못하는 것이다."

集註 征은 所以正人也라 諸侯有罪면 則天子討而正之하나니 此春秋所以無義戰也라.

大文字義 [敵 적] 대등하다, 필적하다, 원수.

3장 孟子曰 盡信書則不如無書니라.

맹자왈, "서경을 다 믿는나면 서경이 없는 것만 못하다.

集註 程子曰 載事之辭에 容有重稱而過其實者하니 學者當識其義而已라. 苟執於辭하면 則時或有害於義하니 不如無書之愈也니라.

大文字義 [盡 진] 다, 다하다. [書 서] 서경.

集註字義 [容 용] 容或, 或. [重 중] 지나치다. [稱 칭] 말하다, 일컫다. [過 과] 과장하다. [苟 구] 만약. [愈 유] 낫다.

集註句文 [載事之辭] 일을 기록한 말.

吾於武成에 取二三策而已矣로라.

내가 무성편에서 두세 쪽의 죽간을 취하였을 뿐이다.

集註 武成은 周書篇名이니 武王伐紂하고 歸而記事之書也라. 策은 竹簡也니 取其二三策之言이요 其餘는 不可盡信也라. 程子曰 取其奉天伐暴之意와 反政施仁之法而已니라.

大文字義 [策 책] 죽간.

集註字義 [簡 간] 문서, 대쪽, 대범하다. [奉 봉] 받들다. [暴 포] 포악, 사납다.

참고 [疏注] 張子曰 不以文害辭 不以辭害意 此教人讀詩法也 於武成取二三策而已 此教人讀書法也.
장횡거가 말하기를 글자로써 문장을 해치지 말며, 문장으로써 지은이의 뜻을 해치지 말아야 하니, 이것이 사람에게 시를 읽는 것을 가르치는 방법이다. 무성편에서 두세 쪽의 죽간을 취했을 뿐이라는 것은 이것이 사람들에게 글 읽는 법을 가르치신 것이다.

仁人은 無敵於天下니 以至仁으로 伐至不仁이어니 而何其血之流杵也리오

仁人은 천하에 상대할 자가 없으니 지극히 仁한 사람으로서 지극히 不仁한 사람을 정벌하였으니, 어찌 그 피가 흘러서 절구공이를 표류하게 하였겠는가?"

集註 杵는 舂杵也라. 或作鹵하니 楯也라. 武成에 言武王伐紂에 紂之前徒倒戈하야 攻于後以北하야 血流漂杵라하니 孟子言此則其不可信者라 然이나 書本意는 乃謂商人自相殺이요 非謂武王殺之也라. 孟子之設是言은 懼後世之惑이요 且長不仁之心耳시니라.

大文字義 [流류] 표류하다. [杵저] 절굿공이.

集註字義 [舂용] 찧다, 절구질하다. [鹵로] 방패, 노략질. [楯순] 방패, 난간. [倒도] 거꾸로 잡다. [戈과] 창. [漂표] 물에 떠돌다. [設설] 베풀다, 가령. [懼구] 두려워하다. [長장] 조장하다.

集註句文 [(懼)長不仁之心耳] 불인한 마음을 조장할까 해서일 뿐이다.

書經 周書 [武成篇, 血流漂杵]

惟爾有神은 尙克相予하야 以濟兆民하야 無作神羞하라 旣戊午애 師渡孟津하야 癸亥애 陳于商郊하야 俟天休命하더시니 甲子昧爽애 受率其旅하되 若林하야 會于牧野하니 罔有敵于我師요 前徒倒戈하야 攻于後以北하야 血流漂杵하야 一戎衣애 天下大定이어늘 乃反商政하야 政由舊하시고 釋箕子囚하시며 封比干墓하시며 式商容閭하시며 散鹿臺之財하시며 發鉅橋之粟하사 大賚于四海하신대 而萬姓이 悅服하니라.

解義 오직 너의 신들은 바라건대 나를 도와서 백성들을 구제하여 신의 부끄러운 일을 짓지 말라. 戊午日에 군사들이 孟津을 건넜고 癸亥日에 商나라 郊外에 진을 치고 하늘의 아름다운 명을 기다렸다. 甲子日 새벽녘에 受가 군사를 이끌되 수풀처럼 많이 하여 牧野에서 회동하니 우리 군사를 대적할 자가 없고, 앞선 군사들이 창을 거꾸로 돌려 뒤에서 공격하여 패해서 날아나니 피가 흘러 절굿공이를 표류하게 하여 한번 갑옷을 입음에 천하가 크게 안정되거늘 이에 商나라 정사를 돌이켜 정사가 옛것으로부터 말미암도록 하시고

箕子를 옥에서 석방하시며 比干의 묘를 봉식하시며 商容의 旌閭에 예를 갖추시며 鹿臺의 재물을 나누어주시며 鉅橋의 곡식창고를 열어서 사해의 백성들에게 크게 베풀어 주시니 백성들이 기뻐서 복종하였다.

자 구 [惟유] 바라다. [昧爽] 새벽녘에, 동틀 무렵에. [旅여] 군사. [罔망] 없다. [北배] 배반하다. [一戎衣] 한번 갑옷을 입다. [囚수] 갇히다. [式식] 정표하다, 예를 표하다. [式商容閭] 商容(상나라 賢人)의 마을에 정표하다. 상용의 마을을 지나가다가 예를 표하다. [散鹿臺之財] 녹대의 재물을 백성들에게 흩어주다. [發鉅橋之粟] 거교의 곡식 창고를 열어주다. [大賚] 크게 베풀어 주다.

4장 孟子曰 有人이 曰 我善為陳하며 我善為戰이라하면 大罪也니라.

맹자왈, "어떤 사람이 말하기를, '나는 陣을 잘 치며 나는 싸움을 잘한다.' 고 한다면 큰 죄이다.

集註 制行伍曰陳이요 交兵曰戰이라.

國君이 好仁이면 天下에 無敵焉이니 南面而征에 北狄이 怨하며 東面而征에 西夷怨하야 曰 奚為後我오하니라.

임금이 仁을 좋아하면 천하에 상대할 이가 없으니, 남쪽을 향하여 정벌함에 북쪽 오랑캐가 원망하며 동쪽을 향하여 정벌함에 서쪽 오랑캐가 원망하여 말하기를, '어찌하여 우리를 뒷전으로 여기시는가?' 할 것이다.

集註 此는 引湯之事以明之하니 解見前篇하니라.
大文句文 [北狄] 북쪽 이민족(오랑캐). [西夷] 서쪽 이민족(오랑캐).

武王之伐殷也에 革車 三百兩이오 虎賁이 三千人이러니라.

무왕이 殷을 정벌할 적에 兵車가 300輛 이고, 虎賁이 3000人 이었다.

集註 又以武王之事明之也라. 兩은 車數니 一車兩輪也라. 千은 書序에 作百하니라.
大文句文 [革車] 전차, 병거. [虎賁] 용감한 군사.
集註句文 [書序] 서경의 서문.

王曰 無畏하라 寧爾也라 非敵百姓也라하신대 若崩厥角하야 稽首하니라.

무왕왈, '두려워하지 말라. 너희를 편안히 하고자 하는 것이다. 백성들을 대적하려는 것이 아니다.' 하였는데, 상나라 백성이 마치 그 뿔을 땅에 떨구듯이 하여 머리를 땅에 조아렸다.

集註 書泰誓文은 與此小異하니 孟子之意는 當云王謂商人曰 無畏我也하라 我來伐紂는 本為安寧汝요 非敵商之百姓也라하신대 於是에 商人이 稽首至地如角之崩也니라.

大文字義 [畏외] 두려워하다. [崩붕] 땅에 떨구다. [稽계] 조아리다, 상고하다.

大文句文 [若崩厥角] 그 뿔을 땅에 떨구듯이 하다.

書經 周書 [泰誓中, 若崩厥角]

勗哉夫子는 罔或無畏하야 寧執非敵이라하라 百姓이 懍懍하야 若崩厥角나니 嗚呼라 乃一德一心하야 立定厥功하야 惟克永世하라.

解義 힘쓸지어다! 그대들은 혹 주왕을 두려워할 것이 없다 하지 말고 차라리 마음을 굳게 하여 대적하지 못할 것처럼 하라. 백성들이 두려워하여 마치 그 뿔을 땅에 떨구듯이 하니, 아! 이에 덕을 한결같이 하고 마음을 한결같이 하여 그 공을 立定하여 영세토록 하라.

자구 [勗욱] 힘쓰다. [罔或無畏] 혹시 紂王이 두려울 것이 없다 하지 말라. [寧執非敵] 차라리 마음 먹기를 우리가 대적하지 못할 것처럼 하라. [懍懍] 두려워하는 모양, 두려워하여 삼가는 모양.

征之為言은 正也니 各欲正己也니 焉用戰이리오

征이라는 말은 바르게 하는 것이니, 각각 자신을 바르게 하고자 하는 것인데 어찌 전쟁을 쓰겠는가?"

集註 民為暴君所虐하야 皆欲仁者來正己之國也라.

大文字義 [焉언] 어찌, 이에, 어조사.

참고 [양혜왕하 諸侯救燕章]

5장 孟子曰 梓匠輪輿 能與人規矩언정 不能使人巧니라.

맹자왈, "목수와 車工은 남에게 만드는 법도를 가르쳐줄 수는 있지만, 남으로 하여금 공교한 솜씨를 갖게 할 수는 없다."

集註 尹氏曰 規矩는 法度니 可告者也요 巧則在其人하니 雖大匠이라도 亦末如之何也已라 蓋下學은 可以言傳이요 上達은 必由心悟니 莊周所論斲輪之意가 蓋如此하니라.

大文字義 [梓재] 목수, 가래나무. [匠장] 장인, 기술자. [輪윤] 바퀴. [輿여] 수레. [與여] 주다.(上聲). [規규] 곱자. 직각을 만드는 자. [矩구] 그림쇠. 원을 만드는 자. [巧교] 솜씨

大文句文 [梓匠輪輿] 木手와 車工. [規矩] 만드는 법도.

集註字義 [末말] 없다(無), 끝. [悟오] 깨닫다. [斲착] 깎다.

集註句文 [尹氏] 尹焞. [末如之何] 어찌할 수 없다. [斲輪之意] 이심전심의 의미임.

莊子 第十三篇 [天道, 斲輪]

桓公이 讀書於堂上이어늘 輪扁이 斲輪於堂下하다가 釋椎鑿하고 而上問桓公하야 曰 敢問하노이다 公之所讀은 何言耶잇고 公曰 聖人之言也라 曰聖人在乎아 公曰 已死矣니라 曰然則君之所讀者는 古人之 糟魄已夫인져 桓公曰 寡人이 讀書에 輪人이 安得議乎리오 有說則可커니와 無說則死하리라 輪扁曰 臣也는 以臣之事觀之호니 斲輪이 徐則甘而不固하고 疾則苦而不入하나니 不徐不疾은 得之於手而應之於心이라 口不能言이오 有數存焉於其間하니 臣도 不能以喩臣之子하며 臣之子도 亦不能受之於臣이라 是以로 行年七十而老斲輪호이다 古之人이 與其不可傳者로 死矣니 然則君之所讀者는 古人之糟粕已夫인져.

解義 桓公이 당상에서 글을 읽고 있는데 輪扁이 당 아래에서 수레바퀴를 깎고 있다가 몽치와 끌을 내려놓고 위로 환공을 올려다보며 물었다. "감히 묻습니다. 임금께서 읽고 계시는 것은 어떤 말입니까?" 환공왈, "성인의 말씀이다." 윤편왈, "성인이 살아 계십니까? 환공왈, "이미 돌아가셨다." 윤편왈, "그렇다면 임금께서 읽고 계시는 것은 옛사람의 찌꺼기로군요." 환공왈, "과

인이 글을 읽고 있는데 수레바퀴 깎는 따위가 어찌 논하는가? 그럴싸한 이유를 댄다면 괜찮겠지만 그렇지 못하면 죽임을 당할 것이다." 윤편왈 "신은 신이 하는 일로 살펴보겠습니다. 수레바퀴를 여유 있게 깎으면 헐거워서 견고하지 못하고 너무 꽉 맞게 깎으면 빡빡해서 들어가지 않으니, 여유 있게 깎지도 않고 너무 꽉 맞게 깎지도 않는 것은 손에 교묘한 기술이 그 사이에게 있으니, 신도 그것을 신의 자식에게 깨우쳐 줄 수 없고 신의 자식도 그것을 신에게 받을 수 없습니다. 이 때문에 나이가 칠십에 이르러 늙어서까지 수레바퀴를 깎고 있습니다. 옛사람이 전할 수 없는 것을 함께 가지고 죽었을 것이니, 그렇다면 임금께서 읽고 있는 것은 옛사람의 찌꺼기일 따름입니다."

자 구 [扁편] 넓적하다. [斲착] 깎다. [釋석] 내려놓다. [椎추] 몽치. [鑿착] 끌. [糟조] 술지게미. [糟魄] 찌꺼기. [徐서] 여유롭다. [甘감] 헐겁다. [疾질] 빡빡하다. [有數存焉於其間] 그 사이에는 법도가 존재하다, 그 사이에는 비결이 존재하다. [喻유] 깨우치다. [粕박] 지개미.

6장 孟子曰 舜之飯糗茹草也에 若將終身焉이러시니 及其為天子也하샨 被袗衣鼓琴하시며 二女果를 若固有之러시라.

맹자왈, "순임금이 마른 양식을 먹고 채소를 먹을 적에는 마치 종신토록 할 것 같았는데, 그가 천자가 됨에 이르러서는 수놓은 옷을 입고 琴을 연주하며 두 여인이 모시는 것이 본디 소유하고 있었던 것과 같았다."

集 註 飯은 食也라. 糗는 乾糒也라. 茹는 亦食也라. 袗은 畫衣也라. 二女는 堯二女也라. 果는 女侍也라. 言聖人之心이 不以貧賤而有慕於外하고 不以富貴而有動於中하야 隨遇而安하고 無預於己하니 所性이 分定故也니라.

大文字義 [糗구] 마른 양식.(乾糧) [茹여] 먹다. [袗진] 수놓은 옷, 홑옷. [鼓고] 연주하다. [果과] 모시다.(婐) [有유] 소유하다.

大文句文 [袗衣] 수놓은 옷. [鼓琴] 금을 연주하다.

集註字義 [乾건, 간] 마르다, 하늘. [糒비] 말린 밥. [畫화] 그리다.(去聲)./ 가르다.(획, 入聲). [慕모] 흠모하다. [隨수] 따르다. [預예] 관계하다.

集註句文 [所性] 타고난 성품.

7장 孟子曰 吾今而後에 知殺人親之重也와라 殺人之父면 人亦殺其父하고 殺人之兄이면 人亦殺其兄하나니 然則非自殺之也언정 一間耳니라.

맹자왈, "나는 이제야 남의 아비를 죽이는 것의 중대함을 알았노라. 남의 아비를 죽이면 남도 나의 아비를 죽이고, 남의 형을 죽이면 남도 나의 형을 죽이니, 그렇다면 스스로 父兄을 죽이는 것은 아니지만 한 칸 차이일 뿐이다."

集註 言吾今而後知者는 必有所為而感發也라. 一間者는 我往彼來하야 間一人耳니 其實은 與自害其親으로 無異也라. 范氏曰 知此면 則愛敬人之親이니 人亦愛敬其親矣리라.

集註句文 [必有所為而感發] 반드시 이유가 있어 느껴서 드러낸 것이다. [我往彼來 間一人耳] 내가 가고 저가 와서 한 사람을 사이했을 뿐이다.

참고 [我往彼來 間一人耳] 남의 어버이를 살해하면 그 보복으로 나의 어버이가 살해당하게 되므로 남의 손을 빌려 자기 어버이를 살해하는 꼴이라는 말이다. 史次耘은 孟子今註今譯에서 "손 하나를 바꾼 것에 불과하다.(不過只換一個手罷了)" 라고 번역하였는데, 이 표현이 간결하면서도 의미를 심층적으로 드러내 준다.(무명자집 문고 제3책 강민정 번역본)

8장 孟子曰 古之為關也는 將以禦暴러니

맹자왈, "옛적에 관문을 만든 것은 횡포한 짓을 막고자 하려는 것이었는데,

集註 譏察非常이라.

大文字義 [關관] 관문. [禦어] 막다. [暴포] 횡포.

大文句文 [為關] 관문을 만들다.

集註字義 [譏기] 기찰하다. 나무라다.

集註句文 [非常] 수상한 사람.

今之為關也는 將以為暴로다.

오늘날 관문을 만드는 것은 횡포한 짓을 하려는 것이로구나."

集 註 征稅出入이라. ○范氏曰 古之耕者는 什一이러니 後世엔 或收大半之稅하니 此는 以賦斂為暴也요 文王之囿는 與民同之러니 齊宣王之囿는 為阱國中하니 此는 以園囿為暴也니 後世為暴不止於關이라. 若使孟子用於諸侯면 必行文王之政이니 凡此之類를 皆不終日而改也시리라.

集註字義 [耕경] 경작하다. [賦부] 징수하다, 받다, 군사. [斂렴] 거두다. 註에는 歛(力驗反)으로 되어 있으나 자전에서는 음이 '감'으로 別字라고 되어 있다. 여기서는 斂字로 해석한다. [囿유] 동산. [阱정] 함정.

集註句文 [賦斂] 세금을 거두다. [國中] 도성. [若使] 가령.

9장 孟子曰 身不行道면 不行於妻子요 使人不以道면 不能行於妻子니라.

맹자왈, "몸소 도를 행하지 않으면 처자에게도 행해지지 않을 것이요, 사람을 부리되 도로써 하지 않으면 처자에게도 행해지지 못할 것이다."

集 註 身不行道者는 以行言之니 不行者는 道不行也요 使人不以道者는 以事言之니 不能行者는 令不行也라.

10장 孟子曰 周于利者는 凶年이 不能殺하고 周于德者는 邪世不能亂이니라.

맹자왈, "이익에 주도면밀한 자는 흉년이 죽이지 못하고, 덕에 주도면밀한 자는 사악한 세상이 어지럽히지 못한다."

集 註 周는 足也니 言積之厚則用有餘라.

大文字義 [周주] 주밀하다. [亂난] 어지럽히다.

大文句文 [周于利者] 이익에 주도면밀한 사람.

11장 孟子曰 好名之人은 能讓千乘之國하나니 苟非其人이면 簞食豆羹에 見於色하나니라.

맹자왈, "명예를 좋아하는 사람은 천승의 나라를 사양할 수는 있지만, 진실로 거기에 합당한 사람이 아니면 대그릇에 담은 밥과 나무그릇에 담은 국에도 낯빛에서 진심이 드러난다."

集註 好名之人은 矯情干譽라. 是以로 能讓千乘之國이라. 然이나 若本非能輕富貴之人이면 則於得失之小者에 反不覺其眞情之發見矣라. 蓋觀人을 不於其所勉이요 而於其所忽이니 然後에 可以見其所安之實也니라.

大文字義 [讓양] 사양하다. [苟구] 진실로. [簞단] 대그릇. [豆두] 나무그릇. [羹갱] 국. [見현] 드러나다. [色색] 낯빛.

集註字義 [矯교] 속이다, 바로잡다. [干간] 구하다, 범하다, 방패. [譽예] 기리다. [輕경] 가볍게 여기다. [反반] 도리어, 돌이키다.(上聲)./ 뒤집다.(번, 去聲). [覺각] 깨닫다. [勉면] 힘쓰다. [忽홀] 소홀히 하다.

集註句文 [矯情干譽] 실정을 속이고 명예를 구하다.

無名子集 文稿 제8책 [冊 定力 注]

맹자 盡心下 好名之人章에 "명예를 좋아하는 사람은 천승의 나라를 양보할 수 있지만, 정말로 그러할 만한 사람이 못 되면 한 대그릇 밥과 나물국에서 얼굴 빛에 드러난다." 하였다. 이와 관련하여 주자는 집주에서 "명예를 좋아하는 사람은 실정을 속이고 명예를 구한다. 이 때문에 천승의 나라를 양보할 수 있다. 그러나 본래 부귀를 가벼이 여기는 사람이 아니면 작은 득실에서 도리어 眞情이 드러나는 것을 깨닫지 못한다." 하였다. 제자들과 好名之人章을 논할 때에는 천승의 나라를 양보하는 것은 오직 현자라야 능하다. 명예를 좋아하는 사람도 일시적으로 가능하지만 참으로 사양할 수 있는 사람이 아니라면 작은 곳에서 진심이 드러나고 만다. 명예를 좋아하는 사람은 본디 참으로 나라를 사양할 수 있는 사람이 아니고, 일시적인 명예욕에서 억지로 그런 짓을 하는 것일 뿐이다.(성균관대학교 대동문화연구원 이규필 역)

栗谷先生全書卷之35 부록3 [行狀 金長生撰, 好名之人]

十一月夜對, 啓曰 天理人欲 間不容髮 二者初非二本 未發時 只是渾然天理而已 每於動處 善惡分焉 心動然後乃有人欲。上曰 動者因氣 氣有淸濁故善惡分焉 天理人欲 初非竝立於心中也。對曰 上敎當矣 天理人欲 初非二本 而旣分之後 界限甚明 非天理則是人欲 非人欲則是天理 未有非天理非人欲者也。上曰 所行雖善 而或有求名之心 則亦不可謂天理也。先生曰 心欲求名 而矯情爲善 則是亦人欲而已。上曰 好名之人 能讓千乘之國 而簞食豆羹見於色 其無根本如此。且好利者 不能欺人 好名者 善於欺人 其弊大矣。先生曰 上教當矣。但爲善者與好名者 辨之甚難。若見爲善者 而輒疑其好名 則無好善之實矣 此不可不知。

解義 을해년(선조 8년) 11월 夜對에서 李栗谷啓曰 "天理와 人欲 사이는 틈이 머리털 하나도 수용하지 못하니, 이 두 가지가 애당초 근본이 둘이 아니어서, 發하기 전에는 단지 완전한 天理 뿐이었는데, 늘 움직이는 곳에서 善과 惡이 갈라지니, 마음이 움직인 뒤에야 바로 인욕이 있게 됩니다." 上曰 "움직이는 것은 氣에 기인한 것이니 기에는 淸濁이 있기 때문에 善惡이 갈라지는 것이고, 천리와 인욕이 처음부터 마음속에 竝立한 것은 아니다." 對曰 "殿下의 가르침이 지당합니다. 천리와 인욕이 애초에 두 근본이 아니지만, 갈라지고 난 뒤에는 한계가 분명하여 천리가 아니면 인욕이요, 인욕이 아니면 천리여서 천리도 아니고 인욕도 아닌 것은 없습니다." 上曰 "행동하는 것이 비록 善하더라도 혹 명예를 구하는 마음이 있으면 또한 천리라고 할 수 없을 것이다." 栗谷曰 "마음으로는 명예를 구하고자 하면서 거짓으로 善한 척한다면 이 또한 인욕일 뿐입니다." 上曰 "명예를 좋아하는 사람은 千乘之國을 사양할 수는 있지만, 대그릇에 담은 밥과 나무그릇에 담은 국에도 그 감정이 얼굴에 나타나니, 그 근본이 없는 것이 이와 같다. 또 利를 좋아하는 사람은 사람을 속이지 못하지만, 명예를 좋아하는 사람은 사람 속이기를 잘하여 폐단이 크다." 栗谷曰 "殿下의 가르침이 지당합니다. 다만 善을 행하는 자와 명예를 좋아하는 자는 분별하기가 매우 어렵습니다. 만약 善을 행하는 자를 보고서 문득 그가 명예를 좋아한다고 의심하신다면 善을 좋아하는 진실이 없는 것이니 이것을 모르셔서는 안 됩니다."

자 구 [容용] 용납하다. [渾然] 완전함. [矯情] 거짓으로 꾸밈, 진정을 숨김. [簞食] 대그릇에 담은 밥. [豆羹] 나무그릇에 담은 국. [欺기] 속이다. [弊폐] 폐단. [辨변] 분별하다.(上聲). [輒첩] 갑자기. [名명] 명예.

12장 孟子曰 不信仁賢則國이 空虛하고

맹자왈, "인자와 현자를 믿지 않으면 나라가 텅 비게 되고,

集 註 空虛는 言若無人然이라.

無禮義則上下亂하고

예의가 없으면 상하가 혼란스럽고,

> **集註** 禮義는 所以辨上下定民志라.

無政事則財用이 不足이니라.

정사가 없으면 재용이 부족하게 된다."

> **集註** 生之無道하고 取之無度하고 用之無節故也라. ○尹氏曰 三者는 以仁賢為本이니 無仁賢이면 則禮義政事가 處之皆不以其道矣리라.

13장 孟子曰 不仁而得國者는 有之矣어니와 不仁而得天下는 未之有也니라.

맹자왈, "不仁한데도 나라를 얻는 자는 있지만, 不仁한데도 천하를 얻는 자는 있지 않다."

> **集註** 言不仁之人이 騁其私智하야 可以盜千乘之國이나 而不可以得丘民之心이니라. 鄒氏曰 自秦以來로 不仁而得天下者有矣라 然이나 皆一再傳而失之하니 猶不得也라. 所謂得天下者는 必如三代而後에 可니라.
> **集註字義** [騁빙] 펴다, 신장하다. [丘구] 모이다, 언덕.

14장 孟子曰 民이 為貴하고 社稷이 次之하고 君이 為輕하니라.

맹자왈, "백성이 귀함이 되고 사직이 다음이고 임금이 가벼움이 된다.

> **集註** 社는 土神이요 稷은 穀神이니 建國則立壇壝以祀之라. 蓋國은 以民為本이요 社稷도 亦為民而立이며 而君之尊은 又係於二者之存亡이라. 故로 其輕

重이 如此하니라.

集註字義 [稷직] 穀神, 오곡, 기장. [穀곡] 곡식. [壇단] 흙을 높이 쌓아 위를 평평하게 만든 특수한 행사를 하는 장소. [壝유] 제단의 담, 제단의 주위에 쌓은 낮은 담.

참 고 壇과 壝가 설치된 곳으로는 社稷壇, 風雲雷雨壇, 先農壇, 雩祀壇, 先蠶壇, 靈星壇, 馬社壇, 馬祖壇, 先牧壇, 馬步壇 등이 있다.

是故로 得乎丘民이 而為天子요 得乎天子 為諸侯요 得乎諸侯 為大夫니라.

이런 까닭으로 백성의 마음을 얻는 자는 천자가 되고, 천자의 마음을 얻는 자는 제후가 되고, 제후의 마음을 얻는 자는 대부가 된다.

集 註 丘民은 田野之民이니 至微賤也라. 然이나 得其心이면 則天下歸之요 天子는 至尊貴也나 而得其心者는 不過為諸侯耳니 是는 民為重也라.

참 고 [韻會] 甸이라는 말은 다스림이다. [周禮] 9夫를 1井이라 하고, 4井을 1邑이라 하고, 4邑을 1丘라 하고, 4丘를 1甸이라 한다. [漢書] 4井을 1邑이라 하고, 4邑을 1丘라 하고, 4丘를 1甸이라 하니, 甸은 64井이다.

諸侯危社稷則變置하나니라.

제후가 사직을 위태롭게 하면 제후를 바꾸어 세운다.

集 註 諸侯無道하야 將使社稷為人所滅이면 則當更立賢君이니 是는 君輕於社稷也라.

大文句文 [變置] 바꾸어 세우다.

集註句文 [更立] 바꾸어 세우다.

犧牲이 既成하며 粢盛이 既潔하야 祭祀以時호되 然而旱乾水溢則變置社稷하나니라.

희생이 갖추어졌으며 자성이 청결해져서 제 때에 제사하였지만 가뭄이나 홍수가 지면 사직을 바꾸어 세운다."

集註 祭祀不失禮로되 而土穀之神이 不能為民禦災捍患이면 則毁其壇壝而更置之하나니 亦年不順成八蜡不通之意니 是는 社稷이 雖重於君이나 而輕於民也라.

大文字義 [犧희] 희생(종묘 등의 제사에 쓰는 짐승). [牲생] 희생(제사에 쓰이는 짐승). [粢자] 메기장 또는 제사에 쓰이는 黍稷. [盛성] 담다, 그릇. [潔결] 깨끗하다. [旱한] 가뭄. [乾간] 마르다. [溢일] 넘치다.

大文句文 [粢盛] 제사에 쓰이는 서직, 제수.

集註字義 [禦어] 막다. [捍한] 막다. [年년] 年事, 농사. [蜡사] 臘祭(歲末에 지내는 群神의 合祀).

集註句文 [八蜡] 歲末에 농사에 관계있는 여덟 神에게 지내는 제사. [年不順成] 농사가 순조롭게 이루어지지 못하다. [八蜡不通] 팔사가 통하지 않는다. 혹은 팔사에게 제사하지 않는다.

15장 孟子曰 聖人은 百世之師也니 伯夷柳下惠 是也라 故로 聞伯夷之風者는 頑夫廉하며 懦夫 有立志하고 聞柳下惠之風者는 薄夫敦하며 鄙夫寬하나니 奮乎百世之上이어든 百世之下에 聞者莫不興起也하니 非聖人而能若是乎아 而况於親炙之者乎아

맹자왈, "성인은 백세의 스승이니 백이와 유하혜가 바로 이러한 사람이다. 그러므로 백이의 풍모를 듣는 자는 욕심 많은 사내가 청렴해지며 나약한 사내가 뜻을 세우게 된다. 유하혜의 풍모를 듣는 자는 야박한 사내가 돈후해지며 비루한 사내가 너그러워진다. 백세 전에서 분발하면 백세 후에 듣는 자가 흥기하지 않는 사람이 없을 것이니, 성인이 아니면 이와 같이 할 수 있겠는가? 하물며 성인께 친히 가르침을 받은 자에 있어서랴?"

集註 興起는 感動奮發也라 親炙는 親近而薰炙之也라 餘見前篇하니라.

大文字義 [風풍] 풍모. [頑완] 탐하다, 욕심이 많다. [廉염] 청렴하다. [懦나] 나약하다. [薄박] 야박하다. [敦돈] 돈후하다. [鄙비] 비루하다. [寬관] 너그럽다. [奮분] 분발하다. [炙자] 가깝다. 굽다.

大文句文 [頑夫] 욕심이 많은 사내. [親炙] 스승에게 직접 가르침을 받다.

集註字義 [薰훈] 태우다. 훈자하다.
集註句文 [薰炙] 德義로써 사람을 교화하다. 구운 냄새가 직접 몸에 배다.

16장 孟子曰 仁也者는 人也니 合而言之하면 道也니라.

맹자왈, "仁이라는 것은 人이니 합하여 말하면 道이다."

集註 仁者는 人之所以爲人之理也라 然이나 仁은 理也요 人은 物也니 以仁之理로 合於人之身而言之하면 乃所謂道者也라. ○程子曰 中庸所謂率性之謂道가 是也니라. 或曰 外國本에 人也之下에 有義也者宜也禮也者履也智也者知也信也者實也凡二十字라하니 今按如此면 則理極分明이라 然이나 未詳其是否也로라.
集註字義 [率솔] 따르다. [宜의] 옳다, 마땅하다. [履리] 실천하다, 신.
集註句文 [外國本] 고려본.

17장 孟子曰 孔子之去魯에 曰 遲遲라 吾行也여하시니 去父母國之道也요 去齊에 接淅而行하시니 去他國之道也니라.

맹자왈, "공자께서 제나라를 떠나실 적에 말씀하시기를, '더디구나 나의 발걸음이여!' 하셨으니, 부모의 나라를 떠나는 도이고, 제나라를 떠나실 적에 쌀을 건져 채반에 받쳐 들고 급히 떠나셨으니, 他國을 떠나는 도이다."

集註 重出이라.
大文字義 [遲지] 더디다. [行행] 발걸음. [接접] 받다. [淅석] 쌀을 일다.
大文句文 [接淅] 쌀을 일어서 받쳐 들다.

18장 孟子曰 君子之戹於陳蔡之間은 無上下之交也니라.

맹자왈, "공자께서 진나라와 채나라 사이에서 곤액을 당하신 것은 상하의 교류가 없었기 때문이다."

集 註 君子는 孔子也라. 戹은 與厄同이라. 君臣皆惡하야 無所與交也라.
大文字義 [戹액] 곤액(厄).

19장 貉稽曰 稽大不理於口호이다.

맥계曰, "저는 많은 사람의 입에 비방을 받습니다."

集 註 趙氏曰 貉은 姓이요 稽는 名이니 爲衆口所訕하니라. 理는 賴也라하니라. 今按漢書컨대 無俚를 方言에 亦訓賴하니라.
大文字義 [貉맥] 오랑캐(요동지역에 거주). [理리] 덕을 보다.
大文句文 [大不理於口] 여러 사람의 입에 비방을 받다.(爲衆口所訕), 남의 구설을 대단히 받다.
集註字義 [訕산] 비방하다. [賴뢰] 자뢰하다. [俚리] 속되다.
참 고 理→俚(속되다. 부탁하다)→賴(덕을 보다), 즉 俚를 理로 假借하여, "大不理於口"는 "크게 입에 덕을 보지 못하다."로 해석한다. 漢孔氏는 "벼슬하는 자가 백성들의 비방을 다스리지 못하다." 라고 해석하였다.

孟子曰 無傷也라 士憎玆多口하니라.

맹자왈, "해될 것이 없다. 士는 더욱 구설이 많은 것이다.

集 註 趙氏曰 爲士者益多爲衆口所訕이라하니라. 按此則憎當從土어늘 今本에 皆從心하니 蓋傳寫之誤니라.
大文字義 [傷상] 해치다. [憎증] 많다(增). [玆자] 이러한(是).
大文句文 [多口] 구설이 많다. [憎玆多口] 더욱 이러한 구설이 많다.

詩云 憂心悄悄어늘 慍于羣小라하니 孔子也시고 肆不殄厥慍하시나 亦不隕厥問이라하니 文王也시니라.

시경에 이르기를, '마음으로 근심하며 불안하기만 한데 여러 소인들에게 성냄을 받는다.' 하니, 공자의 처지가 이러하셨고, '이러므로 그들의 성냄을 끊지는 못하였지만 또한 그 명예를 실추시키지도 않았다.' 하니, 문왕의 처지가 이러하였다."

集註 詩는 邶風柏舟及大雅緜之篇也라. 悄悄는 憂貌요 慍은 怒也라. 本言衛之仁人이 見怒於羣小어늘 孟子以爲孔子之事可以當之라하시니라. 肆는 發語辭라. 隕은 墜也요 問은 聲問也라. 本言大王事昆夷에 雖不能殄絶其慍怒나 亦不自墜其聲問之美어늘 孟子以爲文王之事可以當之라하시니라. ○尹氏曰 言人顧自處如何니 盡其在我者而已니라.

大文字義 [悄초] 근심하다. [慍온] 성내다. [肆사] 이러므로. [殄진] 끊다. [隕운] 실추하다. [問문] 명예.

大文句文 [孔子也] 공자의 처지가 이러하다.

集註字義 [邶패] 나라 이름. [緜면] 뻗치다, 솜. [墜추] 떨어뜨리다. [殄진] 다하다, 앓다, 죽다. [慍온] 노여움. [顧고] 돌아보다.

集註句文 [人顧自處如何] 사람이 자처하기를 어떻게 해야 하는지를 돌아보다.

참 고 [昆夷] 西戎의 이름. 곤이가 태왕에게 요구하는 것이 심하자 태왕이 본거지를 버리고 岐山으로 옮긴 일이 있었다.

詩 經 [國風 邶風 柏舟 5章]

大 義 부인이 남편의 사랑을 얻지 못해 자신의 처지를 측백나무 배에 비유한 것이다.

詩 解 1장. 汎彼柏舟여 亦汎其流로다 耿耿不寐하야 如有隱憂로다 微我無酒 以敖以遊니라.

두둥실 떠있는 저 측백나무 배여! 물 따라 떠가도다. 초롱초롱 잠 못 들어 아픈 근심 있는 듯하도다. 내가 노는데 술이 없어서가 아니니라.

2장. 我心匪鑒이라 不可以茹며 亦有兄弟나 不可以據로소니 言往愬오 逢彼之怒호라.

내 마음 거울이 아니라 헤아릴 수가 없으며, 형제가 있으나 의지할 수가 없으니, 하소연하러 갔다가 저들의 노여움만 샀노라.

4장. 憂心悄悄어늘 慍于群小호라 覯閔旣多어늘 受侮不少호라 靜言思之오 寤辟有摽호라.

내 마음 근심 가득하거늘 소인들에게 노여움만 받았노라. 괴로움도 많이 겪고 받은 수모 적지 않았노라. 가만히 생각하고 잠에서 깨어 가슴을 쳤노라.

자 구 [汎범] 물에 둥둥 뜨다. [柏백] 측백나무. [耿경] 밝다, 빛. [寐매] 잠자다. [隱은] 아프다(痛). [微미] 없다(非). [敖오] 즐기다. [鑒감] 거울. [茹여] 헤아리다(度), 먹다. [據거] 의지하다. [愬소] 하소연하다. [群小] 첩들. [覯구] 보다(見). [閔민] 괴롭다. [寤오] 깨다. [辟벽] 가슴을 치다(拊心).(入聲). [摽표] 가슴을 치다(拊心). [拊부] 치다.

詩 經 [大雅 文王之什 緜篇 9章]

大 義 주공이 성왕을 경계한 시로써 문왕이 흥기한 것은 본래 태왕으로부터 비롯되었음을 읊은 것이다.

詩解 1장. 緜緜瓜瓞이여 民之初生이 自土沮漆하니 古公亶父 陶復陶穴하야 未有家室이시니라.
길고 긴 오이 덩굴이여! 백성의 처음 삶이 저수와 칠수에 터를 잡으니, 고공단보가 기와 굽는 곳에 이중 구들로 토실에 거처하여 집이 없었느니라.
2장. 古公亶父 來朝走馬하사 率西水滸하사 至于岐下하시니 爰及姜女로 聿來胥宇하시니라.
고공단보가 아침 일찍 말을 달려와 서쪽 물가를 따라 기산 아래에 이르시니, 이에 姜女와 함께 와서 살 집을 살펴보셨도다.
8장. 肆不殄厥慍하시나 亦不隕厥問하시니 柞棫拔矣라 行道兌矣하니 混夷駾矣하야 維其喙矣로다.
오랑캐들 성냄을 끊지는 못했어도 그 명성 실추하지 않으시니, 떡갈나무 뻗어 올라 다니는 길이 통하니, 곤이들이 도망하여 숨만 쉴 뿐이로다.

자구 [瓜과] 오이. [瓞질] 작은 오이. [沮저] 渭水의 지류, 막다. [漆칠] 위수로 들어가는 지류. [亶단] 크다. [陶도] 굽다. [復복] 이중. [率솔] 따르다. [滸호] 물가. [爰원] 이에. [聿율] 어조사, [胥서] 살펴보다. [宇우] 집. [柞작] 떡갈나무. [棫역] 떡갈나무. [兌태] 통하다(通). [混夷] 西夷의 일종. [駾태] 달려가 충돌하다(突). [喙훼] 숨 쉬다(息), 부리.

20장 孟子曰 賢者는 以其昭昭로 使人昭昭어늘 今에 以其昏昏으로 使人昭昭로다.

맹자왈, "현자는 그 밝음으로써 남들을 밝게 하였는데, 오늘날에는 그 어두움으로써 남들을 밝게 하는구나."

集註 昭昭는 明也요 昏昏은 闇也라. 尹氏曰 大學之道는 在自昭明德而施於天下國家하니 其有不順者寡矣니라.

大文字義 [昭소] 밝다. [昏혼] 어둡다.

集註字義 [闇암] 어둡다.

21장 孟子謂高子曰 山徑之蹊間이 介然用之而成路하고 為間不用則茅塞之矣나니 今에 茅塞子之心矣로다.

맹자께서 고자에게 말씀하시기를, "산길 가운데 좁은 길은 잠시 쓰게 되면 길을 만들게 되고, 잠시 사용하지 않으면 띠풀이 막아버리니, 지금은 띠풀이 그대의 마음을 막는구나."

集註 徑은 小路也요 蹊는 人行處也라. 介然은 倏然之頃也라. 用은 由也라. 路는 大路也라. 為間은 少頃也라. 茅塞은 茅草生而塞之也라. 言理義之心이 不可少有間斷也라.

大文字義 [徑경] 길. [蹊혜] 작은 길(小路), 지름길. [介개] 끼다, 굳다. [間간] 잠시. [茅모] 띠풀.

大文句文 [介然] 잠시. [爲間] 잠시.

集註字義 [倏숙] 갑자기. [頃경] 잠깐, 百이랑.

22장 高子曰 禹之聲이 尙文王之聲이로소이다.

高子曰, "우임금의 명성이 문왕의 명성보다 높습니다."

集註 尙은 加尙也라. 豐氏曰 言禹之樂이 過於文王之樂이라.

集註句文 [加尙] 더 낫다.

孟子曰 何以言之오 曰 以追蠡니이다.

맹자왈, "무슨 근거로 그렇게 말하는가?" 고자왈, "종끈이 벌레 먹은 것처럼 닳았기 때문입니다."

集註 豐氏曰 追는 鐘紐也니 周禮所謂旋蟲이 是也라. 蠡者는 齧木蟲也라. 言禹時鐘在者는 鐘紐如蟲齧而欲絶하니 蓋用之者多요 而文王之鐘은 不然이라. 是以로 知禹之樂이 過於文王之樂也라.

大文字義 [追퇴] 종 끈. [蠡려] 나무를 갉아먹는 벌레.

大文句文 [追蠡] 종끈이 벌레먹은 것처럼 닳았다.

集註字義 [紐유] 끈. [齧설] 갉아먹다. [過과] 훌륭하다.

集註句文 [旋蟲] 주례 注에 선충은 종을 매다는 끈인데 그 형상이 고려와 같으며 蟲形을 만들어 장식한다.

曰 是奚足哉리오 城門之軌 兩馬之力與아

맹자왈, "이것으로 어찌 충분하겠느냐? 성문의 수레바퀴 궤적이 두 마리 말만의 힘이겠는가?"

集註 豐氏曰 奚足은 言此何足以知之也라. 軌는 車轍迹也라. 兩馬는 一車所駕也라. 城中之涂는 容九軌하니 車可散行이라. 故로 其轍迹淺하고 城門은 惟容一車하니 車皆由之라. 故로 其轍迹深하니 蓋日久車多所致요 非一車兩馬之力이 能使之然也라. 言禹在文王前千餘年이라 故로 鐘久而紐絶이요 文王之鐘은 則未久而紐全하니 不可以此而議優劣也니라. ○此章文義는 本不可曉라. 舊說이 相承如此하고 而豐氏差明白이라. 故로 今存之어니와 亦未知其是否也로다.

大文字義 [奚해] 어찌. [軌궤] 궤도, 궤적. [與여] 의문사(平聲).

集註字義 [轍철] 바퀴자국. [迹적] 자욱. [駕가] 멍애를 지우다. [涂도] 길. [容용] 용납하다. [優우] 넉넉하다. [劣열] 못하다. [議의] 가리다, 의논하다. [曉효] 이해하다. [差차] 비교적, 조금. [存존] 존치하다.

集註句文 [所致] 이룬 결과이다.

23장 齊饑어늘 陳臻이 曰 國人이 皆以夫子로 將復爲發棠이라 하니 殆不可復로소이다.

제나라가 기근이 들자 陳臻曰, "나라 사람들이 모두 부자께서 장차 다시 당읍의 창고를 열게 하실 것이라고 하니, 다시 말 할 수 없을 듯합니다."

集註 先時에 齊國嘗饑어늘 孟子勸王發棠邑之倉하야 以振貧窮이러니 至此又饑한대 陳臻이 問言齊人이 望孟子復勸王發棠이라하고 而又自言恐其不可也라하니라.

大文字義 [饑기] 굶주리다. [臻진] 이르다. [棠당] 邑名, 아가위. [殆태] 아마도.

集註字義 [嘗상] 일찍이. [勸권] 권하다. [發발] 창고를 열다. [振진] 구휼하다, 구호하다.

孟子曰 是爲馮婦也로다 晉人有馮婦者 善搏虎하더니 卒爲善士하야 則之野할새 有衆이 逐虎하니 虎負嵎어늘 莫之敢攖하야 望見馮婦하고 趨而迎之한대 馮婦攘臂下車하니 衆皆悅之하고 其爲士者는 笑之하니라.

맹자왈, "이것은 馮婦가 되는 것이로다. 晉나라 사람 가운데 풍부라는 자가 범을 잘 때려잡았다. 마침내 善士가 되어 들에 나갈 때 많은 무리들이 범을 쫓으니, 범이 산모퉁이에 숨자 누구도 감히 접근하지 못하여 풍부를 멀리서 바라보고 달려가서 맞이하였다. 풍부가 팔을 걷어붙이고 수레에서 내리니, 사람들이 모두 기뻐하고 士들은 비웃었다."

集註 手執曰搏이라 卒爲善士는 後能改行爲善也라. 之는 適也라. 負는 依也라. 山曲曰嵎라 攖은 觸也라 笑之는 笑其不知止也라. 疑此時에 齊王이 已不能用孟子하고 而孟子亦將去矣라. 故로 其言이 如此하시니라.

大文字義 [馮풍] 姓. [搏박] 맨주먹으로 치다. [卒졸] 마침내. [逐축] 쫓다. [負부] 의지하다. [嵎우] 산모퉁이. [攖영] 가까이하다. [趨추] 달려가다. [攘양] 걷어올리다, 물리치다. [臂비] 팔. [笑소] 비웃다.

大文句文 [馮婦] 人名(春秋 시대 晉나라 사람).

集註字義 [觸] 범하다, 닿다. [適적] 가다.

24장 孟子曰 口之於味也와 目之於色也와 耳之於聲也와 鼻之於臭也와 四肢之於安佚也에 性也나 有命焉이라 君子不謂性也니라.

맹자왈, "입이 맛에 대해서와 눈이 색깔에 대해서와 귀가 소리에 대해서와 코가 냄새에 대해서와 사지가 안일에 대해 本性이기는 하지만, 거기에 命數가 있기 때문에 군자는 性이라 말하지 않는다.

集註 程子曰 五者之欲은 性也라 然이나 有分하여 不能皆如其願하니 則是命也니 不可謂我性之所有而求必得之也니라 愚按 不能皆如其願은 不止爲貧賤이요 蓋雖富貴之極이라도 亦有品節限制하니 則是亦有命也니라.

大文字義 [色색] 색깔. [鼻비] 코. [臭취] 냄새. [肢지] 사지, 팔다리. [佚일] 편안하다. [性성] 本然之性.

仁之於父子也와 義之於君臣也와 禮之於賓主也와 智之於賢者也와 聖人之於天道也에 命也나 有性焉이라 君子不謂命也니라.

仁이 父子에 있어서와 義가 군신에 있어서와 禮가 賓主에 있어서와 智가 현자에 있어서와 성인이 천도에 있어서는 命數이지만, 거기에 性이 있기 때문에 군자는 命數라고 말하지 않는다."

集註 程子曰 仁義禮智天道在人이면 則賦於命者니 所稟이 有厚薄淸濁이라 然而性善하야 可學而盡이라 故로 不謂之命也니라. 張子曰 晏嬰이 智矣로되 而不知仲尼하니 是非命邪아 愚按 所稟者厚而淸이면 則其仁之於父子也에 至하고 義之於君臣也에 盡하고 禮之於賓主也에 恭하고 智之於賢否也에 哲하고 聖人之於天道也에 無不脗合而純亦不已焉이요 薄而濁이면 則反是하니 是皆所謂命也라. 或曰 者는 當作否요 人은 衍字라하니 更詳之니라. ○ 愚聞之師하니 曰 此二條者는 皆性之所有而命於天者也라. 然世之人이 以前五者로 爲性이라하니 雖有不得이라도 而必欲求之하고 以後五者로 爲命이라하야 一有不至하면 則不復致力이라. 故로 孟子各就其重處言之하사 以伸此而抑彼也시니 張子所謂養則付命於天이요 道則責成於己라니 其言이 約而盡矣로다.

集註字義 [賦부] 부여받다. [稟품] 부여받다. [晏안] 늦다, 편안하다. [嬰영] 갓난아이 [邪야] 耶. [哲철] 밝다. [脗문] 꼭 맞다. [衍연] 남다, 넉넉하다. [更갱] 다시. [師사] 스승, 여기서는 주자의 스승인 李侗을 가리킴. [詳상] 자세히 알다. [伸신] 펴다. [抑억] 억제하다. [付부] 맡기다, 부탁하다. [約약] 요약되다. [盡진] 극진하다.

集註句文 [道則責成於己] 道는 자기에게서 이루어지도록 책임지우다. [養則付命於天] 養은 하늘에서 명해서 부여받다.

無名子集 文稿 冊六 [上言, 性也有命焉]

夫子罕言命 而得之不得曰 有命。觀此則聖人之意槪可知已。孟子曰 口之於味也 目之於色也 耳之於聲也 鼻之於臭也 四肢之於安佚也 性也有命焉 君子不謂性也。又曰 求之有道 得之有命 是求無益於得也 求在外者也。此言何謂也。蓋莫之爲而爲者 天也 莫之致而至者 命也。人之生也 皆稟於天故莫不各有其命。特人不自知之耳 自死生壽殀貧富貴賤 以至於一事一爲之通塞若違 皆有命焉。而俗謂之數 數卽命也。

解義 공자께서는 命에 대해 드물게 말씀하셨고, 얻음과 얻지 못함에는 命에 있다고 하셨다. 이것을 보면 성인의 뜻을 대략 알 수 있다. 맹자왈 "입이 맛에 대해서와 눈이 색에 대해서와 귀가 소리에 대해서와 코가 냄새에 대해서와 팔다리가 안일에 대해서는 본성이지만 거기에는 命이 있다. 그러므로 군자는 性이라 하지 않는다." 또 말씀하시기를 "구하는 데는 도가 있고 얻는 데는 명이 있으니, 바로 구하는 것은 얻는 것에 아무런 도움이 되지 않는다. 이것은 밖에 있는 것을 구하기 때문이다." 이 말은 무엇을 말한 것인가? 대개 함이 없이 하는 것은 하늘이고, 이르게 하지 않아도 이르는 것은 命이다. 사람이 태어날 때 모두 하늘에서 품부받기 때문에 각각 명을 가지고 있지 않은 이가 없다. 다만 사람이 자각하지 못할 뿐이니, 死生, 壽殀, 貧富, 貴賤으로부터 한 가지 일이나 한 가지 행위의 통함과 막힘, 순조로움과 거슬림에 이르기까지 모두 命에 있다. 세상에서는 數라고 하는데, 數가 곧 命이다.

자구 [罕한] 드물다. [臭취] 냄새. [佚일] 편안하다. [殀요] 단명. [壽殀] 장수와 단명. [一事一爲] 한 가지 일이나 한 가지 행위. [通塞] 통함과 막힘. [若違] 순조로움과 거슬림. [數수] 命數

承政院日記 [英祖 3年 3月 4日 宣政殿 夕講, 知性命之分]

梓曰 此章文義 朱子章下註 仔細論之矣。蓋耳目口鼻之欲 出於天性 故人徒知是之爲性。貧而慕富 賤而慕貴 無所不至 故孟子極言是性之有命 明貧賤者不能富貴 而欲人無企跂之心也。賦於天者 有厚薄淸濁 然不思變化氣質 則安於暴棄 而終未至於聖人之域矣。此二節 意雖相反 參而觀之 則是遏欲存理之道也。聖人勉人之意深矣 先儒所論者多矣。儻於燕閑之暇 參互考證 以知性命之分 則必有自得之道矣。

解義 황재曰, "이 장의 글 뜻은 朱子의 章下註에서 자세히 논하였습니다. 대체로 耳目口鼻가 하고자 함은 天性에서 나오기 때문에 사람들은 다만 이것이 性이 됨을 알고 있습니다. 가난하되 부유함을 탐하고 천하되 귀함을 탐하는데 못할 짓이 없으므로, 맹자께서 이 性에는 命이 있음을 다 말하여 가난하고 천한 자가 부유하고 귀하게 될 수 없음을 밝혀, 사람들이 발돋움하며 바라는 마음이 없도록 하고자 하였습니다. 하늘에서 부여받은 것에는 厚薄淸濁이 있지만, 기질을 변화시키기를 생각하지 않는다면 자포자기하는 것을 편안히 여겨 끝내 성인의 경지에 이르지 못할 것입니다. 이 두 구절은 뜻은 비록 상반되지만 참고하여 살펴본다면, 이것은 인욕을 막고 천리를 보존하는 방법입니다. 성인이 사람을 힘쓰게 하는 뜻이 깊으니, 선유들이 논한 경

우가 많았습니다. 혹시 한가한 겨를에 비교하여 고증해서 性과 命의 분별을 알게 된다면, 틀림없이 스스로 깨달아 얻는 도리가 있을 것입니다."

자구 [梓재] 가래나무. [義의] 뜻. [慕모] 탐하다. [極言] 다말하다, 힘주어 말하다. [跂기] 발돋움하다. [企기] 발돋움하다. [域역] 경지. [遏알] 막다. [遏欲] 인욕을 막다. [儻당] 혹시. [燕閑] 한가함. [暇가] 여가. [參互] 비교하다.

星湖全集 33卷 [書 答人 戊辰. 不謂命과 不謂性]

不謂命 是父子君臣之間 雖有人事不得已處 不可諉諸命分而不思盡性之義 故曰不謂命。不謂性 是聲色臭味之欲 形氣之不能闕 又不可索性而恣行 故不謂性。如斯而已 觀命字不可太拘。

解義 "命이라고 말하지 않는다;" 는 것은 父子, 君臣 사이에 비록 인사에 부득이 한 곳이 있으나, 명분을 핑계로 본성을 다하는 의리를 생각하지 않아서는 안 됩니다. 그러므로 "命이라고 말하지 않는다." 한 것입니다. "性이라고 말하지 않는다."는 것은 聲色과 臭味에 대한 욕구는 形氣를 빼놓을 수 없고, 또 머뭇거리지 않고 함부로 행해서는 안 됩니다. 그러므로 "性이라고 말하지 않는다."한 것입니다. 이와 같을 따름이니, '命' 字를 볼 때 너무 구애받아서는 안 됩니다.

자구 [諉위] 핑계대다. [闕궐] 빠트리다. [索색] 가장. [索性] 머뭇거리지 않고 곧장 결정하는 것(直截). [恣자] 마음대로, 방자하다. [拘구] 구애받다, 한정하다.

思辨錄[五] [孟子 盡心下, 不可諉之以命而不盡吾之心]

天道者 天之所以覆育萬物 使各得其所者也 聖人代天理物 有天道之責。此蓋言人於父子 非不欲全其愛而有時乎不得 於君臣非不欲畢其忠而有時乎不得 於賓主與賢否非不欲申其敬而致其辨 有時乎不得 聖人於行道濟世 亦非不欲無負其責 有時乎不得 則此無非命也。然父子之恩不可以不盡其愛 君臣之分不可以不盡其忠 賓主之際賢否之間 不可以失其敬而亂其辨 斯世斯民終不可以遂忘之而無所極 則此有不可諉之以命而不盡吾之心者 故曰有性焉。

解義 天道는 하늘이 만물을 덮어서 길러 주어 각각 제자리를 얻게 하고자 한 것이며, 성인은 하늘을 대신하여 사물을 다스리니 천도의 책임이 있다. 이것은 대개 사람들은 父子에 있어서 사랑을 온전히 하기를 바라지 않는 것은 아니지만 되지 않을 때가 있으며, 君臣에 있어서 충성을 다하기를 바라지 않는 것은 아니지만 되지 않을 때가 있으며, 賓主와 賢否에 있어서 공경을 펴서 그 분변을 완성하기를 바라지 않은 것은 아니지만 되지 않을 때가 있으며, 성인이 도를 행하여 세상을 구제하는데 또한 그 책임을 지는 일이 없기를 바라지 않은 것은 아니지만 되지 않을 때가 있으니, 이것은 命 아님이 없는 것임을 말한 것이다. 그러나 부자의 은혜는 그 사랑을 다하지 않아서는 안

되며, 군신의 분수는 그 충성을 다하지 않아서는 안 되며, 빈주와 현부의 사이에 있어서 공경을 잃고 분변을 어지럽혀서는 안 되며, 이 세상과 이 백성들이 종국에 가서 마침내 잊고서 끝 간 데를 몰라서는 안 되니, 이것은 命으로써 핑계대고 내 마음을 다하지 않아서는 안 됨이 있는 것이다. 그러므로 性이 있다고 한 것이다.

자구 [覆育] 덮어주고 길러주다. [其所] 제자리. [責책] 책임. [畢필] 다하다, 마치다. [申신] 펴다. [責책] 책임. [畢필] 다하다. [致치] 완성하다. [辨변] 분변하다.(上聲). [濟제] 구제하다. [恩사] 은혜. [終종] 종국에. [遂수] 마침내 [極극] 끝가지 가다. [諉위] 핑계하다.

25장 浩生不害問曰 樂正子는 何人也잇고 孟子曰 善人也며 信人也니라.

浩生不害 問曰, "악정자는 어떤 사람입니까?" 맹자왈, "善人이며 信人이다."

集註 趙氏曰 浩生은 姓이요 不害는 名이니 齊人也라.

何謂善이며 何謂信이잇고

호생불해 問曰, "무엇을 善人이라 하며, 무엇을 信人이라 합니까?"

集註 不害問也라.

曰 可欲之謂善이오

맹자왈, "누구나 좋아할 만한 사람을 善人이라 하고,

集註 天下之理其善者는 必可欲이요 其惡者는 必可惡니 其爲人也可欲而不可惡면 則可謂善人矣니라.

大文句文 [可欲之謂善] ① 누구나 그렇게 되고 싶어 하는 사람을 善人이라 한다. ② 누구나 좋아할 만한 것을 善이라 한다.

有諸己之謂信이오

善을 자신에게 가지고 있는 사람을 信人이라 하고,

集註 凡所謂善을 皆實有之하야 如惡惡臭하고 如好好色이면 是則可謂信人矣니라. ○張子曰 志仁無惡之謂善이요 誠善於身之謂信이니라.

集註字義 [惡악] 나쁘다.(入聲)./ 미워하다.(오, 去聲). [臭취] 냄새.

充實之謂美오

善이 자신의 몸에 충만한 사람을 美人이라 하고,

集註 力行其善하야 至於充滿而積實이면 則美在其中而無待於外矣니라.

充實而有光輝之謂大오

善이 충만하여 英華가 겉으로 드러난 사람을 大人이라 하고,

集註 和順積中而英華發外하야 美在其中而暢於四支하고 發於事業이면 則德業至盛而不可加矣니라.

集註字義 [暢창] 펴다, 통창하다. [支지] 四肢.

集註句文 [和順積中] 화순한 기운이 마음에 쌓이다. [英華發外] 영화가 밖으로 드러나다.

大而化之之謂聖이오

大하면서 저절로 되는 사람을 聖人이라 하고,

集註 大而能化하야 使其大者로 泯然無復可見之迹이면 則不思不勉하야 從容中道하야 而非人力之所能為矣니라. 張子曰 大는 可為也어니와 化는 不可為也니 在熟之而已矣니라.

集註字義 [泯민] 멸하다, 다하다. [熟숙] 익숙하다.

集註句文 [泯然] 자취없이. [不思] 不思而得. [不勉] 不勉而中, [從容中道] 조용히 도에 맞다. 자연스럽게 도에 맞다.

鹿門集 제5권 [書 答李伯訥, 信과 美와 大]

蓋善以爲質而實有此善於己謂之信。實有此善而充積飽滿謂之美。充滿而英華發於外謂之大。

解義 대개 善을 본질로 삼고서 실제로 이 善을 자기 몸에 소유한 사람을 信人이라고 한다. 실제로 이 善을 소유하고서 확충하여 꽉 채운 사람을 美人이라고 한다. 善이 가득 차서 榮華가 밖으로 드러나는 사람을 大人이라고 한다.

聖而不可知之之謂神이니

聖하여 지극히 신묘해서 알 수 없는 사람을 神人이라 하니,

集註 程子曰 聖不可知는 謂聖之至妙하야 人所不能測이니 非聖人之上에 又有一等神人也니라.

樂正子는 二之中이오 四之下也니라.

악정자는 중간에서 두 번째(信人)이고, 아래에서 네 번째(信人)이다."

集註 蓋在善信之間이니 觀其從於子敖하면 則其有諸己者 或未實也니라. 張子曰 顔淵樂正子皆知好仁矣로되 樂正子는 志仁無惡而不致於學이라 所以但爲善人信人而已요 顔子는 好學不倦하야 合仁與智하야 具體聖人하니 獨未至聖人之止耳시니라. ○程子曰 士之所難者는 在有諸己而已니 能有諸己면 則居之安하고 資之深하야 而美且大를 可以馴致矣어니와 徒知可欲之善而若存若亡而已면 則能不受變於俗者鮮矣니라. 尹氏曰 自可欲之善으로 至於聖而不可知之神이 上下一理니 擴充而至於神이면 則不可得而名矣니라.

集註字義 [觀관] 관찰하다. [敖오] 놀다, 거만하다. [實실] 진실. [致치] 이루다. [倦권] 게으르다. [體체] 본체. [獨독] 유독. [止지] 경지. [資자] 자뢰하다. [馴순] 길들이다, 순하다.. [鮮선] 드물다.

集註句文 [獨未至聖人之止耳] 다만 성인의 경지에 도달하지 못하였을 뿐이다. [在有諸己而已] 자기에게 가지고 있는 것을 보존하는 것뿐이다. [馴致] 차차 이르게

하다, 자연히 그렇게 되다. [若存若亡] 보존되는 듯하고 없어지는 듯하다.

承政院日記 [英祖 3年 4月 13日 宣政殿 晝講, 善信人之至寶]

聖輔曰 孟子所答 樂正子以善信爲言者 蓋人只善而不信 則必不誠實 信而不善 則其信亦不爲泛善 而如信然後 表裏相應 言行相符 爲臣止於忠 爲子止於孝 人心天理 皆不外此。故善信 人之至寶 學者初下手處工夫也。自善而至信 自信而至美 則所存充實 英華發外 勉勉不已 循循有序 自至於聖神之域矣。

解義 檢討官 홍성보曰, "맹자가 대답한 바 악정자는 善人이며 信人이라고 말한 것은 대개 사람이 단지 善하기만 하고 信하지 못하면 반드시 성실하지 못하고, 信하고 善하지 못하면 그 信 또한 넓은 善이 되지 못하니, 信과 같이 된 후에 안팎이 서로 응하고 언행이 서로 부합하여 신하가 되어서는 忠에 이르고 자식이 되어서는 孝에 이르니, 人心과 天理가 모두 여기에서 벗어나지 않습니다. 그러므로 善과 信은 사람의 지극한 보배이니 배우는 자기 처음에 공부를 착수할 곳입니다. 善으로부터 信에 이르고 信으로부터 美에 이르면 보존된 것이 충실하고 영화가 밖으로 드러나, 부지런히 힘쓰기를 그치지 않고 차례대로 순서 있게 한다면 저절로 聖神의 경지에 이를 것입니다."

자구 [泛범] 넓다. [符부] 부절. [外외] 벗어나다. [下手] 시작하다. [英華發外] 영화가 밖으로 드러나다. [勉勉] 부지런히. [循循] 차례대로. [序서] 순서.

栗谷全書 卷之二十二 [聖學輯要四 修己 第2下, 非聖人之上復有神人]

朱子曰 至於聖 則造道入德之功至矣盡矣 不可以有加矣。是其盛德至善之極。無聲無臭之妙 必有非耳目所能盡 心思所能測者。是則所謂神者 而非聖人之上復有神人也。夫自可欲而至於大 則思勉之所及也 至於聖且神焉 則非思勉之所及矣。然非思勉之而不已焉 則亦未有至焉者也。

解義 주자왈, "聖에 이르게 되면 道에 나아가고 德으로 들어가는 공부가 지극하고 극진하니 더할 수가 없을 것이다. 이것은 聖德과 至善의 지극함이다. 소리도 없고 냄새도 없는 신묘함은 반드시 耳目이 다 할 수 있는 바가 아니고 마음의 생각으로 헤아릴 수 있는 바가 있다. 이것은 이른바 神이라는 것이며 성인의 위에 다시 神人이 있는 것은 아니다. 대개 可欲에서 大에 이르기까지는 생각하고 힘써서 도달할 수 있지만, 聖하고 또 神에 이르러서는 생각하고 힘써서 도달할 수 있는 바가 아니다. 그러나 생각하고 힘써서 계속하지 않는다면 또한 거기에 도달할 수 없다."

자구 [極극] 지극하다. [復부] 다시.(去聲)./ 회복하다.(복, 入聲).

26장 孟子曰 逃墨이면 必歸於楊이오 逃楊이면 必歸於儒니 歸커든 斯受之而已矣니라.

맹자왈, "묵적을 떠나면 반드시 양주로 돌아갈 것이고, 양주를 떠나면 반드시 유가로 돌아갈 것이니, 돌아오거든 바로 받을 뿐이다.

集註 墨氏는 務外而不情하고 楊氏는 太簡而近實이라 故로 其反正之漸이 大略如此하니라 歸斯受之者는 憫其陷溺之久而取其悔悟之新也니라.

大文字義 [逃도] 떠나다. [墨묵] 墨翟. [歸귀] 돌아가다. [楊양] 楊朱. [斯사] 곧, 바로.

集註字義 [憫민] 불쌍히 여기다. [簡간] 대범하다, 간략하다, 무시하다. [漸점] 차례, 번지다. [陷함] 빠지다. [溺익] 빠지다. [悔회] 뉘우치다. [悟오] 깨닫다.

集註句文 [墨氏] 묵적의 학설. [務外而不情] 겉치레를 힘써 진실하지 않다. [楊氏] 양주의 학설. [太簡] 너무 대범하다. [其反正之漸] 그들이 正道로 돌아오는 차례.

今之與楊墨辯者는 如追放豚하니 旣入其苙이어든 又從而招之로다.

오늘날 양주 묵적과 더불어 변론하는 자들은 마치 도망하는 돼지를 쫓는 것과 같으니, 우리에 몰아넣고 나서는 또 따라가서 발목을 묶어놓는구나."

集註 放豚은 放逸之豕豚也라. 苙은 闌也라. 招는 罥也니 羈其足也라. 言彼旣來歸어든 而又追咎其旣往之失也라. ○此章은 見聖賢之於異端에 距之甚嚴이나 而於其來歸에 待之甚恕하니 距之嚴故로 人知彼說之為邪하고 待之恕故로 人知此道之可反이니 仁之至요 義之盡也니라.

大文字義 [辯변] 변론하다.(上聲). [追추] 쫓다. [放방] 도망하다, 달아나다.(上聲). [豚돈] 돼지. [苙립] 우리. [招초] 묶다, 부르다.

集註字義 [逸일] 달아나다, 놓아주다, 즐기다, 숨다. [豕시] 돼지. [闌란] 막다. 난간. [罥견] 얽다. [羈기] 얽어매다, 굴레, 말고삐. [咎구] 허물. [距거] 막다. [恕서] 너그럽다. [邪사] 삿되다. 의문사(야).

集註句文 [放逸] 우리를 뛰쳐나가다.

星湖僿說 제25권 [經史門, 如追放豚]

孟子云 今之與楊墨辯者 如追放豚 旣入其苙 又從而招之 集註解招字未穩。

或謂 芷如白芷之類 豚之所嗜。既使之得所 又召之 非善處邪說也 此又大誤。仁者兼善 豈任其邪惡而已乎 既入而拘牽之不可。但追以入之不加誘導可乎。所謂與楊墨辨者 謂為今之道 當如此也。追而入栅 則禁其邪心 使不得肆行也。然心未嘗變也 以此法禁言然後 誘掖之 必導以入善 如以物招豚也。

解義 孟子云, "오늘날 양주·묵적과 변론하는 자는 마치 도망하는 돼지를 쫓아가는 것과 같아서 이미 그 우리에 몰아넣었으면, 또 따라서 발목을 묶어 놓는다.(招)" 하였는데, 집주에 招字를 풀이한 것이 온당하지 않다. 혹자는 말하기를, "芷은 白芷와 같은 종류이니, 돼지가 좋아하는 것이다. 이미 제자리를 얻게 해주고 또 불러내니, 邪說을 잘 처리한 것이 아니다." 하였는데, 이는 또 크게 잘못된 해석이다. 仁者는 善을 겸한 것인데 어찌 그 邪惡을 내버려둘 뿐이겠는가? 이미 들어왔는데 구속하여 끄는 것은 옳지 않다. 다만 쫓아서 몰아넣기만 하고 더 유도를 하지 않아서야 되겠는가? 이른바, "양주·묵적과 논변하는 자" 란 오늘날의 道로는 마땅히 이와 같이 해야 한다는 것을 이른 것이다. 쫓아서 우리에 들게 하였다면, 그 사심을 금지하여 함부로 행동하지 못하게 한 것이다. 그러나 그 사심은 변하지 않았을 것이니, 이 법으로써 금지한 연후에 인도해서 반드시 선으로 유도하기를 마치 물건으로 돼지를 부르듯이 한다는 것이다.

자구 [辨변] 변론하다, 쟁론하다.(上聲). [穩온] 온당하다. [芷지] 미나리과에 속하는 다년초. 뿌리는 白芷라 하여 약용으로 사용. [嗜기] 좋아하다. [所소] 제자리. [誤오] 잘못. [任임] 마음대로 하다, 맡기다. [拘구] 잡다. [牽견] 이끌다. [栅책] 목책. [肆行] 마음대로 행동하다. [掖액] 곁에서 도와주다, 겨드랑이에 끼다.

27장 孟子曰 有布縷之征과 粟米之征과 力役之征하니 君子用其一이오 緩其二니 用其二면 而民이 有殍하고 用其三이면 而父子離니라.

맹자왈, "삼베와 실의 세금과 곡식의 세금과 부역의 세금이 있다. 군자는 그 한 가지를 쓰고 둘을 느슨하게 하니, 그 두 가지를 쓰면 백성이 굶주려 죽게 되고, 그 세 가지를 쓰면 부자가 뿔뿔이 흩어지게 된다."

集註 征賦之法이 歲有常數라. 然布縷는 取之於夏하고 粟米는 取之於秋하고 力役은 取之於冬하야 當各以時하니 若并取之면 則民力이 有所不堪矣라. 今兩稅三限之法이 亦此意也니라. 尹氏曰 言民為邦本이니 取之無度면 則其國危矣니라.

大文字義 [布포] 삼베. [縷루] 실. [粟속] 곡식, 조. [征정] 세금. [緩완] 느슨하다. [殍표] 굶어죽은 시체. [離이] 흩어지다.
集註字義 [堪감] 견디다.
참 고 [順菴文集 11권 雜著 經書疑義, 兩稅三限之法]
兩稅는 宋나라 제도가 唐나라에 의거하여 夏秋 양세를 두어 백성들의 힘을 여유 있게 하려고 1년에 다 납세하지 않게 한 것이다. 三限은 또 納稅하도록 할 때 일시에 독촉하여 납세하지 않고 3개 기한으로 나누어서 바치게 한 것이다.

28장 孟子曰 諸侯之寶 三이니 土地와 人民과 政事니 寶珠玉者는 殃必及身이니라.

맹자왈, "제후의 보배가 셋이니, 토지과 백성과 정사이다. 주옥을 보배로 삼는 자는 재앙이 반드시 자신의 몸에 미치게 된다."

集 註 尹氏曰 言寶得其寶者는 安하고 寶失其寶者는 危니라.
大文字義 [寶보] 보배, 보배로 여기다. [殃앙] 재앙.
集註句文 [寶得其寶者安] 보배로 여길만한 것을 보배로 여기는 자는 편안하다.

承政院日記 [영조 4년 10월 27일 注, 和氏之璧]
춘추시대 楚人 卞和가 荊山에서 커다란 璞玉을 발견하고 처음에는 厲王에게 뒤이어 楚武王(처음으로 왕을 참칭함.)에게 바쳤으나, 매번 玉人이 이를 잘못 감정하고 돌이라 하였으므로 각각 왼발과 오른발의 발꿈치가 잘리고 말았다. 그 뒤 楚文王이 즉위하자 卞和는 형산 밑에서 박옥을 품에 안고 사흘 밤낮을 울며 피눈물까지 흘렸는데, 초문왕이 이런 사실을 듣고 사람을 보내 묻기를 "천하에 발이 잘린 자가 많은데 그대는 어찌 이렇게 슬피 우는 것인가?" 하자, 답하기를 "나는 발이 잘린 것을 슬퍼하는 게 아닙니다. 寶玉을 돌이라 하고 올곧은 선비를 미치광이라 하니, 이 때문에 내가 슬피 우는 것입니다." 하였다. 이에 초문왕이 옥인을 시켜 박옥을 다듬게 하니 큰 옥이 나왔고, 마침내 이 옥을 和氏之璧이라 하였다.

芝峰集 제21권 [雜著 琴巖遺稿序 注, 隋侯之珠]
"수후는 漢나라 동쪽에 있는 姬姓을 가진 제후이다. 수후가 배가 갈라진 큰 뱀을 보고 약을 발라 치료해 주었는데, 후일에 그 뱀이 강 속에서 큰 구슬을 물고 나와 보답하였다." 하였다.

29장 盆成括이 仕於齊러니 孟子曰 死矣로다 盆成括이여 盆成括이 見殺이어늘 門人이 問曰 夫子何以知其將見殺이시니잇고 曰 其爲人也 小有才오 未聞君子之大道也하니 則足以殺其軀而已矣니라.

분성괄이 제나라에서 벼슬을 하였는데, 맹자왈 "죽을 것이다 분성괄이여!" 분성괄이 죽임을 당하자 문인들이 묻기를, "夫子께서 어떻게 그가 죽임을 당할 줄 아셨습니까?" 맹자왈, "그 사람됨이 조금 재능은 있으나 군자의 大道에 대해서는 듣지 못하였으니, 자신의 몸을 죽이기에 충분할 뿐이다."

集註 盆成은 姓이요 括은 名也라. 恃才妄作은 所以取禍니라. 徐氏曰 君子道其常而已라 括有死之道焉하니 設使幸而獲免이라도 孟子之言이 猶信也니라.

大文字義 [盆분] 동이. [括괄] 묶다. [軀구] 몸, 신체.

大文句文 [其軀] 자신의 몸.

集註字義 [恃시] 믿다. [妄망] 함부로. [作작] 행동하다. [幸행] 요행. [獲획] 얻다.

集註句文 [道其常] 그 정상적인 이치를 말하다.

30장 孟子之滕하사 館於上宮이러시니 有業屨於牖上이러니 館人이 求之弗得하다.

맹자께서 등나라에 가서 上宮에 머무셨다. 宮人이 창틀 위에 삼던 신발을 놓아두었는데 관사를 관리하는 사람이 찾았으나 찾을 수가 없었다.

集註 館은 舍也라 上宮은 別宮名이라. 業屨는 織之有次業而未成者라. 蓋館人所作을 置之牖上而失之也라.

大文字義 [屨구] 신발. [舘관] 머물다, 객사. 館의 俗字. [牖유] 바라지, 남쪽으로 난 창.

大文句文 [業屨] 삼던 신발.

或이 問之曰 若是乎從者之廋也여 曰 子以是로 為竊屨來與아 曰 殆非也라 夫子之設科也는 往者를 不追하며 來者를 不拒하사 苟以是心으로 至커든 斯受之而已矣시니라.

或者가 묻기를, "從者들이 물건을 숨기는 것이 이와 같군요!" 맹자왈, "그대는 이것 때문에 신발을 훔치려고 왔다고 생각하는가?" 궁인왈, "아닌 듯합니다. 夫子께서 분야를 설치한 것은 가는 사람을 쫓아가지 아니하며 오는 사람을 거절하지 않아, 진실로 도를 추구하는 마음으로 온다면 바로 받아주실 뿐이다."

集 註 或問之者는 問於孟子也라. 廋는 匿也니 言子之從者乃匿人之物이 如此乎인져하니라 孟子答之에 而或人이 自悟其失하고 因言此從者固不為竊屨而來라 但夫子設置科條하야 以待學者하시니 苟以向道之心而來면 則受之耳라. 雖夫子라도 亦不能保其往也라하니 門人이 取其言이 有合於聖賢之指라 故로 記之하니라.

大文字義 [若약] 같다. [從종] 따르다. [廋수] 숨기다. [竊절] 도둑질하다. [殆태] 아마도. [科과] 분야 [追추] 쫓아가다. [拒거] 거절하다. [苟구] 진실로.

大文句文 [往者不追 來者不拒] ① 가는 자를 붙잡지 않고 오는 자를 막지 않는다.(星湖全集 注) ② 지난날의 잘못을 좇아 허물하지 않으며 오는 자들을 막지 않는다.(西溪集 注) ③ 되돌아가는 자는 오게 할 수 없거니와 오는 자는 물리칠 수 없다.(湛軒書 注)

集註字義 [匿익] 숨기다. [悟오] 깨닫다. [失실] 잘못. [條조] 조목. [待대] 대우하다, 기다리다. [指지] 가르침.

集註句文 [不能保其往] 지난날의 허물까지 보장하지 못한다.

31장 孟子曰 人皆有所不忍하니 達之於其所忍이면 仁也요 人皆有所不為하니 達之於其所為면 義也니라.

맹자왈, "사람은 모두 차마 하지 못하는 바가 있으니 차마 하는 바에까지 도달한다면 仁이고, 사람은 모두 하지 못하는 바가 있으니 하는 바에까지 도달한다면 義이다.

集 註 惻隱羞惡之心을 人皆有之라 故로 莫不有所不忍不為하니 此仁義之端也라. 然이나 以氣質之偏과 物欲之蔽로 則於他事엔 或有不能者하니 但推所能하야 達之於所不能이면 則無非仁義矣니라.

> 大文字義 [忍인] 차마하다. [達달] 도달하다.
> 集註字義 [偏편] 치우치다. [蔽폐] 가리다, 덮다.

人能充無欲害人之心이면 而仁을 不可勝用也며 人能充無穿窬之心이면 而義를 不可勝用也니라.

사람이 남을 해치고자 하려하지 않는 마음을 확충할 수 있다면 仁을 이루다 쓸 수가 없을 것이며, 사람이 도둑질 하려하지 않는 마음을 확충할 수 있다면 義를 이루다 쓸 수가 없을 것이다.

> **集註** 充은 滿也라. 穿은 穿穴이요 窬는 踰墻이니 皆爲盜之事也라. 能推所不忍하야 以達於所忍이면 則能滿其無欲害人之心하야 而無不仁矣요 能推其所不爲하야 以達於所爲면 則能滿其無穿窬之心하야 而無不義矣니라.
> 大文字義 [充충] 채우다, 확충하다. [欲욕] 하고자 하다, 하려하다. 바라다. [害해] 해치다. [勝승] 다. 이기다. [穿천] 담을 뚫고 들어가 도둑질하다. [窬유] 담을 넘어가서 도둑질하다.
> 集註字義 [穴혈] 구멍. [踰유] 넘다. [墻장] 담. [盜도] 도둑. [推추] 미루어 나가다.

人能充無受爾汝之實이면 無所往而不爲義也니라.

사람이 능히 너너 라는 경멸함을 받지 않으려는 실상을 확충할 수 있다면 가는 곳마다 의를 행하지 않음이 없을 것이다.

> **集註** 此는 申說上文充無穿窬之心之意也라. 蓋爾汝는 人所輕賤之稱이니 人雖或有所貪昧隱忍而甘受之者라. 然이나 其中心에 必有慚忿而不肯受之之實하니 人能卽此而推之하야 使其充滿하야 無所虧缺이면 則無適而非義矣니라.
> 集註字義 [實실] 實心, 實行, 實事를 모두 겸한 것임.(宋子大典)
> 大文句文 [無受爾汝] 너너 라는 경멸을 받지 않는다, 사람이 너니, 예니 하는 말을 받지 않는다.
> 集註字義 [申신] 거듭. [昧매] 어둡다. [慚참] 부끄럽다. [忿분] 분하다. [虧휴] 이지러지다. [缺결] 이지러지다. [適적] 가다(之).
> 集註句文 [申說] 거듭 말하다. [貪昧隱忍] 탐욕스럽고 어두워 숨기고 참다.

士未可以言而言이면 是는 以言餂之也요 可以言而不言이면 是는 以不言餂之也니 是는 皆穿窬之類也니라.

士가 말해서는 안 되는데 말하면 이것은 말로써 이익을 얻으려는 속셈이고, 말해야 하는데 말하지 않으면 이것은 말하지 않는 것으로써 이익을 얻으려는 속셈이니, 이것은 모두 도둑의 부류이다."

集註 餂은 探取之也라. 今人이 以舌取物曰餂이라하니 卽此意也라. 便佞隱黙은 皆有意探取於人이니 是亦穿窬之類라. 然이나 其事隱微하야 人所忽易라 故로 特擧以見例하야 明必推無穿窬之心하야 達於此而悉去之然後에 爲能充其無穿窬之心也니라.

大文字義 [餂첨] 속을 떠보다, 꾀다.

大文句文 [以言餂之] 말로써 이익을 얻으려는 속셈이다. 말로써 속을 떠보다, 말로써 꾀는 것이다.

集註字義 [探탐] 찾다. [便변] 아첨하다, 말을 잘하다. [佞망] 아첨하다, 말을 잘하다. [隱은] 숨자. [黙묵] 묵묵하다, 고요하다. [微미] 쇠미하다. [忽홀] 소홀하다. [特특] 다만, 숫소. [擧거] 열거하다. [悉실] 다.

集註句文 [便佞] 아첨, 말만 앞세우고 실속이 없음. [隱黙] 침묵.

農巖集 三十一卷 [雜識 內篇一, 人皆有所不忍]

仁人心章首 兼言仁義 而後只言仁 人皆有所不忍章首 兼言仁義 而後只言義。此兩章 正好對看。蓋前章言仁義 就大體上言 而仁又是統體 故主言仁。後章言仁義 就用功處言 而義較多頭項 故詳言義。言固各有當也。

解義 仁人心章(告子上)의 첫머리는 仁과 義를 겸하여 말하다가 뒤에서는 仁만을 말하고, 人皆有所不忍章의 첫머리는 仁과 義를 겸하여 말하다가 뒤에서는 義만을 말하였는데, 이 두 장은 꼭 대조해 보는 것이 좋다. 대개 앞장에서 仁義를 말한 것은 大體에 나아가 말한 것인데, 仁이 더 총체적인 것이기 때문에 주로 仁에 대해 말한 것이다. 뒷장에서 仁義를 말한 것은 힘써야 할 곳에 나아가 말한 것인데, 義가 비교적 항목이 많으므로 義에 대해 상세히 말한 것이다. 말이라는 것은 참으로 각각 합당한 경우가 있는 것이다.

32장 孟子曰 言近而指遠者는 善言也요 守約而施博者는 善道也니 君子之言也는 不下帶而道 存焉이니라.

맹자왈, "말은 비근하면서도 뜻이 원대한 것은 善言이고, 지키는 것이 요약되면서도 베푸는 것이 넓은 것은 善道이니, 군자의 말이라는 것은 허리띠 아래로 내려가지 않아도 그 속에 도가 보존된다.

集註 古人은 視不下於帶하니 則帶之上은 乃目前常見至近之處也라. 擧目前之近事에 而至理存焉하니 所以為言近而指遠也니라.

大文字義 [近근] 비근하다. [指지] 뜻, 가리키다. [遠원] 원대하다. [守수] 지키다. [約약] 요약, 요점. [施시] 베풀다. [博박] 넓다. [下하] 내려가다. [帶대] 띠, 허리띠. [存존] 보존하다.

大文句文 [指遠] 뜻이 원대하다. [下帶] 허리띠 아래로 내려가다.

참고 [下帶] 禮記 曲禮에 凡上於面則敖, 下於帶則憂, 傾則姦.

君子之守는 脩其身而天下平이니라.

군자의 지킴은 그 자신만을 닦아도 천하가 태평해진다.

集註 此는 所謂守約而施博也라.

人病은 舍其田而芸人之田이니 所求於人者重이오 而所以自任者輕이니라.

사람의 병통은 자신의 밭을 버려두고 남의 밭을 김매는 것이니, 남에게 요구하는 것은 중하고 스스로 책임지는 것은 가볍다."

集註 此는 言不守約而務博施之病이니라.

大文字義 [舍사] 버리다.(上聲). [芸운] 김매다. [求구] 요구하다. [任임] 책임.

大文句文 [自任] 스스로 책임지다.

33장 孟子曰 堯舜은 性者也요 湯武는 反之也시니라.

맹자왈, "堯舜은 본성대로 행하신 분이고, 湯武는 본성을 회복한 분이다.

集 註 性者는 全於天하고 無所汚壞하야 不假脩爲하니 聖之至也요 反之者는 脩爲以復其性하야 而至於聖人也라. 程子曰 性之反之는 古未有此語러니 蓋自孟子發之하시니라. 呂氏曰 無意而安行은 性也요 有意利行而至於無意는 復性者也라 堯舜은 不失其性이요 湯武는 善反其性이니 及其成功則一也니라.

大文句文 [性者] 본성대로 행하는 자(以性行之者). [反之] 몸을 닦아서 본성을 회복한 자(以身反之者).

集註字義 [全전] 온전히 하다. [天천] 천리. [汚오] 더럽히다. [壞괴] 파괴하다. [假가] 기다리다(待), 빌리다. [脩수] 닦다. [至지] 지극함. [反반] 회복하다.(上聲). [發발] 드러내다. [意의] 의도하다. [復복] 회복하다. [一일] 똑 같다.

集註句文 [修爲] 修行. [利行] 이롭게 여겨 행하다.

氣測體義 推測錄 五卷 [安行과 利行]

有志於學問之進就者 言行謙損 有安行利行勉行之分。安行者 資稟溫潤 性行和順 自中於謙道矣。利行者 得於聖訓 驗於事爲 眞覩其利害矣。勉行者 未必知其源委 而慕效前訓 誘被勸戒 不失爲善人之徒也。

解 義 학문의 진취에 뜻을 둔 사람은 말과 행실을 겸손하게 하는데, 安行과 利行과 勉行의 분별이 있다. 安行은 자품이 온화하고 윤택하며 성품과 행실이 화순하여 저절로 겸손한 도에 맞는다. 利行은 성현의 가르침을 얻어 하는 일에 증험하여 참으로 그 利害를 분별한다. 勉行은 반드시 그 本末을 알지는 못하지만 선인들의 가르침을 사모하여 본받으며 이끌어 勸戒를 받게 하여 善人의 무리가 됨을 잃지 않는다.

자 구 [安行] 편안히 행하다. [利行] 이롭게 여겨 행하다. [勉行] 노력해서 행하다. [資자] 바탕. [稟품] 품성. [潤윤] 윤택하다. [覩도] 분별하다, 보다. [委위] 끝, 말단, 맡기다. [源委] 본말. [慕效] 사모하여 본받다. [誘유] 이끌다.

動容周旋이 中禮者는 盛德之至也니 哭死而哀 非爲生者也며 經德不回 非以干祿也며 言語必信이 非以正行也니라.

행동과 주선이 禮에 맞는 것은 성대한 德이 지극한 것이니, 죽음에 곡하여 슬퍼하는 것은 喪主를 위한 것이 아니며, 떳떳한 덕을 굽히지 않는 것은 녹을 구하기 위해서가 아니며, 언어가 반드시 미더운 것은 행실을 바로 잡기 위해서가 아니다.

集 註 細微曲折이 無不中禮는 乃其盛德之至니 自然而中이요 而非有意於中也라. 經은 常也요 回는 曲也라. 三者亦皆自然而然이니 非有意而為之也라 皆聖人之事니 性之之德也라.

大文字義 [動동] 움직이다. [容용] 용모, [周주] 돌다, 두루 미치다. [旋선] 돌다, [中중] 맞다. [哭곡] 곡하다. [經경] 떳떳함. [回회] 간사하다, 돌다. [干간] 구하다, 범하다, 방패.

大文句文 [動容周旋] 일상생활의 모든 행동. [非為生者] 상주를 위한 것이 아니다. [經德不回] 떳떳한 덕을 지키고 간사하지 않다. [非以正行] 행실을 바로 세우기 위해서가 아니다.

集註句文 [細微曲折] 세세한 행동.

참 고 [성종실록 성종 9년 11월 30일 注] 動容周旋은 몸가짐과 행동의 전체를 일컫는 말로, 動容은 얼굴 표정 또는 몸가짐의 자세, 周는 圓의 法則에 맞게 하는 행동이고, 旋은 方의 법칙에 맞게 하는 행동을 뜻한 것임.

君子는 行法하야 以俟命而已矣니라.

군자는 떳떳한 德(法)을 행하여 명을 기다릴 뿐이다."

集 註 法者는 天理之當然者也라 君子行之而吉凶禍福을 有所不計하니 蓋雖未至於自然이나 而已非有所為而為矣라 此는 反之之事니 董子所謂正其義不謀其利하며 明其道不計其功이 正此意也니라. ○程子曰 動容周旋이 中禮者는 盛德之至요 行法以俟命者는 朝聞道夕死可矣之意也니라. 呂氏曰 法由此立하고 命由此出은 聖人也요 行法以俟命은 君子也니 聖人은 性之요 君子는 所以復其性也니라.

大文字義 [法법] 常德. [俟사] 기다리다.

集註句文 [已非有所為(思)而為(行)] 이미 생각하는 바가 있어서 행하는 것이 아니다. [反之之事] 反之者의 일이다.

참 고 [董子] 董仲舒. 漢나라 武帝 때의 유학자. 유학을 국교로 삼도록 함. [呂氏] 呂大臨. 송나라의 유학자 張載의 문인. [法由此立 命有此出] 여기서 此는 聖人之身(朴文鎬).

34장 孟子曰 說大人則藐之하야 勿視其巍巍然이니라.

맹자왈, "大人을 설득하려거든 그를 가벼이 여겨 그의 부귀와 높게 현달한 모습을 보지 말라.

集註 趙氏曰 大人은 當時尊貴者也라 藐는 輕之也라 巍巍는 富貴高顯之貌라 藐焉而不畏之하면 則志意舒展하야 言語得盡也라.

大文字義 [說세] 설득하다, 유세하다. [藐묘] 가벼이 여기다. 멀다(막). [巍외] 높다.

大文句文 [大人] 당시의 존귀한 사람, 관직이 높은 사람. [巍巍然] 부귀하고 높게 현달한 모습.

集註句文 [志意舒展] 마음이 편안하여 뜻이 펼쳐지다.(志가 舒하여 意가 展하다)

堂高數仞과 榱題數尺을 我得志라도 弗為也며 食前方丈과 侍妾數百人을 我得志라도 弗為也며 般樂飮酒와 驅騁田獵과 後車千乘을 我得志라도 弗為也니 在彼者는 皆我所不為也요 在我者는 皆古之制也니 吾何畏彼哉리오

높이가 여러 길이 되고 석가래 마구리가 여러 자인 높은 집을 내가 뜻을 얻더라도 짓지 않을 것이며, 사방 一丈인 상 앞에 놓인 음식과 시중드는 첩 수 백인을 내가 뜻을 얻더라도 거느리지 않을 것이며, 마음껏 즐기고 술을 마시며 말을 몰아 사냥하며 뒤따르는 수레 천승을 내가 뜻을 얻더라도 부리지 않을 것이다. 저들에게 있는 것은 모두 내가 하지 않는 바이고 나에게 있는 것은 모두 옛 제도이니, 내 어찌 저들을 두려워하겠는가?"

集註 榱는 桷也요 題는 頭也라 食前方丈은 饌食列於前者方一丈也라. 此는 皆其所謂巍巍然者니 我雖得志나 有所不為요 而所守者는 皆古聖賢之法이니 則彼巍巍者를 何足道哉리오. ○楊氏曰 孟子此章은 以己之長으로 方人之短하니 猶有此等氣象이요 在孔子則無此矣니라.

大文字義 [仞인] 길. [榱최] 서까래. [題제] 마구리. [般반] 즐기다. [驅구] 몰다. [騁빙] 달리다, 질주하다. [田전] 사냥하다, 밭. [獵렵] 사냥하다.

大文句文 [堂高數仞 榱題數尺] 높이가 몇 길이 되고 서까래 마구리가 몇 자나 되는 집. [方丈] 사방 一丈. [般樂飮酒] 지나치게 즐기며 술을 마시다. [驅騁] 말

을 몰아 달리다.
集註字義 [桷각] 서까래. [饌찬] 음식, 차려내다. [方방] 비교하다, 네모짐, 바야흐로, 거스르다.
참 고 仲尼天地也 顔子和風慶雲也 孟子泰山巖巖之氣象也.(근사록)

35장 孟子曰 養心이 莫善於寡欲하니 其爲人也 寡欲이면 雖有不存焉者라도 寡矣오 其爲人也 多欲이면 雖有存焉者라도 寡矣니라.

맹자왈, "마음을 기르는 데는 욕심을 적게 가지는 것 보다 좋은 것이 없다. 그 사람됨이 욕심을 적게 가지면 비록 그 본심을 보존하지 않음이 있을지라도 적을 것이고, 그 사람됨이 욕심을 많이 가지면 비록 본심을 보존함이 있을지라도 적을 것이다."

集 註 欲은 如口鼻耳目四支之欲이니 雖人之所不能無나 然이나 多而不節이면 未有不失其本心者니 學者所當深戒也니라. 程子曰 所欲은 不必沈溺이요 只有所向이면 便是欲이니라.
大文字義 [心심] 본심. [善선] 좋다.
集註句文 [不必沈溺] 반드시 깊이 빠지지 않는다. [只有所向] 다만 향하는 바가 있다.

36장 曾晳이 嗜羊棗러니 而曾子不忍食羊棗하시니라.

증석이 고염을 좋아하였는데, 증자가 고염을 차마 먹지 못하였다.

集 註 羊棗는 實小하고 黑而圓하니 又謂之羊矢棗라 曾子以父嗜之하니 父沒之後에 食必思親이라 故로 不忍食也시니라.
大文字義 [嗜기] 좋아하다. [棗조] 대추.
大文句文 [羊棗] 고염.

公孫丑問曰 膾炙與羊棗 孰美니잇고 孟子曰 膾炙哉인저 公孫丑曰 然則曾子는 何為食膾炙而不食羊棗시니잇고 曰 膾炙는 所同也오 羊棗는 所獨也니 諱名不諱姓하나니 姓은 所同也오 名은 所獨也일새니라.

공손추 問曰, "회와 불고기와 고염은 무엇이 맛있습니까?" 맹자왈, "회와 불고기가 맛이 있다." 공손추왈, "그렇다면 증자는 어찌하여 회와 불고기를 먹고 고염을 먹지 않았습니까?" 맹자왈, "회와 불고기는 똑 같이 좋아하는 것이고 고염은 독특한 것이다. 이름을 휘하고 성을 휘하지 아니하니, 성은 똑 같은 것이고 이름은 독특하기 때문이다."

集註 肉은 聶而切之為膾라 炙는 炙肉也라.

大文字義 [與여] 와, 함께.(上聲). [膾회] 회, 잘게 저민 날고기. [炙자] 불고기, 굽다. [孰숙] 무엇, 누구. [獨독] 독특하다. [諱휘] 감추다, 휘하다.

集註字義 [聶접] 저미다, (밤을)치다.

37장 萬章이 問曰 孔子在陳하사 曰 盍歸乎來리오 吾黨之士 狂簡하야 進取호되 不忘其初라하시니 孔子在陳하사 何思魯之狂士시니잇고

만장이 問曰, "공자께서 陳나라에 계시면서 말씀하시기를, '어찌 돌아가지 않으리오! 우리 무리의 士들이 뜻은 크고 실행은 부족하여 진취적이기는 하지만 그 처음을 잊지 못한다.' 하셨으니, 공자께서 진나라에 계시면서 무엇 때문에 노나라에 있는 狂士들을 생각하셨습니까?"

集註 盍는 何不也라 狂簡은 謂志大而略於事라 進取는 謂求望高遠이요 不忘其初는 謂不能改其舊也라 此語는 與論語小異하니라.

大文字義 [盍합] 어찌~하지 아니하느냐? [黨당] 무리. [狂광] 경솔하다. [簡간] 대범하다, 단출하다.

大文句文 [盍歸乎來] 盍歸來乎, 여기서 來는 조동사. [狂簡] 뜻은 크고 일에는 소략함. [狂士] 뜻은 높지만 실행이 부족한 사람.

孟子曰 孔子不得中道而與之인댄 必也狂獧인저 狂者는 進取오 獧者는 有所不為也라하시니 孔子豈不欲中道哉시리오마는 不可必得 故로 思其次也시니라.

맹자왈, "공자께서 中道의 사람을 얻어서 함께 하지 못하신다면 반드시 狂者와 獧者일 것이다. 광자는 진취적이고 견자는 하지 못하는 바가 있다고 하셨으니, 공자께서 어찌 중도의 사람을 바라지 않았겠는가마는 얻는 것을 기필할 수가 없었다. 그러므로 그 다음을 생각하신 것이다."

集註 不得中道로 至有所不為는 據論語컨대 亦孔子之言이니 然則孔子字下에 當有曰字라 論語에 道作行하고 獧作狷하니라. 有所不為者는 知恥自好하야 不為不善之人也라. 孔子豈不欲中道以下는 孟子言也라.

大文字義 [與여] 함께하다.(上聲). [獧견] 狷介하다, 성급하다. [狷견] 고집이 세고 지조가 굳다. [必필] 기필하다, 반드시, 오로지.

大文句文 [中道] 中道之士, 中行之士. [必也狂獧] 반드시 광자와 견자일 것이다. [狂者] 뜻은 높지만 실행이 부족한 사람(狂士). [獧者] 지조가 굳은 사람.

集註字義 [據거] 의거하다. [好호] 아끼다, 좋아하다.

集註句文 [自好] 자신을 아끼다.

論語 子路篇 子曰 不得中行而與之댄 必也狂狷乎인져 狂者는 進取요 狷者는 有所不為也니라.

敢問何如라야 斯可謂狂矣니잇고

만장曰, "감히 여쭙겠습니다. 어떠하면 광자라고 할 수 있습니까?"

集註 萬章問이라.

曰 如琴張曾晳牧皮者 孔子之所謂狂矣니라.

맹자왈, "이를테면 금장, 증석, 목피와 같은 사람이 공자께서 이르신바 광자일 것이다."

集註 琴張은 名牢요 字子張이라 子桑戶死에 琴張이 臨其喪而歌하니 事見莊子하니 雖未必盡然이나 要必有近似者라 曾晳은 見前篇하니라 季武子死에 曾晳이 倚其門而歌하니 事見檀弓이요 又言志異乎三子者之撰이라하니 事見論語하니라. 牧皮는 未詳이라.

集註字義 [牢뇌] 우리, 감옥. [桑상] 뽕나무. [戶호] 지게문, 집. [臨임] 임하다. [似사] 비슷하다. [倚의] 기대다, 의지하다. [檀단] 박달나무. [撰선] 갖춘 것. 짓다(찬).

集註句文 [盡然] 다 옳다.

何以謂之狂也니잇고.

만장曰, "무엇 때문에 그들을 광자라고 합니까?"

集註 萬章問이라

曰 其志 嘐嘐然曰 古之人古之人이여하되 夷考其行而不掩焉者也니라.

맹자왈, "그 뜻이 크고 흰소리 치며 말하기를 '옛 사람이여! 옛 사람이여!' 하되, 평소에 그 행동을 살펴보면 그 행동이 그 말을 가리지 못한다.

集註 嘐嘐는 志大言大也라 重言古之人은 見其動輒稱之요 不一稱而已也라 夷는 平也라 掩은 覆也라 言平考其行이면 則不能覆其言也라. 程子曰 曾晳言志而夫子與之하시니 蓋與聖人之志同하니 便是堯舜氣象也라 特行有不掩焉耳니 此所謂狂也니라.

大文字義 [嘐효] 흰소리하다, 큰소리치다, 허풍떨다, 호언하다. [夷이] 평소에, 객관적으로, 평평하다, 오랑캐. [掩엄] 가리다, 덮다.

大文句文 [嘐嘐然] 뜻이 크고 흰소리를 잘 함. [夷考其行而不掩焉者也] 평소에 그 행

동을 살펴보면 말을 다 실천하지 못한다. [夷考] 고찰하다(趙岐).
集註字義 [輒첩] 갑자기. [覆복] 덮다. [與여] 許與하다, 인정하다. 함께, 더불어.(上聲)
集註句文 [動輒] 걸핏하면.

狂者를 又不可得이어든 欲得不屑不潔之士而與之하시니 是獧也니 是又其次也니라.

광자를 얻을 수 없다면 깨끗하지 않은 것을 달갑게 여기지 않는 사람을 얻어서 함께 하고자 하셨다. 이것이 견자이니 이 또한 그 다음이다."

集註 此는 因上文所引하야 遂解所以思得獧者之意라 狂은 有志者也라 獧은 有守者也니 有志者는 能進於道하고 有守者는 不失其身이라 屑은 潔也라.
大文字義 [屑설] 달가워하다, 부스러기. [潔결] 깨끗하다.
大文句文 [不屑不潔之士] 깨끗하지 않은 것을 달갑게 여기지 않는 사람.

孔子曰 過我門而不入我室이라도 我不憾焉者는 其惟鄕原乎인저 鄕原은 德之賊也라하시니 曰 何如라야 斯可謂之鄕原矣니잇고

만장曰, "공자께서 말씀하시기를, '내 문 앞을 지나가다가 내 집에 들어오지 않더라도 내가 유감이 없는 자는 아마도 오직 鄕原일 것이다.' 하셨으니, 어떠하여야 향원이라고 할 수 있습니까?"

集註 鄕原은 非有識者라 原은 與愿同이라 荀子原愨字를 皆讀作愿하니 謂謹愿之人也라 故로 鄕里所謂愿人을 謂之鄕原이라. 孔子以其似德而非德이라 故로 以爲德之賊이라하시니라. 過門不入而不恨之는 以其不見親就로 爲幸이니 深惡而痛絶之也라 萬章이 又引孔子之言而問也라.
大文字義 [過과] 지나가다. [憾감] 한하다, 유감으로 여기다. [其기] 아마도. [原원] 후덕하다, 근원. [賊적] 해치다.
集註字義 [愿원] 후덕하다. [愨각] 성실하다, 공경하다. [謹근] 삼가다. [見견] 당하다. [就취] 이르다, 나아가다. [幸행] 다행. [痛통] 힘껏, 아프다, 슬퍼하다.
大文句文 [鄕原] 근후한 것 같지만 세속에 영합해 명성을 구하는 위선자.

集註句文 [以其不見親就爲幸] 친하게 여겨 찾아오지 않는 것을 다행으로 여기다, 직접 찾아오지 않는 것을 다행으로 여기다.

참 고 [論語 楊貨篇]
子曰 鄕原은 德之賊也니라.

曰 (鄕原譏狂者曰) 何以是嘐嘐也하야 言不顧行하며 行不顧言이오 則曰 古之人 古之人이여하며 行何爲踽踽涼涼이리오 生斯世也라 爲斯世也하야 善斯可矣라하야 閹然媚於世也者 是鄕原也니라.

맹자왈, "(향원이 광자 비난하기를) '어찌하여 이와 같이 뜻만 높고 커서 말은 행실을 돌아보지 않으며 행실은 말을 돌아보지 않고, 옛 사람이여! 옛 사람이여!' 말하며, (향원이 견자 비난하기를) '행실을 어찌하여 외롭고 쓸쓸하게 하는가? 이 세상에 태어나서 이 세상 사람들을 위하여 좋은 말을 듣기만 하면 그만이다.' 라고 하면서, 남모르게 세상 사람들에게 아첨하는 자가 바로 향원이다."

集 註 踽踽는 獨行不進之貌라 涼涼은 薄也니 不見親厚於人也라 鄕原이 譏狂者曰 何用如此嘐嘐然行不掩其言하고 而徒每事必稱古人邪아하며 又譏狷者曰 何必如此踽踽涼涼하야 無所親厚哉아 人旣生於此世면 則但當爲此世之人하야 使當世之人으로 皆以爲善則可矣라하니 此鄕原之志也라 閹은 如奄人之奄이니 閉藏之意也라 媚는 求悅於人也라 孟子言此深自閉藏하야 以求親媚於世하니 是鄕原之行也라하시니라.

大文字義 [譏기] 기롱하다, 비난하다. [嘐효] 흰소리하다, [顧고] 돌아보다. [行행] 행실. [踽우] 홀로 걷다. [涼양] 서늘하다, 슬퍼하다. [閹엄] 숨기다, 환관. [媚미] 아첨하다, 아름답게 보이다.

大文句文 [踽踽涼涼] 외롭고 쓸쓸하다, 고단하고 각박하다. [善斯可] 좋은 말을 듣기만 하면 그만이다. [閹然] 남모르게.

集註字義 [薄박] 박하다. [見견] 받다, 당하다. [邪야] 의문사, 간사함. [奄엄] 내시, 숨기다. [閉폐] 닫다, 단절하다. [藏장] 감추다, 간직하다. [悅열] 기쁘다.

集註句文 [不見親厚於人] 남에게서 친후함을 받지 않는다. [譏狂者] 광자를 비난하다. [譏狷者] 견자를 비난하다. [奄人] 내시.

萬章曰 一鄕이 皆稱原人焉이면 無所往而不爲原人이어늘 孔子以爲德之賊은 何哉잇고

만장曰, "한 고을이 모두 근후한 사람이라고 칭송하면 어디에 가더라도 근후한 사람이 되지 않음이 없는데, 공자께서 이것을 덕의 적이라고 하신 것은 어째서 입니까?"

集註 原은 亦謹厚之稱이어늘 而孔子以爲德之賊이라 故로 萬章疑之하니라.
大文句文 [無所往而不爲原人] 가는 곳마다(어디에 가더라도) 근후한 사람이 되지 않음이 없다.

曰 非之無擧也요 刺之無刺也하야 同乎流俗하며 合乎汙世하야 居之似忠信하며 行之似廉潔하야 衆皆悅之어든 自以爲是而不可與入堯舜之道니 故로 曰 德之賊也라하시니라.

맹자왈, "비난하려 해도 근거가 없고 풍자하려 해도 풍자할 것이 없어서 풍속과 함께 하며, 더러운 세상과 영합하여 거처함에 충신한 사람 같으며, 행함에 청렴하고 결백한 사람 같아서, 사람들이 모두 기뻐하면 스스로 이것을 옳다고 여기지만 함께 요순의 도에 들어갈 수 없으니, 그러므로 덕의 적이라고 하신 것이다.

集註 呂侍講曰 言此等之人은 欲非之則無可擧요 欲刺之則無可刺也라 流俗者는 風俗頹靡가 如水之下流하야 衆莫不然也라. 汙는 濁也라 非忠信而似忠信하고 非廉潔而似廉潔이라.
大文字義 [非비] 비난, [擧거] 거론하다. [刺자] 풍자하다. [合합] 영합하다. [汙오] 더럽다. [廉염] 청렴하다. [潔결] 깨끗하다.
大文句文 [非之無擧] 비난하려 해도 거론할 것이 없다. [流俗] 세속.
集註字義 [頹퇴] 무너지다, 쇠하다. [靡미] 쓰러지다.
참고 [呂侍講] 呂公著의 아들로, 范祖禹의 추천을 받아 崇政殿 說書를 지냈다. 程頤와 나이가 서로 비슷하였지만, 정이의 학문을 깊이 존경하여 나중에는 스승으로 섬겼다.

孔子曰 惡似而非者하노니 惡莠는 恐其亂苗也요 惡佞은 恐其亂義也요 惡利口는 恐其亂信也요 惡鄭聲은 恐其亂樂也요 惡紫는 恐其亂朱也요 惡鄉原은 恐其亂德也라하시니라.

공자왈, '사이비를 미워하니 가라지를 미워하는 것은 싹을 어지럽힐까 해서 이고, 말재주를 미워하는 것은 義를 어지럽힐까 해서 이고, 말 많이 하는 사람을 미워하는 것은 믿음을 어지럽힐까 해서 이고, 鄭나라 음악을 미워하는 것은 樂을 어지럽힐까 해서 이고, 자색을 미워하는 것은 붉은 색을 어지럽힐까 해서 이고, 鄉原을 미워하는 것은 德을 어지럽힐까 해서이다.'

集註 孟子 又引孔子之言以明之하시니라. 莠는 似苗之草也라 佞은 才智之稱이니 其言이 似義而非義也라 利口는 多言而不實者也라 鄭聲은 淫樂也라 樂은 正樂也라 紫는 間色이요 朱는 正色也라 鄉原은 不狂不獧하야 人皆以為善하니 有似乎中道而實非也라 故로 恐其亂德이라.

大文字義 [惡오] 미워하다, 싫어하다.(去聲)./ 악하다.(入聲). [莠수] 가라지(벼와 유사함). [苗묘] 벼 싹. [佞영] 말재주. [利리] 재빠름, 날카롭다, 이롭다. [紫자] 자주색. [朱주] 붉은색.

大文句文 [似而非] 似是而非是. [利口] 말 잘하는 입. [鄭聲] 정나라 음탕한 음악.

論語 楊貨篇 子曰 惡紫之奪朱也하며 惡鄭聲之亂雅樂也하며 惡利口之覆邦家者하노라.

자구 [奪탈] 빼앗다. [朱주] 붉은 색. [亂란] 어지럽다. [雅樂] 正樂. [覆복] 전복시키다.

君子反經而已矣니 經正則庶民이 興하고 庶民이 興이면 斯無邪慝矣리라.

군자는 常道로 돌아갈 뿐이니 常道가 바르면 뭇 백성이 흥기하고 뭇 백성이 흥기하면 사특함이 없게 될 것이다."

集註 反은 復也라 經은 常也니 萬世不易之常道也라 興은 興起於善也라 邪慝은 如鄉原之屬이 是也라 世衰道微하야 大經不正이라 故로 人人得為異說하야 以濟其私하야 而邪慝並起하니 不可勝正이라 君子於此에 亦復其常道而已니

常道旣復이면 則民興於善하야 而是非明白하야 無所回互하야 雖有邪慝이나 不足以惑之矣니라. ○尹氏曰 君子取夫狂狷者는 蓋以狂者는 志大而可與進道요 狷者는 有所不為而可與有為也라 所惡於鄕原而欲痛絶之者는 為其似是而非하야 惑人之深也니 絶之之術은 無他焉이라 亦曰反經而已矣니라.

大文字義 [經경] 常道. [反반] 돌이키다.(上聲). [邪사] 간사하다. [慝특] 사특하다, 간사하다.

集註字義 [易역] 바뀌다.(入聲)./ 쉽다.(이, 去聲). [興흥] 흥기하다. [屬속] 부류, 등속. [衰쇠] 쇠하다. [微미] 미약하다. [異이] 다르다. [濟제] 이루다. [私사] 사욕. [勝승] 다, 모두.(平聲). [復복] 회복시키다.(入聲)./ 다시, 덮다.(부, 去聲). [回회] 간사하다, 돌다. [互호] 다 같이, 서로. [惑혹] 의혹시키다. [術술] 방법.

集註句文 [大經不正] 큰 상도가 바르게 되지 못하다. [無所回互] 邪曲된 바가 없다. [有所不為] 하지 않는 바가 있다, 지조가 있다. [可與有為] 함께 큰일을 할 수 있다.

38장 孟子曰 由堯舜至於湯이 五百有餘歲니 若禹皐陶則見而知之하시고 若湯則聞而知之하시니라.

맹자왈, "요순으로부터 탕에 이르기까지 500여년이니, 禹와 皐陶는 요순을 직접 보고서 도를 알았고, 탕은 요순의 도를 듣고서 알았다.

集註 趙氏曰 五百歲而聖人出은 天道之常이라 然이나 亦有遲速하야 不能正五百年이라 故로 言有餘也라. 尹氏曰 知는 謂知其道也라.

大文字義 [由유] ~로부터, 말미암다. [見견] 親見.

集註句文 [不能正五百年] 꼭 500백년이라고 할 수 없다.

참고 [皐陶] 舜임금의 신하이며. 法理에 통달하여 법을 세워 형벌을 제정하고 또 獄을 만들었음.

由湯至於文王이 五百有餘歲니 若伊尹萊朱則見而知之하고 若文王 聞而知之하시니라.

탕으로부터 문왕에 이르기까지 500여년이니, 伊尹과 萊朱는 탕을 직접 보고서 도를 알았고, 문왕은 탕의 도를 듣고서 도를 알았다.

集註 趙氏曰 萊朱는 湯賢臣이라 或曰 卽仲虺也라하니 爲湯左相하니라.

大文字義 [萊래] 명아주.

集註字義 [虺훼] 살모사.

참고 [伊尹] 湯임금을 도와 夏나라 桀을 멸망시키고 난세를 평정한 뒤에 선정을 베푼 商나라 명상. 탕왕의 적장손인 太甲이 포학하자 桐宮으로 축출했다가 그가 개과천선하자 3년 뒤에 다시 복위시켰다. [萊朱] 탕임금 때의 賢臣.

由文王至於孔子 五百有餘歲니 若太公望散宜生則見而知之하고 若孔子則聞而知之하시니라.

문왕으로부터 공자에 이르기까지 500여년이니, 태공망, 산의생은 문왕을 직접 보고서 도를 알았고, 공자는 문왕의 도를 듣고서 아셨다.

集註 散은 氏요 宜生은 名이니 文王賢臣也라 子貢曰 文武之道未墜於地하야 在人이라 賢者는 識其大者하고 不賢者는 識其小者하야 莫不有文武之道焉하니 夫子焉不學이시리오하니 此所謂聞而知之也니라.

集註句文 [夫子焉不學] 공자께서는 어디에선들 배우지 않으셨겠는가?

참고 [太公望] 周나라 초기의 賢臣이며, 이름은 呂尙이다. 문왕이 西伯으로 있을 때, 어느 날 사냥 가기 전에 친 점에서 諸侯의 우두머리나 天子를 보필할 수 있는 사람을 얻을 것이라는 점괘를 얻었는데, 정말로 渭水 북쪽에서 낚시질하는 여상을 만났다. 문왕은 그와 함께 이야기를 나누다가 그의 사람됨을 알아보고서 "우리 先君인 太公이 오랫동안 기다리던 자(太公望)가 바로 당신이다."라고 하면서 함께 수레를 타고 돌아와 그를 師로 삼고 師尙父라고 높여 불렀다. [散宜生] 周나라 문왕과 무왕 때의 신하이다. 문왕의 四友의 한사람으로 문왕이 곤경에 처하였을 때 紂王에게 뇌물을 주고 구하였다. 뒤에 무왕을 도와 은나라 紂王을 멸망시켰다.

由孔子而來로 至於今이 百有餘歲니 去聖人之世 若此其未遠也며 近聖人之居 若此其甚也로되 然而無有乎爾하니 則亦無有乎爾로다.

공자 이후로 지금에 이르기까지 100여 년이니, 성인의 세상과의 거리가 이처럼 멀지 않으며, 성인의 거처가 이와 같이 매우 가깝지만, 그런데도 아무도 없으니 그렇다면 또한 아무도 없겠구나!"

集註 林氏曰 孟子言孔子至今時來遠하고 鄒魯相去又近이라 然而已無有見而知之者矣하니 則五百餘歲之後에 又豈復有聞而知之者乎리오 愚按 此言은 雖若不敢自謂已得其傳하야 而憂後世遂失其傳이라 然이나 乃所以自見其有不得辭者요 而又以見夫天理民彛不可泯滅하니 百世之下에 必將有神會而心得之者耳라 故로 於篇終에 歷序群聖之統하시고 而終之以此하시니 所以明其傳之有在요 而又以俟後聖於無窮也시니 其旨深哉로다.

○有宋元豐八年에 河南程顥伯淳이 卒한대 潞公文彦博이 題其墓曰 明道先生이라하니 而其弟頤正叔이 序之曰 周公沒에 聖人之道不行하고 孟軻死에 聖人之學不傳하니 道不行이라 百世無善治하고 學不傳이라 千載無眞儒하니 無善治라도 士猶得以明夫善治之道하야 以淑諸人하야 以傳諸後어니와 無眞儒면 則天下貿貿焉莫知所之하야 人欲肆而天理滅矣라 先生이 生乎千四百年之後하야 得不傳之學於遺經하야 以興起斯文으로 爲己任하사 辨異端하고 闢邪說하야 使聖人之道로 煥然復明於世하시니 蓋自孟子之後로 一人而已라 然이나 學者於道에 不知所向이면 則孰知斯人之爲功이며 不知所至면 則孰知斯名之稱情也哉리오

大文句文 [無有乎爾] 아무도 없다.

集註字義 [彛이] 떳떳함, 法, 술그릇. [泯민] 없어지다. [會회] 알다. 이해하다. [歷역] 차례로. [統통] 계통. [豐풍] 풍성하다. [顥호] 크다. [潞로] 江名, 邑名. [彦언] 선비. [題제] 표제하다. [頤이] 턱. [軻가] 수레. [貿무] 눈 어둡다.(平聲)./ 무역하다, 사다.(去聲). [肆사] 방자하다. [辨변] 분별하다.(上聲). [闢벽] 막다, 열다. [煥환] 빛나다.

集註句文 [不得辭] 사양할 수 없다. [民彛] 사람의 마음에 가진 떳떳한 도리, 사람의 떳떳한 본성. [神會] 정신으로 이해하다. [宋元豐八年] 宋神宗의 年號. 고려 문종 37년(1085년). [千載] 천년. [淑諸人] 남에게서 私淑하다. [貿貿] 어둑어둑하다. [煥然] 환하게 [斯名之稱情] 이 명칭이 사실에 걸맞다.

省齋集 二十五卷 [講說雜稿 語孟篇義, 無有乎爾]

論語是門人所記 故堯曰篇 述堯舜以來相傳之正統 而直繼之以夫子。此篇乃孟子自作 故歷叙羣聖 至孔子以後 則只曰無有乎爾。蓋不敢遽自居也 然於其中 又有不得辭避之意。至重言以傷之 則其所以責勉於後人者 亦深且遠矣。

解義 논어는 문하 제자가 기록한 것이므로 堯曰篇에서 요순 이래로 전해오는 전통을 기록하여 곧장 공자로 이었다. 이편은 곧 맹자 자신의 저작이므로 여러 성인을 차례로 서술하고 공자 이후에 이르러서는 다만 "아무도 없구나.[無有乎爾]"라고 하였다. 갑자기 감히 자처할 수 없지만 그 말 속에는 또한 사양하고 피할 수 없는 뜻이 있다. 거듭 말하여 상심하는데 이르러서는 맹자가 후인들을 독책하고 힘쓰도록 한 것이 또한 깊고도 원대하도다.

자구 [歷叙] 차례로 서술하다. [遽거] 갑자기. [自居] 자처하다. [辭사] 사양하다. [避피] 피하다. [傷상] 상심하다. [遠원] 원대하다.

역저자 소개

김 은 겸

東京工業大學 이공학연구과 공학석사
성균관대학교 토목공학과 공학박사
東京大學 외국인 연구원
韓國古典飜譯院 연수과정 졸업
서울과학기술대학교 건설시스템공학과 교수 역임
서울과학기술대학교 건설시스템공학과 명예교수
서울과학기술대학교 평생교육원 논어 맹자 강사

맹자집주해설 **정가 32,000원**

역저자 : 김은겸

발행인 : 임해진
발행처 : 도서출판 구미서관

인쇄 : 2022년 6월 20일
발행 : 2022년 6월 25일

등록 : 1979년 6월 29일 No.9-6호
주소 : 서울시 마포구 신촌로 2길 5-15 구미빌딩
전화 : 02-333-1101
팩스 : 02-335-2201
http://www.goomibook.com

ISBN 979-11-6257-216-0 (93140)